中国中央电视台年鉴

2012

主　　编　胡占凡
副主编　罗　明

中国广播电视出版社
CHINA RADIO & TELEVISION PUBLISHING HOUSE

编 辑 说 明

一、《中国中央电视台年鉴》是以丰富翔实的图文资料、逐年度、全方位客观记录中央电视台事业、产业发展的新情况、新发展、新经验和新成果的大型工具书。为中央电视台决策管理部门和工作人员以及国内外社会各界了解、研究中央电视台的发展轨迹提供可靠信息。

二、本年鉴1994年创办，每年编印一卷。主体是记录和反映中央电视台上一年度的宣传情况和各项成果。2012年卷为第十九卷。

三、本卷设：图片纪事、特载、概况、专辑、机构、频道·栏目·节目、新媒体传播、获奖·表彰、受众调查·研发、规章制度选载、电视书报刊及音像出版物、新技术设备、产业经营、同港澳台交流与合作、对外交流与合作、人物、统计、大事记、附录及索引等20个栏目。

四、随着中央电视台深化改革，不断创新，《中国中央电视台年鉴》的内容更为丰富，形式更加新颖。本卷集中反映了2012年中央电视台深入贯彻落实中央指示精神，扎实开展“走基层、转作风、改文风”活动，在宣传创新、事业发展、技术领先、经营扩大、管理改进等方面所取得的新突破、新成果和新经验。2012年，在党中央的正确领导下，中央电视台按照“高举旗帜、围绕大局、服务人民、改革创新”的总要求，始终坚持正确的办台方向，牢牢把握正确舆论导向，圆满完成了中国共产党第十八次全国代表大会、东非野生动物大迁徙、“蛟龙号”完成7000米载人深潜等一系列重大活动报道任务，经受住了严峻考验，国家电视台的传播力、公信力、权威性显著增强，建设国际一流媒体步伐加快，在国际舆论中中央电视台的地位、作用和影响日益彰显，传播理念、发展战略、转播水平、整体实力都有了质的转变和提升。对此，中央满意、群众赞扬、国际认同。

五、《中国中央电视台年鉴》编辑工作得到了中央电视台各级领导和各中心特约编辑、资料员以及出版单位的大力支持。在此，一并表示感谢。

中国中央电视台年鉴（2012）

编 辑 委 员 会

中国中央电视台年鉴（2012）

编 辑 部

编辑部地址：北京复兴路11号中央电视台发展研究中心电视传播研究部

联系电话：010-68500540　　010-68506541

邮政编码：100859

图书在版编目（CIP）数据

中国中央电视台年鉴．2012/胡占凡主编；《中国中央电视台年鉴》编辑部编．——北京：中国广播电视出版社，2013.12

ISBN 978-7-5043-7056-3

Ⅰ．①中…　Ⅱ．①胡…　②中…　Ⅲ．①中央电视台-2012-年鉴　Ⅳ．①G229.24-54

中国版本图书馆CIP数据核字(2013)第281988号

中国中央电视台年鉴（2012）

胡占凡　主编

《中国中央电视台年鉴》编辑部　编

责任编辑　沈楚瑾
装帧设计　大盟文化
出版发行　中国广播电视出版社
电　　话　010-86093580　010-86093583
社　　址　北京市西城区真武庙二条9号
邮　　编　100045
网　　址　www.crtp.com.cn
电子信箱　crtp8@sina.com
经　　销　全国各地新华书店
印　　刷　北京雅昌彩色印刷有限公司
开　　本　787毫米×1092毫米　1/16
字　　数　1100千字
印　　张　32.5
插　　页　4.625印张
版　　次　2013年12月第1版　2013年12月第1次印刷
书　　号　ISBN 978-7-5043-7056-3
定　　价　180.00元

❖ 2012 年 11 月 15 日，国家主席胡锦涛，新当选的中共中央总书记、中共中央军委主席习近平等领导同志在北京人民大会堂亲切会见出席党的十八大代表、特邀代表和列席人员并发表重要讲话。这是胡锦涛和习近平亲切握手。（图片来源：新华社）

胡占凡
台分党组书记
台长

罗　明
台分党组副书记
总编辑
副台长

魏地春
台分党组副书记
副台长

胡　恩
台分党组成员
副台长

何宗就
台分党组成员
副台长

高　峰
台分党组成员
副台长
中央新闻纪录电影制片厂（集团）总裁

孙玉胜
台分党组成员
副台长

张海鸽
台分党组成员
纪检组组长
机关党委书记

袁正明
台分党组成员
副台长

刘国良
台分党组成员
总会计师

薛继军
台分党组成员
中国电视剧制作中心
有限责任公司总裁

梁晓涛
台分党组成员
中国国际电视总公司
董事长、总经理

丁文华
总工程师

程　宏
副总编辑

李　挺
副总编辑

朱　彤
副总编辑

黄传芳
副总编辑

张　宁
副总编辑

彭健明
副总编辑

2012 年 2 月 6 日，中央电视台台长胡占凡会见美国库恩基金会主席罗伯特·库恩博士。

❖ 2012年2月16日，中央电视台总编辑、副台长罗明会见美国国家地理频道(国际)节目部执行副总裁席尼·史威沙。

❖ 2012年9月4日，中央电视台副台长魏地春会见以色列新任驻华大使马腾。

❖ 2012年5月4日，中央电视台副台长胡恩会见叙利亚驻华大使伊马德·穆斯塔法。

❖ 2012年2月10日，中央电视台副台长何宗就会见英国维斯令克公司总裁约翰·哈金斯。

❖ 2012年5月7日，中央电视台副台长孙玉胜会见罗马尼亚电视台主席兼首席执行官拉兹库并签署新闻合作协议。

❖ 2012年9月10日，中央电视台分党组成员、纪检组组长、机关党委书记张海鸽出访捷克并会见捷克国家电视台台长德沃夏克。

❖2012 年 12 月 6 日，中央电视台总会计师刘国良出访智利，与智利国家电视台进行业务会谈。

❖2012 年 4 月 26 日，中国国际电视总公司董事长、总经理梁晓涛在韩国会见 KBS 副社长吉桓永。

❖2012 年 5 月 29 日，中央电视台总工程师丁文华陪同肯尼亚副总统穆西约卡参观中央电视台新址。

❖ 2012 年 12 月 7 日，中央电视台副总编辑程宏会见香港旅游服务协会北京访问考察团一行。

❖ 2012 年 12 月 24 日，中央电视台副总编辑朱彤会见吉布提争取进步人民联盟总书记、政府经济与财经部长伊利亚斯一行。

❖ 2012 年 5 月 22 日，中央电视台副总编辑黄传芳会见英国广播公司新闻采编部主编弗朗 · 安斯沃斯。

1 圆满完成党的十八大宣传报道任务。大会新闻报道总量、投入规模、创新力度、观众关注程度以及外媒引用中央电视台节目信号的数量均创历史新高。

❖ 2012年11月8日，中国共产党第十八次全国代表大会开幕前，中央电视台台长胡占凡、副台长孙玉胜在人民大会堂现场指挥大会直播准备工作。

❖ 2012年11月8日，中央电视台多个频道直播中国共产党第十八次全国代表大会开幕式。图为直播导播间现场画面。

❖ 《新闻联播》栏目播出的新闻中心经济新闻部记者采访十八大代表视频截图。

❖ 2012年11月14日，中国共产党第十八次全国代表大会直播中，评论员和嘉宾访谈环节的中央电视台演播室场景。

❖ 2012年11月7日晚8时，《领航中国——喜迎党的十八大胜利召开大型专题文艺晚会》在中央电视台综合频道播出。

❖ 十八大期间，中央电视台技术人员在人民大会堂金色大厅进行转播系统技术保障工作。

2 “走基层、转作风、改文风”卓有成效。报道范围更广泛，内容更深入，语言更清新，形式更创新；在新闻界起到了带头和示范作用。

✣ 2012 年 8 月，法语频道外籍记者在北京郊区进行“走基层”采访报道。

✣ 中央电视台电视剧频道赴南海舰队进行“走转改”报道。

✣ 2012 年 12 月 10 日，《学做中国菜》栏目组外籍专家在宁波南塘老街进行“走基层”系列节目拍摄。

✣ 2012 年 1 月 18 日，新闻中心军事节目部记者在零下三十多度的界江作“新春走基层”报道。

✣ 中文国际频道《北纬 30°· 中国行》摄制组在四川省凉山木里县采访。

✣ 2012 年 2 月，《走近科学》栏目组在云南文山州拍摄《云南抗旱记》。图为本台记者拍摄中国有色金属工业昆明勘察设计研究院的专家论证打井位置。

3 节目创新步伐大幅加快。推出《舌尖上的中国》等新节目品牌，创新调整升级《新闻联播》、《焦点访谈》等名新闻品牌，运用“微博”、“微直播”等新手段进行报道。

✣ 2012 年 5 月 10 日，中央电视台台长胡占凡出席纪录片《舌尖上的中国》首映式并致辞。

✣《新闻联播》栏目视频截图。

✣ 2012 年 12 月 24 日，《焦点访谈》栏目组工作人员在探讨 19 年来首次大改版的演播室呈现方式。

✣ 2012 年 12 月 31 日，“央视新闻”新浪微博“粉丝”量突破 150 万个。

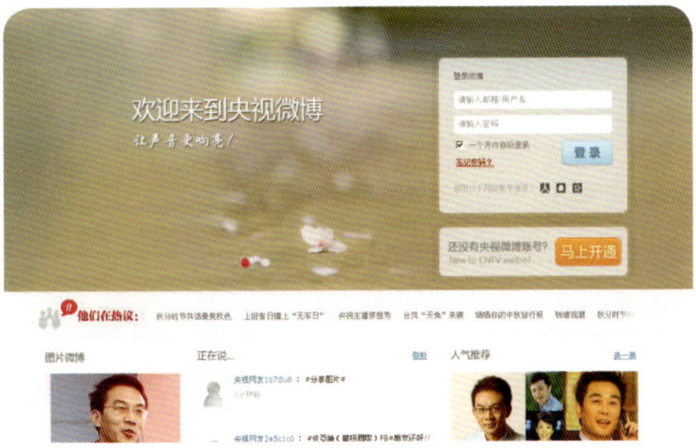

✣ 央视网微博首页截图。

✣ 大型纪录片《货币》在新浪微博进行“微访谈”时的页面截图。

4 社会影响力和收视有效提升。实施假日及周末特别编排，实行跨频道、跨媒体的节目推介机制，全年平均收视份额达 31.58%。创近三年新高。

✣ 2012 年 9 月 27 日，总编室组织召开中央电视台 2012 年中秋、国庆长假节目备播会。

✣ 2012 年 12 月 7 日，科教频道特别节目《味 · 道》摄制组在法国巴黎录制节目开场白。

✣ 2012 年 2 月 29 日，总编室举办中央电视台媒体答谢会暨 2012 年重点节目推介会。来自人民日报社、新华社、新浪网等媒体的 60 余位代表参加了会议。

✣ 2012 年 5 月 14 日，《我们的节日·端午——中华长歌行》节目正式在扬州开拍。图为主持人在扬州私家名苑——祥庐与当地群众包粽子、聊民俗。

✣ 2012 年 8 月 10 日，在少儿频道暑期特别节目《北京欢迎你》录制现场，鞠萍姐姐采访天安门国旗护卫队战士。

5 着力打造中央电视台大型活动品牌。改造升级“春晚”、“感动中国”、“经济年度人物评选”等老品牌；创新打造了“东非野生动物大迁徙”直播活动，“寻找最美乡村教师（医生）”等新品牌。

✣ 2012 年 10 月 22 日，“寻找最美乡村医生”大型公益活动启动仪式在北京梅地亚中心举行。

✣ 2012 年中央电视台春节联欢晚会舞台全景照。

✣ 2012 年 1 月 15 日，《2011 感动中国年度人物颁奖典礼》节目录制现场。

✣ 2012 年 12 月 12 日，《2012 中国经济年度人物颁奖盛典》在中央电视台总部大楼举行。

✣ 2012 年 9 月 3 日，“2012 寻找最美乡村教师”大型公益活动颁奖典礼在中央电视台总部大楼 2000 平方米演播室录制。图为主持人白岩松采访获“最美乡村教师”称号的宋玉刚全家。

✣ 2012 年 7 月，中央电视台新闻中心社会新闻部与非洲分台联合启动《东非野生动物大迁徙》直播特别报道。

6 非洲分台、北美分台建成，全球采编网络在国际重大报道中的作用初步显现。实现“国际大事件，央视在现场”。

✣ 2012 年 1 月 11 日，中央电视台非洲分台开播，副台长孙玉胜、肯尼亚副总统穆西约卡、我国驻肯尼亚大使刘光源出席开播仪式。

✣ 2012 年 4 月 19 日，时任中国驻美大使张业遂参观中央电视台北美分台。

✣ 2012 年 7 月 27 日，欧洲中心站记者专访英国首相卡梅伦后与其合影。

✣ 2012 年 1 月 19 日，拉美中心站记者在巴西总统府专访巴西总统迪尔玛 · 罗塞夫。

✣ 2012 年 1 月，意大利康科迪亚号游轮发生触礁侧翻事故，欧洲中心站、罗马记者站记者赴事故现场作报道。

✣ 2012 年 3 月 14 日，德黑兰记者站记者对伊朗总统艾哈迈迪·内贾德在伊朗议会接受质询作现场报道。

7 中央电视台全台总收入再创新高。全年实现总收入 295 亿元，同比增长 19%。

❖ 2012 年 11 月 18 日，中央电视台在梅地亚中心举行 2013 黄金资源广告招标会。图为拍卖师在招标竞购现场主持拍卖。

❖ 2012 年 11 月 18 日，中央电视台 2013 黄金资源广告招标会招标竞购现场。

❖ 2012 年 11 月 18 日，参与中央电视台 2013 黄金资源广告招标的客户举牌竞标。

❖ 2012 年 11 月 18 日，在中央电视台 2013 黄金资源广告招标会媒体分会场，多家媒体记者同步发布招标新闻信息。

❖ 2012 年 11 月 18 日，中央电视台 2013 黄金资源广告招标会结束后全体工作人员合影。

8 技术建设取得好成绩《新一代电视台网络化制播系统及重大应用》项目荣获2012年度国家科学技术进步奖一等奖。安全播出创历史最好水平，总播出时长和事故率均为历年来最好纪录。

中央电视台总部大楼混合制作岛制作区实景。

技术管理中心为中央电视台获2012年度电视节目技术质量奖“金帆奖”的员工颁奖。

中央电视台2003年至2012年常规频道播出事故率比较

单位:秒/百小时

序号	1	2	3	4	5	6	7	8	9	10
年	2003	2004	2005	2006	2007	2008	2009	2010	2011	2012
总事故率	3.86	2.52	1.49	1.91	0.99	1.16	0.34	0.56	0.66	0.26

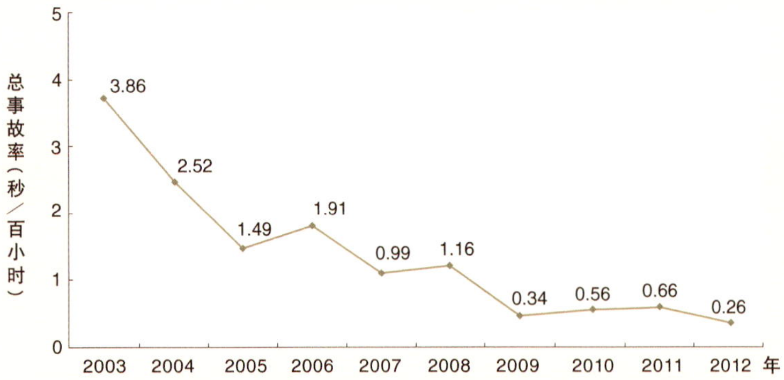

2012年总事故率：
0.26秒/百小时
安全播出率：
>99.999%
注:
安全播出率换算:
99%=1小时/百小时
99.9%=6分钟/百小时
99.99%=36秒/百小时
99.999%=3.6秒/百小时

2012年，中央电视台播出总事故率为0.26秒/百小时。

9 中央电视台总部大楼开始启用，新址建设、接收、运行工作有序推进。综艺、体育、电视剧、纪录、少儿 5 个频道实现新址独立播出，体育频道、社会与法频道进驻新址。

❖ 2012 年 5 月 16 日，中央电视台举行新台址建设工程主楼竣工仪式，中央电视台与新址施工、设计、监理、勘察方共同签署了主楼工程质量竣工验收记录。

❖ 2012 年 7 月 2 日，体育频道率先进驻中央电视台总部大楼，并使用全新工艺系统进行节目生产播出。图为台领导张海鸽、丁文华、李挺出席《体育新闻》在中央电视台总部启播仪式。

❖ 2012 年 11 月，台领导在中央电视台总部大楼 45 层微波机房指挥北京秋季国际马拉松赛转播。

❖ 中国共产党第十八次全国代表大会中央电视台总部大楼直播机房。

❖ 总编室节目播出部统筹协调 2012 年播出频道新址搬迁工作，并于 2012 年 12 月组织召开了第二批播出搬迁频道协调会。

❖ 2012 年 6 月 18 日 4 时，中央电视台新址播出系统正式启用，第一批常规频道开始在新址播出。

10 创新激励机制，加强内部管理。正式实施《中央电视台企聘员工薪酬管理办法》和《台长特别奖管理办法》，按月发放增收节支奖，有效激发干部员工积极性。

✣ 2012 年 8 月 31 日，中央电视台召开奥运报道暨台长特别奖表彰会，表彰在伦敦奥运会等重大宣传活动和重要节目创作中做出突出贡献的先进集体与个人。

✣ 2012 年 8 月 2 日，中央电视台企聘员工薪酬管理会议在梅地亚中心举行，正式公布并下发《中央电视台企聘员工薪酬管理办法（试行）》。

✣ 2012 年 3 月 23 日，中央电视台举行 2011 年度表彰大会“榜样的力量”。

✣ 2012 年 4 月，《中央电视台项目制人员整体解决方案》正式出台。

✣ 2012 年 3 月 20 日，中央电视台举办以“央视巾帼群英荟”为主题的 CCTV 第六届巾帼建功标兵表彰会。

✣ 2012 年 10 月 30 日，中央电视台举行“我心中的央视精神”主题演讲会。

❖ 2012 年 2 月 8 日至 9 日，中央电视台召开 2012 年工作会议。

❖ 2012 年 12 月 26 日，由中央电视台主办、湖南广播电视台承办的 2012 年全国省暨计划单列市电视台办公室主任年会在长沙举行。

❖ 2012 年 11 月，房管处工作人员在中央电视台总部大楼研究房屋分配事宜。

❖ 行政处接待中直机关爱卫会来中央电视台检查绿化工作。

❖ 行政处组织医务室为职工注射流感疫苗。

❖ 2012 年 8 月 15 日，总编室召开节目推介部成立大会。

❖ 2012 年 1 月 28 日，版权管理部在西安召开电视版权委员会第一届年会理事会。

❖ 2012 年 9 月 19 日，总编室召开贯彻落实《中央电视台屏幕语言文字差错管理办法》会议。

❖ 2012 年 8 月 29 日，《中央电视台个人微博使用管理细则（试行）》正式发布。综合部组织召开了中央电视台个人微博使用管理工作会议，促进全台员工合理、规范使用微博。

❖ 2012 年 9 月 28 日，规划部组织召开前三季度全台预算执行情况通报会。

❖ 2012 年 10 月 25 日，节目研发部组织召开中央电视台新节目样片专家评议会，对综艺频道的《开门大吉》和中文国际频道的《外国人在中国》新节目样片进行评议。

❖ 中央电视台各级技术负责人现场指导党的十八大开幕式直播准备工作。

❖ 2012 年 3 月 26 日至 27 日，第二届核安全峰会在韩国首尔召开。新闻中心后方工作组召开此次报道策划会议。

❖ 2012 年 6 月至 7 月，“蛟龙号”报道团队在太平洋马里亚纳海沟完成“蛟龙号”7000 米海试直播。

❖ 2012 年 1 月 17 日，俄罗斯中心记者站采访白俄罗斯总统卢卡申科后向其赠送纪念品。

❖ 2012 年 6 月 29 日，军事节目部记者在“神舟九号”降落区现场采访航天员。

❖ 2012 年春节过后，中央电视台记者跟拍云南曲靖市沾益县人力资源和社会保障局副局长陈家顺在火车上统计农民工外出打工的意向和要求。

❖ 新闻中心记者在巴基斯坦空军抵达珠海航展现场完成第一次试飞后对其进行独家现场采访。

❖ 2012年伦敦奥运会开幕前，欧洲中心站记者专访“百米飞人”博尔特。

❖ 中央电视台应对老龄化社会特别策划的新闻公益行动“我的父亲母亲”重阳节特别节目视频截图。

❖ 2012年12月26日，京广高铁全线开通运营。新闻中心记者在北京西客站作首列京广高铁列车出发前的直播报道。

❖ 2012年10月2日，新闻中心记者对中国海军北海舰队首次赴钓鱼岛附近海域巡航进行报道。

❖ 在《东非野生动物大迁徙》直播中进行现场拍摄的记者。

❖ 综合频道包装体系改版升级，推出全新卡通形象“C先生”。

❖ 教师节晚会《至高荣耀》节目录制现场。

❖ 2012 年 7 月 23 日，《世界大力士中国争霸赛》在综合频道播出。

❖《开讲啦》栏目嘉宾成龙在节目录制现场作主题为“没人能替你奋斗”的演讲。

❖《为你而战》节目录制现场。

❖ 2012 年 8 月 22 日，主持人在《开学第一课》节目录制现场采访女航天员刘洋。

❖ 2012 年 6 月 6 日，中国证监会副主席庄心一、深圳市市长许勤、中央电视台副台长魏地春、深圳证券交易所总经理宋丽萍、中央电视台总工程师丁文华共同敲响央视财经 50 指数上市宝钟。

❖ 2012 年 8 月 24 日，财经频道在北京恭王府举办开播三周年答谢酒会。

❖ 2012 年 1 月，财经频道在瑞士达沃斯举办“中国之夜”主题活动，中央电视台副台长魏地春致欢迎词。

❖ 2012 年 8 月 24 日，2012CCTV 中国上市公司峰会在北京召开。

❖ 2012 年 3 · 15 晚会节目录制现场。

❖《经济生活大调查（2011-2012）》发布现场。

❖ 2012 年 11 月 1 日至 12 月 31 日，综艺频道联合全国 12 家卫视综艺节目举办了大型综艺节目《直通春晚》。

❖ 2012 年，综艺频道推出新栏目《综艺盛典》。图为节目原创板块微小品《相亲的故事》。

❖《开门大吉》节目演播现场。

❖ 2012 年 1 月 22 日，中央电视台副台长胡恩在春节联欢晚会直播动员会后与本届“春晚”主创人员合影留念。

❖ 2012 年 7 月，中央电视台“心连心”艺术团赴江西南昌慰问演出。

❖ 2012 年 9 月，第六届 CCTV 相声大赛开幕式录制现场。

✣ 2012年11月15日至16日，中文国际频道主办的第三届海外华语电视媒体协作会在北京举行。

✣ 2012年11月16日，《我们一起走过——中文国际频道开播20年暨海外忠实观众颁奖晚会》在中央电视台录制。

✣ 2012年9月22日，《第十一届海峡两岸知识大赛总决赛暨颁奖典礼》在中央电视台录制。

✣ 2012年8月4日起，《天涯共此时》栏目推出健康养生类特别节目《养生有道》。

✣ 2012年8月31日，第五届"汉语桥"在华留学生汉语大赛总决赛暨颁奖晚会在中央电视台举行。

✣《中华之光——传播中华文化年度人物》颁奖典礼在中央电视台录制。

❖ 2012 年 6 月，台领导罗明、张海鸽、李挺为体育频道搬迁工作作动员。体育频道开始中央电视台总部大楼入驻搬迁工作。

❖ 2012 年 7 月 27 日至 8 月 12 日，体育频道全程报道伦敦第 30 届夏季奥运会。这是中央电视台境外奥运报道规模最大的一次。图为体育频道记者现场采访我国参赛运动员。

❖ 2012 年 6 月，体育频道作为主播机构，对第三届亚洲沙滩运动会进行报道。

❖《2012 CCTV 体坛风云人物年度评选》颁奖盛典录制现场。

❖ 体育频道记者对中华龙舟大赛颁奖仪式进行拍摄报道。

❖ 2012 年 6 月至 7 月，体育频道进行了为时 1 个月的 2012 年欧洲足球锦标赛转播报道。

❖ 2012年中央电视台电视剧片区合作座谈会现场。

❖ 2012年1月17日，电视剧频道召开2011年总结大会。

❖ 电视剧频道参加首届华语国际广播电视节目交易会。图为演播室采访工作照。

❖ 电视剧频道推出《火蓝刀锋》、《焦裕禄》、《温州一家人》、《营盘镇警事》等十八大重点剧目。图为《火蓝刀锋》海报。

❖ 电视剧频道部分引进剧目剧照及海报（从左至右依次为《双子星》、《就是要香恋》、《情牵南苑》）。

❖ 2012 年 4 月 17 日，科教频道组织召开中央电视台 2012 年教科文卫宣传工作会议。图为座谈会主会场。

❖ 2012 年 10 月 17 日，科教频道参与协办的“首届中国 · 嘉峪关国际短片电影展”期间，科教频道领导与参加电影展的独立电影人进行座谈。

❖ 2012 年 2 月 2 日，科教频道进行《科技盛典——2012 年度科技创新人物推选活动颁奖典礼》节目录制。

❖ 2012 年 1 月，科教频道录制春节特别节目《十万个为什么》。

❖ 2012 年 7 月 31 日，《读书》暑期特别节目《我的一本课外书》节目录制现场。

❖ 2012 年 9 月 13 日，《国脉》摄制组在中国国家博物馆拍摄外景。

❖ 2012 年 11 月，社会与法频道举办贯彻十八大精神，加强社会建设和法制宣传座谈会。

❖ 2012 年 3 月 1 日，社会与法频道三八特别节目《绽放》节目录制现场。

❖ 六集电视纪录片《中国警察》摄制组在祖国西部边境线进行拍摄。

❖ 2012 年 4 月，社会与法频道制片人、科组长竞聘上岗。

❖ 社会与法频道推出春节特别节目《社区英雄》，这是一档全新的大型公益节目，目的是支持全国各地为社区提供急需服务的公益项目。图为节目播出画面。

❖ 2012 年 10 月，社会与法频道全体员工参加秋季环湖健身活动。

❖ 2012 年 7 月 2 日，戏曲和音乐频道主办的“第七届青年京剧演员电视大赛”举行启动仪式。

❖ 《中国民族音乐盛典暨 2012CCTV 民族器乐电视大赛颁奖晚会》颁奖现场。

❖ 《金色的梦想——2012 中央电视台新春音乐会》节目录制现场。

❖ 2012 年 6 月 25 日，庆祝建党 91 周年晚会录制现场。

❖ 2012 年 6 月 5 日，主持人采访参加 2012 年维也纳美泉宫夏季音乐会演出的乐队指挥杜达 · 梅尔。

❖ 2012 年 11 月 29 日，《光荣绽放——十大青年演奏家、歌唱家系列音乐会》在中国剧院录制。

✣ 2012年5月31日，主持人月亮姐姐、黄炜、鞠萍、董浩、红果果、绿泡泡共同主持“六一”晚会。

✣ 2012 年 7 月 29 日，《2012 全国儿童歌曲大奖赛》颁奖晚会上，孩子们表演开场舞。

✣ 2012 年 2 月 27 日，《爱心满天》大型公益活动现场，少儿频道主持人联合北京大学第一医院医疗队深入基层为当地孩子们进行义诊。

✣ 2012 年 1 月 15 日，首届少儿春晚《龙子龙孙贺新春》晚会录制现场画面。

✣ 2012 年 7 月 6 日，《少儿频道 · 我的频道》大型品牌推广活动节目录制现场，少儿频道主持人和孩子们互动。

✣ 2012 年 12 月 28 日，少儿频道录制 2013 年少儿新年晚会《快快乐乐迎新年》。

❖ 2012 年 3 月 5 日，外语频道“两会”直播导播间，中央电视台副总编辑黄传芳等进行现场直播监看。

❖ 2012 年 8 月 13 日，西班牙语频道举行“走基层”系列大型报道《行走川藏线》开机仪式。

❖ 2012 年 9 月，“2012 中央电视台法语国际频道海外观众座谈会”在北京召开。

❖ 2012 年 6 月 29 日，阿拉伯语频道组织的中央电视台外语频道《车行新疆》大型系列报道活动完成拍摄。

❖ 2012 年 9 月 6 日，俄语国际频道在中秋特别节目《等着我》节目录制现场与俄罗斯第一电视台进行了现场连线。

❖ 外语频道中国慈善节目江西“免费午餐”项目拍摄现场，主持人与孩子们做游戏。

❖ 2012 年 2 月 22 日，中央电视台台长胡占凡、斯洛文尼亚驻华大使玛利亚 · 阿达尼亚出席纪录片《魅力斯洛文尼亚》首映式。

❖ 2012 年 4 月 1 日，第 49 届法国春季戛纳电视节上，中央电视台总编辑、副台长罗明和组委会代表为开幕式剪彩。

❖ 2012 年 12 月 13 日，纪录频道参加 2012 中国纪录片制作行业年会，并为获奖机构颁奖。

❖ 2012 年 10 月 31 日，中央电视台总编辑、副台长罗明，副总编辑张宁出席《来自澳大利亚的故事》新闻通气会。

❖ 2012 年 6 月 11 日，中央电视台举办“纪录天地之间——中央电视台 2012 年纪录频道节目广告资源推介会”。

❖ 纪录片《舌尖上的中国》海报。

❖ 2012 年 6 月 6 日，大型节目中心承办的《睦邻友好夜——第 12 次上海合作组织成员国元首理事会文艺晚会》在国家大剧院举行，图为与会国家领导人观看演出。

❖ 中宣部副部长、国家广电总局局长蔡赴朝到中央电视台接受十集文艺专题片《为时代放歌》节目组采访前与大型节目中心领导进行沟通。

❖ “心连心”艺术团赴凉山彝族自治州慰问演出期间，中央电视台副总编辑彭健明及部分编导深入四川省凉山州与当地村民面对面交流。

❖ 2012 年 5 月 23 日，《为人民放歌——纪念毛泽东同志〈在延安文艺座谈会上的讲话〉发表 70 周年大型文艺晚会》现场，领导和演员合影。

❖ 大型节目中心组织召开 2012 年党员发展会。

❖ 2012年6月10日，第四届中国－新加坡大型歌会现场。

❖ 2012 年，军事节目中心《军营大拜年》摄制组慰问小分队走进世界著名的大风口——阿拉山口录制节目。

❖ 2012 年 5 月 17 日，军事节目中心记者走进航天发射中心，全景展示航天科技和航天员的生活细节。

❖ 2012 年 6 月，《烽火 1937——从日本档案解密卢沟桥事变》摄制组在日本广岛拍摄原子弹爆破中心遗址。

❖ 2012 年 9 月 25 日，中国首艘航母“辽宁号”交付海军，军事节目中心记者踏上辽宁舰采访。

❖ 2012 年 12 月，军事节目中心配发全军各大单位记者站 20 辆野战卫星新闻转播车，形成野战卫星新闻转播网。该系统可为战时行动和非战争军事行动提供实时新闻传输。

❖ 2012 年 9 月 7 日，云南彝良发生 5.7 级地震，中央电视台军事节目中心记者在地震发生后第二天赶赴灾区进行拍摄报道。

❖ 2012 年 2 月 17 日，海外传播中心组织召开 2012 年中央电视台国际传播能力建设联席会议。

❖ 2012 年 9 月 12 日，中央电视台全球落地与推广论坛在北京举行。

❖ 2012 年 9 月 20 日，海外传播中心组织召开中国中央电视台俄语国际频道海外观众座谈会。

❖ 2012 年 9 月 20 日，海外传播中心组织的中央电视台法语国际频道海外观众座谈会在梅地亚中心举行。

❖ 2012 年海外传播中心组织了多次“学雷锋扶贫帮困”活动。图为 3 月 1 日，职工正在为西藏德吉孤儿院捐赠儿童用品及衣物。

❖ 2012 年 9 月 13 日，海外传播中心邀请美国学者 Ron Rizzuto 在《海得学吧》作“美国电视市场特点与中央电视台对美传播策略”讲座。

✣ 2012 年 8 月 4 日，人力资源管理中心组织新员工“入职第一课”。

✣ 2012 年 7 月 7 日，人力资源管理中心举办国际一流媒体与人才队伍建设论坛暨首批央视人力资源管理咨询顾问聘任会。

✣ 2012 年 12 月 7 日，挂职干部行前谈话暨经验交流恳谈会在梅地亚中心举行。

✣ 2012 年 8 月 10 日，新入职大学生在《从此一家人》新员工欢迎会上，现场表演朗诵、合唱等节目。

✣ 2012 年 12 月，在第五届全国敬老爱老助老主题教育活动中，离退休人员管理处获“全国敬老模范单位”称号。

✣ 2012 年 7 月 4 日，人力资源管理中心与北京大学联合举办了第一期《新任制片人管理能力提升培训班》。

❖ 财务管理中心财务管理处组织中央电视台增收节支工作培训。

❖ 财产物资处举行中央电视台新址办公家具（第二批）招标项目开标仪式。

❖ 会计核算处组织全台工作人员进行个人所得税申报工作。

❖ 产业管理处召开 2012 年度企业决算布置会议，图为获国家广电总局年度企业决算编报工作一等奖的产业管理处工作人员展示获奖证书。

❖ 计划统计处工作人员讲解预算管理相关事宜。

❖ 综合业务处工作人员研讨公文督办工作。

✣ 2012 年 8 月 23 日，国家广电总局副局长张海涛参观了第 21 届北京国际广播电影电视设计展览会（BIRTV2012）中央电视台展区。

✣ 2012 年 11 月 15 日，技术管理中心工程管理处组织了技术系统与相关节目部门参加的现址演播室技术改造需求交流会，调研节目部门的需求及建议。

✣ 2012 年 7 月 24 日，中央电视台总工程师丁文华在伦敦奥运会中央电视台转播技术区布置工作。

✣ 2012 年 4 月，技术业务处组织技术管理中心共青团员及职工为湖北省恩施土家族苗族自治州的乡镇学校捐赠图书 1200 余册。

✣ 2012 年 7 月，信息通讯处工作人员在伦敦奥运会中央电视台技术区检测网络和通讯系统运行情况。

❖ 2012 年 1 月 22 日，中央电视台副总工程师宋宜纯和技术制作中心领导在春节联欢晚会导控室指导工作。

❖ 技术制作中心在新址高清 3D 演播室转播 2012 年伦敦奥运会开幕式。

❖ 2012 年春节联欢晚会彩排现场。

❖ 2012 年 7 月 25 日，音频部技术人员在伦敦奥运会羽毛球赛场调试话筒。

❖ 2012 年春节戏曲晚会录制现场，戏剧演员进行排练。

❖ 2012 年 9 月 3 日，中央电视台总部 E01 演播室首次投入使用——录制《最美乡村教师》。

2012 年 4 月，播出传送中心领导向副台长何宗就汇报海南博鳌亚洲论坛前方转播系统准备情况。

2012 年 1 月 1 日，中央电视台 3D 电视试验频道举行开播仪式。

2012 年 5 月，播出传送中心配合体育频道在上海体操馆进行伦敦奥运会前体操信号制作最后一次全方位练兵。

2012 年 8 月，播出传送中心技术人员在伦敦奥运会前方报道中心工作。

2012 年 5 月，乒乓球中国公开赛转播技术人员调整 3D 摄像机。

伦敦奥运会体操公共信号制作人员进行视频参数调整。

❖ 2012 年 6 月 14 日，中央电视台台长胡占凡，总编辑、副台长罗明等有关领导与中国工商银行代表进行沟通。

❖ 2012 年 10 月 25 日，中央电视台副总编辑兼资产管理中心主任程宏赴“加多宝”生产车间调研。

❖ 2012 年 9 月 22 日，资产管理中心在北京五棵松体育馆举行节目资源推介会。

❖ 2012 年 9 月 26 日，资产管理中心在广州召开招标推广沟通会。

❖ 2012 年 3 月 20 日，资产管理中心在上海组织召开中国家电发展高峰论坛。

2012 年初，发展研究中心与新闻中心联合举办“用新闻架起连心桥”——中央电视台“走基层”报道研讨会，系统总结“走基层”报道阶段性成果。中宣部副部长蔡名照、中央电视台台长胡占凡出席会议。

2012 年 9 月，由中央电视台、中国广播电视协会主办，中央电视台发展研究中心、南方广播影视传媒集团承办的第二届中国电视发展年会在广州召开。

2012 年 2 月，发展研究中心与机关党委联合举办“讲述 CCTV——走基层、转作风、改文风活动报告会”。

发展研究中心举办大型文献纪录片《大鲁艺》研讨会。

发展研究中心自主研发了《2012 央视蓝皮书》、《2012 央视白皮书》和《2012 中央电视台电视节目网络影响力年度分析报告》，完成并发布《中国电视新闻年报》。

2012 年，发展研究中心配合重大节目和活动，举办了《科学发展铸辉煌》、《信仰——我们的故事》等多场大型文献纪录片研讨会。

❖ 2012 年 6 月 15 日，中直机关文明单位表彰暨精神文明创建活动现场观摩会在国家广电总局音乐厅举办，中央电视台获全国文明单位、首都精神文明单位称号。

❖ 中央电视台获国家广电总局 2010~2011 年度精神文明建设“标兵单位”称号。

❖ 2012 年 5 月 8 日，机关党委组织部分离退休老同志代表参加“央视精神”表述语提炼研讨会。

❖ 2012 年 5 月 13 日，中央电视台第八届职工田径运动会在丰台体育中心举行。

❖ 2012 年 3 月 2 日，台精神文明建设委员会联合外语频道在打工子弟学校——蒲公英中学联合开展“弘扬雷锋精神——中央电视台爱心助学系列活动”启动仪式。

❖ 2012 年 6 月 27 日，中央电视台举行新党员宣誓活动。图为机关党委领导带领 221 名新党员庄严宣誓。

❖ 2012 年 10 月 24 日，中央电视台台长胡占凡考察新台址 B 标段建设工作进展。

❖ 2012 年 1 月 17 日，新台址建设工程办公室召开 2012 年度工作会议。

❖ 2012 年 6 月 11 日，中央电视台举行新台址主楼竣工移交会。

❖ 中央电视台新台址主楼实景拍摄图。

❖ 2012 年 4 月 14 日，新址办赴广电总局绿化基地开展义务植树活动。

❖ 建设中的新台址园区媒体公园实景。

❖ 2012 年 9 月 19 日，国家广电总局领导到央视总部考察工作。

❖ 2012 年 7 月 10 日，台领导到央视总部考察工作。

❖ 2012 年 6 月 11 日，总部接管办现状接收总部大楼。

❖ 2012 年 6 月 18 日，央视总部“一站式”办公服务平台正式启用。

❖ 2012 年 7 月 3 日凌晨，《体育新闻》栏目首次在主楼顺利播出，《午夜体育报道》成为第一个在央视总部直播的电视栏目。

❖ 2012 年 5 月 10 日，全台新址基础信息认知培训启动。图为总部接管办组织的第一次面向全台的大规模新址认知培训。

❖ 2012 年 2 月，中央电视台召开 2012 年廉政工作会议。

❖ 2012 年 9 月，分党组纪检组组长、机关党委书记张海鸽在“中央电视台反腐倡廉警示教育展”揭幕仪式上讲话。

❖ 2012 年 8 月，中央电视台召开廉政风险防控机制建设工作专题会议。

❖ 2012 年 8 月，监察室组织举办了“打击新闻敲诈、治理有偿新闻”专项行动讲座。

❖ 2012 年 9 月，中央电视台巡视组到科教频道进行巡视。

❖ 2012 年 12 月，中央电视台举办第六届“荧屏杯”廉政教育小品比赛。

❖ 2012 年 11 月，审计处举办中央电视台内部审计培训班。

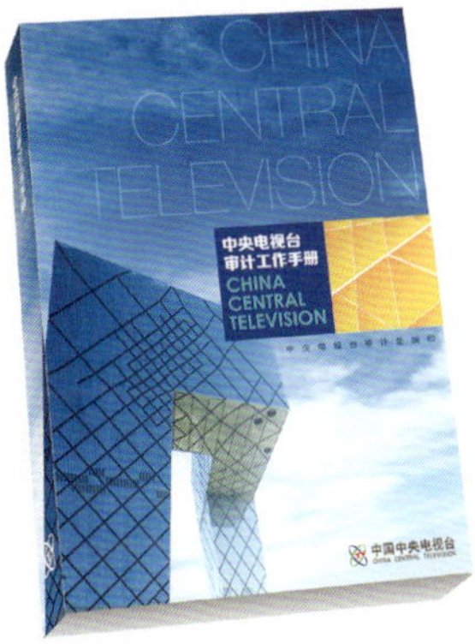

❖ 2012 年 3 月，审计处汇编完成《中央电视台审计工作手册》。

❖ 2012 年 12 月，审计处组织工作人员学习审计法规。

❖ 审计人员在进行内部审计工作。

❖ 2012 年 9 月，审计处组织开展主题党日活动。

2012 年 5 月 31 日，台领导到音像资料馆考察工作。

2012 年 10 月 27 日，负责《科学发展铸辉煌》资料保障工作的音像资料馆工作人员与台领导和创作团队合影。

2012 年 7 月 28 日，音像资料馆著录团队对奥运会公用信号进行场记著录。

音像资料馆为重点宣传项目编制的资料编辑与保障实施手册。

2012 年 12 月 19 日，中央电视台党建工作现场交流会上，音像资料馆表演开场舞《追寻》。

2012 年 5 月 12 日，中央电视台第八届职工田径运动会音像资料馆入场式表演方阵成员合影。

❖ 由中国电视报社策划发起、中央电视台主办的“CCTV 2012 中国电视剧年度明星盛典评选”活动举行新闻发布会。

❖ 中国电视报社举办深入学习贯彻落实党的十八大精神研讨会。

❖ 中国电视报社在 2012 年度全国广电报优稿评选中获得佳绩，报社领导为获奖同志颁发证书。

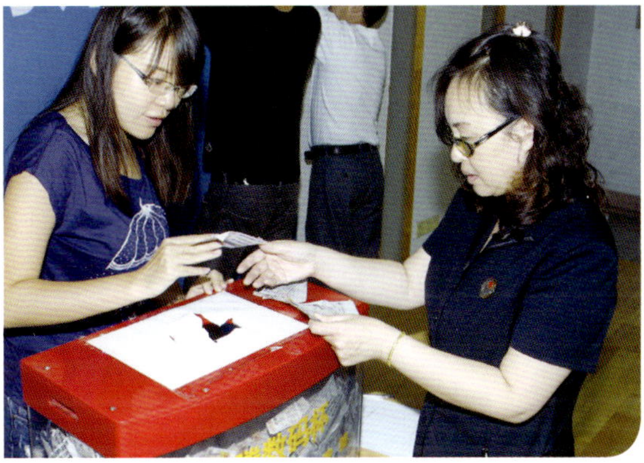

❖ 中国电视报社工作人员在北京市公证处的公证下抽取奥运有奖竞猜活动幸运读者。

❖ 中国电视报社参加中央电视台第六届廉政教育小品比赛的场景。

❖ 中国电视报社工作人员参加义务植树活动。

❖ 2012 年 10 月 28 日，中宣部常务副部长雒树刚到设在梅地亚中心的中国共产党第十八次全国代表大会新闻中心考察。

❖ 2012 年 4 月 11 日，为保障中央电视台顺利进驻新台址大楼，中广物业公司新台址项目员工在进行新台址地库开荒工作。

❖ 2012 年 12 月，中视实业发展有限公司形象设计部受大型节目中心委托，为 2013 年春节联欢晚会演员化妆。

❖ 2012 年 5 月，中国国际电视总公司与河南洛阳市龙门石窟世界文化遗产管委会达成项目合作关系，负责“龙门石窟剧场”的策划设计、舞美创作等工作。

❖ 2012 年 4 月 17 日，荧屏汽车租赁有限公司开展“驾无忧”春季车辆养护及安全宣传服务活动。

❖ 第八届中国国际动漫节央视动画有限公司展台。

❖ 2012 年 6 月中国国际电视总公司与和布克赛尔蒙古自治县文体局建立合作关系，承办“江格尔宫文化馆”的设计制作。

❖ 2012 年 3 月 1 日，中视国际传媒有限公司建设的长城非洲平台在马德里上星站举行开播仪式。

❖ 2012 年 9 月 1 日，央视后勤服务有限公司代表中央电视台参加国家广电总局第三届体育节入场式自行车方阵表演后合影。

荣誉证书

中视卫星电视节目有限责任公司：

你公司被评为党的十八大广播电视宣传优秀播出机构。

特发此证，以资鼓励

❖ 中视卫星电视节目有限责任公司被评为国家广电总局“党的十八大广播电视宣传优秀播出机构”。

❖ 2012 年 11 月 20 日，未来广告与体育频道、NBA（中国）共同召开了三方战略合作发布会。

❖ 2012 年 11 月 14 日至 16 日，央视国际视频通讯有限公司以赞助商身份参加 2012 年欧广联新闻交换年会，进行品牌推介活动。

❖ 中国电视剧制作中心有限责任公司举行《营盘镇警事》在 CCTV－1 首播仪式。

❖ 剧中心与华夏勤＋缘文化传播有限公司、公安部宣传局联合出品的青春励志剧《鹰巢之预备警官》剧照。

❖ 剧中心与延边朝鲜族自治州人民政府联合制作的长篇电视连续剧《长白山下我的家》宣传海报。

❖ 获第 26 届中国电视“金鹰奖”优秀电视剧奖的电视连续剧《江姐》海报。

❖ 电视剧《国家命运》宣传海报。

❖ 中央新闻纪录电影制片厂（集团）历史节目部制作的12集纪录片《我们在延安》摄制组工作照。

❖ 2011年10月，中央新闻纪录电影制片厂（集团）与FLYING-CAM携手，使用遥控飞机首次进行古城拍摄。

❖《张大千》摄制组在四川内江张大千纪念馆前进行拍摄。

❖ 中央新闻纪录电影制片厂（集团）一剧组采用绿背抠像拍摄手法表现未来生活场景。

❖ 中央新闻纪录电影制片厂（集团）地理节目部制作的6集纪录片《西安2020》视频截图。

❖ 中央新闻纪录电影制片厂（集团）联合银谷艺术馆摄制了12集大型人物传记系列纪录片《百年巨匠》（第一部）。

❖ 北京科学教育电影制片厂《变暖的地球》剧组工作照。

❖ 影片《长城：中国的故事》举行开机仪式。

❖ 科影厂摄制的影片《破译曹操密码》工作照。

❖ 科影音像出版社出版的音像制品展示。

❖《马克的胡同学校》剧照。

❖ 科影厂工作人员在《科技趣味创新赛》比赛现场进行拍摄。

❖ 2012年4月，中央电视台中央卫星电视传播中心2012年工作会议暨贯彻落实国家广电总局62号令及中央电视台纪录频道落地推广会在云南召开。

❖ 2012年3月，卫传中心召开廉政工作会议，部门负责人签订廉政责任书。

❖ 2012年1月，卫传中心召开优秀员工表彰会。

❖ 2012年8月，卫传中心组织全体职工参观国家广电总局无线局542台科技成果展览。

❖ 2012年8月，卫传中心组织全体职工开展“赢在执行力”培训。

✣ 2012 年 11 月 12 日，国家广电总局副局长聂辰席（左二）到中国有线电视网络有限公司检查党的十八大安全播出保障工作。

✣ 2012 年 9 月 20 日，国干网北京四环路光缆建设项目顺利完成。图为中国有线领导深夜检查国干网北京四环路光缆建设工地。

✣ 2012 年 11 月，中国有线圆满完成党的十八大传输重要保障期各项工作，并获“国家广电总局党的十八大安全播出先进集体”称号。

✣ 2012 年 5 月 16 日，中国有线召开 2012 年度股东会、董事会并圆满完成各项议程，进一步健全完善中国有线法人治理结构。

✣ 2012 年 6 月 11 日，中国有线领导赴陕西省检查广播电视安全播出工作。

❖ 2012年8月23日，由国家广电总局主办、中国广播电视国际经济技术合作总公司承办的中非合作论坛在北京举行。图为国家广电总局局长蔡赴朝，副局长张海涛、田进、张丕民、李伟和中央电视台台长胡占凡、中国国际广播电台台长王庚年等领导在开幕式前会见非盟主席等参会代表后合影。

❖ 2012年8月22日，由国家广电总局主办、中央电视台承办、中广国际总公司执行承办的BIRTV展览会举行开幕式。

❖ 2012年5月，中广国际总公司承办的发展中国家电视技术班学员在中央电视台总部参观学习。

❖ 2012年8月23日，首届中非媒体合作论坛在京成功举办。

❖ 2012年4月22日，由中国电影资料馆承办、中广国际总公司协办的第68届国际电影资料馆联合会北京年会正式举行。图为国家广电总局副局长张丕民在开幕式上致辞。

❖ 中视传媒股份有限公司举行内部控制成果研讨会暨内部控制实施启动仪式。

❖ 2012 年 9 月，中国国际电视总公司董事长梁晓涛带队到南海影视城进行调研。

❖ 2012 年 6 月 28 至 30 日，中视传媒组织北京、上海、无锡、南海四地中层以上管理人员进行为期三天的集中培训。

❖ 2012 年 11 月，中视传媒无锡影视基地三国水浒景区顺利通过 5A 复核。

❖ 电视剧《山楂树之恋》海报。

❖ 电视剧《抹布女也有春天》海报。

❖《新闻 1 + 1》栏目播出的《犯罪：别披着“爱国”的外衣！》节目视频截图。

❖中央电视台记者在发射指挥大厅直播报道“天宫一号”发射。

❖《今日说法》栏目组全体工作人员合影。

❖《看见 · 气仙沼的春天》节目画面。

❖《我要上春晚》栏目录制现场画面。

❖《星光大道》往届选手作为嘉宾为 2012 年十强选手助演。

❖ 2012 年欧洲足球锦标赛特别节目《豪门盛宴》录制现场。

❖ 体育频道将叶诗文在伦敦奥运会期间取得的突破和随之而来西方媒体对她的质疑以故事的形式展现出来。

❖ 2012 年体育频道制作的五集纪录片《体育的力量》在进行外景拍摄。

❖ 由中央电视台制作的《2012 年伦敦奥运会体操男子团体决赛》获 2012 年度中国广播电视协会电视体育节目奖公共信号制作类一等奖。图为公用信号制作人员工作现场。

❖ 2012 年 1 月，《苍狼》摄制组主创人员探讨节目后期制作相关事宜。

❖ 2012 年 7 月，《茶叶之路》摄制组在福建省武夷山下梅村进行拍摄工作。

❖ 2012 年 4 月，科教频道《讲述》栏目组拍摄纪录片《大葱进城记》的场景。

❖《大鲁艺》摄制组在陕北延安鲁艺旧址进行拍摄。

❖《启航 2012——中央电视台元旦晚会》现场。“启航 2012”是中央电视台首次多频道并机向全球进行现场直播的新年晚会，全面展示了作为国家媒体打造的新年晚会品牌的定位和品质。

❖ 电影《滔滔小河》获第 18 届上海电视节“白玉兰”国际纪录片节“最佳中国纪录片”奖。图为主创人员在颁奖典礼现场。

❖ 影片《炕头学校》剧照。

❖ 影片《岩中花树》剧照。

❖《地理·中国》栏目工作照。

❖《原来如此》栏目拍摄系列节目《飞来横祸》，展示一枚鸡蛋从高空坠落击碎玻璃的情景。

❖ 科教频道 LOGO。

❖ 2012 年 7 月 4 日，《科学发展铸辉煌》摄制组采访军事科学院院长刘成军。

❖《我爱发明》演播室录制现场。

❖《更上一层楼》中秋民族音乐会演出现场。

❖《乐鸣东方——中国优秀交响乐团暨作品展播》系列音乐会演出现场。

❖《歌声与微笑》栏目特别节目《放歌雷锋城》录制现场。

❖《灿烂阳光下》演播室全景。

❖ 2013年新年音乐会现场从音乐厅、大剧院搬到车间班组与工人兄弟们一起欢度新年。

❖《梦想合唱团》第二季开播盛典录制现场，八支合唱团第一次集体亮相。

❖《唱支山歌给党听》演出现场。

✣ 2012 年春节戏曲晚会上著名京剧演员于魁智演出画面。

✣《CCTV 空中剧院》直播 2012 上海春节京剧晚会画面。

✣《大风车》栏目剧《呼噜小精灵》剧照。

✣ 2012 年 6 月，《智慧树》栏目特别节目《我是手指魔术师》活动颁奖现场，主持人红果果、绿泡泡，小咕咚和获得优秀奖的小朋友合影。

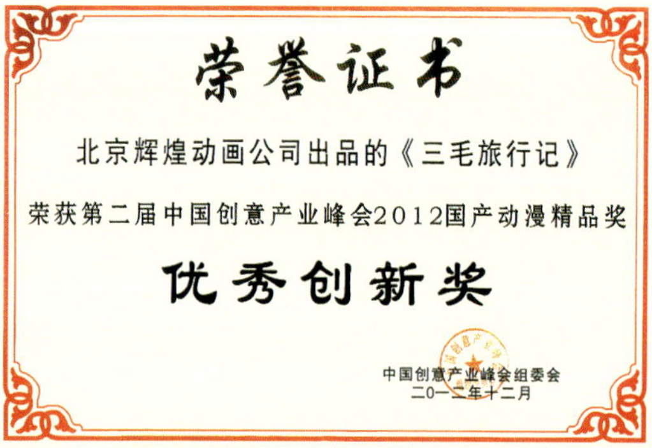

荣誉证书

北京辉煌动画公司出品的《三毛旅行记》

荣获第二届中国创意产业峰会2012国产动漫精品奖

优秀创新奖

中国创意产业峰会组委会
二〇一二年十二月

✣ 动画片《三毛旅行记》获奖证书。

✣ 2012 年 10 月，北京未来广告公司在第 19 届中国国际广告节上获“中国体育营销传播领军媒体大奖”。

① 大型纪录片《故宫100》海报。
② 电视剧《便衣支队》海报。
③ 电视剧《木府风云》剧照。
④ 动画片《新年钟声》剧照。

❖ 纪录片《超级工程》海报。

❖ 电视纪录片《春晚》出版物封面。

❖ 动画片《猫眼小子包达达》海报。

2012 年度中央电视台名播音员主持人

康　辉

董　卿

毕福剑

张　斌

白岩松

欧阳夏丹

鲁　健

撒贝宁

张泉灵

季小军

李修平

芮成钢

2012 年度中央电视台优秀播音员主持人

海　霞

陈伟鸿

李　红

王小丫

崔永元

王世林

郎永淳

张腾岳

任鲁豫

2012 年度中央电视台优秀播音员主持人

朱　军

朱　迅

石琼璘

王昊（月亮姐姐）

张　羽

劳春燕

李佳明

沙　桐

王筱磊

目　录

图片纪事

特　载

概　况

专　辑

机　构

频道·栏目·节目

CHINA CENTRAL TELEVISION YEARBOOK

新媒体传播

获奖·表彰

受众调查·研发

CHINA CENTRAL TELEVISION YEARBOOK

规章制度选载

电视书、报、刊及音像出版物

新技术设备

产业经营

同港、澳、台交流与合作

对外交流与合作

人　物

统　计

大事记

附录

索 引

CCTV 2012 YEARBOOK

Contents

TEZAI

特载

特载

党和国家领导人讲话摘编

习近平：承前启后　继往开来　继续朝着中华民族伟大复兴目标奋勇前进

2012年11月29日，中共中央总书记、中央军委主席习近平和中央政治局常委李克强、张德江、俞正声、刘云山、王岐山、张高丽等来到国家博物馆，参观《复兴之路》基本陈列，回顾近代以来中国人民为实现民族复兴走过的历史进程，号召全党同志承前启后、继往开来，把我们的党建设好，团结全体中华儿女把我们国家建设好，把我们民族发展好，继续朝着中华民族伟大复兴的目标奋勇前进。

在参观过程中，习近平发表了重要讲话。他表示，《复兴之路》这个展览，回顾了中华民族的昨天，展示了中华民族的今天，宣示了中华民族的明天，给人以深刻教育和启示。中华民族的昨天，可以说是“雄关漫道真如铁”。近代以后，中华民族遭受的苦难之重、付出的牺牲之大，在世界历史上都是罕见的。但是，中国人民从不屈服，不断奋起抗争，终于掌握了自己的命运，开始了建设自己国家的伟大进程，充分展示了以爱国主义为核心的伟大民族精神。中华民族的今天，正可谓“人间正道是沧桑”。改革开放以来，我们总结历史经验，不断艰辛探索，终于找到了实现中华民族伟大复兴的正确道路，取得了举世瞩目的成果。这条道路就是中国特色社会主义。中华民族的明天，可以说是“长风破浪会有时”。经过鸦片战争以来170多年的持续奋斗，中华民族伟大复兴展现出光明的前景。现在，我们比历史上任何时期都更接近中华民族伟大复兴的目标，比历史上任何时期都更有信心、有能力实现这个目标。

回首过去，全党同志必须牢记，落后就要挨打，发展才能自强。审视现在，全党同志必须牢记，道路决定命运，找到一条正确的道路多么不容易，我们必须坚定不移走下去。展望未来，全党同志必须牢记，要把蓝图变为现实，还有很长的路要走，需要我们付出长期艰苦的努力。

每个人都有理想和追求，都有自己的梦想。现在，大家都在讨论中国梦，我以为，实现中华民族伟大复兴，就是中华民族近代以来最伟大的梦想。这个梦想，凝聚了几代中国人的夙愿，体现了中华民族和中国人民的整体利益，是每一个中华儿女的共同期盼。历史告诉我们，每个人的前途命运都与国家和民族的前途命运紧密相连。国家好，民族好，大家才会好。实现中华民族伟大复兴是一项光荣而艰巨的事业，需要一代又一代中国人共同为之努力。空谈误国，实干兴邦。我们这一代共产党人一定要承前启后、继往开来，把我们的党建设好，团结全体中华儿女把我们国家建设好，把我们民族发展好，继续朝着中华民族伟大复兴的目标奋勇前进。

我坚信，到中国共产党成立100年时全面建成小康社会的目标一定能实现，到新中国成立100年时建成富强民主文明和谐的社会主义现代化国家的目标一定能实现，中华民族伟大复兴的梦想一定能实现。

（本文是2012年11月29日习近平在参观《复兴之路》展览时的讲话，摘自新华社2012年11月29日电）

李克强：建设一个生态文明的现代化中国

生态文明源于对发展的反思，也是对发展的提升。人类发展史就是一部文明进步史，也是一部人与自然的关系史。历史上，一些古代文明因生态良好而兴盛，也有的文明因生态恶化而衰败。近300年来，人类在工业化中创造了巨大的物质财富，但也付出了沉重的资源环境代价。20世纪下半叶后，国际社会开始思考“增长的极限”、“只有一个地球”等问题，提出了循环经济、绿色发展、生态文明等理念。联合国先后召开四次环境与发展大会，达成了促进可持续发展、应对气候变化等共识，并逐步转化为各国的行动。可以说，生态文明是对农业文明、工业文明的继承和创新，符合人类文明发展的方向。

中国自古以来就有“道法自然”、“天人合一”等生态思想，这些智慧对今天的发展仍有启示。从20世纪70年代起，中国就注重加强污染防治，并积极参与世界环境与发展事业。改革开放30多年来，中国推进现代化建设，实行节约资源、保护环境的基本国策，采取了一系列有效措施，使生态环境恶化的趋势有所减缓。但我们清醒地看到，中国面临的生态环境形势依然严峻。资源相对不足、环境容量有限，已经成为新的基本国情，成为发展的“短板”。我们大力推进生态文明建设，正是要打破这一瓶颈制约。

朝着生态文明的现代化中国迈进，是摆在我们面前的一项全新课题，是全面建成小康社会的应有之义。我们既要继续发展工业文明，又要大力弘扬生态文明。在中国这样一个13亿多人口的大国实现现代化，人类历史上没有先例可循。在广阔的国土上保护生态环境，也是世界性难题。我们面临前所未有的发展机遇和风险挑战，既要有“走钢丝”的忧患意识，也要有“登高峰”的必胜信心。发达国家几百年里逐步实现的工业化、城镇化，在我国正加快推进；发达国家上百年间逐步出现的资源环境矛盾，在我国也集中显现。借鉴国际上的成功经验，汲取一些失败的教训，发挥新兴国家的后发优势，可以避免重复“先污染、后治理”的老路，探索出一条新的发展路径。中国将进一步树立尊重自然、顺应自然、保护自然的生态文明理念，把生态文明建设融入整个现代化建设之中，加快转变经济发展方式，在发展中保护、在保护中发展，通过转型发展，实现发展经济、改善民生、保护生态共赢。

建设生态文明的现代化中国，重点需要从以下几个方面加大努力。

一是转型发展。中国作为世界上最大的发展中国家，推动经济社会发展是第一要务。环境问题说到底是在发展中产生的，也应在发展中加以解决。同时，发展应是可持续发展、科学发展，要走生态文明的现代化道路。良好的生态环境是买不来、借不到的财富。山清水秀但贫穷落后不行，殷实小康但环境退化也不行。我们将优化国土空间开发格局，形成合理的生产空间、生活空间、生态空间。我们将推进重大生态工程、环保工程、节能工程建设，“十二五”期间中国生态环保投入将达到3.4万亿元。我们将以节能减排作为结构调整和创新转型的重要突破口，到2015年使单位国内生产总值二氧化碳排放比2010年降低17%。只有把发展建立在资源可接续、环境可承载的基础之上，才能过好今天、不忧明天，在转型中实现国家的永续发展。

二是惠及民生。无论是推进现代化，还是建设生态文明，都是为了人、为了人的全面发展。随着生活水平的提高，人们对良好生态环境的需求更加迫切。环境问题已成为重要的民生问题。人民希望安居、乐业、增收，也希望天蓝、地绿、水净。作为政府，有责任调动各方面力量加大污染防治力度，不欠新账、多还旧账，在充分提供物质产品、文化产品的同时，更多提供生态产品。从今年开始，中国在京津冀、长三角、珠三角区域及直辖市、省会城市开展PM 2.5监测并公布信息，同时采取针对性措施加强治理，力争经过一段时期的努力，逐步使空气质量有所改善。保护生态环境，有利于民族和社会，也有利于个人和子孙后代。生态环境美好的家园是人民共同的家园，也需要人民共同来建设。全社会都要增强生态意识、营造良好氛围，每个人从自己做起、从身边事做起，点点滴滴的保护行动就可以汇成蓬蓬勃勃的生态文明建设力量。

三是拓展市场。扩大国内需求是中国发展的战略基点，同步推进工业化、城镇化、信息化、农业现代化，蕴藏着巨大的内需潜能。我们要实现的新型工业化、城镇化，必然是生态文明的工业化、城镇化。它孕育着前景无限的市场空间，催生着规模庞大的生态产业。无论是可再生能源应用，还是建筑节能改造，或是污水垃圾处理，都会形成新的经济增长点。以光伏电池为例，目前国内安装总量不到年产量的10%，开拓国内市场的潜力很大。我们将结合城镇化建设，采取鼓励太阳能发电设备应用、支持分布式发电并网等措施，在国内开拓更大市场，促进光伏产业持续健康发展。预计2020年，中国太阳能发电装机将达到5000万千瓦。如果说绿色环境是难以估值的宝地，生态产业就是挖掘不尽的宝藏。我们需要巩固农业、做强制造业、做大服务业，形成发展新优势；也需要大力发展循环经济、节能环保产业、绿色低碳产业，抢占经济新高地。

四是深化改革。改革开放是发展特别是转型发展的必由之路，是现代化的强大动力。推进生态文明建设，需要物质支撑、精神驱动，更需要改革和制度创新。节能环保是生产生活方式的深刻变革，涉及理念的更新和利益的调整，必须发挥体制机制这一杠杆的撬动作用，摆脱对传统发展路径的依赖。这就需要加快价格、财税、金融、行政管理以及企业等改革，完善资源有偿使用、环境损害赔偿、生态补偿等制度，健全评价考核、行为奖惩、责任追究等机制，加强资源环境领域法制建设，以体制激励和约束企业，用法律调节和规范行为，使改革这个最大“红利”更多地体现在生态文明建设上，体现在科学发展、转型发展上。

五是加强合作。环境与发展问题是全球面临的共同挑战，促进绿色发展是各国利益汇合点。中国作为一个幅员辽阔的经济大国，解决好这方面问题，是对全人类的一大贡献。我们将把生态环保作为对外开放的重要领域，继续加强同其他国家、国际组织的环境合作，引进并吸收先进理念、治理技术、管理模式和有益经验。我们的市场是开放的市场、公平竞争的市场，欢迎国外企业来华发展生态产业。中国是一个负责任的国家，我们将深入推进国际环境公约的履约工作，按照共同但有区别的责任原则、公平原则、各自能力原则，承担自己应尽的国际义务，共同应对全球气候变化，共同推动人类环境与发展事业。

（本文是2012年12月12日李克强在中国环境与发展国际合作委员会2012年年会开幕式上的讲话，略有删节，摘自新华社2012年12月12日电）

刘云山：深入调研　问计于民　集思广益为群众路线教育实践活动做好准备

2012年12月30日，中共中央政治局常委、中央书记处书记刘云山在北京主持召开调研座谈会，就如何开展好党的群众路线教育实践活动听取党员干部和专家学者的意见。他强调，围绕保持党的先进性和纯洁性，在全党深入开展以为民务实清廉为主要内容的党的群众路线教育实践活动，是推进党的建设新的伟大工程的战略举措，是加强党的作风建设的重要载体。为了搞好教育实践活动，要深入调研、问计于民、集思广益，做好充分准备。

中共中央政治局委员、中央书记处书记、中组部部长赵乐际参加座谈会。来自北京、山西、江西、广东、西藏、新疆等省区市正在中央党校学习的6位市县委书记、县长，中央有关部门负责同志和专家学者参加座谈，大家踊跃发言，就深入学习贯彻党的十八大精神、切实加强党的作风建设、开展好党的群众路线教育实践活动等，畅谈思想认识，提出意见建议。

刘云山认真听取发言，并与参加座谈的同志进行探讨交流，要求有关部门把大家的意见建议吸收到教育实践活动方案和今后工作中。刘云山说，党最大的政治优势是密切联系人民群众，执政后的最大危险是脱离人民群众。党能否始终保持同人民群众的血肉联系，直接关系到党的生死存亡。要从政治的高度、全局的高度、战略的高度，深刻认识贯彻党的群众路线的极端重要性，深刻认识开展教育实践活动的现实紧迫性。

刘云山指出，这次教育实践活动的主题是为民、务实、清廉，开展好教育实践活动最基本的要求是牢固树立和深入贯彻党的群众路线。要切实摆正同人民群众的关系，解决好“我是谁”的问题，真心实意地做人民的公仆，全心全意地为人民服务。要始终站稳群众立场，做决策、定政策都要想到老百姓的利益，学会换位思考，多听一听普通群众的愿望，多想一想老百姓的感受。要进一步增进群众感情，任何时候都不能忘了自己的根、自己的本，经常想想群众在我们心中是什么位置。对人民群众要有敬畏之心，放下架子，甘当小学生。

刘云山十分赞成一些同志在发言中讲到开展教育实践活动要注重解决实际问题的意见。他说，教育实践活动一定要着力解决人民群众反映强烈的问题，特别要解决党员干部思想作风上的突出问题，解决脱离群众的各种问题，提高做好新形势下群众工作的能力。要借鉴历次教育实践活动的成功经验，贯彻从严治党的要求，开展批评与自我批评，切实取得实实在在的效果。

（摘自新华社2012年12月30日电）

刘奇葆：中央新闻单位要带头改文风　展现新气象

2012 年 12 月 11 日，中共中央政治局委员、中央书记处书记、中宣部部长刘奇葆在中央新闻单位调研时强调，新闻战线要按照党的十八大要求，一定要下决心改进文风，以好的文风不断深化党的十八大精神的学习宣传贯彻，推动各类媒体传播力影响力的提高。

调研中，中央新闻单位负责人认真学习了中央政治局改进作风的八项规定中关于对新闻报道、改进文风的要求，学习了习近平总书记有关重要批示精神。刘奇葆指出，新闻战线担负着宣传党的主张、通达社情民意的重要职责，一定要深刻领会、坚决贯彻中央精神，把改进文风作为当前的一项重要任务，高度重视，立即部署，大力推进。要从新闻报道、评论言论和文字风格、文章标题、版面编排等方面进行总体研究、全面改进，提倡“短、实、新”，反对“假、长、空”，切实做到言之有理、言之有物、言之有情，富有吸引力感染力。要牢记新闻媒体的职责使命，通过改进文风更好地把握正确导向、巩固主流思想舆论。

刘奇葆强调，中央新闻单位是新闻战线的“国家队”、“排头兵”，要在改进文风上先走一步、高出一筹，让群众满意。要把群众满意认可作为最高标准，从实际生活中发现线索、选定题材、挖掘新闻，讲实话、讲短话、讲有用的话，使报道的内容、形式、语言、风格更加贴近群众的需求，让群众明显感受到文风方面的新气象。要完善制度机制、扎实巩固地改，认真总结“走转改”的成功经验，加强新闻队伍建设，建立长效机制，使改进文风转化为广大新闻工作者的自觉行动。新闻单位领导干部要切实把好文风关，带头写朴实生动的报道评论，以模范行为带动本单位文风的改进。

（摘自新华社2012年12月11日电）

国家广电总局领导讲话摘编

让文化惠泽民生——十年来我国广播影视公共服务体系建设

中宣部副部长、国家广播电影电视总局局长　蔡赴朝

党的十六大以来，广播影视系统按照中央的决策和部署，深入贯彻落实科学发展观，坚持以人为本，坚持把社会效益放在首位，坚持把满足人民群众的精神文化需求作为出发点和落脚点，多谋民生之利，多解民生之忧，大力加强广播影视公共服务体系建设，取得了历史性突破，实现了跨越式发展。

一、实施重点工程带动战略，公共服务体系建设从城乡二元分割向城乡一体化转变，公共服务实现大跨越，城乡居民共享广播影视发展新成果

实施“村村通”工程，从村村通到户户通，农村

广播电视发展实现历史性跨越。充分利用卫星、无线、有线等多种手段，有重点、分步骤地消除农村广播电视覆盖盲区，完成了已通电行政村和20户以上自然村的“村村通”建设任务，全国广播电视综合人口覆盖率分别提高到97.06%和97.82%。从2011年开始，又在有线电视未通达的广大农村地区实施直播卫星公共服务工程，推动广播电视覆盖由村村通向户户通转变。这些地区的群众可通过直播卫星接收40余套数字广播电视节目，并可实现打电话、互联网应用等多项功能。2015年将服务扩展到全国有线电视未能通达地区的全部用户。

实施“西新工程”，覆盖范围从西藏、新疆扩展到少数民族人口较多的9省区，大幅度提高了边疆民族地区广播影视发展水平。按照中央部署，国家广电总局从2000年起组织实施西新工程。党的十六大以后，“西新工程”全面深入推进，逐步扩大到内蒙古、宁夏、四川等少数民族人口较多的9个省区，覆盖国土面积超过498万平方公里，使边疆民族地区广播影视发展格局实现了根本性转变。西藏广播电视覆盖率由1999年的68.6%和63.5%分别提高到2011年的91.7%和92.8%，新疆由1999年的87.4%和89.5%分别提高到2011年的94.9%和95.3%。地处偏远的游牧群众也能通过移动的太阳能接收设备随时随地收看电视节目。与此同时，少数民族语言广播影视节目建设进一步加强。当前，全国已有7套少数民族语言卫视节目，建成11个少数民族语言电影译制中心，分工负责34个语种和方言的电影译制。多层次、多语种的少数民族语言广播覆盖到相应地区。广大少数民族群众“听得懂看得懂”的问题基本得到解决。

实施农村电影放映工程，从分散的胶片放映队到统一的数字院线，农村电影进入数字化集约化放映新时代。实施农村电影放映工程后，农村电影放映瘫痪的格局逐步得到扭转。2007年农村电影放映工程进入推广数字化放映新阶段，2011年底全国已组建农村数字院线246条、放映队4.8万支，农村电影银幕超过5万块，农村电影全面实现更加便捷、丰富、高质的数字化服务。2011年全国农村放映电影812万场，观影人次18亿，基本实现了“一村一月放一场电影”的公益目标。针对全国电影发展“两头大中间小”的格局，县级城市数字影院建设工程2011年启动，到2015年每个县级城市都将有数字电影放映场所。

二、创新公共服务技术体系，广播电视传输网络从模拟单向向数字化、网络化、交互化、全覆盖演进，基础设施建设取得大发展，文化与科技融合助力公共服务实现新跨越

全面推进广播影视数字化，公共服务实现技术转型，服务范围、效率和质量跃上新台阶。党的十六大以来，广播影视从模拟向数字的转型加快推进，建成了世界上规模最大、具有现代技术水平的广播影视制作、播映和传输覆盖体系。到2011年底，全国有线网络用户突破2亿，有线电视数字化渗透率从2004年的不到1%提高到56.7%。中央和省两级广播电视台已基本实现数字化网络化。地面数字电视已覆盖全国337个大中城市。全程全网、互联互通、可管可控的下一代广播电视网（NGB）建设正在加快推进。人民群众开始实现由看电视到用电视的转变。到2015年，我国将停止模拟广播电视的播出，全面实现数字化。电影数字化发展步伐加快，39条城市主流院线的数字银幕超过9000块，电影数字化水平和规模领先全球。

充分运用高新技术，推进公共服务业态创新，服务内容和服务形式丰富多彩。顺应人民精神文化需求的新变化、新要求和新期待，高清电视、3D电影、3D电视、巨幕电影等新业态迅速发展，深受群众欢迎。全国已开播16个高清频道，及时推出首个3D电视试验频道，建有3D银幕超过7000块，巨幕近70块。网络电视、移动电视、IP电视、手机电视、智能电视等新业务不断涌现，研发了具有自主知识产权的移动多媒体广播电视技术标准体系，建成了全世界最大的移动广播电视覆盖网络。

认真落实国家战略部署，积极推进三网融合，广播影视公共服务渠道和方式更加多样，服务平台更加广阔。2010年以来，广播电视网与电信网、互联网“三网融合”试点工作积极展开，一系列推进“三网融合”的重大举措逐步实施，中央IPTV集成播控总平台已经建成，省级分平台建设正在推进，全国统一的IPTV集成播控体系将逐步形成。IPTV集成播控平台与电信的对接工作已取得初步进展。全国网络整合步伐加快，已基本实现一省一网的目标，国家级广播电视网络公司组建工作进展顺利，全国有线电视互联互通平台开始筹建。

三、加强公共服务内容建设，广播影视节目从短缺单一向多品种、多样化升级，规模与质量实现大提升，不断满足人民群众精神文化新需求

不断提升内容生产能力，节目数量快速增长。2011年，全国2607家广播电视播出机构开办广播节目2726套、电视节目1329套，全国广播和电视节目制作量分别比2001年增长67.3%和86.7%；电影产量由2001年的不足百部上升到558部，位列世界第三；电视剧产量由不到1万集增加到14942集，位列全球第一；影视动画产量由不到1万分钟增加到26万分钟，跃居世界首位。广播电视公共服务内容更加丰富，公益性更加突出。全国开办对农广播频率36个、电视频道13个，开办少儿频道33个，卫星动画频道5个，开办纪录片频道4个。

大力实施精品战略，注重节目原创，广播影视内容质量显著提高。选题策划、资金投入、表彰奖励等扶持原创精品的保障机制进一步完善。近年来，以《建国大业》、《唐山大地震》、《杨善洲》等为代表的优秀影片，以《亮剑》、《闯关东》、《五星红旗迎风飘扬》等为代表的优秀电视剧，以《故宫》、《大国崛起》、《舌尖上的中国》等为代表的优秀纪录片，以《小鲤鱼历险记》、《喜羊羊与灰太狼》、《梦回金沙城》等为代表的优秀动画片不断涌现。

着力加强宏观调控，节目结构更加合理、导向更加鲜明。顺应广大人民群众的要求，近年来采取了一系列抵制低俗媚俗、净化声频荧屏的坚决措施。特别是2012年以来，加强了电视上星综合频道节目管理，有效遏制了过度娱乐化、雷同化和低俗倾向，有力促进了电视节目的创新创优。近百档思想性、艺术性、观赏性俱佳的新栏目竞相呈现，电视荧屏百花齐放、新风扑面。广播节目更加贴近实际、贴近生活、贴近群众，新闻资讯节目比重增加，交通信息、生活服务、政务热线、综艺娱乐等多类型多样化节目提升了广播媒体的影响力。

四、改革公共服务体制机制，广播影视公益性事业从政府包揽向政府主导、社会参与转变，体制机制实现大转型，公共服务体系建设获得新动力

明确政府职责，创新管理机制，财政投入力度不断加大，资金使用效率明显提高。到2011年底，国家累计投入广播电视“村村通”工程资金114亿元；“西新工程”资金215亿元；农村电影放映工程资金32亿元，财政投入力度前所未有。在加大投入的同时，财政部门和广电部门积极创新投入方式，变以往财政拨款为专项工程采购，从过去花钱养人到现在用钱办事，极大地提高了资金使用效率和公共服务效益。

创新广播影视公共服务运行机制，引导社会力量通过多种方式参与公共服务。党的十六大以来，广播影视系统创新公共服务体制机制，积极引入市场竞争，引导社会力量参与公共服务。在广播电视设备提供、安装服务、运行维护和电影放映以及视听新媒体发展等领域，社会力量异常活跃。农村电影放映工程确立了“企业经营、市场运作、政府购买、群众受惠”的新体制。政府通过购买公益服务，采取委托、代理、合作等方式调动社会各方面力量参与公共服务。当前，农村放映队中相当一部分都是农民个体放映队。同样，在“村村通”和直播卫星公共服务工程中也引入市场机制，依靠社会力量发展服务网点，壮大了公共服务的力量。

创新公共产品供给方式，公共产品提供主体从单一向多元转变。党的十六大以来，影视剧制作领域加大改革力度，降低准入门槛，在国家许可范围内，引导社会资本投资影视制作，极大提升了节目内容生产能力。全国5363家广播电视节目制作经营机构中80%以上，1100多家电影制作机构中95%以上是民营机构。多元主体的参与，促进了影视产品的繁荣发展。

五、坚持人民至上的服务理念，人民群众不仅是公共服务的享有者，而且成为参与者、创造者和评判者，人民群众的创造热情大大提高，广播影视公共服务体系建设焕发新活力

把实现人民群众愿望作为广播电视宣传的第一主题。广播影视公共服务坚持以人民为中心、人民至上的发展理念，找准定位、明确方向。在南方雨雪冰冻灾害、汶川地震、玉树地震等重大突发事件中，广播电视在引导舆论、稳定人心、协助救灾等方面发挥了不可替代的重要作用。2011年以来，广播电视战线广泛开展“走转改”活动，推动了许多党和政府高度重视、关系群众切身利益的急事难事的解决，架起了党和政府与人民群众的连心桥。

让人民群众成为广播影视的第一主角。广播影视节目坚持以人民为中心的创作导向，热情讴歌了人民群众用善良勇敢创造社会和谐，用诚实劳动争取美好生活的生动实践，充分展示了我国人民奋发有为的精神风貌和创造历史的辉煌业绩。人民群众中蕴含的文化创造力量得到了鲜活的展示，当今的广播电视，随时随地可以听到群众的声音，看到群众的身影。

把人民群众满意作为评价广播影视的第一标准。各级广播电视单位普遍设立了听众、观众联络机构，随时根据群众的意见，策划节目内容、调整节目定位、规划栏目设置、创新节目形态，广泛开辟了征集群众意见的渠道。在广播影视各类评奖中，都建立了吸收群众参与评判的机制，根据群众意愿取消了电视剧中间的插播广告、调整了上星频道的节目结构。把群众评价、专家评价和市场检验统一起来的广播电视综合评价体系正逐步建立完善。

（摘自《中国广播电视学刊》2012年第10期，略有删节）

把握机遇 改革创新
推动网络视听节目服务业又好又快发展

国家广播电影电视总局副局长 田进

近年来，伴随着我国经济、社会、文化、科技的快速发展和互联网的迅速普及，我国网络视听节目服务业呈现出十分强劲的发展态势。主要体现在以下几个方面：一是节目丰富多样。节目数量剧增，形态和样式不断创新，既有传统广播电视节目和电影、电视剧等源源不断的网上传播，更有大量专门用于网络传播的网站自制节目、用户上传节目。据统计，2011年，网络视听节目服务机构平均每家每周更新节目量达553.6小时。一些知名网络视听节目服务机构推出了一大批广受欢迎的原创品牌节目栏目和短片。特别是作为新兴网络节目样式，网络剧、微电影的发展引人注目。到2011年底，17家主要视听节目服务网站自制的网络剧、微电影达134部，总时长超过1万分钟，其中不乏制作精良的优秀作品。二是产业规模不断壮大。近三年来，我国网络视听节目服务业的市场规模以每年超过100%的速率递增。据有关统计，2012年第一季度我国网络视频市场广告收入达21亿元，同比增长了218%。当前，全国共批准617家单位开展互联网视听节目服务业务、9家单位开展互联网电视业务、20家单位开展移动通信网手机电视业务，共批准开办17家网络广播电视台。同时，一批实力较强的广播电视节目制作经营机构、电影电视剧生产机构切实加大了网络节目的投资力度，一批知名演员和青年导演也纷纷参与网络节目生产，一些网络视听节目服务网站甚至开始尝试向电视台提供节目。三是影响日益增强。我国网络视频用户2007年底为1.6亿，到2011年底已达3.25亿，增长了一倍多。当前，互联网上约70%的流量来自视听节目服务，几家主要视听节目服务网站2011年排名前10位的热播剧点击量均超过1亿。可以说，网络视听节目服务的发展，在丰富人民群众精神文化生活、满足人民群众多方面多样化多层次精神文化需求方面发挥了重要作用。

在充分肯定成绩的同时，也必须清醒看到，网络视听节目服务业在发展中也确实存在一些不容忽视的问题。主要表现在：节目数量虽然不少，但优秀的精品节目还是不多；个别网络视听节目服务机构社会责任意识、文化担当意识不强，导致部分节目存在内容低俗、格调低下、渲染暴力色情等问题；网络视听节目服务业的管理滞后于发展，还比较薄弱，亟须加强；此外，还存在市场不完善、专业人才队伍缺乏等问题。这些，都需要我们高度重视，并在今后的工作中认真加以改进。

党的十七届六中全会从坚持中国特色社会主义文化发展道路、建设社会主义文化强国的高度，鲜明提出了发展健康向上网络文化的重大战略任务。我国网络视听节目服务业当前面临着良好的机遇和环境、条件，正处在一个改革创新、加快发展的关键时期。我们必须抓住国家重视网络文化发展的政策机遇，抓住人民群众需求日益旺盛的市场机遇，抓住社会各方面参与热情高涨的投资机遇，通过改革创新，进一步推动网络视听节目服务业又好又快发展。为此，需要政府管理部门、从业机构、行业组织齐心协力、共同努力。当前和今后一个时期，要着力强化以下五个方面的工作：

一要坚持正确方向。网络视听节目是重要的精神文化产品。繁荣发展网络视听节目服务，坚持正确方向是灵魂、是根本。必须始终坚持社会主义先进文化的前进方向，全面贯彻“二为”方向和“双百”方针，大力弘扬优秀文化，积极传播主流价值，唱响网上思想文化主旋律，充分发挥引领风尚、教育人民、服务社会、推动发展的积极作用。所有网络视听节目服务机构和从业人员都要切实增强社会责任意识、文化担当意识，坚持把社会效益放在首位，坚持社会效益和经济效益有机统一，弘扬真善美，鞭挞假丑恶，绝不制作传播“文化三聚氰胺”、“文化地沟油”之类的节目。

二要大力加强节目建设。节目始终是网络视听节目服务业发展的核心竞争力。必须把节目建设放在突出位置，采取措施大力实施网络视听节目建设工程，努力为人民群众提供更好更多的精神食粮。重点是两个方面：一方面，要在保持节目数量增长的同时，着力提高节目质量和品质，多出适合网络传播的精品佳作。鼓励电台电视台、网络广播电视台、网络视听节目服务单位、影视节目制作单位等各类机构生产制作网络视听节目，着力培育发展一批具有一定规模实力和品牌影响力的网络视听节目生产主体。鼓励网民创作格调健康的网络视听节目。另一方面，要加大优秀网络视听节目的推广力度，通过加强主流媒体宣传、开展行业评奖等方式，努力扩大优秀节目的传播和影响。

三要深入推进改革创新。网络视听节目服务是新科技新传播带来的新业务，是最需要创新的领域。创新是网络视听节目服务的特性和生命力所在。要贴近受众需求，把握产业链规律，积极推进业务和业务模式的创新，强化特色、形成品牌、增强效益，促进良性循环和可持续发展。要面向市场，积极推进体制机制创新，着力健全企业组织结构，培育发展创新型市场主体；积极探索视听节目版权交易机制，进一步完善市场体系；积极深化投融资改革，继续支持符合条件的企业上市融资。要加强业内协作，建立健全相应的机制和平台，促进优势互补、实现共赢发展。特别需要强调的是，网络传播发展到今天，科技应用与内容传播、与业务开发已经深度融合、更加密不可分，科技创新特别是科技自主创新比以往任何时候都显得更加重要、更加紧迫。我们必须高度重视、大力推进网络视听节目服务领域的科技自主创新，切实加强有关核心技术、关键技术、共性技术研发，努力打造自主技术品牌，以先进技术支撑自主发展，牢牢把握未来发展主动权。

四要进一步强化管理。科学有效的管理，是促进行业健康有序发展的重要保障。要强化播出主体的审核把关责任，所有网络视听节目服务机构都要按照“谁办网谁负责”的原则，建立健全节目内容审核流程，坚持先审后播，严把播出关。要强化网络视听节目生产制作机构、传播机构的准入管理，加强日常监看监管，对违反有关法规、不能履行开办主体责任的网络视听节目服务机构和网络视听节目生产制作机构，依法实行业务退出。要加强网络视听节目行业协会建设，充分发挥其在强化行业自律方面的积极作用。

五要高度重视人才队伍建设。事业发展，关键在人。要坚持人才资源是第一资源，着力培养造就适应网络视听节目服务业发展的高素质专业人才队伍。当务之急，一是要抓紧推动网络视听节目专业审核队伍的建设，二是要分期分批全面开展网络视听节目服务从业人员培训。要通过我们的努力，使网络视听节目服务领域专业人才缺乏的状况尽快得到改观。

（本文是2012年5月18日田进在第三届中国国际新媒体短片节新媒体高峰论坛上的主旨演讲，摘自国家广电总局政府网站，略有删节）

弘扬法治理念　践行社会责任
推动广播电视媒体健康发展

国家广播电影电视总局副局长　张丕民

自2001年中德法治国家对话机制建立以来，中德广播影视法治交流在中德双方政府部门和广播电视机构的共同努力下，取得了前所未有的发展。双方围绕着广播影视法律制度建设、媒体与公民权利保护、播出机构内部法律风险控制等共同关心的话题进行了深入探讨，实现了相互借鉴、加深友谊、共同发展的目的。尤其是2011年开始确立了论坛的交流新形式，开创了中德广播影视法治交流的新局面。2011年8月，中国广播电视协会曾举办过“主流媒体的社会责任”论坛，对广播电视媒体的社会责任进行了广泛的交流、研讨。2012年5月中德论坛以“法治环境下广播电视媒体的社会责任”为主题，正是对这一深刻命题的延续和发展。

一、积极践行广播电视媒体社会责任

媒体的价值在于通过传播新闻和信息，保障公民基本权利，推动和平、发展、合作理念的传播，促进人类文明在相互交流、包容、借鉴中共同提高。承担社会责任，是广电媒体与生俱来的责任和义务。随着当今传媒市场化程度的逐步加深，媒体商品属性与社会属性之间的矛盾日益突出，树立和秉持高度的社会责任感，比以往任何时候都更为重要。恪守职业道德，自觉履行社会责任，这既是世界各国对广电媒体的共同要求，也是新闻传播应当遵循的基本准则。

要秉承真实、准确、全面、客观的价值理念，发挥舆论监督作用，当好社会监督器。著名媒体人普利策曾经说过：“新闻事业的最难之处就是既要保持新鲜报道的生命力，又要使其受到精确和良心的约束，而不是随心所欲。”因此，平和的心态，冷静的思维，理性的把握，客观的报道，是广电媒体做好新闻报道和舆论监督的关键。

要传播积极向上、健康有益的精神产品，营造良好社会环境，当好社会过滤器。中国古人讲：“文以载道。”媒体对“道”的选择，影响着公众价值观的塑造，并在某种程度上引导着社会风气的形成。广电媒体需要正确处理好经济利益与社会利益的关系，构建科学合理的节目评价体系，传播内容健康、质量较高的精神产品，推动社会主流价值观的形成和发展。

要服务社会大众、化解社会矛盾、保护弱势群体，当好社会减压器。社会是矛盾的结合体，纠纷无处不在。广电媒体要强化服务意识，以满足社会需求为工作导向，充分发挥沟通、调节、疏导功能，积极营造良好社会氛围，培养民众法治意识，积极化解社会矛盾，加强和改进突发事件报道，主动关注、积极推动未成年人、残疾人等弱势群体合法权益的保护。

要传播先进理念、弘扬优秀传统、担负文化使命，当好社会助推器。广电媒体要正视和尊重优秀文化传统和精神资源的奠基性与民族性，更好地履行文化促进时代发展和服务大众的历史使命，提升文化在社会发展中的辐射力、影响力和塑造力，努力成为传统文化和现代文明的桥梁、纽带，“以文化人”，引领民风。

二、充分发挥法治对媒体承担社会责任的重要作用

媒体切实承担社会责任，法治保障是至关重要的因素。古希腊著名哲学家柏拉图曾经说过，“法律是一切人类智慧聪明的结晶，包括一切社会思想和道德。”法治手段是规范媒体履行社会责任最基础和最有效的方式。充分发挥法治的重要作用，需要把握几个关键。

一是坚持有法可依，媒体社会责任更加清晰。通过推动国家立法、地方立法和行业自律，完善制度规范，提升制度质量，解决实际问题，发挥积极作用。通过立法、执法和普法相结合，培养广电媒体从业人员的规则意识和程序意识以及运用法治思维分析问题、解决问题的能力。

二是坚持良法而治，媒体社会责任更加科学。承担社会责任，需要媒体妥善处理好国家、政府、社会、公民与自身之间的权利义务，法律制度是否反映客观规律、是否科学界定是关键，广电媒体不能做制度的被动接受者，要发挥自身优势，积极参与立法，主动反映诉求，推动科学立法。

三是坚持有法必依，媒体社会责任更有实效。在完善法制的同时，广电媒体要进一步加强采编制度建设，建立和完善长效监督检查和奖惩机制，落实法律规定。广大广电媒体工作者要牢记使命，严格自律，以高度的责任心践行社会责任，共同维护新闻行业的良好形象。

（本文是2012年5月31日张丕民在中德广播影视法治论坛上的致辞摘录，摘自《中国广播电视学刊》2012年第7期）

深化"走转改"　推动常态化

国家广播电影电视总局副局长　李伟

"走转改"活动开展以来，广播电视工作者积极响应号召，走进基层、走进群众，拜人民为师，向生活学习，采制播出了一大批饱含实践热度、生活温度和情感深度的优秀报道，推动了许多党和政府高度重视、关系群众切身利益的急事难事的解决。荧屏声频新风扑面，人民群众反响热烈。"走转改"的成果不仅反映在大量生动的报道、鲜活的新闻中，体现在新闻队伍的作风转变和素质提高上，而且还给了我们许多深刻的启迪和思考。

一、在实践中理解喉舌性质，到群众中领会党的宗旨，"走转改"增强了新闻工作者坚持党性原则的自觉性

胡锦涛总书记明确要求，新闻宣传工作必须坚持党性原则，牢牢把握正确舆论导向。新闻事业是党的事业的重要组成部分，坚持党性原则，贯彻党的宗旨，把体现党的主张和反映人民心声统一起来，把坚持正确导向和反映社情民意统一起来，是主流媒体的根本所在、方向所在。

从这次"走转改"活动中涌现出的优秀新闻作品中，我们欣喜地看到，无论是艰难温馨的回家路，还是心酸喜悦的讨薪记，都充分体现了对党负责和对人民负责的一致性。这种一致性，不仅源自于长期以来新闻工作者所受到的教育和培养，不仅源自于新闻工作者对党的方针政策的了解和遵守，更重要的是，在"走转改"实践中，在与人民群众和基层干部的同甘共苦中，新闻工作者真切地看到了人民群众的所难所急正是党和政府所思所虑，党和政府的所举所干正是人民群众所望所盼；看到了中央政策在基层落实取得的惠民实效，看到了党的基层组织和广大党员干部为人民群众排忧解难的不懈努力。共产党人为人民服务的宗旨体现在政府部门为农副产品寻找销路的殚精竭虑之中，体现在基层干部陪护偏僻乡村儿童远道求学的艰难跋涉之中。在基层，共产党人为人民服务的宗旨是一个个浸透着汗水和心血的行动，记者们也受到了一次次震撼心灵和思想的感动。这些在基层"走"出来的新闻作品，党性和人民性达到了高度统一，既是现实生活的真实记录，更是切身感悟的真情流露。走基层，是一堂为人民服务宗旨和新闻媒体喉舌性质教育的生动实践课。正如一位记者所说，在基层，才真切感受到，中南海大院与农家小院距离这样近，党心和民意贴得这么紧。

由此我们深刻地认识到，"走转改"应当成为主流媒体的必修课、常设课。在实践教育中，使党性原则、喉舌意识从要求变成一种追求，从约束变成一种觉悟。

二、深入到基层实际，才能深刻理解基本国情，"走转改"增强了新闻工作者服务大局的坚定性

现在，我们党正带领人民致力于建设中国特色社会主义，致力于推动科学发展、促进社会和谐。这是体现最广大人民利益的历史选择，是最大的大局。服务这个大局，是新闻宣传工作的职责所在、使命所在。

对大局的深刻把握，基于对国情的深入了解。我国正处在发展的关键期、改革的攻坚期、矛盾的凸显期，如何看待我国社会发展的阶段性特征？"走转改"的记者们在实践中发出了这样的感言：在基层，才能发现一个复杂而深刻的中国；在基层，才能看到一个矛盾叠加而又奋然前行的中国。因为在基层，他们与群众共同面对看病难、上学难、买票难、讨薪难等一个个难题的同时，也更加深入了解了产生这些难题的复杂社会历史原因；因为在基层，他们体验到基层群众打拼奋斗艰辛不易的同时，也更加全面地了解了党委政府为排忧解难所付出的积极努力；因为在基层，他们在看到群众需求日益增长的同时，也更加深刻地理解了我国国情国力的实际。在"走转改"的报道中，不仅正视矛盾，反映了"怎么难"，而且释疑解惑，引导了"怎么看"，更在积极行动，促进了"怎么办"，架起了党和政府与群众的连心桥，提升了社会各界团结奋斗的凝聚力，也增强了新闻工作者的大局观。

由此我们深刻地认识到，只有了解民情，才能更深地理解国情；只有走进大天地，才能更好树立大局观。

三、转出好作风，才能涌现好作品，“走转改”增强了新闻工作者对马克思主义新闻观的理解和社会主义新闻规律的把握

生活是新闻的源头活水，基层有报道的丰厚资源。毛泽东同志指出，摸到从群众中来、到群众中去的方法，报纸的来源就无穷了。这已经成为“走转改”记者们出自内心的共同感受。当一篇篇来自“走转改”活动的新闻见诸于报端、现诸于荧屏、闻诸于广播时，读者受众发出了“忽如一夜春风来”的由衷赞叹：新闻原来可以这么好看，新闻看了竟然还想再看。记者编辑也发出了“众里寻他千百度”的由衷感叹：新闻原本就应当这么好看，新闻还可以做得更加好看。

赢得这样赞扬，支撑这种自信的，不是源自生花妙笔、华彩词章，而是源自群众，源自实践，源自基层。作风一转天地宽。因为奔走在路上，脚步与群众同行，才有了连续剧式的新闻创新；因为扎根在基层，触角伸到社会最小细胞，才有了血肉丰满的人物和张弛起伏的命运；因为活跃在现场，置身于寻常百姓生活，才有了忧乐与共、心心相通的情感；因为融入在民间，拜群众为老师，才有了实话新话百姓话、清新朴实好文风。明白了“为了谁、依靠谁、我是谁”，做到了“走出去、沉下去、融进去”，“贴近实际、贴近生活、贴近群众”的好作品才能水到渠成、竞相涌现，马克思主义新闻观和社会主义新闻规律，才能从书本上的条文变成新闻工作者的自觉实践。

由此我们深刻地认识到，要出好作品，功夫在诗外。上好基层课，才能练就基本功。转出好作风，才能涌现好作品。

四、用心走、用情转、用功改，抓常态、抓长远、抓长效，不断深化“走转改”工作

实践证明，“走转改”是新时期新闻宣传工作贯彻落实群众观点、群众路线，弘扬马克思主义新闻观，坚持“三贴近”，推进改革创新的生动实践；是广大新闻工作者升华思想认识、提高业务素质、培养扎实作风、锤炼优良文风的有效途径。“走转改”取得了阶段性成效，但不能仅当成一个阶段性任务。我们要始终不渝地坚持发扬“走转改”精神，使“走转改”在广播电视战线常态化、长久化、长效化。

一是总结经验，推广典型。要认真总结“走转改”活动的经验，发现和表彰一批在“走转改”活动中表现突出、成绩优异的编辑记者主持人，在全系统内广泛开展学习宣传“走转改”先进人物先进事迹的活动，普遍推广“走转改”活动中形成的好做法好经验，把“走转改”与三项学习教育、争先创优活动结合起来，使“走转改”在广播电视全系统成为一种风尚、一种追求。

二是全员参与，全面覆盖。要把“走转改”活动从新闻采编人员向播出机构的各个部门各个岗位拓展，从播出机构向管理部门拓展，从广播电视宣传向广播电视公共文化服务领域拓展。领导机关和领导干部要带头“走转改”，定时间、带任务、下基层、解难题。

三是健全制度，完善机制。要建立“走转改”联系点制度。领导机关、管理部门和播出机构根据各自的工作实际，确定基层联系点，把定期蹲点和经常性沟通结合起来，及时掌握基层情况，随时了解群众诉求，广泛搜集素材线索，广交深交百姓朋友。建立播出资源保障制度。播出机构要确保“走转改”的优秀作品在黄金时段、重点节目、头条位置得到充分展示。建立考核评价制度。将“走转改”的成果成效纳入单位业绩、个人成绩的考核评价体系，与考评考绩、评奖评优挂钩。建立交流研讨制度。运用简报、例会、座谈、报告等各种形式，为“走转改”成果发布、心得交流、业务研讨提供平台。建立两级督查制度。总局和各省局要对所属播出机构、管理部门的“走转改”情况定期督查，掌握实情、分析问题、推动工作。

“走转改”是广播电视战线的一项长期任务，我们将认真学习贯彻刘云山同志在“发扬‘走转改’精神，深化‘走转改’活动”研讨会上的重要讲话精神，积极借鉴新闻战线各部门各单位的成功经验，将这次会议精神及时传达到广播电视全系统，认真抓好落实，推动广播电视战线“走转改”工作深入持久开展，用更好更多的广播电视作品，迎接党的十八大胜利召开。

（本文是2012年4月11日李伟在“发扬‘走转改’精神、深化‘走转改’活动”研讨会上的发言，摘自《中国广播电视学刊》2012年第4期）

中央电视台领导讲话（文章）摘编

坚持以科学发展观为指导
加快推进国际一流媒体建设步伐

中央电视台台长　胡占凡

党的十八大是在我国进入全面建成小康社会决定性阶段召开的一次十分重要的大会。胡锦涛同志的十八大报告，既有对十年发展实践的回顾总结，又有对关于中国特色社会主义事业的一系列重大理论和实践问题的系统阐述，具有鲜明的时代性、指导性和前瞻性，是在中国重要历史发展阶段的一份纲领性文献。报告中提出的一系列新思想、新观点、新论断、新要求，明确回答了我们举什么旗、走什么路、以什么样的精神状态、朝着什么样的目标继续前进这四个重大问题，增强了我们坚持和发展中国特色社会主义的道路自信、理论自信、制度自信，为党和国家事业的进一步发展指明了方向。中央电视台将以十八大精神为指导，围绕中心，服务大局，改革创新，求真务实，加快推进国际一流媒体建设步伐，为全面建成小康社会提供强大的思想文化保证，为夺取中国特色社会主义事业新胜利营造良好的舆论环境。

一、以科学发展观为指导，全面贯彻以人为本的宣传理念

十八大报告中明确指出，科学发展观是中国特色社会主义理论体系最新成果，是中国共产党集体智慧的结晶，是指导党和国家全部工作的强大思想武器。科学发展观同马克思列宁主义、毛泽东思想、邓小平理论、“三个代表”重要思想一道，是党必须长期坚持的指导思想。全党必须更加自觉地把以人为本作为深入贯彻落实科学发展观的核心立场。对于新闻工作者而言，就是要回答解决好“为了谁、依靠谁、我是谁”的问题，使我们的工作获得最广泛最可靠最牢固的群众基础和力量源泉。

人民是历史的创造者，群众是真正的英雄。一切为了人民，一切依靠人民，是历史唯物主义的根本立场，是“科学发展、以人为本”执政理念的核心要义，也是马克思主义新闻观的基本观点。好新闻来自人民群众的生动实践，来自基层劳动者的伟大创造。没有深入基层的采访、调查、研究，就不会产生深入人心的新闻作品。只有脚踏大地、心贴群众，我们的宣传才能为广大群众所理解、所认可、所喜欢；只有群众理解了、认可了、喜欢了，“科学发展、以人为本”的宣传才能产生良好效果。

2011年8月以来，中宣部组织开展的“走转改”活动是“科学发展、以人为本”执政理念在宣传思想领域最直接、最生动的贯彻和体现。中央电视台周密安排，用心走基层，用情转作风，用功改文风，采用原生态反映、纪实化风格、平民化视角、连续性跟踪的方法，先后推出《新疆皮里村蹲点日记》、《儿童医院蹲点日记》、《杨立学讨薪记》、《邵全杰的回家路》、《招工局长陈家顺》等一系列真实感人、清新自然的“走基层”报道，组织了“寻找最美乡村教师”、“寻找最美乡村医生”、“开往春天的校车”、“我的父亲母亲”等一系列贴近百姓、服务社会的媒体活动，塑造了云南“索道医生”邓前堆、贵州“背篓干部”、“长沙城管”、“最美教师”张丽莉、“最美司机”吴斌、“最美妈妈”吴菊萍、“钢铁战士”高铁成等一系列可亲可爱又可敬可学的模范榜样，还通过“新闻连续剧”、“街头海采调查”等创新报道形态，拓宽了新闻宣传的题材与形式，在社会上产生了热烈反响，受到老百姓的欢迎。如何让人民群众通过电视荧屏感受和理解党的执政理念？怎样使老百姓真正成为电视的主角？实践证明，“走转改”是思想文化领域践行“科学发展、以人为本”的有效途径，是新闻战线转变传播语态、优化宣传效果的一剂良方，我们将长期坚持、常态开展、不断深化。

在报道内容上，由关注个人进一步扩展到关注党推动科学发展、坚持以人为本的实践成果。我们将更加关注百姓身边的变化、困难、问题，聚焦解决办法，体现经济发展、结构转型、社会和谐、社会主义核心价值观等重大课题，以小人物、小场面反映大社会、大主题，为经济社会全面发展营造良好的舆论氛围。

在报道领域上，从对个体的报道拓展到群体的报道。以人为本，指的既不是抽象的“人”的概念，也不是某个人、某些人，而是最广大的人民群众。我们需要进一步拓展思路，扩大覆盖面，全景式、全方位展现基层各个领域、各个群体的整体面貌，通过一个个真实可感的人物，塑造出人民大众的鲜活群像。在报道时效上，更加注重新闻性，注重选取正在发生、就在百姓身边的新鲜话题。在表现形式上，进一步丰富手段，用多种多样的表现手法，提供生动活泼的报道。一是在表达上有始有终，关注走向，关注结果，关注人物命运。二是将道理与观点融入故事讲述，实现故事化表达。三是关注细节、捕捉细节、敢用细节，用细部刻画打动观众。四是创新编排，通过《新闻联播》和其他频道联动配合等举措，把那些直接关注老百姓的报道放到重要频道、栏目，放到头条位置，给予足够长度。在机制建设上，进一步加强长效机制建设，建立和完善领导干部、名记者、名播音员带头走基层机制、选题策划机制、基层联系点机制、版面保障机制、教育培训机制、媒体联动机制、总结研讨机制、考核表彰奖励机制等。在整体宣传上，进一步将以人为本理念和“走转改”精神拓展到中央电视台的文艺、专题、电视剧、纪录片、新媒体等各方面宣传中，增强各类电视宣传产品的生活气息、大众情趣、时代色彩，不断丰富“走转改”的活动成果，不断壮大积极健康向上的主流思想舆论。

二、以创新精神为动力，不断提升电视节目的吸引力、传播力、影响力

十八大报告强调，实践发展永无止境，认识真理永无止境，理论创新永无止境。全党一定要勇于实践、勇于变革、勇于创新，把握时代发展要求，顺应人民共同愿望，在党和人民创造性实践中奋力开拓中国特色社会主义更为广阔的发展前景。作为电视媒体，中央电视台最重要的使命是做好电视宣传，办好节目是中央交给我们的最重要任务。中央电视台的变革、创新，突出体现为电视节目创新。

加强节目创新，是中央电视台在新的时代条件下不断发展的需要。随着电视和新媒体科技的飞速进步，传媒行业发生急遽变革，新思想、新观念、新技术不断涌现，新媒体业态与传统媒体相互竞争、彼此融合，形成了新的舆论格局，也对媒体从业者的创新能力提出了新的要求。中央电视台要在新的时代条件下赢得主动、胜人一筹，创新是必由之路。加强节目创新，是中央电视台建设国际一流媒体的需要。2008年中央电视台建台50周年之际，胡锦涛同志明确提出：“要把中央电视台建成技术先进、信息量大、覆盖广泛、影响力强的国际一流媒体。”通过不懈努力，中央电视台已经在现代传播体系建设、国际传播能力建设等方面取得突出成效。但与世界知名的媒体机构相比，以国际一流媒体的标准衡量，我们在节目创新能力方面仍然存在明显差距。创新力影响传播力，传播力决定影响力。中央电视台要建设高水平、国际化的现代媒体，必须在创新方面下足工夫，以丰富多彩的电视节目赢得观众的认可。

加强节目创新，是中央电视台丰富人民群众电视生活的需要。作为国家电视台，中央电视台担负着为全国观众提供优秀电视节目、满足电视文化需求的重要职责。近年来，随着社会精神文化产品的极大丰富，人民群众对电视节目品质的要求越来越高。呆板陈旧、千篇一律的电视节目，已经无法满足广大观众的新期待，需要更多精雕细琢的创新精品丰富荧屏。2012年以来，中央电视台推出了纪录片《舌尖上的中国》、《谢天谢地你来啦》、“东非野生动物大迁徙”直播活动、“你幸福吗”系列调查等创新节目、活动，取得了优异的收视成绩，并成为了一段时期内社会热议的焦点话题。这些成功实践表明，只有始终坚持创新，努力在题材、内容、表现形式、技术手段等方面发挥创造力，才能让人眼前一亮、耳目一新，真正履行好满足人民群众电视文化需求的社会责任。

一是培育创新理念，充分激发创造活力。我们将解放思想，开阔眼界，学习借鉴国内外电视创新的成功经验，组织研讨台内外成功的创新节目案例，鼓励提出更多符合观众兴趣口味、具有国家电视台气派的创新选题；大胆创新，敢于探索全新的表达形式，敢于突破陈旧的节目形态，敢于使用先进的技术手段；强化注重观众反馈的节目生产理念，动态研究观众收视心理和收视需求，以广大群众满意不满意、高兴不高兴为检验节目创新成果的最终标准，有的放矢地创新。

二是完善创新机制，破除阻碍节目创新的体制机制束缚。实现节目创新常态化，机制是关键。2012年以来，中央电视台完善了节目综合评价体系，增加了创新的权重；强化了创新激励机制，对成功的创新节目、栏目、活动给予隆重表彰，极大调动了全台员工探索创新的积极性。我们将在此基础上，进一步在全台范围内建立健全节目创新长效机制，包括节目创新经费和人员保障机制、节目创新动力机制、节目创新研发机制、节目创新编排机制、节目创新研讨机制等；

在各节目生产部门建立灵活有效的创新机制，优化节目结构，集中优质资源，把好的节目创意转化为荧屏上的精彩节目；在中央电视台与央视网之间建立台网融合机制，实现电视与新媒体的实质性融合、一体化运行,借助新媒体播出平台,助力电视节目的创新升级。

三是集纳创新人才,建设高水平的创新人才队伍。人才是节目创新的主体，是第一资源。只有培养好、引进好、锻炼好创新人才队伍，才能推动优秀创意不断涌现。当前，中央电视台通过节目创意大赛和各类培训，培养、挖掘了一大批研发能力强、节目创意多的电视制作人才。今后将进一步打通创新人才通道，广开进贤之路，为创新人才脱颖而出、各尽其能搭建制度平台；广纳天下英才，引进国际一流的节目制作和策划推广团队，引入社会制作力量，使中央电视台成为全世界电视创新人才施展才华的舞台。

三、以建设社会主义文化强国为目标，有效发挥舆论引导作用

十八大报告明确指出，文化是民族的血脉，是人民的精神家园。全面建成小康社会，实现中华民族伟大复兴，必须推动社会主义文化大发展大繁荣，兴起社会主义文化建设新高潮，提高国家文化软实力，发挥文化引领风尚、教育人民、服务社会、推动发展的作用。报告围绕建设社会主义文化强国的总体目标，提出了四方面明确要求。中央电视台将以高度的政治责任感和使命感，有效发挥舆论引导作用，为建设社会主义文化强国发挥积极作用。

第一，牢牢把握正确舆论导向，以社会主义核心价值体系宣传凝聚力量。社会主义核心价值体系是社会主义意识形态的本质体现，是社会主义制度的内在精神和生命之魂。媒体处在意识形态领域的最前沿，对社会精神生活和人们思想意识具有重大影响，必须深刻把握社会主义核心价值体系的精神实质，以正确的思想舆论引导人。长期以来，中央电视台积极唱响主旋律,《感动中国》、《五月的鲜花》、《教师节晚会》等已经成为传播主流价值、引领社会思潮的知名电视品牌。2012 年以来，中央电视台围绕党的十八大，开展了浓墨重彩的宣传报道，推出了“科学发展成就辉煌”主题宣传，制作播出了大型文献纪录片《科学发展铸辉煌》、文艺专题片《为时代放歌》、专题片《跨越——文化改革发展十年巡礼》、大型文艺晚会《领航中国》等，充分展现在党的领导下，国家十年来改革发展的巨大成就，生动描绘了中国特色社会主义事业的美好前景，为十八大的召开营造了喜庆、热烈、祥和的氛围，将社会主义核心价值体系宣传推向高潮。我们将继续探索社会主义核心价值体系的宣传模式，通过“走转改”和节目形态创新，增强主题报道、典型宣传的凝聚力、吸引力、感染力，让社会主义核心价值体系深入人心；大力宣传“三个倡导”，从国家价值、社会价值、个人价值三个层面系统解读，以生动事例诠释精神，以崇高典型观照灵魂，在全社会推动掀起学习、贯彻社会主义核心价值观的热潮。

第二，树立时代道德标杆，以社会主义荣辱观引领风尚。媒体作为社会舆论工具，承担着传播积极价值、讴歌善行义举的社会责任。长期以来，中央电视台高扬道德旗帜，彰显媒体责任，相继开展了“学雷锋”、劳动节等主题宣传，举办了“寻找最美”系列活动，成功塑造了郭明义、邓前堆、张丽莉等一大批先进道德典型，在社会上产生了广泛影响。我们还将继续大力宣扬社会主义荣辱观，引领社会风尚。一是坚持高品质、高品位、高品格，将社会公德、职业道德、家庭美德、个人品德和中华传统美德教育渗透到所有节目中，树立清晰的是非观、善恶观、美丑观、荣辱观，使电视节目变成建设健康文化、弘扬时代新风的讲堂和阵地。二是弘扬真善美，大力讴歌赞颂凡人义举、平民英雄，以贴近性表达放大示范效应，确保道德宣传入脑入心。三是贬斥假恶丑，针对道德建设、诚信建设等领域的一些问题，发挥建设性舆论监督职能，通过“3·15”等监督类活动、报道，推动问题解决，回应群众关切。

第三，提高电视产品供给能力，以丰富、优质节目服务大众。作为大众传播工具，媒体机构承担着重要的文化使命。我们的节目、报道面向大众，具有公共文化服务的性质。要以广大人民群众的需求为创作导向，提供更多老百姓喜闻乐见的优质电视作品，丰富充实荧屏。一是更加注重做好基层文化服务，特别是加强对欠发达地区和农村地区的文化帮扶。精心打造“心连心”等公益类节目，推动春晚和知名品牌栏目走进基层、走进乡村社区，使节目更加接地气、聚人气。二是更加注重对中华优秀传统文化的传承、弘扬。继续办好“我们的节日”系列节目、“青年京剧演员电视大赛”、“电视相声大赛”等，阐述传统文化的精神内核和新的时代内涵。同时，结合时尚元素，努力提升传统文化艺术在青年观众中的传播效果。三是更加注重加强科教、体育等方面的宣传。做好科普教育宣传，着力弘扬科学精神和科学家的崇高品德；聚焦奥运等

大型体育赛事，关注群众性体育活动，倡导顽强拼搏、健康有为的体育精神。

第四，构建现代传播体系，以强大的国内国际传播能力发出中国声音。传播能力是衡量社会文明程度的标尺之一，是国家文化软实力的重要组成部分。要在一个开放的舆论环境中有效表达自己的观点、价值，需要强大的信息传播能力作为支撑。当前，国际舆论格局依然呈现“西强我弱”的态势，其背后凸显出的是我与西方国家在传播能力上的差距。因此，增强国内国际传播能力，在国际舆论竞争中争取主动权，成为了中国媒体面临的一项紧迫而重要的任务。近年来，中央电视台在传播体系建设方面取得突出成果，基本建成了覆盖全球的国内、全球新闻报道网络，六个语种频道落地入户范围遍及全球 170 多个国家和地区。2012 年，中央电视台在“东非野生动物大迁徙”直播、伦敦奥运会转播报道中，站在中国视角，表达中国立场，在国内国际社会产生强烈反响，是充分展示我国家电视台实力和水平的成功实践。中央电视台将继续在传播能力建设上下工夫，一是继续推进海外分台、海外中心站和海外记者站建设，完善全球采编播网络，提升全球报道能力和信息传输能力；二是继续加强节目在非洲、欧美发达国家及我国周边地区的落地工作，不断扩大中央电视台的海外影响力；三是继续加强新媒体建设，完善网络电视、IP 电视、手机电视、移动电视、互联网电视等五大新媒体集成播控平台，以此为基础建设国家新媒体集成播控平台，最终形成全媒体、广覆盖、技术先进、信息量大的现代传播体系，提升中央电视台的竞争力、影响力，为推动中国文化“走出去”、营造和谐国际舆论氛围贡献力量。

新的时代条件，赋予了中央电视台新的历史使命，任务艰巨，责任重大。我们一定认真学习、宣传、贯彻落实十八大精神，在党中央的坚强领导下，高举旗帜，团结奋斗，不负重托，不辱使命，以饱满的精神状态和扎实严谨的工作，为推进中国特色社会主义事业发展作出新的贡献。

（摘自《中国广播电视学刊》2012年第12期）

坚守中创新　创新中坚守

中央电视台总编辑、副台长　罗明

2012 年，全国电视媒体按照高举旗帜、围绕大局、服务中心、改革创新的总要求和“三贴近”的原则，全面落实科学发展观和“十二五”时期文化大发展、大繁荣的总体要求，面对人民群众精神文化需求越来越旺盛，且呈现出多层次、多样化的趋势，全国的电视媒体站在一个新的历史起点与党和人民同心同德，“走基层、转作风、改文风”，急群众之所急，想群众之所想，努力使电视节目贴近群众，让群众喜闻乐见。通过广泛深入开展社会主义核心价值体系的宣传教育和细致入微的政策解读，引导社会热点，疏导公众情绪，化解社会矛盾；通过集中展示文化改革发展的丰硕成果，发挥文艺精品潜移默化的引导功能，不断丰富和扩大思想道德教育的方式和载体。

当前，在迎接党的十八大胜利召开的背景下，电视媒体工作者唱响主旋律，坚守媒体责任，通过各种形式的思想交锋和智慧碰撞，对未来中国媒体的发展环境、趋势、机遇等问题进行深入讨论，广泛交流电视媒体形态创新和电视媒体与新媒体融合发展的真知灼见，为电视机构乃至传媒行业的健康持续发展提供更多的理论依据及实践经验。

一、媒体责任

媒体最基本的责任就是舆论引导，也就是把多数人对某一个事件、话题的共同意见体现出来，将它引导到一个正确的方向上去。在这个过程中，所有的媒体人都要注意几点。

第一，要始终坚守媒体的政治责任和社会责任。中央电视台和大多数地方兄弟电视台一样，有个共同特点就是都高度重视新闻报道。这首先和媒体的性质有关，电视媒体首先还是新闻媒体。当然电视新闻媒体和报社、通讯社不一样，我们是综合的新闻媒体，同时还有大量的其他各类节目，包括文艺、体育、文化类节目，但归根到底最重要的还是新闻性的节目，新闻节目是一台之本。和广东、上海的兄弟电视台一样，中央电视台的广告创收也能够体现出新闻节目的位置。中央电视台综合频道是旗舰频道，其中创收最多的是新闻节目。目前主流媒体，包括中央电视台和地方电视台，新闻性节目还占优势，这一点也能证明作为媒体要坚守责任，我们的责任在新闻节目中得到了最充分和最直接的体现。

作为国家电视台，中央电视台尤其要在弘扬社会主义主流价值观上努力。根据中宣部的统一安排，从2011年开始到2012年，中央电视台新闻中心和其他部门都在进行“走转改”，呈现了一批在社会上产生一定影响的节目。

第二，我们要坚守在新闻性节目中的引导责任及在电视文化节目上的创新责任，这也是作为媒体要特别给予关注的。文化创新对于电视机构特别重要。2012年真正在社会上产生重要影响的栏目，恰恰是电视文化栏目，如浙江卫视《中国好声音》。《中国好声音》的影响之大超出了同行们的预料，还获得了国家广电总局颁发的创新创优奖。我们提出综艺类节目要学习浙江卫视《中国好声音》，学习其创新的运营机制。《中国好声音》的成功，说明电视文化性节目、娱乐性节目也能够产生很大影响，也能够践行媒体责任，它所代表的是电视文化创新和实践。

第三，传播力建设的责任和传承历史的责任。在传播力的建设方面，三四年前中央电视台只有19个国外记者站，地方没有记者站。短短三年时间我们在全世界建立了70个记者站，而且成立了五大中心站，还有两个分台，海外记者的人数从30多人发展到300多人，这种硬件的建设对于新闻节目的影响、对于中央电视台新闻性节目的全球化及我们自己拍摄节目的首发率都发挥了积极而重要的作用。当前，中央电视台国际新闻当中自采消息的比重占50%～60%，三五年前可能连10%都不到。传播本身和硬件建设有很大关系，和观念的转变有很大关系，涉及传承这块也是如此。中国电视的发展从1958年开始，全国所有的电视机构在前二三十年的发展比较缓慢。改革开放以后，特别是在20世纪90年代初突飞猛进的过程中奠定了基础，通过几代人的努力才发展到今天这样的规模，新闻、专题、纪录片等各类型节目的创作都有了长足的发展。在这个过程中，电视媒体人的职业精神传承是非常重要的，尤其是对年轻人来说。可能电视形态在变，但是电视媒体本身最重要的责任——为了国家和民族的利益是从来没有变的。

在当前这种国际、国内舆论环境更加复杂的形势下，在新媒体对传统媒体形成强烈冲击的新的态势下，我认为还有三个责任无论在现在还是今后都要给予高度关注。

首先，电视媒体如何担当起主流媒体的责任。像中央电视台，多年来影响力和经营创收在全国都是数一数二的。但是在2012年上半年，一个数字让我感到了巨大压力。中央电视台总收入原来在全国传媒行业是第一位，2012年可能当不了第一位，第一位应该是腾讯，它的总收入有可能超过400亿元。可能紧接着还会有一些互联网企业都会向400亿元、500亿元迈进。我们作为主流媒体是负有责任的，所有的发声及一举一动都在影响着社会，因此，无论在影响力上还是其他方面我们都必须负起绝对责任，这是发展的需要，是做强做大的需要，是在国际、国内保证影响力的需要，更是中国软实力走向国际的需要。

其次，电视媒体如何切实担当起引领青年一代精神追求和文化追求的责任。新的统计数据表明，年轻一代看电视的人在减少，电视观众的年龄大部分在40岁以上。其实我们希望更多的十几岁的、二十几岁的年轻人看电视，但是他们现在正在慢慢离开电视。现在大多数青年人几乎每天都在网上，偶尔看看电视，奥运会时看看电视，重特大事件发生时看看电视，剩下的时间都在看互联网或手机。电视怎样担当起引导青年人信息追求、精神追求和文化追求的责任？这是摆在所有电视工作者面前的重要课题。

最后，作为主流媒体，电视媒体如何担当起提升中国文化软实力“走出去”的责任。在国外能够看到的中国的电视频道很少，其中，中央电视台有中文国际频道、英语新闻频道、纪录频道的国际版及其他五个国际频道，此外还有在长城平台上的十几个地方卫视节目。除此之外甚少，尤其在国外主流媒体当中播放中国节目的情况更少。我们实行中国文化“走出去”要两条腿走路，一是整频道落地，二是节目在所在国主流频道播出。因此，电视媒体要按照中央的要求，做一流精品节目，提升中国文化软实力，让中国的电视影响世界，这是摆在我们面前特别艰巨的任务，任重道远。

二、品牌创新

对于任何一个媒体来说，品牌创新都是保持长久竞争力的源泉。尤其是在新媒体不断发展的形势下，电视媒体的品牌创新不仅意味着提升了某个媒体的影响力，更意味着提升了整个中国电视的影响力。如从专业的角度看，浙江卫视的《中国好声音》把这种节目形态做到了极致，其他电视媒体很难找到超过目前4位评委的嘉宾，也很难找到节目中数量众多、特点各异的歌手。另外，《中国好声音》的现场机位有20多个，而且剪辑切换得非常到位，形成了难以逾越的高峰。这几点结合在一起，就形成了一个社会上广受好评的节目。值得注意的是，《中国好声音》引进的是国外版权，做了成功的中国化的处理，才实现了今天这样的效果。我们也看过美国那个版的节目，可以说，《中国好声音》的镜头处理在很多方面超过美国的原创，更符合中国年轻人的收视习惯。除了《中国好声音》之外，这两年走红荧屏的很多节目，如《非诚勿扰》、《中国达人秀》等都是引进了国外的版权，并进行了中国式的消化和处理，从而获得了成功。因此，品牌创新首先要善于借助外脑，吸纳全社会的优势力量，这也成为现在很重要的趋势。

品牌创新还要有非常到位的执行。还以《中国好声音》为例，它在现场有20多个机位，这就要求在前期的拍摄中，每一位参与其中的工作人员都必须达到非常专业细致的程度，才能保证后期剪辑时风格的高度统一。后期的内容制作、节奏切换以及整体呈现同样是专业到极致。中央电视台也在努力塑造品牌化的节目。中央电视台拍摄的《舌尖上的中国》曾轰动一时，幕后团队专业化的拍摄手法起到了很重要的作用，如这期节目的镜头有867个，那期节目的镜头有723个，这个部分节奏稍微快一点，那个部分节奏稍微慢一点……这样很专业化的处置使得最后呈现的成果确实令人惊艳。《舌尖上的中国》的节奏比其他纪录片的节奏快了近一倍，目标受众也非常清晰，专业化的执行使品牌创新具有了品质保证。

在新媒体不断发展和新的语境下，品牌化也对节目提出了新的更高的要求。如果我们自身不能变成新媒体中的一个重要部分，我们就将失去新媒体这块阵地，这值得所有电视媒体人警醒与思考。

三、互联网时代的生存与发展

中国电视界这两年还是很有作为的，在创新性节目和创新性栏目上与世界的距离在缩小，但是这样的节目数量太少，形不成规模。如何形成规模优势？这是下一步中国电视应该更多考虑的问题。从互联网来看，过去电视媒体有速度优势，但是这个优势已经不明显了。现在电视还有视频优势，但在若干年以后，互联网的视频优势上来了，电视的视频优势也岌岌可危。电视有“黄金时间”，互联网没有“黄金时间”，但其实所有时间都是互联网的“黄金时间”。“黄金时间”看似是我们的优势，恰恰也是我们的弱势。由于电视有“黄金时间”，剩下“黄金时间”之后的时间对于电视机是“睡觉”的时间，电视机“睡觉”的时候人就要睡觉了。而电脑永远不“睡”，只有在人要睡的时候，电脑才“睡”，电脑无时无刻不在影响着我们。

电视在视频方面的优势其实是人力优势，这集中体现在动用大兵团作战的方式对一个事件进行报道。像中央电视台为了报道伦敦奥运会派去了700人，有时为了报道突发性事件会派出200人，现在互联网没到这种程度。

此外，互联网视频人员的基本素质和在电视台工作的人员比还有很大差距。中央电视台2012年上半年播出了《舌尖上的中国》，该节目率先在互联网上走红，而互联网从业人员自叹在制作、专业等方面和传统电视有着巨大的差距。互联网的视频制作能力现在还不够强，但是它如果把电视台的视频人员召集过去，很快就可以实现转换。当互联网能够大兵团投入作战时，传统电视的优势也会失去，这些都是未来几年要发生的事情。另外，电脑在大小和清晰度方面每年都会发生变化，可能三两年就会发生大的改进，主流媒体对此一定要特别清醒。电视行业内考虑自身的职责和责任的时候，也要考虑发展新媒体，因为将来新媒体的创收能力和社会影响能力会难以避免地超过传统的媒体。

在国际电视机构挑战和国内新媒体行业崛起的历史时期，全国各家电视机构纷纷加强媒体的管理和改革创新，进一步增强主流媒体公信力与影响力，拓宽了传播的有效途径，树立了各自的品牌发展战略，积累了有益的发展经验及创新思路。“九层之台起于垒土，千里之行始于足下”，让全国电视媒体同行群策群力，携手前进，直面挑战，共谋发展，不断提升我国电视机构面向全球的整体影响力和竞争力，为迎接党的十八大胜利召开营造良好的思想舆论氛围，让中国电视的明天更加绚丽、更加辉煌。

（本文是2012年9月5日罗明在第二届中国电视发展年会上的讲话，摘自《电视研究》2012年第11期，略有删节）

做好边境外宣工作　促进睦邻友好合作

中央电视台副台长　魏地春

在外宣工作方面，中央电视台和各地方台的外宣部门、外宣频道，紧密配合国家整体外交战略，创新思路方法、丰富渠道手段、扎实推进工作，迈出了新的步伐，取得了可喜的成绩。从中央电视台来看，一是围绕改革发展稳定大局、配合党和国家大事对外宣传卓有成效。中央电视台认真做好涉我重大热点问题的国际舆论引导，在“涉藏”、“涉疆”、人权，特别是在南海、钓鱼岛等敏感问题上，主动设置议题、积极发出中国声音，有力引导国际舆论。二是与国外电视媒体的交流合作进一步深化。大力拓展电视节目的国际营销渠道，向境外主流媒体交流中央电视台节目2350部（集），对外销售影视节目1.3万多小时。三是对外电视媒体和节目的落地率、收视率、影响力显著提高。当前，中央电视台在海外的记者站总数已达到70个，初步形成了面向全球的新闻采编网络。“走出去”取得新突破，各语种国际频道在全球171个国家和地区落地，整频道落地用户数达到3.148亿户，进入境外1242家酒店32万多个房间。四是互联网等新媒体对外宣传取得新突破。全力推进传统媒体与新媒体融合发展，以中国网络电视台为重点，基本形成涵盖电脑终端、手机终端、电视终端三屏融合的全媒体业务布局。在完成全球海外镜像站点扩容的同时，相继建成非洲、俄罗斯本土化网站。移动互联网客户端“中国网络电视台我爱非洲”正式上线，实现手机电视非洲落地，用户数达到37万户，主要覆盖高端用户。

一、做好边境电视外宣的背景和意义

我国边境线长、海岸线长，是世界上拥有邻国最多的国家，与我领土接壤的有14个、领海相连的有6个。这么多的邻国，社会制度不同、民族宗教不同、发展水平不同，国情各异，十分复杂。他们的国家状况如何、与我的关系如何，都会对我产生深刻影响。为此，我国确立了“大国是关键、周边是首要、发展中国家是基础、多边是重要舞台”的外交总体布局，把周边放在了极为重要的位置加以推进，实行与邻为善、以邻为伴的友好政策，努力为我国改革发展创造良好环境。作为外宣工作的一支重要力量，电视外宣战线应充分认识肩负的责任和使命，自觉服务国家外交外宣大局，发挥优势，有所作为，为维护我国家利益，为维护来之不易的战略机遇期，尽一份责、出一份力。

1. 做好边境电视外宣工作，是与周边国家加强经济合作、促进共同发展的需要

与周边国家保持长期稳定的经贸关系，是促进我国和周边地区繁荣发展的重要支撑。这些年，我与周边国家的经贸合作不断深化，2006年与周边国家的贸易总额就达到5000多亿美元，到2011年这个数字又增长了近一倍，我与周边国家贸易额始终占到外贸总额的1/3左右。可以说，经过多年发展，我与周边国家的经济关系已是“一荣俱荣、一损俱损”。现在，周边国家普遍期待与我深化合作，希望分享我国经济发展红利。但与此同时一些问题也不容忽视。有的国家对我提出不切实际的要求，有的国家在平衡我与其他大国关系中对我进行经济“要挟”，还有国家的民众认为中国是“新殖民者”，合作只是为了攫取资源、占领市场，等等。这些虽是支流，但影响却十分不利、十分恶劣。发展是我与周边国家共同面临的课题，特别是在世界经济普遍低迷背景下，加强合作、促进增长于我于他都十分重要。开展边境电视外宣，可以发挥电视媒体报道及时、覆盖广泛的优势和“公共外交”作用，准确介绍我互利互惠、合作共赢的对外经贸政策，全方位报道合作成果进展和美好前景，生动展示合作给所在国带来的发展变化和给普通百姓带来的实惠好处，深刻揭示我国发展壮大、加强合作符合本地区利益，努力营造宽和、理性、友善的周边环境。

2. 做好边境电视外宣工作，是与周边国家增进理解互信、塑造我良好国际形象的需要

中国与周边国家自古以来地缘相近、文缘相通、人缘相亲，相互关系尽管也经历过波折，但在历史的长河中，友好往来、和平共处始终是交往的主流。改革开放以来，我们打开国门搞建设，与周边国家的交流交往更加频繁，从政府到民间都建立了良好关系。但随着我国的发展壮大，西方势力大肆制造“中国威胁论”、“中国霸权论”、“新殖民主义论”等论调，极力丑化中国形象，鼓动敌对情绪，挑动地区争端，试图在周边制造“低烈度紧张”来遏制我国发展。周边国家也出于种种考虑，对我心态越来越复杂，不满牢骚增多、担忧误解增多，对我国的一些政策主张片面理解、歪曲解读，对我一些正当行为妄加猜测、恶意评价，一些国家甚至出现仇华情绪。这些误解疑虑，严重损害了我与周边国家来之不易的理解互信，对我在周边苦心经营多年的和谐和睦关系造成了极大破坏。开展边境电视外宣，可以发挥电视媒体内容丰富多彩、形式喜闻乐见的优势，宣传我国关于构建和谐世界的主张，加大对普遍关注问题解疑释惑的力度，交流更多优秀中国文化产品，增进我与周边国家民众的相互了解，增强中华文化在周边国家的影响力和感召力，塑造积极、正面的国家形象。

3. 做好边境电视外宣工作，是巩固民族团结、维护国家统一的需要

我国边境地区多是少数民族聚集区，一直是西方对我进行颠覆分化的最前沿，也是我防范“三股势力”和开展反“藏独”、反“疆独”斗争的主阵地。“藏独”和“东突”分裂势力长期盘踞在这些国家和地区，一方面在所在国大肆宣传其分裂独立的合法性，另一方面利用广播、电视、出版物等向我边疆地区开展反动宣传，鼓吹民族自决、鼓动民族对抗、宣扬民族仇杀，对我国家安全构成了较大威胁。有关周边国家政府出于政治、历史和民族宗教等原因的考虑，对这些民族分裂势力态度暧昧，有的暗中支持，有的默许纵容，有的抱有同情，有的摇摆不定，为民族分裂势力发展提供了土壤，给我国的和平安定埋下了祸根。开展边境电视外宣，有利于发挥电视媒体信息来源权威、节目制作规范的优势，通过多种形式，宣示我国是统一的多民族国家的悠久历史和基本国情，宣传“汉族离不开少数民族、少数民族离不开汉族、各少数民族相互离不开”的理念，传播“共同团结进步、共同繁荣发展”的民族政策，揭露民族分裂分子“恐怖主义”的本质，压缩分裂势力的舆论空间。

4. 做好边境电视外宣工作，是破解西方意识形态包围渗透的需要

近年来以美国为首的西方国家在推行霸权主义、强权政治的同时，大力推行价值观外交，在我周边进行意识形态包围和渗透，积极向我周边国家输出西方价值体系和政治理念，积极推动建立美日澳印“价值观联盟”，联手“引导和规范中国崛起”。他们积极推动“颜色革命”，试图通过在我国周边实现一系列政权更迭，打击我社会制度和意识形态的合法性。西方国家还在我周边国家建设、资助广播电视媒体，不断调整对边境民族地区广播电视渗透的布局，增大发射功率，增加发射机数量，延长节目播出时间，变化发射地点和功率，从东南西北四个方向形成了对我国四面包围的对华广播发射网。这些境外的广播电视常常攻击我体制、歪曲我事实、虚无我历史，试图搞乱我普通群众的思想，促使我从内部“发生变化”。如果说由于西方新闻霸权太过强大，我们还无法在西方国家的主流舆论中占据主导，那么在自己家门口我们已经无路可退，只有勇敢应战、积极作为，让中国的声音在周边地区占据主导，根本性地改变我国在周边舆论场的守势和弱势。开展边境电视外宣，有利于充分利用已经基本形成的全球新闻采编网络，加快构建覆盖周边、技术先进的现代传播体系，突破西方媒体在我周边包围格局，最大限度地消解西方意识形态的渗透。

二、做好边境电视外宣的有利条件和不足之处

近年来，中央对做好边境外宣高度重视，把边境外宣作为国家外宣总体布局的重要组成部分，明确提出“非洲进主流、周边扩影响、欧美求实效”的工作思路。中央电视台和各地方台按照中央要求，积极采取有效举措，在边境电视外宣方面做了大量工作。

从中央电视台来看，主要在这样几个方面取得了实效。一是周边站点布局逐步完善。到 2012 年上半年，共建成 15 个周边站点，覆盖周边 13 个国家。还在港澳台地区设立亚太中心记者站和澳门站、台北点。亚太中心记者站凭借国际航线密布及香港雇员免签前往 140 多个国家和地区的优势，成为辐射周边国家重大新闻事件现场的“移动记者站”。二是在周边国家落地工作不断推进。通过三颗卫星不加密覆盖，近 20 个周边国家的电视运营商和普通观众使用合适的卫星接收设备，就能够接收中央电视台国际频道的节目。我们还在 23 个周边国家有 84 个整频道落地项目，覆盖 7817 万用户。2012 年 6 月，中央电视台英语新闻频道成功进入印度 DISHTV 公司的直播平台，覆盖印度 1250 万用户，是近年对周边大国落地工作的重大突破。同时，中央电视台国际频道在周边 15 个国家 404 家酒店实现了节目落地。三是与周边国家节目合作不断加强。在新闻节目方面，与日本、韩国、俄罗斯、朝鲜等国家的 21 个电视台建立了新闻合作关系。中央电视台和广西电视台成功举办“2011 聚焦广西 · 中越友好行”国际电视采访活动，中越两国的 15 家电视台参加了活动。在综艺节目方面，与泰国正大集团合作推出《谢天谢地你来啦》等节目，与韩国、新加坡电视机构合作推出《中韩歌会》、《中新歌会》等节目。在合拍纪录片方面，同韩国合拍《相通二十年》、《望京》等。四是周边网络覆盖不断健全。当前，中央电视台下属

中国网络电视台在莫斯科和新加坡建设了两个海外镜像站点，并与东亚、中亚各国当地的CDN运营商合作，实现了对周边国家的网络覆盖，周边各国用户都可以清晰流畅地观看中国网络电视台的视频节目。中国网络电视台还于年初搭建了蒙古族、藏族、哈萨克族等五种少数民族语言频道，在周边语言相通国家落地传播。

这些卓有成效的工作，为我们进一步做好边境电视外宣工作积累了宝贵经验、奠定了良好基础。但也要清醒看到，我们的工作与复杂的周边环境和繁重的任务要求相比，还有很大差距，还面临许多挑战。比如，越南等国家以种种借口停播中央电视台国际频道的节目，限播中国的影视剧；我们的电视频道和节目在阿富汗、乌兹别克斯坦等邻国尚未实现落地；与西方及日、韩电视媒体相比，我们电视媒体在周边国家的受众少、影响小，节目吸引力有待进一步提升，等等。这就迫切需要我们创新思维，开动脑筋，大力拓展传播渠道，不断创新方法手段，采取切实有效的措施，推动边境电视外宣尽快实现新突破、迈上新台阶。

三、做好边境电视外宣的主要项目

根据进一步完善覆盖周边的现代传播体系和增强国际传播能力、提升国际舆论引导能力的要求，中央电视台确定了以下重点工作项目：

1. 继续加强在周边国家的站点建设

中央电视台计划在现有站点的基础上，再增设蒙古站、尼泊尔站、孟加拉站，形成覆盖周边16个国家、以18个海外记者站为支撑的周边区域站点布局，基本涵盖所有关系密切的周边国家，进一步增强对周边国际事件的报道能力。

2. 继续扩大周边落地成果

在俄罗斯积极寻求远东地区及中俄边境地区的整频道落地机会，同时，争取与俄罗斯的电视台进行部分节目落地合作。在巴基斯坦积极推动英语新闻频道和纪录频道进入巴有线网络。此外，继续优化酒店落地代理商合作模式，并办好海外落地合作论坛活动，加强推广力度，推动更多频道、项目落地。

3. 继续完善周边网络覆盖

中国网络电视台下一步将对全球视频分发体系扩容升级，对新加坡镜像站点进行升级，有效改善亚洲地区内容资源站支撑能力和网络覆盖范围。同时，通过与亚洲CDN运营商的合作，加强视频分发网络在中亚国家的覆盖深度。争取通过与俄罗斯本土CDN企业合作，将内容深入推送到独联体地区的各个国家。加强建设中国网络电视台全球多语言网络视频平台，计划增加日语、朝鲜语和阿拉伯语三个外语语种，并建设亚太本土化网站和俄罗斯本土化网站，其中，俄罗斯本土化网站包括一个24小时直播频道和10个专业频道，预计一年后日均访问量可达30万。逐步加强蒙古语、藏语等少数民族语言节目网络直播、点播业务建设，不断提升少数民族语言节目水平。

4. 继续加强与周边国家的媒体交流合作

密切配合国家周边外交活动，以领导人访问和高层会谈为突破口，开展多种形式的国际媒体交流，重点加强与周边国家主流媒体的合作。充分利用国际媒体论坛、峰会、展会、电视节等交流平台，拓展节目推广渠道。以中国与周边国家的建交纪念、邻国节庆日以及重大旅游、文化、经贸活动为契机，深化媒体合作，开展国际宣传活动。还有一些活动，需要地方台发挥主动性、创造性，搭建交流平台。比如，可以利用广西电视台与东盟国家电视媒体建立的合作机制，把中央电视台的联合采访活动引向周边国家，采取“走出去，请进来”的办法，邀请东盟国家的电视媒体记者来中国集中采访；组织国内地方台记者去周边国家集中采访，制作节目在各自国家的电视频道中安排播出。

四、做好边境电视外宣需要把握的问题

边境电视外宣是一项常规工作，但在新形势下更是一项具有挑战性的工作。我们应该利用电视外宣协作会这个平台，广泛沟通交流，积极探索创新，形成一些示范性的做法，形成一些规律性的认识，形成一些规范化的制度，不断提高工作水平和实际效果。

1. 注重谋划，发挥优势

要加强整体策划，从我国外交工作大局出发进行谋划，从不同对象国的实际情况出发进行谋划，从自己的外宣优势出发进行谋划，结合本地的重大经贸边贸活动、旅游文化活动、友好城市活动，结合自己电视台已经形成的知名品牌和栏目，精心设计议题、确定具体项目，使边境外宣既服务国家大局又配合地方工作，既适应对方需求又体现自身特色。

2. 注重合作，统筹兼顾

边境外宣不只是边境省区的事，同样，做好边境外宣也不能仅仅依靠边境省区的电视台，还要内地兄弟电视台的鼎力帮助。边境地区熟悉风土人情、掌握

境外动态，具有地缘、语言等多方面优势，而内地电视台往往节目编排理念新、节目制作经验丰富，两者要加强沟通合作、实现优势互补。

3. 注重长远，建立机制

机制管长远、管根本。要避免那种“狗熊掰玉米”式的工作方式和结果，必须探索建立长久有效的制度机制。比如，边境地区与内地省份之间的定向协作机制，边境地区与边境地区之间的经验交流机制，边境电视台与外国电视台之间的互惠合作机制等。对那些已经有了一定基础的，要在进一步完善的基础上尽快固定下来；对那些工作新领域、合作新方式，要在实践中积极探索、勇于创新，不断积累、逐步完善。

4. 注重效果，把握口径

边境外宣工作政治性强、政策性强、敏感度高，特别是对一些关注度高的历史现实问题，必须严格按照中央的统一口径进行报道，拿不准的要按程序送审。绝不能因为我们工作的疏忽，给对方提供攻击我国的口实。周边各国受众的价值取向、宗教信仰、风俗习惯各有不同，要尊重他们的民族文化、满足他们的信息需求，不断丰富内容、调整角度、改进形式，使电视节目受到他们的欢迎，取得理想的传播效果。

（摘自《电视研究》2012年第10期，有删节）

创新是电视文艺发展的不竭动力

中央电视台副台长　胡恩

新一代智能电视的出现，标志着互联网电视时代的到来。作为家庭的综合信息终端，智能电视是电视行业发展的必然趋势，即观众可以快捷、自由地进行多种选择，海量信息不受约束地传播。相比电视台把节目按照编排好的顺序播放、观众被动接受的局面，智能电视具有极大的优势，这无疑对传统媒体从业者提出了新的挑战。作为传统媒体的从业者，以及最受广大人民群众喜爱的电视综艺节目，面对挑战，该如何破题？如何创新？

一、大型文艺晚会的成功源于创新

近年来，中央电视台在各类大型文艺晚会和各项重大宣传报道中，做到了让各级领导满意、广大观众欢迎，形成了品牌。其中，以中央电视台《春节联欢晚会》（以下简称为“春晚”）最为典型。“春晚”承载着家国情怀，发展了30年，如今已成为当代中国文化的名片和亮点，备受海内外亿万观众的期待和关注。2012年“春晚”坚持创新理念，取得圆满成功，得到各级领导的高度评价和全国观众的广泛认可，吸引了全世界的目光。“春晚”还以“收看人数最多”获得了吉尼斯世界纪录。据统计，2012年“春晚”直播，全国有7.7亿观众收看，晚会总收视率（含省级卫视和地面频道播出）达32.81%，总收视份额达69.87%，创近三年来的“春晚”收视新高。2012年“春晚”取得成功的最大秘诀，就是坚持创新。

1. 强化贴近性、接地气

从2012年“春晚”剧组的成立到节目选题、包装、演员、美术、灯光、视频的选择制作，都坚持“开门办春晚”、“创新办春晚”，时刻关注百姓诉求，从观众意愿中捕捉时代特色，产生情感共鸣，是2012年“春晚”最大的创新。要想实现贴近性、接地气，关键是要准确把握观众对“春晚”所思、所想、所乐的追求，用百姓的视角汇聚亿万家庭的欢乐，用平实的话语串联起除夕的喜悦和团聚。因此，2012年“春晚”剧组成立之初，中央电视台召开了七场来自社会各界不同工作岗位、不同年龄的观众座谈会，广泛听取他们的真知灼见，为“春晚”的创新打下了坚实的基础，这也是2012年“春晚”成功的根本原因。2012年“春晚”成为让百姓欢乐的舞台。六位主持人改变了以往的主持风格，既保持了一贯的大气，又营造了大家齐参与的现场互动氛围，让观众觉得亲切活泼。观众席中“最美全家福”的山西一户普通人家的出现，就是“开门办春晚”的举措之一。这一家是从参与网上征集的无数家庭中选出来的。农民歌手山东“大衣哥”朱之文质朴、腼腆，但嗓音浑厚，一曲《我要回家》唱得情真意切。

2. 强化时代性、时尚性

由于时代的进步和发展，多媒体传播和受众的个性化表达，审美的多样化、差异化、特色化表达，已成为“春晚”创作中不可回避的课题。“春晚”既要关注民族精神和传统年俗礼仪的传承光大，又要体现时代特色、具有时尚韵味，这也是座谈会中不同年龄段的观众代表所反映出的强烈信息。大家提出，“春晚”要有时代气息，要关注社会生活的热点，要有老百姓喜欢的节目，要满足人民群众丰富的精神文化需求和多元化的审美需求，品种要多样化，还要考虑不同类型的节目与不同类型观众的适配性。所以 2012 年“春晚”编导组在强化时代性上下了大工夫，认真梳理年度热点，精心筛选各类节目，创新晚会结构和串联方式，凸显了“春晚”“全民同乐、盛大联欢”的属性。

首先，在节目选择上，把一些语言类、歌舞类节目进行精心的混搭组合，引入流行元素。其中，群口相声《小合唱》，四位男声歌唱家说起笑话来也不含糊，以“唱”为主要表现功能的相声让人耳目一新。原本演绎古典钢琴的李云迪和流行歌手王力宏，借“龙年”寓意，同台献技，共同演绎《金蛇狂舞》，这种混搭出新意，强化了联欢的氛围，让观众感到“春晚”的节目更有可看性和亲和力。

其次，力推新人。“春晚”是一个亿万观众高度关注的联欢大舞台，人才辈出、精彩不断是它的突出特点，老中青艺术家、专业和民间艺术高手同台表演，竞相辉映。推新人成为“春晚”的动力和反映观众呼声的具体表达。2012 年中央电视台“春晚”在推新人方面加大了力度，特别是年度深受观众尤其是年轻观众喜爱、艺术表现优异、具有发展潜质的演员和百姓能人登上舞台，成为一大亮点。如青年演员韩庚在高科技手段包装下呈现亦幻亦真的光影舞节目；青年歌手金美儿与费翔搭档演唱的《冬天里的一把火》；语言类节目新人曹云金、王宁等年轻人的加盟等，都为 2012 年“春晚”带来了清新的气息。

最后，美术设计美轮美奂，为节目增辉。技术的进步和高科技手段的使用为“春晚”带来更为绚丽多彩的视觉冲击。180 度电子屏幕营造的梦幻时空、延伸进观众席中的 T 型舞台、首次空中俯拍带来的视觉冲击，让观众通过金龙绕柱、万物复苏、漫天花瓣等场景，感受“春晚”舞台的美轮美奂。仙鹤送福、水墨山水、红梅傲雪、百花争艳等一幅幅美丽的背景画卷，伴随节目表演者的出场徐徐打开。专家评论，无论是场景与舞蹈，还是场景与节目的有机结合，都让人有一种十分清新、自然、优雅、陶醉的感受。

3. 强化与观众的互动

2012 年中央电视台“春晚”剧组在建立之初成立了宣传组，设立了官网，主动与观众保持密切联络状态，保持信息畅通，及时回应百姓关切。尤其是直播当晚，同步微直播，有专业团队随时回答网友关于“春晚”演员、直播幕后等各方面问题，澄清个别不良信息。这种深入的互动性，及时应对多媒体时代个人信息发表不受约束、海量信息难分真假等对传统媒体形成的巨大挑战。第一时间为观众提供最权威、最真实的信息，主动积极引导舆论。这是面对多媒体时代海量信息的正确应对之策。事实证明，这种与观众的紧密互动是非常有效的，它使得事件的真实情况及时大白于天下，让受众更便于集中精力关注节目本体的艺术创作，而不会被其他道听途说的言论所左右。

4. 追踪世界前沿技术

304 块升降装置、舞台数控全息 LED 屏、虚拟技术的巧妙使用，新技术的大量引入把中央电视台一号演播厅变成一个现代化的大舞台，演员深入观众区表演，观众也成为晚会中不可缺少的一道亮丽风景线，极大地丰富了节目的表现力，提升了观赏的艺术美感，增强了晚会欢乐的氛围和互动感。

中央电视台诸多大型文艺晚会也都在创新中取得了成功。如《五月的鲜花——心中的歌儿唱给党》全国大学生校园文艺会演（2012 年“五四”晚会），气势宏伟、热情奔放，展示了青春的风采，唱响了心中的赞歌，是一场全国高校精神文化生活的交流盛会，展示了不同高校高水准的文艺表演，具有很强的观赏性。面对全国几百所高校展演的节目，编导组精心挑选，认真策划构思，按照晚会的主题要求，细致结构每一个节目和段落。从舞美、视频、串联、舞台调度、表演各个环节都精心打磨，强化创新理念。演出展现了历史的传承，显示了当代中国青年对中华民族奋斗精神的理解和继承，展现了当代中国青年的精神风貌。表现形式贴近当下青年，既有大江东去的豪迈，也有小桥流水的婉约；多种形式融为一体，既有不同风格的彼此映衬，又有整体的气势。无论串场还是美术设计都体现了整体策划的良苦用心。形式和内容的和谐、时代风范和民族内涵的交融，使得晚会的丰富意蕴得以充分展现。许多观众评价，这台晚会没有大腕和专业演员，却充满青春朝气和激情，具有当代大学生鲜明的特点，是一台令人感动和欢欣鼓舞的晚会。

二、电视文艺品牌栏目的创办源于创新

在中央电视台综艺频道品牌栏目中，就综艺形态而言，比较有影响的是《星光大道》和《我要上春晚》两个栏目。

创办于2005年的《星光大道》。从栏目定位开始就面向普通大众，让老百姓登上星光闪耀的舞台表演节目是栏目的宗旨。主持人毕福剑亲民、幽默、生活化的主持风格是多年来《星光大道》栏目始终受到观众喜爱的重要原因。这其中，不断创新则是栏目成功的秘诀。《星光大道·2011年度总决赛》节目平均收视率为2.86%，平均收视份额为7.27%，最高收视率为3.82%，最高收视份额为11.45%，被网友称为"继'春晚'后最值得期待的综艺盛典"。从《星光大道》栏目走出来的选手如阿宝、凤凰传奇、玖月奇迹、石头等成为观众喜爱的百姓明星。这样一档全国知名的品牌栏目，虽然已经开播八年了，却仍然保持着旺盛的生命力，在当下电视综艺节目竞争白热化的环境中，还能一直保持高位运行，拥有大批固定的观众群，靠的就是不断的创新。包括节目近年开展的"星光走基层"选拔，走访基层道德模范、身边好人，邀请基层一线各行业普通劳动者，精心设计节目中各个环节，结合"家乡美"环节的演唱，开掘思想，抒发情怀，增加公益元素，等等。这些创新引发观众共鸣，强化栏目的感染力、亲民性、专业性、精彩度，因而使节目深受观众喜爱。人民网评价道，《星光大道》栏目取得高收视靠的是朴朴实实的节目内容，没有出位话题博人眼球，没有把完美当作最高标准，而是把真实有趣作为最大看点。《新华日报》刊发《〈星光大道〉给选秀节目上了一课》专题文章，评价这个栏目是"文火慢炖，褒出一锅好汤。选手给力，表演连着地气。捧哏评委，甘为扶花绿叶。真正让舞台亲近观众，或许这就是《星光大道》一枝独秀的秘方"。

《我要上春晚》栏目开播两年来，收视节节攀高，引发社会强烈反响。2012年，"大衣哥"朱之文能够出现在"春晚"的舞台上，很大程度上要归功于《我要上春晚》栏目。这是中央电视台在"开门办春晚"的创作理念下推出的栏目。《我要上春晚·CCTV2011年终总决选》节目平均收视率为1.95%，平均收视份额为4.89%，最高收视率为2.25%，最高收视份额为5.71%。其中，连续三天收视率超过2%，收视份额超过5%。《我要上春晚》栏目依托中央电视台"春晚"的品牌优势，秉承"开门办春晚"的理念，坚持"走转改"，深入到百姓生活中寻访民间绝技绝活、网络人气歌手，与大学生观众交流互动，节目环节贴近选手、亲近百姓，主持人语言通俗易懂、清新朴实，为百姓登上"春晚"舞台开辟"绿色"通道，把旭日阳刚、朱之文、胡启志等一大批草根选手、绝活节目、"非遗"文化项目和海内外顶尖文艺人才推上了"春晚"舞台，备受社会关注。

三、节目品质、品位、品格的确保源于创新

这些年，中央电视台的电视文艺节目始终坚持弘扬社会主义核心价值观，坚持创新，坚守节目的品质、品位、品格，做到更加吸引观众、满足人民群众丰富多彩的精神文化需求。

一是创新节目形态、丰富节目品种，以传播先进文化为己任，强化节目的文化内涵和艺术品质，体现国家电视台的风格和要求。首先，中央电视台坚持"大文化"概念，深挖"综艺"内涵，拓展"综艺"外延，推出了《艺术人生》、《文化视点》、《文化正午》、《文化百科》等一大批文化类访谈和评论性节目，传播先进文化，培养民族自豪感，启迪心灵智慧，提高审美鉴赏水平。其次，围绕构建社会主义核心价值体系，创新推出了《向幸福出发》栏目，宣传感人温馨的故事，表达感恩情怀，弘扬中华民族传统美德，营造健康向上的社会风尚，引发了社会的强烈共鸣。新华社发表评论：中央电视台用盛大的舞台来承载老百姓家长里短的情感，用老百姓真实的故事来吸引观众，用老百姓真实的语言来打动观众。许多网友表示，节目以人为本、贴近百姓，让每一个人都能从中看到自己的影子，找到包含爱情、亲情、友情等各层面的共鸣，发挥了"润物细无声"的作用，推动和引导主流价值观的传播。

二是坚持"三贴近"，开展"走转改"，从生活的源头寻找艺术创作的灵感。其中，中央电视台"心连心"慰问演出活动通过创新内容设计、创新表达方式和美术设计以及主持人小分队纪实走访慰问等形式的不断探索，使节目主题鲜明，特色浓郁，表现百姓真实生活，反映人民心声，促进了党和政府与人民群众之间的"心连心"，以及文艺工作者、电视工作者与广大人民群众的"心连心"。实践充分证明：人民群众和火热的时代生活才是电视文艺创新的源泉和正确发展的方向。

三是增加公益元素，自觉抵制低俗、媚俗之风，充分运用健康向上、寓教于乐、轻松愉悦的多种艺术方式，有效地传播主流价值观。如《星光大道》、《向幸福出发》、《激情广场》等栏目，关注社会热点，增加公益元素，采用百姓喜爱的方式，吸引观众的强烈参与。同时，针对老百姓对文艺节目多样化的需求，精心抓好创作，改进主持风格，提升节目包装及表现手法，力争做到雅俗共赏，丰富多彩。

随着互联网智能电视时代的到来，传统电视媒体面临着新的挑战和竞争。这其中最核心的竞争是节目质量的竞争，拥有更多的精品力作和核心节目资源是电视媒体立于不败之地的法宝，而创新则是不断推出精品力作和深受广大观众喜爱的电视文艺节目栏目的源泉动力。当前，就全国电视文艺发展状况来看，尤其缺少原创型、具有自主知识产权、受观众欢迎、有竞争力的电视文艺节目新形态。这需要我们的电视文艺工作者进一步解放思想，勇于创新，在生活中寻找灵感，向群众汲取智慧，积极借鉴学习其他国家优秀的电视节目形态，不断迎接新挑战，不断创造新品牌。

（根据胡恩在全国电视文艺星光奖座谈会上的讲话整理，有删节，摘自《电视研究》2012年第12期）

在2012年北京国际电视技术研讨会上的致词

中央电视台副台长　何宗就

北京国际电视技术研讨会已成功举办十八届，它伴随着我国广播电视的快速发展，已成为广播电视行业具有重要影响的盛会，已成为国内外电视技术同行交流新技术、展示新成果、沟通新经验、加强新合作的重要平台和重要品牌。希望通过北京国际电视技术研讨会这样的桥梁和平台，能够有更多的智慧谋划广播电视发展，能够让更多的同行参与电视技术创新，能够使更多的生产企业壮大广电市场，能够将更多的技术产品充实制播一线，开放合作，融合共赢，共同推动我国广播电视又好又快发展。

2012 年，是深化文化体制改革发展的关键一年，党的十七届六中全会关于文化改革发展的决议精神充分体现党中央对文化发展的高度重视。推动文化大发展大繁荣，已经成为广大民众的新期待和国家决策的新战略。广电行业作为文化产业振兴发展的龙头和领军，正在不断激发文化大发展的新动力，形成文化大繁荣的新领域。

2012 年，是实施“十二五”规划承上启下的重要一年，也是广播电视加速实现跨越式发展的重要节点，从数字化应用的升级提高、网络化制播的迅速普及，到高清电视的突破发展、新媒体业务的强势进击，再到 3D 电视、超高清电视等新兴技术研究和应用的重大突破，广电行业在带动文化产业发展、促进国家信息化建设等方面发挥了非常重要的作用。

未来几年，将是中国广电行业改革机制，加快创新，全力推进向现代媒体根本转变的攻坚时期，要想掌握发展和转型的先机和主动，最根本的是要依靠科技的力量，技术的创新与革命已经成为电视媒体发展与进步的积极推动力，如何实现科学发展、促进转变发展方式已经成为广电行业肩负的新任务、新使命，也是我们在座的各位同行所要探索研究的重点课题。

在“十二五”期间，中央电视台技术发展的总思路和总目标是：实现与新台址启用、国际传播能力建设、全媒体业务发展三个方面的衔接与适配。第一，要打造与新台址相适配的全球领先的技术体系。全面实现节目制播的高清化、网络化和文件化，提高生产流程环节的共享性、时效性和互通性。第二，要建设传输便捷、安全高效的信息系统和管理平台。建立适配新址全新节目生产方式的科学管理体系，和全流程的质量监测、资源配置、应急灾备等功能要求的安全保障体系，构建播出安全、系统安全和内容安全三位一体的大安全布局。第三，建立与国际传播能力建设相适配的现代媒体技术架构。打造覆盖全球的新闻采集、加工、发稿全流程的网络制播和交换平台，建设以扩大海外用户为目标的全球覆盖网络，构建覆盖广泛的全球网络视频内容分发平台。第四，探索和跟踪与全媒体发展相适配的国际前沿技术。加强与新媒体、新业务的技术融合，实现节目、数据、资源的充分共享，加强新媒体核心技术、关键技术、共性技术的研发，建立适应电视传播特点及信息技术发展方向的技术研发机制，加强前沿电视技术的研究利用，提升电视媒体的自主创新能力。中央电视台将以新址启用为契机，全面构建适配国际一流媒体的运行、管理、服务体系，坚持以“技术先进”为目标，让科技支撑发展，技术引领进步，进一步完善、优化工艺流程，全面实现资源利用的最大化、节目制播的信息化和生产流程的科学化。

北京国际电视技术研讨会自创办至今，一直紧密跟踪电视技术进步的主导方向，积极引领电视媒体战略的传承发展，不断推动广电行业的科技创新，在普及新工艺、新模式和新成果，适应新技术、新业态和新竞争等方面发挥了积极的作用。2012年北京国际电视技术研讨会将以改革的姿态和崭新的面貌拉开帷幕，以坚持科学发展观为宗旨，以落实“十二五”规划为指导，以推动文化科技创新为前提，以引领媒体战略发展为目标，以加强传播能力建设为己任，结合国内外传媒环境的新形势、新变化、新特点，面向广电行业当前发展的新业务、新流程和新方向，一方面要强化电视科技发展的战略性研究，另一方面还要认真重视应用技术的基础性开发工作，特别是要重点研究和开发促进流程革新和结构优化的核心关键技术，不断提升电视媒体发展的技术促进能力和科技支撑作用。

在此次研讨会上，我们邀请了来自国家广电总局及全国各地方兄弟电视台的技术领导和业务专家，以及众多的技术企业和开发机构的权威人士，共同探索新技术，分享新经验，发布新产品，研究新应用，重点就广播电视跨越式发展的政策要求、创新战略和主要任务，电视媒体技术体系构建的目标定位及发展思路，高清化、网络化的主要技术和创新经验，新媒体实践及战略创新的规划与部署等内容进行研讨；同时，还将就构建现代传播体系的最新技术成果，电视技术创新企业的关键技术与产品策略，国外电视新技术、新应用、新业态、新发展的情况进行交流。我们希望能够充分利用好这个机会，积极为我国电视技术发展建言献策，推动广播电视更上新台阶、更上新水平。

值得一提的是，针对各位同行所关注的3D电视制播领域，本届研讨会增设了3D电视论坛，着重分析3D电视试验频道试播现状和国外3D媒体及运营模式，分享国内外先进的3D电视技术的新模式、新经验和新视野，介绍和交流3D电视的技术实践。同时，还开辟了制播技术论坛和业务管理论坛，专项讨论网络化制播架构的技术体系与业务流程、面向多技术形态的制播业务与系统拓展，以及电视台云科技的运用与实践、信息化应用的多元模式和创新部署等多项热点技术和焦点话题。相信会对大家有所借鉴、有所启发、有所帮助、有所收获。

（技术管理中心供稿，有删节）

CCTV

GAIKUANG

概　况

概 况

中央电视台 2012 年工作概况

2012 年是党的十八大胜利召开之年，中央电视台各项工作取得了新突破，事业与产业发展开创了新局面，出色完成了党的十八大宣传等各项任务，并创下多个历史最好纪录：全年总体收视份额达 31.58%，创三年来新高；安全播出创历史最好水平，全台节目播出总事故率为 0.21 秒 / 百小时；全台收入达到 433 亿元，比 2011 年净增 68 亿元，创历史新高；国际传播能力建设全面推进，中央电视台记者对国际重大事件的到达率和参与率达 97%，各项软硬件指标与国际一流媒体的差距大幅缩小；中央领导同志在中央电视台报送材料上的批示数量超过 270 次，创历年新高。历时 10 年建设的新址总部大楼完工并交付使用，新址搬迁正式启动，标志着中央电视台步入事业发展的新阶段。

2012 年，中央电视台坚持“科学发展，以人为本”，圆满完成了各项任务。

一、圆满完成党的十八大宣传任务，主流舆论阵地进一步巩固

一是党的十八大宣传创下多项新纪录，广受好评。大会重要活动直播力度创历史之最，直播节目总时长超过 63 小时；新闻报道总量创历史之最，20 个公共频道全部投入，《新闻联播》首播相关新闻总时长超过 350 分钟；创新力度为历史之最，开设了近百个新专栏、新专题和新板块；观众关注程度创历史之最，有 1.37 亿观众收看了开幕式直播；引用中央电视台节目信号和报道的海外媒体数量创历史之最；“新一届中央政治局常委见面会”直播与党的十七大相比，转播国家和媒体机构数分别增长了 59.5% 和 31.5%。

二是重大活动和主题宣传不断创新，引导力大幅增强。中央电视台圆满完成了“两会”、香港回归 15 周年、“神九”与“天宫”对接、“蛟龙探海”、“学雷锋”活动等重大宣传任务；成功组织了伦敦奥运会等重大活动报道；在钓鱼岛、朝核等热点事件报道中，抢占舆论主动权，有效引导了舆论。

三是“走转改”活动持续深入，“走基层”报道贴近民生。“你幸福吗”街头海采真实反映社会舆情，主动设置议题，引发社会热议；“我的父亲母亲”、“寻找最美”系列等大型公益活动引起了政府和全社会的广泛关注，彰显了中央电视台的公益性和社会责任感。

二、强化创新效果显著，社会影响力进一步扩大

一是强化节目创新，优质品牌节目、栏目大量涌现。《新闻联播》加大了民生和社会新闻的比重，把一些优秀的“走基层”新闻放到头条，增加了“央视述评”板块。《焦点访谈》19 年来首次改版，舆论监督特色更加突出。改版了《星光大道》等老牌栏目，推出了《直通春晚》等多档新文艺节目。围绕“好戏出央视”，联合社会顶级制作机构，精心编排，综合频道、电视剧频道联动播出《木府风云》等优秀电视剧。首次在综合频道晚间推出精品纪录片栏目《魅力·纪录》，播出了《舌尖上的中国》等高品位、高品质的纪录片。通过引进海外节目模式和举办节目创意大赛，推出了《谢天谢地你来啦》、《梦想合唱团》等一批新栏目。

二是强化活动创新，不断放大中央电视台品牌美誉度。2012 年，中央电视台始终把加大开展活动力度作为宣传创新的重点内容，打造了一系列具有全国、全球影响力的大活动。开掘出“东非野生动物大迁徙”、“寻找最美”系列、践行当代革命军人核心价值观等百姓叫好的新活动。成功推出感动中国、中国经济年度人物评选、体坛风云人物评选、中华之光年度人物评选以及五一、五四、六一等一系列节庆、主题晚会和评选活动。

三是加强编排创新，大幅提升频道的收视份额和

竞争力。2012年中央电视台所有节假日的编排收视全面飘红，中秋、国庆、双节编排尤为突出。各频道结合自身定位和受众群体特点，狠抓周末版、假期编排，效果显著。少儿频道年度平均收视份额4.47%，102天位居全国上星卫视第一名。

四是加强宣传推介，提升受众的收视期待和忠诚度。中央电视台成立了专门的节目推介部，统合央视网、中国电视报以及台外宣传资源，创新节目推广模式，通过规模化、立体化的推广，有效助推收视提升。各频道和栏目纷纷开设微博，截至2012年年底，“央视新闻”微博粉丝数已经超过280万个。

三、国际传播能力建设扎实推进，质量和实效进一步增强

一是全球采编网络作用有效凸显。中央电视台国际新闻首发率进一步提高，首发国际新闻超过2.8万条，采集的国际新闻在整体新闻报道中首次超过50%。驻外记者报道向深度、持续、多点联动拓展，受到外媒的广泛关注和转引。

二是海外落地推广扎实推进。全年新增整频道海外用户6508万户，超过计划指标160%；海外落地酒店新增1235家，超过计划指标147%。国际频道海外整频道用户达到3.14亿户，信号覆盖171个国家和地区。其中，在印度、澳大利亚等亚太国家进入了最大电视平台，CCTV大富日语化频道等本土化落地模式探索效果突出，“非洲直播室”进入肯尼亚国家电视台黄金时间播出，实现历史性突破。

三是国际传播、交流渠道有所拓展。非洲分台、北美分台正式启用，英语新闻频道实现全球直播，国际视通发稿量比2011年增加了163%，其中视频素材增加78%，中央电视台新闻素材被全世界1434个电视机构采用近40万次；建成中国网络电视台（CNTV）四个海外本土化网站；开播长城非洲平台，以商业形式“走出去”迈出了新步伐。

四是注重贴近海外受众需求。外语频道实现全球化、本土化制播，针对性、贴近性更强，现场到达能力、表达能力和影响力明显提升。初步搭建了国际传播能力建设效果评估体系，开展了一系列海外受众调查及舆情监测。

四、台网融合取得新进展，全媒体格局进一步确立

初步建立派驻制度，以《梦想合唱团》等重点节目的新媒体推广为突破口，初步尝试台网“一体化策划、一体化运行、一体化实现”的运行机制。稳步推进中国网络电视台各集成播控平台建设，央视网日均独立访问量跃居中央重点新闻网站首位，移动业务平台、IP电视等用户数大幅增长。新媒体产品、内容更加丰富，承建的共产党员网成功上线，“CCTV网络春晚”等一系列品牌活动效果良好。

五、安全播出创佳绩，技术保障能力进一步增强

中央电视台2012年的播出总时长和事故率均创历史最好纪录。在党的十八大报道期间，安全播出实现“零差错”，荣获国家广电总局十八大安全播出奖。节目制作保质保量，节目入库量显著增加。供电、动力、通信系统全年安全运行无事故。国内自主知识产权和民族品牌技术设备在伦敦奥运会宣传中得到充分使用，为圆满完成转播报道提供了有力的技术保障。

由中央电视台牵头组织完成的《新一代电视台网络化制播系统及重大应用》项目荣获2012年度国家科学技术进步奖一等奖，这是我国文化系统首个获此殊荣的项目。加强技术建设和技术管理力度，圆满完成海外分台、网络制作、采编播系统和新闻外场直播系统建设。圆满完成新址电视工艺系统建设任务，并陆续投入使用。两址并行播出顺利，为搬迁工作打下良好基础。

六、新址建设搬迁顺利实施，总部大楼运行管理不断完善

2012年5月16日，新址主楼顺利完成竣工验收，这是中央电视台发展史上具有标志性意义的事件。同时，B标段复建工程有序推进，在2012年10月底完成了幕墙封闭。

新址接收管理工作取得重要进展。2012年6月11日中央电视台正式接管总部大楼后，接管办、新址办、工艺办等部门克服困难，围绕“接管运行、安全入驻”

总目标，初步实现了中央电视台总部从“建筑”到“入驻”、从“现状接收”到“管理服务”的转换。体育频道、社会与法频道已按计划顺利搬迁，为台本部大规模搬迁奠定了坚实基础。

七、广告攻坚克难，产业格局进一步完善

2012 年，广告经营部门进一步创新机制，投入大量人力物力，各部门密切配合，使全台广告收入逆势上升，增幅超过 18%，高于 GDP 增速和全国电视广告行业增速，特别是新闻频道、纪录频道的广告收入增长迅速。全年广告招标预售总额达 158.81 亿元，创 19 年来新高。制作播出公益广告 130 余支，广告时段价值约 20 亿元。

台属企业方面，中国国际电视总公司进一步明确了发展战略和总体定位，积极配合海外分台建设和新址搬迁工作，全年实现营业收入 112.6 亿元，同比增长 19.7 亿元；中央新闻纪录电影制片厂（集团）、中国电视剧制作中心有限责任公司、中央卫星电视传播中心、中国有线电视网络有限公司、中国广播电视国际经济技术合作总公司等运营管理更加规范，取得了良好的经营业绩，为中央电视台发展做出了贡献。

八、事业发展与队伍建设面貌一新，各项管理进一步加强

一是事业规模不断发展壮大。2012 年，台本部收入 293 亿元，企业收入 140 亿元，全台总收入达到 433 亿元，同比增加 68 亿元，上缴国家财政及税费 62 亿元。

二是宣传管理更加健全完善。完善重点报道统筹协调机制，建立综合频道重点节目、重大活动的协调保障机制，创办《监看日报》，加强音像资料服务，出台《中央电视台个人微博使用管理细则》等一系列管理规定。

三是决策研究更加及时有力。加大了决策研究的针对性、有效性，积极办好《台情研究》等研究性刊物，全年完成各类课题、项目 300 多个，充分发挥了智囊、参谋、咨询作用。

四是人才管理更加科学规范。2012 年共引进各类人才 762 名；成立专门机构，进一步规范了全台劳动关系管理；修订了《企聘员工薪酬管理办法（试行）》等，加强绩效工资发放管理；首次获得“全国敬老模范单位”荣誉称号。

五是行政管理更加务实高效。修订了一系列规章制度，推动了行政管理的规范化、科学化；内部信息刊物参考性、服务性进一步增强，提高了服务决策和综合协调水平；完善了值班制度，强化了重要事项督察督办工作，完成好保密档案、法律外事、治安消防、后勤服务等方面工作，有效保障全台各项工作有序运转。

六是财务管理更加完善有效。精心组织增收节支奖的发放和公务卡改革的实施，实现了增收节支奖按月发放；制定了中央电视台公费医疗报销规定，向海外分台、海外区域中心站派驻财务人员。

七是党风廉政建设形式多样、成效显著。深入开展了争先创优、学习型党组织建设、党风廉政教育和理论学习，精心组织了第八届职工田径运动会、“央视精神”表述语征集、第六届“荧屏杯”廉政教育小品比赛等活动，继续获得“全国文明单位”荣誉称号，廉政风险防控机制建设不断深入，进一步完善了中央电视台内部审计体系。

2012 年，中央电视台各项工作卓有成效，总结一年来的经验和启示有如下四个方面：

第一，必须强化国际一流媒体建设的总目标。近年来，中央电视台大力加强国际传播能力建设，以新闻为切入点抢占话语权，以文化为主扩大影响力，以全媒体为载体拓展传播力，以本土化、商业化为手段提升落地实效，以硬件建设作为有力保障，已经形成了“国际大事件，央视在现场”的有利局面，初步扭转了重大国际事件中国际舆论由西方媒体全面主导的格局。坚持不懈地推进国际一流媒体建设，这是中央电视台扩大竞争力和影响力、掌握舆论主动权和话语权的根本方向。

第二，必须坚守国家主流媒体的责任和使命。2012 年，伦敦奥运会报道、钓鱼岛事件、“走转改”活动、系列公益活动的成功实践证明，只有不断强化责任意识，才能提高公信力和影响力。当前，主流媒体引领舆论、引导多样化社会思潮的任务更加繁重。这就要求中央电视台进一步担当起国家主流媒体的责任和使命，壮大主流舆论，凝聚思想共识，这是中央电视台巩固、壮大党和国家重要舆论阵地和文化阵地的根本要求。

第三，必须坚持“三贴近”和“改文风”，“走转改”和党的十八大后的“改文风”活动，让中央电视台的报道多了真情实感，少了虚情假意，受到老百姓的普遍欢迎。这些成功经验表明：必须在宣传中强化民生视角，运用群众语言，回应百姓关切，才能使中央电视台的各类节目“回归群众”、“回归土壤”。坚持“三贴近”和“改文风”，这是中央电视台增强宣传报道吸引力、传播力、影响力的根本准则。

第四，必须推进改革创新。2012年中央电视台获得的收视表现及社会影响充分说明了努力创新、不断推新、精心做节目的重要性。中央电视台必须进一步解放思想、突破陈规，以更大的决心和信心，深化节目生产、频道管理、人事财务、技术保障、产业运营等领域的改革创新。坚持改革创新，这是中央电视台快速发展、做大做强的根本选择。

（根据胡占凡台长在中央电视台2013年工作会议上的讲话整理）

中央电视台2012年频道建设概况

2012年是党的十八大胜利召开之年，中央电视台按照“十二五”期间将中央电视台基本建成国际一流媒体的奋斗目标，全面推进机制和体制创新，大力加强频道专业化建设。截至2012年12月31日，中央电视台共有25个公共频道，包括综合频道（标清、高清、香港版）、财经频道、综艺频道、中文国际频道（亚洲、欧洲、美洲版）、体育频道、电影频道、军事·农业频道、电视剧频道、纪录频道（国内版、国际版）、科教频道、戏曲频道、社会与法频道、新闻频道、少儿频道、音乐频道、英语新闻频道、法语国际频道、西班牙语国际频道、阿拉伯语国际频道、俄语国际频道、高清频道、CCTV娱乐、CCTV戏曲、CCTV中国电影、CCTV中视购物频道，除北美长城平台和中视购物频道外，栏目总数达到399个，全年总播出量达342,084小时，日平均播出量近937小时，内容涵盖新闻资讯、专题服务、综艺益智、影视剧等。

2012年，全台平均收视份额为31.58%，创三年来新高，安全播出创历史最好水平。

2012年，中央电视台频道专业化建设进一步深化，各频道相继进行调整和改版，频道专业化水平、品牌影响力进一步提升，形成以综合频道为核心，各频道各有所专、各有所长的集群发展宣传平台，圆满完成党的十八大、香港回归15周年、“神九”和“天宫”对接以及“走转改”报道等重要宣传任务，主流舆论阵地进一步巩固。此外，中央电视台积极统筹各频道元旦、春节、五一、中秋、国庆等节假日特别编排，收视全面飘红，有效延展长假收视热度。

2012年，各频道自身强化创新效果显著，社会影响力不断扩大：

综合频道继续围绕“新闻为主的精品综合频道”定位，推进创新布局，荟萃全台精品，打造《谢天谢地你来啦》、《开讲啦》、《中国味道》、《旗鼓相当》、《为你而战》、《魅力·纪录》等一批全新栏目和特别节目；财经频道稳步推进频道专业化、品牌化、国际化和产业链条建设，成功举办中国经济年度人物盛典、3·15晚会等大型品牌活动，推出了《货币》、《金砖之国》等大型纪录片，正式启用上海中心站演播室直播《交易时间》栏目，央视财经50指数在深圳证券交易所成功挂牌上市；综艺频道提升总体水平和影响力，锐意创新，深化“走转改”，创新研发《综艺盛典》、《我爱满堂彩》、《越战越勇》等新栏目，打造收视新亮点，多档品牌栏目在“星光奖”、“金鹰奖”等多个奖项中屡获殊荣；中文国际频道围绕“新闻+文化”为主的综合频道定位，实施精细化管理，着力提升栏目品质，精心推出百集大型系列节目《沿海行》、《北纬30°·中国行》、《中国古镇》以及50集系列节目《留住手艺》等；体育频道充分利用优质赛事资源，以大型赛事转播创作为龙头，采取有效举措，强化节目创作，在多方面获得突破，圆满完成了欧洲杯和伦敦奥运会等大型赛事活动的报道，取得了社会效益和经济效益的双丰收；电影频道弘扬主旋律，传播中国优秀电影文化，积极推动国产电影“走出去”，频道出品电影在国内外诸多电影奖项评选中斩获奖项；军事·农业频道发布权威军事新闻，展示中国军队风采，传播农业科技知识，反映新农村生活，出色完成各项重大主题、重大活动、重大典型宣传报道任务；电视剧频道围绕“好戏出央视”的战略目标，着力加大自制、定制剧力度，频道定制剧《大戏法》、《木府风云》、《聪明小空空》、《火蓝刀锋》赢得收视、口碑双丰收；纪录频道着力打造频道媒体品牌，陆续推出《故宫100》、《春晚》、《舌尖上的中国》、《超级工程》等原创纪录片节目，举办多场大型推介活动，广泛开展与国际纪录片业界的交流与合作；科教频道坚守定位，勇敢创新，专业频道面貌进一步清晰，科技类、服务类栏目的传播力得到明显提升，创新媒体活动品牌《寻找最美乡村教师》、《寻找最美乡村医生》等；戏曲频道以现代人文眼光为立足点，在戏曲节目中注入时尚的视角和新颖的电视语汇，以满足全国戏迷观众对电视戏曲文艺日益提高的审美需求；社会与法频道自 2011 年全新改版后，全面提升专业品牌频道品质，全力打造中国电视法治宣传第一品牌；新闻频道报道力不断提高，不仅圆满完成了全国“两会”、香港回归 15 周年庆祝大会、党的十八大开闭幕式、新一届中央政治局常委与中外记者见面等百余场重大活动的直播报道，并策划制作了“天宫”、“神九”载人交会对接、“蛟龙号”下潜首次突破 7000 米、中国首艘航母“辽宁”号成功着舰、伦敦奥运会、东非野生动物大迁徙等一系列重大事件的特别报道；少儿频道圆满完成了“六一”晚会、《2012 年全国儿童歌曲大奖赛》等重点节目，创新推出《大仓库》、《大手牵小手》、《金龟子城堡》等质量上乘的新节目，同时在假期编排上大胆创新，在全年形成不间断收视高潮；外语频道国际化特色更加突出，切实实现新提升，国际传播力、影响力持续加强。

（总编室规划部提供）

Z H U A N J I

专　辑

专辑

中央电视台圆满完成 中国共产党第十八次全国代表大会报道任务

中国共产党第十八次全国代表大会于2012年11月8日召开，会上选举出了新一届中共中央领导集体。中央电视台多个频道围绕党的十八大推出了专题报道、专栏解读、纪录片、文艺晚会等形式各异、内容丰富多彩的节目，赢得了观众的高度好评，为党的十八大胜利召开营造了祥和、喜庆的气氛。

新闻频道全新开设多个报道专栏。系列报道《数字十年》以动画的形式生动再现党的十六大以来我国经济社会领域发生的巨大变化，用数据直观展现了十年间所取得的巨大成就。内容深入浅出、简洁明快，被广大观众评价为老少皆宜的精品节目。作为党的十八大赠送用书和学习读物，此次十八大参会代表人手一本的《数字十年》图书，内容正是源于中央电视台同名节目。《新闻联播》"聚焦十八大·百姓心声"板块，倾听民心、民愿的初衷，被访百姓真切、实在的回答，这一新颖的节目形式让观众感觉新鲜，产生期待，成为《新闻联播》的一大看点。《我从基层来》将镜头对准来自基层的十八大代表，展示他们的风采，关注他们会内会外的履职情况。让更多的基层代表走上央视屏幕，体现了对基层代表的重视，具有鲜明特色。《新闻直播间》和《新闻1+1》栏目中，开设了"聚焦十八大·报告解读"和"十八大观察"等专栏，就党的十八大报告中的新提法、新精神进行解读，挖掘其深刻内涵，有利于观众更好地领会十八大精神。纵观这些板块，各有特色、可圈可点，新闻频道用多维的报道形式，扩大了中央电视台作为主流宣传阵地的影响力。

综合频道为迎接党的十八大胜利召开，11月7日晚隆重推出《领航中国——喜迎党的十八大胜利召开大型专题文艺晚会》，最高收视率达2.51%。晚会在各大媒体和微博、论坛上引发讨论和关注。整台晚会以鲜明的主题、丰富的内容、巧妙的构思，展现了"科学发展、成就辉煌"的十年征程，讴歌了中国共产党不同时代的典型，表达了全国各族人民"永远跟党走"的坚定信念，以及团结一心、不屈不挠、勇于进取、创新未来的伟大时代精神。综合频道以不同的节目形式，大力营造出喜庆热烈的节日气氛，向党献礼。

财经频道配合十八大精神的宣传，凸显权威专业的财经特色。从会前播出的《跨越——文化改革发展十年巡礼》，到十集系列片《寻找经济增长新动力》，再到晚间特别节目《聚焦十八大》，无论是对十八大的会上报道，还是会外宣传，都极具深度和针对性。党的十八大涉及经济领域的新提法、新部署，意义重大，社会关注度较高。财经频道对"美丽中国"、"建成小康社会"、"收入翻番"、"教育公平"、"新型城镇化"等热点话题均进行了深入解读，主动引导观众从财经的角度，全面、准确领会十八大精神。

综艺频道《激情广场》栏目在党的十八大即将召开之际特别推出"爱国歌曲大家唱"系列专题，气氛热烈，特色显著。一是主题突出唱经典。节目从经典歌曲的遴选到主持人的串联词都突出了歌颂党、歌颂祖国的大主题；二是特色鲜明有看点。在同一大主题下，经典歌曲的选择结合了各城市的不同特点，并在"地方特色"上做了精心设计，国家非物质文化遗产的介绍和展示，使节目的民族地方特色更为鲜明，更富知识和文化品位；三是现场访谈见精神。现场访谈环节的设置，具体形象地彰显了时代精神，增加了节目的厚重感。

中文国际频道《中国新闻》配合十八大宣传，播出"新闻特写：美丽中国 迈向小康"。专栏围绕全面建成小康社会、环境、生态等问题，对刚刚走出人民大会堂的十八大代表进行现场采访。报道采用同期声方式，用代表的声音诠释新闻特写的主题，情真意切，很有说服力和感染力。

军事·农业频道推出喜迎十八大特别节目《见证》，邀请农民中的杰出代表讲述十年来我国农村发生的巨大变化，唱出亿万农民的心声。节目紧紧围绕政策惠农、科技兴农和保障民生，主题鲜明，内容集中。《军事报道》开设“高举旗帜,铸牢军魂”、“十八大代表风采录”、“走进标兵连”、“我从天安门走来”、“代表回基层”、“十八大热词”、“努力走在前列”等多个专栏，全方位、多视角深度解读科学发展给部队带来的深刻变化，全面反映部队学习贯彻十八大精神的政治热情。《军事报道》还推出了8个月的学习宣传贯彻十八大精神系列专栏“潮涌军营”。《军事纪实》栏目精心打造6集文献纪录片《新世纪强军路》。《军旅文化大视野》、《谁是终极英雄》、《军营大舞台》、《讲武堂》等栏目，先后推出《神舟飞船背后的故事》、《第八届中国军校大学生演讲大赛》、《我是一个兵》、《排头兵》、《沙场砺兵展辉煌》、《我爱唱军歌》、《伟大会议》等系列节目，为迎接党的十八大、宣传贯彻十八大精神营造了良好氛围。

电视剧频道自2012年下半年开始，分四个阶段进行迎接党的十八大重点剧目展播：第一阶段预热期(7月至9月)，相继安排播出了“中宣部迎接党的十八大10部重点剧”《我们的法兰西岁月》、《营盘镇警事》、《青海花儿》、《铁血男儿夏明翰》等；第二阶段预热高潮期(9月底至11月初)，播出了《国家命运》、《焦裕禄》、《火蓝刀锋》等；第三阶段会中阶段(11月8日至14日)，安排播出了《温州一家人》、《杨善洲》、《我们的法兰西岁月》等；第四阶段会后阶段(11月15日后)，在综合频道黄金时段播出《民生书记》等，社会反响良好。

中国网络电视台充分发挥台网融合优势与原创策划能力，全面做好党的十八大报道：一是全面做好新闻宣传报道。在央视网首页首屏推出专区，精心策划大型网络专题，对开幕会、总书记报告、新一届中央政治局常委与中外记者见面会、首场新闻发布会等重要会议进行全程网络、手机电视、IP电视视频或网络图文直播，并精心制作视频点播；创新推出大型互动产品“您好，党代表”，为2268名党代表和军队、央企等搭建2309个互动页面；策划原创数据图表系列产品《图解十八大》，展现最能体现十八大特点的数字和属性；采访近百位基层代表、副省级政要，推出《十八大代表访谈录》；开设大型互动专栏《寄语十八大》，通过论坛、微博和留言板三个平台广泛征集网民对十八大的寄语和心声，并邀请多个领域的28位专家学者，表达对十八大的建议与期盼；推出8期历史原创策划《党代会故事》，对读者进行党史教育。二是创新报道形式和传播渠道，打造多语种报道，扩大传播范围。在英语、西班牙语、法语、阿拉伯语、俄语等外语报道基础上，首次使用蒙、维吾尔、哈萨克等少数民族语言进行报道。首次在三大运营商平台视频报道党的十八大，推出国内首个十八大视频手机报。首次运用“我爱非洲”智能手机客户端、俄罗斯本土网站报道党的十八大。三是独家承建“科学发展 成就辉煌”大型图片展览网上展馆，采用视音频、三维虚拟场景动画展示、数字高清相册、留言互动等形式，清晰、真实地再现了实体展原貌，截至11月26日，网展总体页面访问量近5亿页次，总访问量达300万人次。

截至党的十八大结束，中国网络电视台共发布视频21888条，时长340312分钟，图文报道近9140篇，专题页面400余个，相关微博超过40万条。十八大专题页面独立访问者1846万人，多终端总体覆盖用户数1.86亿人，视频累计播放次数1.9亿次。

（根据总编室、大型节目中心、军事节目中心、中国网络电视台、电视剧频道提供资料综合整理）

中央电视台2012年“两会”报道

2012年中央电视台的“两会”新闻报道牢牢把握舆论导向、着力突出大会主题，规定动作精准规范、自选动作有所创新，高质量地完成了大会新闻报道任务。截至3月14日晚，综合频道、新闻频道、中文国际频道和各外语频道累计播发新闻4990条，总时长10966分钟；累计播发新闻专题356期，总时长5312分钟。组织大会重要直播5场，发布会和记者会(含外长和总理记者会)直播20场。“两会”期间总体收视份额有所提升。

一、2012年“两会”新闻报道的三个特点

1.“两会”报道与“走基层”报道深度融合

2012年“两会”报道，一个突出的特点就是将“走基层”的报道模式予以延伸发扬，使节目更加贴近实际、贴近生活、贴近群众，生动直观地展示了中国特色的“两会”制度。

记者以“走转改”的精神把来自基层的情况带到会上，使来自基层的问题成为代表委员热议的话题，记者通过基层调研，结合大会议程，将选题集中到农村小型水利设施建设、校车安全、新一轮医改等民生领域的热点问题，将采访对象聚焦到基层代表委员身上，客观记录基层代表、委员认真负责的履职过程。

2.会内会外有机结合

新闻中心努力打通问政“两会”的舆论场和问计民生的公共平台，通过《泉灵三问》、《见证履职》等创新板块，让社情民意直通人民大会堂。

《新闻联播》推出的《泉灵三问》由张泉灵主持，紧扣大会议程，选取近期中央电视台“走基层”报道中发现的有影响的个案，提出观众最关心的三个普遍性问题，通过代表、委员的权威回答，通报政策、解疑释惑、沟通会内会外。《在基层·见证履职》搭建了普通百姓与人大代表、政协委员直接对话的平台。这个板块聚焦了云南如何抗旱、宁夏西海固如何做好水文章、探讨校车管理新模式、如何进行新一轮医改、居家老人和农村老人如何养老等民生问题。

3.内宣外宣互相配合

中文国际频道和外语频道投入精干报道力量，按照海外华人和外国观众收视思维，将“两会”作为一个新闻事件来报道，《中国新闻》、《今日关注》继续推出两会品牌报道《我有问题问总理》、《鲁健观察》、《国是2012》，同时全新打造“两会”系列报道《两会改变生活》，有效地宣传了中国民生建设所取得的成就和新一年的发展思路。中文国际频道与中国网络电视台合作推出的网上专题“我有问题问总理”引起网民广泛关注，截至3月14日，点击量达到350万次。

二、2012年“两会”新闻报道呈现三大亮点

1.在重大直播中首次实现手语同步播报

在3场并机直播中（政协开幕会、人大开幕会、吴邦国委员长作人大常委会工作报告），首次增加了手语同步播报。在重大时政直播中使用手语播报，是此次“两会”报道的一大亮点。手语直播《政府工作报告》，使广大聋人朋友同步收看大会，是文明进步的体现。《人民日报》、《光明日报》等权威媒体也进行了报道。有网友说：“手语”直播“两会”是充满爱的“笔划”，小小的“举动”赢来大大的掌声。

2.在重要时政报道中首次使用“高清鱼竿摄像系统”等新技术、新设备

中央电视台升级报道手段，在人民大会堂主席台前架设6米长的摇臂移动轨，首次在重大时政直播中启用了新引进的“高清鱼竿摄像系统”设备，极大地增强了视觉冲击力和画面表现力，用丰富的镜头语言立体表现人民大会堂的宏伟气势，以及数千名代表委员参政议政的壮观场景，为观众带来更有动感、转换更加灵活的屏幕效果。

3.首次通过国际视通与美联电视的合作，将重要直播信号直接提供给西方主流媒体

央视国际视频通讯有限公司经由美联电视直播频道，对外发布了包括“两会”开闭幕会、温总理会见中外记者、外交部部长杨洁篪答记者问等8场重要活动的直播信号，总时长近650分钟，仅“温家宝总理作政府工作报告”的信号就被包括英国广播公司（BBC）等著名媒体在内的38家海外媒体使用349次。截至3月15日，国际视通对外发布“两会”新闻素材124条，有244家（次）海外媒体采用了其中88条素材，播出、下载总计1519次，其中包括美国有线电视新闻网（CNN）等著名媒体。国际视通的创新探索大大提升了“两会”报道的国际影响力。

三、品牌节目彰显专业品质

1.《小撒探会》突出法治特色，彰显专业品质

综合频道“两会”品牌节目《小撒探会》以“2012幸福计划”为主题，总计制作播出了8期专题节目共240分钟，节目紧紧围绕“幸福”这一主题，通过法治的视角解读民生话题和司法热点，使节目的可视性和专业性有效融合，凸显了法制栏目的特色和职责，获得了各界好评。

节目组深入云南、四川、江苏等8省市基层，以体验式报道的方式探访基层法治建设新动态，关注了农村大病托管制度、住房保障制度、社会管理创新、慈善等8个民生法治话题；《小撒探会》紧扣“两会”司法热点，组织策划了“《刑事诉讼法》修改”、“诉前调解机制”和“法律援助新动向”等法治话题报道；《小

撒探会》紧密连接基层与高端，记者撒贝宁带着走基层的见闻感受，带着民众对当前法治的热切关注，上“两会”求解问道，寻求权威解读；节目组还充分发挥网络等新媒体的作用，自3月4日起，节目报道连续10天共计10篇登上新浪和腾讯首页要闻区域，《小撒探会》新浪微博累计发布前期采访和会采信息310多条，有力促进了“幸福计划”的二次传播。

2.《两会大参考》搭建政府与民众的交流平台

2012年3月5日至12日，社会与法频道《热线12》栏目推出特别节目《两会大参考：民生热线问答》，节目中每天都有一个部委的主要负责人走进直播间，梳理2011年的民生大事，展望2012年惠民政策的新动向，就百姓最关心的热点话题与观众展开即时互动，在“两会”期间搭建了一个政府与民众互动的平台。为了及时权威地报道“两会”最新资讯，栏目积极扩展媒体合作，与中央电视台新闻频道和中央人民广播电台、中国国际广播电台、中国网络电视台等媒体上会记者现场连线共计十余次，即时、立体地展现了“两会”全貌，报道“两会”最新鲜的资讯和最生动的花絮。

3. 军事节目中心推出专栏，实现思想性与可视性的新突破

军事节目中心《军事报道》栏目重点推出了《聚焦两会》、《代表委员在基层》、《代表委员履职记》、《两会新视点》、《岳斌看两会》等5个专栏。《两会新视点》重点对会中的新议题、新名词、新观点进行深入解读；《代表委员在基层》则采用访谈的形式，让“两会”代表委员就官兵关注的问题进行解答；《代表委员履职记》采用纪实跟拍的手法，重点报道了来自基层的代表委员参政议政履职尽责的故事。5个专栏以全新的视角、独家的解读、权威的发布、新颖的形式，实现了报道思想性与可视性的双突破。《军事纪实》、《和平年代》推出《议案、提案背后的故事》、《国防的力量》等系列专题和访谈节目，这些专题、访谈节目和新闻节目形成联动，扩大了宣传效果。

四、台网联合，提供强大助力

针对2012年“两会”报道，中国网络电视台围绕四个方面展开工作：

一是持续做好对台服务，强化视频特色。中国网络电视台为中央电视台17档“两会”新闻栏目提供官网服务，放大中央电视台“两会”报道影响力；共进行“两会”重大议程网络视频直播30场，开设人大会议和政协会议视频频道，提供人大、政协历次会议历史视频点播服务。二是发挥采编优势，加强原创内容，提升报道首发率、原创率。依据会议进程和社会热点，首次推出大型封面报道专题《2012年全国两会》共12期，重拳打造原创访谈和策划节目，首发、独家稿件近400篇。三是改变传播方式，创新传播手段。利用flash动画、微博和3G视频直播技术，快速准确报道“两会”，优化用户体验。四是多终端、多语种平台实现突破。使用中文、英语、西班牙语、法语、阿拉伯语、俄语等多语种对“两会”进行全球直播，首次推出维吾尔语和哈萨克语进行全程专题报道；首次通过视频手机报、安卓、米狗等智能系统进行直播报道；互联网电视首次进行“两会”报道。

“两会”期间，中国网络电视台累计发布相关视频5837条，图文2959条、帖文1100条、博文421条、微博5573条。3月2日至14日，CNTV网站总体独立访问者达1.31亿人，比上年同期增长110%，视频播放量达1177万次；CCTV手机电视用户数112万人，iPhone及iPad用户数近190万人，视频手机报用户数突破20万人；IP电视覆盖用户达120万人。

（根据新闻中心、综合频道、社会与法频道、军事节目中心、中国网络电视台提供资料综合整理）

2012年中央电视台“走转改”活动持续深入

根据中宣部的统一部署，2012年中央电视台新闻中心以强大的采编力量和重要充足的版面安排，全面深入地开展“走转改”活动，奉献了一大批有影响的“走基层”报道，进一步推动了“走基层”报道的常态化、机制化；同时，其他频道的“走转改”节目宣传丰富多彩，推动中央电视台“走转改”活动向纵深发展。

一、“走转改”新闻宣传报道

中央电视台拿出了重点版面进行“走基层”新闻宣传报道，综合频道、新闻频道、中文国际频道、英语新闻频道等近十个频道，在《新闻联播》、《朝闻天下》、《新闻30分》、《共同关注》、《东方时空》、《新闻直播间》等重点栏目中均开辟了专栏，形成报道联动，以新闻、专栏、深度报道等多种形态的系统化设计，强化报道规模与声势。2012 年 1 月 1 日至 12 月 12 日，新闻中心首播“走基层”报道超过 1286 条，时长超 120 小时；重播“走基层”报道 2572 余条,时长超 214 小时。2012 年“走基层”活动以来，中央电视台新闻中心累计派出记者超过 1600 路,3600 余人次,后方编辑力量超过 3600 人次，投入总计人力超过 7200 人次，记者足迹遍及全国 31 个省市自治区的上百个县市乡村。

2012 年中央电视台精心策划、重点打造《走基层》主题报道，分为：“蹲点日记”、“第一手调查”、“百姓心声”、“在岗位”、“我在基层当干部”、“干部下基层”、“最美中国人”、“寻找最美乡村教师”、“科学发展 成就辉煌”等子系列，这些常规专栏分别排布在新闻频道全天的重点新闻档，并结合时令特别推出了“新春走基层”、“春耕调查”、“清明我想对你说”、“三夏服务站”、“汶川大地震四周年•爱让我们前行”等系列报道。

其中有较大影响力的报道有：

1. 新春走基层

新闻中心从春节前一个月就开始着手策划 2012 年的“新春走基层”。比如 2012 年策划团队提早派出记者前往广东肇庆寻找合适的采访对象，从他们准备回家的礼物开始着手拍摄，并全程跟拍报道肇庆“摩托大军回家路”；再如，报道“西藏先心病患儿白玛央金”时，编辑记者改变了以往只关注动态的方式，选择了两个孩子作为报道主体，用讲故事的方式，表现先心病给患儿及其家庭带来的影响，把一个动态的新闻事件变成了新闻故事的“连续剧”，从个体故事背后反映出国家大民生的关怀。观众对这些报道予以很高评价：“喜欢这种充满亲情的感动，喜欢这份温馨，老百姓的生活才是国家的面子”。

2. 爱心小院

2012 年 4 月 4 日至 10 日，新闻中心播出 7 集《走基层·“爱心小院”蹲点日记》，记录了河北省滦南县洼里村的“爱心小院”里 39 名残疾孩子的学习和生活。该系列报道在新闻频道《朝闻天下》重点时段连续播发，总时长超过一小时。《新闻联播》也播出了经过精心改编的 5 集报道,其中 4 月 4 日的开篇报道在《新闻联播》头条播出，并配发短评。“爱心小院”蹲点日记系列报道播出后，社会反响强烈，新华网、凤凰网、中国公益网和全国多个省份的日报、网站纷纷对报道内容和节目视频予以转载，社会各界迅速响应。“爱心小院”的报道还引起了国家民政部的关注。国家民政部表示《爱心小院》节目带给民政部门更多的思索，必将推动我国加快建立儿童福利制度和儿童福利服务体系的进程。

3. 大凉山失依儿童

春节前夕，中央电视台派出多路报道组，分赴四川大凉山布托、昭觉、美姑等国家级贫困县，蹲点近一个月，采访受毒品、艾滋病影响的“失依儿童”。2 月 7 日起，新闻频道持续近 20 天时间，在多个重点栏目中，以“走基层·问暖”的形式，全方位地对“失依儿童”进行报道。节目播出后，观众、网友纷纷通过打电话、微博留言等形式表达了捐助意愿，并以实际行动帮助失依儿童：观众认捐“一对一”救助的失依儿童超过 500 名，认捐图书累计超过百万元。

4. 最美女教师张丽莉

2012 年 5 月 8 日，80 后青年女教师张丽莉在失控的汽车冲向学生时，一把推开了两个学生，而自己却被车轮碾压，造成全身多处骨折，双腿高位截肢。事情发生后，中央电视台及时播发动态消息，一边关注张丽莉的救治情况，一边以“走基层”的方式讲述这位善良、充满爱心的女教师的众多感人事迹。报道播出后，引起社会各界广泛关注，并掀起向最美女教师张丽莉学习的热潮。

5. 农民工局长陈家顺

2012 年 2 月,《新闻纪实》专题节目中推出典型人物“农民工局长”陈家顺的事迹，用镜头生动地刻画了这位真实可信、感人至深的基层干部形象，得到了广大观众的认可和热情赞扬。该节目得到多位中央领导的赞扬和批示。随后全国兴起了学习基层干部陈家顺的热潮。

6.“你幸福吗？”引发社会“幸福观”大讨论

中秋国庆黄金周期间，新闻中心连续 10 天持续推出“走基层·百姓心声”特别节目“你幸福吗？”，共调动 18 个国内记者站、7 个海外记者站以及北京总部共 70 路记者，以及 20 个地方台，共 300 多人次，以街访、海采的方式，在全国各地的旅游景区、城市广场、社区街道、乡野山村、秋收一线、重点工地等地，遍访退休老人、农民工、城市白领、游客、商贩、工程建设者多达 3550 人。节目从中集粹了 129 个基层群众关于幸福的回答，《在朝闻天下》、《新闻 30 分》等黄金时段重点播出,《新闻联播》也以头条、提要的方式挂标播出 9 集，并为每集节目配发编后语、评论。节目触动人心，广受欢迎。“幸福是什么？”在网络上和媒体同行间引起强烈共鸣，引发了全社会关于“幸福观”的大讨论。中央电视台“走基层”节目精心预设的议题成功引领了大众舆论，在丰富、活跃国庆报道的同时，更为即将召开的党的十八大营造了良好的舆论氛围。节目得到了中央领导和广大群众的好评，也引起了国内外同行的关注。

7. 寻找最美乡村教师

《走基层》专栏关注“寻找最美乡村教师”活动候选人，实地采访失去双手的残疾教师从事乡村教育数十年，以亲身经历教育学生们克服困难、坚强生活等感人事例，深入反映乡村教师群体的奉献精神、大爱情怀与崇高境界。

较之2011年，2012年中央电视台“走基层”新闻报道进一步拓展了“走转改”活动的深度和广度：

一是将“走基层”报道与重大主题宣传、日常报道相结合。比如在“两会”报道、香港回归15周年报道、“6·26”禁毒宣传日等重大主题宣传中，有机地嵌入“走基层”的理念和手法。

二是在选题策划方面，为提升“走转改”报道质量，中央电视台成立了专门的选题策划团队。选题策划组通过各种渠道收集信息，定期展开选题策划讨论，并由一线记者进行实地踩点调研，从“论证”到“举证”，力求让选题经得起报道品质和观众认可双重“考验”。

三是在报道的方式上，记者沉下身子、放下架子，从“俯视”到“平视”，从“论证”到“举证”。

四是以“七要”放大活动影响力。“七要”就是重点报道要放在黄金时段，要上重点节目，要在头条播出，要上《新闻联播》，要给足时长，要持续跟踪，要报道社会反响。比如，河北唐山滦南县洼里村高淑珍“爱心小院”报道从4月4日至20日在《新闻联播》播出9期。张丽莉、吴斌、高铁成等先进典型的事迹都在《新闻联播》的突出位置持续报道，并在新闻频道滚动跟踪报道。这些报道不仅在综合频道和新闻频道播出，还通过中文国际频道和五个外语频道以及国际视通发稿平台，影响传至海外。

二、其他频道“走转改”节目宣传

1. 科教频道

由科教频道承办的“寻找最美乡村教师”和“寻找最美乡村医生”两档大型公益活动引发了社会各界关注，彰显了中央电视台的媒体责任，凸显了中央电视台良好的社会形象，成为科教频道和中央电视台2012年践行“走转改”的重大活动和重要标志。

《走近科学》积极响应“走转改”，精心策划制作5集系列节目《走基层·科技惠农》。2012年2月26日，一线记者和主持人张腾岳前往处于严重干旱的云南文山、自然环境恶劣的云南昭通彝良山区、内蒙古宁城县和湖北省长阳土家族自治县等贫苦地区进行采访报道，用摄像机记录下了那些生活在偏远地区的人们如何在国家强农惠农政策支持下，在科技人员的帮助下，走上脱贫致富之路的感人故事。节目于2012年3月21日至25日播出。

《健康之路》根据栏目特色，组织北京权威医学专家到内蒙古赤峰市和宁城县以及吉林延边为当地百姓看病，并将活动过程录制成节目在科教频道播出。栏目派出编辑、记者、工作人员30多人次，后期制作约10人次。“走基层”节目共播出7期，每期时长45分钟，每期首播1次，重播2次。节目内容涉及消化道肿瘤、呼吸系统疾病和脑中风、唇腭裂以及先心病等领域，为当地百姓的身心健康做实事。

科教频道第二党支部响应中央新闻单位“走基层、转作风、改文风”号召，于2012年9月20日派出一支“走转改”小分队，前往宁夏回族自治区灵武县泾灵村进行“走进社会主义新农村，切身感受今昔沧桑巨变”的主题党日活动。在该村的三天时间内，“走转改”小分队深入村民生活的方方面面，进行考察、学习，真正做到了全面、深入地走进基层。

2. 外语频道

2012年，外语频道共播出“走转改”相关新闻1160条，总时长3758分钟；专题节目135期，总时长3789分钟。英、西、法、阿、俄语频道共派出251路记者，派出记者共计714人次，后方共有639人参与了相关新闻的编译播出工作。

英语新闻频道在《中国24》、《新闻一小时》、《财经亚洲》和《文化报道》等重点栏目，分别播出了多条独具特色的“走基层”报道。《中国24》和《新闻一小时》从9月22日开始挂标推出共51集的系列新闻《变化的中国》。该系列报道共包括9个主题：《老外走基层》、《淘金中国》、《透视中国经济》、《小微企业的成长烦恼》（与上海台合作）、《中国海外投资》（北美分台制作）、《探秘阿里》、《青春中国》、《新文化生活》和《向平民英雄致敬》。节目每集3至4分钟，配合记者连线、背景新闻、嘉宾点评形成规模化报道。该系列呈现三个特点：一是从点到面，立体展现变化和进步，通过今昔对比，反映社会变迁，解读相关问题，回应海外关注，体现报道的针对性；二是选题内容覆盖中国多个地区和领域，采用“走基层”的报道方式，用事实和数据说话，体现报道的贴近性；三是突出外籍记者、主持人的视角，通过他们的采访反映中国近十年来政治、经济、社会、文化、观念等方面发生的巨大变化，体现报道的国际化。

法语国际频道在《综合新闻》、《财经新闻》中分别开设了“走基层经济篇”、“走基层农村篇”、“走基层传统文化篇”、“走基层百姓生活篇” 等报道；西班牙语国际频道开设“新春走基层”、“行走川藏线”、“党在基层”、“老外走基层之外国企业看两会”、“走基层——中国品牌”、“八零后非物质文化遗产传承人” 等新闻专栏和“神州行福建走基层”、“走基层之吴桥杂技之乡”、“走基层——中国传统文化”、“基层文化传承人的坚守”、“老传统，新名片” 等专题专栏。

3. 中国网络电视台

中国网络电视台在2012年“走转改” 活动中，依托自身新媒体采编队伍，深入基层一线，派出160余路、500多人次记者、编辑，共计采写、拍摄、制作了654期“走转改” 相关专题报道，重点推出“我的青春我的村”、“中国好人”、“行走天山下”、“六十一个中国孩子的梦” 等一系列大型报道活动，并将“走基层” 报道与重大时政新闻报道相结合，推出“两会” 特别节目“中国微力量”、十八大特别策划 “十年图纪” 和 “中国网络电视台对话基层代表” 等重点报道。作为内地唯一受邀媒体，中国网络电视台随中国“南锋” 号海洋渔业科考船奔赴南海，全程跟踪报道南海科考活动。推出“走转改” 评论专栏《改变》，包含专家评论、记者体验等10期评论。

此外，中国网络电视台开展原创策划报道，推出专题《温暖你们漂泊的心》，探访式报道各地流浪者救助机构；推出两期《体验救护之路》调查式报道，深度报道我国救护领域的现状、问题，探讨完善之路；推出调查式报道《谁挣走了陕西苹果的钱?》，全程追踪采访陕西苹果产销各环节。

4. 电视剧频道

为落实“走转改” 精神，电视剧频道分赴广东湛江海军基地和云南昆明，召开观众座谈会，深入听取观众心声。

电视剧频道一行10人于2012年2月赴广东湛江海军基地，深入海军某部陆战旅部队与指战员们座谈交流，进一步了解官兵们想看爱看的电视剧情况，听取他们对目前电视剧作品的意见和建议，受到海军官兵热烈欢迎。

为深入听取少数民族观众心声，2012年8月，电视剧频道赴云南昆明召开“走基层” 座谈会，与云南专家学者、电视剧《木府风云》主创人员及来自彝族、白族、藏族、景颇族、纳西族、佤族等云南少数民族的观众代表共同就民族题材电视剧创作进行沟通与交流。

5. 军事节目中心

为将“走转改” 工作长期扎扎实实落实到工作中，努力创作出接地气的精品佳作，军事节目中心《军事纪实》栏目策划推出大型系列高清电视纪录片《走边关》。自2012年10月27日起，开始拍摄《走边关——内蒙古段》。《走边关——内蒙古段》的拍摄从位于内蒙古自治区最西端的中蒙边界500号界碑起，自西向东经阿拉善、巴彦淖尔、包头、二连浩特、锡林郭勒、呼伦贝尔和恩和哈达，到最东端中俄边界900号界碑止，走遍内蒙古八千里边防线。节目以记者亲身体验为视角，走访多个边防哨所，真实记录和感受戍边军人在大漠戈壁、金色草原、边关口岸、密林界河以及冰川雪原中的工作生活状态，深入挖掘鲜为人知的边防故事。《走边关——内蒙古段》播出后收到良好的收视效果。

（根据新闻中心、科教频道、外语频道、电视剧频道、中国网络电视台、军事节目中心提供材料综合整理）

中央电视台圆满完成伦敦奥运会转播报道工作

2012年7月27日至8月12日，第30届夏季奥运会在伦敦举行，中央电视台共投入综合、奥运、财经、军事·农业、新闻、高清、3D试验、高尔夫·网球频道等8个频道进行赛事转播报道，中文国际频道和各外语频道进行了全程跟进报道。同时，中央电视台多个频道分别围绕奥运前奏、奥运开幕、奥运赛程、奥运闭幕推出了众多精彩节目。赛事直播、专题报道、人物访谈、纪录片等节目赢得了观众的高度好评。特别是对奖牌背后奥运精神给予的关注，提升了奥运报道的精神内涵，充分彰显了体育的力量，尽显中央电视台国家媒体的形象。

截至8月13日奥运会闭幕，全国10.27亿观众通过中央电视台奥运转播频道收看过奥运赛事。中国网络电视台（CNTV）首次直播全部奥运赛事，日均页面访问量（PV）5.8亿页次，日均独立访问用户（UV）3515.5万人，分别比平时增长255%和134%。其中，最高单日页面访问量和单日独立访问用户达8.9亿页次和4069万人，均刷新了CNTV历史最高纪录。CNTV各终端整体覆盖用户达4.85亿人，手机电视、移动客户端、IP电视等多终端视频播放次数达6.1亿次，形成了全媒体、广覆盖的立体报道格局，整体报道导向正确、节目精彩、播出安全，受到国内外媒体、观众的交口称赞。2012年伦敦奥运会转播报道充分展示了中央电视台的实力、能力和水平，在全国乃至全世界产生了重要影响。

一、创造“三个之最”，实现“三个首次”

此次伦敦奥运转播报道创造了中央电视台“三个之最”：一是境外奥运报道规模最大，8个频道共转播各个项目奥运赛事1052场，播发新闻9547条，总播出时间超过1900小时；二是境外奥运报道人员最多，前方报道团队和公用信号团队共730人参加报道，后方报道团队以及宣传、技术、行政、后勤、经营等各系统有力协同；三是报道技术手段最先进，在境外建立完整的外场制作播出系统，并与新址央视总部远程共享素材，在新台址全程播出奥运报道，充分展现中央电视台在电视制播技术方面的国际领先地位和强大技术实力。

同时，实现了“三个首次”：一是首次在中国网络电视台新媒体平台直播全部奥运会赛事，“5+体育台”完整直播了32个大项、302个小项，总计5600小时的赛事，全程直播赛事3000场，制作点播视频1.5万条，发布图文资讯15万条；二是在我国和奥运历史上首次全程采用3D技术转播赛事，实现了电视转播技术的重大突破；三是首次承担并圆满完成信号制作中难度最大的体操比赛公用信号制作任务，受到相关国际组织的高度评价，以及观众的一致好评。

二、多频道合力形成以赛事直播为主的多样化奥运报道，立体呈现全景奥运

奥运频道24小时不间断播报，随时更新，最大限度地满足观众第一时间了解奥运动态的需求。《奥运风云会》成为选手赛后接受专访的第一现场。在整个奥运报道中，奥运频道与多个频道形成合力，使观众在不同时段能够欣赏到奥运的精彩瞬间；以直播为主的多样化报道使奥运会得以直观立体呈现；专家助阵，给观众提供了专业化的解说；多机位的运用，全景、近景、特写镜头的衔接，快慢镜头的切换，达到了世界一流的转播水平；除了赛事转播之外，还通过特别报道的形式，关注奥运精神，提升奥运报道的精神内涵。

新闻频道《朝闻天下》以“奥运正此时”为题，梳理头一天的赛事，预报第二天的赛情。《晚间新闻》开设“奥运时间·面孔”专栏，以“这些年被遗忘在巨星背后的人”为题，对敢于拼搏、勇于拼搏，但由于种种原因，最终没能站在冠军领奖台上的选手作了特别报道，着重体现他们坚持梦想以及对奥林匹克精神的不懈追求。在各媒体竞相把镜头、话筒对准金牌的时候，《东方时空》播出《不论成败，他们同样值得尊重》，认真秉承奥运精神，透视出“金牌不是唯一”的观点，凸显出国家媒体的素质和风度，担起奥运宣传的示范性引领。《奥运1+1》主持人白岩松对“羽毛球消极比赛”的评论专业客观，不仅有力回击了境外媒体丑化我国运动员形象的图谋，也扭转了一些国内媒体的错误观点，同时针对“奥运赛场空座率高”、“奥运比赛出现多次误判、改判”、“奥运火炬搬离伦敦碗”等情况，《奥运1+1》观点专业性强，说服力强，发出了伦敦奥运的中国声音。《焦点访谈》栏目连续5期播出回顾伦敦奥运的专题节目《奥运启示录》，精辟总结、剖析奥运会期间发生的形形色色的正反面现象，大力弘扬“更高、更快、更强”的奥运精神，凸显了中央电视台的国际媒体形象。

中国网络电视台推出新媒体大型原创盛典《5+北京奥运夜》，邀请孙楠、齐秦、孙海英、吕丽萍等文艺明星和李小双、刘璇、莫慧兰等体坛名将共同为奥运健儿加油；邀请杨幂、海青、羽泉、田亮、小萨马兰奇等国内外名人，在伦敦、北京演播室同步进行20场《5+奥运下午茶》在线访谈。

三、坚持正确舆论导向，确保奥运播出安全

此次奥运报道，中央电视台着力弘扬爱国主义精神、奥林匹克精神、拼搏精神，以客观公正、实事求是的态度，宣传中国体育事业的发展和进步，深入报道全国人民上下对中国运动员的关心和支持。中央电视台有关赛事的评论客观、公正、专业，受到广大电视观众和网友的称赞，有效引导了社会舆论，及时驳斥了一些西方媒体对我国运动员和体育事业的无端批评和质疑。围绕BBC等一些西方媒体质疑“中国游泳选手叶诗文可能服用兴奋剂”，中央电视台组织新闻报道力量，整合国际主流媒体报道，展开及时、客观回应，有力驳斥了西方媒体的无端质疑，鲜明表达“我代表队将恪守公平竞争原则与奥运精神，以正常的崛起回应不良心态”等立场。围绕刘翔在110米栏比赛中受伤、用单腿坚持到终点，及时、客观展开多角度

报道，积极肯定刘翔的拼搏精神和对奥林匹克运动精神的执着追求，有效引导了舆论。此外，前方报道团队高度重视播出安全，注重舆情监测和反馈，综合分析、准确判断、主动引导，并有效防止不当画面在比赛中播出，确保了奥运播出安全。

四、转播报道及时全面，评论解说精彩专业

奥运期间，中央电视台通过对赛事资源的统筹配置、统一编排，实现了奥运资源效益最大化。

在赛事转播方面，共转播各项目奥运赛事1052场，播发新闻9547条，总播出时间超过1900小时，不仅直播了所有中国队、中国运动员夺金优势项目的比赛，还播出了观众关心、喜爱的各项赛事。同时，考虑时差因素，安排了大量赛事重播，最大限度满足观众收看。在新闻报道方面，注重第一时间报道和综述性报道相结合，全面、及时向观众介绍奥运会赛况，赛后第一时间访谈中国运动员，让观众与运动员共同感受奥运人生。

在评论解说方面，专门组建了伦敦奥运会赛事解说团队，由体育频道经验丰富、专业性强的赛事评论员，与特邀嘉宾姚明、郎平、周雅菲、李小鹏、杨凌等搭档，整体解说呈现五个特点：一是坚持客观原则，彰显国际大台风范；二是突出专业特色，为观众提供高水平的专业解说；三是突出权威视角，令人信服；四是展现了爱国主义情怀和对奥运、对体育的热爱；五是最大程度贴近观众、服务观众。

五、加强海外传播，凸显国际影响

此次奥运报道，中央电视台着力强化奥运外宣报道，中文国际频道及各外语频道均全程持续开展报道，并在中国网络电视台推出英语、西班牙语、法语、阿拉伯语、俄语五个外语专题进行报道，突出国际视角，受到海外媒体和观众的广泛关注。围绕7月30日中央电视台记者拥抱因错失金牌而痛哭失声的举重运动员吴景彪，印度《政治家报》、美国《华盛顿邮报》以及匈牙利有关媒体均表示高度赞赏；围绕中央电视台关于刘翔退赛的报道，德国《明星》杂志评论称，“在这场比赛的直播中，央视不仅通过画面让全国观众看到了英雄悲情的一幕，也通过解说员的声音在第一时间传达了复杂的情感，引起受众共鸣。”同时，许多海外观众通过CNTV第一时间了解奥运赛事信息。

此外，以奥运为契机，中央电视台英语新闻频道和中文国际频道成功于伦敦奥运会开幕前在中国奥运代表团驻地“中国之家”开播，并在170家伦敦地区酒店落地，进一步扩大了中央电视台的国际影响力。

2012年伦敦奥运会转播报道是中央电视台实现全媒体报道格局、展示强大实力的一次成功实践。

（根据体育频道、总编室、中国网络电视台提供资料综合整理）

中央电视台2012年国际传播能力建设成绩显著

2012年是中央电视台实施“十二五”规划承上启下的重要一年，也是加快推进国际一流媒体建设的关键年。在中央领导的正确指导和支持下，中央电视台国际传播能力建设取得了重要进展和显著成效，硬件、软件同步提升，传播力、影响力大大增强，为实现建成国际一流媒体的目标打下了坚实的基础。

一、开播非洲和北美两个海外分台，推动实现全球化、本土化制播

2012年1月11日，非洲分台英语新闻区域制作中心在肯尼亚首都内罗毕开播。2月6日，北美分台英语新闻区域制作中心在华盛顿开播。两个分台英语新闻节目的正式开播标志着中央电视台国际传播能力建设取得重要突破。开播以来，海外分台加大本土化人才聘用力度和本土化节目制播力度：截至2012年底，两个分台中的外籍雇员接近半数，每天制播节目1小时。通过在当地进行本土化制作，有针对性地为非洲、北美地区主流观众提供时政、财经和访谈节目。海外分台在业界和国际政要中迅速形成了广泛影响，塑造了中央电视台在当地的独特品牌形象，在一定程度上影响了当地的舆论生态，在全球影响力也持续增强。

二、全球新闻采编网络全面发力，国际新闻的自采率、首发率显著提升

全球新闻采编网络进一步优化完善，海外站点总数达到70个，其中包括北美、非洲两个海外分台和五大中心站，基本完成了在全球主要国家和重点地区的布局。2012年，驻外记者对全球重大事件的到达率、参与率为97%，基本上做到了重大国际新闻事件都有中央电视台记者现场报道，有效改变了过去国际新闻主要依靠西方媒体提供的局面，取得了国际报道的话语权。

三、中文和外语国际频道制播能力进一步增强，节目品质持续提升

当前，中央电视台是全球唯一用6种联合国工作语言对外传播的电视机构。中文国际频道、英语新闻频道、西班牙语国际频道、法语国际频道、阿拉伯语国际频道、俄语国际频道改版优化，针对对象国家的节目自采量稳步提高，贴近性、时效性进一步增强。调查数据显示，中文国际频道始终占据海外华语媒体收视率第一的位置。外语国际频道已成为海外观众了解中国信息的第一渠道，观众的接触率、收视率和满意度超预期。

四、纪录频道国际版和综合频道香港版内容建设稳步推进，初具品牌影响力

纪录频道国际版建设初显成效，打造中央电视台原创纪录片集群，国际合作范围和品牌知名度持续扩大。综合频道香港版节目内容更加丰富，在香港影响进一步增强。专项调查显示，纪录频道在澳门、马来西亚、英国的知晓度较高，其中澳门和马来西亚近25%的观众半年内收看过纪录频道。综合频道香港版名列香港观众最经常收看电视频道的第六位。

五、中国网络电视台海外技术支撑能力和访问效果进一步提升，建成多个本土化网站

中国网络电视台实力进一步壮大，加大镜像站点覆盖范围和深度，提升访问速度和效果，同时加快构建“一云多屏”新媒体传播体系，国际传播渠道进一步拓展。当前，中国网络电视台拥有了网络电视、IP电视、手机电视、移动电视4个集成播控平台，在全球建立了10个海外镜像站点、5个网络外语频道、4个海外本土化网站、3个少数民族语网站，日均独立访问者近2000万人，海外访问者比例稳定在全网的7%～10%之间，成为对外传播的重要生力军。

六、国际视频发稿平台全球视频发稿能力、新闻资讯及视频素材的对外传播渠道进一步拓展

国际视频发稿平台大力提升多语种发稿能力和日均发稿量，实现了5种语言24小时对外发稿，拓展了财经和直播两类发稿业务，提升素材质量，丰富发稿内容。累计用户超过1400家，2012年发布的视频素材被下载使用近40万次，成为中央电视台对外输送视频节目、传播中国立场声音的重要渠道，赢得全球主流媒体关注。

七、中国电视长城平台开播非洲平台，自身可持续发展能力得到增强

长城（非洲）平台开播，覆盖非洲38个国家和地区的130万主流用户；筹建新西兰平台取得突破性进展；美国和欧洲地区拓展了新的运营商，显著扩大用户规模。2012年，长城平台全球付费用户突破12万户，业务模式得到优化。

八、“走出去”工程创新拓展，“走出去”步伐进一步加快

2012年海外落地全面推进，重点区域取得突破，全年新增整频道海外用户6508万，新增落地酒店1235家，国际频道信号覆盖171个国家和地区，并探索日本大富、德国华韵尚德等本土化项目，开展部分时段节目在当地主流频道的植入式传播，增强了对海外主流人群的影响。

九、完善全球卫星覆盖网络，升级海外机构的技术装备，国际传播的技术保障能力进一步增强

海外分台建设是中央电视台技术系统攻坚项目之一。按照中央电视台分党组的要求，技术系统按期完成了新闻外场系统、分台网络制播系统建设任务，并在海外记者站搭建了若干小型电视新闻采编播系统，

基本形成了遍布全球的新闻采集、编辑、传输、播出技术体系，确保了非洲分台、北美分台的如期开播。2012 年 5 月，技术系统建立了“CCTVIT 服务平台”网站及新浪微博，面向全台及 300 多名海外记者提供 7×24 小时技术咨询和技术支持服务。

十、优化利用好联席会议机制，统筹协调全台国际传播能力建设工作

2012 年，海外传播中心牵头召开国际传播能力建设联席会议全体会议及十余次专题会议，协调 2012 年项目申报和预算分配和调整、专项资金自查审计、国际传播能力建设效果评估体系搭建、视频发稿平台技术建设、加强周边布点、节目国际版权和国际版经费、对希腊的报道与合作等；编发《国际传播舆情》、为海外落地业务拓展提供参考，完成了对全球 142 个国家和地区的电视平台数据调研梳理，努力形成全台合力，推动国际传播能力建设相关重点工作的开展。

（根据海外传播中心、外语频道、技术管理中心提供材料综合整理）

大型文献纪录片《科学发展铸辉煌》

2012 年 10 月 31 日至 11 月 6 日，由中央宣传部、中央文献研究室、中央党史研究室、国家发展改革委、国家广电总局、解放军总政治部、中央电视台联合摄制的大型文献纪录片《科学发展铸辉煌》在中央电视台综合频道黄金时间播出。该片共分 7 集，各集分领域分别反映党的十六大以来，党中央带领人民在理论建设、经济建设、政治建设、文化建设、社会建设以及生态文明建设、党的建设和国防建设、祖国统一、对外交往等方面取得的重要成就和成功经验。该片生动展示党的理论创新成果的科学内涵和成功实践，充分反映了科学发展给人民生活带来的巨大变化。

（科教频道提供）

中央电视台成功报道胡锦涛访问丹麦和出席 G20 峰会

2012 年 6 月 14 日至 20 日，胡锦涛主席对丹麦进行国事访问，并出席了在墨西哥洛斯卡沃斯召开的二十国集团领导人第七次峰会（以下简称“G20 峰会”）。

中央电视台对报道工作高度重视，派出专机报道组、地面报道组前往采访，对此次峰会进行了充分及时的播报，其中《新闻联播》播发胡锦涛主席重要活动新闻 23 条，总时长约 46 分钟。新闻频道推出“聚焦 G20 特别报道”，累计播发新闻 190 条次，首播 63 条，直播 38 场，总时长 3 小时 20 分 45 秒。中文国际频道《中国新闻》扩充至 24 小时播出，并延长三版窗口时间，累计播发新闻 223 条次。英语新闻频道累计播发新闻 160 条次，连线 24 次，制作专题节目两期。

中央电视台对 G20 峰会的报道，在节目内容、表现形式以及报道机制方面积极拓展，不断创新，不仅得到了广大观众的认可，也受到了中央领导同志的表扬；中央电视台制作的 G20 峰会相关新闻素材被包括美国环球电视网、半岛电视台在内的近 50 家境外媒体使用 183 次。其中，“胡锦涛出席金砖国家领导人会晤并会见德国总理默克尔”被采用 58 次，国际影响力持续扩大。

一、严把导向，创新手法，时政新闻和直播报道积极稳妥

G20 峰会报道创新了时政报道模式，发挥了时政新闻的独家资源优势，通过充分还原现场氛围，增强感染力与可视性，努力在阐释核心信息、丰富背景信息上有所突破，取得了不错的收视成绩。

胡锦涛主席访问丹麦期间，新闻中心时政记者开放思维、大胆创新，运用丰富的电视手段，充分记录了我国元首 62 年来首次访问丹麦的新闻现场。同时，还配合了多条特写报道，如《丹麦商贸部长谈中丹贸

易》、《中国拥抱绿色建筑的丹麦模式》等，拓展了报道视角。

峰会的时政报道延用了以往字版加视频的方式，同时在双边会见中注重捕捉细节：抓拍到胡主席与德国总理默克尔友好交流的画面、胡主席与法国总统奥朗德紧紧握手的镜头，这些细节使严肃的时政新闻更加生动、更加贴近观众。

时政直播方面，6月19日凌晨，G20峰会欢迎仪式在当地举行，新闻频道、中文国际频道、英语新闻频道、西班牙语国际频道进行了全程直播。新闻频道除邀请专家学者解读外，还与前方直播团队进行连线，介绍了大量相关资料，包括G20背景、前景、当前经济形势以及我国在G20的地位与作用等，丰富了直播内容。此外，还邀请了西班牙语专家全程监听，保障了信息的完整准确。中文国际频道及时调整窗口，实现了亚洲、欧洲、美洲三版的现场直播。6月20日凌晨，英语新闻频道直播了峰会闭幕式及记者招待会。

二、拓展视角，发掘热点，配合报道丰富多彩

新闻中心派出由新闻频道、英语新闻频道、北美中心记者站以及海外特约报道员组成的外围报道团队，改变会议新闻的常规做法，提前深入采访，寻找具有新闻性的故事和人物，制作了大量专访、特写和外围报道，提升中央电视台国际报道的传播力，有力地配合了时政报道。

新闻频道前方报道小组采访了多位重量级人物，如墨西哥总统卡尔德龙、商务部部长陈德铭、财政部副部长朱光耀、外交部副部长崔天凯、国际货币基金组织（IMF）总裁拉加德等。其中墨西哥总统卡尔德龙是首次接受中国媒体采访，也是他在本次峰会中唯一一次接受外国媒体的采访。英语新闻频道采访了墨西哥经济部副部长、墨西哥总统G20特别代表等官员，从国际化的视角关注主办国的声音。

会议期间，驻站记者先后发回了“G20会议向IMF增资逾4300亿美元”、“G20议长大会聚焦经济增长 保障能源供应”等12篇报道。其中，“洛斯卡沃斯双城记”反映了墨西哥作为新兴经济体的发展速度之快，也凸显了由于分配不均导致的贫富差距，体现了记者的独特视角。

专题方面，新闻频道《环球视线》制作两期特别节目，解析会议议题的同时，关注涉及中国内容，凸显了峰会上的中国角色。英语新闻频道《对话》栏目也制作了一期谈话节目，讨论了欧债危机及希腊大选对世界经济的影响以及发展中国家对IMF份额改革的诉求等内容。

此次G20峰会的配合性报道在内容、形式方面均有所拓展和创新，对于峰会重大新闻进行及时、多角度的解读，向国际展示了中国建设性、负责任大国的形象，向国内民众解释了中国政府对当前重大国际问题的立场和政策；同时，对于峰会花絮、外围新闻进行有意识的放大，比如胡主席俯身捡国旗等，这些新闻使峰会报道呈现出更加生动的样态。

三、主动设置话题，突出国际视角，有效引导国内外舆论

在历次G20峰会上，有关人民币汇率、外汇储备、增资等敏感问题都是外媒报道的热点。新闻中心各频道主动设置话题，宣传中国政府主张，从正面反映中国的声音，营造有利的舆论氛围。

峰会期间，中国宣布向国际货币基金组织增资430亿美元，成为全球媒体关注的焦点。前后方报道组提前得知相关信息后，连夜查找资料请教专家，在现场直播中，对这一重大新闻作出及时、充分、专业、生动的解读。之后跟进专访了财政部副部长朱光耀、国际货币基金组织总裁拉加德。这些采访不但被中央电视台多个频道和时段反复播出，也被其他媒体大量引用。

6月14日起，英语新闻频道开始在滚动新闻早间新闻组、《中国24》、《财经亚洲》挂标播出预热报道，每天选取一个议题，深入解读世界经济形势及国际金融架构改革等，配合专家访谈，对新兴市场国家应对欧债危机、加深彼此间经济与金融合作等进行深入分析。

中文国际频道制作多条新闻背景，汇编海外主流媒体的报道，推出《G20峰会吹响“促增长”号角》、《G20峰会为世界经济“把脉”》等专题，与核心报道形成有机互补。

四、保障有力，成效突出，后方工作组完善高访报道机制

根据中央领导指示，按照“混合编队、集中办公、形成合力、各司其职、分兵把守”的要求，组建了由外交部、中宣部、外宣办、财政部、商务部、人民银行、人民日报社、新华社和中央电视台参加的后方新闻工作组，负责对国内媒体做好业务指导和政策把关，

工作组会务由中央电视台新闻中心负责维护运行。

会议期间，后方工作组共下发新闻提示6份，审看中央电视台各频道稿件42篇、直播节目方案4份，通过高效的专业审稿、专业建议，保证了新闻的及时播发，有效拓展了敏感话题的播出空间。后方新闻工作组的高质量运行，成为舆论引导的重要组织保障。

为了实现后方工作组与中央电视台的无缝对接，新闻中心还专门成立了“24小时峰会值班室”，主要负责中央电视台峰会报道总体方案的设计、统筹协调各频道、传达宣传提示和审稿意见，同时向总值班提出建议，做到了重点新闻提前提示、敏感问题提前预警，有效拓展了报道的空间，使重大时政报道运作更加完善与顺畅。

（新闻中心提供）

中央电视台新闻公益行动“我的父亲母亲”推进制度化改善

中央电视台新闻中心联合中华预防医学会、中国人口福利基金会，在2012年9月21日“世界老年痴呆日”当天，推出了关爱全国痴呆老人群体的新闻公益行动，作为中央电视台应对老龄化社会特别策划的系列公益行动“我的父亲母亲”的年度主题。

“我的父亲母亲”新闻公益行动启动以来，不仅得到中央领导同志的热情鼓励，也引起了社会的广泛关注和强烈好评。各大媒体积极响应新闻公益行动,《人民日报》、《光明日报》、《新京报》、新华网、新浪网、腾讯网等媒体同时跟进报道，进一步扩大了公益行动的影响力。新闻公益行动获得卫生部部长陈竺以及世界阿尔茨海默症协会首席执行官马克·沃特曼的高度评价。

一、主动设置议程，发起三大倡议，让新闻公益行动留下制度化遗产

此次新闻公益行动以唤起社会各界对老年痴呆症的关注和对患者及家属的关爱、改善痴呆老人的医疗保障和生存环境为目的，发起了“为痴呆改名”、“普及帮助走失老人回家的黄手环”、“推动老年痴呆检查进入体检必检项目”等核心倡议。

围绕核心倡议，此次新闻公益行动的活动线、报道线同步展开，强调感人故事和公益行动相结合、实用信息和动态消息相结合、权威人物观点和普通公众看法相结合，清晰宣示“我的父亲母亲”的年度主题，留下“关爱痴呆老人”的制度化遗产，引导社会进行持续性推进。

二、开通网络投票，实现台网联动，为新闻公益行动提高公众参与度

创新运用以新媒体为平台的传播手段，聚合多渠道宣传资源，调动公众的参与积极性，此次新闻公益行动充分利用台网联动，实现了传播效益的最大化。

广大观众和网民踊跃参与公益行动，截至2012年10月23日11时投票结束，中央电视台在网络上发起的“为痴呆改名”总投票数超134万票；众多网友参与了“为爱转发”的“黄手环”捐助行动，总转发量超过12万次；中央电视台新闻中心的官方微博“@CCTV新闻值班室”粉丝总数也突破了21万个，在新浪微博电视媒体影响力排行榜上列第二位。

此外，中央电视台与谙熟网络传播特性的明恩传媒公司合作制作公益宣传片《为爱正名》和《把爱留住》，在网络上大规模投放，引发网友的强烈共鸣与自觉转发，仅在“@CCTV新闻值班室”官方微博就被转发过万次，评论过千条；仅在优酷一家网站，《为爱正名》的视频就被点击播放20万次。

三、《新闻联播》跟进报道，重阳节特别呈现，将新闻公益行动打造成品牌活动

围绕公益行动的进程，中央电视台新闻频道各栏目大规模、多频次播发相关报道，形成强大的报道声势，并取得不俗的收视表现。数据显示，新闻公益行动开展一个月以来，新闻频道相关报道收视率均值

0.48%，较 2012 年同时段提升 33%，较 2011 年同时段提升 52%。

《新闻联播》动态跟进、持续报道本次新闻公益行动，短短一个月累计发稿 12 条。10 月 18 日至 24 日，《新闻联播》连续七天播发公益行动的相关报道。特别是《新闻联播》播发的浙江金华陈斌强老师绑着妈妈去上课和桂林四兄弟自组车队寻母的故事，不仅真实记录了痴呆患者家庭的伤痛和艰辛，也传递出普通人尊老孝亲的社会正能量。报道播出后，引发了强烈反响，各大媒体广泛转载，社会各界都伸出援手帮助陈斌强老师解决现实困难，加入到四兄弟寻母行列。

契合重阳节弘扬孝道主题，中央电视台将“我的父亲母亲”新闻公益行动作为重阳节特别节目在新闻频道和综合频道推出。

（新闻中心提供）

中央电视台建成全球电视新闻采编网络

2012 年初，中央电视台非洲分台和北美分台正式开播，标示着中央电视台已建成包括 2 个海外分台、5 个区域中心记者站、63 个记者站共 70 个海外记者站构成的全球电视新闻采编网络。中央电视台海外记者站分布在全球 62 个国家和地区，有台派驻外人员约 300 人，当地雇员 160 余人，海外特约报道员 61 人，形成了覆盖全球的多元化国际报道力量。

非洲分台于 2012 年 1 月 11 日开播，是中央电视台第一个海外分台，也是国际媒体中第一个在非洲建立分台的电视机构。北美分台于 2012 年 2 月 6 日开播。两个海外分台均设有英语新闻频道区域制作中心，在驻在国制作播出英语新闻，使英语新闻频道实现了全球化的制作和播出。

2012 年 5 月，外语频道分别向非洲分台、亚太中心站、中东中心站、俄罗斯中心站和拉美中心站派驻 6 个外语频道远程制播小组，外语频道全球报道能力进一步增强。截至 2012 年底，共有两人完成全部外事手续赴任。

2012 年海外记者站总发稿 16500 多条，占全台国际新闻播出量的 54%，重大事件现场到达率高达 97%，基本实现了在重大国际突发事件中与美国有线电视新闻网（CNN）、英国广播公司（BBC）等国际一流媒体同步报道、甚至快于对方的要求。

（新闻中心提供）

中央电视台全球首次成功直播“东非野生动物大迁徙”

2012 年 7 月，中央电视台新闻中心社会新闻部与非洲分台联合启动“东非野生动物大迁徙”直播特别报道，中央电视台综合频道、新闻频道、中文国际频道及多个外语频道并机直播，中国网络电视台同步进行网络直播，这是中央电视台首次针对国际题材、面向全球进行的一次自主策划、全媒体联动式电视报道，也是全球电视媒体首次在非洲对“全球第七大自然奇观”东非野生动物大迁徙进行现场直播。

整个报道前期筹划、实地调研历时 3 个月，由记者、摄像及技术人员组成的 19 人直播报道团队于 7 月 11 日抵达肯尼亚马赛马拉大草原，展开新闻预热报道并进行直播系统搭建。从 7 月 19 日至 8 月 4 日，中央电视台多个频道同时推出“东非野生动物大迁徙”特别报道，在半个多月的连续报道中，共推出累计 10 小时的“东非野生动物大迁徙”直播特别节目，在《新闻联播》等重点时段播发了相关动态、特写等新闻及专题 86 条（首播条数）。在 7 月 28 日的直播节目中，首次以电视直播的形式展现了角马群横渡马拉河并遭遇尼罗鳄、河马等天敌攻击的场景，实现了前所未有的突破。

东非野生动物大迁徙直播报道是对“国际题材”进行“中国表达”，进而产生“国际影响”的创新尝试，整个报道始终强化以“全媒体联动面向全球”的技术手段及传播理念，以新技术承载人类共识性自然与人文内涵，将中国主流传媒的影响力向世界范围延伸，此次报道引发了国际主流传媒的关注与转载，展示了中国国家电视台的能力与品质。

一、首次面向全球进行全媒体传播：境内高收视，境内外高覆盖

“东非野生动物大迁徙”是中国电视传媒通过全媒体传播，面向全球共时报道的首次尝试，中央电视台综合频道、新闻频道、中文国际频道、英语新闻频道、法语国际频道、阿拉伯语国际频道、西班牙语国际频道、俄语国际频道连续多天展开了大时段并机直播。通过中文、英语、法语、阿拉伯语四种语言向国际高端用户提供高清视频直播、点播服务，通过国际视通平台第一时间将节目视频与欧美知名电视传媒进行交流。中国网络电视台整合七大平台资源，强化“一云多屏、全球传播”理念，在重点新闻网站、商业门户网站显著位置转载“东非野生动物大迁徙”专题，同时还将多语种版本的视频在国际知名视频、社交网站进行推广。“东非野生动物大迁徙”相关报道呈现了极佳的收视效果，平均收视率为 0.37%。

二、首次全球直播大迁徙：放眼世界、勇于创新

非洲野生动物是欧美主流电视传媒多年来热衷的题材，但此类题材几乎全部是以电视纪录片的形式呈现，从未进行过直播，其中主要原因就在于野生动物活动具有极大的不可控性和不确定性，实现电视直播的难度极大，在纯原始状态的马赛马拉草原无人区，电视直播更是面临着电力、通讯、传输、安全保障、生活补给等多方面的困难。

中央电视台首次成功直播东非野生动物大迁徙，是基于对诸多“不可能”与“不确定”的成功突破和科学应对：一是通过直播前多次踩点、遴选出相对有保障的直播环境，克服马赛马拉大草原复杂直播环境的干扰；二是面对不可控的直播主体——东非野生动物大迁徙主体斑马群和角马群，通过在 1500 多平方公里的马赛马拉大草原上展开“普查”，确定了概率相对较高的重点区域，确保直播画面具有可观数量动物出现；三是适应苛刻的安全条件限制，确保直播中的人身安全；四是直播团队中包括多名外籍雇员，团队协调困难，此次直播为中央电视台组织协调外籍团队积累了宝贵经验。

三、首次以独家视角呈现国际题材：产生广泛国际传播影响力

东非野生动物大迁徙直播报道是中央电视台整合资源、拓宽报道视野，提升传播能力的一次重要实践，通过国际共识性的自然人文题材，突出中国关注和中国表达，产生了广泛的国际传播影响力。

“东非野生动物大迁徙”以突出大迁徙的生命礼赞作为主题基调，强化了生命原始冲动的野性美与悲壮美，以人文、生态、国际交流合作等视角对肯尼亚马赛马拉自然保护区相关的民俗人文、生态环保等主题进行了观察、报道。“东非野生动物大迁徙”预热报道在“中非合作论坛第五次部长级会谈”开幕当天启动。在直播过程中，中央视台邀请中国前驻肯尼亚大使、社科院非洲研究室主任等嘉宾作客演播室，进一步解读中非环保、旅游合作等话题，为“东非野生动物大迁徙”建构了更为宏大的报道视野，突出了中国关注和中国表达。

东非野生动物大迁徙属于人类共同关注、渴望见证的自然现象，中央电视台通过此次直播报道，担当起了向世人传播的义务，向世界亮出了中国的态度。整个报道得到了多个国家的关注和热议。7 月 25 日，肯尼亚总理奥廷加在接受非洲分台专访时，盛赞“‘东非野生动物大迁徙’直播特别报道是一次前所未有的创举，开拓了全球观众的眼界”，称赞“此次直播就像在家里设置了前排专座一样，让观众身临其境地观看野生动物大迁徙的自然奇观”。非洲覆盖面最广的电视运营商 DSTV 向整个非洲提供了直播公共信号，西欧、北美及南美洲的巴西等国家转播了经典直播段落，有效扩展了境外观众对中央电视台的认知度。

（新闻中心提供）

“央视新闻”微博提升主流媒体网络舆论引导力

按照“两个舆论场并重，多渠道传播并举”的指导原则，在充分酝酿和科学调研的基础上，中央电视台新闻中心官方微博“央视新闻”于 2012 年 11 月 1 日正式上线运行，“央视新闻”以新浪微博为主平台，腾

讯和央视微博同步更新，截至 2012 年 12 月 31 日，“央视新闻”微博“粉丝”量已突破 280 万个，成为成长速度最快的媒体微博。在媒体微博影响力排行榜上，“央视新闻”始终位列电视媒体第一。

以微博为先导的新媒体传播是中央电视台新闻中心在传统电视、国际视通对外发稿平台之外的第三个发稿平台。三个平台并驾齐驱、互为补充，形成央视新闻多角度覆盖、多渠道传播的立体、多元架构。“央视新闻”微博为 24 小时运行，每日发布微博 50 条左右，除常规新闻资讯发布外，开设有《今日看点》、《央视快讯》、《正在直播》、《央视微评》、《随手拍 微感动》、《微镜头》、《记者调查》、《互动投票》等子栏目。

在努力将新闻微博打造为全新发稿平台的同时，微博也是中央电视台主动占领新媒体、打通两个舆论场、将舆论引导能力引向深入的重要实践。“央视新闻”微博依托中央电视台强大的新闻采集能力和快速响应能力以及独家资源，以首发、独家、图文视频彰显特色，成为网络新闻的重要信息源，在众多媒体微博中迅速脱颖而出。它将主流媒体权威资讯与微博快速、互动、贴近、碎片式的传播特点结合，通过重大新闻的首发报道、独家信息，热点新闻的不缺席、不失语，敏感事件的不跟风、不炒作，积极传递正能量，正面、坦诚回应网民关切，获得了网民的普遍认可。

在 2012 年正式运行的两个月里，“央视新闻”微博对党的十八大进行及时、权威、深入的报道，对中央八项规定进行全面解读，率先推出我国航母舰载机总指挥罗阳在研制现场殉职的独家报道。这些报道有力设置了网络舆论议题，在新媒体环境里发挥了强大的舆论引导作用。

（新闻中心提供）

“神九”飞天、“蛟龙”探海
彰显中央电视台重大事件直播能力

2012 年 6 月 16 日，中央电视台针对“神九”升空推出了特别节目《太空新旅 进驻天宫》，节目从航天员的“出征仪式”到火箭“入轨”，整个过程连贯紧凑，令观众尽收眼底。关键节点都设有电视机位，重要环节都有精彩回放。回放过程中，慢动作、镜头特写、多角度拍摄，把动人心魄的“点火升空”瞬间展示得淋漓尽致、扣人心弦。在“神九”发射的现场直播中，屏幕上出现了“神舟”、“天宫”的巨大模型，给观众身临其境的感受，也把科学知识讲得通俗易懂。整个“神九”的报道形成了重大事件直播的合力，编排紧凑，庄重流畅，内容详略得当，形式丰富多样，音频视频质量上乘，给观众带来了视觉震撼的同时普及了知识。

6 月 17 日，三位航天员如何度过在太空飞行的 24 小时成为观众普遍关注的话题。《新闻联播》及时予以报道，《东方时空》则为观众提供了宇航员更为翔实的画面，回应了观众的需求。

“天宫一号”和“神舟九号”交会对接模型的运用，使报道变得更加形象生动，其创新形式也给观众留下了深刻印象。此次交会对接运行近半月时间，新内容、新科技多，报道难度也随之加大，中央电视台在准确、及时报道的基础上出新出彩，更好地满足了观众的收视期待。为纪录“神舟九号”和“天宫一号”的载人交会对接，科教频道精心打造三场直播，分别是 6 月 16 日的《神九飞天》、18 日的《入驻天宫》、24 日的《手控对接》，节目总时长达 8 小时。在《神九飞天》中，节目组织了由专业天文工作者、天文爱好者以及火箭、气象专家组成的宁夏沙湖野外观测团队，在火箭发射弹道轨迹经过的地方设立野外观测点，用科学的手段捕捉“神舟九号”载人飞船的踪迹；在《入驻天宫》和《手控对接》中，节目设计了多项主持人在航天城的体验内容，如品尝太空食品、试穿女航天服、紧急逃逸救生等，使观众身临其境，切身感受航天员训练的艰辛以及我国载人航天工程取得的伟大成就。节目还制作了大量有趣的科学实验短片，如：学生制氧实验、超重和失重实验、大气压强实验、航模直升机模拟手动对接实验以及主持人模拟水下穿舱实验等，全方位、多视角展现本次交会对接的难度和特点，有效普及了各种航天科学知识。

就在“神九”顺利送入太空的同时，“蛟龙号”载人潜水器在 7000 米级海试第一次下潜试验中，最大下潜深度超过 6671 米，创造了中国载人深潜的新纪录。新闻频道《新闻 30 分》、《共同关注》、《新闻直播间》，中文国际频道《中国新闻》等多个栏目对“蛟龙号”不断冲击深海下潜极限给予密切关注、全面报道。通过连线前方记者持续半个多月的报道，生动梳理“蛟龙”号六次深潜过程，以不同视角介绍深潜行动中的各关键节点，权威解析“蛟龙”号成功完成7000米级海试展示的我国深海潜航的世界级水平，真实诠释了科技的探索与进步是富国强民的重要源泉。科教频道以6月27日“蛟龙号”载人潜水器再次刷新“中国深度”——下潜7062米为主题，制作了7集系列片《蛟龙探海》，全景展现“蛟龙号”终极海试历程。

“蛟龙号”在马里亚纳海沟附近海域创出了同类型潜水器的最高潜水纪录7062.68米，和“神九上天”一起成为举国振奋的大事件。中央电视台对这两次事件直播报道的成功，充分体现出中央电视台报道队伍的专业素养和职业精神，是对中央电视台应对重大事件直播报道的又一次成功检验，同时也给观众奉上了一道丰盛的电视大餐。

（根据总编室、新闻中心、科教频道提供资料综合整理）

2012年度法治人物颁奖晚会传递正能量

2012年12月4日是第12个全国法制宣传日，也是综合频道第12次举办“年度法治人物”评选活动。12年来，评选活动得到了最高人民法院、最高人民检察院、公安部、司法部、中国法学会等政府机关和学术机构的大力支持，也得到全国观众和网民的热烈反响与回应，引起了社会普遍的感动与共识，已经成为具有中央电视台品牌标志的全国性大型年度盛典。

此次活动在民众广泛参与的基础上，由政府官员、媒介精英、学者专家组成法治人物推选委员会，秉承公正、严谨、科学的态度和作风，坚持“推动力”、“影响力”和“引领力”三大标准，最终确定了20位候选人物名单。

12月4日20:05，由全国普法办、司法部和中央电视台联合主办的大型专题晚会《法治的力量2012——“12·4”年度法治人物颁奖盛典》在中央电视台综合频道播出。湄公河案专案组、刑诉法专家陈卫东、“嫣然天使”负责人李亚鹏以及候鸟守望群体等入选2012年度法治人物。晚会还首次设立了“年度致敬媒体”，《人民日报》微博因为在重大舆论事件中坚持理性评论、恪守媒体职责而获此称号。

节目播出后引发各界热烈反响。全国人大常委会、最高人民法院、最高人民检察院、公安部和司法部等部委相关负责人纷纷给节目组打来电话，认为节目立足法治前沿，传递正能量，很好地发挥了舆论引导作用。12月6日，《人民日报》发表了题为《构建微博时代的公序良俗》的评论文章，高度肯定了2012年度法治人物评选对新兴媒体和“网意”的倾听和关注。《法制日报》、《检察日报》、《人民法院报》、《人民公安报》等中央媒体，新华网、人民网、央视网、五大商业门户网（新浪、腾讯、搜狐、网易、凤凰）等主流门户网站，以及22家省级都市报则以半版或专版的形式对获选法治人物以及颁奖盛典予以报道及转载。

（综合频道提供）

《至高荣耀》教师节晚会感念师恩

由教育部与中央电视台联合主办的2012年教师节晚会《至高荣耀》于9月10日在综合频道黄金时间播出。晚会以“国家荣耀”为表达核心，以国家气质、深刻感人为最终诉求，从国家层面解读“老师”这一称呼的深刻内涵，通过真实生动的事迹充分展现出人民教师对于促进个人成长、国家发展、社会进步的作用，有力地表达出“至高荣耀”这一主题。

晚会围绕祝福、感恩这条主线，分为“老师的力量”、“美丽的心灵”、“永远的记忆”和“国家的致敬”四个篇章，重点讲述了获得国家最高科技奖的著名气象学家叶笃正、因抢救学生而高位截肢的“最美女教师”张丽莉、从事智障体育教学19年的体育教师代建荣、把青春献给山村小学的彝族教师马剑霞等人的真实故事。晚会特别围绕“最美女教师”张丽莉的事迹，推出了《春暖花开》、《书签》等歌曲。晚会现场，“神九”航天员景海鹏、刘旺、刘洋和“蛟龙号”三位潜航员向辛勤育人的园丁致以崇高敬意。几十位来自全国各条战线、不同年代的毕业生代表伴随着歌曲《青春啊青春》、《年轻的朋友来相会》的优美旋律，向培育自己的老师表达了由衷的谢意和真诚的祝福。晚会最后揭晓了2012年度“全国教书育人楷模”评选结果，倡导了尊师重教的良好社会风气。

晚会得到了社会各界的高度关注。新华社、《人民日报》、《光明日报》、《中国青年报》等主流媒体纷纷对晚会进展给予报道。晚会播出前后，形成全社会关注人民教师、感念师恩的话题热点，使中华民族尊师重教的优秀传统更加深入人心。舆论认为，2012教师节晚会《至高荣耀》通过普通老师的感人故事，向大众传递了超强的正能量，让全社会感受到教师职业的崇高和荣耀。

（综合频道提供）

《开学第一课》引领孩子发现美

2012年9月2日，针对全国中小学生的大型电视活动《开学第一课——美在你身边》在中央电视台综合频道黄金时间播出。节目播出后，其传播正能量的鲜明主题、与国家重大事件相结合的节目内容、寓教于乐的表现形式、以及普通人成为孩子们身边榜样的新颖设计引起社会广泛关注，被媒体誉为“学生春晚”。

一、传播正能量，培养全国中小学生积极健康的人生观

自2008年开播以来，《开学第一课》已经成为伴随中小学生成长的一堂重要的始业课。2012年《开学第一课》聚焦的主题是“美在你身边”。节目聚焦于当年涌现出的最美人物，像最美教师张丽莉、最美司机吴斌、最美战士高铁成、最美妈妈吴菊萍等，以《开学第一课——美在你身边》为题，旨在与孩子们共同分享美的体验和感悟，传播正能量，和孩子们共同成长。

节目延续往年寓教于乐的风格，在欢乐和趣味当中进行讲述，通过探索美、创造美、传递美、和谐美四个篇章，引导全国中小学生感受生活的美好，发现榜样人物的高尚品格，培养积极向上的人生态度。节目选取了深受孩子们喜爱的航天员、运动员、奥运冠军、学者以及身边普通人的共同参与，与现场观众和孩子们一起分享美的感悟。

二、从身边“小美”入手，营造和谐的大美中国

节目通过启发孩子们发现身边的小美，如自然之美、太空之美，进而讲述人性之美、心灵之美，然后倡导用双手去创造美、传递美，用心灵去感悟美、享受美，最后达到集体主义的团结协作和谐美。从“小美”到“大美”，深入浅出，层层递进。

三、与重大事件相结合，让全国中小学生感受国家的成就和荣誉

每年的《开学第一课》在内容设置上都是与国家重大事件相结合，通过在重大事件背景下探讨《开学第一课》的主题，让全国中小学生感受到国家的成就，提高集体荣誉感。2012年，“神舟九号”飞船上天和“蛟龙号”入海、我国奥运健儿参加奥运会等几件大事都与孩子们心中的英雄形象相关。因此节目请到了首位女航天员刘洋和奥运冠军焦刘洋、叶诗文、徐莉佳，体操男团项目运动员陈一冰、张成龙、邹凯、冯喆、郭伟阳等，作为主讲嘉宾，讲述自己的亲身经历以及在重大时刻的切身感受。通过这些重大事件中的典型人物和故事，让全国中小学生感受到祖国日新月异、不断强大的变化，从而更加热爱祖国。

四、普通人成为节目主讲嘉宾，成为孩子们身边的榜样

2012年《开学第一课》还邀请了几位“平民英雄”作为主讲嘉宾——最美司机吴斌的女儿吴悦、80后乡村女教师邓丽、农民歌手刘大成、由牧民的孩子们组成的内蒙古少年合唱团等，让孩子们见到了许多平凡人的不平凡事迹。这些草根人物对于美的讲述更能让全国的中小学生们懂得：美就在身边，美并不单单是成功者处于高境界的领悟，每个人都能拥有这种平凡的美丽。此举被很多网友评为节目的一大亮点。

五、通过丰富多彩的表现形式，真正做到寓教于乐

《开学第一课》通过嘉宾们的讲述，利用润物细无声的方式让孩子们感知美。同时，“第二课堂”与“课外辅导员”的助阵，使得课堂的呈现形式多样，节目更加精彩。

2012年《开学第一课》首次采用场外嘉宾助阵的方式，邀请深受孩子们喜爱与尊敬的篮球明星姚明和林书豪，和大家在“第二课堂”共上第一课；采用孩子们喜闻乐见的形式，比如陈一冰领军的男子体操冠军队与孩子们的互动游戏“运糖果”，充分体现了团结协作的主题；孩子们表演的手舞《美丽四季》，通过孩子们发挥想象的空间，用手描绘出了美丽四季的景色，体现出创造美的内涵。

节目播出后，传播正能量、培养全国中小学生积极向上的鲜明主题引起媒体和观众的广泛热议。《人民日报》、《光明日报》、新华社等各大媒体都发表了各地组织收看《开学第一课》的报道；节目引起了网友的微博热议，新浪微博转发和评论达410多万条；教育部也对《开学第一课》给予积极的评价，并发文倡议家长陪同中小学生一起收看，要求学校围绕《开学第一课》展开“美在你身边”的班会等活动。同时，教育部表示《开学第一课》经过五届之后，不仅成为了一个知名的电视品牌，也成为了一个重要的教育品牌。

（综合频道提供）

《2012中国经济年度人物评选》呼唤实业使命 展现发展成就

2012年12月12日，由中央电视台主办的《2012中国经济年度人物评选》颁奖盛典举行。此次评选活动揭晓的获奖名单突出“实体经济”主题，涉及传统制造业、现代服务业、战略新兴产业等行业，充分体现了2012年中国企业在跨国并购、国企改革创新、互联网产业变局等多方面的特点，引发社会各界广泛好评。中国经济年度人物评选活动已举办13届，评选紧扣中国经济发展脉络、生动反映中国经济发展成果，被誉为“中国经济健康发展的风向标”。

一、牢牢把握发展实体经济这一坚实基础，为实体经济的振兴营造良好的舆论环境

本届中国经济年度人物评选以“实业的使命”为主题，凸显实业的价值。榜单全面梳理和展示了中国实业的力量。有联想集团、中国建筑材料集团等传统制造业的不断突破，有设计北斗卫星的中国航天科技集团为代表的高科技制造，有中粮集团等传统产业的转型升级，有互联网新经济形态下的阿里巴巴等。同时，特别重视企业家精神的弘扬，获得“终身成就奖”的益海嘉里集团董事长郭鹤年实业报国的举动让无数人感动，其他获奖人在创新、坚持等方面的品质都得到社会高度评价，充分展示了推动中国实业经济发展的领袖力量。联想、万达等上榜者已居于全球领先地位，充分体现了中国经济在世界经济中的重要性。

在中国经济年度人物评选盛典的舞台上汇聚了来自国内外的高端嘉宾2000多人，充分凸显了该项活动的国际影响力。世界银行前行长佐利克、美国劳工部前部长赵小兰等八个国家的大使和参赞，以及国际机构和跨国企业代表等均参加了此次活动。意大利前总理、欧盟委员会前主席普罗迪、英国前首相布莱尔、澳大利亚前总理霍华德等高度评价此次活动。贯穿全年的评选系列活动陆续在德国、新加坡、香港等地举办论坛，探讨中国和世界实业发展。评选广告登上了英国《金融时报》、美国《华尔街日报》、《纽约时报》、《福布斯》、《财富》等国际主流财经媒体。

二、展示中国企业在世界经济中的影响力，切合中国经济调整转型的时代脉搏

本届评选活动突出国有企业推动中国产业风气转变的榜样作用，在全国、全球范围内推介优秀的国有企业领导者，展示国有企业的良好形象，提升国有企业的美誉度。如大连万达收购美国AMC，成为全球最大的电影院线运营商；联想PC销量首次跃居全球首位；万科销售规模居全球同行业首位等等。这些国

有企业都是世界级企业，并已成为国际经济舞台上重要的商业力量。

三、反映国有企业的改革创新和发展成就，积极回应社会关切

2012中国经济年度人物榜单中，国有企业的比例占50%，该榜单生动反映国有企业推进科技创新、优化产业布局、提升国际化经营能力和水平的做法、经验，体现国有企业积极履行社会责任、为保持国民经济平稳快速发展做出的积极贡献，打造了国有企业引领“中国制造”向“中国创造”转变的榜样形象。

12月12日盛典当天，财经频道与国资委合作举行了“国企的承担与突破”论坛，并为纪录片《国企备忘录》揭幕，与会国企负责人就国企如何从“亏损代名词”到现在的凤凰涅磐等问题做了讨论。财经频道还与国家质检总局合作举办“中国自主品牌建设的升级与突破”论坛。论坛上首次发布中国制造业上市企业品牌价值评价结果，为提升企业发展的质量提供客观标准和参照。论坛围绕经济全球化背景下中国自主品牌建设等核心议题进行了深入互动。

四、充分彰显财经频道的高端影响力和舆论引导能力

本届评选活动得到相关部委主要领导及专家学者高度评价，受到国内外媒体的积极肯定以及广大网民的普遍认可。国务院国资委、科技部、农业部、财政部、工信部、商务部等部委主要领导参加了颁奖盛典系列活动。《人民日报》、新华网、《光明日报》、《经济日报》等主流媒体和网络媒体进行了报道或转载，并撰文肯定评选活动对于推动中国经济的重要意义。路透社、CNBC等境外主流媒体也纷纷对评选活动和结果进行报道，进一步传递了中国声音，凸显了中国视角，扩大中国的国际话语权。网民普遍认可2012中国经济年度人物评选活动作为中国经济“晴雨表和风向标”的作用，肯定企业家作为未来实体经济创造和改革的贡献者发挥的榜样力量。

（财经频道提供）

中央电视台“3·15”晚会社会效益显著

2012年3月15日晚，有着22年历史的中央电视台“3·15”晚会在综合频道成功直播。晚会以“共筑诚信，有你有我”为主题，坚持“依法监督，科学监督，建设性监督”，通过现场曝光、权威发布，深入揭露新消费环境下的骗局和陷阱，维护消费者权益，有效地维护了公平正义，提振了全民诚信意识，彰显了中央主流媒体的责任与公信力。作为全国最有影响的公益品牌活动之一，2012年“3·15”晚会引发了社会各界对消费环境和共筑诚信的广泛关注和强烈反响。

一、聚焦消费欺诈，深挖造假背后的利益链条

晚会通过一系列扎实深入的调查，曝光了大量新消费环境下发生的坑害消费者的欺诈行为，深挖了造假背后的利益链条，反映了一些行业存在的规则缺失、监管不到位，以及一些商家和从业人员缺乏诚信、恶意欺诈的问题，如：家乐福用“白条鸡”冒充鲜柴鸡、把过期鲜肉返包销售，麦当劳销售过期食品、更改待售时间等，用真实画面还原了“洋品牌”漠视诚信的真实面目；继2008年、2009年后，再次关注“垃圾短信”，曝光本应承担监督责任的运营商公然为垃圾短信发送大开方便之门；展示行业内部的监管漏洞，个人隐私信息被以十元到几十元的低廉价格大肆兜售；浙江省江山市消防设备生产厂家在灭火剂的制造中偷梁换柱、偷工减料；“中华爱眼公益慈善工程”假慈善、假公益等欺诈行为。

二、依法监督，科学监督，建设性监督

2012年“3·15”晚会由中央电视台联合最高人民法院、最高人民检察院、全国人大常委会法制工作委员会、公安部、司法部、国家工商总局、国家质量监督检验检疫总局、国务院食品安全委员会办公室等16家国家机关和部委主办，晚会设有“权威发布”环节，由相关部门的负责人发布打击侵犯消费者权益不法行为的重点领域、主要措施和有关消费预警、消费提示等。

晚会立足于建设性监督，着眼于问题的解决，致力于为企业经营和百姓消费创造和谐的市场秩序和放心的消费环境。一是晚会播出后，及时对企业进行跟踪报道，对企业改正错误的表态和整改措施，给予建设性的报道；二是积极报道国家有关部门和当地政府维护市场秩序、打击不法行为的积极措施和成效；三是报道中注意事实准确，在此基础上还留有余地，特别是对个别国有大企业在诚信方面的缺失，在报道规模和方式上注意把握好度的平衡；四是对一些坚持诚信做得好的企业给予积极的正面宣传；五是介绍了国外维护消费者权益方面的一些先进经验。

三、有关部门和企业反应迅速，欺诈行为得到有效处理和遏制

"3·15"晚会播出后，国家相关部委和各地监管部门连夜行动，深入查处晚会揭露的违规违法行为，涉案企业也纷纷向消费者致歉，提出整改措施。

国家食品药品监督管理局在节目播出当晚立即对麦当劳进行调查，工作人员深入被曝光的三里屯店检查卫生状况，依法进行行政处罚，麦当劳中国在晚会进行中通过微博回应致歉。国家工商总局责成河南省工商局立案调查被曝光的家乐福超市，15日当晚，执法人员对该店依法查处，对该店违反食品安全销售的行为立案调查，晚会结束后，家乐福中国发表致歉声明，并于17日下午在郑州召开新闻发布会。上海罗维邓白氏营销服务公司非法获取、买卖公民个人信息，在节目播出前的几小时，上海警方已经对该公司展开调查。中国电信集团公司15日晚在官方网站发布声明，称对晚会曝光问题高度重视，已成立专门小组对涉及违反集团公司相关规定的基层企业进行认真调查处理。浙江省江山市相关监管部门连夜查处被曝光的假冒伪劣灭火器，责成企业下架和召回。中华学生爱眼工程借慈善名义搞欺骗营销，17日，案例涉及的三亿康所属两个眼镜店已经关门，爱眼项目的多个眼镜店已被查封。

四、公益品牌带动媒体联动，社会反响强烈，社会效益显著

一是晚会得到了国家工商总局、国家质检总局、工业和信息化部、国家食品药品监督管理局等国家有关部委的高度评价。多个部委称赞晚会对于规范市场秩序、促进诚信建设起到了重要的促进作用。

二是媒体联动产生深远的社会影响。中央电视台联合《人民日报》、新华网、《光明日报》、《经济日报》、《经济参考报》、《中国新闻周刊》、经济之声等50多家媒体及时跟进报道此次"3·15"晚会。众多媒体认为，"3·15"晚会已成为一个符号，彰显着媒体的责任与公信力，成为亿万消费者信赖的舆论阵地，成为有关部委完善市场秩序的重要力量，成为规范市场秩序、传播国家法规政策的强大平台，"3·15"也成为了维护消费者权益的代名词。

三是国际媒体反响强烈。美联社和路透社在第一时间采用、转发了中央电视台的视频报道。此外，包括《金融时报》、《华尔街日报》、《洛杉矶时报》、《今日美国》、《印度时报》在内的国际主流媒体也纷纷转载了"3·15"晚会的相关内容。

（财经频道提供）

《经济生活大调查》走过六年

自2006年起，中央电视台财经频道联合国家统计局、中国邮政集团公司举办《CCTV经济生活大调查》，至2012年已举办六届，是当前中国最大规模的民意调查和媒体调查活动。《CCTV经济生活大调查》独创以明信片为载体的调查方式，借助中国邮政网络，全面覆盖全国31个省、直辖市和自治区、104个城市和300个县，深入到农村、牧区、海岛、边疆，每年发放10万张调查明信片，调查全国10万户家庭的民生主张。这种调查明信片不但填写简单、参与方便，还能兼顾调查地区的广泛性、人群的多样性。2006年至2011年每年10万张问卷的回收率均超过80%，抽样误差不超过百分之一，确保了调查的科学性、有效性。2006～2011年的五年间，大调查曾完整勾勒了"十一五"期间中国百姓的民生需求和期待，相关调查数据和结论多次被写进全国"两会"议案、提案。作为中央电视台财经频道数据库建设的一部分，《CCTV经济生活大调查》已经积累了超过60万个中国家庭样本，可供交叉对比的基础数据上千万个，忠

实记录了2006～2011年间，中国民生需求的变化轨迹，清晰描绘了中国百姓经济生活的发展史。相关调查结果在过去五年为政府了解民意、企业制定战略、投资者研判市场提供了诸多独家参考依据。

2012年是"十二五"开局之年，《CCTV经济生活大调查》走向新的历史阶段。2011年10月正式启动的《CCTV经济生活大调查2011–2012》以"感知中国心"为主题，坚持用百姓数字感知中国，用百姓声音感知中国，调查中国家庭的经济状况和民生主张，问题涵盖收入、投资、消费、保障、幸福感等多个方面，并在往年问卷的基础上，增设了"百姓休闲娱乐时间和内容"调查以及"影响幸福感的相关因素"调查。大调查活动历时4个多月，投放了十万张调查问卷，回收率超过85%。

2012年3月7日，财经频道以"CCTV经济生活大调查发布日"的形式，面向全社会独家发布《CCTV经济生活大调查2011–2012》调查结果。《经济信息联播》、《经济半小时》、《整点看财经》、《中国财经报道》、《对话》、《今日观察》、《第一时间》、《市场分析室》等财经频道八大主力财经栏目接力式发布、解读调查数据和结果。调查结果涵盖了"民生民意"、"市场预言"、"幸福因素"、"数据预警"等四个主要部分和18项独家发现和预测。

在本届大调查中，财经频道联合国家统计局中国经济景气监测中心、北京大学国家发展研究院、北京第二外国语学院中国闲暇经济研究中心、美国哥伦比亚大学等专业机构参与问卷设计和数据价值挖掘，通过建立数据分析模型和交叉对比，获取了大量独家发现，不但从消费、民众注意力、经济预期等方面反映了客观民意，也从闲暇生活方面反映了未来中国经济转型的微观基础所在。本届大调查的许多有价值的数据结果为"十二五"开局之年民生政策的制定提供了决策参考。

（财经频道提供）

大型纪录片《金砖之国》反响强烈

2012年3月29日至4月6日，中央电视台财经频道播出九集纪录片《金砖之国》，每集45分钟的大型纪录片系统梳理了俄罗斯、巴西、印度、南非等四个金砖国家最近二十多年经济发展变迁的脉络和特点，详细介绍了金砖国家合作机制的来龙去脉和发展前景。这是中央电视台财经频道继《大国崛起》之后又一部国家发展题材的纪录片，也是全球范围内首部全面反映金砖国家发展变迁的纪录片。节目播出后，在国内外引起强烈反响，受到各界人士广泛好评。

一、播出时机适宜，为胡锦涛主席出席第四次金砖峰会营造了良好舆论氛围

中央电视台财经频道历时15个月精心策划、创作《金砖之国》，旨在向广大观众详细介绍金砖国家经济发展状况以及金砖国家合作机制的来龙去脉和发展前景，展现新兴市场的力量。

外交部新闻司司长秦钢表示，胡锦涛主席3月29日出席在印度新德里举行的金砖国家领导人第四次会晤当天，中央电视台推出这样一部有分量的纪录片，向中国观众全面介绍金砖国家经济发展状况，普及有关金砖合作机制的背景知识，使主流媒体对此次金砖峰会的报道更加立体和丰富，为会晤营造了良好的舆论氛围，有力地配合了国家的重要外交行动。南非驻华大使贝基·兰加和原中国政府非洲事务特别代表、驻南非前大使刘贵今称赞此片播出时机适宜，制作精良。

二、主题重大，用金砖国家的视角传递金砖国家共同的声音

大型纪录片《金砖之国》客观、理性地描述了在全球化的时代背景下，以金砖国家为代表的新兴经济体20年来崛起的历史脉络和发展趋势，主题重大，气势磅礴。

纪录片用金砖国家的视角传递金砖国家共同的声音。摄制组深入俄罗斯、巴西、印度和南非四国，采访了各国前任和现任国家领导人10位，部长级官员26位，通过他们对各自国家发展路径的权威解读，让观众感受到金砖国家依据自身的资源禀赋和比较优势，取得令人瞩目的成功，以及对全球经济发挥着越来越突出的作用。

纪录片还讲述了当今时代背景下普通百姓的日常生活，以及四国独特的自然与人文风貌。这些故事串联起了金砖国家发展传奇背后普通民众个体命运最真

实的一面，让观众真切地感受到金砖国家不同的民族特性、不同的历史积淀以及不同的发展模式是如何深刻地影响和改变普通民众个体命运的。

纪录片获得了俄罗斯驻华使馆、俄罗斯国家电视台驻华记者、印度驻华使馆、印度中国经济文化促进会、印度工商联合会中国区执行会长的高度评价。

三、他山之石，可以攻玉，为当下中国经济发展和转型提供参考与借鉴

《金砖之国》不仅向中国观众普及了金砖国家的历史和人文风貌，还介绍了金砖各国基于各自国情的独特发展经验。当前我国改革处于攻坚克难的关键阶段，这些经验具有特殊的参考价值和借鉴意义。

纪录片在互联网上引发了热议。在节目首播的九天里，仅新浪微博发帖就达10万多条。网友们普遍表示，纪录片呈现的金砖四国，无论在应对经济发展挑战还是破解民生问题，无论是成功经验还是失败教训，都与当代中国有着很好的契合点，对中国转变发展方式、深化各项改革具有重要的启发作用。

四、制作精良，精彩好看，为今后大型电视纪录片的创作和创新积累了经验

《金砖之国》采用国际先进的拍摄和制作技术，大量富有冲击力和感染力的电视影像使这部纪录片精彩好看、引人入胜，受到观众和网民的热烈追捧，首轮电视播出观众规模即达到1.1亿人，取得了较好的收视成绩。纪录片获得希腊驻华大使赛德罗斯·耶奥卡凯罗斯和中国驻巴西前大使陈笃庆的称赞。

国际和港澳台媒体也对《金砖之国》表现出极大的热情。美国探索频道提出愿与财经频道合作制作《金砖之国》海外版，推动其在海外播出；台湾中天电视台希望通过其平台在台湾和亚太地区播出《金砖之国》；美联社表示愿与财经频道合作进行海外发行；英国BBC电视台希望与财经频道合拍下一部纪录片；俄罗斯国家电视台、南非MIH传媒集团、巴西最大的电视网Globo、印度ZTV电视台都对这部纪录片给予高度评价，并希望有机会与中央电视台进行深入合作。

（财经频道提供）

央视财经50指数成功上市发布

2012年6月6日上午9时25分，央视财经50指数在深圳证券交易所上市发布，指数简称“央视50”，代码399550。央视财经50指数成为了中国首只由国家级媒体发布、在交易所挂牌的市场指数。证监会、深圳市市长、中央电视台、深圳证券交易所的相关领导出席了上市仪式，并为央视财经50指数的上市敲响了开市宝钟。央视财经50指数的推出是中央电视台打造专业高端影响力的一次重大突破，是中央电视台建设国际一流媒体的重要举措，是提升主流媒体舆论引导能力和国际传播能力、争夺国际财经舆论话语权的战略步骤，也是中央电视台转变发展方式的实践创新和有益探索。

一、国家级媒体权威发布市场指数，引领价值投资新理念

央视财经50指数以基本面为根，以价值投资为本，以“成长、创新、回报、治理、责任”五大维度作为考察指标，从A股2600多家上市公司中，筛选出了50家优质公司作为样本股，构建了上市公司评价体系。这50只样本股仅占A股上市公司总量的2%，而其2011年净利润达到了所有上市公司净利润的36.5%，分红占比达到了38.5%。央视财经50指数以2010年6月30日为基日，2012年4月30日年报发布为截止日，按指数涨幅计算的年化收益率为16.12%，远远高于市场其他综合类指数。央视财经50指数不仅为中国投资者提供一个新的、有价值的参照体系，也为国际投资人提供一个关注中国资本市场、关注中国经济的窗口。

央视财经50指数由中央电视台财经频道组织专家委员会编制，来自北京大学、复旦大学、中国人民大学、南开大学、中央财经大学等五所高校的专家学者共同设计了样本股评价体系。中国上市公司协会、中国注册会计师协会、大公国际等权威专业机构共同把关，并参考了国内50家基金、券商对候选公司的投票结果，从样本股的入围到最终确定，一共经过了17道流程，确保了筛选流程的严谨和专业性。央视财经50指数的运行和维护由深交所下属的专业数据公司

——深圳证券信息公司负责。因此，央视财经50指数凝聚了权威媒体、专业研究机构、行业协会、评级机构、交易所等资本市场参与各方的智慧，为其以后的健康发展奠定了良好的基础。

二、央视财经50指数从财经领域为中国争夺国际舆论的话语权

资本市场成为当今世界创新经济的发动机，成为新世纪大国博弈的战略制高点。与资金流一样，信息流也已成为大国博弈的战略资源。以中国为首的新兴市场财经信息服务业增长势头强劲，但受到经济发展水平和人才、资本等条件限制，中国财经信息类公司规模较小，经营分散，缺乏行业话语权。在中国财经信息市场，一直是彭博、路透等外国公司占据市场领导地位，彭博和路透合计占据三分之一的市场份额，极大地影响着中国资本市场的交易行为。

中国已成为世界第二大经济体，中国资本市场的发展也日新月异，却一直没有具备影响力的媒体指数。央视财经50指数的推出，契合了中国经济崛起的形势，能够更好地展现中国经济的发展脉络，并以中国立场向世界客观准确地传递中国经济的声音，抢占财经领域话语权，这对于提升中国媒体的专业高端影响力和国际传播能力具有重要意义，是建设国际一流媒体的重要突破。

三、央视财经50指数的上市发布引发了国内外财经界的高度关注和积极评价

国内财经专家认为，央视财经50指数的推出是资本市场金融工具创新的一项有益尝试，体现了国家级媒体对于资本市场建设的积极引导作用，对于推动资本市场制度完善具有积极意义。

美国道琼斯指数编辑兼执行董事约翰·普莱斯波、纳斯达克北欧证券交易所全球指数执行副总裁约翰·雅克布斯、标普指数委员会执行董事兼主席大卫·布利策均表示，央视财经50指数非常重要，是指数投资领域的进步。

各大财经媒体以重要版面、连续大篇幅追踪报道央视财经50指数的发布和运行情况，高度评价央视财经50指数推出的重大意义。

（财经频道提供）

中央电视台2012年春节联欢晚会圆满播出

2012年1月22日晚，中央电视台2012年春节联欢晚会安全圆满播出，伴随海内外亿万华夏儿女度过一个欢乐、喜庆、吉祥的除夕之夜。中央电视台综合频道、综艺频道、中文国际频道、高清频道，英语、法语、西班牙语、阿拉伯语、俄语5个外语国际频道，以及中国网络电视台、CCTV手机电视、IP电视、中国电视长城平台向全球同步直播晚会实况。整台晚会共计39个节目，时长4小时25分钟。共有129个国家和地区的346家电视机构转播或部分使用了中央电视台国际频道的节目信号。台湾天空网等3家转播机构对“春晚”进行全部转播。春节期间，中央电视台综合频道、财经频道、综艺频道、中文国际频道、军事•农业频道，英语、法语、西班牙语、阿拉伯语、俄语5个国际频道，以及高清综合频道、中国3D电视试验频道等多个频道重播达35次。晚会贴近百姓，打造欢乐舞台，倾力创新，奉献文化盛宴。

一、突出“龙年”元素，营造“大联欢”氛围

2012年春节联欢晚会以“回家过大年”为主题，由“龙年”、“家”、“春晚三十年”和“天下一家”四个节目群串联而成，展现了小家、大家、国家情，涵盖了“东西南北中”的特色亮点。在晚会开场节目中，安排四个明星家庭演出《东西南北拜大年》，包含《欢乐中国年》、《闹秧歌》、《小拜年》、《采茶舞曲》以及《祝福你》等五首来自东西南北的民谣小调；在零点敲钟前，四位主持人用“对春联”的方式再次衔接“东西南北”。伴随气势磅礴的《中国美》，56个民族的舞蹈演员展示民族歌舞，体现了“民族大团结”的主题。众多港澳台明星和海外华人华侨倾情演绎，《龙的传人》、《我的中国心》等精彩节目充分表达了中华儿女对祖国的热爱。

二、坚持“开门办春晚”，彰显“群众性”特色

按照“开门办春晚”的方针，中央电视台紧密结合“走转改”，广纳各方意见，真正让“春晚”走进群众生活、展现群众风采。山东“大衣哥”朱之文、四川老妈妈舞蹈团、美籍华人胡启志、“豫剧红孩儿”邓鸣贺等来自民间的草根明星，散发着乡土气息和平民特色；郭明义、邓前堆、吴菊萍、孟佩杰等全国道德英模和“最美全家福”征集活动评选出的普通家庭代表，作为观众齐聚一堂，以道德感召人心，以亲情凝聚民情；主持人的语言清新通俗，现场发挥亲切、流畅、自然；歌曲《远方的家》脱胎于中央电视台“走转改”品牌栏目《远方的家·边疆行》，取材于祖国各地风景和百姓生活，通过嘹亮优美的歌声表达对祖国和人民的深情。

此外，中央电视台注重在“为观众服务”上下工夫。筹备期间，“春晚”剧组通过集中召开座谈会、开通官方微博、开展网络征集活动等多种方式，与广大观众密集互动，吸纳民间创意，并奔赴全国各地，采用征集、筛选、委托创作等方式储备了大量节目资源，打下扎实的群众基础。在除夕前一天，中央电视台首次通过各大平面和网络媒体发布“2012 年央视春节联欢晚会节目单”，让全国观众手捧节目单欣赏春晚。

三、以“创新”为着力点，打造节目盛宴

“春晚”在节目编排、表现手段、舞美设计等方面都有创新亮点，以创新突出主题、烘托情感、营造氛围。在观演关系上，晚会把整个演播厅改造为一个大舞台，改变原有的“你演我看”的观演方式。在舞美设计上，突出科技感和时尚感，“春晚”舞台被打造成 T 型台，并使用 304 块可以随意伸缩升降的全息 LED 屏幕组装，打造了恢宏大气、瑰丽变幻的表演空间。在视频包装上，创新使用了大量实景镜头，“回家过大年”短片、道德模范人物视频以及《走基层》、《边疆行》中的实景画面与节目相配合、共表达，真实可感，把观众的情感推向高潮。在仪式感营造上，改变了多年不变的大歌舞开场，使用充满温情的家庭聚会式开场方式。在零点倒计时处理上，采用“开门纳福”这一具有传统文化韵味的寓意，令观众耳目一新。

四、晚会反响积极，观众好评如潮

据统计，截至 1 月 22 日 24 时，全国有 90.98% 的家庭收看此次晚会，79% 的受访者认为晚会办得“好”。除夕直播期间，中国网络电视台通过汉语、英语、西班牙语、法语、阿拉伯语、俄语等 6 个语种，对中央电视台 2012 年春节联欢晚会进行全球化、多语种、多终端的新媒体互动传播。中国网络电视台总体独立访问用户达到 2611 万人，较 2011 年“春晚”上涨 149%。其中海外访问用户比例为 15%，较 2011 年上涨 5%。中国网络电视台与腾讯、搜狐等 8 家网站组建传播联盟，视频直播累计观看达 8656 万人次，最高同时在线人数达到 1147 万人，全面超越 2011 年“春晚”网络直播水平。观众普遍认为，2012 年“春晚”空前成功，思想性、艺术性俱佳，画面优美，晚会充满新意，更加贴近老百姓。

（综艺频道、中国网络电视台提供）

《今夜星光灿烂——星光大道八周年盛典》特别节目一套播出效果好

2012 年 10 月 6 日晚 20 点，中央电视台综合频道、高清频道同步播出《今夜星光灿烂——星光大道八周年盛典》特别节目，平均收视率达 2.57%，平均收视份额达 6.78%，创大型综艺晚会收视新高。

该特别节目播出前，在全台作了统一的宣传推介。经总编室协调，在全台进行跨频道宣传片的滚动播放。中央电视台综合频道、新闻频道、央视网及诸多新闻媒体也给予宣传支持。《中国电视报》、新闻频道《新闻 30 分》、综合频道《朝闻天下》、《新闻联播》都对《星光大道八周年盛典》作了多方面的报道；央视网更是在现场宽屏互动、网页嵌套宣传、选手幕后采访等方面做了全面细致的宣传工作。

特别节目首次汇聚《星光大道》八年来涌现的百余名优秀选手，以“八周年特别贡献奖”贯穿始终，

让历年三甲同台“PK”，将盛典升级为“大奖争夺战”。节目编排精细化，舞台设计创新化，灯光设计唯美化，让节目情景融入星光景象之中，舞台场景璀璨夺目。阿宝、李玉刚、凤凰传奇、玖月奇迹、朱之文、刘大成、石头等百余位从《星光大道》走出的“百姓明星”悉数到场，气氛热烈，观众大为赞叹，齐呼“过瘾”。

盛典节目播出后，中央电视台官网、新浪微博乃至各大论坛、百度贴吧，对《星光大道八周年盛典》掀起了网评热潮。中新网、人民网、国际在线、中国网、搜狐、腾讯、新浪、网易等网站对特别节目的录制情况纷纷进行报道。《中国日报》、新华网、人民网、中国网、搜狐、腾讯、PPTV、北国网等媒体对节目的播出进行了宣传，搜狐新闻、腾讯电视频道、PPTV娱乐频道等媒体进行了首页首屏推荐。央视网发起了有奖投票，搜狐、腾讯、PPTV等媒体参与活动。

盛典节目进入中央电视台综合频道播出，是贯彻落实中央电视台“全面升级改版《星光大道》，扩大影响力”的步骤之一。中央电视台按照“《星光大道》栏目全新升级改版进综合频道播出、加强台网深度融合扩大影响力”的战略部署，保持《星光大道》“百姓舞台”宗旨，在放大固有优势的基础上，精细化、精致化地创新升级改造，呈现高品质，确保在综合频道的常态播出，同时加强多个网络产品的研发推介，全面扩大影响力。

（综合频道提供）

“2012年中文国际频道海外忠实观众联谊活动”成功举办

2012年11月14日至18日，由中央电视台中文国际频道主办的“2012年中文国际频道海外忠实观众联谊活动”在北京举行。来自美国、厄瓜多尔等14个国家和地区的15名海外观众在北京欢聚一堂，参加了“2012年中文国际频道海外观众座谈会”、《我们一起走过——CCTV-4开播20年暨海外忠实观众颁奖晚会》以及参观游览等一系列活动。在座谈会上，15名海外观众代表与中文国际频道的制片人和主持人面对面沟通交流，提出他们对于栏目、节目的意见和建议。中文国际频道各栏目工作人员也借此契机，了解海外观众的收视习惯和需求。

11月16日录制、11月24日播出的《我们一起走过——CCTV-4开播20年暨海外忠实观众颁奖晚会》是观众联谊活动的重要呈现形式。国家广电总局、中央外宣办、中央电视台领导以及中宣部、文化部、国台办等相关部门负责人出席颁奖晚会，并向获得“中文国际频道海外忠实观众特等奖”的15位海外观众颁奖。

晚会融入了频道开播20周年的元素，以“获奖海外忠实观众”的眼睛来透视CCTV-4的成长与进步，通过他们在海外的真实故事以及他们与自己所喜爱的栏目主持人之间的真情互动，彰显中文国际频道在全球范围内的传播力和影响力；以“忠实观众”讲述和分享自己在收看CCTV-4时的心得为主体脉络，以频道各个栏目主持人及采、编、播幕后工作人员的真情故事为线索。运用录像短片重现、历史画面回放、亲历者回忆、文艺节目表演等多种艺术形式，挖掘20年来一路共同走过的点点滴滴。

“中文国际频道海外忠实观众联谊活动”是2012年中央电视台重点项目之一，旨在增进中文国际频道与海外观众的交流互动，增强中央电视台国际传播的贴近性和实效性，推广中华文化的全球传播。活动包括问卷设计、问卷发布、问卷回收整理、忠实观众评选、公布结果、邀请获奖观众、联谊交流、编写调查报告和寄送纪念品等9个阶段。活动从2月启动以来，在广大海外观众中反响强烈，共有来自120个国家和地区的4.5万名海外观众点击参与，参与活动的观众人数和涉及的国家均超越往届。活动评选出特等奖15名、一等奖100名、二等奖200名、三等奖300名。

2012年的活动呈现四大亮点：一是海外有奖调查问卷设计更具针对性，力求多角度全方位地捕捉海外观众的收视需求，为中央电视台中文国际频道未来的节目制作提供重要参考；二是评选过程有创新，不仅对观众的收看忠实程度进行多项考量，同时也注重征集他们与中央电视台中文国际频道之间的故事，这些故事从不同角度反映了海外观众与中文国际频道的密切联系；三是观众活动更丰富，除召开海外观众座谈会外，还举办观众与节目对接会，充分倾听海外观众的心声，提升节目品质；四是专门为观众打造颁奖晚会，进一步增进了中文国际频道与海外观众之间的感情，表达了中文国际频道对海外忠实观众朋友的真诚敬意，展现出中文国际频道力图打造全球第一华语电视频道的决心。

自1997年至2012年，中文国际频道已成功举办了8届“海外观众有奖评选活动”，先后共有120多个国家和地区的近11万名海外观众参与其中。“中文国际频道海外观众联谊活动”已经成为中央电视台具有一定影响力的海外品牌活动。活动在有效增进了中央电视台与海外观众的联系、扩大了中华文化的对外传播的同时，对于提升中央电视台海外传播力和影响力也产生了积极的作用。

（中文国际频道提供）

第五届“汉语桥”在华留学生汉语大赛圆满落幕

2012年8月31日晚，由中央电视台、国家汉办、孔子学院总部联合主办的第五届“汉语桥”在华留学生汉语大赛总决赛暨颁奖晚会在北京举行，并通过中文国际频道亚洲、美洲、欧洲版3个频道向全球同步直播。本届“汉语桥”在华留学生汉语大赛于5月7日正式启动，得到全国高校留学生的热烈响应，包括港澳台地区在内的25个赛区150余所高校的近万名留学生参赛。经过预赛、10场决赛以及1场总决赛，大赛产生金奖1名（汉语之星）、银奖2名、铜奖5名、优秀奖32名。大赛充分发挥了沟通深化友谊、增进相互了解的桥梁和纽带作用，对于进一步扩大孔子学院的海外影响力、推动中国文化“走出去”、培育知华友华亲华的国际友好力量起到了积极的推动作用。

一、大赛规模和影响不断扩大，成为国际语言大家庭中的“奥林匹克”

自2008年起，“汉语桥”在华留学生汉语大赛已成功举办5届。首届大赛仅有5个赛区，25所高校、来自45个国家的近300名留学生参赛；至本届大赛则有25个赛区，150余所高校、来自104个国家近万名留学生参赛。

随着大赛参与人数越来越多，品牌影响力越来越大，海内外关注度越来越高，对汉语海外推广和传播中华文化发挥着越来越重要的作用。大赛的比赛环节日趋完善，“情景对对碰”、“请你别换台”、“创意配音秀”、“我为喜剧狂”、“听力冲击波”等环节受到参赛选手和观众的好评，赛事的专业性和社会参与度显著提升。在华留学生汉语大赛已成为国家汉办三大“汉语桥”大型国际汉语比赛项目之一，是中外人文交流领域的知名品牌活动，成为名副其实的国际语言大家庭中的“奥林匹克”。

二、大赛以汉语为媒，成为在华留学生学习中国语言和文化的重要平台

2011年在华留学生总数突破29万。数量庞大的外国留学生队伍已经成为中国“走出去”战略中一支不容忽视的力量，成为促进中外友好与合作、对外传播中华文化、提升中国国际影响力的“生力军”。大赛举办5年来，共吸引了2万多名留学生直接参与，为他们提供了一个集中展示汉语水平和能力的舞台，使他们渐渐走入中华文化和当代中国人生活的深处，融入中国。不少选手依靠过硬的汉语能力，选择留在中国继续从事与汉语及中华文化相关的职业，如主持人、演员、翻译等。同时，大赛得到了全国各高校的热情参与和大力支持，成为全国各高校对外汉语教学的成果展示平台，也为今后进一步做好对外汉语教学工作提供了经验和动力。

三、大赛广受关注，成为传播中华文化、提升国际影响力的重要窗口

汉语大赛受到海内外观众和媒体的高度关注。新华社、《光明日报》对大赛进行了专题报道，央视网、人民网、新华网、新浪网等连续11天对大赛进行了追踪报道。全国共有200多家媒体对赛事进行了报道。大赛官网的点击率超过150万次。海外观众也对大赛给予积极评价。

“汉语桥”在华留学生汉语大赛的成功举办，不仅为来自全球的在华留学生搭起一座学习之桥，也为中国各大高校的对外汉语教育搭起一座交流之桥，更为中国和世界搭起一座文化的对话之桥。

（中文国际频道提供）

第三届海外华语电视媒体协作会深化合作、实现共赢

2012 年 11 月 15 日至 16 日，由中央电视台主办的第三届海外华语电视媒体协作会在北京举行。来自世界 5 大洲 22 个国家和地区的 52 家华语电视媒体 100 多位代表与会，中央外宣办、文化部、中宣部、国家广电总局、国家新闻出版总署、国务院侨办、中国侨联、中国记协、中央电视台等有关负责人参加会议。此次会议是近年来全球华语电视媒体规模最大的一次盛会，会议围绕“深化合作、实现共赢”的主题进行了深入探讨，中文国际频道与部分海外华语电视媒体签署了有关节目交换、人员交流、联合采访等合作协议，实现了互利共赢。协作会的成功举办对凝聚全球华语媒体力量、加强全球华语电视的团结合作、向世界更好地传播中国、推动中华文化走向世界具有重要意义。

一、搭建全球华语电视媒体协作平台，推动务实交流合作

本届协作会有三个特点：

一是规模大。参会海外单位及代表人数远超前两届，同时还首次邀请了台港澳的华语电视，基本涵盖了全球主流的华语电视媒体，包括美国中文电视、台湾东森电视台、台湾无线卫星电视台、香港亚洲电视有限公司等一批实力较强的海外华语电视媒体都应邀参会。

二是层级高。与会代表绝大部分都是各海外华语电视媒体的董事长、总裁、台长、总经理等高层领导。

三是内容实。代表们围绕全球华语电视媒体如何深化合作积极建言，达成广泛共识。中央电视台台长胡占凡在致辞中就加强合作提出四点建议：一是整合优势资源，共享发展成果；二是传播中华文化，强化双向交流；三是创新合作模式，实现互利共赢；四是延伸合作领域，推动联合发展。副台长魏地春就中央电视台与海外华语电视媒体“深化合作、实现共赢”提出六点建议。与会代表对中央电视台通过协作会为全球华语电视搭建沟通交流的平台表示感谢，并给予高度评价。

二、携手海外华语电视媒体，加强国际传播能力建设

海外华语电视媒体长期根植于海外华人社区，与海外华人及当地主流社会联系紧密，拥有独立播出平台及固定观众群，在传播中华文化和中国声音方面具有重要作用，其发展前景不可小视。中央电视台以海外华语电视媒体协作会为媒介，在会议期间促成了中文国际频道与美国中文电视、新西兰中华电视网等 14 家海外华语电视媒体签署节目交换和人员交流协议。

通过节目、活动、人员等方面的交流，可以实现将中央电视台生产的节目授权给部分海外华语台播出，借用海外华语电视的平台来延伸中央电视台的海外传播力，扩大节目海外落地范围，从而实现“借船出海”，增强国际影响力；还可以使中央电视台的工作人员更加熟悉海外传播对象，学习海外传播语态，制作出更加符合海外受众收视习惯的节目。

此次协作会是中央电视台加强国际传播能力建设的一个重要举措。协作会吸引了《人民日报》、新华社、《光明日报》、《文汇报》等 30 余家国内媒体的关注，央视网开辟专版网页在首页进行充分报道，与会的各海外华语电视台、美国《中华商报》、欧联通讯社等海外媒体也对此次协作会进行了大量报道。通过此次活动，进一步扩大了中央电视台的海内外影响力。

三、正确传播中国声音，推动中华文化走向世界

海外华语电视承担着向海外客观报道中国、与西方主流媒体对话的重要角色。一些西方媒体在报道中国时，有时会戴着有色眼镜，散布一些虚假消息。为了打破西方主流媒体控制国际舆论的局面，在本届协作会上，主办方中央电视台提出发起全球华语电视媒体联合采访活动的倡议，联合全球华语电视媒体集体发声，共同向世界传播真实的中国。

同时，华语电视也是海外传承中华文化、沟通民族情感的重要载体。为了让海外华语电视媒体更好地了解“中华文化走出去”的情况，协作会期间，中央电视台与文化部联合主办了“海外华语电视媒体中华文化走出去”座谈会。文化部有关负责人表示，中华文化的全球推广，需要得到中央电视台和各海外华语电视媒体的大力支持和积极参与。各华语电视媒体的代表也纷纷表示，扩大中华文化的国际影响是华语电视义不容辞的责任，今后将下大力气、加大力度向海外积极传播中华文化，推动中华文化走向世界。

（中文国际频道提供）

中央电视台中秋晚会实现收视与口碑“双优”

2012 年 9 月 30 日，由中文国际频道主办的《福州月·中华情——2012 年中央电视台中秋晚会》在福建省福州市举办，综合频道（标清、高清、香港）、中文国际频道（亚洲、欧洲、美洲版）、CCTV-娱乐频道面向全球并机直播，在海内外引发热烈反响。晚会共有 2.35 亿观众收看，在全国上星频道中秋主题节目中高居榜首。

中秋晚会以“亲情、乡情、中华情”为三个篇章基调，凸显思念和团圆主题。“亲情篇”中，奥运健儿回家、亲情家庭组合等环节，渲染温馨和浓情，激起观众情感共鸣；“乡情篇”中，歌曲《乡愁四韵》在旅美音乐家吕思清的小提琴伴奏下，将海外游子的思乡之梦演绎得悠远绵长；“中华情篇”中，舞美的创新设计，演员与视频制作的完美结合，“飞猫”等先进技术的成功运用，将晚会推向高潮。

晚会具有四个特点：一是以亲情、乡情为主基调，突出温暖聚会的气氛，主持人串联更加平和亲切，在晚会进程中还适时地坐下来，以茶叙交谈的方式介绍民俗、分享心得；二是注重传统和时尚的融合，比如，晚会在篇章结构中采用具有鲜明特色的“戏曲元素”，而在表达上却结合了现代音乐的编配手段以及当今最新的“全息 3D 视听技术”，将古老与现代的多种信息在瞬间呈现；三是虚、实结合，营造整体大气、细节唯美的舞台效果；四是众星云集，群星璀璨。中秋晚会邀请了来自内地、港台、东南亚的众多一线当红的华语歌手。

众多媒体称赞晚会“在策划创意和编排创意上充分体现了地域元素、中华情怀、世界眼光”。现场观看晚会的华侨、台胞表示，晚会场面宏大、特效精美、内容丰富。

（中文国际频道提供）

2012CCTV 体坛风云人物评选颁奖盛典成功举行

2013 年 1 月 19 日，由国家体育总局、国家广电总局支持，中央电视台主办的“2012CCTV 体坛风云人物”年度评选颁奖盛典在国家体育馆举行，现场揭晓并颁发 11 个重要奖项，标志着本次评选及相关系列活动圆满结束。此次评选以“传承·超越”为主题，全面梳理了 2012 年中国竞技体育和群众体育取得的巨大成就，充分彰显了新中国体育事业 60 年来的辉煌与跨越，在社会各界特别是体育界产生了积极影响。

一、充分反映中国体育年度特点，突出60年奥林匹克历程的传承与超越

本次评选结果充分反映了 2012 年中国体育的特点。中国游泳队在本次评选中收获了最佳男、女运动员、最佳教练以及最佳团队四项大奖，这是社会各界对他们在伦敦奥运会上历史性表现的肯定。游泳和田径两个项目在最终的评选中占据半数，反映出中国基础项目已经取得长足进步。冯珊珊在最佳非奥项目运动员奖中胜出，意味着高尔夫这样一个具有世界影响力的职业体育项目，正在获得越来越多中国人的关注。

本年度的评选和颁奖盛典以“传承·超越”作为主题。1952 年新中国体育代表团首次参加奥运会，此后的 60 年里，中国运动员在夏季、冬季奥运会上不断突破，2012 年在伦敦取得了境外参加奥运会的最好成绩。颁奖盛典上，当 1952 年中国奥运代表团成员登场时，全场嘉宾和观众集体自发起立鼓掌。“评委会大奖”最终授予姚明，不仅表彰其多年来为中国篮球事业所作出的贡献，更彰显其超越了体育的世界影响力，以及对青年一代的榜样作用。

二、倡导主流价值观，打造权威公正的评选

在特别贡献奖的候选人中，有始终奋斗在中国篮球第一线的王治郅，有连续拿到奥运银牌却表现出从容心态的王皓，有致力于中国足球未来人才培养的徐

根宝，也有全面展示中国当代运动员风采的徐莉佳。他们的入围，体现了当今社会的主流价值观。

本年度评选在初评和总评两个阶段都增加了评委数量，扩大了媒体界评委的比例，新增了大学生评委。初评阶段，共有329位评委投票，总评投票仪式有135位评委投票，保证了在最专业、最广泛的范围内，评选出最权威的结果。

三、关注群众体育事业发展，呼唤全民健身

“CCTV体坛风云人物”不仅关注中国竞技体育事业的发展，更着力反映中国群众体育事业的成就。2012年，是毛泽东发表“发展体育运动，增强人民体质”题词60周年。60年来，中国体育不仅是竞技场上的摘金夺银，还有对全民体育生活和身体健康的关注。

本年度的“未名人士体育精神奖”最终被体育教师毕首金获得。多年来，他在乡村学校扎根，利用废旧器材为学生制作教具。毕首金的实际行动恰恰代表了体育的本质。从2012年入围的“未名人士体育精神奖”候选人来看，不仅有从事青少年体育训练工作的退役运动员、教练员，也有在山区改善当地体育文化生活的基层干部，还有坚持日常锻炼、把体育当作健康生活手段的普通人。这些未名人士的出现，让“CCTV体坛风云人物”有了更现实的示范意义，鼓舞了更多基层体育工作者和普通的体育参与者。

四、倾力打造同业盛会，全面展示运动员风采

“CCTV体坛风云人物”创办以来，逐步在体育界和电视界确立了“中国体育最高荣誉殿堂”的地位。每年的颁奖日都成为体育界的盛大聚会。2012年是新中国参加奥运会60年，中国体育健儿在历届奥运会上已获得210枚金牌。本次活动特别邀请了近百位奥运冠军参与，是规模最大的一次中国奥运冠军的相聚。

本次颁奖盛典舞台设计更加凸显仪式感和庄重感，舞台中心被格外强化的主题标识“小金人”奖杯使现场的殿堂感进一步升级。5.1环绕立体声的应用，让颁奖现场的声音效果更加震撼。多个屏幕的一体化配合，使视觉效果更加细腻、有层次。运动的屏幕与雕塑感十足的“小金人”相互配合，营造出辉煌的颁奖氛围。

在“CCTV体坛风云人物”颁奖日特别节目和颁奖盛典中，始终以运动员为主角，充分表达运动员对体育的理解，星光大道、红地毯的设计环节充分展示了运动员的风采。颁奖典礼的表演节目紧紧围绕体育精神的表达。开场的《勇者之路》，以恢弘的舞蹈表达了体育人不惧艰险、勇攀高峰的品质，向所有为中国体育做出贡献的人致敬。运动员们更是舞台上的亮点，获奖者在颁奖盛典中的感言充分表现出体育人的真情流露和中国运动员的时代魅力。

（体育频道提供）

科教频道特别节目编排取得良好收视和品牌效果

为了提高收视效果和品牌影响力，科教频道于2011年3月出台了《科教频道节目创新实施办法》和《创新栏目评估细则》，并以此为指导，进行了2012年春节特别节目招标，并针对春节、清明、端午、重阳节等传统节日和暑期、十一等特殊时间段进行了特别节目编排，取得良好收视率和品牌效果。

2011年11月，科教频道进行了2012年春节节目招标，对2012年春节晚间和傍晚等时段节目在频道范围内进行了招标，最终确定由节目部策划组制作《十万个为什么之出“棋”制胜》和《味·道》两档节目，分别于春节期间晚间九点档和傍晚六点档播出。《十万个为什么之出“棋”制胜》选取来自全国各地的六个家庭，采用竞答科学常识题目的方式赢取下跳棋的机会，是一档全面创新的益智游戏节目。该节目共13期，每期50分钟，平均收视率0.27%。《味·道》节目系2011年国庆期间创立的美食体验类节目。2012年春节季《味·道》节目紧扣春节，以“食在乡”为主题，由主持人和嘉宾组成味道调查团，奔赴兰州、西安、香港、重庆、江门、丽江等地，调查最令人难忘的家乡味道。“食在乡”系列共制作13集，每集50分钟，平均收视率0.36%。

暑期三个月，科教频道针对暑期观众特点进行特别编排，推出一系列大型主题系列节目：探索自然界神奇之谜的《走近科学特别节目：奥秘》系列节目，突出知识性、趣味性，旨在集中优势节目资源，全力打造一批精品自然探索类科普节目；《发现II》系列节目

推出一批有关战争、军事科技和高新科技武器装备内容的优秀节目，进行系列化主题播出；《讲述》、《人物》、《科技之光》等栏目打破常规节目格式，策划制作一批每天一小时左右的大型特别节目，进行系列化、接力式播出；8月，推出《希望英语大赛》和关于青少年阅读的电视季播节目《我的一本课外书》。通过精心策划，科教频道以独具频道特色的编排与其他频道共同营造出中央电视台暑期宣传的强大声势，彰显科教频道教育品格。

十一期间，科教频道编排设置多档特别节目，分别为《自然传奇特别节目》、《第10放映室特别节目》、《地理中国特别节目》、《茶叶之路精编版》、《奥秘II特别节目》以及《味·道》，以大板块为核心构筑十一假期的收视亮点，取得了良好的收视效果。

10月23日是农历九月初九重阳节，科教频道放大《夕阳红》品牌优势，推出重阳节主题编排，聚焦老年文化和老龄热点问题，突出重阳节主题宣传的人文关怀与现实思考。其中，历时四小时的大型直播节目《今又重阳》以“尊老、敬老、助老”为主题，以“老有所为、老有所养、老有所爱”三大板块，弘扬当代乐观、健康、活力的老年文化，直面探讨现实老龄社会热点难点问题，倡导关爱老年人的社会风尚，促进代际融合。期间，科教频道还通过网络同步直播、微博和短信互动方式扩大影响力，直播活动官网粉丝3万个，网友留言达250余万条。

2012年，科教频道共赴吉林长春、湖南长沙、江苏扬州、浙江杭州制作了四期节目，制作《我们的节日——中华长歌行》春节、清明、端午、中秋四期特别节目，分别于1月21日、4月4日、6月23日和9月30日在中央电视台综合频道、中文国际频道、科教频道播出。节目通过丰富多样的节目形式，用鲜活的案例、生动的细节，反映传统节日的深厚内涵以及传统节日在中国人生活中的变迁，强化民族文化记忆，激发民族情感，唱响具有浓郁民族气息的精神之歌、文化之歌。

（科教频道提供）

“世界艾滋病日”特别节目引领抗艾宣传新高度

科教频道创新“世界艾滋病日”主题宣传，制作原创主题晚会《零艾滋，向理想迈进》，并于12月1日“世界艾滋病日”当天在科教频道播出。晚会放大观点性传播和抗艾宣传的规模效应，彰显专业频道在卫生宣传领域的权威话语权和舆论引领能力，体现三个特点：

一是突出权威性。主题晚会《零艾滋，向理想迈进》通过三次具有仪式感的权威发布，总结盘点抗艾30年取得的成就和进展，向社会传递“艾滋病是可防可控的慢性感染病”的观点，体现党和政府抗艾工作的信心和决心。

二是突出贴近性。采用故事化解读方式的主题晚会和公益纪录片《在一起》形成呼应，细腻、朴素地展现艾滋病患者真实的生存状态，建构起公众包容、关注艾滋病患者的情感关系。

三是突出引导性。主题晚会充分调用社会资源，借助名人效应，邀请卫生部、防艾首席专家和濮存昕、蔡国庆、周涛等艾滋病宣传员在现场以发布、对话和体验等多种方式普及防艾知识，引导社会和公众消除歧视，用爱心和行动投入防艾抗艾工作。

（科教频道提供）

《2012书香中国》呼唤全民阅读

《2012书香中国》是中央电视台科教频道在2012年4月23日“世界读书日”当天推出的特别节目，由国家新闻出版总署与中央电视台共同举办。节目紧扣“书香中国”这一主题，分为阅读与修身、阅读与职业道德、阅读与奉献三个篇章，通过讲述故事介绍书籍。节目力求用平实的视角和生动感人的故事，呼唤“全民阅读”。在节目中，国家新闻出版总署还为王刚、白岩松和朱永新颁发了2012“全民阅读形象代言人”的聘书。

（科教频道提供）

科教频道“业务沙龙”夯实在职培训平台

2012 年，科教频道夯实在职培训平台，立足岗位需求，紧贴工作实际，共举办了四期“业务沙龙”活动：第一期的主题为“职业心理健康”，通过与心理学专业人士交流，帮助员工建立健康的职业心理，以饱满的热情和精神面貌迎接新一年的工作挑战；第二期的主题为“教你如何‘算账管钱’”，结合实际情况，解读中央电视台财务政策体系，财务条款、政策和规章制度，树立财务风险防控意识；第三期的主题为“科学品质源于设计”，邀请科教频道《进驻太空》系列直播的制作团队，分别就如何凸显科教频道特色、如何挖掘科教频道独家资源以及虚拟呈现如何与节目相结合等话题交流经验；第四期的主题为“法国摄影师眼中的世界”，邀请外籍专家从纪录片的拍摄、表达、建构等方面分享心得，并就本土主题的国际化、情景再现的表达手法、纪录片创作团队构成、法国纪录片运作机制等问题介绍经验。“业务沙龙”活动是科教频道建设学习型团队的有益形式，沙龙活动带动一线员工丰富自我，完善创作，使员工通过分享交流凝心聚力，促进了频道制作水平和创新能力的提高。

（科教频道提供）

“寻找最美”系列报道深入民心 中央电视台公益品牌获高度认可

2012 年下半年以来，中央电视台陆续推出多档大型公益活动，其中“寻找最美乡村教师”、“寻找最美乡村医生”的“寻找最美”系列节目在社会各阶层产生了热烈反响，成为系列公益活动中的典范，引发观众积极关注与评价。2012 年“寻找最美”系列的两档活动历时半年，在全国范围内寻找扎根基层、为民众服务的教师和医生，活动的公益色彩和弘扬大美大爱的主题广受好评。两档活动各具特色：

一、“寻找最美乡村教师”借助新媒体宣传引导网络舆论，提升网民关注度

大型公益活动“寻找最美乡村教师”是由中央电视台和光明日报社联合主办，科教频道《讲述》栏目负责制作的 30 集纪录片和一台颁奖典礼。该节目整体设计采用“30+1”的节目框架，其中“最美乡村教师”30 集人物纪录片于 2012 年 8 月 10 日至 9 月 8 日 22:15 在科教频道播出，平均收视为 0.18%，最高收视 0.29%。大型颁奖典礼于 2012 年 9 月 9 日晚在综合频道、中文国际频道、科教频道联动播出，收视率 0.32%。

“寻找最美乡村教师”借助网络终端、手机终端、IP 电视终端、公交移动电视终端，策划设计主题并进行专题推介，使之在网络电视、手机电视、IP 电视、互联网电视、户外传媒、移动互联网客户端、微博等七大平台实现多屏呈现：节目设计开放式的正向“最美乡村教师”话题，通过中国网络电视台（CNTV）、光明网为活动开设的官方微博，以及在此基础上组建的包括《走基层》记者微博、《讲述》记者微博、光明通讯记者微博、参评教师微博在内的主题微博群，利用微专题、微直播、微访谈、微名片等功能，扩大和网民多层次、立体化的交流互动，放大了活动的正面效应；利用 CCTV 手机电视、CCTV 移动传媒、IP 电视、互联网电视、C–BOX 网络电视客户端、CNTV 手机终端 iPhone&iPad 平台投放适合新媒体传播的视频专题，集中宣传“最美乡村教师”的社会反响。通过新媒体宣传，有力引导了网络舆论，提升了广大网民对节目的关注度，收到了良好的宣传效果。

二、“寻找最美乡村医生”解决实际困难，彰显媒体责任

大型公益活动“寻找最美乡村医生”是由中央电视台主办，科教频道《讲述》栏目组负责制作的 20 集纪录片及一台颁奖典礼。节目整体设计采用“20+1”的节目框架，其中“最美乡村医生”20 集人物纪录片 2012 年 12 月 20 日至 2013 年 1 月 8 日在科教频道晚间黄金时段播出，大型颁奖典礼于 2013 年 1 月 13 日晚在综合频

道、中文国际频道、科教频道联动播出，典礼播出后迅速成为舆论热点，引起强烈反响。

颁奖典礼特别增设公益环节，设立公益发布人，现场由爱心企业帮助乡村医生圆梦、帮助他们解决生活困难；现场由卫生部部长陈竺发出倡议，联合10家三甲医院与10名“最美乡村医生”结成一对一的帮扶对子，帮乡村医生解决迫切需要解决的医术培训等问题，为农村医疗卫生事业的发展贡献力量。节目还充分展现了中央电视台自10月发起“寻找最美乡村医生”活动以来，引发社会各界关注、改变乡村医疗卫生现状的过程和事实，彰显了中央电视台的媒体责任，凸显了中央电视台良好的社会形象。2013年1月5日，国务院副总理李克强接见了所有获奖的“最美乡村医生”和“特别关注乡村医生”，倾听他们反映的实际问题，切实帮助他们解决实际困难。

三、“最美系列”公益品牌获观众高度认可，展现“走转改”成果

很多观众表示，这两次活动“平凡中见伟大”，选出的是“最美的人，最美的心”。“寻找最美”系列作为中央电视台在2012年力推的两档大型公益活动，也引发观众对中央电视台新闻节目的正面肯定，认为这两次活动是新闻媒体“走基层、接地气”的最好体现，并期待报道能够尽快带来乡村教师和医生生活环境的改善。

从“寻找最美乡村教师”、“寻找最美乡村医生”的公益活动，可以辐射到各行各业中的最美人物。让那些几十年坚守基层、淡泊名利、默默无闻、无私奉献的典型展示在世人面前，成为当今社会的学习典范。这既是主流媒体的社会责任，也是“走转改”的丰硕成果展现。

（科教频道、总编室提供）

中央电视台纪念“学雷锋”活动50周年

2012年是雷锋同志牺牲50周年，也是毛泽东主席题词“向雷锋同志学习”49周年。社会与法频道特别策划主题系列节目《雷锋·榜样的力量》，制作大型特别节目《永远的雷锋》，弘扬雷锋精神；军事节目中心通过宣传报道和特别节目、纪录片等形式，在全军掀起学习雷锋的热潮。

一、社会与法频道

1. 主题系列节目《雷锋·榜样的力量》

《从我做起》栏目特别策划主题系列节目《雷锋·榜样的力量》，于2012年3月在社会与法频道播出。节目以寻找新时期的“活雷锋”为引子，在回顾雷锋精神的同时，共同探讨当今时代雷锋精神的意义和价值；在重温雷锋同志“全心全意为人民服务”高尚情操的同时，共同用关心他人、关爱他人、帮助他人的高尚情怀温暖大众，从而促进国民素质提升，促进社会文明进步。

节目中，主持人路一鸣和记者深入到雷锋班、雷锋出租车队、深圳义工联等基层集体中，采访体现“雷锋精神”的感人故事。同时，《从我做起》栏目还邀请了雷锋生前战友乔安山、雷锋班班长、长篇小说《雷锋》作者黄亚洲、抚顺市委书记、“首都雷锋的士车队”等几十位嘉宾来到演播室共同回顾和探讨雷锋精神的传承与意义。

2. 大型特别节目《永远的雷锋》

2012年3月3日，由中央电视台社会与法频道制作的大型特别节目《永远的雷锋》在中央电视台社会与法频道播出，3月5日重播。特别节目制作组深刻领会中央和中央电视台领导关于深入开展“学雷锋”活动的指示精神，创新运用多种电视手段展示雷锋事迹，通过典礼、嘉宾访谈、外拍小片、文艺表演等多种表现形态和电视手法的有机结合，生动而全面的回顾雷锋生平事迹，讴歌雷锋精神，展现不同时期雷锋式的人物和事迹，寻找与挖掘新时期学雷锋的优秀典型和代表人物，将节目打造成弘扬雷锋精神的一次盛典。

特别节目紧紧围绕“雷锋精神的当代传承”这一主题，广泛选取“坚定信仰者”、“模范践行者”、“优秀建设者”、“创新推动者”、“积极创业者”等雷锋精神优秀传人的经典事例，通过一个个“当代活雷锋”的精彩故事，真正赋予雷锋精神以新的时代内涵，建构成一座不朽的“精神丰碑”，从而让“雷锋精神”成为激励全党全国各族人民奋力开拓中国特色社会主义事业新局面、实现中华民族伟大复兴的强大精神力量。

二、军事节目中心

根据总政、中央电视台部署要求，军事节目中心全方位开展“学雷锋”活动50周年宣传报道活动。《军事报道》栏目开设《学习雷锋好榜样》专栏，派出多路记者采访全军和武警部队开展“学雷锋”活动情况，先后报道了全国重大典型——沈阳军区雷锋团、河南“编外”雷锋团、爱心接力40年的学雷锋模范班、走出国门的中国雷锋——黎巴嫩维和官兵等先进单位和个人，播出20多条新闻。《和平年代》栏目推出7集系列节目《永远的雷锋》，讲述各个时期学雷锋活动的老典型，把传承雷锋精神作为崇高追求，在各自岗位上传播、实践雷锋精神的先进事迹；《军旅文化大视野》推出特别节目《永不生锈的螺丝钉》通过三代雷锋精神的见证人，从不同时代背景和不同角度，诠释雷锋精神的重要现实意义以及如何传承和发扬雷锋精神；《军事纪实》推出《雷锋战友忆雷锋》、《雷锋照片背后的故事》等节目和6集高清文献纪录片《永远的雷锋》，以平实的视角和深入的探访，回溯了雷锋鲜为人知的往事，生动展示出雷锋丰富的内心世界和精彩的人生轨迹。

（社会与法频道、军事节目中心提供）

2012年“三八”特别节目《绽放》

中央电视台综合频道于2012年3月8日晚黄金时间播出了“三八国际妇女节特别节目——《绽放》”。特别节目由8个专题片贯穿全程，其中穿插现场访谈和文艺元素，从不同的侧面展示党和政府对基层妇女民生发展的关注，反映中国女性的生存状态，展示和谐社会中女性的力量。特别节目具有以下亮点：

一是真情故事体现民生关注。专题片作为特别节目的主体部分，讲述了以小额贷款走上致富之路的农村妇女、献身巾帼志愿活动的“爱心妈妈”等基层女性代表感人的故事，体现国家对妇女同胞的关爱。

二是炫美舞台彰显女性魅力。为贴合“绽放”主题，特别节目舞美设计别出新意，整个舞台由顶棚与地面两朵绽放的巨型玫瑰所组成，以红色为主色调，展现女性特有的美丽与激情。

三是专家现场说法关爱女性。为体现党和政府对妇女同胞的关爱，节目特别邀请我国著名妇科专家现场讲述“两癌”（乳腺癌和宫颈癌）防治情况，展示全国妇联开展的“贫困母亲救助基金”项目所取得的成果，让更多人认识到“两癌”筛查的重要性。

四是情深意切诉说节日愿望。节目专门设置“各界妇女节日真心愿望”环节，请中科院院士、农村基层百姓和来自医院、学校等各个行业的女性代表表达她们的真心愿望，这也成为特别节目最动情的环节。

（社会与法频道提供）

《大爱中华》提振社会慈善信心

2012年4月20日，由社会与法频道承办，中央电视台与民政部联合录制的《大爱中华——第七届中华慈善奖颁奖典礼》在中央电视台综合频道晚黄金时间播出。整场晚会风格庄严、圣洁、肃穆，凸显仪式感，国家领导人及众多部委领导出席，强调了国家级荣誉，体现了“中华慈善奖”这一国家最高慈善奖项的重要性与权威性，并通过电视平台综合展现了我国当前最具影响力的慈善项目，取得了良好的社会效果。《大爱中华》的推出，体现了中央电视台作为国家电视台所承担的媒体责任，有效地展现了慈善事业取得的成果，传递出国家对待慈善的态度，对我国公益慈善环境的改善有推动作用，提振了社会大众对中国慈善的信心。

（社会与法频道提供）

第七届全国青年京剧演员电视大赛

2012年“中央电视台第七届全国青年京剧演员电视大赛”（以下简称“青京赛”），通过复赛、决赛40天的角逐，于9月24日落幕，共评选出35位金奖选手和65位银奖选手。

“青京赛”已成功举办了七届，成为弘扬民族艺术、振兴京剧事业、发掘和推出京剧人才、引领与推动中国京剧事业繁荣发展的重要平台。满足了人民群众的艺术生活需求，为中国京剧界输送了众多优秀人才。

本届“青京赛”从5月23日初选开始，赛程历时四个多月，共有来自中直、部队和全国27个省市自治区（含台湾）的490名选手报名参赛，经过重重筛选和竞技，最终100位选手进入了决赛金银奖的角逐。“青京赛”开赛以来，深受观众欢迎。全国共累计收看人数达2.7亿人次，收视率为历届大赛之最。本届大赛还积极运用了网络视频直播和微博直播的新媒体互动，受到了网友热情回应和反馈。

权威评委会由来自北京、天津、上海、山东、江苏、东北等地区的艺术家、理论家、戏曲院校教授组成。在现场直播过程中，评委会在监审组的监督下，为每位选手现场打分、每日现场排名。评委会认为本届“青京赛”具有两大特色：一是选手潜力无限，京津沪大院团颇具实力，而地方、偏远地区院团如新疆、内蒙、青海等同样不乏人才，假以时日，地方院团选手可塑性极强；二是相对往届资源短缺的行当，如小生、武生、文丑等，本届大赛有了明显改善，人才素质可喜。

（戏曲和音乐频道提供）

发挥不同频道特色，全面展现新疆魅力

2012年中央电视台英语新闻频道及西班牙语国际频道、法语国际频道、阿拉伯语国际频道、俄语国际频道结合涉疆对外宣传实际，发挥各自的宣传优势，坚持以我为主的原则，从多个角度全面展现中央政府对新疆社会经济和民生发展所付出的巨大努力。同时，各频道结合“走基层”报道，反映新疆社会和谐稳定、各民族团结进步的大好形势，向世界展现了一个充满自然和人文魅力、和谐而富有活力的新疆。自2012年年初以来，外语频道共播出涉疆新闻663条，累计播出总时长1669分钟。

2012年度中央电视台涉疆外宣工作呈现三个特点：

一是借力重点新闻事件，提升新疆对外品牌。外语频道各语种频道抓住第二届中国–亚欧博览会、上合组织十周年及全国少数民族文艺汇演的报道契机，有重点、有目的、有计划地进行涉疆新闻事件报道。

9月2日下午，第二届中国–亚欧博览会暨中国–亚欧经济发展合作论坛在乌鲁木齐市隆重开幕，温家宝总理出席开幕式并发表题为《再创丝绸之路新辉煌》的主旨演讲。英语新闻频道、西班牙语国际频道、法语国际频道、阿拉伯语国际频道、俄语国际频道及时播发了本次博览会的动态新闻，并且深入挖掘新闻热点，以新闻观察的形式，向海内外观众介绍了新疆发展的美好前景。英语新闻频道及阿拉伯语国际频道圆满完成了对温家宝总理演讲的包装直播，通过对博览会相关新闻报播、高质量同传领导人讲话、演播室嘉宾访谈、播出背景片等形式，制作播出了特别节目。阿拉伯语国际频道播发了自采报道《穆斯林用品和清真食品》，采访了伊朗客商，报道了台湾清真食品的销售情况。英语新闻频道制作新闻《亚欧博览会为新疆及周边国家搭建合作平台》，通过连续几年参加博览会的外国商人的切身体会介绍亚欧博览会对推动区域旅游、经贸交流的作用和为投资者提供的商机。法语国际频道全面介绍乌鲁木齐对外经济贸易洽谈会全面升级为亚欧博览会的初衷和背景，展示新疆地区在亚欧经济交流方面发挥的积极作用，并借博览会契机推出《大美新疆》、《吐鲁番葡萄展览》等新闻片，向海外观众介绍新疆的旅游、文化资源。

针对6月在北京举行的上海合作组织成员国元首峰会，法语国际频道在综合新闻中推出《新疆——上合十年结硕果》系列报道，播出了《中哈霍尔果斯国际边境合作中心》、《阿拉山口岸——亚欧金桥第一关》等新闻，通过描述新疆边境地区、口岸城市的经济发展和社会变化，向海外观众展示了上海合作组织成立十年来，在促进深化成员国之间的友好关系、加深合

作互信、巩固地区安全和稳定，加强共赢发展等方面发挥的积极作用。

此外，围绕第四届全国少数民族文艺汇演，英语新闻频道加大报道力度，不断跟进各种演出，编译播出了新疆代表团的《大美新疆》，配合汇演的节目编译了新疆少数民族文化传统习俗的报道。

二是及时播报突发新闻，体现政府人文关怀。

6月29日新疆发生劫机事件，恐怖分子被机上乘客制服。英、西、法、阿、俄语国际频道及时播发消息，跟进事件发展。英语新闻频道通过组合报道方式对“6·29”和田劫机事件展开全面、客观报道，以事实依据、亲历者讲述等方式反映劫机事件真相，驳斥了一些境外媒体称劫机是“维汉民众之间斗殴”的不实报道；广泛采访维、回、汉等各族民众，介绍新疆地区各民族群众对恐怖暴力事件的谴责，对反劫机过程中各民族乘客奋不顾身、集体抗争行为的赞扬，对新疆和平稳定大局的期盼；编译劫机事件亲历者口述，播放监控录像，揭露恐怖分子置机上维、汉族同胞生命安全于不顾，图谋制造一起机毁人亡惨剧的事实真相；与上海台约片，介绍事件发生后各地机场加强安检工作情况，并采用副主持方式为外籍人士提供机场出行注意事项等服务性信息；邀请专家分析反劫机的胜利是新疆各族人民群众思稳定、盼和谐、珍惜幸福生活的体现，以及事件不会影响新疆建设发展大局的根本所在。

三是发挥不同频道特色，反映新疆全面发展。

除了借助重点新闻事件和突发新闻报道新疆、展示中央政府对新疆的重视和关怀外，各语种频道还根据自身特点，有计划地组织了一系列报道，丰富了新疆外宣工作的成果。

阿拉伯语国际频道发挥语言文化和受众的独特优势，策划构思了《车行新疆》大型系列报道。作为外语频道2012年的重点选题，《车行新疆》通过半年多的精心策划与筹备，阿拉伯语国际频道共派出7个节目摄制组，从新疆乌鲁木齐出发，深入南疆全线地区，总行程逾5万公里，涉及采访点近150个，采访138人次。采访报道分新闻、专题两部分，摄制组对每日拍摄的新闻及时回传，在阿拉伯语国际频道《综合新闻》栏目中设置专门板块当天播出，共计播发新闻42条，涉及沿途城市、地区经济、教育、文化、环境等诸多话题，系列报道相关新闻播出后，在阿拉伯国家观众中引起了普遍好评和热烈反响；专题节目后期制作历经4个月，完成了10集、每集时长30分钟的纪录片，分别为《地区资源利用与生态环境保护》、《新疆民生现状》、《新疆区域经济的发展》、《新疆多民族文化的传承与发展》、《对口援疆的发展之路》、《新疆旅游产业》、《新疆的农牧业》、《新疆多民族饮食》、《新疆民间艺术与传统手工艺》、《现代教育下的新疆新一代》。纪录片于2012年11月5日至14日作为献礼党的十八大特别节目在阿拉伯语国际频道《话说中国》栏目中播出，并陆续在英语新闻频道、西班牙语国际频道、法语国际频道和俄语国际频道中播出，进一步加深世界各国观众对中国文化多样化的了解，向观众全面展示真实、美好的新疆。纪录片的播出取得了积极有效的宣传效果，在新疆维吾尔自治区当地、阿拉伯世界和伊斯兰世界产生积极的影响。

5月21日至23日，英语新闻频道播出了共3集的《走基层——探访大型石油国企》系列报道，包括《新疆大庆——中国油气资源开发新战略》、《西气东输——如何保证气源充足》和《气化南疆——油气开发惠及当地民众》。记者前往中国石油天然气集团公司建设“西部大庆”的主要基地塔里木油田，采访了塔北地区气井现场一线工人、塔克拉玛干沙漠的石油勘探队员及和田市洛浦县的维族农民家庭。通过生动的故事，以组合报道的方式介绍了新疆重要油气生产基地的建设成就，以及气化南疆等工程造福新疆各族百姓的情况。

8月12日至17日，英语新闻频道派出有外籍专家在内的摄制组前往新疆塔城、吐鲁番、乌鲁木齐等地，制作了3集《外专走基层——新疆行》系列节目。其中，《游牧民族的定居工程》关注哈萨克人从牧民定居工程受益，了解他们定居后的生活变化；《吐鲁番葡萄经济产业多元发展》拍摄了现代工艺带动葡萄干产业，近年来葡萄旅游观光产业的发展，及当地葡萄酒销售情况等，关注新疆吐鲁番地区葡萄产业的多元发展；《少数民族的特色旅游》关注了乌鲁木齐周边郊区传统赛马等特色旅游项目对当地经济的促进作用。

西班牙语国际频道专题节目《这就是中国》制作了特别节目《新疆这一年》、《快乐好人阿里木》、《天山下的花儿》。节目讲述了自2010年5月召开中央新疆工作座谈会后一年里，新疆发生的巨大变化，通过建设水库、兴建旅游村、发展新能源产业和旅游产业等方面，体现了新疆当今的社会风貌，让海外观众有机会走近新疆寻常百姓身边去了解他们的日常生活，了解他们的所做所想。《神州行》栏目制作新疆系列3期节目，展现了新疆独特的自然风光和现代化发展、“环保优先、生态立区”的理念和为加快生态环境保护与建设、加强自治区防沙治沙和荒漠化防治而采取的实际措施以及勤劳、善良的新疆维吾尔族民众的日常生活和具有异域特色的民俗风情。

（外语频道提供）

中央电视台2012年涉藏自主报道深入丰富，常规报道全面准确

根据中央第五次西藏工作座谈会精神，中央电视台对外宣传窗口外语频道和中文国际频道在2012年围绕突出西藏经济社会建设和民生保障成就，反映西藏社会和谐稳定、各民族团结进步的大好形势，重点策划组织了一系列涉藏对外宣传报道工作，从多个角度全面展现中央政府对西藏社会经济和民生发展所付出的巨大努力和所取得的卓越成果。

在做好时政报道和常规报道的同时，外语频道还自主策划了包括《行走川藏线》、《探秘阿里》、《探访民族村寨》等一系列特别报道，记者通过深入西藏基层，向世界观众展现了真实的新西藏。此外，针对2012年的西藏僧人自焚事件，中文国际频道配合中央外宣办制作了大型专题片《达赖喇嘛与自焚暴力事件》，及时向世人揭示自焚事件及打砸抢暴力犯罪事件的真相，对外揭批达赖集团借机炒作的险恶动机，取得了良好的宣传效果。自2012年年初以来，中央电视台各外宣频道共制作涉藏新闻首重播条数达1043条，播出总时长3603分钟。

一、主动设置议程，特别节目丰富深入

1. 中文国际频道策划外宣专题片和特别节目：为贯彻落实中央领导同志有关批示和中央统战部3月16日会议精神，由中央外宣办牵头，中央电视台中文国际频道历经一个多月的拍摄，制作了时长为41分40秒的外宣专题片《达赖集团与自焚暴力事件》，于5月7日、5月8日在中央电视台中文国际频道的欧洲版和美洲版、CCTV英语新闻频道、法语国际频道、俄语国际频道、阿拉伯语国际频道、西班牙语国际频道等外宣频道顺利播出。随后在中国国际广播电台、新华网旗下相关电视频道播放，中国网络电视台也将中英文两个版本的专题片相关视频上传全球最大的视频网站YouTube。该专题片播出后，引起境外各界高度关注。

中文国际频道新闻编辑部策划，联合新闻中心地方记者部相关驻地方记者站（云南、贵州、广西、吉林）、中央电视台台湾驻点记者以及福建电视台共同拍摄了《探访民族村寨》，介绍地处中国西藏、云南、贵州等地交通等生活条件比较艰苦的地方，涉及藏族、彝族、傣族、苗族和布依族的少数民族村寨。

2. 西班牙语国际频道《行走川藏线》：西语频道于8月12日启动了迎接党的十八大大型系列特别报道《行走川藏线》，在17天内采访拍摄了14条新闻及1期专题节目，制作西班牙语和英语双语版，在西班牙语国际频道和英语新闻频道播出。《行走川藏线》摄制组从成都出发，总行程近5000公里，采用边行车、边制作、边回传的方式，沿途拍摄记录了十年间川藏线沿路藏区的经济发展、宗教保护、文化传承、民生改善和生态文明等国际关注度高的选题，展示藏区新形象。

3. 英语新闻频道《探秘阿里》：2012年9月，英语新闻频道派出两组记者穿越藏北高原，行程4000余公里，历时14天，拍摄了涉及生态保护和民生工程的两个系列节目。

生态保护系列包括5条新闻：《藏北羌塘的野生动物资源保护》、《野生动物与人类畜牧的冲突》、《水源资源保护》、《大学生野保员》和《世界上最孤独的工作之一：森林巡警》。话题从羌塘无人区的野生动物资源保护，如何妥善处理野生动物保护与当地畜牧业的冲突，对水源资源的合理利用，到对大学生野生动物保护员和森林巡警的关注，通过鲜活的画面资料和人物故事生动反映被誉为“世界屋脊的屋脊”的羌塘高原的生态保护成就。

民生工程系列包括3条新闻：《世界上最高的公交车——西藏阿里告别无公交历史》、《拉萨扶贫开发项目》和《达孜县扶贫面食店央金的创业故事》。该系列新闻详尽介绍了西藏阿里地区首批公交车投入运营，拉萨市开展农牧民技能培训和劳动力转移就业培训，及达孜县藏民通过转移就业实现增收致富的情况，通过对当地居、牧民的采访，客观反映了国家特殊政策的扶持为当地群众带来的福祉。系列节目于2012年国庆期间在英语新闻频道播出，作为党的十八大的预热报道，收到很好的传播效果。

4. 阿拉伯语国际频道《普通中国人的故事》：2012年下半年，阿拉伯语国际频道派出两路记者赴藏制作12集以反映西藏普通人民生活为主线的系列专题节目。该系列以当今西藏社会经济、文化发展与进步为主题，拍摄对象集中在那些生活和工作在西藏的普通劳动者群体中，讲述基层人物的故事。拍摄人物包括

拉萨市尼木县吞米乡的手工藏纸制作的传承人、八廓街“玛吉阿米”餐吧老板、拉萨市普通小区面包坊的女主人、拉萨市娘热乡藏戏团的演员等。这些人物作为西藏社会典型的缩影，反映出西藏认真贯彻落实党和国家有关民族工作政策，促进了民族团结与进步，推动了西藏的发展和腾飞。

5. 法语国际频道制作了《残疾姑娘卓玛的团结作坊》、《西藏在城镇实行学前教育免费》、《多吉大爷笑迎免费体检》和《布达拉宫的文物保护》等反映西藏人民生活的新闻。

二、常规报道全面准确，突发事件报道及时快速

1. 李长春考察西藏时政报道：7月17日至21日，中共中央政治局常委李长春先后到西藏林芝、拉萨等地，深入农村、牧区和宣传文化单位，就贯彻落实党的十七届六中全会精神和中央第五次西藏工作座谈会精神，推进西藏跨越式发展和长治久安，加强民族团结进步，宣传教育和文化建设等进行考察调研。21日，中文国际频道《中国新闻》于19点及时播发时政报道《李长春在西藏调研》，总时长5分钟。

2. 藏历新年报道：2012年春节期间，各频道推出春节特别编排节目，如英语新闻频道自采报道《玉树藏历新年》、《居民地区重建》，法语国际频道报道的《西藏牛皮船》，俄语国际频道报道的《藏历新年初三赛马会》，中文国际频道的《藏族百姓迎新年》，客观反映了藏族人民群众的新年准备、欢庆活动及新年庆祝对当地经济的影响。

3. 西藏和平解放纪念日报道：2012年是西藏和平解放61周年，中央电视台外宣频道认真组织报道，播发了《西藏农奴解放日——白玛赤林电视讲话》、《西藏僧侣获得社保》、《民主改革53年实现跨越式发展》等各类反映西藏人民生活变化的新闻节目。

4. 文化报道：除了完成各项重大时事报道以外，中央电视台外宣频道也非常重视对外反映西藏的悠久历史文化和非物质文化遗产，播发新闻包括《西藏非物质文化遗产展》、《西藏大昭寺壁画修复工程启动》、《藏族唐卡艺术主题电影“唐卡”首映式在京举行》、《西藏印象绘画展在柏林展出》等。

5. 自然灾害报道：2012年上半年，西藏发生了泥石流、暴风雪和地震等自然灾害，中央电视台各外宣频道及时播发相关新闻，着重体现我国政府对西藏人民的关切。重点新闻包括《西藏发生泥石流滑坡》、《西藏部分地区遭遇暴风雪》、《西藏暴风雪救援》、《西藏被风雪围困的7名游客全部获救》、《西藏自治区尼玛县发生5.1级地震》等。

（外语频道提供）

西班牙语国际频道加强国际传播植入式播出

2012年西班牙国际语频道节目分别进入古巴电视台多视野频道和墨西哥KWTV电视台播出。古巴电视台多视野频道是古巴首个数字电视频道，覆盖全国80%的人口，该频道固定播出西班牙国际语频道《这就是中国》、《神州行》、《科技天地》、《中华艺苑》、《纪录片》和《学做中国菜》等栏目。相关调查结果显示，76.2%的观众收看过多视野频道转播的西班牙语国际频道节目，其中90.8%的被调查者对节目表示满意。西班牙语国际频道《这就是中国》、《学做中国菜》、《学汉语》栏目进入墨西哥KWTV电视台播出，每日播出1小时，通过有线网覆盖墨西哥250个城市。

（外语频道提供）

2012年全国大学生校园文艺会演圆满成功

2012年5月4日晚20点，由中宣部、教育部、共青团中央主办，中央电视台承办的《五月的鲜花·心中的歌儿唱给党——2012年全国大学生校园文艺会演》在中央电视台一号演播厅上演，综合频道、综艺频道并机直播，中国网络电视台全程视频直播，并提供点播等服务。

晚会热情歌颂了中国共产党领导人民进行革命、建设、改革的丰功伟绩，生动展现了当代大学生对党的崇敬之情、永远跟党走的坚定信念、为党和人民事业不懈奋斗的坚强决心，展现了他们积极健康、昂扬向上的精神风貌。节目播出后，社会反响热烈。CNTV、新浪等网络媒体和数十家平面媒体在醒目位置对晚会进行推介、报道，微博相关评论和转发数达数十万。

一、心中的歌儿唱给党，晚会亮点频现

晚会紧扣“心中的歌儿唱给党”的主题，分为“信仰的力量”、“多彩的生活”、“青春的使命”三个篇章，理想信念贯穿始终，充分展现了当代大学生自信、自豪、自强的青春风采和以满腔热情迎接党的十八大的坚定信念。晚会节奏明快、真挚感人，赢得了现场观众的阵阵掌声。

晚会呈现出几大亮点：一是理想信念贯穿始终，节目生动讲述了从为新中国奋斗到建设新中国的光辉历程，表达了一代又一代青年人爱国爱党、昂扬奋进的理想信念；二是洋溢青春气息，激情四射，学生演员表演投入到位，充分展现青春活力；三是节目丰富生动，包含了歌曲、舞蹈、朗诵、器乐演奏、音诗画、情景表演、创意表演等多种表演形式，蕴含了大量艺术创新，“肚皮上的脸谱”等节目鲜活有趣，抓人眼球；四是突出地域和民族特色，各地高校生动演绎各地风情，蒙、回、壮、维、藏以及各少数民族代表以具有浓郁民族特色的歌舞节目，为青年节献礼，为党放歌；五是融入科技元素，通过月球车等高科技手段，带领观众遥望星空，同时娴熟运用各类虚拟元素，以视频等高科技电视包装手法拓展表演的空间。

二、2500名大学生参演，筹划细致到位

本次会演共有来自全国71所高校的2500名大学生参加，创中央电视台建台以来晚会参演人数之最。节目主创人员积极准备、认真筹划，实地走访各高校观摩交流，与各高校师生进行面对面的沟通讨论，经过多轮筛选、编排，挑选出一批内容丰富、形式多样的节目，形成了最终节目方案，获得了中宣部、教育部、团中央领导的充分肯定。

排练期间，中央电视台有效组织，采用高校领队负责制和军事化管理，协调各高校排练时间。为安排好2500名大学生演员的排练和演出活动，中央电视台专门在台院内搭建了4顶临时帐篷，并对安全保卫等工作做了周密安排，确保了整个活动安全、有序。同时，多次召开动员会，对参演大学生的表演进行指导。

此外，中央电视台还制定了完善细致的宣传方案，在新闻频道安排大量相关报道，在CNTV开设了“五月的鲜花”专题页，并在新浪官方微博发起“随手拍”微活动，号召参演学生和网友展示参演期间的幕后花絮、秀出青春风采。

三、媒体评价好评连连，社会反响积极热烈

节目播出后，社会各界反响强烈。新华社、《人民日报》、《光明日报》、《湖北日报》等多家媒体进行了详细报道，称赞节目“表现了当代大学生的坚定信仰、壮志豪情和责任担当”。许多观众致电、在微博上留言，认为“节目内容丰富，舞蹈精彩；整台节目团结向上，令人振奋，非常大气。”中央电视台在综合频道、综艺频道、军事·农业频道、科教频道、少儿频道、音乐频道多轮次安排晚会重播，以满足广大观众收视需求。

（大型节目中心提供）

《为人民放歌》大型文艺晚会圆满成功

2012年5月23日20时，由中宣部、文化部、国家广电总局、解放军总政治部、中国文联、中国作协共同主办，中央电视台承办的《为人民放歌——纪念毛泽东同志〈在延安文艺座谈会上的讲话〉发表70周年大型文艺晚会》在中央电视台一号演播厅举行。综合频道、综艺频道并机直播，中国网络电视台同步网络直播，并通过微博、IP电视、手机电视等平台进行互动直播点播，提供节目下载。

晚会以《讲话》发表70周年为历史索引，深情回顾了我国文艺事业的辉煌历程，充分展现了社会主义文艺大团结、大发展、大繁荣的美好图景，唱响了共产党好、社会主义好、改革开放好、伟大祖国好、各族人民好的时代主旋律。全国共有1.5亿观众收看晚会直播。晚会总收视率达2.78%、总收视份额为7.9%，位列该时段全国排名首位。

一、晚会主题深刻、编排新颖、表演精湛、亮点纷呈

晚会演出阵容强大，共有13个演出团体、70名主要演员以及观演嘉宾共计800人参加演出。晚会紧扣“艺术来源于生活，服务于人民”的主题，分为“回顾”、“发展”、“传承”三个篇章，集中演出了70年来近50部经典文艺作品，充分展现了《讲话》发表70年来我国文艺事业发展的光辉历程和骄人成就。晚会内容精彩纷呈、节奏明快、真挚感人，引起观众强烈共鸣。

晚会呈现五大亮点：一是形式多样，包含歌曲、舞蹈、朗诵、器乐演奏、杂技、戏曲、人物访谈短片等多种形式；二是内容创新，在尊重经典作品的基础上，将其重新编配，并采用多种电视手段重新包装，既还原了人们记忆中的经典韵味，又为观众带来全新的观赏体验；三是基调温暖，邀请多位老艺术家参加演出，最年长的已经91岁高龄，老艺术家们激情饱满的精彩表现获得全场观众的欢呼喝彩；四是视频包装信息丰富、突出主题，极大提升节目的视觉冲击力；五是整合台内外资源，通过网络访谈、微博等新媒体方式，大大增强了晚会的互动性，调动了观众的参与热情。

二、深入基层实地采风，预热宣传效果良好

中央电视台提前启动，认真筹划，多次奔赴延安采风，实地走访《讲话》的亲历者，与亲身经历过那个火红年代的老艺术家进行面对面的沟通讨论，经过广泛收集资料、筛选节目，形成了最终节目方案。同时，中央电视台精心设计，做好各项安全预案，保证了直播的安全顺利，保证了全体演职人员、特别是老艺术家以高昂饱满的最佳状态走上舞台展示自身风采。

在预热宣传方面，中央电视台加强策划，制订了完善细致的预热宣传方案，有效提升观众期待值，取得良好社会传播效果。其中，新闻频道及时跟踪报道晚会筹备、演练进展。中国网络电视台制作专题，汇集70年来优秀文艺作品，以及代表“延安精神”的版画、文学、剪纸等文艺作品。同时还通过举行《为人民放歌》系列访谈，开通官方微博、论坛等互动平台，并通过IP电视、iPad和iPhone客户端进行宣传，进一步扩大了晚会的观众关注度与社会影响力。

三、社会反响积极热烈，彰显《讲话》精神深入人心

晚会播出后，立即获得各大媒体和社会各界的广泛好评，认为节目精彩、充满创意，充分展示了在《讲话》精神指引下，70年来涌现出的一大批人民群众喜闻乐见的精品力作，带领全国观众重温了那个激情饱满的火红年代。广大网民普遍称赞晚会“好歌不断，制作精良，经典重现，值得观赏”。中央电视台在综合频道、综艺频道、音乐频道等安排晚会重播，以满足广大观众收视需求，扩大晚会的社会影响力。

（大型节目中心提供）

“五个一工程”颁奖晚会规格高、声势强、效果好

由中宣部主办、中央电视台承办的《为祖国放歌——第12届精神文明建设“五个一工程”颁奖晚会》于2012年9月24日晚在中央电视台总部大楼进行录制，并于10月1日在中央电视台综合频道和综艺频道播出。颁奖典礼对近三年来文化艺术方面的成就进行表彰，主要包括戏剧、歌曲、广播剧、电视剧、电影、动画、图书等七大类艺术作品。通过对获奖作品的隆重表彰和集中展演，全面展示了近年来我国文艺创作繁荣发展和精神文明建设的丰硕成果。晚会进行电视播出的同时，还通过互联网、手机等多种终端进行立体传播，舆论反响热烈。

一、精心策划筹备，全面展示文化繁荣发展的丰硕成果

中央电视台高度重视，按照“精细、精致、量化、细化”的高标准精心策划筹备。一是精心策划节目内容。晚会总体风格定位“辉煌、大气、庄重、热烈”，充分体现国家级颁奖晚会水准。二是细致做好接待服务。出席晚会的中央领导、省部委领导、老艺术家众多，晚会录制前，中央电视台制订多种备份预案，将工作细化分解，落实到具体部门，责任到人，确保不出现任何纰漏。三是晚会录制由中央电视台总部首次采用多级转播，信号传输路由多达20余路。录制前，技术系统多次召开协调会，就信号传输、录制流程、技术调试等与相关部门进行细致沟通并形成工作方案，确保了节目录制播出安全。四是注重做好晚会的宣传推介，做到了早启动、早预热、早升温，以全媒体、分周期、多频道的形式进行宣传推广，利用新闻、综艺、网站等手段，全程跟踪宣传报道晚会，引发了社会各界特别是思想文化界对晚会的期待。

晚会通过7次隆重热烈的开奖，为“五个一工程”各门类奖项入选作品和组织部门现场颁奖。同时，晚会遴选本届“五个一工程”部分获奖作品进行展演，运用情景剧、舞剧、歌曲、广播剧、快板书、人影互动和诗朗诵等艺术形式，全面展示了近年来我国文艺创作繁荣发展和精神文明建设取得的丰硕成果，表达了向新中国成立63周年献礼、满怀激情迎接党的十八大胜利召开的喜悦之情。

二、全媒体传播效果显著，网上盛开“精神文明之花”

从晚会彩排开始，中央电视台不断加大新媒体推广力度，为晚会渲染气氛。人民网、新华网、光明网等中央重点新闻网站，新浪、搜狐、网易等商业门户网站以及东方网、南方网、北方网、齐鲁网等地方重点新闻网站在新闻要闻区突出转发央视网“五个一工程”颁奖晚会专题。从9月24日晚会录制起，央视网在站内重点页面集中推荐晚会，在网络电视、IP电视、互联网电视、手机、PAD、公交车载、户外大屏幕等终端进行全媒体密集推广晚会宣传片、精彩视频，以及央视网在录制现场采集的图片和视频，提前预热。其中，通过iPhone、iPad移动客户端平台的推送功能，共有340万用户收到颁奖晚会的观看通知。

10月1日晚会播出当晚，央视网全平台同步播出，晚会专题当天多屏传播独立访问者（UV）合计304万人，页面访问量（PV）2895万页次，网络视频直播最高同时在线6.9万人。此外，还通过微专题、微话题互动攒人气，节目组在央视网开通官方微博，制作微专题，推出相关微话题，开展“本年度你最推荐的一首歌、一本书、一部戏剧、一部电影、一部电视剧”活动，引导用户分享、讨论；晚会进行视频直播的同时，还通过官方微博进行图文直播，分享现场图片、颁奖词文本、开奖嘉宾相关资料等，对晚会进行精细化解读、碎片化传播；联系明星、名人微博互动参与晚会主题发布，组织专家写作系列网评。同时，通过央视微博一键同步的功能，将晚会相关内容同步推广到新浪、腾讯和搜狐三大微博平台，吸引用户关注。截至当晚22时，新浪微博中“五个一工程”晚会相关话题量超过27万条，传播覆盖微博用户8000万人次。百度新闻可检索到晚会相关新闻689篇次。

三、舆论反响热烈，获得媒体和网民的高度评价

1. 舆论称赞颁奖晚会规格高，群星璀璨，中央领导亲临现场凸显国家对精神文明建设的重视。网民“古戈李子贤”说：“五个一工程奖宣示了政府高度重视人

民精神文化生活，全面打造文化精品，鼓励艺术创新，提升艺术品质，满足社会大众的创作导向。这对发挥艺术家的创作热情，起到了巨大激励作用。”

2. 舆论认为颁奖晚会传递了正面向上的积极力量，促进人们关注优秀文化产品，堪称中国真正的“好声音”。网民“吴勇盛”说：“五个一工程值得传承，我们需要这样的正确向上的力量推动社会前进发展！”网民“齐家9妹”说：“看五个一工程颁奖晚会，这才是真正的中国好声音，听这声音才是享受。”

3. 舆论评价晚会组织水平高，节目精彩，在国庆期间为全国观众献上了一份“丰富的精神食粮”。网民“张颖”说：“五个一工程颁奖晚会组织水平较高，特别是颁奖嘉宾的搭配是神来之笔，美妙吸引人，内涵很深！赞！”网民“南亭歌者”说：“央视嘉年华，双节精彩汇。昨晚看中秋晚会，今晚看五个一工程颁奖晚会《为祖国放歌》。这是国家级的高规格表彰，在艺术家的心中分量自然不一样。”

4. 舆论认为“五个一工程”颁奖晚会科技手段高超，全方位展示了新台址令人震撼的视觉效果。光明日报28日报道称，“五个一工程”晚会全方位展示了央视新台址；高科技手段的应用也是一大看点，通过虚拟技术在空中、楼体及晚会现场做出各种特效，同时利用新址的大楼主体营造超大巨幅屏幕，制造震撼的视觉效果。

（大型节目中心提供）

2012年“五一”国际劳动节大型文艺晚会成功举办

2012年4月25日，由全国总工会、中国文联、中央文明办和中央电视台联合举办的《阳光路上——2012年“五一”国际劳动节大型文艺晚会暨第三届职工艺术节开幕式》在北京工人体育馆隆重举行。

整场晚会始终洋溢着积极向上、喜庆祥和的节日气氛，近三千名来自生产一线的劳动者组成的演出阵容和国内各界艺术家一起用他们的歌声、舞步和誓言唱响了全体劳动者节日的心声——“喜迎十八大，建功十二五”。晚会现场掌声阵阵、高潮迭起，在全场观众齐声高唱《走向复兴》的豪迈歌声中进入高潮。

晚会以“高举伟大旗帜、展示道路成就、讴歌劳动伟大、彰显时代动力”为主题，以恢宏大气的舞美设计、高水准的舞台艺术形式，旗帜鲜明地表达了工人阶级永远跟党走的坚定信念，热情讴歌了中国工人阶级伟大品格和劳模精神，充分展现“诚信劳动、勤奋劳动、创新劳动”的劳模精神风貌和时代品格。

（大型节目中心提供）

2012年CCTV网络春晚

2012年春节期间，第二届CCTV网络春晚在中央电视台综合频道、财经频道、综艺频道、中文国际频道、高清频道、中国3D电视实验频道以及中国网络电视台网络电视、手机电视、IP电视、公交电视等终端顺利播出。据统计，2012年CCTV网络春晚共覆盖3.64亿电视观众，单场最高市场份额达14.77%。

本届网络春晚积极推陈出新，凸显网络元素、科技元素、时尚元素、青春元素、国际元素，力争成为“网络第一文艺品牌”。主要特点如下：

一是以平民化的表达方式展现主流价值观，相继发起“进高校、选达人”、“秀城市、寻明星”、“游子吟、中国心”三大落地选拔活动，分别走进北京30所高校、全国10座城市，以及洛杉矶、纽约等海外城市，共征集1000多个格调健康的优秀网络文化作品，并邀请演艺明星与女网警等网络红人以及农民工兄弟等草根同台演出，突出草根、原创特色。

二是以新媒体的表达手段，创新节目形态。首次采用3D技术拍摄、播出；首次将“微小说”改编成贺岁微电影在晚会中播出，展现健康向上的新媒体文化；利用微博墙、微信等手段，为网友提供更全面的互动平台。

三是以全球化的创作理念，提升国际传播力。充分发挥明星效应，以草根与明星混搭的演出阵容，推动传统文化和当代文化的国际化传播。吸引巴菲特、比尔·盖茨、卡梅隆、梅西、成龙、姚明等国内外名人以各种形式登上网络春晚，提升国际影响力。

（中国网络电视台提供）

共产党员网正式上线

2012 年 6 月 30 日，由中组部党员教育中心主办，中国网络电视台承办的共产党员网正式上线开通，习近平同志视察共产党员网并出席开通仪式。共产党员网为全国 400 多万基层党组织书记、8000 多万共产党员提供学习平台、交流平台、服务平台、表彰平台。截至 2012 年底，共产党员网在保障一期平台安全运营的基础上，重点组织开展党的十八大宣传报道、党建信息与组工要闻报道，学习党的十八大报告、党章知识竞赛，推出全国创先争优表彰及经验交流系统、建设学习课件库，推出系列特色学习专题、原创栏目，以及在线学习、远程教育、互动应用等功能服务。

（中国网络电视台提供）

电视剧频道参与华语国际广播影视节目交易会

2012 年 12 月 7 日至 9 日，首届华语国际广播电影电视节目交易会在广州举行，电视剧频道参与并报道交易会盛况。一是现场设置直播间，介绍中央电视台电视剧播出现状及良好前景，充分展示中央电视台专业电视剧播出平台优势；二是全方位展开宣传报道，除现场报道交易会动态资讯外，还邀请广东省广电局、地方电视台领导及电视剧制作单位代表进行现场访谈，就国产电视剧走出国门、走向海外的话题展开深度交流。

（电视剧频道提供）

“2012 年度践行当代革命军人核心价值观新闻人物颁奖活动”成功举办

12 月 29 日，“2012 年度践行当代革命军人核心价值观新闻人物颁奖活动”在北京举行，活动最终评选出 10 位年度新闻人物和 4 个特别奖先进群体。2012 年度践行当代革命军人核心价值观新闻人物颁奖活动分别在综合频道、军事•农业频道黄金时段播出，应广大观众要求又在军事•农业频道重播两次。此次当选的践行当代革命军人核心价值观新闻人物是从《军事报道》栏目“当代军人”专栏播出的 130 多名全军各条战线的先进典型中，经过网上投票和专家评选等环节评选出来的。刘珪、贾元友、王忠心、史伯红、李素芝、彭颜龙、刘茹、李文波、俞梦孙、林俊德当选为 2012 年度践行当代革命军人核心价值观新闻人物；雷锋生前所在团学雷锋光荣群体、“最美”军人群体、总参某信息化研究所科研群体、“神舟九号”英雄航天员乘组 4 个单位获得特别奖。

“践行当代革命军人核心价值观年度新闻人物评选活动”从 2009 年始已连续举办 4 届，共评选出 58 个英模人物和先进群体，这一活动已成为深化学习培育当代革命军人核心价值观的重要载体。

（军事节目中心提供）

航母“辽宁舰”入列及舰载机起降训练报道备受关注

2012年9月25日，我国第一艘航空母舰“辽宁舰”在大连正式交接入列海军，中央电视台综合频道、新闻频道、中文国际频道及外语频道全方位报道了这一重大新闻事件。为充分报道这次航空母舰交付盛事，军事节目中心精心策划、充分准备，制作了40多个航空母舰的相关背景资料短片，并以军事专家点评和记者现场解读的方式，全面系统地诠释了“辽宁舰”从诞生到正式交付使用的全过程。报道在《焦点访谈》、《东方时空》、《朝闻天下》等栏目及中文国际频道、外语频道播出后，视频被广泛转载，网上反响强烈，彰显了军事节目的重要性和独家性。

11月25日，“辽宁舰”交接入列整整两个月之际，军事节目中心记者赶赴“辽宁舰”现场采访拍摄我国自行设计研制的舰载机歼—15首次在航母上起降训练的新闻，制作了8个有关航空母舰舰载机的相关背景短片，并向新闻频道、中文国际频道、外语频道推荐了军事专家点评。在新闻频道近70分钟的直播特别报道中，从不同角度，全面系统地介绍有关舰载机的起降、飞行员的培训及歼—15的作战能力、机动能力的武器装备等情况。在得知舰载机现场总指挥罗阳不幸去世的消息后，第一时间将罗阳生前的珍贵影像和采访资料进行编辑整理，在《新闻联播》中播发，相关视频被广泛转载，观众反响强烈。

（军事节目中心提供）

第八届中国军校大学生电视演讲大赛圆满成功

2012年10月中旬，第八届中国军校大学生电视演讲大赛在《和平年代》栏目播出，获得观众的广泛好评。大赛的主题是“在阳光路上——我为党旗添光彩”，赛题选取的人物和事件均为近两年全军的重大活动、重要事件、重大典型，具有很强的代表性。大赛采取视频短片和即兴演讲相结合的呈现方式，形式活泼，风格多样，具有浓郁的时代气息。赛制环节之间前后呼应，富有悬念，其间穿插选手的个性写真、才艺展示、参赛宣言和战友评价，使比赛在激烈的竞技之余，增添了轻松愉快的氛围。

大赛前后历时3个多月，共有来自全军64所院校的64名选手参赛，是赛事举办以来参加院校和选手最多的一届。来自南京政治学院的刘戌航、军事经济学院的杨藤、海军大连舰艇学院的曹智获得金奖，另有3名学员获得银奖，4名学员获得铜奖，20名学员获得优秀奖，10个单位获得组织奖。选手们在五轮比赛中，用一个个真实生动、感人至深的故事，表达了军校学子对党的赤子之心和感恩之情，以此向党的十八大献礼。

（军事节目中心提供）

军事节目中心着力打造八一品牌《我是一个兵》

2012年是中国人民解放军建军85周年，军事节目中心着力打造电视品牌节目《我是一个兵》大型综艺晚会。晚会由军地著名艺术家、部队文艺骨干联袂献艺，表现出鲜明的时代特征、厚重的历史情怀和浓郁的军旅情结。晚会坚持贴近部队使命任务，贴近军营火热生活，贴近官兵真挚情感，通过“向军旗敬礼、请祖国人民检阅”、“当代士兵风采、永远的军人情怀”、“光荣士兵、光荣使命”等板块，多角度、多层面诠释“光荣士兵”的职责使命，展示“当代士兵”的精神风采，抒发“忠诚士兵”对党、对祖国人民的挚爱深情。晚会从节目选择到舞美包装，都充分反映军队特点、彰显军人本色，直抒军旅情怀。新华社、《人民日报》、《光明日报》、《解放军报》、《中国文化报》、人民网、央视网、新华网、新浪网、中国军网、全军政工网等数十家媒体对晚会给予充分报道。

（军事节目中心提供）

中央电视台举办“军事节目创新与突破”论坛

2012年8月1日，中央电视台发展研究中心举办了“军事节目创新与突破”论坛，中央电视台相关领导和军事专家作为嘉宾参加论坛讨论发言，中央电视台新闻频道特约评论员杨禹担任论坛主持人，来自军事节目中心、军队驻京大单位记者站以及中央电视台各频道、中心的150多人参加了论坛。这是军事节目中心成立十几年来首次举办军事节目论坛。论坛为提高军事节目质量提出了许多积极建议，扩大了军事节目中心在中央电视台内的影响。

（军事节目中心提供）

“六一”晚会《幸福像花儿一样》创收视新高

2012年5月31日，由全国妇联、中央文明办、国务院妇女儿童工作委员会办公室、共青团中央、教育部、文化部、国家广电总局、中央电视台共同主办的庆祝2012年“六一”国际儿童节晚会《幸福像花一样》成功录制。6月1日，晚会在综合频道、少儿频道并机播出。晚会主题鲜明、内容丰富、欢快热烈，全景展现了在党和政府的关怀下全国少年儿童幸福快乐的生活。晚会受到全国观众特别是广大少年儿童的欢迎，总收视率3.21%，在当天全国所有电视频道黄金时段收视率排名第一，在少儿频道收视率达1.28%，创频道开播八年来“六一”晚会最好收视成绩。

（少儿频道提供）

《爱心满天》大型公益活动晚会成功录制

2012年3月1日，少儿频道在井冈山举办《爱心满天》大型公益活动并圆满录制专题综艺晚会，这是少儿频道自2003年开播以来，首次在异地举办大型公益活动。该活动点面结合,以大型晚会为依托,通过“井冈山杜鹃红”、“雷锋好榜样”、“灿烂阳光下”三个篇章，融合多种艺术表现形式，深入浅出地向广大少年儿童宣传井冈山精神、雷锋精神，展现未成年人在党和政府关怀下健康成长的良好风貌。与此同时，少儿频道派出主持人小分队深入幼儿园、小学、福利院等，开展医疗义诊、公益捐赠、少儿科普教育、互动联欢等活动。

（少儿频道提供）

2012年全国儿童歌曲大奖赛决赛及颁奖晚会成功举办

由中央电视台和中国音乐家协会共同主办的2012年全国儿童歌曲大奖赛于2012年4月中旬启动，大赛以“鼓励少儿歌曲创作、推广少儿声乐精品、繁荣少儿文化生活、引领少儿快乐成长”为宗旨。参评作品以合唱为主体，分为儿童组和少年组两个组别，历经初赛、复评，从近千首作品中遴选出30首优秀儿歌，最终评选出了金、银、铜奖以及优秀歌曲、优秀表演奖等奖项，并于7月29日举办颁奖晚会。大赛决赛及颁奖晚会节目于8月14日至18日在少儿频道晚间黄金时间连续播出。

（少儿频道提供）

少儿春晚《龙子龙孙贺新春》圆满播出

2012年1月22日，少儿频道自开播以来首次在除夕夜播出综艺晚会《龙子龙孙贺新春》。晚会阵容强大，涵盖魔术、舞蹈、歌曲等多种艺术形式。舞美设计采用三百六十度全景环绕式设计，突出娱乐性、知识性与互动性，营造出浓郁的“大聚会”、“大联欢”的节日氛围。《光明日报》等主流媒体称赞晚会准确把握了当前电视收视的新变化和新特征，做出了特色，建构了孩子们对少儿"春晚"的期待感。国家广电总局第17期《收听收看》专题点评晚会，认为在诸多方面开拓创新，让小电视观众们第一次有了自己的"春节晚会"。晚会获得2012年全国春节电视文艺晚会优秀节目创优特别奖。

（少儿频道提供）

中央电视台新址接管搬迁工作平稳有序推进

2012年，历时10年建设的中央电视台总部大楼完工，新址接管搬迁工作正式启动。中央电视台着力加强统筹协调，着力完善制度建设，着力提升决策水平，着力推动管理升级与机制优化，初步实现了总部从"建筑"到"入驻"，从"现状接收"到"管理服务"的本质转变。

一、创新驱动，攻坚克难，中央电视台接管搬迁工作成绩显著

2012年2月22日，经台分党组批准，新址接管办正式成立。

2012年8月16日，"接管办"与"搬迁办"合并，成立中央电视台总部接收管理办公室，简称"总部接管办"，下设综合业务部等11个部。

总部接管办紧紧围绕台分党组关于接管搬迁工作的总体要求和部署，扎实有序推进接管搬迁工作。

2012年6月11日，总部接管办与新址办举行央视总部主楼交接仪式，总部接管办现状接收新址主楼（A标段）。同日，央视总部武警第一次进驻上岗。总部接管办从成立到正式接管央视总部，仅用111天。期间，总部接管办完成了新址多个系统数十个竣工项目的接收，实现了对建筑面积47.3万平方米的央视总部主楼的整体接收。

2012年5月10日，新址基础信息认知培训启动。6月11日至23日，总部接管办完成了一层餐厅的改造和启用。6月18日，央视总部"一站式"办公平台正式启用，总编室、财务管理中心、技术制作中心、房管处、行政处、保卫处、音像资料馆、中广物业、中视物业等单位入驻"一站式"办公服务大厅，为入驻部门提供方便、快捷、全面的服务。这是中央电视台第一次采用"一站式"办公方式提供公共服务，标志着央视总部管理方式的创新，为建设国际一流媒体、创新管理模式和服务升级提供了有益探索和模板。6月18日，体育频道顺利入驻央视总部，实现伦敦奥运会新址转播，中央电视台在新址和现址并行播出。6月15日至8月15日，总部接管办完成了总部塔一大堂贵宾间装饰设计、家具采购和启用。7月11日，经台分党组会议研究决定，同意启动中央电视台视觉识别（VI）系统设计工作。7月30日，中央电视台委托五矿国际招标有限责任公司作为VI设计招标代理机构。中央电视台VI项目评议组于11月5日成立。9月3日，中央电视台、光明日报社联合主办的《寻找最美乡村教师》大型公益活动颁奖晚会在央视总部1号演播厅完成首录，这是央视总部1号演播厅第一次正式启用。9月24日，中共中央政治局常委李长春，中共中央政治局委员、中央文明委副主任刘淇，中共中央政治局委员、中宣部部长刘云山，中共中央政治局委员、国务委员刘延东，全国政协副主席、中国社会科学院院长、党组书记陈奎元，全国政协副主席、中国文联主席孙家正视察央视总部。9月24日，中宣部组织的第12届精神文明建设"五个一工程"颁奖晚会在央视总部1号厅录制完成。10月17日，央视总部功能完善设计招标工作正式启动。为宣传中央电视台形象，提升央视文化品牌效应，激发全台员工对新址的关注与热爱，10月18日总部接管办与台工会联合举办了"央视总部摄影邀请赛"，并于11月20日在央视总部举行了颁奖典礼，优秀作品在央视总部及现址分别展出。12月12日，"中国经济年度人物颁奖盛典"在央视总部举办，首次实现了大型节目录制与高端鸡尾酒会的同时举办。12月18日，塔一大堂增设"未来·已来"文化交流平台。12月26日，社会与法频道顺利入驻央视总部。

截至2012年12月20日，总部接管办共制作发放"一卡通"证件2542个，完成新址消防设备检测4次、消火栓系统试水测试2次，配置灭火器共计8375具，接待参观考察团队49个，共计1449人次，完成总部入驻培训4387人，摆放绿植1900余盆，配备楼道垃圾桶120个，办公纸篓290个，高密度塑料垃圾桶40个，卫生间垃圾桶180个；动力系统检查整改问题7300余项，完成29个电站、97部电梯及机房设备全面检修和25座变电站预防性安全试验，完成综合布线1471条，安装客户端761台，开通1427个小号电话和47个直线电话，完成家具选型、采购2411件套；完成7个待搬迁部门的沟通协调与搬迁对接。风暖水电全系统运行，后勤安保物业全业务覆盖，中央电视

台新址接管搬迁工作成绩显著。

二、统筹全局，科学决策，创新工作方式，创新管理手段

1. 宏观规划、整体布局，紧紧围绕建设国际一流媒体总目标

中央电视台始终坚持国际一流媒体建设这一视野和高度，总部接管办在接管搬迁工作中始终以蓝图设计师的定位和姿态，统筹兼顾，做好宏观层面的大文章。一是如何实现现代化、国际化、智能化、人文化的园区建设目标。二是如何求得管理机构和管理方式的适配，形成“一个机构、一个责任主体”，真正使总部接管办成为新址接收、搬迁、运行管理各项工作的“指挥部”，使整个园区工作形成一盘棋。三是如何实现园区的保值增值。四是如何发挥新址的示范带动作用，最终实现两址比翼齐飞。这些宏观规划是一个庞大的系统工程，对于有序、有效推动工作开展和任务落地，避免出现盲动性、无谓的“拉抽屉”和僵化的割裂，保证工作的整体性、科学性和连续性，都具有十分重要的指导意义。

2. 创建现代化办公环境，推进软环境建设

总部接管办在已有的一流建筑基础上，着力完善物理空间、技术装备、配套设施的一流。着力推进房屋勘察测绘、主楼导视系统、停车场划线及智能管理系统、主楼功能完善、一卡通系统、安防监控系统、VI 系统设计、办公自动化系统等一系列重点项目及工程；持续做好风、暖、水、电等动力系统的日常运行及维护工作；加快推进综合运动场、健身房、淋浴间、茶水间等生活配套设施的设计、施工和启用；切实落实垃圾桶选型及摆放、绿植租摆、公共区域保洁等后勤事务保障。

相对于硬件配备，软环境建设更为重要，总部接管办着重抓制度建设和文化建设两方面工作。已经完成央视总部入驻制度、物资准入制度、参观制度、工作联络制度、工程施工管理制度、应急管理制度等。为央视总部未来常态化管理奠定了必要的制度性基础。

文化建设方面，总部接管办利用台内宣传平台，在《电视生活报》开辟专版专栏，逐个系统对央视总部情况进行宣传、介绍，着力塑造央视总部“未来•已来”的高端形象。与台工会联合举办“未来•已来”摄影比赛，组织职工拍摄自己的新家，并将获奖作品在新址、现址轮流展出，增进了全台员工对新址的了解和感情。针对各进驻部门的职能和工作特性，精心组织总部入驻欢迎仪式。通过象征性的钥匙移交仪式、设置主题签名墙等方式，帮助入驻部门加快适应总部的工作和生活环境。

3. 切实转变思想观念，创新工作方式，创新管理手段

为顺应接管搬迁工作需要，总部接管办编制了工作倒计时计划制度、项目督办制度、誊清制度、“一站式”办公区周报制度。通过热线电话的信息集成效应，第一时间掌握主楼内各部门、各区域发生的各类情况，以点带面、集中记录并反映了主楼整体运行情况和暴露出的问题。

充分依托科学的工作流程，通过全面调研、反复推敲、严密论证、民主决策的精细化操作，推动玻璃隔断拆除、地下车场环氧地坪、家具选型等工作落地。

以“一站式”办公区的设立为纽带，努力实现管理手段创新。“一站式”办公设有工位 22 个，涵盖行政、宣传、技术、物业等系统多个部门，为进驻部门及员工提供一对一服务，有效提高了办公效率和工作质量，为推动各类资源整合、再造业务工作流程、实现体制机制优化做了有益尝试。

4. 勤俭办事，节约办公，合法合规推进各项工作

接管搬迁工作内容庞杂，在各类办公事务、大型工程、重点项目的推进过程中，中央电视台始终坚持勤俭办事，严格遵守相关法律法规，在标准高、时限紧和实效性之间寻找最佳平衡点。

一方面，总部接管办严格按照政府采购法、招投标法要求，充分依靠财务管理中心、监察室、审计处等部门，力求实事求是，注重实际效果，有效推动工作落地。

另一方面，总部接管办本着勤俭持家的原则，少花钱、多办事、办好事，提倡绿色办公、集约办公理念。在货比三家的基础上，通过反复沟通、比对、商谈，最终选定贵宾室的沙发、台灯、窗帘等物资采购的物美价廉的方案。

5. 切实改进工作作风，确保新机构新风气

总部接管办以开放式的心胸和思路，一流的服务和管理，勤勉、务实、低调的工作作风，确保在搬迁工作中又快又准地发现问题，并能及时解决。

总部接管办通过召开总部各入驻单位职工代表座谈会，广泛听取各单位意见和建议，并将其分类梳理，按照职能分工分解至各相关部门。对于能立即解决的问题迅速解决；对于不能解决或短期解决不了的，也以书面形式给予合理的解释。通过这种形式，既充分了解了各相关单位的实际需求，又疏通了渠道，释放了压力和不解，大大增强了工作机制的自我修复和更新能力。

（中央电视台总部接收管理办公室提供）

JI GOU

机构

机 构

2012年中央电视台机构设置

中央电视台分党组书记胡占凡，分党组副书记罗明、魏地春。分党组成员:胡恩、何宗就、高峰、孙玉胜、张海鸽、袁正明、刘国良、薛继军、梁晓涛。

中央电视台台长胡占凡，总编辑罗明，副台长罗明、魏地春、胡恩、何宗就、高峰、孙玉胜、袁正明，分党组纪检组组长张海鸽，总会计师刘国良、总工程师丁文华。副总编辑程宏、李挺、朱彤、黄传芳、张宁、彭健明。

罗明主持台编辑委员会。

何宗就主持台技术委员会。

张海鸽主持台行政管理委员会、经营管理委员会。

中央电视台机关党委书记张海鸽。

中央电视台下设：

1.台办公室

下设:秘书处、综合处、保卫处、外事处、法规处、行政处、房管处(物业管理处)。

2.总编室

下设：规划部、节目播出部、节目研发部、版权管理部、市场评估部、受众服务部、节目推介部、高清频道编辑部、综合部、审片部。

3.新闻中心

下设:综合部、策划部、时政新闻部、经济新闻部、社会新闻部、地方记者部、海外记者部、国际新闻部、军事节目部、新闻评论部、新闻频道编辑部、国际频道新闻编辑部、新闻联播编辑部、新闻播音部、新闻制作部。

4.综合频道

下设：综合部、节目部、节目统筹部。

5.财经频道

下设：综合部、节目部。

6.综艺频道

下设：综合部、节目部。

7.中文国际频道

下设：综合部、节目部。

8.体育频道

下设：综合部、节目部、竞赛部。

9.电视剧频道

下设：综合部、节目部、项目部。

10.科教频道

下设：综合部、节目部。

11.社会与法频道

下设：综合部、节目部。

12.戏曲和音乐频道

下设：综合部、节目部。

13.少儿频道

下设：综合部、节目部。

14.外语频道

下设：综合部、节目部、英语新闻频道、西班牙语频道、法语频道、阿拉伯语频道、俄语频道。

15.纪录频道（由总编室代管）

下设：节目管理部、项目运营部。

16.大型节目中心

下设:综合部、第一导演工作室、第二导演工作室。

17.军事节目中心（解放军电视宣传中心）

18.海外传播中心

下设：综合部、统筹规划部、项目部、联络部。

中央电视台台本部2012年机构设置图

- 分党组
  - 办公室
    - 秘书处
    - 综合处
    - 保卫处
    - 外事处
    - 法规处
    - 行政处
    - 房管处（物业管理处）
  - 总编室
    - 规划部
    - 节目播出部
    - 节目研发部
    - 版权管理部
    - 市场评估部
    - 受众服务部
    - 节目推介部
    - 高清频道编辑部
    - 综合部
    - 审片部
  - 纪录频道
    - 节目管理部
    - 项目运营部
  - 新闻中心
    - 综合部
    - 策划部
    - 时政新闻部
    - 经济新闻部
    - 社会新闻部
    - 地方记者部
    - 海外记者部
    - 国际新闻部
    - 军事节目部
    - 新闻评论部
    - 新闻频道编辑部
    - 国际频道新闻编辑部
    - 新闻联播编辑部
    - 新闻播音部
    - 新闻制作部
    - 国内记者站
  - 外语频道
    - 综合部
    - 节目部
    - 英语新闻频道
    - 西班牙语频道
    - 法语频道
    - 阿拉伯语频道
    - 俄语频道
  - 综合频道
    - 综合部
    - 节目部
    - 节目统筹部
  - 财经频道
    - 综合部
    - 节目部
  - 综艺频道
    - 综合部
    - 节目部
  - 中文国际频道
    - 综合部
    - 节目部
  - 体育频道
    - 综合部
    - 节目部
    - 竞赛部
  - 电视剧频道
    - 综合部
    - 节目部
    - 项目部
  - 科教频道
    - 综合部
    - 节目部
  - 社会与法频道
    - 综合部
    - 节目部
  - 戏曲和音乐频道
    - 综合部
    - 节目部
  - 少儿频道
    - 综合部
    - 节目部
  - 大型节目中心
    - 综合部
    - 第一导演工作室
    - 第二导演工作室
  - 海外传播中心
    - 综合部
    - 统筹规划部
    - 项目部
    - 联络部
  - 人力资源管理中心
    - 干部管理处
    - 劳动工资处
    - 培训职称处
    - 人才交流处
    - 劳动关系管理处
    - 离退休人员管理处
  - 财务管理中心
    - 综合业务处
    - 计划统计处
    - 财务管理处
    - 会计核算处
    - 财产物资处
    - 产业管理处
  - 技术管理中心
    - 技术业务部
    - 质量管理部
    - 工程管理部
    - 基础资源部
    - 制播应用部
    - 业务应用部
    - 信息安全部
    - 动力管理部
  - 技术制作中心
    - 综合部
    - 录制一部
    - 录制二部
    - 录制三部
    - 制作部
    - 音频部
  - 播出传送中心
    - 综合部
    - 播出一部
    - 播出二部
    - 转播部
    - 传送部
    - 总控部
  - 资产管理中心
    - 综合部
    - 市场部
    - 营销部
    - 监审部
  - 发展研究中心
    - 发展战略研究部
    - 电视传播研究部
    - 产业与新媒体研究部
    - 综合部
  - 机关党委
    - 团委
    - 党委办公室
    - 工会
    - 精神文明协调处
  - 军事节目中心（解放军电视宣传中心）
  - 新台址建设工程办公室
    - 综合业务处
    - 工程处
    - 合同造价处
    - 财务处
    - 基建物资处
    - 技术处
  - 总部接收管理办公室
    - 物业管理部
    - 搬迁协调部
    - 项目管理部
    - 信息服务部
    - 动力运维部
    - 办公系统部
    - 法律事务部
    - 安保消防部
    - 后勤事务部
    - 房屋管理部
    - 综合业务部
- 分党组纪检组
  - 台直属部门
    - 审计处
    - 音像资料馆
    - 中国电视报社
    - 监察室／机关纪委

19.人力资源管理中心

下设：干部管理处、劳动工资处、培训职称处、人才交流处、劳动关系管理处、离退休人员管理处。

20.财务管理中心

下设：综合业务处、计划统计处、财务管理处、会计核算处、财产物资处、产业管理处。

21.技术管理中心

下设：技术业务部、质量管理部、工程管理部、基础资源部、制播应用部、业务应用部、信息安全部、动力管理部。

22.技术制作中心

下设：综合部、录制一部、录制二部、录制三部、制作部、音频部。

23.播出传送中心

下设：综合部、播出一部、播出二部、转播部、传送部、总控部。

24.资产管理中心

下设：综合部、市场部、营销部、监审部。

25.发展研究中心

下设：发展战略研究部、电视传播研究部、产业与新媒体研究部、综合部。

26.机关党委

下设：党委办公室、团委、工会、精神文明协调处。

27.新台址建设工程办公室（临时机构）

下设：综合业务处、工程处、合同造价处、财务处、基建物资处、技术处。

28.总部接收管理办公室（临时机构）

下设：综合业务部、房屋管理部、后勤事务部、安保消防部、法律事务部、办公系统部、动力运维部、信息服务部、项目管理部、搬迁协调部、物业管理部。

台直属处级机构：监察室、审计处、音像资料馆、中国电视报社。

台直属单位：中国国际电视总公司、中国电视剧制作中心有限责任公司、中央新闻纪录电影制片厂（集团）。

总局直属、中央电视台代管的单位：中央卫星电视传播中心、中国有线电视网络有限公司、中国广播电视国际经济技术合作总公司。

台副总工程师宋宜纯、黄平刚。

各中心（室）、频道一把手分别是：台办公室主任李欣雁，总编室主任张宁（兼），新闻中心主任孙玉胜（兼）、常务主任黄传芳（兼），综合频道总监钱蔚，财经频道总监郭振玺，综艺频道总监张晓海，中文国际频道总监杨刚毅，体育频道总监江和平，电视剧频道总监张子扬，科教频道总监金越，社会与法频道总监魏斌，戏曲和音乐频道总监郎昆，外语频道总监范昀，少儿频道总监盛亦来，纪录频道总监刘文，大型节目中心主任张晓海（兼），海外传播中心主任景春寒，人力资源管理中心主任王晓真，财务管理中心主任董为民，技术管理中心主任徐进，技术制作中心主任徐进（兼），播出传送中心主任张宝安，资产管理中心主任程宏（兼），发展研究中心主任李舒东，机关党委专职副书记郭秀英，新台址建设工程办公室主任黄平刚（兼）。

中国国际电视总公司董事长梁晓涛，中国电视剧制作中心有限责任公司总裁薛继军，中央新闻纪录电影制片厂（集团）总裁高峰（兼），中央卫星电视传播中心主任李琼，中国有线电视网络有限公司总经理沈向军，中国广播电视国际经济技术合作总公司总经理李金荣。

中央电视台编辑委员会

中央电视台编辑委员会（简称编委会）是全台宣传工作的决策机构，编委会在台分党组和台长、总编辑的领导下，按照中央的宣传方针、政策和国家广播电影电视总局的部署，策划和组织各项宣传报道工作，负责传达中央领导批示精神及通报各项宣传口径；部署重大活动宣传报道；协调跨频道（中心）宣传工作；审议重要宣传管理规定；审议重点选题；审议频道改版和调整；审议栏目的开设、改版、更名、停播；确认频道及栏目综合评价结果；审议新栏目研发及研发基金的使用；评审优秀栏目、节目、主持人等。总编室为编委会具体办事机构。

中央电视台技术委员会

中央电视台技术委员会（简称技委会）是中央电视台最高技术决策机构，其成员由主管技术的台领导及技术系统的部分负责人和专家组成。中央电视台技术委员会的主要职责是：研究把握本台未来电视技术的发展方向；对新技术、新设备的引进做出规划和决策；审查批准电视技术工程项目；审定系统配备计划和关键设备购置计划；审定电视技术标准；审定大型活动的技术方案；审定科研项目立项。另外，技委会还为台领导重大决策和全台管理工作提供技术依据，发挥参谋作用。

中央电视台行政管理委员会

中央电视台行政管理委员会是在台分党组领导下，负责全台重大行政管理工作的议事机构，是台分党组在行政管理方面的参谋、助手。行政管理委员会重点负责审议职能部门提交的全台性重大事项，协调宣传、技术系统与职能部门之间的工作，研究人、财、物等资源配置，制定职能部门的中长期规划和年度重点任务等。台办公室是行政管理委员会的日常办事机构。

中央电视台经营管理委员会

中央电视台经营管理委员会是全台经营工作的决策机构。经营管理委员会在台分党组领导下，对全台的产业经营进行整体规划，整合全台经营资源，对台内经营部门和台属企业进行经营业绩评估、考核、监督，促进国有资产保值增值。台办公室是经营管理委员会的日常办事机构。

分党组纪检组监察室/机关纪委

中央电视台监察室成立于1988年8月。1994年10月，经中央纪委同意，原广播电影电视部党组批准，设立中央电视台分党组纪检组并同监察室合署办公。2000年9月根据中央纪委及中央纪委驻国家广电总局纪检组、监察局、总局机关纪委的工作部署，中央电视台纪检组监察室与机关纪委合署办公。

分党组纪检组监察室/机关纪委主要职责和任务是：在中央纪委监察部驻国家广播电影电视总局纪检组、监察局的管理及台分党组的领导下，检查本台各部门和所属单位的党组织与党员领导干部执行党的路线、方针、政策和决议的情况，对台分党组及其成员和其他党员领导干部实行党章规定范围内的监督；检查本台党员领导干部违反党纪的案件以及所属单位的重要违纪案件，并根据有关规定提出处理意见，按照《中国共产党纪律处分条例》对所查案件中的党员做出处理决定；配合有关部门对党员和党员领导干部进行党风党纪教育；指导本台和所属单位党的纪律检查工作；监督检查本台各部门和所属单位工作人员贯彻执行国家法律、法规和政策、决定、命令的情况；调查处理本台各部门和所属各单位工作人员违反政治纪律、宣传纪律、组织纪律、财经纪律的检举、控告；受理本台各部门的所属各单位党员领导干部及其他工作人员不服党纪处分、行政处分的申诉。

台分党组成员、纪检组组长张海鸽，纪检组副组长、监察室主任、机关纪委书记黄瑞刚，机关纪委专职副书记兼监察室副主任范浩，正处级纪检员兼监察室副主任安育华。本届机关纪委于2010年12月15日在中央电视台第八次党代会上换届选举产生，为中央电视台第七届纪委会，由13名委员组成。

台办公室

台办公室是台分党组、台领导集体和台行政管理委员会、经营管理委员会的日常办事机构，是全台承上启下、综合协调、信息总汇的枢纽机关，是全台内部事务的主管部门，是中央电视台对外联络的主要窗口。台办公室负责为台领导决策提供辅助，并处理日常事务，组织协调全台宣传、技术、行政、经营工作的重大活动；负责全台管理规章制度建设；管理全台信息调研、行政办公业务、法律事务、安全保卫、涉外事务、公共关系、房屋和后勤服务工作；督促检查台分党组、台领导交办工作的落实完成情况，提出全台行政管理工作改进意见和建议。下设秘书处、综合处、保卫处、外事处、法规处、行政处、房管处（2010年10月加挂“物业管理处”牌子）及中央电视台书画院。台办公室主任李欣雁，副主任刘民朝、王全杰、柏杨。

秘书处

秘书处是台办公室的综合职能部门。负责台分党组和台领导交办的日常事务。参与台办公室承担的有关全台性宣传、技术、行政、经营等方面重大活动的协调工作，以及全台文秘、信息、舆情、保密、档案、印信管理等承上启下的工作；负责信函报刊收发等服务工作；负责涉及中央电视台的人大建议和政协提案办复工作；主办全台《工作日报》、《中央电视台简报》、《电视决策参考》等内部刊物，保证全台政令畅通，运转有序。下设公文科、信息科、舆情科、保密科、档案科、收发科。秘书处处长何新宇，副处长江流、赵晓博。

综合处

综合处成立于2009年，是隶属台办公室的一个综合职能部门。承办台分党组和台领导交办的日常事务，负责台办公室承担的全台性宣传、技术、行政、经营等方面重大活动的协调工作。工作内容包括：台领导日常事务安排及服务，参与协助台内重大活动、会议的组织和实施，统筹协调全台值班，台内重大活动及台领导外事活动摄影、书画管理和艺术品征集、组织笔会等项。下设总值班室、综合科、摄影科、书画管理科（台书画院挂靠管理）。综合处处长冯雪松，副处长朱焰焰，书画院秘书长曹志明。

保卫处

保卫处成立于1981年8月，其主要任务是负责中央电视台的安全保卫工作，包括治安、内保、警卫、消防、交通管理、综合治理等项任务。配备消防监控系统及治安闭路电视监控系统。保卫处下设治安科、警卫科、消防科、消防中心科、交通安全管理科。保卫处处长高进印，副处长吴雪民、崔国辉、邓海京。

外事处

外事处成立于1984年，主要职责是规划、组织台领导的外事活动；审核、指导并协助全台各部门的外事活动；组织、协调国（境）外嘉宾来台参观、访问；负责外事政策、纪律的宣讲和监督；负责中央电视台与国（境）外机构各项合作协议的统筹、签订、督办和归档；负责管理在中央电视台工作的外国专家；负责统筹全台的因公出国（境）计划；负责审核中央电视台各部门因公出国（境）任务；办理出国（境）手续及保管护照及其他相关的外事管理工作。下设外事接待科、国际交流科、护照管理科、外籍专家科、综合科。外事处副处长花凯、李庆庆。

法规处

法规处成立于1998年6月，负责全台的法律事务工作。法规处的主要职责有：审议和管理本台与外单位签署的合同、协议等法律文件；代理本台进行诉讼和仲裁；参与起草、制订、修改全台的各项规章制度；参与本台的谈判、投资、租赁、资金转让、拍卖、招投标及下属企业改制等涉及本台重要权益的经济活动；负责本台品牌栏目的商标注册及管理等。法规处处长仇刚，副处长达红。

行政处

行政处承担着全台行政办公、后勤保障、服务接待、医疗保健、文字印刷、车辆管理、绿化美化等工作。同时，承担着中央电视台交通安全委员会办公室、绿化委员会办公室、防汛工作办公室、爱国卫生委员会办公室、节能减排办公室的日常管理工作。行政处下设综合科、管理科、行政科、接待科、交通科、文印科、医疗保健科、影视之家管理科，监管央视后勤服务发展（北京）有限责任公司，确保全台干部职工餐饮和食品卫生安全。行政处处长刘威，副处长胡志发、毛劲松。

房管处

房管处成立于1998年6月，负责全台房产管理工作。主要职责是：根据国家广电总局的有关规定逐步落实房改政策。负责全台房屋及其产权资料的积累、立卷、归档工作；负责全台办公用房的调整管理和维修改造；负责全台职工宿舍的物业监督管理和大、中修及改造工程；负责台新址房屋接收及管理工作。下设维修科、物业管理科、房管科、综合科、工程管理科。房管处处长杨怀文，副处长隋金辉。

总编室

中央电视台总编室是全台节目宣传管理的中枢和台编委会的办事机构。总编室的日常工作是根据中央宣传精神和台编委会的要求，负责全台节目宣传业务的组织、协调、监督和管理。具体业务包括：组织编委会会议并督办落实会议决议；统筹规划全台重大报道活动、管理全台重点选题、宏观调控全台战略性节目资源配置、监测各频道定位及栏目设置；传达节目宣传口径；代台审看各频道送审的电视剧；向上级机关报送宣传信息、活动选题立项、剧目预排计划；管理全台节目代码和节目预算；管理协调全台内参片制作和节目引进；统筹协调全台重大活动、特别节目的播出；管理协调各频道日常节目的编排和播出运行；负责高清频道和军事·农业频道的日常节目编播和运营管理；整合全台宣传推介渠道、制定全媒体宣传推介方案、制作全台形象宣传片和公益宣传片，统筹协调全台重大报道、重点节目、优秀栏目的跨频道、跨媒体的宣传推介；统筹全台新栏目研发、管理监督研发资金的使用；负责制定全台各类与版权有关的合同和法律文书，负责大型版权交易的谈判工作，对全台各类节目进行版权定级，提出版权开发方案，为版权的合理使用提供有效的信息平台，为全台各频道提供专业的版权维护咨询服务；负责节目内容的监看以及屏幕语言文字的差错管理；负责全台节目数据的播后统计分析、收视市场研究及栏目的综合评价；组织各类节目评优评奖；负责全媒体环境下全台的品牌策略研究；统筹全台大型观众调查项目；负责筹建观众呼叫中心、收集观众意见、组织区域性观众培育活动；

负责对中央电视台机构及个人互联网信息发布行为进行管理；对播音员主持人参加社会活动进行管理；承担涉中央电视台舆情的监测与协调应对工作，负责中央电视台的品牌形象维护与推广工作。总编室定期每周召开全台节目宣传例会，每天出版《监看日报》、《新闻早读》等内部刊物，不定期出版《舆情专报》。总编室下设规划部、节目播出部、节目研发部、版权管理部、市场评估部、受众服务部、节目推介部、高清频道编辑部、综合部。总编室代台管理审片部。总编室主任张宁（兼），常务副主任王建宏，副主任赵文江、石村、秦明新，党总支专职副书记张景卫。

规划部

规划部是中央电视台总编室贯彻落实台编委会各项决议，行使宣传规划、节目经费管理、节目流程管理、宣传协调管理等职能的重要部门。规划部负责编委会会议组织并督办会议决议；统筹规划全台重大报道活动；监测各频道定位及栏目设置；统筹重点选题全流程管理。负责编制和管理全台年度总体节目预算；协调各单位制定年度节目预算分配计划；规划和管理重点选题、重大报道活动节目预算；实施节目预算调整。负责全台节目生产流程管理，栏目及节目代码发放与管理、节目播出数据的维护与开发等。负责各类宣传报道信息的收集、整理、发布；负责全台宣传信息平台的建设与维护。负责全台内参节目管理；承担部分内参片制作任务。负责全台引进节目管理与服务，负责引进节目指标管理与引进节目报关。同时，规划部还承担重大理论文献片、大赛及评选类节目等特殊节目立项工作；承担全台电视剧、国产电视动画片拍摄制作备案公示，国产电视剧、引进电视剧、国产电视动画片发行许可证发放管理，重大革命和历史题材电视剧立项等管理工作；承担电视节目电话及短信互动审批工作。规划部下设宣传规划组、预算管理组、流程管理组、宣传协调组。规划部主任杨明，副主任才婉茹。

节目播出部

节目播出部成立于2010年，前身是节目播出管理处。是总编室负责节目编排、节目宣传、频道包装和节目检审、备播等播出管理的职能部门。负责统筹协调全台重大活动、特别节目的播出；宏观调控全台战略性节目资源配置；统筹管理每周各频道节目的报播和运行；协调管理各频道每周的节目标准样；负责节目的更改、直播、直送、节目内容修改等播出流程的管理协调；负责全台重大报道、重点节目、优秀栏目的跨频道、跨媒体宣传推介；建立并维护中央电视台形象识别系统，负责制定台标和频道标识的制作及使用标准并监督执行；完成《收视指南》、《请您欣赏》的拍摄和编辑工作；对台外制作的所有拟用节目进行技术审查，对全台入库待播节目进行数据信息录入、审核和传输；负责对全台所有频道准备播出的节目磁带和文件进行入库备播管理，2012年起增设高清节目磁带上载备播业务。节目播出部下设节目管理组、特别节目组、节目检审组、备播组。节目播出部主任史冠翔，副主任周人杰、王冬玲。

节目研发部

节目研发部成立于2010年8月，是中央电视台新栏目研发工作的管理机构，负责全台新栏目研发的统筹、协调、管理以及研发资金的使用管理和监督工作。主要职能是对新栏目研发进行全流程管理；对各频道报送的新栏目创意方案开展评估论证；对新栏目样片制作进行动态管理；对新栏目进行播后评估；对各频道引进的海内外节目模式进行内容审核；对研发资金的使用进行管理和监督；组织全台新节目创意大赛；开展海内外新节目模式搜集及观摩咨询工作；开展全球新节目模式研发交流活动；向各频道提供新栏目研发咨询服务；负责全台宣传管理对策性研究工作。下设新闻类与专题类栏目研发组、演播室访谈类栏目研发组、综艺娱乐类栏目研发组、海内外新节目模式监测搜集组。节目研发部主任吴克宇。

版权管理部

版权管理部成立于2010年，前身是节目版权管理处。是中央电视台版权事务的归口管理部门，是全台宣传管理链条中规范对外节目版权授权、维护节目及衍生产品版权利益的专业机构，是总编室实现节目版权价值最大化的重要平台。版权管理部负责制定全台各类与版权有关的合同和法律文书，对全台版权协议进行审核、管理、备案和归档；负责对全台各类节目进行版权定级，并基于版权级别制定版权开发方案；负责对全台各类节目所产生的版权和节目版式提供保护，为侵犯中央电视台版权的行为采取维权措施；负责组织或参与中央电视台大型版权交易的谈判工作，并制定有关法律文书；负责全台成品节目、节目素材、音像制品业务、图书出版业务、音乐增值开发业务等衍生产品的版权开发规划，并统筹全台版权的对外使用授权；负责中央电视台与音乐、文字、摄影、音像、电影等各类著作权集体管理组织的谈判工作和付酬工作；收集、管理全台版权信息，为版权的合理使用提供有效的信息平台；负责对知识产权政策法规、国际知识产权保护有关协定进行研究，为各频道和中心提供知识产权管理专业意见。版权管理部下设信息管理组、合同管理组、权利管理组、付酬管理组。版权管理部主任郑直，副主任严波。

市场评估部

市场评估部成立于2010年7月，是随着2010年全台频道制改革和总编室架构调整而诞生的。市场评估部的主要职能是：为全台所有频道和中心提供日常的收视率查询分析等基础服务和收视竞争市场分析，如《每周收视要情》、《收视调查报告》、《每周收视热点分析》等；组织栏目综合评价体系的运行，每季度发布全台栏目排名前30和各频道内栏目综合评价排名结果，并实施年度全台品牌栏目评选；通过社会效益、收视表现、专业品质等多维指标，组织专家评议和市场调查，监测评估各频道的传播效果；负责设计和组织统筹全台大型专项观众收视调查活动，如例行的栏目综合评估调查、全国电视观众生活形态调查、全国电视观众抽样调查等，以及“春晚”等特别项目的专项调查活动。负责实施年度全台优秀节目评选；统筹组织全台上报外送各类节目奖项的参评工作。2012年组织报送的全台每年参评的国内外节目奖项约65项。其中，常规的国内奖项43项、国际奖项15项，不定期、临时性奖项5～8项。市场评估部下设数据维护组、分析服务组、综合评估组、节目评奖组。市场评估部主任徐立军，副主任赵霞，正处级待遇虢亚冰。

受众服务部

受众服务部成立于2010年，是总编室负责《监看日报》编辑、屏幕差错管理、观众培育工作开展、观众信息管理和呼叫中心业务管理的职能部门。除负责受理观众来电、来信等日常工作外，负责每天编辑出版《监看日报》；全台屏幕语言文字差错的监督和管理；不定期开展观众培育活动（如青年影响力系列活动等）；受台领导和总编室领导委派，负责全台观众呼叫中心的业务管理工作。下设呼叫中心管理组、观众维护组、节目监看组、信息管理组。受众服务部主任刘建鸣，副主任吴晓斌。

节目推介部

节目推介部成立于2012年7月，是中央电视台为提升由影响力转化而来的收视率，加强先期观念导入和品牌附着力而组建的专属职能部门。主要职责包括：统筹台内精品节目资源，整合全台宣传推介渠道，制定全媒体宣传推介方案；联络各部委及社会资源，结合台内各频道的需求及特点，共同制作特别节目或开展主题活动，创建营销推介活动品牌；构建媒体合作联盟，通过多种形式推介中央电视台精品栏目、电视剧和大型活动；制作各类形象宣传片和公益宣传片；评估全台宣传推介成效，创新宣传推介方式，拓宽宣传推介及活动营销渠道等。节目推介部下设宣传统筹组、媒体合作组、活动营销组、宣传制作组、运营协调组。节目推介部主任陈忠，副主任于淼。

高清频道编辑部

高清频道编辑部成立于2008年6月11日，是中央电视台第一个开路高清频道——CCTV-高清频道的运营管理部门。主要职能为：负责频道播出节目的审查，确保舆论导向正确，确保节目质量；负责频道的发展战略、目标和计划的研究制订，策划和确定频道节目选题计划；负责频道经费管理与配置、报播管理，与技术部门和广告经营部门对接，以及与台内各部门的综合协调；负责组织调度、统筹、协调并合理配置高清节目资源，根据频道需求进行编辑；负责对频道的播出节目进行合理编排；负责频道的整体形象设计和维护，对频道日常节目的推介，按照频道的定位对频道节目进行包装，维护频道形象的统一性；配合落地覆盖工作。高清频道编辑部下设综合运营组、节目编排组、包装导视组、节目编辑组。高清频道编辑部主任刘连喜，副主任唐春雷。

综合部

综合部成立于2010年，主要担负着总编室内部行政保障以及全台的品牌管理、品牌推广和公共关系维护等职能。具体业务主要包括日常宣传口径传达、公文合同流转、日常行政保障、人力资源管理、经费统筹管理、培训与团队文化建设、全媒体环境下中央电视台品牌策略研究与品牌推广、台属机构及个人互联网信息发布管理、播音员与主持人参加社会活动管理、舆情监测、公共关系维护以及应对，每天出版《新闻早读》并向台领导、各频道(中心) 领导发送《新闻早读》手机报，不定期出版普发与专报相结合的舆情报告。下设秘书组、运营策略组、品牌管理组和公共关系组。综合部主任刘志忠，副主任俞玮。

审片部

审片部前身为中央电视台审片组，成立于1986年，2011年1月调整为审片部，属中央电视台电视剧评审领导小组办事机构，挂靠总编室。审片部主要职能是认真贯彻中共中央宣传部、国家广电总局的部署要求，严格按照《中央电视台电视剧评审工作领导小组工作管理规程》和独立审片原则，组织台内专家、台外专家和观众代表，从思想性、艺术性、观赏性等方面，综合审查送审的电视剧剧目，确保国家电视台播出电视剧的高标准和高品质，反映民族精神和主流社会价值观。审片部审查的电视剧包括：拟在第一套节目黄金时段、次黄金时段播出的国产电视剧；拟在第八套黄金时段播出的国产电视剧；拟在第一套、第八套节目中播出的境外电视剧；上级部门领导和台领导批转的部分电视剧。审片部下设审片一组、审片二组和审片三组。审片部主任肖文俊，副主任陈真。

新闻中心

新闻中心为进一步强化国际报道能力建设，以北京总部为中心，在国内31个省会及直辖市设立了记者站，在全球多个国家和地区设立了63个海外记者站、5个区域中心站、2个分台，搭建形成了覆盖全球的新闻采访网络，播出语种涵盖联合国六种官方语言。播出平台覆盖综合频道、新闻频道、英语新闻频道及西班牙语、法语、阿拉伯语、俄语国际频道等内外宣7个频道。拥有《新闻联播》、《焦点访谈》、《朝闻天下》、《新闻30分》、《东方时空》等栏目。新闻中心下设综合部、策划部、时政新闻部、经济新闻部、社会新闻部、地方记者部、海外记者部、国际新闻部、军事节目部、新闻评论部、新闻频道编辑部、国际频道新闻编辑部、新闻联播编辑部、新闻播音部、新闻制作部，并管理国内记者站。新闻中心主任孙玉胜(兼)，常务主任黄传芳(兼)，副主任盖晨光、庄殿君、范昀、梁建增、许强、杨华、李毅，党总支专职副书记冷建军。

综合部

综合部成立于1998年，担负着新闻中心行政办公、文秘、人力资源管理和后勤制片等系统运行的保障任务，具体负责上级指令与口径传达、信息组织报送、机要保密、绩效考核、团队培训、经费管理、中心重大项目后勤保障等工作，并协助新闻中心党委、工会等工作。下设秘书组、经费管理组、综合管理组。综合部主任谷云龙，副主任付雪松。

策划部

策划部成立于2009年7月，是大新闻中心成立后组建的全新部门，是中心领导的业务助手和决策参谋，是服务于全中心、为前后期各个节目系统提供信息支持的统筹与管理部门。策划部居于多个前期采访和多个后期编辑系统之间，起到统筹、协调、沟通、调度的作用，承担着新闻中心指挥系统的日常运营、收视报告分析及节目监看分析、新闻节目考核、中长期选题策划、评论员队伍运行管理、咨询专家维护、资料库管理和新闻共享平台管理、中心战略规划、节目研发、制度设计、品牌维护和推广、营造组织文化等主要工作职能。策划部向新闻中心具体提供战略发展规划的依据与建议；向中心领导提供决策参考和管理资讯；向新闻指挥系统提供节目建议、重点选题建议与特别节目方案，提供媒体监测与收视评价报告等。策划部以专业的电视理论和新闻业务为基础，在日常节目运行、重点节目设计、中长期发展规划、多渠道传播拓展、业务研发和监督服务等方面发挥作用，供中心和相关系统决策参考。下设综合资料组、新闻统筹组、评价调研组、评论员组、媒体拓展组。策划部主任杨继红，副主任余伟利、宣明栋。

时政新闻部

时政新闻部是中央电视台新闻中心下属的前期采编部门，成立于2001年11月，专门负责报道党和国家的重大政治活动、事件，负责报道党和国家领导同志出席、参加的国内外各类时事政治活动。电视时政新闻资源是中央电视台最重要的新闻资源。时政新闻部下设编辑一组、编辑二组、摄影记者一组、摄影记者二组、统筹策划组。时政新闻部主任关海鹰，副主任林键、冯卓。

经济新闻部

经济新闻部成立于2009年7月14日，负责国家发改委、工信部、财政部、交通部、农业部、国土部、住房和城乡建设部等30个部委行署局办的政策发布、权威解读及全台所有经济新闻的前期采制，负责《身边的感动》等专栏节目的采访制作，供应全台综合频道、新闻频道、财经频道、中文国际频道、英语新闻频道、法语国际频道、西班牙语国际频道、阿拉伯语国际频道、俄语国际频道等九大频道的财经资讯。在中央电视台"新闻立台"的大背景下，适应于大新闻中心架构的资源整合，以原新闻采访部为主体，融合了原广告经济信息中心、原社会专题部、原新闻专题部等多部门力量，共同形成了新闻中心经济新闻部，负责经济、金融、农业、交通、科技等关乎国计民生的报道工作。下设策划组、机动组、宏观经济组、产业经济组、财经组、农业经济组、交通组、综合报道组、主题报道组。经济新闻部主任肖振生，副主任肖璞、姜秋镝。

社会新闻部

社会新闻部是2009年7月新闻中心新组建的前期采访部门，是重大社会发展成就、政策，特别是民生成就、主题报道和社会事件报道的主力军。社会新闻部涵盖社会文化、社会民生、社会法治三大报道领域，重点打造社会瞭望、社会调查、社会记录三大报道品类。2012年以来，社会新闻部推出了《胶囊里的秘密》、《东非野生动物大迁徙》、《杨立学讨薪记》、《邵全杰返乡记》、《共同的家园——保护野生动物，我们在行动》等优秀节目。社会新闻部下设策划统筹组、社会教育组、文体组、外宣组、医药卫生组、科技组、民生新闻组、政法新闻组、特别节目组、《法治在线》栏目组、《每周质量报告》栏目组、摄像组。社会新闻部主任陈杰，副主任任永蔚、王平。

地方记者部

地方记者部前身是成立于1998年5月21日的地方新闻部，2009年7月调整为地方记者部。部门主要职责有：建设、管理中央电视台国内记者站和全国50家电视机构参与的中国电视新闻直播联盟，整合全国电视新闻资源，面向全台发稿。2012年，地方记者部在重大突发事件中响应更快，挖掘更深，重大突发事件无一遗漏，第一时间到达现场发回报道。此外，地方记者部主动创新，成效显著，利用覆盖全国的卫星直播网络，创造性地开辟了"景观直播"的节目新样态，还在建设、管理方面进行了深度推进。地方记者部下设联播编辑一组、联播编辑二组、新闻频道编辑组、直播组、记者站编辑组、在线供稿组、记者站管理组、通联组。地方记者部主任申勇，副主任张文华、何绍伟、谢子猛。

海外记者部

海外记者部建立于2009年7月，前身为人事办公室驻外记者站管理处，2009年整建制划入重新组建的新闻中心，改现名。部门主要职能为：海外记者站国际传播能力建设相关项目的监督、推进和落实；海外记者站调整建设、升级改造以及长远发展规划；推进台派驻外队伍和储备人才建设，人员轮换调整；发展管理特约报道员、当地雇员等外籍报道队伍；搭建、管理、完善海外报道服务网络，大力推进服务、保障本土化进程；研究境外相关法律法规及舆情研判，提供法律安全保障；研究各国劳务制度，提供劳务法律咨询；调研国际媒体最新运行、管理、发展趋势和新技术应用，为中央电视台发展提供建议；与境内外政府主管部门、外交机构、媒体进行联系和公关，为本台海外拓展提供帮助；建设和落实相关规章制度；强化海外记者安全保障机制，全方位保护记者工作和人身安全；协调海外记者站技术设备配备以及生产生活物资、安防装备的供给和管理；监督海外记者站预算及经费使用，加强境外资产管理；为记者及随任家属办理外事手续；设计适合不同区域、融合中外员工的培训方案，为海外报道团队提供培训服务；统筹协调海外报道人员福利保障，加强对驻外人员和家属的人文关怀。海外记者部下设建站外联组、站点运营组、海外雇员组、后勤保障组。海外记者部主任张欣，副主任张雄飞、陈占升。

国际新闻部

国际新闻部成立于2008年1月23日，主要职责是组织、策划、编发国际新闻报道供本台新闻频道和其他频道使用，对国际重大事件和突发性事件进行直播和连线报道；负责全台驻外记者报道的调度与协调工作，编辑驻外记者拍摄的新闻节目；负责全台国际视频发稿平台的运行工作；负责全台在亚广联的新闻交换工作；负责全台对外新闻合作事务。国际新闻部全天24小时向《朝闻天下》、《新闻30分》、《新闻联播》、《晚间新闻》等重点新闻栏目和新闻频道各档整点新闻供稿，独立完成《国际时讯》和《环球记者连线》两个栏目的策划、编辑和播出。国际新闻部下设新闻一组、新闻二组、新闻三组、《国际时讯》栏目组、策划组、驻外记者业务协调组、外联组、国际视频发稿组。国际新闻部主任曹日，副主任潘林华、解立键。

军事节目部

军事节目部是中央电视台专门从事军事宣传报道的一个采访和编辑部门，由中央电视台和解放军总政治部双重领导，由中央电视台新闻中心直接管理。其前身是1996年4月成立的军事组。主要任务以军事新闻采编为主，包括：军委领导时政活动报道；全国、全军重大典型报道；军队中心工作报道；重大军事行动、突发事件报道及军事外交活动的报道；国际军事新闻的背景分析和深度评论等。负责CCTV-1、CCTV-4、CCTV-7、新闻频道及其他外语频道的军事新闻的提供；承担中央电视台与军队相关事宜的协调工作，负责管理中央电视台驻全军18个单位记者站的新闻业务等相关事宜。军事节目部主任张伟，副主任冀惠彦、徐少兵。

新闻评论部

新闻评论部成立于1993年12月21日，以制作新闻评论类节目、新闻深度报道节目以及各种类型的特别节目见长。新闻评论部现有10个栏目，集中在晚间时段播出。其中5个日播栏目，分别为《焦点访谈》、《东方时空》、《新闻1+1》、《环球视线》和《24小时》，有《新闻调查》、《面对面》、《新闻周刊》、《世界周刊》4个周播栏目，另有《新闻纪实》、《真相调查》两档不定期播出的栏目。每年还承担《感动中国》、《一年又一年》等大型特别节目的制作。新闻评论部拥有一批有影响力的主持人，如白岩松、张泉灵、敬一丹、水均益、李小萌、张羽、董倩、劳春燕、侯丰等。新闻评论部下设主题报道组、调查报道组、应急报道组、《焦点访谈》策划组、《东方时空》栏目组、《24小时》栏目组、《环球视线》栏目组、《新闻1+1》栏目组、《新闻调查》栏目组、《世界周刊》栏目组、《新闻周刊》栏目组、《面对面》栏目组、《新闻纪实》栏目组、特别报道组、统筹组。新闻评论部主任赵微，副主任孙杰、任涛、耿志民。

新闻频道编辑部

新闻频道编辑部成立于2009年7月。负责新闻频道00:00～19:00全天的新闻时段和综合频道06:00～08:30《朝闻天下》（并机）、12:00～12:30《新闻30分》（并机）栏目的编辑、编排，以及新闻频道全天24小时的美编制作和播出任务，以最快的速度滚动、递进、更新的报道方式，向观众提供第一手国内国际新闻资讯，凸显时效性和海量信息。新闻频道编辑部还承担由新闻中心负责的大型直播节目的策划编辑播出工作。主要职能：通稿新闻精编处理，各档新闻节目的编辑组版，各档新闻提要，新闻快报以及题图的编辑制作，逐条新闻的审看和改编，美编制作，演播室运营，外中心节目源的二次编辑，重大直播节目的专题和背景片制作，新闻频道所有节目的线上播出，大型特别节目后期演播室直播，每日对频道播出进行监看比较和分析，统计频道全天播出量，新闻频道节目整体编排，新闻频道和综合频道的节目包装、宣传片、演播室设计制作等。由新闻频道编辑部负责编辑播出的重点新闻栏目包括：《朝闻天下》、《新闻直播间》上午时段、《新闻直播间》下午时段、《新闻30分》、《共同关注》、《午夜新闻》和《新闻直播间》夜间时段的滚动新闻。新闻频道编辑部主任李昕，副主任张巍、穆莉、栾博、吴方。

国际频道新闻编辑部

国际频道新闻编辑部成立于1992年。主要负责中文国际频道(CCTV-4)全天24小时对外新闻的编辑、播出工作。同时还承担中文国际频道对重大新闻事件直播的报道任务和中央领导同志出访等重要时政新闻在中文国际频道的播出任务以及各类不定期特别宣传报道，并为全台和境外媒体提供全年超过120场国新办、国台办新闻发布会直播信号。负责调整部门内各栏目形态，提出增减栏目和节目改版方案。国际频道新闻编辑部有《中国新闻》、《今日关注》、《今日亚洲》、《深度国际》4个新闻、访谈及新闻性专题栏目。节目日播出量406分钟。下设统筹策划组、编辑一组、编辑二组、编辑三组、播出组、包装组、港澳台组、欧美新闻组、特别报道组、《今日关注》栏目组、《今日亚洲》栏目组、《深度国际》栏目组。国际频道新闻编辑部主任马勇，副主任王未来、王世林、包军昊。

新闻联播编辑部

新闻联播编辑部成立于2008年1月，是中央电视台唯一以栏目名称命名的节目部门。该部承担着《新闻联播》栏目的编播任务，此外还担负着《新闻联播》后《天气预报》栏目的接传、后期编辑、检查和监播等职责。2010年8月2日起承担《晚间新闻》的编播任务。新闻频道各时段滚动播出的“时政要闻”也是

CHINA CENTRAL TELEVISION YEARBOOK

由新闻联播编辑部编辑、制作的。业务职责涉及策划、组织、编辑、制作、编排、言论、播出、播后评价、流程监督等多个领域。新闻联播编辑部下辖《新闻联播》栏目组、《晚间新闻》栏目组、评论组、统筹策划组、编辑制作组。新闻联播编辑部主任李风，副主任刘东华。

新闻播音部

新闻播音部成立于2009年7月24日，是中央电视台新闻中心新闻播音员、主持人的管理部门。负责综合频道、新闻频道、中文国际频道全天播出的消息类新闻栏目与新闻事件直播报道的播音、主持工作。参与播出栏目主要包括《新闻联播》、《新闻30分》、《晚间新闻》、《朝闻天下》、《中国新闻》、《今日亚洲》、《新闻直播间》、《国际时讯》、《午夜新闻》、《世界周刊》、《每周质量报告》等。同时担负所有新闻配音、党和国家领导人出访报道、重大新闻事件现场采访及党政机关重大会议的现场播音、新闻中心其他部门专题片解说等任务。新闻播音部下设新闻播音一组，新闻播音二组，新闻播音三组。新闻播音部主任李瑞英，副主任康辉。

新闻制作部

新闻制作部成立于1989年，负责新闻频道24小时新闻节目在线播出、技术保障及综合频道并机的新闻节目的播出和技术保障工作，并承担新闻中心所有专题节目的录制和后期制作合成。同时，新闻制作部还负责新闻中心所有技术设备的运行和维护、演播室播出、演播室在线包装和后期制作、新闻共享网络制播系统的升级、维护和运行等工作，并承担所有大型新闻现场直播前期系统搭建、技术操作与保障任务。新闻制作部现有三个新闻演播室系统和一套硬盘新闻编播系统，其中229演播室主要承担综合频道的播出任务，如《新闻联播》、《晚间新闻》等；250演播室主要承担新闻频道19小时的新闻在线直播任务和特别节目的播出；150平方米演播室是具有虚实结合功能的演播室，主要用于新闻频道夜间5小时的新闻直播和《焦点访谈》、《世界周刊》、《新闻周刊》、《每周质量报告》以及特别节目、新闻特辑等节目的录制与制作。新闻制作部下设中心科、播出科、录制科、制作科、灯光科、电讯科。新闻制作部主任包布和，副主任袁辉、孔征、薛小妹。

综合频道

综合频道负责CCTV-1的节目制作播出任务。CCTV-1于1958年9月2日正式播出，是中国开办最早、覆盖面最广、受众人群最多、品牌效应最高、影响力最大的综合频道，通过卫星覆盖全国，全天24小时播出。作为以新闻为主的精品频道，综合频道承担着宣传党的方针政策，引导舆论，传播社会主义先进文化的重要使命，是中国最优秀的电视剧播出平台和最佳传播平台。频道平均收视率及收视份额均位居全国电视频道首位。综合频道下设综合部、节目部、节目统筹部。综合频道总监钱蔚，副总监田忠卿、任学安。

综合部

综合部成立于2010年8月，是协助频道领导管理日常行政事务的办公与协调部门，综合部在适应各项规章制度的同时，积极发挥服务和管理职能，配合推进频道制建设：搭建频道行政办公运行管理平台，制定《综合频道运行管理规范》(试行)，明确值班、保密、消防、公章使用、合同审批、经费运行监控等一系列规章制度；制定《综合频道行政办公管理考核体系》，以科学的量化考核规范行政办公业务；协助频道领导完成栏目人员划转、组织架构完善、参加全台运动会、制片人公开竞争上岗、建立基层党组织、落实党务工作、完善绩效考核体系等工作;陆续组织了公文信息、保密、外事、消防等方面的业务培训，进一步提升全频道行政办公业务水平；组织多项主题党日活动，凝聚思想，提升频道文化;此外，还积极协调频道与台内其他部门、台外有关单位公共关系，为频道成立初期各项基础工作的有序推进提供强有力的服务保障。综合部下设秘书组、综合管理组、运营管理组。综合部副主任何淑文。

节目部

节目部成立于2010年8月，是协助频道领导管理节目制作播出的办公与协调部门，节目部根据台内有关规章制度建立一整套适合于综合频道实际情况的节目管理相关规定，通过综合频道节目运行公共服务平台搭建，积极发挥节目部管理服务职能：制定日常节目编播管理规范，构建随市场而动的节目编排体系；制定栏目的收视管理和评价考核办法，通过奖优惩劣推动节目的升级创新；制定频道特别节目的考核管理办法，确保特别节目的效益提升；制定大型活动及新闻的直播管理办法，协调全台优秀资源的有效统筹；

建立综合频道播出安全应急机制，确保安全播出万无一失；落实综合频道香港版的落地工作，完善香港版节目的日常管理；建立频道的竞争监控体系，有效把握竞争趋势，提升频道整体竞争力；建立频道的节目创新机制，通过创新提高节目传播力与影响力；制定完善的节目重播重审管理办法，严把节目的重审关。部门下设节目统筹组、评价研发组、重播重审组。节目部主任许文广，副主任过彤。

节目统筹部

节目统筹部成立于2011年9月29日，是贯彻落实频道决策、对综合频道节目进行统筹管理的部门。节目统筹部对综合频道标清版、高清版和香港版三套节目进行三位一体的编播管理，主要职能有：负责频道三个版本的各项播出、协调工作；负责频道整体的包装推介、频道所有栏目宣传、特别节目宣传、线上线下宣传等；根据市场变化和不同节目的表现，对频道编排实施动态管理；根据综合频道特点和不同节目的目标观众，制定并执行节假日特别编排；协调、落实频道新栏目开播、栏目改版的各项相关事宜；根据香港地区相关法律规定，协调落实香港版各类节目版权事宜；圆满完成各项重大直播任务。同时，节目统筹部还负责综合频道的数据分析、各类选题统筹、重要节目资源统筹等工作，为频道领导层提供决策参考，包括每周提供收视数据；每周统计重点节目选题；定期对电影、电视剧、纪录片等重要节目资源进行分析统计；每周整理频道编前会纪要，对频道节目管理重要决策的执行情况进行跟踪管理等工作。节目统筹部主任张国飞，副主任谭义勇。

财经频道

财经频道负责CCTV-2的节目制作播出工作。CCTV-2财经频道于2009年8月24日正式开播。财经频道坚守“为国家经济建设服务，为大众经济生活服务，为企业发展服务”的频道理念，致力于为观众提供最权威的政策解读、最新鲜的市场资讯、最有价值的分析和观点。财经频道以覆盖全球的采编网络，强大的编辑能力，实现了与全球市场同步，与全球经济运行同步，成为人们观察和解读世界财经问题的重要窗口。中央电视台财经频道拥有《经济信息联播》、《经济半小时》、《第一时间》、《对话》、《交易时间》等众多品牌栏目。在长期专业频道的运营实践中，中央电视台财经频道搭建了全流程、全体系、全链条的专业化系统。全流程专业化以选题为核心，以选题的全流程运行为主线；全体系专业化涵盖专业财经资讯采集体系、智力支撑体系、一体化运作体系、专业人才体系等各个方面；全链条专业化则是构建全链条财经信息服务平台。频道下设综合部、节目部。财经频道总监郭振玺，副总监韩青、李勇、郑蔚，党总支专职副书记董春虎。

综合部

综合部是财经频道综合组织协调的职能管理部门。主要负责频道的行政管理、运营统筹、品牌管理、制片协调、主持人管理等工作。包括：全频道的公文流转、信息报送、各类事务协调、党政工团等各项活动的组织实施；全频道的预算管理、合同管理、人力资源管理、员工培训、绩效考核、薪酬发放；全频道的设备整备和设备费使用管理、演播室协调、技术支持及维护、台内台外网络及FTP传输网和P2网的管理及维护、固定资产管理、办公用房、办公用品、办公用车管理、治安保卫及消防安全管理；负责CCTV-2财经频道的整合传播和形象宣传推广、节目版权管理；负责全频道主持人屏幕形象管理、主持人的协调使用、业务交流与培训、开展公益活动等工作。综合部下设秘书组、运营管理组、品牌管理组、摄像组、主持人管理组。综合部主任赵赫。

节目部

节目部成立于2010年7月22日，是频道的大编辑部，是频道节目规划与协同运行、编排报播与形象包装、节目评估与创新研发的节目管理职能部门。节目部是频道领导指挥、管理频道节目运行的平台，旨在推动频道更好地发挥整体协同效应，是频道一体化大生产的维护者和管理者。节目部工作重点在于建立、维护频道协同运行及工作机制，在实现频道信息、资源共享的基础上，推动频道大编前会制度、栏目联动机制、应急响应机制的形成和正常运转。同时服务全频道，以具体工作项目为抓手，建章立制，从机制和流程上推动频道的一体化运行；统筹国内外专家资源，签约财经评论员，为频道专业节目提供智力支持；整合县域经济平台和特色专业市场，为县域经济科学发展提供交流平台和舆论支持。另外，在党支部工作方面，节目部还承担宣传、贯彻、落实中央精神，组织参加各类政治学习，开展与其它各部门的联谊活动等职责。节目部下设节目统筹组、智库事务组、包装导视组和县域经济组。节目部副主任余敬中。

综艺频道

综艺频道是由原文艺节目中心配合中央电视台频道制改革于2010年建立的专业频道管理机构，负责CCTV-3每天24小时节目的制播，承担着中央电视台文艺宣传、满足人民群众丰富多彩的精神需求、传播先进文化、提高人民审美欣赏水平、引领构建社会主义核心价值体系的重要职责。综艺频道下设综合部、节目部，负责特别节目组和《星光大道》、《我要上春晚》、《回声嘹亮》、《开门大吉》、《非常6+1》、《向幸福出发》、《欢乐一家亲》、《综艺喜乐汇》、《综艺盛典》、《越战越勇》、《我爱满堂彩》、《艺术人生》、《文化正午》、《文化视点》、《文化大百科》、《文化讲坛》、《舞蹈世界》、《激情广场》、《艺览天下》、《动物传奇》、《天天把歌唱》等21个栏目组。综艺频道总监张晓海，副总监王进、刘真，党总支专职副书记刘光蕊。

综合部

综合部成立于1998年5月，是综艺频道综合组织协调部门和处理日常事务的办事机构，主要负责综艺频道的行政管理、公文管理、节目经费管理、节目版权管理、内部人事管理等工作。综合部下设秘书组、运营管理组。综合部副主任万钢。

节目部

节目部成立于2010年7月，负责CCTV-3综艺频道的节目编排、串播、包装、预告、宣传包装性栏目的制作以及频道内栏目和大型文艺节目的摄像工作。节目部负责《剧场》栏目。节目部下设节目统筹组、包装推介组、视觉设计组、宣传推广组、摄像组。节目部主任哈文，副主任王峥。

中文国际频道

中文国际频道成立于2010年7月，是中央电视台实施频道制改革新设机构，由原海外节目中心综合部、海外专题部、海外编辑部、对台节目编辑部等部分机构重新组合而成。其主要任务是：在“传承中华文明，服务全球华人”的宗旨下，强化中央电视台在海外尤其是海外华侨华人中的传播力和影响力。中文国际频道负责CCTV-4（亚洲版、欧洲版、美洲版）涉台、文化专题、文艺、体育等各类节目的制作和编排播出，办有《海峡两岸》、《走遍中国》、《中国文艺》、《国宝档案》、《中华医药》、《天涯共此时》、《中华情》、《华人世界》、《体育在线》、《快乐汉语》、《远方的家》、《城市1对1》、《文明之旅》、《流行无限》等栏目，承办海峡两岸知识大赛、“汉语桥”在华留学生汉语大赛、中央电视台中秋晚会、中文国际频道海外观众颁奖晚会、中华之光——传播中华文化年度人物评选等大型赛事晚会活动，负责组织全国电视联合采访活动、台内节目荟萃和影视剧选播等。中文国际频道下设综合部、节目部。中文国际频道总监杨刚毅，副总监王广令、王文昌，党总支专职副书记高菊莲，总监助理王峰、周晓岚、张恒。

综合部

综合部是中文国际频道行政办公业务管理服务机构。主要承担频道各类公文、合同及资料起草、收发、归档及保密工作，协调安排频道领导工作日程等相关工作，组织落实有关会议及活动，负责本频道人员管理、培训与绩效考核、经费预算及薪酬管理等相关工作等。综合部下设秘书组、综合管理组和运营管理组。中文国际频道综合部主任王有才，副主任王东民。

节目部

节目部是中文国际频道节目编播业务管理服务机构。主要承担频道整体节目编排和统筹播出、传播效果评估与节目研发、海外观众联络与反馈、频道形象包装与推广、频道荟萃节目制作以及电视剧的选播等工作。节目部下设节目统筹组、评价研发组、观众联络组、包装推介组、地方编辑组、影视剧组。中文国际频道节目部主任吴晟炜，副主任杨奉涛。

体育频道

体育频道前身是体育节目中心，成立于1998年5月。2010年7月，中央电视台实行机构改革，下设26个中层机构，体育频道为其中之一，机构名称定为“体育频道”。担负着体育频道节目的策划、选题、采编、制作和播出任务，以及风云足球频道的制作播出以及中国网络电视台体育台的节目制作。体育频道是国内创办最早、规模最大，拥有世界众多顶级赛事国内独家报道权、大量国内赛事自主知识产权，覆盖全国的国家级专业体育频道。内容包括国内外重大赛事的现场直播、体育热点问题追踪报道、全民健身及娱乐、体育知识普及教育等。体育频道充分利用体育赛事独家版权、原创节目资源以及国际化的信号制作队伍，以顶级赛事为核心，以新闻栏目为架构，通过稳定的传播平台，传播专业的体育资讯，倡导全民健身活动，积极创办和主办拥有自主知识产权的赛事和活动，打造国内领先、国际一流的体育文化传播平台，并成为全媒体的内容制造商和供应商。开设的主要栏目有《体育新闻》、《体育世界》、《足球之夜》、《天下足球》、《赛车时代》、《篮球公园》、《体育人间》、《体育星探》、《健身舞起来》等。频道以权威、专业而又不失激情、活力的媒体形象，凭借着丰富的赛事资源和稳定鲜明的节目品质，成为中国观众收看体育节目的第一选择。体育频道下设综合部、节目部、竞赛部。体育频道总监江和平，副总监张兴、方钢、李岳，党总支专职副书记宋丹，总监助理许伟、张斌、余步。

综合部

综合部于2010年7月成立，是体育频道的行政综合管理业务部门，承担着体育频道行政、经费和人力资源等公共管理、公共服务职能。日常工作主要有上传下达、公文运行、机要保密、综合信息采编及管理、人力资源管理、团队培训、出国任务报批、经费管理、党政工团等。在重大宣传报道中承担行政后勤保障以及综合组织协调任务。综合部下设秘书组、综合管理组、制片组。综合部副主任栗斌。

节目部

节目部成立于2010年7月25日，主要承担体育频道日常及大赛期间的赛事直播、录播和实况录像类节目的制作工作，播出量占全频道的70%。日常具体职能还包括频道重大节目和特别节目的策划及制作、频道收视统计分析、赛事版权及合同管理、频道节目编排、频道形象及节目的宣传预告和包装、赛会信息的收集与归纳、赛事素材的收录和编目、播音员主持人管理等，并负责“体坛风云人物年度评选”及颁奖盛典，以及精品纪录片创作、新节目研发等工作。节目部下设频道策划组、资源管理组、编排组、包装组、媒资信息组、播出组（含《实况录像》栏目）、播音组、特别节目组。节目部主任郁洁，副主任张朝夕。

竞赛部

竞赛部成立于2010年8月，是体育频道实行频道制改革后新组建的部门。竞赛部下设新闻节目制作、信号制作和栏目制作三大系统。新闻节目制作系统负责国内外各项体育赛事的新闻专题报道和新闻节目制作，常设栏目包括《体育晨报》、《体育新闻》、《体坛快讯》、《体育世界》、《体育报道》、《足球之夜》、《天下足球》以及付费节目《风云足球》等。下设新闻采访组、新闻编辑一组、新闻编辑二组、联通策划组、新闻采访组、足球组、新媒体业务组。信号制作系统主要负责国内外重大体育赛事的信号制作和体育竞赛类节目的编播工作，常设栏目《顶级赛事》。下设导演一组（负责足球、篮球、排球三大球项目公用信号制作）、导演二组（负责体操、游泳、跳水、乒乓球、羽毛球、网球等奥运项目公用信号制作）、导演三组（负责田径、冬季项目、非奥等其他项目公用信号制作）、摄像组（承担竞赛部所有节目的拍摄任务）。栏目制作系统下设《体育人间》、《赛车时代》、《精彩F1》、《篮球公园》、《城市之间》、《健身舞起来》、《巅峰时刻》、《体育星探》等栏目。竞赛部主任张伟，副主任孙伟。

电视剧频道

电视剧频道于1999年5月3日正式开播，是以播出国内外优秀电视剧为主导、荟萃相关节目精华的专业频道，也是中国唯一一个国家级电视剧专业频道。2010年8月1日，中央电视台实施频道制改革后，电视剧频道正式独立运营，播出频道为CCTV-8，全天24小时不间断播出。依托中央电视台专业频道的资源优势，电视剧频道在剧目选择上采取本土与海外结合、自制与采购并举的方式，在剧目播放中力求多类型、多风格、多层次，为广大观众提供多元化的电视剧节目。频道播出节目涵盖国产电视剧、引进境外影视剧、影视资讯专题节目及宣传推介节目等。2012年8月，根据中央电视台电视剧管理机构调整相关部署和要求，综合频道项目部正式划归电视剧频道，电视剧频道下设综合部、节目部、项目部。电视剧频道总监张子扬，副总监韩建群、汪恒、黄海涛、申积军。

综合部

综合部成立于2010年8月，是中央电视台机构改革后电视剧频道下设的全新综合管理部门，为频道日常组织协调和处理各类行政事务的办事机构。综合部主要负责电视剧频道的行政管理、节目经费管理、内部人事管理、物资管理及党团工会精神文明建设等各项工作。综合部下设秘书组、综合管理组、运营管理组。综合部主任傅思，副主任董红言。

节目部

节目部成立于2010年8月1日，负责频道形象包装推介、电视剧开播新闻发布、研讨、统筹协调CCTV-1、CCTV-8电视剧的排播、线上线下宣传、收视数据分析、影视资讯栏目制作以及内部刊物编辑等工作。节目部下设节目统筹组、《第8频道》杂志编辑组及《影视同期声》、《影视俱乐部》、《好剧连台》三个栏目。节目部主任秦振贵，副主任张雪梅。

项目部

项目部成立于2011年1月12日，于2012年8月和原综合频道项目部合并，实现了综合频道和电视剧频道电视剧制播的统一管理和协调运营，是为CCTV-1和CCTV-8策划、采购、自制和定制优秀国产电视剧，采购、编译优秀境外影视剧和组织运行各种影视剧合作项目的办事机构。整合后的项目部下设综合组、版权组、编辑一组、编辑二组、编辑三组、编辑四组、海外引进组、部门审片组。项目部主任周亚平，副主任张洁、王浩。

科教频道

科教频道成立于2010年7月，负责CCTV-10的节目制作播出工作。CCTV-10科教频道是中央电视台以教育、科技、文化、卫生宣传为主要内容的开路专业频道，以“打造国家电视台高品质的标识型频道”为目标，以“教育品格、科学品质、文化品位”为追求，以“记录时代变化，塑造民族精神，传扬文化传统，服务大众生活”为使命，频道节目形态以纪录片为主，以演播室为辅，栏目化播出，每天播出约20小时。2012年，科教频道通过关闭《希望－英语杂志》、《绿色空间》、《重访》、《创新无限》四个栏目、全新改造《原来如此》、《我爱发明》、《走近科学》、《健康之路》、《讲述》五个栏目，清晰频道面貌，调整栏目布局，有效提升了科技类、服务类栏目的传播力和影响力，夯实了频道发展根基；通过成功创作党的十八大文献纪录片《科学发展铸辉煌》、文献纪录片《大鲁艺》，创新媒体活动品牌《寻找最美乡村教师》、《寻找最美乡村医生》、创新科技活动品牌《科技盛典——中央电视台2012年度科技创新人物》和教育节目品牌《我的一本课外书》等有效提升了频道的整体影响力和品牌知名度；在清明节、青年节、重阳节、教师节等重要节假日创新推出的特别节目、大型直播和特别编排提升了频道宣传的时效性和应变活力。2012年，科教频道共有栏目17个。其中日播栏目12个，分别是《探索·发现》、《百家讲坛》、《走近科学》、《人物》、《地理·中国》、《自然传奇》、《健康之路》、《讲述》、《夕阳红》、《读书》、《科技之光》、《我爱发明》，周播栏目5个，分别是《第10放映室》、《科技人生》、《原来如此》、《大家》、《欢聚夕阳红》。科教频道下设综合部、节目部。科教频道总监金越，副总监冯存礼、阚兆江、梁红，总监助理李福成、万卫。

综合部

综合部成立于2010年8月，是科教频道的行政运营枢纽，承担治安消防、公文信息、保密管理、人员管理、经费协调、资产维护、行政后勤等各项职能。综合部下设秘书组、信息组、运营管理组、综合管理组。综合部主任王玉清，副主任李亚玮。

节目部

节目部成立于2010年7月，是科教频道负责频道节目编排、宣传管理、形象维护、评估策划、特别项目等工作的宣传管理部门，具有协助频道总监对节目选题进行实时调配、全程监督的职能。负责根据宣传工作要求和频道运行实际对节目选题提出近期调整建议；根据选题重要性、时新性、均衡性的基本原则，向频道领导提出中期选题规划建议，实现频道选题资源共享；编制并向台总编室呈报本频道的节目播出单标准样与频道节目签发单；组织相关专家对重点选题和特别项目进行评估、预判，向频道领导提出长期选题规划建议，使频道总监及时了解和把握频道整体节目生产状况，并进行合理调配；根据宣传需要，向频道领导提出栏目重点选题方向和特别项目计划，并落实频道总监决策。节目部下设节目统筹组、包装推介组、特别项目组。2012年9月，新组建策划组，主要承担频道引进节目采购、国际合作、节目研发和特别节目制作等工作。节目部主任王晓斌，副主任张广义。

社会与法频道

社会与法频道成立于2010年7月，负责CCTV-12的节目制播工作。2004年12月28日，经中央批准，中央电视台开办“社会与法”频道。社会与法频道以宣传“依法治国”方略为宗旨，以服务“构建和谐社会”为任务，坚持“好看、有用”的传播策略，始终坚持“围绕中心、服务大局”，打造了一批品牌栏目，推出了一系列大型活动。2011 年 4 月，社会与法频道改版，目的在于进一步加强电视普法宣传，为社会管理创新提供强大的舆论支撑。开办的栏目有《热线 12》、《小区大事》、《心理访谈》、《夜线》、《天网》、《见证》、《平安 365》、《法律讲堂》、《从我做起》、《道德观察》、《班长对班长》、《一线》、《忏悔录》、《庭审现场》、《普法栏目剧》等。下设综合部和节目部。社会与法频道总监魏斌，副总监童宁、王晶，党总支专职副书记王庆忱。

综合部

综合部成立于 2010 年。其主要职责包括各种会议的协调与组织、公文的起草与报送管理、文字信息报送、人事管理、经费管理、宣传提示传达、值班管理、机要保密工作、公章管理、介绍信管理、治安消防管理、固定资产管理、协助党团工会工作、参与频道大型活动及特别节目的组织与协调工作，频道领导交办的其他任务等。综合部下设秘书组、综合管理组、运营管理组。综合部主任魏淑青，副主任段晓超。

节目部

节目部成立于 2010 年 8 月，是社会与法频道节目、宣传与播出管理的职能部门。节目部受频道领导委托对本频道日常及重大宣传行为实施管理与协调。部门下设节目统筹组、包装推介组、评价研发组、特别节目组。节目部主任杜守仁。

戏曲和音乐频道

戏曲和音乐频道于 2010 年 8 月正式成立，是中央电视台实施频道制改革后，在原文艺节目中心戏曲·音乐部基础上新组建的节目生产机构。其主要任务是制作各类精品戏曲、音乐节目；传播、推广和普及优秀音乐与戏曲文化，对青少年进行美育教育，为戏曲、音乐爱好者提供展示平台。所制作的节目分别在 CCTV-11（戏曲）及 CCTV-15（音乐）频道中播出。戏曲和音乐频道承担的主要工作有：日常栏目的制作与播出，组织、策划并制作各类大型戏曲、音乐节目及赛事，对各类重大戏曲、音乐活动进行宣传报道。2012 年，戏曲频道设有《CCTV 空中剧院》、《九州大戏台》、《戏曲采风》、《梨园闯关我挂帅》、《中国京剧音配像精萃》、《过把瘾》、《跟我学》、《名段欣赏》、《青春戏苑》、《精彩回放》、《戏苑百家》、《快乐戏园》、《影视剧场》等 13 个栏目；音乐频道设有《CCTV 音乐厅》、《歌声与微笑》、《风华国乐》、《精彩回放》、《乐游天下》、《音乐传奇》、《经典》、《民歌中国》、《中国音乐电视》、《影视留声机》、《百年歌声》、《音乐人生》、《快乐琴童》、《星光舞台》、《音乐告诉你》、《金乐坛》、《一起音乐吧》等 17 个栏目。戏曲和音乐频道下设综合部、节目部。戏曲和音乐频道总监郎昆，副总监齐宪役、曹毅，党总支专职副书记李真。

综合部

综合部于 2010 年 8 月正式成立，是中央电视台频道制改革后新组建的职能部门。其主要职责是在频道统一领导下，全面负责戏曲频道和音乐频道各项行政管理及统筹协调工作。所承担的工作有：频道机构设置、人员调配与管理、公文、经费、合同、职工考核、奖金管理与发放，以及党务、精神文明、综合治理等项工作，同时负责接听和收看观众来电、来信，对观众意见进行分析汇总，为领导决策及节目制作提供参考依据。综合部下设文秘组、综合组和观众服务组。综合部主任李守进。

节目部

节目部于 2010 年 8 月正式成立，是中央电视台频道制改革后新组建的节目管理部门。其主要职责是在频道统一领导下，全面负责戏曲频道和音乐频道的节目统筹、协调、编排、导视、创新节目研发及宣传推介工作。具体承担戏曲、音乐两个频道日常栏目及特别节目的摄像、音乐频道《节目导视》及戏曲频道《主持人全天伴视》的制作与播出、重大节假日特别节目编排以及频道各项重大活动、赛事的策划与组织实施等工作。节目部下设节目统筹组、特别节目组和摄像组。节目部副主任李纯博、张小妹、滕海涛、葛小红。

少儿频道

少儿频道前身是青少节目中心，成立于 1998 年 6 月，是中央电视台少年儿童节目的主创部门。2003 年 12 月 28 日开办了少儿电视频道。2010 年 5 月，正式实施频道制改革，定名为“少儿频道”。少儿频道拥有《大风车》、《智慧树》、《新闻袋袋裤》等一批原创力、竞争力强的品牌栏目。坚持"选优、买优、播优"原则，通过《动画梦工场》、《银河剧场》等品牌栏目窗口播出精品动画节目。2012年，少儿频道打造了"六一"晚会《幸福像花儿一样》、《2012全国儿童歌曲大奖赛》、《爱心满天》公益活动、首届少儿新年晚会《欢欢喜喜迎新年》、首届少儿春晚《龙子龙孙贺新春》、《北京欢迎你》等一批主题突出、风格各异的大型活动和晚会。创新推出《金龟子城堡》、《百分百动听》、《大手牵小手》等特色节目和一批有益于少年儿童健康成长的精神文化产品。少儿频道下设综合部和节目部。少儿频道总监盛亦来，副总监张小军、潘超、徐彬，党总支专职副书记许唐生。

综合部

综合部是少儿频道综合组织协调和日常行政办事机构。主要负责频道的经费预算管理、行政办公管理和人员管理，协助频道领导完成频道的宣传规划、运营协调、经费审批、宣传推广、版权管理、重大活动的组织协调以及党务、精神文明等工作。综合部下设秘书组、综合管理组、运营管理组、银河艺术团。综合部主任阎建光，副主任兰芳。

节目部

节目部是少儿频道节目生产、频道包装、统筹协调的办事机构。主要负责频道的整体包装、节目宣传、策划研发、摄像协调、主持人管理，协助频道领导完成频道的节目规划、节假日特殊编排、特别节目策划、重大活动的组织实施等工作。节目部下设节目统筹组、策划研发组、摄像组、主持人组。节目部主任李央，副主任马知渊。

外语频道

外语频道是中央电视台国际传播节目的编辑制作部门，成立于2010年7月21日。外语频道以"让中国走向世界、让世界聆听中国"为己任，5个语种的频道每天24小时向全球播出新闻、专题和文艺节目。截至2012年底，5个外语频道共计与99个国家和地区的电视机构达成落地合作，累计用户达2.3亿户。外语频道下设综合部、节目部、英语新闻频道、西班牙语频道、法语频道、阿拉伯语频道、俄语频道。外语频道总监范昀，副总监陆金龙、王宇、李仲扬、丁勇，党总支专职副书记徐瑛。

综合部

综合部负责外语频道的新闻报道统筹协调、策划、评价工作和外语频道的行政办公和人事、经费、物资管理工作。负责外语频道中长期策划机制的运转和维护工作及评价调研工作，同时承担外语频道党总支、团总支、工会联合会的日常工作。综合部下设综合管理组、统筹组、策划组、评价调研组。综合部主任王跃华。

节目部

节目部于2010年8月成立，负责外语频道专题节目资源的采集、统筹和共享，同时制作旅游、综艺、访谈和深度专题报道等专题片，并为其他语种频道提供片源信息和母带，增加节目的分享率。节目部制作的专题片还同时用于销售、交换和参展。节目部下设节目运营组、节目规划组、编译组、旅游节目组、谈话综艺节目组、汉语教学节目组、专题报道组。节目部主任汪飞舟，副主任王晰。

英语新闻频道

英语新闻频道负责CCTV-NEWS的节目制播工作。CCTV-NEWS的前身英语国际频道开播于2000年9月25日，自2010年4月26日改版后，成为24小时英语新闻频道。英语新闻频道以大信息量的新闻报道为主，辅以深度报道和评论节目，并播出部分纪实类的专题节目。英语新闻频道致力于在报道中国的同时，也注重报道整个亚洲地区和广大发展中国家的新闻事件。英语新闻频道下设播音组、《对话》栏目组、《世界观察》栏目组、《财经亚洲》栏目组、《文化新闻》栏目组、策划组、统筹组、播出组、共享组、通联组、外专组、包装组、采访组、评论员组、时事专题组、《中国24小时》栏目组、夜间新闻组、《体育新闻》栏目组、日间新闻组。频道总监范昀(兼)，副总监李宾、杨福庆、刘聪。

西班牙语频道

西班牙语频道负责2007年10月1日开播的以全球西班牙语国家和地区观众为服务对象的24小时新闻综合频道西班牙语国际频道的节目制播任务。西班牙语国际频道以新闻节目为主，专题、教学、访谈、文艺娱乐等综合节目为辅。频道下设策划统筹组、新闻一组、新闻二组、新闻三组、采访组、专题一组、专题二组、专题编播组、访谈组。频道总监王宇，副总监曾巍。

法语频道

法语频道负责2007年10月1日开播的以全球法语国家和地区的观众为主要服务对象，传达中国声音、彰显中华魅力的24小时新闻综合频道法语国际频道的制播任务。法语国际频道以新闻节目为主，辅以丰富的文化、服务和娱乐节目，通过不同形式，全面展示中国的历史文化、政经发展、社会进步、民风民俗、自然风光和当代生活。频道下设策划统筹组、新闻一组、新闻二组、新闻三组、专题一组、专题二组、专题三组、采访组、访谈组。频道总监陆金龙，副总监俞江。

阿拉伯语频道

阿拉伯语频道负责2009年7月25日开播的信号覆盖所有西亚和北非阿拉伯语国家和地区的24小时新闻综合频道阿拉伯语国际频道的节目制播任务。阿拉伯语国际频道内容涉及新闻、社会、历史、文化、科技、教育和娱乐等方面，共设《综合新闻》、《每周财经》、《对话》、《中国之旅》、《话说中国》、《中国文艺》、《纪录片》、《电视剧》、《跟我学》等栏目。阿拉伯语频道下设策划统筹组、采访组、新闻一组、新闻二组、新闻三组、专题一组、专题二组、专题编播组、访谈节目组。频道总监李仲扬，副总监贾鹏。

俄语频道

俄语频道负责2009年9月10日开播的24小时新闻综合频道俄语国际频道的节目制播任务。俄语国际频道开设新闻资讯类、访谈评论类、文化艺术类和教学类共16个栏目，新闻资讯类节目整点直播，每天共18档，文化艺术及教学类专题节目每天首播6小时。俄语频道下设策划统筹组、新闻一组、新闻二组、新闻三组、采访组、访谈组、专题一组、专题二组、专题编播组。频道总监丁勇，副总监黄轶男。

纪录频道

纪录频道于2010年9月30日成立，2011年1月1日正式以中文版、英文版两套节目面向海内外播出，是中国唯一一个全国播出、全球覆盖的专业纪录片频道。2012年，中文版“CCTV-9纪录”已覆盖全国，观众规模达7亿；以英语播出的“CCTV-9 Documentary”已在全球超过60个国家和地区落地，拥有超过4200万国际用户。纪录频道下设节目管理部和项目运营部。纪录频道总监刘文，副总监周艳、史岩。

节目管理部

节目管理部的主要职责是负责频道日常行政事务的运营与管理；负责频道节目的主题规划、课题研发、播出编排；负责频道的形象设计、整体包装与节目包装以及频道的国内外宣传推广、评估等相关工作。节目管理部下设综合运营组、规划编辑组、节目管理组、英文编辑组、频道包装组、宣传推介组。节目管理部主任石世仑。

项目运营部

项目运营部的主要职责是负责台属公司、中央新闻纪录电影制片厂（集团）制作项目和委托地方台、社会制作机构项目的执行与节目质量监控；负责调研全国纪录片制作机构的生产和调查市场状况；负责联络国际纪录片制作机构，协调组织国际项目合作；承担国家重大纪录片选题项目的摄制和频道特别活动的策划组织等工作。项目运营部下设项目策划组、项目管理组、国际项目组、特别节目组。项目运营部主任陈晓卿。

大型节目中心

大型节目中心成立于2010年8月，是中央电视台承担党中央交办任务的大型文艺节目制作机构，是推进和实现我国文艺大发展和大繁荣战略任务的重要载体，是传播社会主义主流价值观、引领先进文化发展方向的主要渠道。它承担六大工作职能：一是制作和转播中央交办的配合国家重大宣传主题的大型活动和节目；二是策划制作包括春节联欢晚会在内的各类大型节庆文艺晚会；三是策划、组织、制作各类大型文艺赛事；四是转播各类国际和国内体育和艺术活动的开闭幕式；五是录制我国对外文化交流项目的文艺演出；六是组织和录制配合国家外交活动的文艺演出。中心下设综合部、第一导演工作室、第二导演工作室。大型节目中心主任张晓海（兼），副主任周涛、陈临春。

综合部

综合部成立于2010年8月，是大型节目中心的综合组织协调部门和处理日常事务的办事机构。主要负责中心的行政管理、公文文秘、节目经费管理、中心内部人事管理等工作。下设秘书组、运营组、研发组、摄像组。综合部主任俞勤。

第一导演工作室

第一导演工作室成立于 2010 年 8 月，主要承担制作和转播中央交办的配合国家重大宣传主题的大型活动和节目、转播各类国际和国内体育和艺术活动的开闭幕式、录制我国对外文化交流项目的文艺演出活动、组织和录制配合国家外交活动的文艺演出等工作。下设第一创作组和第二创作组。第一导演工作室主任吕大庆。

第二导演工作室

第二导演工作室成立于 2010 年 8 月，主要承担策划制作各类大型节庆文艺晚会、策划组织制作各类大型文艺赛事等工作。下设第一创作组、第二创作组、第三创作组。第二导演工作室副主任林远。

军事节目中心（解放军电视宣传中心）

军事节目中心是 1996 年 4 月经中央军委批准，由中央电视台军事部、八一电影制片厂新闻纪录片部和总政电教中心 3 个单位合并组成。隶属中国人民解放军总政治部和国家广电总局双重领导。中心现有编制军人和聘用人员 300 人，主要承担全军和武警部队军事宣传报道任务。机构编制设有军事新闻部、军事专题部、军事教育部、军事文体部、解放军音像出版社 5 个业务部门和总编室、政治部、管理处、技术部 4 个机关部门，共开办了《军事报道》、《防务新观察》、《军事纪实》等 11 个军事栏目。军事节目中心主任李秀宝（副军职），政治委员季桂金（副军职）。

海外传播中心

海外传播中心成立于 2010 年 5 月 12 日，是中央电视台深化内部改革的产物，也是贯彻落实中央要求、全面加强国际传播能力建设的重要举措。根据中央电视台分党组文件，海外传播中心的职能定位是：中央电视台国际传播工作的统筹协调部门，国际频道海外落地推广工作的主要责任部门，中央电视台联系海外机构和海外观众的主要职能部门。具体职责包括：负责中央电视台国际传播能力建设总体战略规划的研究制定，各个重点项目的年度规划、预算申报和效果评估，通过牵头召集央视国际传播能力建设联席会议，协调外宣、外销、外事、外援等部门推进实施有关项目，协调解决相关事项；负责中央电视台各语种国际频道海外落地推广工作的规划、统筹，以及所有海外落地项目的开发和维护；负责中央电视台所有与海外传播业务相关的对外交流合作，以及对海外媒体与相关合作机构的公关联络；负责海外电视市场与受众的调查研究，以及对海外观众的联络和服务；负责对中央电视台国际频道在海外的宣传推广和品牌塑造维护。海外传播中心下设综合部、项目部、联络部和统筹规划部。海外传播中心主任景春寒，副主任崔屹平、王雄先。

综合部

综合部是海外传播中心行政办公业务管理和服务机构，围绕人、财、物、事、文开展各项业务，是中心内部运转的枢纽，并负责与台内相关职能部门进行沟通协调。综合部的日常工作包括：负责中心内部的制度建设，起草各类总结和公文；负责中心的文化建设，营造具有海外传播特色企业文化；负责中心预算制定和管理，定期对中心和各部门预算执行情况进行监控；负责中心人力资源管理，开展内部人力资源培训和业务考核；负责中心内部行政办公业务，包括工作督办检查、公文运转、信息报送、行政办公、印章管理、档案管理等业务；负责中心会议组织和活动开展；负责中心党政工团等相关工作。综合部下设综合协调组、文秘组。综合部由中心副主任崔屹平主管（临时）。

项目部

项目部是中央电视台各语种国际频道海外落地的具体责任部门，负责通过多种途径深入调研、了解对象国家和地区的电视市场及准入政策等情况；负责对新增落地项目（包括各类平台落地和酒店落地项目）的前期调研、开发、洽谈和协议起草、立项报批等；负责对原有落地项目的日常维护（包括对外付款、续签协议和更新用户数等）事宜；负责组织承办相关落地项目的签约和开播仪式等。下设欧洲业务组、美洲业务组、亚太业务组、非洲业务组。项目部主任陈永庆。

联络部

联络部是中央电视台对外联络的窗口、服务海外受众的平台，负责对海外机构与合作伙伴的日常联络和服务；负责联系各语种国际频道的海外观众并开展收视调查；负责对中央电视台国际频道在海外的宣传推广和品牌塑造、维护，组织“手拉手”大型海外演出等；负责全台对外节目交流，译制并向台湾媒体提供闽南话节目，为我驻外使馆及海外合作媒体复制、寄送外宣节目，以及在重大活动直播报道时收集统计外媒转播情况等；承担公费接待境外摄制组的任务等。下设外联组、策划推广组、节目交流组。联络部主任王宇航。

统筹规划部

统筹规划部成立于2012年12月13日，是专门负责中央电视台国际传播能力建设规划评估和统筹协调的部门，主要职责包括：负责调研、制定中央电视台国际传播能力建设总体规划和年度项目计划；负责牵头召集中央电视台国际传播能力建设联席会议，依托联席会议具体统筹协调全台国际传播能力建设相关工作；负责对中央电视台国际传播能力建设各个项目进行效果评估；负责牵头对接中宣部等上级主管部门，进行项目计划、预算资金的申报和动态跟进反映；负责中央电视台“走出去”的海外市场调研和国际传播舆情监测。下设传播规划组和效果评估组。统筹规划部副主任陈礼东。

人力资源管理中心

人力资源管理中心成立于2011年4月（前身为中央电视台人事办公室），是全台负责人力资源管理和服务工作的行政职能部门。在台分党组的领导下，负责全台机构设置、事业编制管理；干部考察、任免；职工考核、奖惩；职工出国（境）政审；研究制定奖金管理规定和发放办法，核定工资、核发奖金、督导检查各部门绩效工资发放以及福利保险管理；播音员、主持人管理；员工教育培训、专业技术职务评聘；人才引进和调配；企聘员工综合管理，劳动关系的规范与管理，用工情况检查，协调解决劳动纠纷；离退休人员服务与管理。下设干部管理处、劳动工资处、培训职称处、人才交流处、劳动关系管理处和离退休人员管理处。人力资源管理中心主任王晓真，副主任麻宁、杜书星，党总支专职副书记王峥。

干部管理处

干部管理处成立于1998年5月，负责全台机构和干部管理工作。其主要职责为：负责全台机构设置、优化干部资源配置与规划；根据台分党组决议对处级干部进行考察任免；组织领导干部竞争上岗工作；协助国家广电总局人事司考察司局级领导干部；负责职工的考核奖惩工作；负责科级干部及栏目制片人的竞聘考评工作；负责干部挂职交流工作；选派中青年干部参加党校学习，推选参评各类全国性奖项人员；负责组织处级以上干部报告个人事项工作；负责职工调配管理工作；负责京外调干、解决职工两地分居人员的进京报批工作；负责接收转业军人工作；负责因公出国（境）人员政审、国家备案人员因私出国（境）的审批工作；负责全台事业编制人员的档案管理工作；管理台属单位领导班子成员；指导台属企事业单位人事管理工作。干部管理处处长冯庆一，副处长段磊。

劳动工资处

劳动工资处成立于1998年5月，是中央电视台人事办公室下设的一个处级机构，负责中央电视台劳动工资管理工作。其职责主要包括：依照国家和行业的有关政策，研究、制定劳动工资管理政策，拟定工资改革方案并组织实施；管理、核定工资总额；负责全台事业编制职工和企聘员工工资核定、晋升、扣发、转移等事项；核定和调整驻外人员工资标准和福利待遇；研究、制定各项奖金管理规定和发放办法，审核各项奖金；负责职工社会保险、商业保险管理工作；办理职工退休手续，核定退休工资；负责职工各项福利和考勤管理工作，制定休假、休疗相关规定以及残疾人的安置等工作；负责组织工人技术等级培训、考核和工人技师考评管理工作；负责人力成本核算，研究、制定人力成本核算办法；负责统计、报送各类劳动人事统计报表，提供各类人事数据；负责审核台属事业单位副局级以上干部档案工资，核定台派企业人员档案工资。负责审核各类临时外请人员协议及劳务费等工作。劳动工资处处长杨一龙，副处长王德利。

培训职称处

培训职称处成立于1998年5月，其主要职能是负责全台职工的各类培训组织、职称推荐与评聘、各类高端人才推选、播音员主持人管理及职业资格证书管理等工作。负责制定职工中长期和年度培训计划；管理培训经费、培训设备及培训场地；负责在职学历教育和公派留学工作；负责组织专业技术人员的推荐与评聘工作；负责享受“政府特殊津贴”人员、“四个一批”、

"百千万人才工程"、"文化名家"、"影视名家" 等高端人才的推选工作；负责播音员、主持人的选拔、培养工作；负责职业资格证书的审核、办理及日常管理工作。培训职称处处长聂红江，副处长吴毅。

人才交流处

人才交流处成立于2007年9月。主要职能是负责优化全台人员的使用结构，制订全台人员配置和使用方案；负责选拔接收应届大学毕业生；负责企聘人员的社会招聘工作；负责企聘人员入职手续的办理和证件的审批，以及企聘人员各种资格审核工作；负责与高校签订人才合作协议，推动发展"台校合作" 关系；负责"金伙伴" 合作院校、"国际传播硕士" 的实习工作；负责"成长之星" 的评选工作。人才交流处处长乔维平，副处长张伟。

劳动关系管理处

劳动关系管理处成立于2012年4月，其主要职能是负责加强全台劳动关系管理工作。负责制定各种类型劳动用工管理的规章制度、依法依规调整劳动关系；负责全体员工签约、续约、解约管理；负责企聘人员岗位管理；负责科组以下员工调配；负责全台借用、返聘、实习等临时用工管理；负责建立中央电视台与员工的平等协商机制，及时预防、协调和解决中央电视台与员工在劳动关系方面的问题，维护双方合法权益；负责协调中央电视台与劳动主管部门的关系，促进全台劳动关系健康发展。劳动关系管理处处长关湄，副处长刘倩。

离退休人员管理处

离退休人员管理处于1998年成立，是在人力资源管理中心直接领导下负责管理全台离、退休干部工作的职能部门。其主要职责是：认真贯彻落实中央和国务院有关离退休人员的方针政策；根据有关规定和台里的实际情况，落实离退休人员的政治待遇和生活待遇。离退休人员管理处处长吴卫勇，副处长刘淑萍，离退休人员党总支专职副书记理效峰。

财务管理中心

财务管理中心于1998年6月组建，是中央电视台计划、财务、物资的主管部门，为全台宣传任务的完成和事业的健康发展提供保障。其主要任务是：根据国家财经法规、方针政策和国家广电总局的有关规章制度，负责经费预算的收支管理、国有资产的监督管理、财务规定的研究制定等工作。财务管理中心下设综合业务处、计划统计处、财务管理处、会计核算处、财产物资处、产业管理处。财务管理中心主任董为民，副主任米绍行、高华中，党总支专职副书记王霞。

综合业务处

综合业务处成立于2001年上半年，其主要职责是：负责财务管理中心公文处理工作、信息工作和档案工作；统筹、协调日常行政事务；内部考核与业务交流，精神文明与综合治理以及领导交办事项等。综合业务处下设综合科、业务管理科。综合业务处处长赵万一，副处长梁喆。

计划统计处

计划统计处于1998年5月15日正式成立，其主要职责是：负责台事业经费预算分配和调整方案的编报、监督检查工作；负责编制、上报、下达电视事业的年度基本建设计划，指导和监督计划的实施；负责办理固定资产投资项目立项的相关手续；履行政府采购领导小组办公室职能，起草政府采购有关管理规定及业务文件，汇总、编制政府采购实施计划，检查、统计、汇报政府采购执行情况；负责收集、审核、汇编电视事业各类统计资料并对统计资料进行分析；负责中央电视台的合同审批管理工作并进行分析汇总。计划统计处下设计划科、统计科、综合科、政府采购管理科。计划统计处处长佟宝山，副处长贾丽。

财务管理处

财务管理处成立于2010年10月。其主要职责是：牵头研究制定全台预算、财务、统计、资产等管理规章制度，并组织实施；对全台经费使用情况进行财务分析，提出加强财务管理的相关建议；对全台事业发展资金的调配和安排提出建议；负责全台增收节支考核的相关工作；负责全台公务卡制度改革相关工作；负责全台所属单位财务负责人的委派工作；对全台从事财务工作的相关人员进行培训；组织对财务管理中心内部相关业务的稽核工作；负责财经管理信息系统的运行和维护。财务管理处下设管理科、综合科、稽核科、增收节支奖管理科。财务管理处副处长张志友。

会计核算处

会计核算处成立于2010年10月。其主要职责和任务是：负责中央电视台财务收支和管理；组织经费供应的保障和财务成本核算；负责预算开支的审批和各类财务报表的编制；配合全台各项财务规章制度的建立；负责为中央电视台驻外记者站进行会计委派等。会计核算处下设综合核算科、薪酬核算科、成本核算科、固定资产核算科、医疗费用核算科、广告收入核算科、外汇核算科、基建财务核算科。会计核算处处长张平平，副处长赵辉。

财产物资处

财产物资处成立于1987年。负责工程、服务、货物的政府采购工作，代表本台对外签订政府采购合同；负责材料采购、验收、发放及保管工作；负责本台固定资产的入库、出库、转移、退库、处置等管理工作；负责固定资产的日常管理工作，并定期组织盘点；负责起草物资管理等相关的规章制度，根据本台年度计划的安排编报年度资产购置计划并组织实施。下设设备科、管理科、供应科、综合科。财产物资处处长涂昌波，副处长赵建华。

产业管理处

产业管理处成立于2011年5月，是财务管理中心负责台属企业管理的职能部门。按照台分党组授权，代表本台对所属企业行使出资人职责。负责台属企业“三重一大”事项的备案；企业绩效考核；企业报表汇总及上报；企业资产评估、产权登记、产权变更的初审及上报；企业关、停、并、转及对外投资等事项的协调申报。下设企业管理科。产业管理处处长王建华，副处长胡竞霜。

技术管理中心

技术管理中心成立于1991年4月，1994年6月至2011年4月更名为技术管理办公室。技术管理中心是中央电视台技术主管台领导和技术委员会的办事机构，是技术系统的运行管理、监督检查归口部门。负责处理技术系统运行及管理工作，协助台领导做好技术系统各项协调工作。根据技委会的要求，负责制订技术事业发展规划，承办和落实台领导、技委会下达的任务，为台领导提供重大技术问题的决策依据。技术管理中心负责制定大型宣传报道的技术方案，编制技术事业发展经费预算方案和专业技术设备修购计划以及技术工程项目立项、论证、报批的组织管理工作；统计汇总各类技术运行数据，协调管理全台节目生产能力，组织研究论证和处理解决有关技术业务问题；负责技术质量管理及计算机信息网络系统、通信系统和供配电、动力系统的开发建设、运行和维护；负责拟定全台科研规划并负责协调落实和监督实施；负责管理全台专利工作；负责技术交流、专业培训、技术会展的组织和管理工作。下设技术业务处、质量管理处、工程管理处、信息通讯处、动力处。根据2012年12月17日台发人字[2012]248号《关于技术系统处级机构调整的通知》，下设部门调整为技术业务部、质量管理部、工程管理部、基础资源部、制播应用部、业务应用部、信息安全部、动力管理部。技术管理中心主任徐进，副主任程星、刘万铭，党总支专职副书记丁亚建。

技术业务处

技术业务处成立于1998年5月，是技术管理中心的办事机构。负责落实和承办技术管理中心交办的各项工作：拟定全台技术事业发展规划；组织并参与重大宣传报道活动技术方案的制定和协调工作；拟定全台技术工作的各种规章制度与规范；组织和安排技术系统职工业务培训，承办高新技术交流、业务研讨和新设备应用等交流活动；负责全台各类技术性刊物和专著的编印出版，以及全台技术图书和电子阅览室的管理工作；承担全台专利管理职责；负责承办全台科技出国、对外技术交流以及其他学术交流活动的汇总与报批；协助领导负责部门事业经费和项目经费预算的管理与使用；负责本中心台聘及企聘职工的业务考核和职称评聘工作的组织与实施，中心所辖办公和行政事务的管理；协调、安排技术主管台领导的业务活动；办公业务、信息收集、公文运转和保密及技术系统的日常协调、联络工作；协助领导组织和召集技术系统的各类会议，编写技术系统的各类文件、报告等。下设综合科、业务管理科、科技资料管理科、技术期刊编辑科。2012年12月，技术业务处更名为技术业务部，主任韩强。

质量管理处

质量管理处主要职责是对全台节目制作、播出、传送全部流程进行技术质量监测和评估。负责全台节目技术质量的监督管理与评奖工作；负责全台电视系统设备的技术指标监测校验和重大宣传活动直播系统的技术指标测试；承担台内有线电视管理和安全播出，电视设备、设施的定期检修和保养，特种系统设备的委托维护、运行项目的管理业务。下设质量管理科、综合管理科、技术测试科、维修科、有线电视科。2012 年 12 月，质量管理处更名为质量管理部，主任刘军，副主任李岩。

工程管理处

工程管理处于 2001 年 3 月组建，主要负责全台技术项目的立项申报和审核、项目资金的年度预算编制和立项报批的组织工作；设备选型论证的组织实施；技术项目方案的征集、初审、报批；协助财经办进行设备及系统集成的政府采购工作；大型宣传活动技术协调；技术项目系统集成合同的草拟、审核；系统集成管理及实施；系统集成资金结算；系统测试、竣工验收的组织；优质项目奖的评比；新技术研发的组织工作；国家广电总局下达的广播电视行业标准制定的牵头和组织协调工作；对外协作技术项目管理；地方台援建；项目与设备资料的保管、查询。下设工程科、设备科、技术科和技术资料科。2012 年 12 月，工程管理处更名为工程管理部，主任梅剑平，副主任谢继红。

信息通讯处

信息通讯处成立于 1996 年 1 月，由原新技术应用开发室和动力通讯处中的通讯部分组成。负责中央电视台计算机网络系统、各类信息应用系统和通讯系统、通讯线路的建设、运行、管理和维护工作；负责为全台电视宣传、行政办公、节目制作等工作提供信息技术和通讯业务的技术保障，为全台新闻共享、节目生产管理、节目暂存交换、综合节目审片、自动化办公和其他计算机应用系统提供技术支持；负责全台计算机技术和通讯技术的引进、应用和开发工作；负责全台非技术制作和技术播出的计算机设备、软件以及通讯设备的管理和维护、维修工作；负责协调和处理与信息技术和通讯业务相关的各项工作；负责全台通讯业务、计算机网络和信息应用系统业务经费的管理；负责制定通讯业务和信息网络应用方面的规章制度。根据 2012 年 12 月台发人字 [2012]248 号《关于技术系统处级机构调整的通知》，撤销信息通讯处，设立基础资源部、制播应用部、业务应用部、信息安全部。基础资源部主任顾军，副主任刘玓。制播应用部副主任聂自非。业务应用部副主任袁辉。信息安全部副主任琚宏伟。

动力处

动力处（原名动力中心、动力通讯处）成立于 1985 年 1 月 19 日。负责新、现址供配电、空调、给排水、电梯等动力系统的运维及代运行公司的监督与管理工作，为全台用户提供安全可靠的动力技术服务与保障。负责新、现址动力系统的固定资产管理工作；负责新、现址动力系统各类基础设施设备的大中型维护和检修工作；负责提供全台各频道节目所需的应急发电车 / 设备及其他动力保障。动力处下设供电运行科、供电维修科、空调科、工程维修科、业务科、机电管理科、综合科、动力科。2012 年 12 月，动力处更名为动力管理部，副主任张晓强、孟维。

技术制作中心

技术制作中心成立于 1991 年 3 月。是中央电视台最主要的电视节目技术制作单位之一，配合节目部门完成和落实全台节目生产任务；负责管控节目制作技术质量，确保全台节目安全制作和播出；为全台节目制作提供各类技术资源、专业技术服务和专业技术人员；跟踪和掌握世界最前沿技术，负责组织完成各类技术资源的建设和改造，推进全台高清化节目制作进程。提供各类技术资源包括：前期视音频采录设备、后期制作、新闻类节目制作演播室、综合类节目制作演播室、虚拟演播室各类音乐和音效制作机房、节目包装制作、三维动画及图形制作机房、各类灯光设备等；提供各类专业技术服务和专业技术人员，包括：演播室视音频技术，后期技术制作，音频信号制作，节目包装、三维动画及图形制作，舞美、灯光、服装、化妆、道具设计等。2012 年已形成了新址、现址两个节目制作域，拥有一批相当规模的技术设施和一支较高水平的专业队伍。承担着综合频道、财经频道、综艺频道、中文国际频道（亚洲版、美洲版、欧洲版）、体育频道、电视剧频道、科教频道、戏曲频道、社会与法频道、少儿频道、英语新闻频道、西班牙语国际频道、法语国际频道、俄语国际频道、阿拉伯语国际频道以及新闻频道部分栏目的节目制作。并负责全中心事业发展规划、工程项目审批和新技术开发，以及设备设施的运行和维护管理。技术制作中心下设综合部、录制一部、录制二部、录制三部、制作部、音频部。技术制作中心主任徐进（兼），副主任李树声、车临、崔建伟，党总支专职副书记张军农。

综合部

综合部成立于 1998 年 7 月，是技术制作中心日常办事机构，负责全中心行政管理、节目制作管理和技术管理。综合部下设综合业务科、节目制作管理科和技术管理科。综合业务科负责中心的文秘、信息、档案、保密和日常行政工作及协调管理；节目制作管理科负责统一调度中心内各类技术资源，统筹和协调、落实各节目中心、频道使用演播室直播和录像及各类节目制作；协调台外实况转播和录像的制作任务，以及节目制作使用技术资源有偿服务的数据统计、内部有偿服务收费；技术管理科负责本中心固定资产统计、设备大修、系统测试、技术质量监控和技术人员培训等工作，并负责对参与全台节目制作的代运行公司、外包技术服务公司、外租技术资源公司的技审人员进行岗位培训、技审资质备案以及核发技审资质证书、技审章、密钥，负责对技审合格证书进行年审等管理工作。综合部主任栗小斌，副主任朱真铁。

录制一部

录制一部成立于2004年，是一个以演播室制作为主的技术制作部门。集中了全台绝大部分的演播室及前期采集设备，还拥有部分线性、非线性制作机房，面向全台所有节目部门提供视频技术制作服务。录制一部管辖的机房有：20个演播室，包括现址10个大、中型演播室，新址8个演播室，台外2个外场（上海、深圳）演播室，所有演播室都具有直播功能，其中有16个演播室为高清视频系统（含3D演播室）；2个网络化的后期制作系统，其中“常规制作岛4”为新址网络化、文件化制播工艺第一个投入节目生产的项目；19个线性后期制作机房；前期采访设备200余套。录制一部主要承担的节目有：历年春节晚会、“3·15”晚会、青年歌手大赛及各类综艺节目、专题类节目、重大体育赛事及重大时政节目的演播室直播或录像工作；中文国际频道的亚洲、欧洲、美洲版及英语新闻频道共4个频道的所有演播室串联及正点新闻滚动直播工作；财经频道全频道的前、后期制作及该频道资讯类栏目的直播工作。录制一部下设办公室、录制一科、录制二科、录制三科、录制四科、录制六科、录制七科、录制八科、录制九科、后期制作一科、后期制作五科、采编一科、采编二科。录制一部主任刘畅，副主任崔建、张力云。

录制二部

录制二部成立于1988年，是全台最大的电视节目后期视频制作部门，主要承担台内文艺、社教、青少、军事、体育、经济、英语、海外新闻、付费频道等各类节目的制作任务，具有以下制作功能：高清非线编网络制作、电编后期编辑制作；前期ENG拍摄；胶转磁和格式/带式转换；全台频道和各类栏目、节目的整体包装及平面宣传的设计及制作；三维电脑动画和虚拟演播室场景的设计制作与合成；高清晰度电视节目的拍摄、格式转换、网络化后期制作；立体电视的网络后期制作。拥有32套标清电编、1套高清电编、33套标清多媒体、80套高清多媒体、8套3D立体电视编辑工作站；12套标清数字ENG、83套高清ENG、8套3D ENG；25套标清数字自编、2套高清自编；18套三维动画制作设备、20套数码特效合成、1套标清胶转磁彩色校正；1个格式/带式转换机房。录制二部下设影视制作科、后期制作二科、后期制作三科、后期制作四科、录制五科、后期制作六科、后期制作七科、后期制作八科。录制二部副主任黄建新、赵贵华。

录制三部

录制三部前身为1991年成立的海外制作部，2003年12月划入技术制作中心，更名为录制三部。主要承担西班牙语、法语、俄语、阿拉伯语4个国际频道的整点新闻播出、外语频道各类节目的后期制作、节目在线包装、新闻共享系统的运行、外寄节目的带式/制式转换工作。拥有4个直播演播室，15个电编合成机房，17套多媒体制作设备，20套自编设备，1个大型制式/格式转换机房。具有全年24小时不间断的节目制作播出和技术支持能力。2012年底为适配央视总部节目制作工艺流程，实现4个频道网络化制播。录制三部下设网络管理科、制作一科、制作二科、制作三科、制作四科、制作五科、播出一科、播出二科、播出三科、在线包装科、复制科。录制三部主任李志平，副主任陈玉良、刘昭明。

制作部

制作部成立于1983年，其主要任务是承担全台各节目部门的舞美、灯光、服装、化妆、道具设计及经费核算管理，根据本台和中心下达的节目制作计划合理安排协调科组人员及设备，为节目部门提供制作服务，确保节目质量和播出安全。主要负责一号演播厅、1000平方米、800平方米、600平方米、2个400平方米、4个250平方米及第18、19、33共13个演播室的管理及台外多个演播室舞美、灯光设计。全年累计制作各类节目1000余台。制作部下设业务管理科、美术设计科、灯光一科、灯光二科、灯光技术科、灯光管理科、服装化妆科、道具装置科。制作部主任李建成，副主任张冲。

音频部

音频部成立于1991年3月，是中央电视台电视节目声音方面的专业制作部门。主要负责本台除CCTV-1和西班牙、法语、俄语新闻外的所有电视节目的声音制作。承担台内分管区域的音频制作任务，包括现址12个大、中、小型演播室；1个音频上下载机房、2个音乐录音棚、10个音频后期网络制作机房的节目制作任务；央视总部11个大、中、小综合制作演播室及音频制作岛节目制作；承担外出节目音频制作任务。现址及央视总部可同时提供33套音频ENG设备、3套完整的EFP音频系统及两辆录音车。业务范围包括：以上各系统的电视节目声音制作，电视音乐策划、创作编辑及固定场所建声、电声、工程需求设计等。音频部下设业务管理科、技术设备管理科、音频制作一科、音频制作二科、音频制作三科、音频制作四科、音乐录制科、音乐编辑科、音频网络与媒资管理科。音频部主任刘中胜，副主任荆甫礼、关朝洋。

播出传送中心

播出传送中心是中央电视台节目播出、转播和传输业务的主管部门。负责全台常规频道（含高清频道）、收费频道以及3D电视频道的安全播出工作；负责全台节目播出信号的安全传输、监测、监看和相关对外解释工作；负责全台国内外新闻、体育、文艺以及重大宣传报道活动的电视实况转播和录制工作；负责全台固定和移动卫星地球站上下行业务、微波、光缆传输业务、技术系统及设备的运行管理工作；负责全台外来电视节目信号的处理、分配调度等技术运行和管理工作；为全台提供同步基准信号，并利用电视信号向全台、全国提供标准时间和标准频率；负责中央电视台国内外卫星线路、国内光缆传输线路的租用、线路安排及技术协调工作；按规定受理境外电视媒体在华的卫星传送业务，提供相关电视技术服务；负责风云足球和高尔夫·网球付费频道的日常节目直播、制作和包装任务；负责本中心所属各部门技术系统及设备的测试和维护管理，确保设备的技术质量和安全运行；负责制定全中心事业发展规划，组织中心工程和新技术项目引进的立项论证、设计施工、测试验收和技术培训工作。播出传送中心下设综合部、播出部、转播部、传送部和总控部。播出传送中心主任张宝安，副主任陈泽时、智卫、李跃山，党总支专职副书记肖建生。

综合部

综合部是播出传送中心的日常办事机构，协助中心领导进行办公业务、技术业务的协调和管理，为中心所属各业务部门提供服务。负责中心日常办公业务工作，包括：公文运转及文件资料汇总、归档、保密等管理工作；负责中心内部办公程序和行政事务管理，协助中心领导对各部门行政办公业务进行监督和指导；作为中心信息业务的主管部门，负责各类信息组织及报送工作；负责全台电视节目安全播出传输的数据统计汇总工作和中心技术运行数据统计；负责中心各部门所承担的大型电视宣传报道活动中节目播出、转播、传输、制作等技术方案的汇总整理、技术协调和后勤保障等工作；承办中心工程建设、技术开发等项目的计划汇总及报批，协助中心领导组织工程项目实施、进度跟踪管理和验收；负责技术质量监督管理及技术质量奖的申报工作；协助中心领导负责中心各部门技术设备及系统测试和维护的管理工作；在节目生产管理系统中，负责中心技术设备有偿服务和生产能力等管理工作；协助中心领导负责对外技术服务的管理工作；负责中心固定资产、设备和物资的管理工作，设备维护、维修的管理工作；协助中心领导负责中心事业经费预算编制以及经费的使用和管理等工作；协助中心领导进行中心内部人员的管理，建立人员资料档案、职称评定、职工考核、人员出国报批；协助中心领导组织人员技术业务培训；负责总编室下发的直播节目通知单和节目更换、修改通知单等传递工作；协助中心领导负责中心各类业务会议及活动的组织与安排；协助中心领导负责中心的治安、消防、保卫、保密、综合治理、精神文明建设等管理工作。综合部下设技术业务科。综合部主任王丹，副主任程昕。

播出部

播出部前身为成立于1998年3月的播出传送部，是负责中央电视台电视节目播出运行、管理的技术部门。现拥有8套机械手自动播出系统、20套常规频道硬盘自动播出系统，24套付费频道硬盘自动播出系统、2套高清晰度电视播出系统及1套3D电视播出系统。其主要任务是：负责播出线上的整个播出流程运行管理；承担全台除新闻和电影频道外的24套常规频道（其中含2套高清频道）、3套北美长城平台电视频道、13套付费频道及1套3D电视频道的电视节目安全播出运行工作。播出部下设播出运行一科、播出运行二科、播出运行三科、播出运行四科、播出运行五科、播出运行六科和技术保障科。2012年12月，为适配新址播出系统的正式启用，播出部一分为二，成立播出一部、播出二部，播出一部主任许钢鸣，副主任李键、蔡贺。播出二部副主任宋蔚。

转播部

转播部是中央电视台承担台外综合类电视节目实况转播、录像任务的技术部门。主要业务范围：承担各节目部门台外日常的电视节目转播制作，含直播、实况录像、专场录像（类别有：新闻、文艺、体育、经济、专题等）；参与台内大型重大转播活动技术方案的设计，并根据方案完成大型活动中的转播部分方案实施工作；承担中央电视台对外交流节目的外场转播制作（含：直播、实况录像、专场录像）；为台内各节目部门提供前期特种设备和技术支持。转播部下设转播一科、转播二科、转播三科、转播四科、转播五科、特种设备科、声音技术科、设备管理科。转播部主任颜枫，副主任陈明、陈江疆、周磊。

传送部

传送部成立于1998年6月1日。负责提供卫星车、移动便携地球站、海事卫星传输终端和微波中继等传输技术服务，面向全台承担外出节目转播中的信号传输任务；遇重大事件和突发性事件（如灾害等）发生时，承担特别节目、新闻应急报道的信号传输任务；在大型综合性转播报道中，承担传输系统构建和协调任务；承担直升机中继和航拍信号的传输任务；负责全台海事卫星传输系统设备的运行、使用、发放和管理；负责付费体育频道风云足球和高尔夫·网球频道的日常节目直播、制作和包装的技术工作；负责体育频道ENG使用的管理和技术保障。下设卫星传送科、微波科、节目制作一科、节目制作二科、节目制作三科。传送部副主任刘开平、韩东光。

总控部

总控部成立于1998年6月，是中央电视台电视节目信号交换的枢纽。其主要任务是：负责全台进、出节目信号的分配、调度和运行管理；负责全台23套播出前端压缩系统的编码压缩和传输的运行维护，提供全台同步、时钟等各种标准信号，按需要对信号进行格式、幅型、信号制式等变换处理；承担台内外信号交换的收录和监测；按规定受理涉外的技术申请和安排；负责节目播出和传送当中对外事务处理和解释工作；负责通过卫星、光缆及微波干线转播、传送及收录节目，负责管理中央电视台外围的光缆线路和固定卫星地球站收发系统；对外办理公共传输网络和卫星传送及相关的线路安排；负责国内外卫星公共传输网费用的预算、结算的管理工作。总控部下设运行一科、运行二科、运行三科、技术保障科、管理科。总控部主任陈光，副主任刘韵音、杨小勇、葛涛。

资产管理中心

资产管理中心成立于2010年7月，是中央电视台所属开路频道广告的统一经营与管理部门，下设综合部、市场部、营销部和监审部。主要职责是：研究中央电视台广告的发展战略与经营策略，策划实施公关传播与市场推广活动，建立中央电视台广告的产品体系、价格体系、客户体系和渠道体系，负责各开路频道广告的营销和安全播出，并制作播出公益广告。资产管理中心主任程宏（兼），副主任何海明、李弋，党总支专职副书记陈荣勇。

综合部

综合部成立于2010年7月，是资产管理中心的综合组织协调和后勤保障部门。负责中心对外联络、对内协调等综合管理工作，承办中心领导交办的日常事务，保证中心信息畅通、运转有序、保障有力，并致力于中心办公自动化的推进。主要工作内容包括：负责中心行政管理、公文流转、文秘计划，参与组织、策划、实施中心重大活动及党政工团活动；负责人力资源管理、财务经费管理、物资设备管理以及中心技术系统的开发和维护；负责中心所有合同协议的收集、审核、归档、查询；从行业和地区等维度，策划实施市场推广活动，加强与广告客户及社会各界的面对面交流，推广全台资源，促进广告销售。综合部下设秘书科、运营科、合同管理科、推广科。综合部副主任刘丽华。

市场部

市场部成立于2010年7月，是资产管理中心负责市场研究、公关传播、公益广告的部门。通过制定发展战略、营销策略，为全台广告事业的发展提供专业支持；通过协调业界公共关系，开展公关传播活动，引导大众舆论，塑造全台良好的品牌形象；通过策划创作公益广告，营造良好社会氛围，提高社会影响力。

主要职责包括：密切关注广告经营的国内外趋势、国内宏观环境和媒体竞争格局，研究全台广告经营的发展战略和经营策略；发布全台节目、广告信息，及时监测广告舆情，采取应急预案措施，组织实施公关传播活动，维护、提高全台广告经营的品牌形象，为广告销售营造良好的舆论氛围；创作宣传片、公益广告和平面广告，展示和传播 CCTV 品牌形象。市场部下设策略研究科、公共关系传播科、公益广告科。市场部副主任佘贤君。

营销部

营销部成立于 2010 年 7 月，是具体负责中央电视台广告创收的部门。主要职责包括：以实现中央电视台广告收益最大化为目标，深入了解、全面把握媒体资源和客户需求，创新设计广告产品，科学拟订广告价格，建立并优化全台广告产品体系和价格体系；从企业和代理公司两个维度，全面负责全台广告客户的营销、服务与管理；负责 CCTV-1 和各专业频道的广告营销与管理，负责自营类资源的经营，负责对承包广告公司的服务和管理；负责中央电视台广告招标预售的整体策划、客户推广开发及项目执行工作；负责完成奥运会、世界杯、亚运会等重大事件的广告营销和创收任务。营销部下设产品策划科、频道经营管理科、客户服务一科、客户服务二科、渠道服务管理科、合同执行科。营销部副主任张宇鹏。

监审部

监审部成立于 2010 年 7 月，是资产管理中心负责广告业务审查、监督和运营的职能部门。主要职责包括两方面：对内负责新、现址广告资源系统设置，广告销售合同复核，广告播出版本签订和广告播出监测工作，确保从价格设置到合同签订再到实播情况的广告销售流程全程控制。同时负责与新址工艺技术办公室、技术开发公司就资产管理中心新址技术进行沟通；与总部接收管理办公室就资产管理中心新址搬迁、日常运行等后勤保障工作进行沟通。对外负责全台所属开路频道广告素材审查、广告主资质审查、广告产品相关资料审查、广告素材编辑、广告编播传送工作，确保广告在新、现址播出安全。监审部下设审查科、编播科、监播科、新址项目组。监审部副主任尹学东。

发展研究中心

发展研究中心成立于 2010 年 8 月，作为提供专业智力支持的智囊、参谋、咨询机构，主要服务于中央电视台分党组决策，围绕中央电视台事业产业改革发展的实际和国内外电视发展变化，组织开展前瞻性、战略性和实战型研究。主要研究领域包括决策参考研究、战略研究、电视传播研究、监测效果研究、节目动态研究、产业研究、新媒体研究、网媒监测研究等。下设综合部、发展战略研究部、电视传播研究部、产业与新媒体研究部。发展研究中心主任李舒东，常务主任罗琴，副主任张利生。

综合部

综合部成立于 2010 年 8 月，其主要职责是：负责做好中心与台内有关职能部门、台外合作单位的沟通协调、公关接待；负责制定并完善中心各项管理规章制度，起草各类总结、公文；负责制定中心预算和对各部门预算使用情况进行监控；负责组织中心内部全员绩效考核，并开展各类人员培训；负责中心内部工作督办检查、公文运转、印章管理、档案管理、信息传递、会议组织、后勤服务等事务性工作；负责做好党、工、团、妇工作等。下设综合组。综合部主任苏晓春。

发展战略研究部

发展战略研究部成立于 2010 年 8 月，其主要职责是：负责全台事业产业发展的中、长期战略规划，为全台事业产业全面、协调、可持续发展提供战略研究与整体发展态势监测等决策支持；负责开展海外传播力调查、舆情监测，同时承担《中央电视台年度发展报告》（蓝皮书发展战略篇）、《CCTV 与国际一流媒体对比研究》（白皮书）的组织运作与《信息快报》刊发等工作；负责中国广播电视协会和中国电视艺术家协会中央电视台分会的相关通联工作；开展国内外电视学术合作、交流活动；负责专家智库的管理与维护。下设发展规划组、战略研究组、交流组。发展战略研究部主任李向东。

电视传播研究部

电视传播研究部成立于 2010 年 8 月，其主要职责是：承担全台管理创新、频道栏目竞争力研究、节目创新研发等任务；针对新闻类节目、综艺类节目、电视剧等进行专项研究；负责国家核心期刊《电视研究》和《中国中央电视台年鉴》的编辑、出版工作；负责全台图书出版的统一规划和出版合同审核、书稿审阅等工作；定期举行“电视论坛”研讨会，用专业的视角研讨电视节目，为全台节目一线搭建探讨、研发平台；定期举办“国内外热播节目观摩”活动，向全台节目一线推荐最新节目模式，为节目创新提供动力。下设传播研究组、书刊编辑组、观摩与论坛组。电视传播研究部主任杜宝风。

产业与新媒体研究部

产业与新媒体研究部成立于2010年8月，其主要职责是：负责全台电视产业与新媒体发展战略规划与对策研究，为全台事业与产业统筹发展、传统媒体与新媒体融合以及全媒体传播策略等方面提供决策参考；就中央电视台电视产业经营管理改革、产业资源配置及市场竞争策略等开展实战型、对策性研究；跟踪、监测网络媒体舆情变化，为中央电视台全媒体传播策略、台网节目联动及网络形象建设和品牌公关提供决策支持；负责“视听新媒体网”的运营和管理。下设产业分析组、新媒体研究组、网媒监测组。产业与新媒体研究部主任黎斌。

机关党委

中央电视台机关党委在国家广电总局机关党委的直接领导和台分党组的指导下进行工作。是中央电视台思想政治工作和党务工作的主管部门。领导党委办公室、台工会联合会、台共青团委员会、台精神文明协调处、台侨联的工作。截至2012年底，台机关党委下属13个基层党委，32个党总支，303个党支部，全台共有党员7646人。本届党委于2010年12月15日在中央电视台第八次党员代表大会换届选举产生，为中央电视台第八届党委会，由29名委员组成，设常委13名。机关党委书记张海鸽，机关党委专职副书记郭秀英，党委常委安为民、李欣雁、王建宏、陆伟昌、张宁、王晓真、董为民、张宝安、黄瑞刚、赵刚、宿晓光。

党委办公室

党委办公室是台机关党委的办事和工作机构。负责全台党员干部、职工政治理论教育，党的方针政策教育，经常性思想政治工作，基层党组织建设，党的组织发展，党员管理、统战及社区党建工作。具体承办机关党委宣传载体《电视生活》、《CCTV党建》、台职工闭路电视、宣传橱窗、圆楼展廊的编辑、出版、制作、发行、播出等工作。党委办公室主任宿晓光，副主任刘斌、狄希兰。

台团委

台团委在台机关党委的直接领导和国家广电总局机关团委的指导下，负责全台团员和青年工作。截至2012年底，中央电视台共有32个基层团组织，其中4个基层团委，17个中心（频道）团总支，11个直属团支部，共青团员2300人。本届团委于2010年11月10日在中央电视台第十一次团员代表大会上换届选举产生，为第十一届团委，由27名委员组成，设常委13名。团委书记郑漠，团委副书记王强强、冯旭宏（兼职）。

工会联合会

中央电视台工会联合会在台机关党委和国家广电总局工会的领导下，按照《中华人民共和国工会法》和《中国工会章程》，履行工会“维护、参与、教育、建设”四项职能。坚持“一个中心，两个服务，三个建设”（围绕宣传中心开展工作；全心全意为繁荣荧屏服务，为全台职工服务；不断加强自身的组织建设、制度建设和廉政建设）的工作定位；截至2012年12月，下设中心工会30个，台属单位工会6个。专兼职工会干部300多人，职工会员16000多人，是广电系统最大的工会组织。本届工会联合会于2010年11月在第三届一次会员代表大会换届选举产生，为中央电视台第三届工会联合会，由43名委员组成，设常委19人。工会联合会主席任海，副主席南敏。常委(以姓氏笔画为序)王庆忱、王峥、任海、闫丽萍、许唐生、李真、杨凌华、宋丹、张平平、张军农、张威、张景卫、冷建军、王浩、南敏、徐瑛、高甡、高菊莲、董春虎。

精神文明协调处

精神文明协调处成立于2002年7月30日，负责全台的精神文明建设工作，是台精神文明建设委员会的日常办事机构。其主要职责是：按照台分党组的要求，在台机关党委的直接领导下，在首都精神文明建设委、中直机关精神文明建设委、国家广电总局精神文明建设委的指导下，负责协调精神文明范畴的全台职工的思想道德建设、党风廉政建设、环境秩序建设、文化建设、大型公益活动和扶贫济困送温暖等精神文明创建活动；承办全台计划生育、无偿献血、校外教育、文明共建等工作，并根据上级有关精神，对全台卫生绿化、交通安全、综合治理工作进行协调监督。台精神文明建设委员会名誉主任胡占凡，主任张海鸽，副主任郭秀英、李欣雁、王晓真、董为民、黄瑞刚、李彦吉。委员由各中心（室）、频道专职副书记及有关部（处）领导组成。精神文明协调处处长李彦吉，副处长王亚珍。

（中央电视台归国华侨联合会）

中央电视台归国华侨联合会是2011年7月根据中

央电视台统战工作的需求和《中华全国归国华侨联合会章程》的规定，经报台分党组研究决定，国家广电总局直属机关党委批准成立的人民团体，是中央电视台联系广大归侨、侨眷和海外侨胞的桥梁和纽带，受中国侨联和中直机关侨联指导，在台分党组领导下，在台机关党委的支持下独立自主开展工作。截至2012年底，全台登记在册的侨联会员总计381人，其中归侨12人。中央电视台归国华侨联合会第一届委员会由25名委员组成，设常委9人。侨联主席为台分党组成员、纪检组组长、机关党委书记张海鸽，常务副主席吕涛，副主席刘迎春，秘书长狄希兰，常委（以姓氏笔画为准）王颖、吕涛、米绍行、刘迎春、张海鸽、张军农、狄希兰、林俏、周瑞志。

新台址建设工程办公室

新台址建设工程办公室成立于2001年11月，是中央电视台新台址建设工程项目的建设管理部门，其主要任务是：根据国家建设工程法律法规以及有关政策规定，全面负责新台址建设工程前期市政协调、工地现场管理、工程招标管理、工程合同管理、工程造价管理、工程财务管理、工程物资管理、电视工艺设计与系统建设配合等工作。新址办下设综合业务处、工程处、合同造价处、财务处、基建物资处、技术处。新址办主任黄平刚，副主任季小军、赵频、曹建新。

综合业务处

综合业务处主要负责新台址工程市政协调、周边拆迁、工程档案管理，以及新址办日常办公业务管理协调、行政后勤保障工作。其主要任务是：负责与国家政府部门、北京市市 政部门、建设工程项目主管部门、审批部门之间的沟通与协调工作；协调周边拆迁工作；负责工程相关项目的报批和验收协调工作；负责新址办日常办公业务，协助新址办做好全台各项管理规定的落实工作；负责新址办行政后勤保障工作，对新址办办公区域的治安安全、消防安全以及新址办日常服务接待、图像资料留存、信息汇总报送、办公环境治理等工作进行综合管理协调。综合业务处处长刘宁，副处长关杨。

工程处

工程处负责工程项目建安实施管理工作。其主要任务是：负责与设计单位、施工单位、监理单位以及其它相关单位之间的技术、业务协调工作，解决各方合作中的技术问题；全面参与施工现场指挥、协调和管理等相关工作，并对造价控制提供技术支持；参与制定工程实施的技术方案和进度计划，协助监理公司审核技术洽商、进行工程验收和技术文件整理工作；研究和解决有关工程管理、施工组织的问题，提供工程管理实施情况的分析报告、可靠数据和决策性建议；相关现场设计变更、洽商、支付管理工作。工程处下设结构科、机电科、强电科、弱电科、物资材料科、通讯科、装修科、电梯科。工程处处长曹建新（兼），副处长赵磊。

合同造价处

合同造价处负责新台址建设工程招投标管理、合同管理和造价管理工作。其主要任务是：根据工程的整体进度，组织、实施工程项目招标；组织合同谈判及合同签订；督促合同履行；控制工程造价，管理以合同价为基础的建安工程变更、洽商和索赔；组织阶段性结算，审核竣工结算，完成结算手续。合同造价处下设合同管理科、招投标管理科、造价控制科。合同造价处处长贺萍，副处长付力明。

财务处

财务处主要负责新台址工程的财务管理工作。其主要任务是：按照国家相关制度并结合新台址工程的实际情况建立工程会计核算体系，加强财务内部控制，进行会计核算和编制财务报告；制定资金筹集与使用计划，依法合理及时筹集项目建设资金；对项目建设活动中的经济业务及时做好原始记录、及时记账，定期盘点、对账，确保资金安全；按照国家相关法律法规的要求组织相关部门编制项目竣工财务决算。财务处处长王朝晖。

基建物资处

基建物资处主要负责新台址工程的基建物资管理工作。其主要任务是：根据国家有关规定，制定新台址建设项目的工程物资管理制度；负责办理工程物资的到货验收入库、仓储管理、调拨、物资台账登记等日常管理工作；组织定期工程物资盘点工作并及时与财务管理部门核对账目，做到账实相符、账账相符；负责新址办日常行政办公所需办公设备和消耗材料的采购、入库、出库、发放和退库工作等。基建物资处副处长周少华、叶秋实。

技术处

技术处负责新台址建设工程建安施工、电视工艺设计和工艺系统建设配合工作。其主要任务是：按照电视工艺的要求和标准，负责制定新台址各楼宇的技术需求方案，制定与电视业务相关的需求方案，编制可行性分析报告中电视工艺部分，配合组织整体电视工艺系统的设计，全程配合建筑设计工作和施工过程，并从电视工艺的角度审核建筑设计成果。技术处下设综合科、技术科、视频科、音频科、制作科。技术处副处长何瑾。

总部接收管理办公室

2012 年 8 月 16 日，根据中央电视台总部接管搬迁工作的实际需要，经台分党组研究决定，将中央电视台新址接收管理工作办公室（简称“接管办”）与中央电视台新址搬迁工作办公室（简称“搬迁办”）合并，成立中央电视台总部接收管理办公室（简称“总部接管办”）。总部接收管理办公室负责中央电视台总部接管和搬迁相关工作。主要任务是：全面负责央视总部接收管理和搬迁各项工作的整体组织、实施、推进工作，协调相关部门面向新址接收管理和搬迁的各项工作，实现中央电视台总部全方位管理、全覆盖运行和整体搬迁实施。总部接收管理办公室下设综合业务部、房屋管理部、后勤事务部、安保消防部、法律事务部、办公系统部、动力运维部、信息服务部、项目管理部、搬迁协调部、物业管理部。总部接收管理办公室主任张海鸽（兼），副主任田应坪、刘民朝、柏杨（常务）、孙玲娣。

综合业务部

综合业务部是央视总部接管办的日常办事机构，主要负责协助领导处理日常工作，统筹、协调各部职能，传达、督办、汇总、反馈信息，为领导决策提供科学依据。主管会议、公文、信息、行政事务及有关项目。综合业务部负责人武金鑫、林辰。

房屋管理部

房屋管理部主要负责对已接管的房屋进行数据核实和存档；对房间及区域进行分配及管理；对涉及建筑、结构、装修等专项内容进行日常维修和专业维保；对办公及专业房间、区域进行装修和改造等工作。房屋管理部负责人杨怀文、隋金辉。

后勤事务部

后勤事务部主要负责总部的餐饮服务管理、会议服务管理、医疗服务管理、办公用品管理、公共设施管理和活动设施管理等工作。后勤事务部负责人刘威、毛劲松。

安保消防部

安保消防部主要负责央视总部治安、消防和交通安全管理、培训、宣传教育、监督检查，负责治安、消防等突发事件的处置工作，负责警卫、传达接待、证件和票务管理，负责安防设施、器材的维护保养，负责消防监控、治安监控机房的值班运行，负责车库的管理和运行，负责 IC 卡及门锁管理，负责节目录制现场和重大活动现场的控制。安保消防部负责人高进印、邓海京。

法律事务部

法律事务部的主要职责是：针对工作中的相关事项提供相应法律意见；协调法律顾问，派发意见征询单，并对法律意见进行审核；对与其他机构和个人签订的合同进行法律上的事先审查；对已发现的法律风险，及时进行提示和处理；处理与总部接管办有关的所有诉讼、仲裁及其它法律纠纷。法律事务部负责人仇刚。

办公系统部

办公系统部主要负责央视总部行政办公、职能管理、办公资源业务的信息化规划、需求调研、系统设计、测试评估、上线部署等工作；负责台外网、内网环境建设及应用系统开发；对行政办公系统的用户权限、管理权限、审批权限进行审核、分配及调整；集成中央电视台其它信息系统，为业务模块提供信息窗口和应用平台；制定中央电视台行政信息化系统的相关规章制度及安全标准。办公系统部负责人何新宇、赵晓博。

动力运维部

动力运维部对接技术管理中心动力管理部，主要负责接管搬迁过程中所涉及的总部供配电系统、照明系统、空调系统、新风排风系统、给排水系统、电梯系统、楼宇自控系统、市政管线（给水、污雨水、中水、热力、蒸汽等）以及人防工程中的动力系统等总部动力各系统、管线及设备的安全运行、维护、管理保障工作。动力运维部负责人孟维。

信息服务部

信息服务部主要负责对接技术管理中心，完成搬迁期间各中心、部处在新址园区的网络接入、办公电脑（含打印设备等）等办公设备的安装维护、通讯系统的服务保障、有线电视系统、公共信号显示系统的服务保障等工作；对接最终用户和工艺办、技术管理中心，完成一卡通相关系统、会议室相关系统的建设和运行维护等工作。信息服务部负责人刘玓。

项目管理部

项目管理部主要负责央视总部功能完善项目、央视总部办公家具采购管理、总部园区市场拓展及经营项目管理等。项目管理部负责人赵霞、刘宏伟、马蒴。

搬迁协调部

搬迁协调部主要负责科学制定物资搬迁实施计划、制作搬迁培训手册、组织实施搬迁过程及协调管理搬迁事务。搬迁协调部负责人韩峰。

物业管理部

物业管理部主要负责楼宇及园区巡视、综合维修、装饰工程保养维护、环境保洁、园区园林绿化、综合体育馆管理等工作。物业管理部负责人夏晓辉。

审计处

审计处成立于 1989 年 8 月，是中央电视台内部审计监督部门，在台领导的直接领导下负责全台的内部审计工作。其主要任务和职责是依照国家法律、法规、政策及本台有关制度规定，对本台及所属单位财务收支、财务预决算、财务信息系统、经济效益的真实、合法性；国有资产的安全、完整、效益性；内控制度的健全、有效性进行审计监督和评价。审计处独立行使内部审计职权，对台领导负责并报告工作。审计处处长孙玲娣。

中国电视报社

《中国电视报》于 1981 年 1 月正式创刊，名为《电视周报》；1986 年 1 月易名为《中国电视报》；1992 年 1 月创办《中国电视报》（外语节目版），2002 年更名为《中国电视报》（国际节目版）；1994 年 1 月创办《中国电视报》（北京版）。《中国电视报》的主要任务：通过宣传中央电视台节目，整合节目资源，增加自采稿件，提供延伸服务，报道影视动态，达到扩大节目宣传、提高节目收视率、增加中央电视台广告创收、服务广大观众的目的。

中国电视报社是台直属部门，下设记者组、专题组、影视组、节目组、国际组、美摄组、技术科、排版组、广告科、发行科、综合科。社长郭卫翔，副社长赵成璧、苑文刚。

音像资料馆

2010 年 7 月，音像资料馆在中央电视台频道制系列改革中整合重组成台直属单位。作为中央电视台内容资产（包括视频资料、音频资料、附属图文资料）的归口管理部门，音像资料馆的主要职能是：一、支持中央电视台节目制播，把音像资料馆打造成节目创作的资源平台，以满足中央电视台节目制播需求，具体业务包括：根据全台编导的制播需要统筹管理和发放用于节目制作的各种空白介质；负责节目资料各种介质和数据的收集、鉴定、保管；负责节目资料的数字化加工存储和编目；为台内编导提供节目资料的查询、检索、使用服务；对节目资料视频画面进行修复；负责提供馆存节目支持中央电视台节目备播；负责全台图文资料的收集、采购、提供利用及保管等。二、服务社会，把音像资料馆建设成电视产业内容供应商，以更好地满足社会各界对人类视听文化遗产的需求。具体业务包括：为中央领导及国家机关提供特藏资料；为社会团体提供有偿资料复制；为中央电视台内容资产的开发升值提供全方位服务等。

截至 2012 年 12 月 31 日，音像资料馆库存节目磁带总量达到 186 万多盘，库存节目数据总量 77 万小时，形成检索数据 1293 万条（包括节目、片段、场景、镜头 4 个编目层次），库存图文资料总量超过 11.5 万册，是亚洲最大的节目资料数据库，世界最大的视频资料库和世界上最大的节目资料综合管理平台。

音像资料馆下设秘书科、综合管理科、节目资料收集科、计费管理科、图文资料管理科、生产管理科、质量审核科、用户服务科、库房管理科、特藏资料管理科、资料编辑开发科、数据中心管理科、分发平台管理科、视音频处理科、应用管理科、资源研发科、版权确认科、统筹规划科、重点宣传资料保障科、图像检验科。音像资料馆主任倪代光，副主任强西京，党总支专职副书记周大勇。

中国国际电视总公司

中国国际电视总公司是中央电视台全额投资的大型国有企业。中国国际电视总公司成立于 1984 年，1997 年重组后，持续高速增长，业已成为中国大陆规模最大、赢利能力最强的传媒集团公司。截至2012年底，中国国际电视总公司下属全资、控股、参股和代中央电视台管理的企业共102家，并在香港、美国、日本、肯尼亚等设立子公司，全球员工过万人，其中海外雇员超过130人。

中国国际电视总公司承担提升中央电视台传播能力的重要使命。中国国际电视总公司紧密围绕中央电视台建设国际一流媒体战略，全力配合海外分台建设，2012年实现北美、非洲分台开播。中国电视长城平台多渠道全球落地，覆盖10万付费用户。中国网络电视台已形成涵盖电脑、手机、电视终端三屏融合的全媒体业务布局。中央数字电视平台是全国市场份额、在线用户数和市场收入最高的集成播控平台。境外卫星电视节目播控平台在中国大陆独享境外卫星频道代理权，代理30多个境外卫星电视频道全国落地。

中国国际电视总公司是中央电视台产业发展的重要平台。通过全力适配中央电视台发展战略，积极发挥投融资平台和企业管理平台作用，充分利用集团经营优势，中国国际电视总公司已形成全媒体运营、跨地域发展的多元化传媒产业经营体系，构建了完整的以电视为核心的全媒体产业链条，在电视剧制作、版权销售、广告经营、体育赛事运营和收视调查等领域，打造了一批国内领先的旗舰企业。

中国国际电视总公司总部下设办公室、计划财务部、人力资源管理部、战略与投资管理部、审计部、法律事务部、资产经营部、党群工作部8个职能部门，下辖中视影视事业部、中视发行事业部、中视广告事业部、中视旅游实业事业部、中视科华有限公司、中视动画事业部6大事业部，以及以央视国际网络有限公司、中央数字电视传媒有限公司、中视体育娱乐有限公司、中视电视购物有限公司、中视国际传媒有限公司等公司为代表的18家直管公司。中国国际电视总公司董事长、总裁梁晓涛，常务副总裁沈向军，副总裁唐世鼎、汪文斌、赵刚、潘超、张海潮、魏平、滕云平、王浩，总裁助理马润生、黄艳荣、曹青、石宪法。地址：北京市海淀区羊坊店路9号京门大厦。通讯地址：北京市3831信箱。邮编：100038。电话：010-63950016。传真：010-63957106。网址：www.citvc.com。

中视影视事业部

中视影视制作有限公司

中视影视制作有限公司系中央电视台与中国国际电视总公司共同投资成立的影视制作机构，注册资本5000万元。公司主要负责各类影视节目的策划、投资、拍摄和制作，通过市场运作方式向中央电视台、地方电视台以及海外影视媒体提供精品电视剧、纪录片等节目；同时还从事演员经纪代理业务。公司的主要运营理念是向专业化、精品化发展。自成立以来拍摄制作题材多样、内容丰富的精品电视剧200余部5000余集，年生产能力达400余集。公司投资制作的较有影响力的剧目有《李小龙传奇》、《大宋提刑官》、《感动生命》、《西圣地》、《炊事班的故事2》、《钢铁是怎样炼成的》、《张小五的春天》、《中国远征军》、《卧薪尝胆》等。2012年，公司已制作完成《愤怒的摄影师》、《青春燃烧的岁月》、《地火》、《捍卫者》等优秀作品，其中《感动生命》荣获中共中央宣传部第12届精神文明建设“五个一工程”优秀作品奖；《山里红》获中国人民解放军总政治部全军电视剧“金星奖”长篇电视剧二等奖。公司下设11个制片工作室，以及策划部、宣传部、运营部、综合业务部、办公室、财务部、人力资源部等若干部门。公司法定代表人兼总经理：张海潮。地址：北京市海淀区羊坊店路9号京门大厦2段8层。邮编：100038。电话：010-63972977、51862780。电子信箱：cftcd@office.citvc.com。网址：www.zsys.org。

中视演艺中心

中视演艺中心是中国国际电视总公司的分公司，始创于1996年6月，企业注册资金500万元。经营范围：承办各类型电视转播及电视录播、电视节目的制作；承办各项与电视艺术有关的比赛；与中外电视机构联合拍摄、联合制作综艺节目；承办国内外各种文艺演出、大型晚会、戏剧、话剧、舞台剧、音乐剧及文化交流活动（包括企业庆典、娱乐场所演出、品牌形象宣传、组织会议等），从事文化经纪代理业务；承接国内、外各类文化类演出报批，包括各类室内、户外和商业、非商业演出活动；签约、包装歌手，影视、歌手和主持人演艺经纪代理；为电视创作人员、演艺人员及演艺事业爱好者提供研讨、培训、进修、比赛等机会；策划、组织承办各项大型节庆晚会，进行广告宣传，展位设计等；其他法律法规规定许可经营的业务。品牌项目：《精彩中国》系列大型文艺晚会。合作项目：与中央电视台相关栏目开展业务合作（包括但不限于经费管理、人员管理、项目报批、电视节目录制和制作等）；《精彩中国》等系列国内外大型综艺晚会、演出活动的承办和制作；企业庆典、节假日欢庆等文艺演出；引进国外艺术团体在华演出项目；戏曲片、电视剧、艺术片投资、策划及制作；国内、外综艺节目的制作和合拍；策划、广告宣传、展位设计和节目推广；签约影视演员及歌手、艺人经纪代理（包括主持人、演员、歌手等）。总经理：张海潮。法定负责人、副总经理：韩凤侠。地址：北京市海淀区羊坊店路 9 号京门大厦 2 段 705 室。邮编：100038。电话：010-68508471、010-68500771。传真：010-63961641。电子信箱：yanyi@citvc.com。

央视（北京）娱乐传媒有限公司

央视（北京）娱乐传媒有限公司成立于 2008 年 8 月，是由中央电视台著名品牌栏目《同一首歌》转型而来。公司以发展文化产业、打造文化娱乐品牌为方向，以传播和沟通国内外优秀文化为宗旨，以整合中国最优质的媒体资源、内容资源、实体资源为模式，形成了一个集策划、组织、制作、传播于一体的娱乐传媒公司。公司业务以大型活动策划制作为龙头，承办、制作各种类型的大型文艺演出以及各种节庆活动的策划组织，此外还承制企业以及城市宣传片、广告片、纪录片等项目。电视栏目企划制作、影视剧制作、演艺经纪业务、品牌再授权业务等也是公司着力运作经营的方向。公司近年来制作、播出了大量的电视文艺晚会。此外还为中央电视台和地方电视台栏目制作了大量节目。公司下设大型活动部、电视节目部、剧场演出部、演艺经纪部、品牌经营部、孟欣工作室等 6 个业务部门及办公室、财务部。总经理：刘智强。地址：北京市海淀区羊坊店路六号天洋商厦 A 座三层。邮编：100038。电话：010-51899090，51899070。传真：010-51899072、51899078。电子信箱：cctvem@cctvem.com。网址：www.cctvem.com。

中视发行事业部

中国广播电影电视节目交易中心（中国国际电视总公司节目代理部）

中国广播电影电视节目交易中心成立于 2002 年 5 月，由中央电视台全额投资的原中国电视节目代理公司依法变更组建而成。该交易中心系中央电视台专门从事影视节目营销、音像制品出版发行的机构，是中国最大的影视节目专业营销实体、中国最具生命力的音像出版发行单位；2004 年 7 月通过 ISO9001:2000 国际质量管理体系认证。公司负责中央电视台版权节目及其它中国优秀影视作品的全球营销工作，广泛开展与国内外媒体、机构的影视节目合作、广告代理及其它国际交流活动；拥有中国最畅通的电视节目国际国内营销网络和中国最丰富的电视节目资源储备，每年向中国及海外媒体机构提供 1 万多小时的电视剧、纪录片、卡通片等影视节目，每年从海外引进大量的优秀电影、电视剧供国内媒体播出，出版数千小时的各类音像制品发行到国内外市场；营销网络遍及全国 34 个省、自治区、直辖市，以及海外各大洲共 60 多个国家和地区。由中国广播电影电视节目交易中心 / 中国国际电视总公司节目代理部承办的一年一度的“中国国际影视节目展”已经成为亚洲规模最大的影视节目交易盛会。公司实行总经理负责制，下设国内部、国际部、音像部、节目运营版权管理部、技术制作部、财务部、人力资源部、办公室。总经理：马润生。地址：北京市海淀区羊坊店路 9 号。邮编：100038。电话：010-63957153。网址：www.chnpec.com。

深圳中视国际电视公司

深圳中视国际电视公司成立于 1993 年 6 月，是中国国际电视总公司在深圳设立的全资公司，具有独立法人资格。公司主营业务为音像制品(国内版权)的购销、租赁与连锁经营；设计、制作国内外电视广告，代理自制广告的发布，电视节目及音像制品的版权代理，房屋租赁。深圳中视国际电视公司的注册资本为 3138.96 万元，公司下设广州经营部、音像连锁门店、制作部、广告部、办公室、财务部等部门。公司依托总公司的集团优势，负责在全国范围内实施各类媒体广告的策划、创意、设计制作和代理发布；影音制品的制作、发行和版权代理等，为广大客户提供全方位、综合性的专业服务。公司独家代理中国铁路第一屏——北京西客站信息屏的广告，是铁路媒体当中的最强势媒体。公司还独家代理中央电视台和香港亚洲电视国际台强力联手推出的《中国新闻报道》栏目贴片广告，收视覆盖香港、澳门及广东地区。公司为诸多大型企业提供了精良完善的整体策划及宣传推广服务，在业界和客户当中享有良好的声誉，2005 年至 2007 年连续三年被深圳市委、深圳市人民政府评为“精神文明建设先进集体”。法定代表人：冯宝良。地址：深圳市福田区深南中路 1002 号新闻大厦 16 楼 1603。邮编：518027。电话：0755-82090088。

中视广告事业部

北京未来广告有限公司

北京未来广告有限公司是中央电视台所属的全资广告公司，于1992年与《东方时空》栏目相伴而生，是中央电视台探索专业频道经营、面向市场多元化经营的重要平台。公司下设策划中心、销售中心、行政中心、财务中心、媒介中心、公关推广中心以及新媒体拓展部。1998年起，未来广告公司专注电视体育营销，独家代理 CCTV-5 体育频道，并逐步发展成为中国最领先的电视媒体专业运营商。近年来，随着新媒体的蓬勃发展，未来广告公司整合中央电视台旗下的网络和平面媒体，实现多媒体互动传播；同时，深入体育产业的上下游，与NBA、CBA、F1等赛事组委会建立了伙伴关系，将经营领域扩展至赛场内外。秉持“以市场为导向，以客户为中心”的服务理念，未来广告公司连续数年获得“中国一级广告企业”资质认证和“重合同、守信用”单位称号。公司立足专业体育营销，为客户提供依托中央电视台专业频道的媒体咨询、策划，广告发布以及效果评估等一系列服务，并拓展户外、网络、平面等媒体线上线下整合传播营销服务。总经理：张勇。地址：北京市朝阳区建国路甲92号世茂大厦B座19层。邮编：100022。电话：010-59573188、59573288（总机）。传真：010-59573111。网址：www.future-ad.com。

北京视澜广告有限公司

北京视澜广告有限公司成立于1997年，是中央电视台与美国映佳国际传播公司的合资企业，独家代理销售《每日佳艺》的栏目广告。北京视澜广告有限公司为客户提供广告业界动态、市场信息、新法规规定等资讯；并运用精确的国际化媒体分析软件，为客户评估媒体、整合资源、提供策略支持、制定行之有效的投放计划。为进一步细化公司服务工作，提供增值服务，特别成立了广告播出监管小组，24小时内提供监播查询。公司与国际品牌宝洁、百事可乐、可口可乐、欧莱雅建立了长期良好的合作关系。公司下设媒介部、客户服务部、销售部、项目开发部、财务部和行政人事部。总经理：张绪燕。地址：北京市海淀区复兴路乙11号梅地亚中心写字楼560室。邮编：100038。电话:010-68509958，68509948，68550526/27/28。传真:010-68550530。

中视旅游实业事业部

中视实业发展有限责任公司

中视实业发展有限责任公司成立于1997年6月27日，注册资金1300万元人民币。员工380人，公司资产6000多万元，营业收入超亿元。公司下设办公室、财务部、媒资开发部、制片服务中心、形象设计部、技术维修中心等部门。公司依托中央电视台主流媒体资源，以传媒服务产业为经营特色，主要业务涵盖媒资管理与开发、综合制片服务、演播室管理、音频技术服务、服装化妆服务、媒体特色商贸、大型活动承办、办公设备技术维修等8大板块。公司不仅承担中央电视台常规编目业务，而且承担着非汉语编目、“特藏”编目及大型赛事场记任务。公司还承担了《直通春晚》栏目的直播任务。同时提供中央电视台中文国际频道完整制片服务，与中国侨联合作拍摄特别节目《客家足迹行》100期节目，在欧美120多个国家播出。董事长：滕云平，总经理：陈维立。地址：北京市海淀区羊坊店路9号京门大厦二段809室。电话：010-63957035、63957041。电子信箱：liuguangran@ly.citvc.com。

梅地亚电视中心有限公司

梅地亚电视中心有限公司（梅地亚®中心）成立于1988年8月16日，1990年9月13日正式开业，是一家涵盖星级旅游饭店、写字楼、公寓、酒店委托管理和物业管理、劳务派遣、会议服务、电视节目制作以及卫星传送业务等多元化的综合性企业。梅地亚中心连续四年跻身“北京著名商业品牌”100强。2007年，梅地亚被认定为“中国驰名商标”。公司下设电视业务部、市场营销部、餐饮部、前厅部、客房部、计划财务部、工程部、保卫部、项目管理部、总经理办公室、人力资源部、工会。董事长：滕云平，总经理：王国利。地址：北京市海淀区复兴路乙11号。邮编：100038。电话：010-68514422。传真：010-68550326。网址：www.mediacenter.com.cn。

北京荧屏汽车租赁有限公司

北京荧屏汽车租赁有限公司成立于1993年2月。公司主营业务为汽车租赁。作为中央电视台租用公务车唯一指定服务商，公司始终秉承“安全第一、服务至上，以客户为焦点，以主动服务为核心”的企业宗旨，为全台和总公司系统提供安全放心的公务用车以及周到优质的用车服务保障。公司下设综合办公室、财务部、业务部、售后部。公司经营租赁车辆种类齐全，拥有奥迪、帕萨特、雅阁、桑塔纳、金龙、考斯特等多种品牌型号的租赁车辆。截至2012年12月，公司拥有大、中、小型客车总计610余辆。提供维修救援、保险理赔、汽车检测等配套服务。客户资料、车辆档案、合同管理、保险档案、维修数据以及售后服务等档案、数据管理实现系统标准化。总经理：韩春来。地址：北京市海淀区复兴路11号。邮编：100859。电话：010-68500675。传真：010-68580631。电子信箱：qichezulin@lycitvc.com。

北京中广物业管理有限公司

北京中广物业管理有限公司是由国家广播电影电视总局机关服务中心（授权北京广维物业管理有限责任公司投资）和中央电视台中国国际电视总公司（授权中视实业发展有限责任公司投资）共同出资组建的一家独立法人企业，公司成立于2002年8月，注册资金500万元人民币，具有国家物业管理二级资质。公司实行董事会领导下的总经理负责制，下设一室三部：总经理办公室、财务部、管理部、人力资源管理部；设五个项目管理处和一个分公司：音像资料馆项目管理处、央视项目管理处、央视住宅项目管理处、真武家园项目管理处、地图出版集团项目管理处、安徽分公司。公司拥有一批资深的物业管理专业人员和专业技术人员。公司成立伊始就提出了“高标准、高起点，走精品之路，建现代化企业”的发展战略，及时导入了国内先进的A管理模式和国际ISO9001:2008质量管理体系、ISO14001:2004环境管理体系、GB/T28001:2001职业健康安全管理体系，创立了自有的成本预算、资产管理等九大管理体系，以“安全无事故、服务无投诉”为服务宗旨，确立了以人为本、亲情管理的人性化物业管理模式，逐步实现了公司管理的科学化、制度化、程序化、规范化。总经理：王殿林。地址：北京市西城区真武庙二条九号。邮编：100045。电话：010-86092321。电子信箱：zhongguangwuye@ly.citvc.com。网址：www.bjzgwy.com。

北京中视物业管理有限责任公司

北京中视物业管理有限责任公司系中国国际电视总公司控股的公司，成立于1998年4月，是集写字楼物业、商务服务、特种行业设备设施运维服务等多种物业服务为一体的物业服务企业。公司于2005年获得ISO9001质量体系认证。自2008年以来，公司紧密配合中央电视台，圆满完成了“春晚”、“两会”、“嫦娥二号”发射、国庆、上海世博会、世界杯足球赛、第16届亚运会等重大活动和重要新闻发布会转播的动力保障任务。中视物业实行董事会领导下的总经理负责制，以办公室、计划财务部、人力资源部、品质部、技术部（含工程师办公室）为职能部室，下辖中央电视台项目管理处（现址）、中央电视台新址项目管理处、京门项目管理处（中国国际电视总公司办公区）、中国网络电视台项目管理处。法人代表：滕云平，总经理：白凤海。地址：北京市海淀区羊坊店路9号京门大厦2段。邮编：100038。电话：010-63950470、51862860。传真：010-63957045。电子信箱：zhongshiwuye@ly.citvc.com。

中塔有限责任公司

中塔有限责任公司是由中央电视台、无线电台管理局、中国国际电视总公司出资创办，由中央电视台控股的有限责任公司。公司的前身是1994年成立的北京中央塔旅游开发公司，1995年经国家工商局批准注册为中塔有限责任公司，注册资本6000万元，主要业务为中央电视塔景区旅游开发的经营管理工作。公司下设观光部、餐饮部、市场部、新业务部、商品部5个主要经营部门及运营保障与服务部、办公室、财务部、人事部、安全小组5个职能保障部门。中塔景区于2002年被国家旅游局评定为国家AAAA级旅游景区。公司董事长：赵刚，副董事长：李智，监事会主席：董为民，总经理赵玉东。地址：北京市海淀区西三环中路11号。邮编：100142。电话：010-88416221。传真：010-86093373。网址：www.zydst.cn。

央视后勤服务发展（北京）有限责任公司

央视后勤服务发展（北京）有限责任公司成立于2005年10月11日，公司注册资本3253.96万元。主要为中央电视台宣传报道和台职工提供盒饭、自助餐、份餐和零点餐等中餐服务，同时，还提供咖啡、饮料、烟、酒和小食品等销售服务。公司一直秉承“服务于全台，造福于职工”的工作宗旨，紧密围绕全台重点工作，圆满完成全台重大宣传活动和台职工的后勤餐饮服务保障工作。2009年公司被评为北京市餐饮服务食品卫生量化分级“A”级单位。2010年取得质量管理体系和食品安全管理体系两项认证证书。央视后勤服务公司的组织结构分为职能、业务、生产销售三大部分。下设行政部、人力资源部、财务部三个职能部门；采购部、质检部两个业务部门；餐饮一部（盒饭部）、餐饮二部（自助餐厅）、餐饮三部（三楼餐厅服务和三楼餐厅厨房）、餐饮四部（IBC 快餐厅）、餐饮五部（咖啡厅）以及餐饮六部（央视总部餐厅）七个生产销售部门。负责人：崔立新。地址：北京市海淀区复兴路 11 号。邮编：100859。电话：010-68507420。传真：010-68507420。电子信箱：yangshihouqin@ly.citvc.com。

北京中视汉威航空服务有限公司

北京中视汉威航空服务有限公司是经中国航空运输协会和北京市工商行政管理局批准注册登记的一类民航客运销售代理企业。该公司系中国国际电视总公司的控股公司，成立于 1996 年 1 月。公司主营业务：国际航线和香港、澳门、台湾航线及国内航线的航空客运销售代理业务。公司下设办公室、财务部、国际客运部、国内客运部和北京中视汉威航空服务有限公司第一、二、三机票代理处等 3 个分支机构。董事长：滕云平，经理：李宪伟。总部地址：北京市海淀区复兴路 11 号 3 号楼一层。邮编：100859。电话：010-68539694。传真：010-68509818。电子信箱：zhongshihanwei@sohu.com。

中广国际旅行社有限公司

中广国际旅行社有限公司自 1996 年成立以来，一直以提供专业化、高效率、满足顾客个性化需求为服务宗旨，以为顾客提供优质和便捷旅游服务、多元化的旅游产品为目标，致力于打造一个具有旅游服务专业化、旅游产品多元化的高品质旅行社。近两年，借势国内外旅游的发展环境，公司依托传媒业股东的特殊背景，一方面继续深化开发传统旅游项目和产品，如：中国公民的出境旅游和国内旅游、专项旅游、会展、奖励旅游、商务旅行等旅游业务，另一方面，强力推出具有专业化制片服务的新特色经营思路，承接了中央电视台众多知名栏目的制作保障工作，得到各方客户一致好评的同时，公司的发展方向也更加多元化。法人代表兼总经理：滕云平。地址：北京市海淀区羊坊店路 9 号京门大厦 2 段。电话：010-63957034。传真：010-63957040。电子信箱：zhongguangguolv@ly.citvc.com。

北京中视华业电视工程有限公司

北京中视华业电视工程有限公司成立于 1949 年。公司在歌华有线双向有线电视系统设计、施工及维护、建筑智能化系统以及消检、电检等方面，具备精湛的专业技术、严格的质量管理制度、良好的资源优势以及较强的综合实力。公司秉承“敬业、求实、高效、创新”的企业精神，奉行“以人为本、树立形象、扩大影响、不断进取、回报社会”的经营理念，通过现代化的运营机制、高效的管理团队和优秀的施工队伍，在同行业中有着强劲的竞争优势和发展潜力。中视华业拥有有线电视设计安装、维护一级资质；卫星地面站的设计、安装一级资质；安全防范工程设计施工二级资质；消电检检测资质；GB/T19001:2008 质量管理体系认证。是北京歌华有线电视网络股份公司委托的六家有线电视双向网络和有线电视管道需求设计的单位之一；北京歌华有线电视网络股份公司委托的宽带网络接入、维护单位之一；是北京消防协会会员单位，具有建筑物防火检测、建筑电气检测的资质。公司的工程案例包括歌华有线近 16 万户的有线电视系统售后维护；北京林业大学校园视频监控设备整合系统；顺义核电建造研发项目建筑智能化系统；北蜂窝住宅小区弱电系统；中视科华卫星直播工作站监控中心安防、会议、GPS 定位系统、大屏幕系统等；清华大学射击馆、静安公寓 A 座、茶贸国际中心、中国广播电视音像资料馆一、二期、天鸿集团回龙观大型住宅小区弱电安防等。公司现拥有高级工程师、工程师、助理工程师、各专业管理人员及其他正式聘用人员 100 余名，另还拥有专业的弱电工程施工队伍。公司下设办公室、财务部、有线网络部、技术部、安防部、仓储运营部、安全部。总经理：芦燕生。地址：北京市海淀区花园北路 14 号环星大厦 A 座二层东侧。邮编：100083。电话：010-62371078、62371190。传真：010-62371190。电子信箱：hy@js.citvc.com。

荧屏（北京）电视技术有限公司

荧屏（北京）电视技术有限公司主营业务包括：卫星电视接收系统、有线电视系统、消防监控系统、电视周边业务；技术咨询、技术开发、项目实施；承办大型会议、代理广告业务。公司成立于 1993 年，是中国电子学会、中国广播电视协会、有线电视专业委员会会员，是北京市高新技术企业。持有相关施工资质，具有过硬的施工及管理队伍，曾多次为国家重大工程项目提供优质技术服务。2011 年承接了中国首届微电影大典的筹备会、开幕典礼、微电影论谈等会议承办业务。公司下设综合业务中心、工程管理中心、有线电视运营中心、消防监控运营中心、国际传媒中心五个业务部门。负责人：冀彤彤。地址：北京市海淀区复兴路乙15号。邮编：100038。电话：010-68507251、68573153。传真:010-68511625。网址:www.ying-ping.com。

北京央视国金工程管理有限公司

北京央视国金工程管理有限公司成立于2003年11月12日，公司主要职能是服务于中央电视台新台址建设工程。公司成立后，受中央电视台委托承担中央电视台新台址建设工程项目的全过程管理工作，至2011年1月起转变为就该项目向中央电视台提供相关专业技术服务。依据中央电视台新台址建设工程办公室的工作要求，公司选派了一批满足该项目需求、具有相关资质及丰富工作经验的专业技术人员，服从于中央电视台新台址建设工程办公室的管理及工作安排。公司由办公室、财务部、工程部、合同造价部4个部门组成。董事长：滕云平。总经理：曹建新。注册地址：北京市朝阳区东环北路32号。通信地址：北京市朝阳区呼家楼新苑甲1号。邮编：100020。电话：010-58692345。传真：010-68507144。

北京金视缘纯水制造有限责任公司

北京金视缘纯水制造有限责任公司成立于1997年5月5日，注册资金50万元。公司主要经营项目：生产桶装纯净水及少量的相关商品（如饮水机、瓶装水和一次性纸杯等）；为国家广电总局、中央电视台、中国国际电视总公司及家属区送桶装纯净水、矿泉水的服务。现年送水量8万余桶。公司下设办公室、财务部、业务部。总经理：张敬勇。地址：北京市海淀区复兴路11号。邮编：100859。电话：010-68506382。传真：010-68506382。电子信箱:jinshouzhang@ly.citvc.com。

北京金视光盘有限公司

北京金视光盘有限公司成立于1998年7月28日，是中央电视台、中国国际电视总公司下属的生产型企业，注册资金1000万元。公司主营项目：激光数码储存片子盘复制、印刷；CD、DVD类母盘制作及其它技术服务。在光盘行业大环境的影响下，2006年初，公司转变经营思路，与隶属于保利集团的北京保利星数据光盘有限公司合作，至2011年年底结束。法人代表：李小健，负责人：蔡少杰。地址：北京市海淀区杏石口路32号。邮编：100195。电话：010-88442558。传真：010-88442558。电子信箱：gvod@office.citvc.com。

中视科华有限公司

中视科华有限公司成立于2005年11月14日，是中国国际电视总公司旗下的技术管理公司。下辖九家公司，分别是北京新闻技术服务分公司、北京文化创意分公司、北京技术培训分公司、北京技术服务分公司、中视电视技术开发公司、北京中视远图影视传媒有限公司、北京中视环亚卫星传输有限公司、北京中视创新文化发展有限公司、北京中视节点文化发展有限公司。中视科华有限公司秉承中央电视台“建设国际一流媒体”的战略宗旨，依托中国国际电视总公司在影视文化产业的雄厚实力，立足电视媒体，已发展成为国内最大的综合性媒体技术管理公司，为中央电视台、北京电视台等多家电视台及政府机构、海外机构提供电视媒体领域多元化的技术服务与支持。中视科华有限公司产业链完整，拥有国际一流的创意策划团队，行业顶级的灯光、电视特种设备公司及舞美设计制作公司，已逐步形成以创意策划为龙头，涵盖大型演艺、各类活动策划实施、体育赛事转播、卫星信号传输、电视节目前后期制作、影视教育培训等各个电视领域的经营格局。公司下设综合管理部、人力资源部、计划财务部、运营管理部、党群工作部、审计部、事业发展部、文化产业发展中心。总经理:郑艺。地址：北京市海淀区复兴路戊12号恩菲大厦B座三层东侧。邮编：100038。电话：010-68510108。传真：010-63952822。电子信箱：zskh@mediacctv.com。网址：www.mediacctv.com。

中视科华有限公司北京新闻技术服务分公司

中视科华有限公司北京新闻技术服务分公司成立于2010年11月8日。主要为分布在全国各省、市、自治区的中央电视台驻国内31个记者站提供技术支持及运营保障服务。公司紧密围绕“服务至上、反应快速”的中心工作，配合中央电视台新闻中心、播出传送中心总计完成直播数千场，各类新闻报道上万条。其中上海世博会、玉树地震、藏羚羊迁徙、钱塘潮直播、千岛湖水下古城探秘等精彩的新闻报道，不仅在当时掀起了新闻播出的高潮，还受到了台、地方及中央领导的高度肯定与表扬，在社会上赢得了良好的反响。公司下设办公室、人力资源部、计划财务部、业务保障部、资产管理部、技术管理部及网络信息部。总经理：刘香菊。地址：北京市朝阳区高碑店乡半壁店村惠河南街1117号。邮编:100023。电话:010-67043293。传真:010-67043290。电子信箱：xinwenjishu@126.com。

中视科华有限公司北京文化创意分公司

中视科华有限公司北京文化创意分公司成立于2010年11月23日。公司秉承“团结、勤奋、创新、服务”的理念，已形成“创意策划与设计、电视节目研究、视觉图形制作”三大具有竞争力的支柱业务板块，为客户提供一体化的创意集成服务。公司业务合作对象包括中央电视台的综艺频道、财经频道、综合频道、中文国际频道、大型节目制作中心等9个频道及中心，合作栏目包括《谢天谢地你来啦》、《艺术人生》、《文化正午》、《星光大道》、《我要上春晚》等21个栏目。文化创意分公司业务团队融合优秀人才，以创意为核心，以市场为导向，致力成为整合电视媒体品牌形象包装、企业品牌形象、大型活动和主题晚会、电视节目研发、电视节目监测、产品品牌形象策划与实施等多个文化创意领域的一体化集成商。公司下设综合管理部、人力资源部、计划财务部、业务部、创意部、制作部、研究中心。总经理：吴涤。地址：北京市海淀区羊坊店路9号京门大厦C段616。邮编：100038。电话：010-63960260。传真：010-63960260。电子信箱：whcy@mediacctv.com。

中视科华有限公司北京技术培训分公司

中视科华有限公司北京技术培训分公司成立于2010年11月18日，是中视科华公司全力打造的培训行业的领导品牌。依托中央电视台雄厚的行业背景，秉承服务中央电视台、服务中国影视行业发展的理念，以“立足于总公司、服务中央电视台、面向社会市场”为发展宗旨，以中央电视台节目制作水平为教学标准，以满足国家级影视机构的人才需求为己任，全力打造中国影视行业从业人员的学习培训基地。公司承接的项目包括中央电视台海外分台、新址系统、奥运会伦敦报道团等专项培训，与总参谋部政治部开展的联合办学以及社会、院校的各类培训、认证项目。公司下设综合管理部、战略合作部、教学部、市场部、教务部、运营服务部。总经理：邵勇。地址：北京市海淀区羊坊店路9号C段8层。邮编：100038。电话：010-63959330。传真：010-63962553。电子信箱：px@mediacctv.com。

中视科华有限公司北京技术服务分公司

中视科华有限公司北京技术服务分公司成立于2012年7月17日，是以中央电视台为唯一服务对象的技术服务分公司。公司通过实施技术指导监督机制，推行全员持证上岗、项目管理等有针对性的服务措施，明确责任、强化管理、规范流程、统一标准，为中央电视台技术系统提供高效率、高质量、高水平的服务。公司业务包括中央电视台3D制作转播、演播室录制、音频、灯光、新址综合制作等代运行项目，同时为中央电视台财经频道、综艺频道、综合频道、体育频道、少儿频道等众多频道和《星光大道》、《非常6+1》等知名栏目提供专业的后期制作服务。公司后期节目制作量现已达中央电视台后期节目总制作量的55%。公司下设行政办公室、人力资源部、计划财务部、业务一部、业务二部、业务三部、业务四部。总经理：尚德学。地址：北京市海淀区复兴路戊12号恩菲科技大厦A座北区604室，邮编:100038。电话:010-63963166。传真:010-63963166。电子信箱：jsfw@mediacctv.com。

中视电视技术开发公司

中视电视技术开发公司成立于1993年2月27日，是中视科华有限公司的全资子公司。公司主要业务是：技术服务和设备租赁业务。技术服务业务主要是针对中央电视台的项目代维及专业电视设备维修；租赁业务主要是演播室及舞台电视灯光设备租赁、特种设备租赁（包括LED大屏幕、DLP显示屏、高清投影机、升降臂、等离子、广角等），专业音频设备租赁和专业体育音频转播车的租赁。公司不仅是2008年北京奥运会、残奥会灯光项目总承包商，而且为中央电视台历年春节联欢晚会提供灯光、音频、高清投影大屏幕及升降臂技术服务，公司同时承揽演唱会、大型展览会、大型综艺活动、经济论坛等项目，连续七届成功承接“全国电视灯光设备展示暨技术交流会”。公司下设综合管理部、人力资源管理部、财务部、市场部、灯光业务部、特种设备部。总经理：邓朴琪。地址：北京市海淀区复兴路戊12号恩菲科技大厦A座317室。邮编：100038。电话：010-63955802。传真：010-63955859。电子信箱：dj@js.citvc.com。

北京中视远图影视传媒有限公司

北京中视远图影视传媒有限公司成立于2000

年11月30日，是中视科华有限公司的全资子公司。主要从事广播电视设备、多媒体编辑设备的维修维护、电视系统工程的设计与施工等项业务，相继完成了APEC国际会议中心主控传送机房、奥运会羽毛球馆、世博会浦东演播室系统、中央电视台非洲分台系统集成搭建等多项重大集成工程项目。公司另一主体业务是高清电视剧、数字电影、专题片等节目的拍摄制作；三维虚拟再现、动画制作及音频制作。历年来完成了百部以上影视作品，如建党90周年的献礼影片《吴运铎》、大型文献纪录片《旗帜》等多部重大题材的影视作品。公司还从事专业影视设备销售业务，为客户提供影视制作的整体解决方案；广告业务，为众多的企业尤其是房地产行业提供广告全案策划、广告代理、媒介宣传和广告制作等综合服务。公司下设技术部、影视部、广告部、行政部、财务部。总经理：尚德学。地址：北京市海淀区西四环中路49号中央电视台影视之家北楼7～9层。邮编：100039。电话：010-68513461。传真：010-68575516。电子信箱：zsyt_manage@163.com。网址：www.zsyt.cn。

北京中视创新文化发展有限公司

北京中视创新文化发展有限公司成立于1998年1月21日，是中视科华有限公司的全资子公司。公司业务涵盖电视栏目制作、纪录片、专题片、电视剧、动画片、电视综艺节目的策划及制作、电视专业设备租赁、演播室租赁、技术服务、技术支持、电视节目发行、广告代理等，是具有一定规模及实力的节目制作公司。几年来公司合作参与了中央电视台大型系列纪录片《辉煌60年》、《大国崛起》、《复兴之路》、《改革开放三十年》、《中国故事》、《公司的力量》的制作，播出后获得广泛好评。中央电视台立项并安排播出的大型纪录片《家具里的中国》正在拍摄。公司与中央电视台及地方台有着广泛的合作，独立策划制作了中央电视台《平安365》、《普法栏目剧》，参与中央电视台《一线》、《讲述》、《心理访谈》、《热线12》等15个栏目的制作。公司近年来完成了中央电视台及地方台演播室等多个电视工程项目，并长期为中央电视台及地方台、文化传媒公司、广告公司等提供专业电视设备的租赁及技术支持。公司下设行政管理部、财务部、资产经营部、纪录片部、节目部、技术项目部。总经理：张玉志。地址：北京市朝阳区光华路15号泰达时代中心1号楼508室。邮编：100026。电话：010-85718120。传真：010-85885082。电子信箱:cctv_zscx@163.com。网址：www.cctvcx.com。

北京中视节点文化发展有限公司

北京中视节点文化发展有限公司（原北京中视联信形象设计制作有限公司）成立于1998年12月22日，是中视科华有限公司的全资子公司。专门从事舞台场景设计制作、各类大型文化活动、国家级庆典活动、大型文艺演出的策划、组织与实施及展览展示等。2007年公司率先在业内荣获了“ISO9001:2000质量管理体系”和“OHSAS18001:1999职业健康安全管理体系”的认证。同年又荣获中华人民共和国国家知识产权局颁发的“实用新型专利证书”，保证了创意产品的设计与制作服务品质。公司下设项目部、驻台业务部、制作部、技术部、物资部、行政部、人力资源部和财务部。总经理：张旭。地址：北京市丰台区小井808号。邮编：100073。电话：010-63827621。传真：010-63827627。电子信箱：CCTV-vision@sina.com。网址：www. CCTV-vision.com。

北京中视环亚卫星传输有限公司

北京中视环亚卫星传输有限公司成立于2003年12月17日，是中视科华有限公司的全资子公司。公司成立之初即获得了国家广电总局授权批准的“开展广播电视卫星传输业务”资格。公司既有固定的卫星传送注入点，又能承接临时转播传送业务。公司现有EFP数字高清转播系统、卫星车、转播车、工具车及各种制式/格式的传送设备。EFP数字高清转播系统可在各种体育比赛、境外赛事及大型文艺活动现场完成节目的直播和录制。卫星车整合了现有各类型的卫星上行功能，采用C波段与Ku波段共用，配备750W C频段高功放和400W Ku频段高功放，可满足多种上行要求。车内同时配备有信号复用器，可实现多路电视信号传送，并兼容模拟、标清、高清三种输入方式。公司以高尔夫赛事转播一体化服务的新模式，在亚洲地区赛事电视设备供应商中形成了独特优势。公司通过优质的服务和良好的技术条件，与境外制作公司建立了友好密切的合作关系，制作水平得到境外制作公司的充分认可。公司下设管理部、财务部、租赁部、传送部、保障部。总经理：王晖。地址：北京市朝阳区建国门外大街甲24号东海中心1606-9室。邮编：100004。电话：010-59271828。传真：010-59271833。电子信箱：hy@ CCTV-hy.com。网址：www. CCTV-hy.com。

中视动画事业部

央视动画有限公司

央视动画有限公司由中央电视台原动画部于2007年3月18日整建制转制后重组而成，是中央电视台全额投资的大型动画企业。央视动画有限公司有着三十年的电视动画片创作、制片和运营经验，拥有国内一流的动画片创作人员、制作人员与市场开发人员和精良的动画制作设备及科学有序的管理体系，研发和制作了不同题材（如童话、教育、科幻、历险等）和应用技术（如2D、3D、定格动画、动态捕捉等）的各类动画片。公司已推出200余部电视动画片，原创动画年产分钟数逾6000分钟。央视动画有限公司以“精品战略”为核心，致力于打造国际级动画品牌和形象，重点加强前期策划，并开拓产业化、品牌化、国际化发展道路。在依托中央电视台少儿频道为主要播映平台的基础上，央视动画有限公司的主营业务包括：原创动画生产、动画版权管理与开发、衍生品市场开发与授权、新型媒体业务的合作与开发、动画产业项目与品牌运营合作，以及大型活动和舞台剧举办和国际性动漫交流活动组织等。公司下设创作管理办公室、创作一部、创作二部、制作部、市场营销部、人力资源部、财务部、行政办公室、企划部。总经理：蔡志军。地址：北京市海淀区复兴路11号。邮编：100859；北京市东城区青龙胡同一号歌华大厦B座10层。邮编：100007。电话：010-84187587。传真：010-84187587。网址：www.yangshidonghua.com。

北京辉煌动画有限公司

北京辉煌动画有限公司是中央电视台中国国际电视总公司所属的专业动画公司，具有国家广电总局批准的动画节目制作经营资质。公司组建20多年来，始终以创造国产原创动画精品为宗旨、以市场需求为导向、以产业化发展为目标，是集节目策划、创作、制作、开发为一体的综合文化创意企业。公司凭借创新的节目策划意识、丰富的制片管理经验、符合市场化的产业开发理念，不断创新突破、增强实力、发挥优势，充分加强国际交流与合作，努力实现产业互动、品牌升级，使企业不断向专业化、国际化、产业化良性健康发展。总经理：周凤英。地址：北京市西城区虎坊路15号。邮编：100052。电话/传真：010-51253831。电子信箱：gac@CCTV-gac.com。网址：www. CCTV-gac.com。

中央电视台威海影视城

中央电视台威海影视城是中央电视台所属的四个影视基地之一，首期工程大风车景区于1997年5月31日建成开放。威海影视城拥有主题公园旅游、少儿艺术培训和特色幼儿教育、动画创作生产和动画衍生产品开发、大型少儿艺术活动等主体业务。威海影视城是国内唯一的以少儿影视为主题的旅游景区，具有文化娱乐、观光旅游、休闲度假等功能。2012年，威海影视城全方位、多角度、大范围加大营销力度，创新营销方式，经营收入创近年新高。威海影视城设有行政人事部、财务部、影视部、景区管理部、保卫部五个部门，下辖威海中视经贸总公司、大风车艺术团、金螺号幼儿园、影视之家、旅行社、影视广告中心等单位。主任：孟昭元。地址：山东省威海市中央电视台威海影视城。邮编：264200。电话：0631-5757770、5757838-2068/2011。传真：0631-5757771。

直管公司

中央数字电视传媒有限公司

中央数字电视传媒有限公司（简称中数传媒）成立于2003年10月，是经国家广播电影电视总局批准，由中央电视台和中国国际电视总公司投资组建的国内第一家数字付费电视运营平台，是我国第一家覆盖全国范围、从事数字付费电视集成、技术支持及代理销售业务的运营机构。受中央电视台委托，中数传媒负责管理央视风云传播有限公司。总经理：刘保平。地址：北京市海淀区羊坊店路9号京门大厦C段。邮编：100038。电话：010-51925188。传真：010-88243373。网址：www.tv.cn。

央视风云传播有限公司（简称央视风云）成立于2004年5月，是经国家广播电影电视总局批准，由中央电视台和中国国际电视总公司投资组建的付费电视节目制作公司，是中国付费频道最大的节目生产商。央视风云制作和播出的中央电视台付费频道有：第一剧场、风云剧场、怀旧剧场、世界地理、国防军事、风云音乐、女性时尚、央视文化精品、风云足球、高尔夫·网球、央视台球，以及付费电视推介频道电视指南和国内首个立体电视频道中国3D电视试验频道，并有CCTV娱乐和CCTV戏曲两个频道通过长城平台覆盖美洲、欧洲、澳大利亚和东南亚地区。央视风云下辖君之天影视文化传媒（北京）有限公司和央视体坛传媒文化（北京）有限公司。董事长兼总经理：刘保平。地址：北京市海淀区羊坊店路9号京门大厦C座。邮编：100038。电话：010-51925199。传真：51925013。网址：www.tv.cn。

央视国际网络有限公司

央视国际网络有限公司是中央电视台全资公司，中国网络电视台（英文简称 CNTV）由中国中央电视台主办，是国家网络广播电视播出机构，是以视听互动为核心、融网络特色与电视特色于一体的全球化、多语种、多终端的网络视听公共服务平台。中国网络电视台于 2009 年 12 月 28 日正式开播，通过部署全球镜像站点，已覆盖北美、欧洲、东南亚、中东、非洲等 210 多个国家及地区的互联网用户，推出英语台、西班牙语台、法语台、阿拉伯语台、俄语台、韩语台 6 个外语频道，以及蒙古族、藏族、维吾尔族、哈萨克族、朝鲜族 5 种少数民族语言频道。中国网络电视台充分发挥电视平台和网络平台优势，建设我国具有公信力和权威性的国家网络视听公共服务平台，对国际国内重大政治、经济、社会、文化、体育等活动和事件以网络视听的形式进行快速、真实的报道和传播；同时着力为全球用户提供包括视频直播、点播、上传、搜索、分享等在内的、方便快捷的“全功能”服务。在国务院三网融合政策指导下，经过三年的建设发展，中国网络电视台已建成综合门户、网络电视、互联网电视、移动电视集成播控平台，以国家网络视频数据库（内容云）为核心，以国家新媒体集成播控平台、全球网络视频分发体系为支撑，初步构建起多语种、多终端、全媒体、全覆盖的“一云多屏、全球传播”体系，通过综合多媒体门户平台、微博平台、移动互联网客户端平台、IP 电视平台、手机电视平台、互联网电视平台，以及车载、户外等公共视听载体平台，将优质视听节目分发到电脑、手机、电视机终端（三屏）。中国网络电视台下设党工团、共产党员网、综合部、法律事务部、财务部、人力资源部（纪检监察办公室）、企划部（审计办）、总编室、新闻社区中心、体育中心、媒体合作事业部、产品创新中心、网络营销事业部、技术中心、客服中心、大型活动部、多媒体制作部、公益广告中心、品牌部、政企合作事业部、项目办公室、网络电视事业部、互动运营中心、综艺社区部、IP 电视事业部、移动互联网事业部、游戏中心、海棠学院、战略投资部、产业基地筹备组（临时机构）、迁址办（临时机构）、技术研发中心、移动业务拓展部、央视国际画院、微博平台部、网管中心、台网联动中心、国际传播事业部。子公司有未来电视有限公司、央视国际网络无锡有限公司、云南爱上网络有限责任公司、浙江爱上网络科技有限公司、央视国际移动传媒有限公司、北京易橙天下科技有限公司。总经理汪文斌，副总经理问永刚、晋延林、高小平、刘平、夏晓晖。地址：北京市海淀区西三环中路 10 号望海楼 D 座。邮编：100142。电话：010-88046677。传真：010-88046600。

北京央视公众资讯有限公司（中央电视台公众资讯中心）

公司是由中央电视台正式授权中国国际电视总公司组建的从事电信增值业务的专业公司，负责运营和管理中央电视台公众资讯中心。央视公众资讯有限公司于 2002 年 10 月 8 日正式成立，拥有经营电信增值业务的各种资质，包括：因特网信息服务经营许可和移动网增值服务经营许可，《中华人民共和国电信与信息服务业务经营许可证》、《中华人民共和国增值电信业务经营许可证》、《经营性网站备案登记证书》、《网上传播广播电影电视类节目许可证》、《广告经营许可证》及《网络经营许可证》等多项营业资质，2003 年 7 月获得《ISO9001 质量管理体系认证证书》。央视公众资讯公司成立十年来，一直致力于与全台各栏目和大型直播节目进行了卓有成效的合作，包括为历年春节晚会、各种大型晚会、体育直播赛事以及众多知名栏目提供节目互动服务。央视公众资讯公司研发的数字电视增值服务系统在广电有线网络行业获得较高市场占有率。

中央电视台公众资讯中心是中央电视台对外开展观众服务的统一窗口，同时也是中央电视台挖掘媒体自身资源，借助现代通讯技术手段，实现节目信息资源增值的重要途径。中心集呼叫中心服务、电话信息服务和移动网信息服务、互联网信息服务于一体，旨在为观众提供专业化的、长期和稳定的咨询、投诉、热线、信息查询和节目互动等相关服务。法人代表：汪文斌。总经理：关磊。地址：北京市海淀区羊坊店路 9 号京门大厦 3 段 8 层。邮编：100038。总机电话：010-68509898。传真：010-88244077。电子信箱：mycctv@mycctv.com。热线电话：010-68579889。

央视市场研究股份有限公司

央视市场研究股份有限公司是国家外经贸部批准设立、在国家工商管理局注册的外商投资企业。2001

年12月被北京市认定为高新技术企业并于2009年3月重新继续被认定；2002年12月通过ISO9001-2000版国际质量标准认证，2009年通过国际调查行业SGS组织认定的20252，为国内调查行业唯一被认定的企业，旗下控股央视－索福瑞媒介研究有限公司(CSM)。央视市场研究股份有限公司在吸取外资集团资金、技术软件、研究水平、国际市场的基础上，充分发挥本土员工、本土经验的优势，整体实力得到提高，增强了与国际大型市场调查公司竞争的能力，改变了中国市场调查业的竞争格局。央视市场研究股份有限公司主要进行各种商业市场调查研究及日用商品消费者调查、报纸阅读率调查、电视收视率调查、广告知晓率调查和互联网使用率调查及数据采集和分析软件研究与销售。2012年营业总额超过7.8亿元人民币（与所属公司央视－索福瑞媒介研究有限公司合并报表）。成为行业标准的项目有电视收视率、广告监测、消费者固定样组、全国读者调查和电视观众满意度调查。主要客户有：宝洁、联合利华等20余家国际性企业；海尔集团、光明乳业等100余家国内企业；实力媒体、中央电视台等100余家电视媒体；Zenith、Media等所有4A广告公司；北京未来广告公司等300余家国内广告公司；光明日报、工人日报等30家平面媒体。公司董事长/法人：唐世鼎。中方董事：陈若愚、郭振玺、虢亚冰。总经理：陈若愚。地址：中国北京西城区德外大街5号。邮编：100088。电话：010-62363677。传真：010-62363655。网址：www.cvsc-tns.com

央视－索福瑞媒介研究有限公司(CSM)为1997年12月4日经国家广电总局批准，国家工商管理局注册的外商合作企业。主营业务为电视收视率调查与研究。1999年6月被北京市新技术产业开发实验区认定为高新技术企业；2000年3月，通过ISO9001-2002版国际质量标准认证。CSM是中国规模最大、最具权威的收视率调查公司，在收视率调查业务方面占据着市场主导地位。董事长/法人：唐世鼎。中方董事：陈若愚、郭振玺、虢亚冰。总经理：陈若愚。电话：010-85086666。网址：www.csm.com。

中视体育娱乐有限公司

中视体育娱乐有限公司为中国国际电视总公司媒体延伸业务板块直属公司，也是中央电视台体育频道唯一商业运营机构。公司前身为中国国际电视总公司体育推广分公司，1996年8月由中国国际电视总公司注册成立，2005年初，正式改制为中视（北京）体育推广有限公司，2009年4月28日，更名为中视体育娱乐有限公司。主营业务包括CCTV-5整体运营与形象包装、国际顶级赛事推广及转播、国内外赛事报道权买卖、各类大型体育节目制作、优秀运动员经纪，以及体育电视制作力量输出等体育产业各项核心业务。拥有《篮球公园》、《冠军中国》、《城市之间》、《武林大会》等品牌性节目和顶级大型评选活动“体坛风云人物”。2008年5月，公司全额出资100万元成立中央电视台《第5频道》杂志社有限公司，推出了我国第一本体育综合类时尚杂志——《第5频道》；2008年7月，公司投资200万美元与国际管理集团签约成立了央视IMG（北京）体育赛事管理有限责任公司，全面整合CCTV体育赛事与电视资源，实施国际市场发展战略。公司下设八大中心：市场·节目运营管理中心、版权和节目研发中心、品牌管理中心、节目制作中心、技术管理中心、战略资源中心、综合管理中心、计划财务中心。负责人：郑梦晖。地址：北京市朝阳区光华路15号院1号楼泰达时代中心16层。邮编：100026。电话：010-52813333。传真：010-52813377。网址：www.cctvse.net。

北京中视广经文化发展有限公司

北京中视广经文化发展有限公司（简称中视广经）注册成立于2006年，是中国国际电视总公司旗下的独立法人单位。公司的主营业务包括广告代理、节目制作、影视投资，同时还为中央电视台相关部门提供各类技术支持和服务保障等。中央电视台广告资源代理是公司最重要的业务板块，公司独家代理CCTV-2财经频道多个栏目和CCTV-8电视剧频道、CCTV-14少儿频道的全频道广告资源。公司还利用自身的机制优势和技术优势为中央电视台相关部门提供多种技术支持与服务保障，包括大型电视活动的策划与承办、影视节目策划制作、金融行情数据传输、机房设备管理、节目后期制作等。2012年，公司年经营收入超过20亿元，为适应多元化的业务发展格局，公司于2012年进行了内部结构调整，下设行政部、人力资源部、财务部、广告事业部、影视节目制作事业部、品牌推广中心、商务接待中心。负责人：陈超英。地址：北京市朝阳区光华路4号东方梅地亚A座26层；北京市朝阳区光华路2号阳光100写字楼F座3、5层。电话：010-85889829。传真：010-85597576-870。

中视卫星电视节目有限责任公司

中视卫星电视节目有限责任公司成立于2010年4

月29日，是中国国际电视总公司全资子公司，是国家广电总局指定的中央境外卫星电视平台的独立运行公司，负责申报及独家代理境外卫星电视频道在中国境内落地的所有相关事宜。中视卫星电视节目有限责任公司代理的频道共35个，来自美、英、法、俄、日、韩、印、新加坡、马来西亚、古巴、香港、澳门及台湾等13个国家和地区，涉及8个语种，涵盖新闻、电影、财经、体育、音乐、综合、娱乐和戏剧等多种类型。公司下设总经理办公室、频道管理部、内容管理部、用户管理部、技术运行部、人力资源部、计划财务部和法律事务部。董事总经理：杜浩。地址：北京市海淀区羊坊店路9号京门大厦C座711-721室。邮编：100038。电话：010-51925021、51925323。传真：010-51925036。电子信箱:master@stvp.com.cn。网址:www.stvp.com.cn。

中视国际传媒有限公司

中视国际传媒有限公司（CICC）是经国家广播电影电视总局批准，由中央电视台所属的中国国际电视总公司全资投入的新型企业,公司成立于2006年5月。公司主要业务是集成中国内地、香港和境外的优秀电视频道组成长城平台，向世界各地区推广及传播，同时负责中央电视台国际频道在境外的推广、落地，为海外广大华人华侨和当地主流社会提供优质的电视频道服务，CICC采用最先进的电视传播技术，通过国际通信卫星、光缆等传输渠道，将频道信号输送到世界各个业务地区，合作伙伴包括当地主流卫星直播平台、有线电视网络和宽频电视（IPTV）等运营商，对海外电视观众形成全方位覆盖。CICC已经开通了中国电视长城（美国）平台、长城（亚洲）平台、长城（欧洲）平台、长城（加拿大）平台、长城（拉美）平台、长城（东南亚）平台、长城（澳大利亚）平台、长城（非洲）平台以及长城（新西兰）平台。此外，公司还负责接待境外摄影队业务，为来华拍摄电视片的境外媒体提供服务，平均每年接待境外摄影队15支，公司同时负责管理中国国际电视总公司海外子公司业务（美国、日本、香港、非洲）。公司被商务部、文化部、国家广电总局及国家新闻出版总署联合授予文化出口重点企业，年出口额在全国广电系统名列前茅。总经理：魏平。地址：中国北京海淀区羊坊店路9号3段京门大厦933室。邮编：100038。电话：010-51862870。传真：010-51925140。电子信箱：greatwall@citvc.com。

中国电视有限公司（美国）

中国电视有限公司(China Television Corp., 简称CTC) 1990年成立于美国加利福尼亚州，是中国国际电视总公司在北美的独资子公司，公司下设两家有限责任公司，分别为世纪传媒控股有限公司和传媒在线电视有限公司。CTC主要业务包括协助中国的电视频道和节目内容在北美的付费和免费电视市场进行推广和发行；提供市场调研、项目管理、电视新闻与制作总体服务和演出支持服务等；协助中国的一些电视频道搭建播出和传输链路。总经理：吕春光。地址：234 E. Colorado Blvd., Ste520, Pasadena, CA91101。电话：001-626-7958866。传真：001-626-7951188。

株式会社中国电视(日本)

1989年4月，中国国际电视总公司和株式会社旭通信社在日本东京注册成立了合资企业——株式会社中国电视。1996年中国国际电视总公司购回了株式会社中国电视的全部股份，株式会社中国电视成为中国国际电视总公司的全资子公司。株式会社中国电视日本总部下设办公室、经济部、国际部、报道部、制作部五个部门，韩国分公司下设办公室、节目部、国际部、报道部四个部门。主要业务如下：中央电视台各频道在日本、韩国报道的技术支持，包括提供卫星车、转播车、演播室及安排传送线路等；负责运营中央电视台财经频道东京演播室、首尔演播室，为《第一时间》、《环球财经连线》和《交易时间》等栏目提供演播室连线、深度报道和特别报道等；同日本各主流电视台外事部门、国际新闻部门的日常交往与合作；负责日本各电视台在中国国内进行体育、文化项目直播时的技术协调；策划中日、中韩联合节目制作，为中央电视台及中国国际电视总公司各部门涉日、涉韩业务提供相关协助和服务；在韩国开展本土商务合作，与韩国电视机构联合制作面向中国国内市场的影视作品。总经理：张兢克。电话：0081-80-6713-8886(日本)；0082-10-5172-6666(韩国)；13901072502(中国)。电子信箱:china-television@hotmail.com。日本总部地址：日本国东京都涩谷区涉谷1-8-7 27SY ビル 6F。电话：0081-3-5464-1925。韩国分公司：9Level, Dong-Sung Bld. Yeoduido-dong 17-8, Yeoungdeungpo-gu, Seoul, Korea。电话：0082-2-785-6882。

中视亚太传媒投资管理有限公司（香港）

中视亚太传媒投资管理有限公司（原名耀龙国际

投资有限公司）成立于1996年，是中国国际电视总公司在香港的独资子公司，注册资本7801万港币。公司的主要业务是受中央电视台新闻中心委托，在港制作电视新闻节目。同时经营管理中国国际电视总公司在香港投资的房产物业。公司下设账务部、记者管理部。总经理：王燕。地址：香港跑马地成和道18号。电话：00852-35496111。传真：00852-35496111。

耀视传媒有限公司（非洲）

耀视传媒有限公司成立于2011年，是中国国际电视总公司在肯尼亚的子公司，注册资本100万美元。公司的主要业务是为中央电视台非洲分台在肯尼亚招聘外籍雇员、培训当地员工、与当地大学合作举办实习生培养计划等人力资源服务工作；为中央电视台非洲分台提供工作餐等后勤保障工作；2012年1月非洲分台在肯尼亚内罗毕开播，为公司业务的拓展带来了新的机遇。公司在保障非洲分台人力资源需求外，积极拓展其他业务，如为中央电视台国际频道进行落地和宣传推广、积极推进长城平台落地非洲等。公司下设财务部和人力资源部。总经理：梁大为。地址：肯尼亚内罗毕市山顶区林荫道苹果中心202室。电话：00254-0719059115。传真：00254-0719059115。

央视国际视频通讯有限公司

央视国际视频通讯有限公司（简称国际视通）成立于2010年12月，由中央电视台和中国国际电视总公司投资组建。国际视通公司采取与国际专业机构合作和国际视通“全球发布系统”，通过卫星覆盖和因特网两大渠道，以国际通行的视频新闻通稿标准，将中央电视台新闻素材直接传递到上千家境外电视频道和媒体机构手中，成为其重要的新闻来源，以英、法、阿拉伯、俄、西班牙语五个语种发稿，内容涵盖国内外政治、经济、民生、社会、文化、科技、体育等多个领域。同时，向境外媒体提供中央电视台重大新闻事件直播信号服务。国际视通的目标是“向世界传播中国，向世界报道世界”，建设具有中国特色和全球影响力的国际视频通讯机构。总经理：高伟。地址：北京市海淀区复兴路戊12号恩菲科技大厦A座九层。邮编:100038。电话：010-63984989。传真：010-63978447。电子信箱：newscontent@cctv.com。网址:newscontent.cctv.com。

中视电视购物有限公司

中视电视购物有限公司（以下简称中视购物）成立于1998年，是中国国际电视总公司的直属企业。经国家广播电影电视总局批准，CCTV中视购物数字频道于2006年12月28日正式播出。中视购物数字频道覆盖全国260个城市，5990万家庭用户，1.89亿电视观众；形成了以数字电视为主，网络、目录手册、手机客户端等多渠道的立体营销平台；中视购物数字频道24小时播出，日均直播12小时以上，最高直播时长17小时。近年来，中视购物的行业影响力、品牌价值不断提升，在2012年度中国广播电视数字付费频道行业评比中，CCTV中视购物被评为行业优秀频道。中视购物注重媒体购物业态创新，探索打造新媒体、大数据时代下的中国最具公信力的传播营销新通路和家庭购物的第一品牌。董事长：唐世鼎。总经理：黄艳荣。地址：北京市海淀区西三环中路11号。电话：400-682-5678。网址：www.igocctv.com。

北京中电高科技电视发展公司

北京中电高科技电视发展公司成立于1992年11月，是中国国际电视总公司下属具有独立法人资格的电视高科技企业，公司注册资金7000万元，公司性质为全民所有制。随着中国国际电视总公司优化产业结构，整合经营资产的战略布局，北京中电高科技电视发展公司已成为数字电视及数字媒体技术应用及研发的专业公司。这些年来，公司先后承担了国家科技部中国互动新媒体网络及新业务科技工程项目；国家广播电影电视总局直播卫星“村村通”二期加密平台建设任务；中央电视台北美分台制播系统集成工作等多项数字电视及数字媒体的重大项目。2012年中央电视台选定北京中电高科技电视发展公司作为中央电视台观众呼叫中心运行公司。公司下设综合部、人力资源部、财务部、业务部、技术部、呼叫中心运行部。总经理：曹青。地址：北京市海淀区什坊院6号京都信苑饭店7层。邮编：100036。电话：010-63961776。传真：010-63961762。电子信箱：TV_TECH@126.com。

北京中视汇才文化发展有限公司

北京中视汇才文化发展有限公司（原北京中视劳务派遣中心有限公司）成立于2003年8月，是中国国际电视总公司为适应中国影视业发展而成立的一家新型人员派遣公司。公司业务范围涵盖劳务派遣、招聘、培训、调研服务、主持人整体包装服务等，劳务派遣是公司主要经营项目。公司下设办公室、财务部、派遣业务部、综合业务部、员工权益保障部、数据信息管理部、屏幕形象设计工作室等部门。法人代表：庞建，总经理：周加雪。地址：北京市海淀区北蜂窝路21号四层。邮编：100038。电话：010-63972511。电子信箱 zspq@fz.citvc.com。网址：www.zhongshihuicai.com。

中央电视台无锡太湖影视城

中央电视台无锡太湖影视城原名为中央电视台无锡外景基地，成立于1987年，由中央电视台和无锡广电局共同组成管理委员会，无锡广电局负责日常管理。1994年经广电部批准更名为中央电视台无锡太湖影视城，机构性质为正处级事业单位，同年归属中央电视台直接管理。先后设立唐城管理处、三国城管理处及1995年兴建的水浒城管理处。1996年底，太湖影视城作为五家发起单位之一，对唐城、三国城的优质资产进行包装评估，筹建中视影视基地股份有限公司(2001年后更名为中视传媒股份有限公司)。1997年经中国证监会批准，于当年6月在上海证券交易所正式挂牌上市（股票代码600088），同年10月中视影视基地股份有限公司实现对“水浒城”的收购，2004年完成转制。转制后的太湖影视城实行“三不变”，即：名称不变，注册资金不变，职责不变。作为中央电视台派出机构，负责股权管理和日常管理，归中国国际电视总公司领导。法定代表人：陆海亮。地址：江苏省无锡市山水西路水浒城景区大门外办公区内。邮编：214081。电话：0510-85556793、85557951。传真：0510-85104714。电子信箱：thysc815@vip.sina.com。

中视广信科技有限公司

北京中视广信科技有限公司（CTVIT）长期致力于中国传媒行业的信息化建设，公司业务覆盖电视、广播、新闻、互联网等多个传媒领域，是中央电视台和北京电视台最大的IT合作伙伴之一，也是中国网络电视台的主要承建商。作为业内一流的软件开发商和IT服务提供商，公司专注于提供媒体行业信息化的整体解决方案和专业化产品，包括咨询规划服务、信息基础架构解决方案、生产与运营管理解决方案、制播产品解决方案、互联网内容生产和运营解决方案，以及系统集成和系统运维服务。总经理：徐建新。地址：北京市西城区复兴门外大街A2号中化大厦202室。邮编：100045。电话：010-68068888。传真：010-68058080。网址：www.ctvit.com.cn。

中国电视剧制作中心有限责任公司

中国电视剧制作中心有限责任公司是中央电视台所属的专门从事电视剧创作生产的单位，是一个具有国家级规模、拥有各专业高级人才、用现代化设备装备起来的、制作体系齐全的专业电视剧生产机构，以大批精品力作构建了自己的品牌形象，被誉为电视剧制作业的“国家队”。

中国电视剧制作中心有限责任公司的主要任务是：紧紧围绕“好戏出央视”这一核心目标，全面落实台分党组的工作部署，以人为本，统一思想，真抓实干，在创作中以“贴近生活、贴近实际、贴近群众”为出发点，以“三性统一”为追求，坚持正确舆论导向与创作方向，向中央电视台提供各类思想性、艺术性、观赏性俱佳的优秀电视剧目，弘扬主旋律，体现多样化，努力推动中国电视剧精品化创作，为广大电视观众服务。

中国电视剧制作中心有限责任公司的前身即中国电视剧制作中心，自成立以来，生产了大量的精品电视剧。2012年，剧中心公司在中央电视台播出剧目有5部151集，其中在综合频道黄金时段播出4部119集，分别是《国门英雄》、《长白山下我的家》、《营盘镇警事》和《国家命运》，在电视剧频道黄金时段播出《鹰巢之预备警官》（1部32集）。2012年11月，中国电视剧制作中心有限责任公司顺利完成转企改制工作。公司总裁：薛继军，副总裁：李汀、药鹏、侯向强。

中视剧城文化传媒（北京）有限责任公司

中视剧城文化传媒（北京）有限责任公司位于河北省涿州市经济旅游开发区，占地面积2200亩，是中国电视剧制作中心有限责任公司的独资子公司，其前身是原中央电视台涿州拍摄基地。

公司自成立以来，建起了具有结构独特、造型优美的体现唐代、汉代、明清风格的特色景区以及老北京景区，同时拥有五座设施完备的现代化摄影棚，近500张床位的客房，各类大小型会议室以及能同时容纳600人用餐的餐厅和品种齐全的服装道具资源。依托以上综合优势，公司已成为国内外各影视公司和各电视台栏目采景拍摄、室内制作的重要基地。公司下设综合事务部、财务部、市场拓展运营部、公关推广部、后勤运营部、保卫部。法人代表：薛继军，总经理：李功达，副总经理：王建民。

中央新闻纪录电影制片厂（集团）

中央新闻纪录电影制片厂（集团）于2010年经国家广播电影电视总局批准成立，集团由中央新闻纪录电影制片厂和北京科学教育电影制片厂作为骨干企业组建而成。2012年，集团人力资源中心在充分研究了集团的机构设置、岗位要求、人员情况之后，提出了组织机构调整方案，根据相关部门所辖的业务范围，将企业主要组织机构进行了全面的整合调整。中央新闻纪录电影制片厂（集团）董事长兼总裁：高峰，党委书记：杨晓民，集团副总裁：安为民、郭本敏、马维民。总裁助理：谢九如、赵捷、张力、赵平洋、张跃、王丽、高欣月、赵建国、时间。

中央新闻纪录电影制片厂

中央新闻纪录电影制片厂（简称新影厂）是我国唯一生产新闻纪录影片的专业机构，其前身是成立于1938年的延安电影团。新影厂自1953年成立以来，它就以纪录影片的方式记录着中国共产党和中华人民共和国的发展历程。1947年以来共拍摄了4000多部纪录影片，先后有370部（次）获得国内外各类主流电影节奖项，其中有32部影片获得中国电影“华表奖”优秀纪录片奖，13部影片获得中国电影“金鸡奖”优秀纪录片奖，9部影片获得中国电影“百花奖”，66部影片在各类国际影视节上获奖。1993年整建制划归中央电视台，成为中央电视台新影制作中心。主要业务由生产新闻纪录片为主转为经营付费电视频道、为网络电视频道制作电视节目、译制片、影视剧等。开办有CCTV老故事、CCTV证券资讯和新科动漫3个数字付费频道以及新影时光、新影儿童、新影戏曲3个网络电视频道。作为记录国家重大活动、历史事件等方面的权威拍摄单位，新影厂建厂60年来，摄制了大量共和国历史上最重要、最具文献价值的电影纪录片，是国家珍贵的历史档案库。新影厂还承担着党和国家重大时政活动资料的胶片拍摄及保存任务。地址：北京市海淀区北三环中路67号。邮编：100088。电话：010-62010932、82077500。传真：010-62011573。网址：www.cndfilm.com.cn。

北京科学教育电影制片厂

1960年3月12日，北京科学教育电影制片厂（以下简称科影厂）成立。1995年，科影厂整建制划归中央电视台，成为中央电视台科教节目制作中心，走向了影视并重的发展道路。2010年根据国家广电总局要求，与中央新闻纪录电影制片厂合并，组建了中央新影集团。经过50多年的艰苦创业，科影厂已成为我国最大的科教、纪录影视节目制作基地，已制作超过1430部科教、纪录影片，3000多小时科教、纪录、少儿等节目，内容涉及农业、工业、科技、文化教育等诸多领域，为普及科学知识，推动文化进步做出了自己的贡献。330余部（次）作品获得国内外各类主流影视节奖项，其中有76部影片获得中国电影“华表奖”优秀科教片奖；21部影片获得中国电影“金鸡奖”优秀科教片奖，100多部影片获得各类国际影视节奖项。科影厂发挥创作人员稳定、制作经验丰富、整体艺术能力较强的特点，成为影视业独具特色并具有专业影响力的知名企业。2012年科影厂共创作节目835期，纪录片201集，科教电影12部，获国际国内大奖22部次。科影厂的自办栏目有《大家》、《运动空间》以及高清频道的《探秘》栏目，合办栏目有《走近科学》、《原来如此》、《地理·中国》、《芝麻开门》、《文明密码》、《文化大百科》、《热线12》、《见证》、《走遍中国》以及《普法栏目剧》等，分别在CCTV-5、CCTV-10、CCTV-3、CCTV-12、少儿频道等播出，并为纪录频道制作大量的纪录片。地址：北京市西城区新街口北大街74号。邮编：100035。电话：010-63194449。传真：010-63194025。

中央卫星电视传播中心（中广影视卫星有限责任公司）

中央卫星电视传播中心于1995年经中央机构编制委员会办公室批准成立，是国家广播电影电视总局直属，由中央电视台管理的事业单位。2003年，与中广影视卫星有限责任公司完成整合。中心主要负责中央电视台CCTV-3综艺频道、CCTV-5体育频道、CCTV-6电影频道、CCTV-8电视剧频道的落地覆盖、用户发展和收费管理工作以及CCTV-9纪录频道的落地覆盖工作。中心自创立以来，从无到有，从小到大，节目内容不断丰富，管理模式不断创新，覆盖受众日益广泛，经营收入持续增长。用户市场已发展到全国合作接收前端超过8000家，收视观众超过10亿人，频道覆盖全国22个省、5个自治区、4个直辖市，330多个地级市、2800多个县和数千个乡镇、企事业单位、部队、海岛、驻外大使馆等各级台、网、站。中心为中央电视台卫星加密频道的推广、落地和覆盖起到了重要作用。

中心与全国各省、市、县广电部门密切合作，创立了与地方广电网络互惠、合作、共赢的有线电视发展新模式，建立了一批中央电视台频道落地覆盖、发展用户、经营市场的机构和队伍，在实践中培养和锻炼了一批广电产业经营的优秀人才。中心拥有丰富的中央电视台节目内容资源，拥有国内最早建立的多 CA 同密播出平台，拥有国内最大的广电网络运营商服务平台，拥有国内覆盖最为广泛的收视用户群体，拥有十余年来与全国各级广电系统建立起来的稳固的合作关系。中心下设办公室、党委办公室、人力资源部、财务部、监察审计室、用户管理一部、用户管理二部、用户管理三部、工程技术部和市场部。中心主任、卫星公司董事长、总经理：李琮。中心副主任、卫星公司副董事长、副总经理：魏东未。中心副主任、卫星公司董事、副总经理：刘建中。地址：北京市海淀区北蜂窝路甲 26 号。邮编：100038。电话：010-63448866。

中国有线电视网络有限公司

中国有线电视网络有限公司（简称中国有线）成立于 2001 年 12 月，由中央电视台、中央人民广播电台、中国国际广播电台及中国电子信息产业集团公司等股东共同投资组建，是国家广电总局直属单位，由中央电视台代为管理。

中国有线负责运营管理国家广电光缆干线网（简称国干网）。国干网由覆盖全国的 4 万多公里光缆线路及传输系统、节目传送系统、数据系统组成，连通了全国 30 个省、区、市广播电视台和有线电视网络，连接 2 亿多有线电视用户，是面向三网融合和下一代广播电视网建设的广电骨干支撑网络。中国有线主要开展广播电视节目传送、高标清节目素材传送与交换、虚拟专网、通道租用、高速互联网访问、节目内容的分发、数据中心托管等业务，是全国唯一的专业级跨区域广播电视光缆传输运营商，为广播电视节目进入千家万户发挥着广电网络传输主渠道的作用。

中国有线为中央电视台及全国各级广播电视播出机构传送近 300 套广播电视节目，每年传送重大活动和各类赛事现场直播超过 15000 小时，为国家广电总局的会议电视、办公、指挥调度、监管等网络提供传输保障服务，为中国网络电视台、中国广播网等提供主机托管服务。

中国有线下设办公室、党委办公室（监察室）、法务部（董监事工作部）、业务发展部、技术规划部（调度室）、人力资源部、财务部、投融资部、工程部、资产管理部、行政保卫部、审计部、市场部、业务宣传部、安全运行中心、维护部 16 个部门及海南分公司。董事长：梁晓涛。法定代表人、总经理：沈向军。地址：北京市海淀区翠微路甲 2 号。邮编：100036。电话：010-88223000。传真：010-88223001。

中国有线海南分公司

中国有线海南分公司成立于 2007 年 12 月，改组自中国有线在海南全资并购的海南广电有线网络有限公司，下设海口、三亚等 18 家市县分公司，是海南省唯一具有有线电视经营权、收费权、建设权和管理权的企业。

中国有线海南分公司根据海南有线电视业务发展和网络改造的需要，投资建设海南有线电视干线光缆和支干线光缆，实施用户分配网的数字化改造。已经完成了海南 3 纵 2 横主干线和支干线光缆的建设，连接全省 18 个市县，联通 346 个乡镇农场，覆盖有线电视用户 160 多万，光缆干线上建设完成了 10G 光传输系统，并实现了与国家广电光缆干线网的互联互通。截至 2012 年底，中国有线海南分公司在海南全省拥有有线电视用户超过 164 万个，其中数字用户终端超过 101 万个，模拟用户终端超过 53 万个，微波用户终端近 10 万个。总经理：朱卫平。地址：海南省海口市丘海大道 78 号中国有线海南基地。邮编：570311。电话：0898-36610000。传真：0898-36620000。

中国广播电视国际经济技术合作总公司

中国广播电视国际经济技术合作总公司（简称中广国际总公司）成立于 1991 年，由原中国广播电影电视对外工程公司、原广播电影电视部工业管理局、原广播电影电视部物资供应站和中央电视台国际服务公司进口部四个单位合并组成，是广播影视系统内集工程技术、展览贸易、设计咨询、仓储物流、广告传媒、影视服务等业务于一体的综合型国有企业。

中广国际总公司的前身可追溯到原中央广播事业局器材处，自 1954 年起开始承担广播电视援外工程任务。近 60 年来，中广国际总公司承接了大批国家对外援助、广电节目海外落地及国际承包工程，在全世界 50 多个国家和地区承建了近千项工程项目，在海外具有良好的信誉和影响，为国家的外交、外援和外宣事业做出了重要贡献。经过几代中广人的不懈努力，公司目前拥有工程技术分公司、展览贸易服务分公司、设计院、仓储中心、广告公司等主要机构，在北京、深圳设有分公司，在阿尔巴尼亚设有境外子公司，在科摩罗、中非、几内亚、刚果（布）、赤道几内亚、马里等国设有项目技术组，与古巴、老挝、肯尼亚、柬埔寨、萨摩亚、瓦努阿图等国广电机构建立了合作机制，业务遍及世界大五洲及国内各省区。总经理：李金荣。副总经理：王景福、田应坪、孙柯林。地址：北京市朝阳区广渠东路1号中广国际综合楼。邮编：100124。电话：010-86095940。传真：010-52055207。网址：www.crtv.com.cn。

中视传媒股份有限公司

中视传媒股份有限公司注册于上海浦东，1997年在上海证券交易所挂牌上市（证券代码600088），在北京、江苏无锡、广东南海、浙江杭州四地设有分支机构。作为中央电视台控股的传媒类A股上市公司，中视传媒主营影视拍摄、电视节目制作与销售、影视拍摄基地开发和经营、影视设备租赁和技术服务、媒体广告代理等业务。2012年，公司以"创新更进一步"的战略思想，电视剧业务面向市场蓬勃开展，拍摄完成了电视剧《山楂树之恋》、《赵氏孤儿案》，完成《中国地》、《香格里拉》、《风语》、《梨花泪》、《你是我兄弟》、《地道战》等十余部首播影视剧的制作和发行。其中《中国地》获第26届中国电视金鹰奖优秀电视剧奖。2012年8月《中国地》和《山楂树之恋》同时获第九届全国十佳电视制片优秀电视剧奖。公司出品的大型高清纪录片《美丽中国》获四川电视节"金熊猫"奖自然及环境类纪录片大奖，2012年5月获第六届"纪录·中国"创优评析二等奖。2012年公司出品的纪录片《茶叶之路》行进版获得了中国广播电视协会颁发本年度"中国纪录片国际选片会"十大纪录片奖。公司拥有雄厚的技术力量、全套先进的影视制作设备和专业的制作团队，全面支持影视制作全流程业务。公司是国内最早进入高清晰度电视制作领域的企业，成功配合中央电视台完成频道改版制作任务，并为中央电视台重大题材和报道任务提供了设备支持和技术服务，全力保障播出安全。公司在江苏无锡、广东南海拥有3000多亩影视拍摄基地，景观纵跨中国魏晋、唐宋、明清、民国等历史年代。年接待摄制组近50个、游客250余万人。其中，无锡影视基地是国内建成最早的影视拍摄基地和文化旅游胜地，也是首家获评5A级旅游景区的影视文化旅游景区、首批国家影视指定拍摄基地和首批全国低碳旅游实验区。公司独家代理经营中央电视台CCTV-10科教频道全频道广告资源。

公司下设北京办事处、无锡影视基地分公司、南海分公司、上海中视国际广告有限公司、北京中视北方影视制作有限公司和董事会秘书处、行政办公室、人力资源部、财务部、战略发展部、法律事务部、网络信息部、审计部、媒资管理部、媒资销售部、节目集成部、影视剧部、综艺节目部、党办（监察室）等部门。董事长：梁晓涛，总经理：王焰。地址：上海市浦东新区福山路450号新天国际大厦17层A座。邮编：200122。电话：021-68763888。地址：北京市朝阳区西大望路1号温特莱中心B座22层。邮编：100026。电话：010-65999000。网址：www.ctv-media.com.cn。

无锡影视基地分公司

中视传媒无锡影视基地分公司（无锡分公司）位于无锡太湖之滨，由三国城、水浒城、唐城三大景区组成，占地1000余亩，可使用水域3000亩，是国内建成最早的影视拍摄基地和文化旅游胜地，也是首家获评5A级旅游景区的影视文化旅游景区、首批国家影视指定拍摄基地和首批全国低碳旅游实验区。无锡分公司拥有吴王宫、甘露寺、皇宫、紫石街、清明上河街、水泊梁山、御花园、唐宫等体现秦汉、唐宋建筑风貌的大量建筑群体，还拥有老北京四合院、旧上海一条街、民国码头等明清、民国时期的建筑景观。景区每天向游客表演十多场精彩的节目，其中"三英战吕布"、"影视特技探索"、"华夏古韵"等歌舞、马战、影视特技类演出更是经久不衰。景区利用古战船开展的"太湖黄金水上游"活动也深受游客喜爱。此外，景区还举办"狮王争霸"、"叼羊盛会"等季节性特色文化活动，不断丰富景区游览内容。经过多年精心建设，景区影视文化氛围日趋浓郁，吸引了众多海内外游客和影视剧组，接待了《三国演义》、《水浒传》、《杨贵妃》、《大宅门》等300多个剧组，年接待游客200余万人。总经理：许一鸣。地址：江苏省无锡市滨湖区三国城办公区。邮编：214081。电话：0510-85555527 网址：www.ctvwx.com。

南海分公司

中视传媒南海分公司（南海影视城）是集影视拍

摄和休闲旅游为一体的影视拍摄基地，位于广东省佛山市南海区南国桃园旅游度假区，地处珠江三角洲腹地，距广州、佛山均12公里，往返香港、澳门等地的水、陆、空交通十分便利。南海影视城由天朝宫殿、江南水乡、旧香港街和表演区四部分组成，天朝宫殿包括真神圣天门、荣光大殿、藏珍阁等，它们相互映衬，雄伟壮观。自1997年以来，《太平天国》、《香港的故事》、《澳门的故事》等200多部影视作品，以及中央电视台《城市之间》、《同一首歌——走进南海》和《宋祖英暨群星演唱会》等大型活动在南海影视城成功拍摄或举办。2012年，中视传媒南海分公司贯彻“文化统领旅游”的经营理念，主动融入地方文化旅游产业发展中，针对当地制造业发达、产业工人积聚的市场特点，联合地方工会组织一起打造“产业工人文化大舞台”旅游品牌，极大地提升了景区在市场上的形象，确保了经营业绩创历史新高，同时使景区与地方政府的交流合作更加密切、顺畅。总经理：许一鸣。地址：广东省佛山市南海区南海影视城。邮编：528234。电话：0757-85233178、85232105。传真：0757-85233238。网址：www.cctvnh.com

北京中视北方影视制作有限公司

北京中视北方影视制作有限公司（中视北方）成立于2000年，是由中视传媒股份有限公司与中国国际电视总公司共同组建的一家集策划、拍摄、制作、包装于一体的高端专业影视制作公司。公司拥有雄厚的技术力量和全套先进的影视制作设备，全面支持影视节目的前、后期制作。成立之初，中视北方成功制作了中国首部高清晰度电视剧《大宅门》。此后，随着高清播出浪潮的迅速推进，中视北方充分发挥技术优势，利用达芬奇调色系统等高端制作手段构筑公司高清制作品牌，连续制作了多部脍炙人口的高清电视剧，特别是近两年先后制作完成的《中国地》、《山楂树之恋》、《三国》、《铁梨花》、《赵氏孤儿案》，以及大型高清纪录片《舌尖上的中国》、《敦煌》、上海世博会官方纪录片《2010世博记忆》等，播出后广受好评。此外，公司还为联合国开发计划署、国家广播电影电视总局、国家水利规划设计院、中国航空第一集团公司、中国联通、大众汽车等多个国内外政府、组织机构及知名大型企业摄制宣传片，得到业界同行的高度评价。董事长：王焰，总经理：周利明。地址：北京市朝阳区西大望路1号温特莱中心B座20层。邮编：100026。电话：010-65999666。网址：www.ctv-media.com.cn/ctt/。

上海中视国际广告有限公司

上海中视国际广告有限公司成立于2002年6月，作为中央电视台旗下在上海注册成立的唯一一家综合性广告公司，是中视传媒股份有限公司子公司之一，注册资本2500万元，独家代理经营中央电视台CCTV-10科教频道全频道广告资源。公司以“专业化、职业化、提供优质服务，创最大价值”为企业宗旨。公司自成立以来，协助众多行业的品牌企业完成了其在全国市场品牌提升的营销目标，合作伙伴包括中国移动、中国电信、中国石油、中国石化、宝马汽车、通用汽车、惠普、索尼爱立信、三星电子、LG电子、松下电器、海尔集团、步步高、七匹狼服装、五粮液、金六福等等，赢得了业内、业外的一致认同与好评，成为行业内最具创新开拓精神和上升潜力的企业。董事长：王焰，总经理：任达清。地址：上海市浦东新区福山路450号新天国际大厦17楼。邮编：200122。电话：021-68763888。传真：021-58315968。地址：北京市朝阳区西大望路1号温特莱中心B座21层。邮编：100026。电话：010-65999888。传真：010-65999800、65999815。网址：cta.ctv-media.com.cn。

PINDAO LANMU JIEMU

频道·栏目·节目

频道·栏目·节目

2012 年中央电视台频道设置

CCTV-1 综合频道（标清、高清、香港）

中央电视台综合频道于1958年9月2日正式播出，是中国开办最早、覆盖面最广、受众人群最多、品牌效应最高、影响力最大的综合频道，通过卫星覆盖全国，全天24小时播出。2009年9月28日，综合频道开始标清和高清两套节目同步播出。2011年3月1日，CCTV-1综合频道（香港）正式开播。作为以新闻为主的精品频道，综合频道承担着宣传党的方针政策，引导舆论，传播社会主义先进文化的重要使命，同时是中国最优秀的电视剧播出平台和最佳传播平台。频道平均收视率及收视份额均位居全国电视频道首位。

2012年，综合频道继续围绕“新闻为主的精品综合频道”定位，推进创新布局，荟萃全台精品，稳步提升队伍建设，各项工作平稳有序。切实改文风、转作风，圆满完成党的十八大、香港回归15周年等重大宣传报道任务；大力推进创新，打造《谢天谢地你来啦》、《开讲啦》、《中国味道》、《旗鼓相当》、《为你而战》、《魅力·纪录》等一批全新栏目和特别节目；优化布局，推出晚间“全新22:30”时段，实现早间“生活服务节目带”、午间“精品新闻节目带”、晚间18:00档的品牌升级；完成《生活早参考》、《寻宝》等栏目以及频道包装体系的全新改版升级；推出《梦想合唱团》第二季、《至高荣耀——教师节晚会》、《开学第一课》、《奥运梦想盛典》、《世界大力士中国争霸赛》、《法治的力量——12·4年度法治人物颁奖盛典》等大型媒体活动，频道形象和社会影响得到进一步提升；荟萃《星光大道》、《直通春晚》、《舌尖上的中国》、第30届夏季奥运会等台内品牌栏目、优质节目和精品赛事。《谢天谢地你来啦》、《梦想合唱团》被国家广电总局评为“2012年广播电视创新创优栏目”；《开讲啦》被《中国广播影视》评为“年度上星频道新栏目十强”；《今日说法》获评全台优秀品牌栏目；《梦想合唱团》第二季获中央电视台年度优秀节目一等奖；《开学第一课》获中央电视台特别节目一等奖；《看见·气仙沼的这个春天》获2012年度“亚太广播发展机构电视大奖”。

CCTV-2 财经频道

中央电视台财经频道于2009年8月24日正式开播。财经频道坚守“为国家经济建设服务，为大众经济生活服务，为企业发展服务”的频道理念，致力于为观众提供最权威的政策解读、最新鲜的市场资讯、最有价值的分析和观点。财经频道拥有覆盖全球的采编网络，强大的编辑能力，在纽约、伦敦、新加坡、香港、东京、首尔等6大城市建立海外演播室，在国内，演播室深入上海、天津、深圳、大连、杭州等5个专业市场，实现了与全球市场同步，与经济运行同步，成为人们观察和解读世界财经问题的重要窗口。

2012年，财经频道稳步推进频道专业化、品牌化、国际化和产业链条建设，取得了较大成绩，频道品质、品味、品格不断提升。2012年，财经频道在全国电视财经节目专业市场的份额达到85%；频道全年收视份额0.96%，超出台里下达的0.88%的收视指标9%；全年广告收入27.07亿元，超出任务指标12.5%。2012年，财经频道在政策解读能力、舆论引导能力、服务民生能力、国际传播能力等方面不断提升，精耕细作日常栏目，成功举办了中国经济年度人物盛典、3·15晚会等大型品牌活动，推出了《货币》、《金砖之国》等大型纪录片，央视财经客户端、官方微博成长迅速。5月23日，上海中心站新演播室正式启用。10月22日，财经频道《交易时间》正式在上海中心站新演播室直播，每日近两小时，标志着上海中心站建设实现进一步升级。6月6日，央视财经50指数在深圳证券交易所成功挂牌上市，这是中国第一只由国家级媒体发布、在交易所挂牌的市场指数，填补了中国资本市场在指数领域的一项空白。2012 年，财经频道尊重传播规律，特别是新媒体环境下的传播生态，实现传播方式创新。推出央视财经微博、微信、App 客户端，对财经频道的各项重大活动和重要新闻选题进行定向推送，引起了订阅用户的广泛互动。

CCTV-3 综艺频道

中央电视台综艺频道于 2000 年 12 月 18 日开播，承担着中央电视台文艺宣传、满足人民群众丰富多彩的精神需求、传播先进文化、提高人民审美欣赏水平、引领构建社会主义核心价值体系的重要职责。

2012 年，综艺频道完成收视份额 3%，超过 2.87% 的目标值，同时也超额完成了广告创收任务。在全台栏目综合评价排名前 30 位中，《星光大道》、《我要上春晚》、《回声嘹亮》、《向幸福出发》、《非常 6+1》、《开心辞典》等 6 个栏目入围。多档品牌栏目在“星光奖”、“金鹰奖”等多个奖项中屡获殊荣。此外，频道被全国总工会推荐授予“文艺工作者深入职工创作实践”活动优秀组织单位，并获“全国五一劳动奖状”。2012 年，综艺频道奋力开拓，在品牌建设上狠下工夫，坚持“三贴近”，坚持公益性，提升了收视，扩大了影响力。《星光大道》、《回声嘹亮》、《非常 6+1》等老品牌栏目持续打造百姓喜闻乐见的文艺作品，进一步增强吸引力，焕发新生命。创新研发《综艺盛典》、《我爱满堂彩》、《越战越勇》等新栏目，打造收视新亮点。继续举行七夕、中秋、重阳、除夕等“我们的节日”大型直播活动，创新举办《第六届相声大赛》和《直通春晚》特别节目，扎实筹备 2013 年春节联欢晚会，取得圆满成功。

CCTV-4 中文国际频道（亚洲、欧洲、美洲版）

中央电视台中文国际频道开播于 1992 年 10 月 1 日，以海外华侨华人、港澳台同胞和懂中文的外国观众为主要服务对象，通过亚洲、欧洲、美洲三个频道覆盖全球，全天 24 小时播出。中文国际频道不仅是全球华人、华侨了解祖国的重要窗口，更是中国走向国际舞台、提升国际传播力，推动中华文化走向世界的重要平台。

2012 年中文国际频道围绕“新闻 + 文化”为主的综合频道定位，实施精细化管理，着力提升栏目品质，大力强化精品意识，扎实推进品牌建设，频道的国际传播力和影响力进一步提升，海内外竞争力均创历史最好水平。2012 年中文国际频道圆满完成党的十八大、香港回归 15 周年、“神舟九号”载人飞船与“天宫一号”成功对接等一系列重大事件的报道；精心推出了百集大型系列节目《沿海行》、《北纬 30°·中国行》、《中国古镇》以及 50 集系列节目《留住手艺》等，将“走转改”活动持续深入推进，变为频道的常态；重点举办了第五届“汉语桥”在华留学生汉语大赛、第 11 届海峡两岸知识大赛、“福州月·中华情”中央电视台中秋晚会、CCTV-4 开播 20 周年暨海外忠实观众颁奖晚会、第三届海外华语电视媒体协作会、“中华之光——传播中华文化年度人物”评选、“感知陕西 尽览人文”全国电视联合采访活动、海外观众网络问卷调查等大型活动；不断加大创新力度，《中国文艺》、《天涯共此时》、《海峡两岸》、《体育在线》等栏目都推出了周末版特别节目；另外，频道还出版了《我们一起走过——CCTV-4 成立 20 周年纪念》一书。通过这些节目和活动，中文国际频道的传播品质大大提升，在第二届中国电视发展年会上，频道荣获“中国电视发展最具创新力十大上星频道”。系列节目《走进西藏寺庙》获第 22 届中国新闻奖国际传播一等奖，《远方的家》之《北纬 30°·中国行》获中央电视台 2012 年度优秀节目一等奖。《今日关注》、《中国新闻》、《海峡两岸》、《深度国际》入选 2012 年度中央电视台 30 大品牌栏目。

CCTV-5 体育频道

中央电视台体育频道是国内创办最早、规模最大、拥有世界众多顶级赛事国内独家报道权的专业体育频道，于 1995 年 1 月 1 日正式开播，覆盖全国，每天 24 小时播出。内容包括国内外重大赛事的现场直播、体育热点新闻追踪报道、全民健身及娱乐运动推广、体育知识普及教育等。

2012 年，体育频道充分利用优质赛事资源，以大型赛事转播创作为龙头，采取有效举措，强化节目创作，在多方面获得突破，圆满完成了欧洲杯和伦敦奥运会等大型赛事活动的报道，取得了社会效益和经济效益的双丰收；精心打造的“中华龙舟大赛”等民族赛事品牌成效显著，在积极提倡全民健身的同时突出了传统文化的特色；“体坛风云人物评选”活动成为倡导主流价值观，展现中国运动员爱国主义和拼搏精神，反映群众体育事业成就的荣誉殿堂和权威平台；信号制作团队积极加强新技术、新设备的应用，进一步巩固了“央视制造”品牌，获得广泛好评。另外，体育频道还在服务性和贴近性上下功夫，积极开展节目创新，从观众需求出发，竞技体育和群众体育并重，《体育新闻》、《体育世界》、《体坛快讯》等新闻栏目报道范围日益增大，除关注社会热点、焦点以及足、篮、排三大球和大牌明星外，把更多的版面和空间交给冷门项目、小众项目，同时深入基层，加强全民健身内容报道，保证了新闻报道的全面性和多样性；《足球之夜》、《天下足球》、《篮球公园》、《城市之间》、《体育人间》、《赛车时代》、《健身舞起来》、《体育星探》等栏目进一步明确定位，在围绕赛事展开报道的同时，大力加强服务意识、创新意识，提升了关注度；频道还积极加强新媒体手段的应用，利用频道及栏目微博、CNTV（中国网络电视台）体育台对节目进行推介，加强与观众互动，起到良好的宣传效果，扩大了影响力。

CCTV-6 电影频道

中央电视台电影频道于1996年1月1日开播，是中国开办最早且唯一覆盖全国的电影专业频道，每天播出11部中外影片(包括9部国产片和2部境外影片)和各类动画片、纪录片、专题片等。2012年12月12日，CCTV-6高清频道开始试播，标志着电影频道又向前跨越了历史性的一步。

2012年，电影频道继续坚持党的宣传方针和政策，坚持正确的舆论导向，弘扬主旋律，传播优秀的电影文化。5月，电影频道精心组织了“纪念《在延安文艺座谈会上的讲话》发表七十周年”影片展播；10月，为迎接党的十八大的召开，电影频道在黄金时间开展两大系列主题展播——“向党的十八大献礼‘五个一工程’获奖作品展播”和“电影频道出品新作展播”，旗下多个品牌栏目也通过各种形式配合对党的十八大的宣传。2012年1月1日起，电影频道出品电影全面纳入电影局故事片管理体系和统计范畴，从剧本备案、公示到影片拍摄、完成片的审查发行，都与国产电影标准一致，标志着电影频道出品电影完全融入中国电影产业。2012年电影频道出品电影92部，这些作品题材丰富、制作精良，在国内外诸多电影奖项评选中斩获奖项。2012年，电影频道加强对外交流，积极推进中国电影“走出去”，成功举办“第31届大众电影百花奖颁奖典礼”、戛纳“中国电影之夜”、蒙特利尔中国电影商务周、纽约中国电影节等活动。CMC中国电影频道作为长城平台的成员，通过卫星覆盖撒哈拉以南38个国家和地区，并以时段落地的方式进入毛里求斯国家电视台和南非最大的私营电视台M-Net。此外还与缅甸、纳米比亚、苏丹、津巴布韦、坦桑尼亚等国的国家电视台签订了时段落地协议，为中国电影“走出去”工程作出积极贡献。

CCTV-7 军事·农业频道

中央电视台军事·农业频道节目创办于1995年11月30日。开办之初，是以播出少儿、军事、农业节目为主的频道。随着中央电视台频道专业化改革，2011年1月3日，第七套节目改为军事·农业频道，成为以播出军事、农业节目为主，展播中央电视台优秀专题片、纪录片及优秀综艺、法制、社会生活类栏目为辅的专业频道。

2012年，军事节目紧紧围绕国防和军队建设的主题，紧密配合部队中心工作，出色完成了各项重大主题、重大活动、重大典型宣传报道任务。全年共安全播出2068小时，新闻超过1.3万条，专题970部，特别节目74部。圆满完成全年收视份额，节目的传播力、影响力进一步扩大。军事节目中心被国家广电总局评为全国优秀纪录片制作机构，《军事纪实》荣获优秀国产纪录片栏目和全国十佳纪实栏目。《军事报道》被评为中央电视台品牌栏目，在全台近300个栏目中，《军事报道》第四季度一举取得CCTV-7排名第一、全台综合排名第15的好成绩，这是《军事报道》开办16年来取得的最好成绩。在中广协会组织的全国春节晚会评比中，《军营大拜年》荣获晚会特等奖和最佳导演、最佳主持、最佳演唱、最佳录音等多个奖项。

农业节目于1996年1月1日正式播出，当前共开设11个栏目，每天播出时长近8小时，观众覆盖率达到91.5%，推及11.95亿观众。2012年，农业节目正式纳入台内部统一宣传管理机制，圆满完成了迎接党的十八大胜利召开、全国“两会”、粮食生产报道等重大宣传战役；顺利完成《生活567》等栏目的改版升级；圆满完成《农业节目品牌发展战略方向研究》课题，为农业节目在频道定位、时段编排、栏目群设置以及节目创新等方面提供了新思路；《CCTV2012年度三农人物推介活动》、《2012·三农记忆——中央电视台年度三农新闻事件推介活动》等10个节目列为全台2012年重点推介特别节目。《2010年度三农人物颁奖典礼》、《螳螂传奇》等农业节目获众多台内外优秀奖项。

CCTV-8 电视剧频道

中央电视台电视剧频道是以播出国内外优秀电视剧为主导、荟萃相关节目精华的专业频道，也是中国唯一一个国家级电视剧专业频道。频道前身最初为"文艺频道"（CCTV-3），于1996年1月7日开播，当时只覆盖北京地区。1999年5月3日更名为电视剧频道，并通过亚太1A卫星覆盖全国。2010年8月1日，中央电视台实施频道制后，正式定名为"电视剧频道"，节目涵盖国产电视剧、引进境外影视剧及影视资讯专题节目、宣传推介节目和特别节目等。

2012年，电视剧频道围绕"好戏出央视"的战略目标，着力加大自制、定制剧力度，主动出击、深入前端，有效联合顶尖社会制作机构，整合制播资源、发挥平台优势、实现多方共赢。频道定制剧《大戏法》、《木府风云》、《聪明小空空》、《火蓝刀锋》赢得收视、口碑双丰收。黄金强档"五集连播"策略大大提升社会影响力和品牌竞争力，并为全台晚间时段收视份额做出巨大贡献。频道通过更新编播理念，调整编排策略，科学配置全天"八大剧场"，切实提高总体收视效益，并开拓广泛的引进剧购播渠道，译制播出一系列优秀海外影视剧精品，全力打造了新的收视增长点。同时，积极筹备重点宣传剧目20余部，先后在党的十八大宣传预热期、预热高潮期以及会中、会后阶段播出，全面体现"喜迎十八大、荧屏好剧多"的中央电视台电视剧宣传口号，营造党的十八大宣传良好氛围。2012年，电视剧频道平均收视份额3.26%，在全国卫星频道中保持较强竞争力，品牌影响力持续攀升。

CCTV-9 纪录频道

中央电视台纪录频道于2011年1月1日正式开播，开播两年来，纪录频道将"创新"和"原创"作为两大核心要求，在品牌建设、国际传播、节目生产、运营机制中实现创新。纪录频道已在海内外取得了良好的口碑和持续的影响力，成为彰显中央电视台文化影响力的标志性品牌频道之一。

2012年，纪录频道陆续推出《故宫100》、《春晚》、《舌尖上的中国》、《超级工程》等原创纪录片节目，受到了社会各界的广泛关注和积极评价。2012年，传媒业界将多项荣誉授予纪录频道，中国广播电视协会评选的"最具创新力十大上星频道"、《综艺》评选的"2011年度上星频道"、史坦国际评选的"2011年度电视频道"、中国视协电视纪录片学术委员会评选的"2012最佳年度频道"。2012年纪录频道在全国覆盖可收视人口达7.81亿，覆盖率59.8%。同时，纪录频道在全球60余个国家和地区落地，拥有超过4000万国际用户。在中央电视台2013黄金资源招标大会上，纪录频道广告签约额近4亿元。2012年，纪录频道广泛开展与国际纪录片业界的交流与合作，不断创新多种形式的国际合作模式，不断提升国际传播能力。其中，《舌尖上的中国》在海外首轮发行额达35万美元，创造了中国纪录片海外发行单集最高的好成绩，2012年纪录片海外销售额增长幅度达180%，总金额已经突破200万美元。2012年4月16日，为深入贯彻"全台办一套"指示精神，50分钟纪录片栏目《魅力·纪录》在综合频道晚间正式播出。此外，纪录频道根据自身发展特点，不断扩大以"委托制作"为主的创新性节目生产模式，凝聚起全国百余家地方电视台、电视制作机构，着力打造了《活力中国》和《传奇中国》两个纪录片"委托制作"节目制作合作平台，并倡导成立两个联盟——"中国纪录片发展联盟"和"中国纪录片制作联盟"。同时，初步完成组建"央视纪录传媒文化有限公司"的调研论证工作。

CCTV-10 科教频道

中央电视台科教频道是以教育、科技、文化、卫生宣传为内容的专业频道，于2001年7月9日开播，以"打造国家电视台高品质的标识型频道"为目标，以"教育品格、科学品质、文化品位"为追求，以"记录时代变化，塑造民族精神，传扬文化传统，服务大众生活"为使命，频道节目形态以纪录片为主，以演播室为辅，栏目化播出，每天播出时间约20小时。

2012年，科教频道坚守定位，勇敢创新，从根基入手推动自身在新传播格局中的艰难转身。关闭了《希望－英语杂志》、《绿色空间》、《重访》、《创新无限》四个栏目，将《原来如此》改造成为国内首个原创大型实证科普栏目，将《讲述》改造成为贴近基层第一线的社会类纪录片栏目，将《健康之路》改造成为国内健康养生节目市场排名第一的大型演播室栏目，扩版《我爱发明》，推动《走近科学》向科学纪录片转型，专业频道面貌进一步清晰，科技类、服务类栏目的传播力得到明显提升；频道成功创作党的十八大文献纪录片《科学发展铸辉煌》、文献纪录片《大鲁艺》、90集行进版纪录短片《茶叶之路》，创新媒体活动品牌《寻找最美乡村教师》、《寻找最美乡村医生》，创新科技活动品牌《科技盛典——中央电视台2012年度科技创新人物》，创新教育节目品牌《我的一本课外书》，并在清明节、青年节、重阳节、教师节等重要节假日创新推出特别节目、大型直播和特别编排，频道的时效性和应变活力得到加强，品牌形象和社会影响进一步提升；频道创新实施"全员绩效考核"和"竞争力架构研究"，加大培训力度，激发内部生产活力，主动应对市场竞争，并努力在国际合作和资源整合方面努力突破。2012 年，科教频道及所属栏目、节目在纪录片创作和科教传播领域荣获众多奖项。

CCTV-11 戏曲频道

中央电视台戏曲频道于 2001 年 7 月 9 日开播，通过中星 6A 和 6B、中星 9 号覆盖亚洲和太平洋地区，全天播出 20 小时，是中国覆盖面最广、影响力最大的专业化戏曲频道。频道以"弘扬国粹，传播经典"为定位，是目前国内推动戏曲事业前进的龙头。开办有《CCTV 空中剧院》、《中国京剧音配像精粹》、《九州大戏台》、《过把瘾》、《青春戏苑》、《梨园闯关我挂帅》、《跟我学》、《戏曲采风》、《名段欣赏》、《戏苑百家》、《快乐戏园》、《锦绣梨园》、《戏曲影视剧场》、《主持人全天陪伴收视》等 14 个原创栏目。

戏曲频道汇集全国各地优秀的戏曲种类，在播出理念上强调戏曲艺术与传统文化深厚的渊源，完整播出全国各地戏曲的优秀剧目。在节目内容选择上，坚持以京剧为主，兼顾地方戏的原则，为戏曲事业的人才培养、薪火相传做出了重要的贡献。2012 年，戏曲频道以现代人文眼光为立足点，在戏曲节目中注入时尚的视角、新颖的电视语汇，圆满完成春节、"两会"、奥运会、党的十八大等重大活动和《全国第七届青年京剧演员电视大赛》等重要赛事的直录播活动。2012 年，戏曲频道在全国排名由原来的第 40 位，升至第 21 位，上升了 19 位。在党的十八大期间，和音乐频道一起联合为党的十八大胜利召开贡献 1.56% 的收视份额，实现了超 1.5% 的高目标。这一年，全国累计有 9.7 亿多观众收看过戏曲频道节目，较 2011 年增加了 3000 多万。频道的观众群呈现出年轻化、城市化和大众化的倾向，为 2013 年赢得良好开端。

CCTV-12 社会与法频道

2004 年，为落实"依法治国"、"以德治国"的治国方略，建设和谐社会，保持社会稳定与进步，沟通司法与社会，党中央决定建立中央电视台"社会与法频道"。2004 年 12 月 28 日，中央电视台社会与法频道开播。目标是将频道建设成中国一流、品质优良、受众广泛、以人为本、社会效益显著、为构建和谐社会提供法律宣传支持的专业电视频道。社会与法频道坚持"公民、公正、公益"理念，坚持"好看、有用"的传播策略，覆盖率逐年增长，影响力不断扩大。自 2008 年以来，观众满意度连续三年位列全国上星频道第二；在 2011 年全国上星卫视"观众最想看的频道"评选中排名第五；在"学习知识、增长见识上最具优势频道"评选中排名第一；2012 年更获得 1.22% 的收视份额，中央电视台台内排名第十，全国上星卫视排名第 18；传播效益显著。频道开办以来，因"围绕中心、服务大局"作用突出，普法实践获得实效，受到中央领导、政法战线高度关注。

2011 年 4 月，社会与法频道推出新版，全面提升专业品牌频道品质，通过开拓社会建设、社会服务、社会进步的内容资源，构筑专业、权威、高端的社会法治舆论阵地；服务百姓，构建"援助、帮助、救助"三位一体的社会服务网络；关注青少年，打造青少年喜爱的普法基地等措施；推出《一线》、《热线 12》、《法律讲堂》（文史版）、《普法栏目剧》、《夜线》、《小区大事》、《平安 365》等新栏目，季播节目《班长对班长》及其 2012 年后续篇《闯关到 12》，并全面提升《天网》、《法律讲堂》、《庭审现场》、《忏悔录》、《道德观察》、《心理访谈》、《见证》、《从我做起》等原有栏目品质，完成了频道专业化基本建设；与频道常年保持的《绿书签行动——4·26 国际版权日宣传周》、《6·26 禁毒宣传周》、《平安中国》等具有影响力的大型媒体行动，与中央大力倡导、频道积极践行、各栏目深入落实的"走转改"活动一并形成传播规模，进一步夯实社会与法频道在表现我国当代社会建设和法治建设成就与信息发布方面的权威性，倾力打造中国电视普法与法治宣传第一品牌。

CCTV-13 新闻频道

新闻频道于 2003 年 5 月 1 日试播，7 月 1 日正式播出，通过卫星覆盖全国，实现全天 24 小时不间断直播，不仅以最快的速度向全国观众提供第一手的国内外新闻资讯，而且开办有《新闻直播间》、《东方时空》、《新闻调查》等一大批有影响力的专题类栏目，涵盖资讯、评论、深度调查、舆论监督等所有新闻节目形态，是中国覆盖面最广、影响力最大、品牌化最高、受众满意度最好的新闻专业频道。

2012年，新闻频道的报道力不断提高。全年不仅圆满完成了全国“两会”、首尔核安全峰会、金砖国家领导人第四次会晤、上合组织北京峰会、APEC第20次领导人非正式会议、香港回归15周年庆祝大会、党的十八大开闭幕式、新一届中央政治局常委与中外记者见面等百余场重大活动的直播报道，而且策划制作了“天宫”、“神九”载人交会对接、“蛟龙号”下潜首次突破7000米、中国首艘航母“辽宁”号成功着舰、伦敦奥运会、东非野生动物大迁徙等一系列重大事件的特别报道，得到了中央领导的高度肯定，赢得了广大观众的积极评价，受到了全社会的广泛关注。与此同时，频道把新闻的视角对准普通百姓与现实生活，把关注的重点投向弱势人群与特殊团体，推出的“走基层”系列报道，开展的《开往春天的校车》、《我的父亲母亲》、《幸福观大调查》、《寻找最美乡村教师》系列等大型新闻公益行动，在社会上产生强烈反响，新闻文风焕然一新，节目样态丰富多彩，成为中国新闻界开展“走转改”活动的领军单位和全国先进典型。

2012年，新闻频道的传播力明显提升。当前频道已经基本实现了在重大的国际突发事件中与CNN、BBC等国际一流媒体同步报道、甚至快于对方的要求；全面实现了国内重大突发事件“15分钟内核实首发、半小时实现电话连线、两小时之内视频发稿、四小时实现直播覆盖”的要求，国际传播能力进一步提高。全年累计有71个国家和地区389家媒体机构的1434家电视台/频道使用新闻频道的节目素材达399213次，比2011年增长48%，日均采用1090次，较2011年增长37%。2012年11月1日，“央视新闻”微博正式上线运行，使新闻频道拥有了继传统电视、国际视通之后第三个新闻发布平台，截至2012年底统计，粉丝超过280万，在新浪网“媒体微博影响力”总排行榜上稳居前十、在电视媒体微博名列第一。

2012年，新闻频道的影响力持续增强。全年收视份额达到2.57%，较2011年的2.19%提升幅度为17.35%，在全国卫视综合排名中位列第八，由2011年的第10名上升两位，创下频道创办以来的最好成绩。与此同时，全年广告收入实现29.1亿元，比2011年提高了38.57%，在全台15个开路频道中广告收入排名第二。2012年，新闻频道共有三部作品获第22届中国新闻奖评选特别奖和一等奖，占到全台获奖总数的一半。此外，《天宫一号宇宙飞船发射成功》获第49届亚广联电视类新闻交换丹尼斯·安东尼奖。获中央电视台年度优秀节目若干，其中共有13个栏目进入全台栏目综合评价的前30位，占频道所有栏目的70%。

CCTV-14 少儿频道

中央电视台少儿频道于2003年12月28日开播，是我国第一个面向全国3.67亿少年儿童的专业电视频道。少儿频道始终秉承“引领成长，塑造未来”的宗旨，把握正确舆论导向，围绕少年儿童需求，加强频道专业化、品牌化建设，制作播出了一批有益于少年儿童健康成长的精神文化产品，频道品牌竞争力和社会影响力持续提升。

2012年，少儿频道创造了102天单日收视份额全国第一的成绩，年度平均收视份额4.47%，列全国上星频道第二位，创造了开播九年来的最高收视成绩。2012年，少儿频道圆满完成了“六一”晚会、《2012年全国儿童歌曲大奖赛》、《爱心满天》大型公益活动、《欢欢喜喜迎新年》元旦特别节目、少儿春晚《龙子龙孙贺新春》、《少儿频道 我的频道》品牌推广活动等重点项目，深受社会各界的赞誉和少年儿童的喜爱，有效提升了频道的社会影响力；创新推出了《大仓库》、《大手牵小手》、《金龟子城堡》、《周末满天星》、《音乐快递·百分百动听》等一批质量上乘的新节目；完成了《大风车》、《智慧树》、《芝麻开门》、《新闻袋袋裤》、《成长在线》、《快乐体验》等栏目的升级改造，有效促进了整体节目质量的提升。其中，少儿春晚《龙子龙孙贺新春》获2012全国春节电视文艺晚会优秀节目创优特别奖。少儿频道在假期编排上大胆创新，在全年形成不间断收视高潮。少儿频道还坚持“选优、买优、播优”原则，进一步加强与国内外动漫企业的沟通交流，全面把握市场动态，掌握精品片源。频道积极开展“走转改”活动，并将其与业务工作、党团活动和“送温暖”活动紧密结合，有效增强了团队的凝聚力和党组织的战斗力。

CCTV-15 音乐频道

音乐频道于2004年3月开播，以播出中外古典音乐和世界各地优秀民族音乐为主要内容，以“享受音乐，感悟人生”为频道主题语，以“音乐无处不在”为传播理念。频道承担着国家电视台提高国民音乐素质和欣赏水平的社会责任，是专业团体和音乐爱好者展示才华的首选平台，是广大电视观众尤其是青少年观众了解、欣赏、学习音乐的首选媒体。频道现设17个栏目，涵盖西方古典音乐、中国传统音乐、中外民歌、当代歌曲、影视音乐、MTV等多个音乐门类和表现形式，布局合理，架构完善，追求时代精神和人文关怀，日益拉近音乐与大众的距离，实现音乐传播的最大化。

2012 年，频道强调用更宽阔的视角看待音乐和生活，建立充满现代和时尚气息的互动平台，圆满完成春节、“两会”、党的十八大等重大活动宣传，完成《2012 年新年音乐会》、《2012 年维也纳美泉宫之夜夏季音乐会》、《“光荣绽放”系列音乐会》、《“更上一层楼”2012 中秋民族音乐会》等系列特别节目和《2012CCTV 民族器乐电视大赛》的直录播活动，扩大了音乐频道的社会影响力，强力提升了频道的社会形象。2012 年，音乐频道大大加强节目预告的推介力度和预告的灵活性与实效性，使得频道收视率大幅提高，频道全年月均收视份额在全国排名由第 47 位升至 36 位，取得历史性突破。同时，频道率先向整合传播的方向迈进，拥有官方网站、频道微博、各栏目微博等平台，开展与观众实时互动交流。全年音乐频道收视份额达 0.35%，创 2004 年以来新高。在中央电视台 16 个频道中排名第 15 位，在全国所有上星频道中排在第 41 位，达到历史最佳水平。收视数据表明，频道已经连续五年完成收视任务，日均观众规模呈现逐年上涨态势，每天收看音乐频道的观众占观众总体的 5.79%，比 2011 年提高 1.35 个百分点，是 2004 年频道开播以来的最好成绩。

CCTV-NEWS 英语新闻频道

中央电视台英语新闻频道是一个全英文 24 小时播出的新闻频道，其前身为 2000 年 9 月 25 日开播的英语国际频道。英语新闻频道以大信息量的新闻报道为主，辅以深度报道和评论节目，并播出部分纪实类的专题节目。作为中央电视台提升国际传播能力的重要外宣平台，英语新闻频道致力于在报道中国的同时，也注重报道整个亚洲地区和广大发展中国家的新闻事件，希望成为全球观众了解中国和多元世界的窗口。

2012 年 1 月 11 日，非洲分台英语区域制作中心在肯尼亚首都内罗毕开播；2 月 6 日，北美分台英语区域制作中心在美国华盛顿开播，并分别在当地黄金时间通过英语新闻频道播出一小时的英语新闻节目。2012 年 11 月 7 日，非洲分台《非洲直播室》节目开始进入肯尼亚国家电视台 KBC 播出。通过本土化制作，有针对性地为非洲、北美地区观众提供综合新闻、财经资讯、深度报道和访谈节目，两个区域制作中心的节目很快就以客观的报道立场、独特的报道角度和丰富多元的节目内容引起国际主流媒体的关注，受到海外观众的好评。非洲、北美分台的开播，也意味着英语新闻频道的节目进入到一个全球化制播的新阶段。2012 年，英语新闻频道还成功充实并扩大了海外报道网络、国内报道网络和评论员网络，大大增强了新闻采集能力；努力提升节目品质，增加报道形态，改进包装，使节目更加国际化；优化了基于全球平台的 DESK 机制，并实现专业化分工，完善了业务管理体系。全年圆满完成了“两会”、党的十八大等重大新闻事件的报道，突出节目的对外针对性，联动北京总部和非洲、北美区域制作中心及遍布全球的海外报道员和嘉宾体系，反映国际舆论对于我国经济发展、国际影响力提升的赞赏，并从外国人的视角观察中国的社会变化及未来发展。此外，积极践行“走转改”精神，共派出编辑记者 100 余批次参与“走基层”报道活动，制作包括“两会外专走基层系列节目”,“春耕系列报道”,“西藏阿里生态与民生报道系列”等新闻 400 余条。

CCTV-Français 法语国际频道

中央电视台法语国际频道于 2007 年 10 月 1 日正式作为独立 24 小时频道播出，其卫星信号覆盖全球，以海外法语观众以及在华的法语国家人士为主要服务对象。法语国际频道是以新闻为主的综合频道。其节目分为新闻类和文化类，通过客观平衡的报道，清晰表达中国立场，全面展示中国的历史文化、政经发展、社会进步、自然风光和当代生活，让世界更好地了解中国。

2012 年，法语国际频道恪守党的外宣方针，坚持正确舆论导向，坚持“三贴近”，贯彻实施“走转改”，大力推进机制创新和资源整合，推进传统媒体与新媒体融合，加强频道形象建设，加强国际传播能力建设。全力强化对外传播的针对性和有效性，在频道改版、节目质量、团队建设、工作机制等方面加大工作力度，加强对突发事件新闻的及时发布、直播和现场报道；突出频道自身特色，主要完成了党的十八大、“神九”、“两会”、中非合作论坛、东非野生动物大迁徙、香港回归 15 周年、法国总统大选、伦敦奥运会等大型直播报道。2012 年法语国际频道《对话——聚焦非洲大使的两会看点》获得当年全国人大新闻奖二等奖。频道还顺利完成了新闻直播节目从磁带播出向网络化硬盘播出的转换。

法语国际频道已在法国、毛里求斯、喀麦隆、塞内加尔、尼日利亚、坦桑尼亚、南非等 26 个国家落地入户，覆盖观众超过 2600 万户。目前有 30 多个整频道落地项目和多个部分时段交换项目，马达加斯加、毛里求斯、布隆迪、哥伦比亚等国电视台每天转播法语国际频道的部分节目。法语国际频道还实现了节目的网上直播和点播回放。2012 年 10 月，法语国际频道注册新浪官方微博，正式开始利用移动互联网渠道进行频道推广。2012 年，频道通过海外观众收视调查活动，进一步了解了观众的评价及需求。

CCTV-Español 西班牙语国际频道

中央电视台于 2004 年 1 月 1 日首次对外播出每天 4 小时的西班牙语节目，同年 10 月 1 日，西法频道开播，西班牙语和法语节目各播出 12 小时。2007 年 10 月 1 日，西法语频道分频，西班牙语国际频道成为全天 24 小时完整独立对外播出的频道。西班牙语国际频道节目播出信号通过 4 颗卫星覆盖全球 98% 的地区。西班牙语国际频道为以西班牙语为母语的近 4 亿观众提供来自中国、亚洲和世界各国生动、及时、客观的新闻报道及全面介绍中国的专题、教学和娱乐节目，让世界各国人民认识和了解一个真实的中国。

2012 年，西班牙语国际频道围绕“中拉沟通的桥梁”这一定位，致力于提升节目品质，圆满完成了党的十八大、“两会”、博鳌论坛、G20 峰会、金砖国家首脑会议、香港回归 15 周年、伦敦奥运会、东非野生动物大迁徙、“神舟九号”与“天宫一号”对接等重大宣传任务，向对象国传播了中国的声音；主动策划有针对性的报道，联合本台驻拉美各记者站点，充分报道与对象国墨西哥、阿根廷建交 40 周年的纪念活动，为中拉友谊做出了特别贡献；认真践行“走转改”活动，鼓励外国专家参与，通过外国人的视角，展现现代中国的发展；积极回应国际社会关切，对国外观众普遍关注的藏区进行了深度报道，结合“走转改”和党的十八大策划拍摄的 15 集《行走川藏线》系列新闻报道，让海外观众不仅直观地领略到川藏线周边独特的藏族文化风情，更能真切地体会到川藏路为藏区人民的生活带来的改变。自制节目《学做中国菜》栏目凭借多年对中华饮食文化的不懈传播获 2012 年“全国广播电视媒体民生影响力调查旅游餐饮类十强栏目”称号。

CCTV-العربية 阿拉伯语国际频道

中央电视台阿拉伯语国际频道是继中央电视台英语新闻频道、西班牙语国际频道、法语国际频道之后开播的第四个国际频道，于 2009 年 7 月 25 日正式开播，通过卫星覆盖中国及亚太地区，同时通过 Arab sat 和 Nile sat 向中东和北非地区播出。阿拉伯语国际频道全天 24 小时播出，节目主要分为新闻类节目、访谈类节目、专题节目、娱乐和教学节目。

阿拉伯语国际频道的新闻节目全天共播出 10 档，以报道世界上的主要新闻事件和阿拉伯地区的事件为主。2010 年又增加了财经新闻，介绍各国股市、汇率、黄金、石油等行情变化和中国宏观经济形势及行业和地区经济发展。2012 年，阿拉伯语国际频道继续贯彻落实台领导就进一步扩大中央电视台国际影响力部署，根据自身的定位和特点，努力提升节目品质，进一步推动海外传播建设。重点工作包括圆满完成了党的十八大的宣传报道、制作《车行新疆》系列专题并制作《普通中国人的故事》、《外国人走基层报道》系列，推出《阿拉伯大使看十八大》访谈节目、首次录制播出全国高校阿拉伯语演讲比赛等。面对这一年阿拉伯地区变幻莫测的国际政治与经济局势，阿拉伯语国际频道制作节目《2012 年中阿关系回顾》，邀请国际问题专家共同回顾 2012 年内影响中阿关系的多个重要事件并做出评论。

阿拉伯语国际频道在加强国际传播能力建设和本土化建设方面，积极开展与国际媒体的合作，宣传推广阿拉伯语国际频道。2012 年与到访的包括黎巴嫩共产党代表团、阿拉伯国家青年代表团、黎巴嫩新闻部长等进行积极交流。黎巴嫩新闻部长瓦利德·达欧格在参观阿拉伯语国际频道时表示，期待阿拉伯语国际频道在国际舆论场上发出更大的声音，并希望同中央电视台及阿拉伯语国际频道在新闻交换和节目片源等方面相互支持和援助，同时表示将在黎巴嫩电视台播出阿拉伯语国际频道赠送的《北京的秋天》、《新疆喀什》和《百年南京路》等专题片。

CCTV-Русский 俄语国际频道

中央电视台俄语国际频道于 2009 年 9 月 10 日正式开播，旨在加强中国与独联体国家以及其他使用俄语的国家和地区之间的相互了解、交流与合作，向全球俄语观众介绍中国，传递中国声音，展示中国形象。俄语国际频道共有包括新闻资讯、专题服务、综艺益智、影视剧等各类栏目共 14 个（其中新闻资讯类栏目 5 个，分别是：《综合新闻》、《财经新闻》、《观点》、《对话》、《北京时间》，专题服务类栏目 6 个，综艺益智类栏目 2 个，影视剧类栏目 1 个）。新闻资讯类节目每天 8 档整点直播，及时阐述中国对国际事务的立场和观点，文化艺术及教学类专题节目每天首播 6 小时。

2012 年俄语国际频道共制作播出 246 条自采新闻，总时长达到 861 分 09 秒，达到了自采新闻占新闻总量 7% 的目标。其中党的十八大相关报道和“两会”报道共完成 34 次直播报道，总时长达到 4440 分钟，在“两会”和党的十八大报道期间，俄语国际频道推出《普通人的故事》、《边境行》和《十年》等多个报道系列，集中报道了我国经济社会建设和民生保障的成就。自 2012 年 7 月起，俄语国际频道每周定期向东西伯利亚三个地区、蒙古国提供整档新闻；在党的十八大期间开始向白俄罗斯和独联体电视台提供整档时政新闻。2012 年，俄语国际频道第二次与俄罗斯第一频道连线，录制大型公益类节目《等着我》，双方合作机制日臻成熟。俄语国际频道制作的《宾至如归》在匈牙利首都布达佩斯举办的 2012 年第七届国际俄语广播电视节上，获得文化类电视节目大奖。同年俄语国际频道还获得了由“繁荣的人文合作”欧亚电子媒体颁发的“面向俄语观众，欧亚地区电子媒体优秀信息项目奖”。2012 年，俄语国际频道充分开展“走基层”报道活动，近 60 人分批次前往黑龙江、内蒙古、新疆、福建、广东等多地采访报道，在活动中，较为突出的是外籍人员的广泛参与，前后历时三个月，加深了对我国国情的直观感受。2012 年俄语国际频道的官方微博实现从小众传播走向大众微博。到目前为止频道微博粉丝量超过 5.2 万个。

CCTV-高清频道

CCTV-高清频道于 2008 年 1 月 1 日试播，5 月 1 日正式开播，是中央电视台第一个以高清晰度信号格式制作播出的开路电视频道。频道通过全国各地有线网络传输。CCTV-高清频道定位为综合频道，全高清播出，每天 24 小时播出，常态节目日首播约 7 小时。

2012 年 CCTV-高清频道累计首播节目 2629 小时，包括电视剧、纪录片和专题片、体育、综艺、科教五大节目类型；全年首播电视剧 65 部计 2066 集，题材包括政治、军事、青春励志、都市情感、婚姻生活、谍战、民国年代、历史剧和神话传奇 9 种类型；积极整合台内外优秀高清节目资源，先后播出中外优秀纪录片 24 个系列总计 409 集，包括《远方的家·边疆行》、《王国维》、《金砖之国》、《舌尖上的中国》等中央电视台自制的优秀高清纪录片，以及《南太平洋》、《地球脉动》、《世界名画》、《古老的世界》等国外优秀纪录片；体育节目累计首播总时长约 538 小时，其中 2012 年欧洲杯累计播出时长 73 小时，伦敦奥运会累计播出时长 387 小时；综艺类节目累计首播总时长约为 165 小时；科教类节目累计首播总时长约为 225 小时。2012 年 CCTV-高清频道自制导视节目共播出 5844 分钟。在中央电视台第一届节目创意大赛中，CCTV-高清频道提交的《设计者》、《老人·家》、《穿越无极限》三个方案入围前 30 名。2012 年 CCTV-高清频道系统总结创办四年来的运营管理经验，编制完成《CCTV-高清频道运营管理手册》；频道联合央视市场研究股份有限公司（CTR）针对全国电视市场需求和中央电视台频道布局，在广泛调研基础上完成《CCTV-高清频道定位研究报告》。截至 2012 年底，CCTV-高清频道在全国覆盖人口超过 1 亿，用户超过 1000 万户。2012 年 CCTV-高清频道与资产管理中心合作启动开发频道广告资源工作，已有奔驰、宝马、奥迪等国际品牌陆续投放广告，全年共播出广告 249.2 小时。CCTV-高清频道日益受到业界和观众的欢迎，影响不断扩大。

（总编室规划部提供）

2012 年中央电视台栏目目录

第一部分　常规频道

CCTV-1 综合频道

新闻联播
晚间新闻
新闻 30 分
首席夜话
精彩一刻
第一动画乐园
环球科技视野
天天饮食
人与自然
动物世界
正大综艺
状元 360
国际艺苑
中华民族
今日说法
人口
小崔说事
寻宝
分秒必争
我们有一套
生活早参考
看见
魅力·纪录
谢天谢地你来啦
生活提示
开讲啦
旗鼓相当

CCTV-1 综合（高清）频道

晚间新闻
新闻联播
新闻 30 分
朝闻天下
状元 360
首席夜话
环球科技视野
人与自然
分秒必争
小崔说事
正大综艺
远方的家
人口
中华民族
天天饮食
今日说法
我们有一套
生活早参考
看见
寻宝
动物世界
国际艺苑
谢天谢地你来啦
精彩一刻
第一动画乐园

CCTV-1 综合（香港）频道

看见
生活早参考
寻宝

CCTV-2 财经频道

经济与法
中国财经报道
经济信息联播
对话
经济半小时
第一时间
交换空间
消费主张
商道
市场分析室
交易时间
环球财经连线
购时尚

生财有道
一槌定音
央视财经评论

CCTV-3 综艺频道

星光大道
舞蹈世界
艺术人生
剧场
激情广场
非常 6+1
我要上春晚
综艺喜乐汇
向幸福出发
文化正午
动物传奇
艺览天下
文化视点
欢乐一家亲
天天把歌唱
文化大百科
回声嘹亮
幸福在这里
我爱满堂彩
开门大吉
文化讲坛
综艺盛典
越战越勇

CCTV-4 中文国际频道

中国新闻
深度国际
今日关注
今日亚洲
天涯共此时
探索·发现（海外版）
中国文艺
中华情
动画城（四套）
快乐驿站（海外版）
海峡两岸
中华医药
体育在线
国宝档案
百家讲坛（海外版）
大家（海外版）
周末影院（海外版）
华人世界
走遍中国
快乐汉语
文明之旅
城市 1 对 1
远方的家
流行无限
精彩回放（海外版）
智慧树（海外版）
精彩一刻（海外版）
天天饮食（海外版）
双语剧场

CCTV-4 中文国际（美洲）频道

寻宝（海外版）

CCTV-5 体育频道

实况录像
顶级赛事
体育人间
巅峰时刻
体坛快讯
体育世界
赛车时代
足球之夜
篮球公园
午夜体育报道
现场直播（体育）
天下足球
体育新闻
运动空间
武林大会
城市之间
健身舞起来
体育星探
精彩 F1
直播周末
实况足球
欧冠开场哨
冠军欧洲
体育晨报

CCTV-6 电影频道

译制片
电影报道
世界电影之旅之资讯快车
佳片有约
世界电影之旅
首映
专题片
故事片
爱电影
流金岁月
世界纪录片长廊
音乐之声
电影人物
纪录片（电影）
美术片

CCTV-7 军事·农业频道

农广天地
乡村大世界
每日农经
生活 567
法制编辑部
乡约
阳光大道
聚焦三农
致富经
科技苑
乡土
讲武堂
中国武警
军事纪实
百战经典
和平时代
军事科技
军旅文化·大视野
军事报道
防务新观察
军营大舞台
谁是终极英雄

CCTV-8 电视剧频道

影视同期声
大剧场
海外剧场
影视俱乐部
环球影院
佳艺剧场
第 8 频道
好剧连台
周日影院
电视剧（高清版）
电视剧

CCTV-9 纪录频道

特别呈现
人文地理
寰宇视野
发现
万象
时代
纪录电影
真相
自然

CCTV-9 Documentary

发现之路
特别呈现
时代写真
人文地理
历史传奇
精彩放送

CCTV-10 科教频道

读书
欢聚夕阳红
夕阳红
科技之光
走近科学
百家讲坛
健康之路
讲述
大家
第 10 放映室
科技人生
我爱发明

人物
探索·发现
原来如此
地理·中国
自然传奇

CCTV－11 戏曲频道

快乐戏园
梨园闯关我挂帅
戏苑百家
戏曲采风
名段欣赏
九州大戏台
CCTV 空中剧院
过把瘾
跟我学
精彩回放
青春戏苑
中国京剧音配像精粹
影视剧场

CCTV－12 社会与法频道

从我做起
普法栏目剧
平安 365
小区大事
法律讲堂（文史版）
夜线
热线 12
一线
见证
天网
忏悔录
心理访谈
法律讲堂
庭审现场
道德观察（日播版）
班长对班长

CCTV－13 新闻频道

国际时讯
法治在线
新闻调查
新闻 1+1
新闻周刊
世界周刊
东方时空
焦点访谈
面对面
环球视线
24 小时
新闻直播间
共同关注
午夜新闻
朝闻天下
每周质量报告
环球记者连线

CCTV－14 少儿频道

新闻袋袋裤
英雄出少年
绿野寻踪
快乐体验
智慧树
成长在线
动画梦工场
动漫世界
银河剧场
音乐快递
异想天开
大风车
动感特区
童心回放
动画乐翻天
文学宝库
芝麻开门
快乐大巴
七巧板
动画剧场
大仓库
智力快车
动漫星空

CCTV－15 音乐频道

CCTV 音乐厅
影视留声机
风华国乐

中国音乐电视
经典
百年歌声
音乐人生
民歌·中国
精彩音乐汇
歌声与微笑
快乐琴童
乐游天下
音乐传奇
音乐告诉你
一起音乐吧
星光舞台
金乐坛

CCTV-NEWS 英语新闻频道

旅游指南
自然
看中国
海客谈
发现
东方
中心舞台
文化报道
体育报道
今日亚洲
新闻一小时
今日话题
新财富
财经亚洲
财经高峰会
中国 24 小时
世界观察
整点新闻
非洲直播室
非洲人物
对话非洲
热点
财经亚洲（美洲版）
美洲观察

CCTV-Français 法语国际频道

财经新闻
自然
非洲时间
学功夫
纪录片
电视剧
学汉语
对话
新探索
外国人看中国
旅游指南
文艺舞台
综合新闻
缤纷生活

CCTV-Español 西班牙语国际频道

拉美视点
百科天地
财经新闻
学做中国菜
综合新闻
这就是中国
纪录片
神州行
学汉语
影视看台
中华艺苑
对话

CCTV-العربية 阿拉伯语国际频道

每周财经
中国·中东
跟我学
纪录片
中国文艺
对话
话说中国
中国之旅
综合新闻
电视剧

CCTV-Русский 俄语国际频道

流行乐坛
跟我学
胜者为王

对话
综艺大观
故事汇
北京时间
观点
旅游指南
放映厅
综合新闻
中国厨艺
纪录片
财经新闻

CCTV-高清频道

探秘
人文地图
纪录片
国际足球赛场
民歌·中国
艺术人生
CCTV 音乐厅
第 10 放映室
实况录像
现场直播
快乐中国

（总编室提供）

第二部分 付费电视及长城平台频道

高尔夫·网球频道

高尔夫赛事（包括欧巡赛、美巡赛、亚巡赛、中巡赛、美国大师赛、美国公开赛、莱德杯、高网资讯、高尔夫教学专题片、欧巡赛精华专题、美巡赛集锦等）

网球赛事（包括澳大利亚网球公开赛、法国网球公开赛、温布尔顿网球公开赛、美国网球公开赛、皇冠级赛事中国网球公开赛，以及 ATP 大师赛和 WTA 顶级巡回赛等）

风云足球频道

国际足球赛场
欧战快报
足球亚洲
绝妙好球
足球华彩

风云音乐频道

互动歌迷会
阿里郎时间
音乐电视
爱现场
炫动亚洲
明星现场秀
中国演唱会

第一剧场频道

热门影院
环球影院
微影天地

风云剧场频道

海外剧风
假日大放送

世界地理频道

动物王朝
历史疑云
科技前沿
军事沉浮
风云人物
地理大观

电视指南频道

整点冲击播
数字飚榜
精选黄金档
指南 100

怀旧剧场频道

露天电影院
汇剧经典
经典重温

央视文化精品频道

天天饮食
健康之路

中华医药
探索·发现
百家讲坛
人物
见证
星光大道
综艺喜乐汇
我爱满堂彩
开门大吉
综艺盛典
智慧树
动画城

国防军事频道

装备时空
专家在线
大家谈
军事博客
战争谜中谜
军周刊
精品点播
军事全记录

女性时尚频道

尚峰汇
Fashion 精选
时尚秀场

央视台球频道

赛场直击
台球快讯
台球学堂
人物专访
第一现场
赛事集锦
精彩一杆

CCTV-娱乐频道

中国印象
娱乐新视听
电视剧场
欢乐时光
记录中国

CCTV-戏曲频道

名段欣赏
戏迷俱乐部
京剧大戏台
地方大戏台
影视剧场

中国3D电视试验频道

立体观天下

（中国国际电视总公司提供）

第三部分　网络电视频道

互联网业务平台

新闻台

网络新闻联播
中国好人
记者归来
高端访谈
央视网走基层
深度调查
图解

经济台

3·15 调查
3·15 投诉平台
特别关注
财经名人访
股票
消费
公司调查

中国网络电视台

直播中国
搜视指南
电视频道
电视节目
中国电视先锋榜
网络视听联盟
蓝光 DVD

纪实台

人文历史
军事
人物
时政
探索
社会
CCTV-9 官网
专题
纪录片名人工作坊
获奖纪录片专场
新影纪录片专场
央视纪录片专场
美国国家地理纪录片专场
BBC 纪录片专场
微纪实
顶级首播
魅力·纪录官网

播客台

原创频道
原创视频
新闻视频
娱乐视频
影视视频
音乐视频
体育视频
财富视频
科教视频
汽车视频
生活视频
时尚视频
母婴视频
宠物视频
动漫视频
游戏视频
校园视频
其它视频
原创专辑
新闻专辑
娱乐专辑
影视专辑
音乐专辑
体育专辑
财富专辑
科教专辑
汽车专辑
生活专辑
时尚专辑
母婴专辑
宠物专辑
动漫专辑
游戏专辑
校园专辑
其它专辑
名人电视台
高校电视台
达人电视台
机构电视台

电视剧台

电视剧库
高清电视剧
首播剧场
黄金档剧场
精选剧场
情感剧场
口袋剧场
明星剧场
影视片花
电视剧 HOT 榜
原创栏目戏中人
CCTV-8 官网

电影台

电影片库
高清电影
喜剧剧场
文艺剧场
动作剧场
剧情剧场
片花剧场
口袋影院
明星影院
电影 HOT 榜
电影节连展
电影栏目
第 10 放映室

CCTV-6 官网

动画台

动画片库
高清动画
央视热播
动画播出时间表
搞笑片
亲子片
怀旧片
口袋动画影院
动画电影
预告片花
动画热播榜

高清台

电影
电视剧
纪录片

5+体育台

5+ 直播
5+ 篮球
5+ 足球
5+ 欧洲杯
5+NBA
5+CBA
5+ 欧冠
5+ 欧洲足球
5+ 中超
5+ 亚冠
5+ 网球
5+ 台球
5+ 冰雪运动
5+ 高尔夫
绿茵奥斯卡
5+ 图说体育
5+ 体汇
5+ 评论
5+ 会客厅
5+ 俱乐部

科教台

探索图库
科教资讯

青少台

宝贝来了
成长课堂
动漫城堡
青少剧场
百科探秘

旅游台

国内
出境
美食
视频
图片
达人
自驾
装备
资讯
江西
广西
休闲度假
直播华夏

三农台

致富殿堂
农产品交易
CCTV-7 栏目
三农新闻
市场信息
科技致富
视说三农
精彩专题
三农微博
特产
7+ 农业

汽车台

国内新车
进口新车
行业新闻
汽车行情
厂商新闻
新车谍照

对比选车
精彩图说
国内试驾
原创试驾
养车经验
装饰改装
召回
汽车文化视频
汽车运动视频
试驾
汽车电影
汽车博物馆
中国汽车舆情
视频说明书

健康台

健康有约
央视网肿瘤频道

时尚台

时装
美容
品味
女性

艺术台

美术
书法
摄影
设计
动漫
插画
艺术名人堂
艺术品市场
艺术家部落
非物质文化遗产

游戏台

新闻中心
游戏视频
电子竞技
美图欣赏
新游戏
儿童游戏
游戏大厅
第一游戏
游戏点评
游戏微博控

机构联盟

联盟风向标
机构列表
联盟大事记

3D视听中国

3D 大片
3D 娱乐
3D 探奇
风向标
实验室
小贴士

博客

博客访谈间

微博

微直播
微访谈
微博墙
政务微博
微博达人秀

电子商务部

爱购物
电商媒体
反假联盟

中国公开课

大学
高中
初中
小学
央视精品
专业课堂
休闲生活
个人中心

CNTV 原创精品课

英语频道

新闻
中国新闻
世界新闻
经济新闻
文化新闻
体育新闻
生活新闻
旅游
学汉语
纪录片
视频页面
图集
直播页面
CCTV 美洲
CCTV 非洲
专题页面

阿拉伯语频道

新闻
中国新闻
世界新闻
中东新闻
视频新闻
图片新闻
专题
经济新闻
文化新闻

西班牙语频道

中国新闻
世界新闻
拉美新闻
文化新闻
体育新闻
经济新闻
中国视频
世界视频
拉美视频
文化视频
体育视频
经济视频
直播页面
专题综合页

法语频道

中国新闻
世界新闻
经济新闻
文化新闻
体育新闻
电视剧
视频页面
直播页面

俄语频道

新闻
俄罗斯新闻
文化新闻
多媒体
学汉语
体育新闻
科技新闻
旅游新闻
电视剧
直播页面
独家报道

维吾尔语频道

新闻
科教
综艺
文化
电视直播

哈萨克语频道

新闻
科教
综艺
文化
电视直播

蒙古语频道

新闻

视频
生活
综艺
图片

朝鲜语频道（地方合作）

新闻
广播
音乐
朝鲜语规范
中国朝鲜族
延边文学
TV

粤语台（地方合作）

直播广州
大陆热点
台港快讯
明星动向
点击南粤
国际聚焦
百姓民生
体育赛事
南国红豆
美在花城
潮爆粤语
羊城古仔
广府短剧
粤语栏目

潮州台（地方合作）

潮州新闻

CCTV－中学生频道（合作）

新闻中心
电视直播
课程视频
频道栏目
师资团队
产品服务

台海宽频（地方合作）

i 新闻
看台湾
i 厦门
i 广电
i 上直播间
i 生活
i 娱乐
i 军事纪实
i 影视

广西宽频（地方合作）

广西新闻
广西综艺
南宁
博览会
广西交通频道
新闻
晚会
专题
直播栏目
搞笑
活动

珠澳宽频（地方合作）

资讯
澳门
珠澳 e 城
珠海

长株潭台（地方合作）

新闻
直播
点播
两型社会
广播
访谈
专题
纪实
图集

中国电视报（合作）

百姓关注
收视指南
环球影视
京城导视

节目时间表

手机电视平台

CCTV手机电视

资讯频道
体育频道
娱乐频道
电影频道
电视剧频道
直播

手机央视网

新闻
财经
科技
体育
娱乐
女性
央视名栏
直播
品牌大活动
实用信息

IPTV/互联网电视平台

电影天地

最新上线
档期预告
动作剧场
科幻惊悚
爱情文艺
喜剧剧场
动画电影
战争历史
欧美剧场
其他影片
华数大片
第10放映室
精彩专题

电视剧场

同步首播
韩剧专场
港台剧场
海外剧场
谍战动作
古装历史
军旅革命
家庭伦理
都市爱情
华数热剧
精彩专题

金色童年

动画TOP20
幽默搞笑
动作冒险
古代武侠
神话经典
喜羊羊
少儿栏目
益智课堂
精彩专题

健康生活

金牌栏目
美容减肥
时尚前沿
养生保健
美食美客
走遍中国
玩转地球
心路历程
生活妙招
精彩专题

娱乐时尚

栏目TOP榜
精彩专题
娱乐资讯榜
选秀PK
超级访谈
炫动舞台

搞笑幽默

第一体育

本周赛事
风云足球
劲爆篮球
球星殿堂
高网专区
综合体育
体育名栏
CNTV 游戏台
精彩专题

法治空间

法治新闻
名牌栏目
案发现场
社会万象
法律服务
法治专题

新闻频道

名栏
国内
国际
军事
财经
社会
体育
娱乐
新闻专题

财经视界

财经名栏
农广经济
财富传奇
精品车尚
消费指南
收藏鉴宝
理财视讯
财经专题

科教纪录

金牌栏目
地空探索
历史档案
战争军事
动物世界
社会万象
走遍中国
精彩专题

未来教育频道

CCTV移动传媒平台

公交频道

轻松驿站
商界视点
好现场
天天饮食
巴士大人物
天天 315
华语巴士音乐榜
家有妙招
画说理财
养生坊
墙来了 A
影视赞着看
星球大战
娱乐站站停 A

广场频道

全纪录
杂技英豪
星球大战
世界在眼前
时尚秀场
美音美秀

民航频道

天地航程
动感长空
娱乐星航线
资讯摆渡车

列车频道

游历中国
赛事加油站
开心时刻
生活提示
美音美秀
世界在眼前
杂技英豪
游历中国
时尚快车
动画乐翻天

国航机舱电视系统

新视听
欢笑时分
发现探索
体坛风云
赏游天下

快客频道

快客驿站
快客探秘
美音美秀
快客赛场
快客影视剧场

香港出入境大厅

文化中国
食在中国
文艺中国
最美中国
游历中国
国宝中国

（中国网络电视台提供）

2012 年中央电视台新增及改版栏目选介

开讲啦

《开讲啦》是综合频道 2012 年系列创新动作中的重点节目之一，也是中国首档青年电视公开课。节目于 2012 年 8 月 27 日首播，将互联网的平等、分享精神与电视呈现完美融合，青年榜样以具有创新性的语态表达做“有灵魂的演讲”，帮助青年树立正确的人生观、价值观，以创新的表达形式来传递社会主流价值，被称为“中国思想好声音”。节目由两部分内容构成，第一部分是邀请青年榜样做主题演讲，第二部分是演讲嘉宾与现场青年代表进行深入互动交流。

栏目于 2012 年 8 月 27 日至 9 月 8 日 23:36 在综合频道播出，播出时长 45 分钟。栏目电话：010−68550741。

生活早参考

2012 年 10 月 8 日，《生活早参考》全新改版，改版后栏目的定位是：用服务性的视角解读真实的社会事件，为百姓生活提供有用的参考信息。节目特色是：（1）讲述独特的真实困境；围绕普通百姓最为关注的安全、健康、财产等几个领域中发生的奇特的故事或事件，讲述真人、真事、真困惑。（2）揭示普遍的盲区误区；选择的都是与普通百姓生活有共性、有共鸣的故事，揭示普遍的盲区和误区，让观众“看他人故事，想自己生活”。（3）提供精准的提醒支招；不做冷眼旁观者，真诚地投入其中。邀请专家坐阵演播室，针对这些盲区和误区，给观众提醒和支招，提供有用的生活参考。

栏目于每周一至周五 08：35 在综合频道播出。播出时长 30 分钟。栏目电话：010−63972527。电子邮箱：zaoshuozaozhidao@163.com。

焦点访谈

《焦点访谈》是中央电视台新闻中心新闻评论部的一档栏目，栏目创办于 1994 年 4 月 1 日，定位为：时事追踪报道，新闻背景分析，社会热点透视，大众话题评说。栏目以“用事实说话”为创作理念，以舆论监督为特色，制作播出了众多优秀的节目，成为中国社会生活中“下情上达”和“上情下达”的重要窗口，被新闻界公认为中国“舆论监督的领军旗帜”。2013 年 1 月 1 日起，《焦点访谈》进行了开播以来的首次大改版，时长由 12.5 分钟延长到 17 分钟，节目内容由原来的每期一个，改为每期一个或两个，视角贴近民生，选题紧扣热点，增强新闻时效，调查追求深度，强化固有品牌，扩大节目影响。

栏目于每日 19：38 在综合频道和新闻频道并机首播，次日 03:45、05:45 在新闻频道重播。播出时长 17 分钟。栏目电话：010−68507469。电子邮箱：cctvchz@126.com。

环球记者连线

《环球记者连线》是新闻中心国际新闻部承制的一档日播栏目，也是中央电视台目前唯一一档以本台驻外记者为主打的国际新闻栏目。《环球记者连线》于 2012 年 2 月 28 日凌晨 00:35 在新闻频道正式开播。《环球记者连线》以多地视频连线为主要播出形式，对当天热点国际新闻事件进行多角度对话和全方位解读，具有范围涵盖全球、突出中心站评论和梳理功能以及突出记者视角的三大特色。节目以打造名牌记者为己任，充分展现中央电视台驻外记者的风采和报道能力。《环球记者连线》栏目主要分为《环球聚焦》和《环球直击》两个板块。其中,《环球直击》为非固定板块。

栏目于每周二至周六 00:35 在新闻频道播出，播出时长 25 分钟。栏目电话：010−68506830。电子邮箱：huanqiulianxian@126.com。

小撒说法

为配合频道晚间收视战略部署，《今日说法》发挥栏目和主持人撒贝宁的双重品牌效应，2012 年 5 月起推出晚间版特别节目《小撒说法》。该节目虽然只播出了四期，但得到了很高的评价，收视率比之前的同时段高出70%到100%。栏目组以“证据在说话”为核心，体现正义必将战胜邪恶的力量，打造中国版福尔摩斯系列，创新法制节目新形态。

栏目于2012年5月25日至6月15日每周五23:30在综合频道播出。播出时长50分钟。栏目电话：010-68130550转137。电子邮箱：sabeiningshijian@163.com。

中国味道

《中国味道》是由《天天饮食》栏目打造的一档后暑期档的大型特别节目。是继《舌尖上的中国》之后重点打造的大型全国赛事类项目，堪称中央电视台第一届全国草根厨艺大赛，旨在发现普通百姓中的厨艺高手。普通人参与、选拔厨艺精英为主体，传承中华美食文化精髓，展现和谐、温情、励志的美食人生。节目以精湛厨艺和美食文化作为基准，以流行时尚和中国传统的碰撞作为吸引观众的焦点，展现中国美食“色、香、味、礼、情”各方面的品质。同时，用时尚流行的包装手段，以“美味+人生”为核心卖点，在节目中充分挖掘参赛者的性格特点及人物故事，全方位立体呈现参赛者的鲜活形象，为观众展示不一般的中国美味和一个百分之百的梦幻厨艺舞台。

《中国味道》第一季共12集，分别于2012年9月21日、28日，10月7日、12日、19日、26日，11月2日、9日、16日、23日、30日和12月7日 18:00在综合频道播出。播出时长55分钟。栏目电话：010-63194068。电子邮箱：zhongguoweidao2012@126.com。

旗鼓相当

2012年9月，在党的十八大召开前夕，综合频道推出一档劳动竞技励志类大型特别节目——《旗鼓相当》，旨在反映中国劳动者精湛的劳动技能，以及他们昂扬向上的职业精神风貌。《旗鼓相当》大型活动在全国招募有绝技、有故事的职业能人，通过对决方式，最终由普通大众选出最终的劳动英雄。活动在全国设4个赛区，每个赛区选出3位“劳动大民星”，最终8位入选者在体育场参加总决赛。通过普通大众当评委，草根职业能人当选手，通过一系列电视观众喜闻乐见的表现形式，选出百姓心中最喜爱的“劳动大民星”。

栏目于2012年9月27日 18: 00 在综合频道开播，播出时长50分钟。栏目电话：010-68259753。电子邮箱：ZY360gy@sina.com。

谢天谢地你来啦

《谢天谢地你来啦》是中央电视台综合频道推出的一档智慧型文化栏目。2012年4月14日起，《谢天谢地你来啦》实现常态化播出，由崔永元担纲主持，主打综合频道周六22:30晚间档。其主要形式是将参演嘉宾放到一个完全陌生的情景之中，没有剧本和台词，完全任其自由发挥、即兴表演。该节目被认为是中国电视的一次全新综艺阐释和创新引领，用智慧博观众一笑的设置更是引起了各界好评。

栏目于每周六22:38在综合频道和综合频道（香港版）首播，每周日13:13重播。播出时长45~75分钟。栏目电话：010-59706191。电子邮箱：xtxdgy@163.com。

2012世界大力士中国争霸赛

《2012世界大力士中国争霸赛》是中央电视台综合频道《正大综艺》团队在7月27日英国伦敦奥运会开幕前重点推出的一档大型体育娱乐赛事。节目以向观众传递“力量在中国，中国有力量”为理念，以号召人们提高强身健体意识为宗旨，充分发挥中央电视台作为国家级电视媒体的平台优势，联合吉尼斯世界纪录和世界大力士冠军联赛等国际机构，邀请来自中国、美国、加拿大、俄罗斯等全球20个国家的大力士冠军进行了10个项目的比拼，并刷新了数项大力士竞技项目的吉尼斯世界纪录。这场具有全球性视野、国际化制作水准的赛事创造出了参赛国最多（20个国家）、参赛选手实力最强、冠军头衔最多的大力士比赛领域的新纪录。

节目于2012年7月21日至27日18:00在综合频道播出，播出时长60分钟。栏目电话：010-68506580。

养生有道

《养生有道》是中文国际频道《天涯共此时》栏目于2012年推出的健康养生类特别节目，旨在面向全球华人传播中华文化中的健康养生理念。节目邀请国内外著名权威健康养生医学专家，通过演播室访谈和现场观众互动，讲授“养生之道”，传授“养生之术”，为广大观众奉上大量实用、权威的中医健康知识和信息，为保护和增进人民群众身体健康服务。节目形式为演播室访谈加外拍小片。

节目于2012年8月4日开始在中文国际频道播出，亚洲版首播时间为周六17:15，欧洲版首播时间为周日18:15，美洲版首播时间为周二11:10，播出时长45分钟。栏目电话：010-63984178、63977775。电子邮箱：cctv4-tianya@cctv.com。

综艺盛典

《综艺盛典》是综艺频道2012年9月全新推出的一档大型综艺栏目。栏目依托中央电视台成熟的执行团队，着力打造一档以名人名作当家、展示先进文化作品、充分发挥观众互动性的大型周播节目。同时栏目与新媒体紧密结合，强化与观众的全方位互动，拉动新的收视群体。栏目组全力打造的自创节目——微小品，是由观众发来的段子组成的独特的小品形式，现场气氛火爆，掌声不断。《综艺盛典》突出艺术性，采用全新的舞美设计，大屏幕制作绚丽多彩，进入演播室，仿佛进入了一个六面体的视频水晶盒，给人耳目一新的感觉。

栏目于每周三19:30在综艺频道首播，下周三09:05重播，播出时长90分钟。栏目电话：010-63960239。电子邮箱：zongyishengdian@126.com。

越战越勇

《越战越勇》是一档以公益为目的的大型综艺类闯关栏目。每期四位爱心冲关者，为各自的公益梦想依次上场展开拼搏，每人面临三位明星三道关卡的守关考验，冲关者每通过一关，即会获得一定数量的爱心基金，用于他们身边的某些爱心公益。考验冲关者的是体力、智力等综合素质演变而来的综艺类游戏项目。

栏目于2012年9月13日开始每周五21:00在综艺频道播出，播出时长90分钟。栏目电话：010-63964087。电子邮箱：yuezhanyueyong310@163.com。

我爱满堂彩

《我爱满堂彩》是中央电视台综艺频道推出的一档曲艺杂技类栏目。栏目打破原有节目样态，将节目内容扩充为包含了杂技、魔术、相声、小品等多种艺术门类的综合性曲艺栏目。采用一线嘉宾明星参与互动的模式，将精彩的节目和有吸引力的嘉宾有机结合，融入具有知识性、趣味性的综艺活动的同时，还加入观众获奖环节，观众参与感大大增强。栏目致力于展现最新、最好的语言节目，开发精彩、惊奇的魔术杂技，展示观众喜闻乐见的曲艺表演，在为电视观众奉献一档综艺盛宴的同时，为“春晚”积累曲艺、杂技、魔术类节目资源。

栏目于2012年10月8日开播，每周日21:00在综艺频道播出，播出时长90分钟。栏目电话：010-63982473。电子邮箱：cctv3xiaoxing@163.com。

文化大百科

《文化大百科》是由综艺频道和中央新影集团制作的一档文化类电视栏目。栏目以“探寻文化轨迹、索引中国文化精髓”为宗旨，以演播室主持人串联加专题片的基本形式，由主持人充当“电子图书馆”管理员的角色，每期通过一个条目进行概念阐释，旁征博引，图文并茂，更充分使用电视艺术丰富的表现手段对节目进行立体包装，为观众提供全方位、快节奏的声画体验与精神享受。栏目集知识性、科学性、趣味性、参与性、服务性于一身，犹如一座包罗万象、博古通今的文化宝库，是现代影视版的百科全书，更是一档具有国家气派、全球视野、良好口碑和强大号召力的中央电视台品牌栏目。

该栏目于2012年5月7日改版，在综艺频道播出，播出时间为每天17:20，播出时长10分钟。栏目电话：010-82077309。电子邮箱：cctvbaike@163.com。

学汉语

《学汉语》是一档对外汉语教学栏目，2012年法语国际频道制作学汉语系列《汉语零起点》，于2012年7月1日开始播出。一共18课，每课分为3集，每集4个板块，有“学拼音”、“写汉字”、“小常识”和“中国通”。《汉语零起点》主要针对汉语初学者，从拼音、部首开始学起，结合实用的汉语小常识，让初学者掌握汉语基础知识并具备基本的汉语表达能力。“学拼音”和“写汉字”两个小板块改编自西班牙语国际频道的《跟我学拼音》，以教授最基础的拼音、部首和汉字为主，配合简单的对话以方便记忆和掌握。此外，法语国际频道加入了两个自创板块，即“小常识”和“中国通”。

栏目于每周一至周日05:45在CCTV-Français首播，当日11:45、17:45、23:45重播。播出时长15分钟。栏目电话：010-63986192。电子邮箱：xuehanyufr@126.com。

体育世界

《体育世界》栏目由体育频道竞赛部制作。栏目强调独家发现、专业表达，在新闻资讯的基础上，挖掘体育领域幕后的故事，在广大体育迷中拥有广泛的影响力。2012 年 11 月 5 日栏目改版，提出“改语态、加背景、提观点”的九字方针，力求更加贴近观众，以轻松的语态表达深度的内容，并且扩大选题范围，寻找更新的创作主题。同时推出“今日围观”、“围观 NBA”、“NBA 短暂停”、“嘻哈课间操”、“中超 STYLE”、“体育就在你我身边”、“微聊体育”等板块。

栏目于每周一至周五 21:30 在体育频道播出，播出时长 45 分钟。栏目电话:010−85065637。电子邮箱：sportnews@cctv.com。

第 12 届全国冬运会

第 12 届全国冬运会于 2012 年 1 月 3 日至 13 日在长春举行，中央电视台派出 107 人的报道团队进行全程转播报道。期间，体育频道全程直播开幕式盛况，直播信号清晰稳定、切换流畅，完美展现了开幕式精彩亮点；每天安排 2 小时直播各项比赛，累计播出时长达 22 小时；5 档新闻节目推出“冰雪冬韵”板块，共制作了 7 期历史回顾节目；前方 9 个采访小组累计发回 160 余条新闻专题，播出时长超过 8 小时；信号制作团队圆满完成了开幕式、花样滑冰和短道速滑比赛公用信号制作任务，累计制作公用信号 70 多小时。成功地为观众打造了一场冰雪盛宴。

第三届亚洲沙滩运动会

第三届亚洲沙滩运动会于 2012 年 6 月 16 日至 22 日在山东海阳举行，体育频道进行了全程直播。期间派出近 400 人的前方报道团，建立前方报道中心，搭建现场演播室，在《体坛快讯》、《体育新闻》两档新闻中开窗口进行新闻对接 16 次，在五档新闻中播出“亚沙会”新闻专题，累计播出新闻、专题 104 条；直播开幕式，录播闭幕式，赛事转播 30 场，在体育频道播出的总时长达 17 小时。此外，体育频道作为主播机构，与播出传送中心、技术制作中心共同制作了第三届亚洲沙滩运动会开、闭幕式，沙滩排球、沙滩足球、滑水、攀岩等项目的高清国际公用信号，累计 115 小时，为组委会提供赛事集锦 365 分钟，得到了亚奥理事会、赛事组委会的称赞。

2012 年汤尤杯羽毛球赛

2012 年汤尤杯羽毛球赛于 5 月 20 日至 27 日在武汉举行，体育频道共直播 13 场、延播 1 场、录播 4 场比赛，总计播出 60 小时，并为 20 个国家提供了高质量的国际公用信号。本次转播特点：一是增加 5 个讯道机位和 1 个无线微波机位，加强了现场感；二是采用大型录音车，共输入 24 路外来声音信号，进行综合包装；三是对演播室主持和比赛解说进行精心策划，对比赛进行全方位解读；四是新闻专题《羽耀江城》展开深入报道，各档新闻及时播报最新消息，并强化连线报道，追踪新鲜资讯。此外，本次赛事转播也是伦敦奥运会前制作比赛信号的实战演练。

2012 年欧洲杯

6 月 8 日至 7 月 2 日，体育频道全程转播了 2012 年欧洲足球锦标赛（即欧洲杯），共直播 27 场比赛，延时录像播出 4 场，重播赛事累计 100 余场次，平均收视率达 0.22%、平均收视份额为 3.03%。风云足球频道与体育频道并机直播 27 场赛事、延时录像播出 4 场，并精编历届欧洲杯经典赛事、官方纪录影片、精彩进球等。还制作了 34 期特别节目《豪门盛宴》，以转播专业性强、表现手段多样化、传播渠道全媒体联动等受到观众广泛好评，同时，创造了较好的广告效益。

2012 年伦敦残奥会

2012 年伦敦残奥会于 8 月 29 日至 9 月 9 日在英国伦敦进行。中央电视台组织了 29 人的前方报道团队，分 6 个采访小组赴现场进行采访报道。本次残奥会报道，一是突出全方位、多角度。体育频道成功直播了开闭幕式，并且每天安排三段固定时间实况转播比赛，共转播残奥会乒乓球、场地自行车、轮椅篮球、坐式排球、盲人足球、田径等多个项目，日均播出残奥会赛事 5 小时，每日还制作 45 分钟左右的残奥会集锦。中国网络电视台首次与体育频道同步开展残奥会赛事转播。二是强调以人为本、强化主题。根据比赛进展，及时“加工”比赛场上发生的有趣、感人故事，以人物短片形式在比赛间隙播出，充分展现运动员积极拼搏的精神。同时，积极关注我国残疾人事业的发展，展现党和国家对残疾人的关爱。三是新闻报道及时、全面。《体育新闻》等 5 档新闻节目中开辟残奥会专题，及时跟进报道比赛。其中《体育晨报》每日残奥会报道量保持在30分钟以上，其它各档新闻在10分钟以上，整个赛事期间累计播出专题新闻1000分钟。四是强化服务性。在比赛直播以及所有新闻节目中均设置手语播报，使更多残疾人能够感受残奥会的魅力。

张斌话规则

《张斌话规则》是中央电视台体育频道在2012年伦敦奥运会倒计时100天时推出的一档奥运节目，并且首次用主持人的名字为节目冠名。可以说《张斌话规则》既是为伦敦奥运会定制的，也是针对张斌个人主持风格精心打造的。节目的定位是：关于规则，最根本的规则就是我们不能没有规则。规则不仅是字里行间，规则隐在每一个历史瞬间。规则不仅是尺度方圆，规则无时无刻不在创造可能，有可能才精彩，有可能才传奇，体育很精彩，规则很传奇。《张斌话规则》节目尝试用全新的角度诠释看似枯燥的规则，涵盖了伦敦奥运会全部比赛项目，揭示出正是规则的改变推动了运动项目的发展。主持人张斌用充满个人魅力的语言讲述了奥运项目的起源、变迁、重大事件与传奇人物，营造出一种寓教于乐的轻松气氛，受到众多观众的喜爱和好评。该节目采取了委托制作的形式，由北京弹性空间广告有限公司承制，以天津大港奥林匹克博物馆为外景地，让主持人在独特的奥运氛围中讲述体育规则，传递出强烈的文化气息。

《张斌话规则》于2012年4月18日至7月26日08:30在体育频道播出，每两天播出一集，共50集，播出时长10分钟。

文洛克看奥运

《文洛克看奥运》是以奥运会吉祥物“文洛克”为主人公，向观众介绍伦敦奥运会相关小知识的节目。“文洛克”以黑白漫画的形象出现，通过富有趣味的四格漫画，带出一个个知识点。每期节目会有三个知识点，主要涉及伦敦奥运会的比赛项目、奥运会比赛场馆和英国伦敦的文化历史典故。在中央电视台体育频道历年众多的奥运节目当中，《文洛克看奥运》是第一个以奥运会吉祥物为主体制作的节目，通过自主创作的大量漫画将年轻观众吸引到电视机前，让他们以轻松愉快的方式来获取奥运会的知识和信息。

该节目于2012年4月18日至7月26日每天08:40在体育频道播出，当天首播，第二天重播。每期时长4分钟，共50期，连续播出100天。

人在奥运年

《人在奥运年》是体育频道在奥运年的规定动作，从2004年雅典奥运会的《奥林匹克回故乡》到2008年北京奥运会的《人在奥运年》，都以100集以上的系列人物专题，囊括了中国军团所有夺金点和成绩突破点。这样的品牌不仅为观众所熟知，同样赢得了运动员的青睐，很多运动员都以能够成为《人在奥运年》的主人公为荣耀。《人在奥运年》分为中国和国际人物两部分，共播出150集，其中中国军团人物100集，国际人物50集。中国军团人物专题中以参加伦敦奥运会的运动员为主体，涵盖教练员、体育科研人员和体育后勤人员，发生在他们身上的故事，不仅能打动电视机前的观众，也能让奥运会的前期报导更加丰富，更加立体，也充满了更多的人文关怀。

节目于4月18日至7月27日在体育频道播出，共100集。

伦敦行动

《伦敦行动》由体育频道制作，是体育频道伦敦奥运会前期报道的重点节目。节目围绕“城市、运动、遗产”三个主题词，用专题片的形式，带领观众一起前往伦敦，从历史、文化、体育、民族等多视角为观众呈现出伦敦独特的人文传统和英国人的体育热情。节目从2011年11月初至2011年底以及2012年4月分两次在英国实地拍摄，共涉及伦敦介绍、奥运会主场馆、足球回家、伦敦马拉松、牛津剑桥赛艇对抗赛、温布尔顿网球公开赛、自行车、曲棍球、马术、莎士比亚戏剧节、创意产业、电影等。节目从制作开始就进行全媒体探索，在CNTV建立专题页面，开设栏目微博，将节目的拍摄计划，节目拍摄过程中的精彩花絮，后期制作中产生的视频片段，用“剧透”方式与网友分享，节目播出中设置话题与网友互动。

栏目第一季共六期，2012年1月23日至28日每日22:05播出，次日14:25重播，播出时长30分钟。第二季共十期，2012年7月14日至23日每日18：35播出，播出时长55分钟。

奥运百科

《奥运百科》节目由体育频道竞赛部编辑组制作。以通俗易懂、短小精悍的电视短片，介绍现代奥运会丰富多彩的各类故事，呈现奥运会的历史和文化，传递奥运精神和体育价值观。主要内容包括：奥运会的设施、仪式、文化产品；奥运会各竞赛项目的历史变迁、著名运动员故事；不同国家的奥运经典等，注重知识性、趣味性。

节目于2012年2月1日开播，每天一集，持续播出到2012年7月26日。每天在早间《体育晨报》栏目中首播，播出时长1分30秒，当晚《体育新闻》重播，播出时长1分钟。

见证

2012年4月1日起，社会与法频道《见证》栏目由日播改为周播。7月下旬重新调整栏目定位为："揭秘大案悬案，探寻法理脉络；记录故事现场，见证法治变迁。"以纪录片为节目形态，以真实就是力量为节目理念，承载法治文化DNA，传播主流价值观。

栏目于每周日23:00在CCTV-12首播，次日07:22、16:08重播。播出时长30分钟。栏目电话：010-68230546。电子邮箱：cctv12jz@163.com。

原来如此

《原来如此》栏目是中央电视台科教频道2012年重点打造的一档大型科学实证栏目。栏目的宗旨是通过实证检验，纠正社会上似是而非的传闻和认识误区，培养科学审视生活的习惯，传播科学思维和科学方法。该栏目以实验求证为特征，针对社会热点和大众认识误区进行科学检验，真实验证是节目的动作核心，对社会传闻及大众认识误区背后真相的探究是节目的内在驱动。《原来如此》栏目的一大亮点是"实验工场"。将工业化时代的大型车间厂房打造成全新的实验空间，呈现出与其他科学节目不同的空间环境特征，给观众带来全新的视觉体验。栏目拍摄采取多种特殊摄影手段，多角度，全方位，精细化地呈现节目内容。栏目采取媒体联动方式，与CNTV联合开发网络平台，使用微博、微信等网络互动工具实现观众的预约和集合。

栏目于2012年10月14日18:45在科教频道首播，当晚23:00重播一次，次周周六07:30、周日11:45重播两次，播出时长55分钟。栏目电话：010-88243437。电子邮箱：cctv_ylrc@126.com。

音乐快递

《音乐快递》栏目由少儿频道主办，开播于2003年12月，是一档针对18岁以下的少年儿童的音乐节目。2012年6月栏目进行改版，以"引领儿童、塑造未来"为宗旨，采用"每期8位小歌手带着他们的歌和故事走上舞台圆自己的音乐梦想，5位专家组成的评审团给予他们演唱指导和成长引导"的形式，突出儿童的参与性、娱乐性，力求为全国少年儿童打造一个放声歌唱、展现自我的舞台。

栏目于每周三21:00在少儿频道播出，播出时长60分钟。栏目电话：010-68509722。电子邮箱yinyuekuaidi@126.com。

金龟子城堡

《金龟子城堡》是由少儿频道名牌栏目《智慧树》（周末版）改版而来，开播于2012年"六一"期间，是一档大型演播室少儿剧情闯关类真人秀节目。该节目运用高水平的戏剧化包装手段，以高品质的剧情延伸和动画短片相结合的制作方式，将闯关项目戏剧化，凸显画面冲击力，具有极高的观众美誉度、稳定的有效传播率和公众影响力。

栏目于每周六07：00在少儿频道播出，播出时长30分钟。栏目电话：010-68508793。电子邮箱：jinguizihao@126.com。

新闻袋袋裤

《新闻袋袋裤》栏目由少儿频道主办，开播于2005年5月1日，是一档日播儿童新闻节目，以"儿童说新闻、说儿童新闻、为儿童服务"的宗旨，以少年儿童的视角解读新闻，分析时事，提供全方位信息服务，是新闻时事的解读者、少儿活动的发布站和了解世界的窗口。2012年《新闻袋袋裤》栏目进行改版，在保留原有节目儿童特色的同时，打破固有模式，开辟了"童心零距离"、"频道抢鲜看"、"生活服务资讯"、"滑稽录像"等多个板块，采用更加轻松、活泼的语言，取得了良好的社会反响。

栏目于每周一至周五17:00在少儿频道播出，播出时长15分钟。栏目电话：010-68536057。电子邮箱：xwddk2008@126.com。

大手牵小手

《大手牵小手》节目由少儿频道《大风车》栏目周末版《风车大舞台》改版而来，开播于2012年6月1日，是一档为全国亿万少年儿童敞开大门，展示顶尖少儿艺术团体和校园文化艺术的少儿综艺节目。节目以“大手牵小手，向着快乐走”为口号，由名校校长、著名少儿艺术团团长、艺术名家组成伯乐团，为校园文化活动加油鼓掌，为孩子们的成才之路架起桥梁，发现、培养有潜质的艺术人才，为有艺术天分的孩子圆梦北京。

栏目于每周六 07:30 在少儿频道播出，播出时长 30 分钟。栏目电话：010–68509201。

央视财经评论

《央视财经评论》的前身《今日观察》创办于 2008 年 10 月 27 日，是财经频道首创推出的一档高端财经评论节目。它以多元化的视角，对当天最值得关注的中国经济事件进行深度解读，同时不定期推出研究重大经济问题的系列评论。《今日观察》于 2012 年 6 月 11 日起正式更名为《央视财经评论》。这档由财经频道主持人陈伟鸿、王小丫、史小诺和沈竹联袂主持的评论节目，目标是占据财经舆论的话语权，凸显中央电视台在财经领域的主流声音和权威地位。《央视财经评论》栏目的评论员有比较明确的角色定位，一位是专家型的评论员，代表权威和专业，能够给观众信服感，另一位是媒体型的评论员，代表了敏锐的观察者，能够给观众亲切感。栏目注重根据事实来发表观点，用细节和故事来说话。

栏目于每周一至周五 21:55 在财经频道播出，播出时长 30 分钟。栏目电话：010–68550793。电子邮箱：cctvguancha@vip.sina.com。

2012 年中央电视台优秀栏目、优秀节目选介

苍狼

《苍狼》是由科教频道《探索·发现》栏目制作的五集手绘高清动画纪录片。该片刻画了公元 1211 年成吉思汗统率的十万蒙古军队在野狐岭激战五十万金朝士兵的撼天一战，这是中国历史上一个重要的节点，从野狐岭开始，蒙古军队在 23 年之后彻底消灭金朝，而中国也随之进入一个全新的历史时期。费翔、孟纪原任该片导演，蔡一帆任编剧。

《苍狼》获第八届中国纪录片国际选片会人文类纪录片一等奖；2012 年中央电视台年度优秀纪录片中长纪录片；第二届光影纪年——中国纪录片学院奖最佳创意奖提名。

该片于 2012 年 4 月 20 日至 24 日在科教频道《探索·发现》栏目播出，每晚 20:40 首播，次日 11:00 和 16:10 重播。每集节目时长 42 分钟，共 5 集。

茶叶之路

《茶叶之路》（行进版）由中央电视台科教频道与中视传媒股份有限公司联合摄制。该片以汽车作为行动载体，以清代的“茶叶之路”为行进路线，从福建武夷山出发，经江西、湖北、河南、山西、河北、内蒙古、蒙古人民共和国，直至俄罗斯的恰克图，全程共一万七千多公里。在节目形式上吸收“真人秀”的节目形态，招募中、俄、蒙三国体验者各一名，以他们的视角去探索“茶叶之路”上的历史遗迹和与茶有关的故事。该片主创人员：总导演王新建、李德刚；导演田野、汤文靖；总摄影殷鹏；摄影郭雷、于洋、赵博渊；编辑姜巍、尚翀。

该片荣获中国纪录片国际选片会十大纪录片奖。

该片于 2012 年 7 月 9 日 20:30 在中央电视台科教频道正式播出。共 91 集，每集时长 10 分钟。

大鲁艺

2012 年 5 月 23 日是毛泽东《在延安文艺座谈会上的讲话》发表 70 周年纪念日。《大鲁艺》在深广的历史背景下，以开阔的文化视野，以鲁艺创立、发展、顶峰、结束的历史过程作为主线，从一个重要的侧面反映延安文艺史的本质和全貌，既要揭示毛泽东发表《讲话》和领导文艺整风的历史原貌和历史必然性，又要深入挖掘鲁艺本身深刻的历史文化内涵。摄制组相继在北京、上海、陕西、辽宁、吉林、湖北等地抢救性采访了近 70 位平均年龄 90 岁的延安时期文艺工作者，他们的回忆和讲述为口述体的确立打下扎实的基础，这也成为本片的最大亮点和最显著的风格。

该片获第八届中国纪录片国际选片会文献纪录片

一等奖。

该片于2012年5月19日至23日在CCTV-1首播，每集50分钟。

地理·中国

《地理·中国》栏目是由中央电视台科教频道制作并播出的日播地理类纪录片栏目。栏目以地理学科考为线索，以普及地理学知识为宗旨，展示我国丰富多彩的地貌景观，介绍地理学的新发现、新成果、新探索，展示地质地貌的新、奇、特、美。从2010年12月开播以来，《地理·中国》坚持正确的舆论导向，坚守栏目定位，坚持“三贴近”原则，以自制节目和国产原创纪录片为主。自开播以来，累计播出约900小时国产地理类纪录片，填补了国内自然地理类纪录片缺少日播平台的空白。

该栏目获2011~2012年度国产纪录片及创作人才扶持项目专项资金评选优秀国产纪录片栏目奖；获国家广电总局国产纪录片优秀栏目称号。

该栏目在中央电视台科教频道播出，每日17:30首播，次日06:00、10:30重播，时长30分钟。

第10放映室

《第10放映室》开办于2004年2月14日，是科教频道制作的一档以电影评论为主的文化专题类节目。栏目以展现电影魅力、传播电影文化为宗旨，从社会、文化和艺术三个角度，采用电影资料加评论性解说词的表现方式，对电影进行系统评论，同时也对电影史、电影流派、电影类型等知识进行介绍，并对当下的电影动态和电影文化现象进行深度解读。

该节目获《新周刊》最犀利影视评论奖。

该节目每周六13:30在中央电视台科教频道首播，每周日06:40重播。节目时长53分钟。

我爱发明

《我爱发明》栏目是中央电视台科教频道的主打栏目之一。节目形式为内景演播室结合外景短片。该栏目是我国首个鼓励国人通过自己的发明创造创业的电视栏目，旨在推动我国科技创新，提升全民科学素养。栏目的最大特点是通过精心设计的多重科学验证，来解读每个发明的科学原理和创新思路，启迪智慧，普及知识。

该栏目获中央电视台2012年度品牌栏目。

该栏目于每周三至周日18:45在科教频道首播，次日19:45重播。每期时长52分钟。

张大千

《张大千》为三集系列片，该片采用追溯历史史实、挖掘历史故事的方式，以一种观察者的客观视角，来解读艺术巨匠张大千。通过对当事人、见证人、张大千的亲友后人、学生朋友以及研究专家、学者的采访，运用实地调查、拍摄的记录手法，来印证大师的生平故事和大师的艺术道路。在收集和整理的基础上，该片尽可能地展示出了张大千各个时期的代表作品，并请专家、学者来分析大师的美学观念、艺术造诣和艺术思想。

该片获2011~2012年度国产纪录片及创作人才扶持项目专项资金评选优秀纪录片短片奖。

该片于2012年3月7日22:27在中央电视台科教频道播出，时长27分钟。

金砖之国

《金砖之国》是财经频道继《大国崛起》、《公司的力量》、《华尔街》之后的又一重大选题。该片共9集，每集45分钟，由中央电视台耗时15个月打造。纪录片以每个国家两集的篇幅，对俄罗斯、印度、巴西、南非四个金砖国家进行系统、全面的介绍。该片采用高清格式、纪实拍摄手法，在中国乃至世界首次以电视纪录片形式全面深入地介绍以金砖国家为代表的新兴国家的发展之路，是一部连接历史与未来、兼具国际视野和中国思考的鸿篇巨著。

该片获2012年度国家广电总局优秀国产纪录片。

该片于2012年3月29日21:05在财经频道首播，4月9日14:15在中文国际频道重播，4月10日22:40在综合频道重播，每集播出时长45分钟。还在英语新闻频道、俄语国际频道、阿拉伯语国际频道、西班牙语国际频道和法语国际频道播出。

货币

纪录片《货币》由中央电视台和中信证券联合制作，其创作宗旨是为决策者提供依据，为资本市场实践者提供镜鉴，为大众提供关于资本市场的启示。该片采用普通观众易于接受的表现方式，舍弃了过于专业、深奥的术语，没有一味地追求内容的全面性和精细度，力图从社会学、金融学、纪录片美学等方面来解读货币。

该片获中央电视台 2012 年度优秀纪录片奖。

该片于 2012 年 11 月 19 日起，每日 21:20 在财经频道首播，12 月 10 日起，每日 23:34 重播。每天播出 1 集，每集 45 分钟，共 10 集。

第一时间

《第一时间》自 2003 年开播以来，作为一档早间资讯节目，始终坚持贴近实际、贴近生活、贴近百姓、服务民生的理念，打造“轻松、温暖、明快、向上”的早间氛围。2009 年 8 月财经频道推出《第一时间》后，栏目围绕频道主业，精耕细作，创新表达方式，让财经新闻更具有贴近性和服务性。

该栏目获中央电视台 2012 年度品牌栏目称号；《双十一电商大战》获中央电视台优秀节目。

该栏目每天 07:00 在财经频道播出，播出时长 120 分钟。

货车司机的税负成本

2012 年 6 月 28 日《经济信息联播》栏目中播出新闻特写《货车司机的税负成本》，由栏目与财经频道上海中心站共同策划实施，聚焦国家政策对人物命运的影响，客观反映了运输业因税制改革造成的成本上升，为营业税改增值税试点的进一步完善提供了现实依据。该片播出后引起了巨大社会反响。

《货车司机的税负成本》获中央电视台 2012 年度优秀新闻一等奖。

玉米过热了吗？——疯涨的背后

作为产量最大的粮食作物，同时也是最重要的饲料作物，玉米对国内粮食市场稳定、畜禽价格都起到举足轻重的作用。2011 年底到 2012 年 4 月，玉米市场呈现出的持续上涨走势引起了各方关注。记者从农民种植、粮食收储、港口运输、饲料加工、畜禽养殖、国际贸易和资本运作等全产业链梳理、分析玉米 2012 年的趋势，再次唤起各界对三农问题、粮食安全的重视。该节目采用纪实手法拍摄，主创人员为张菁、于溪、李晓明。

该节目获中央电视台 2012 年度优秀节目一等奖。

该节目于 2012 年 5 月 26 日 21:55 在财经频道首播，5 月 28 日 15:10 重播。播出时长 58 分钟。

开学第一课

《开学第一课》由综合频道全力打造，已成为中央电视台新的地标性节目，是全国中小学生迎接新学期的特殊“仪式”。节目针对中小学生的特点而设计，以提高教育实效性为目的，以寓教于乐的方式为学生传授知识、教授技能。2012 年《开学第一课》聚焦的主题是“美在你身边”，主要目的是与孩子们共同分享美的体验和感悟，传播正能量，鼓励孩子们共同积极地成长。节目选取了深受孩子们喜爱的航天员、奥运冠军、学者以及身边的普通人共同参与，与现场观众和孩子们一起分享美的感悟。

该节目获中央电视台 2012 年度特别节目一等奖。

该节目于 2012 年 9 月 2 日在综合频道首播，播出时长 90 分钟。

看见·气仙沼的这个春天

《看见》栏目于 2010 年 12 月 6 日开播，2011 年 8 月 7 日起，《看见》改版成周播版新闻人物深度报道。作为记录现实题材的专题栏目，《看见》观察变化中的时代生活，用影像记录“新闻中的人物”和“身边的你我”。《看见》栏目制作的节目《气仙沼的这个春天》讲述了在气仙沼这个东日本大地震受灾最严重的城市中，电视主播佳代子、居民大友月子以及佐佐木的震后生活，刻画了震后当地人努力在废墟上重建家园的感人故事。

《气仙沼的这个春天》获 2012AIBD（亚太广播发展机构）电视奖。

该节目于 2012 年 3 月 11 日在综合频道首播，播出时长 45 分钟。

《梦想合唱团》第二季

《梦想合唱团》第二季是综合频道推出的大型公益音乐节目。节目汇聚了任贤齐、杨千嬅、周笔畅、谭维维、吴克群、常石磊、李炜、吴莫愁 8 位当红明星，分别回到他们的家乡，组建一支城市梦想合唱团。《梦想合唱团》巧用明星效应激励年轻观众，强调“有梦想的歌声更动人”。贯穿节目始终的不仅仅有歌曲演唱的技巧与水平，更有感人至深的感情线索和清晰有力的叙事线索。明星和队员不是为了公益而公益，而是有着深刻的情感支撑。公益通过每一个普通人的歌声展现出来，也使得公益更加接地气，更贴近基层百姓的需求。

该节目获中央电视台2012年度优秀节目一等奖。

该节目于2012年11月30日至2013年2月9日每周五20:00在综合频道首播，次日10:00重播。播出时长103分钟 。

今日说法

诞生于1999年1月2日的《今日说法》是中央电视台第一档全日播法制栏目，秉持“点滴记录中国法治进程”的理念，以“重在普法，监督执法，促进立法、服务百姓”为宗旨，采用以案说法、大众参与、专家点评的节目样式进行普法宣传，被誉为“中国人的法制午餐”。

该栏目获中央电视台2012年度品牌栏目奖。在2011~2012年度全国法制节目创优评析中,《今日说法》送评的节目《深圳捡童事件调查》获谈话和故事类节目一等奖。

该栏目每天12:35在综合频道首播,时长30分钟。2011年8月起推出50分钟周末版节目，每周六播出。

天网

《天网》栏目于2004年12月29日在CCTV-12正式开播，是中央电视台社会与法频道一档纪录片形态的栏目。栏目宗旨是塑造智勇双全的公安、武警人物形象，侧重于记录刑事、经济和反腐领域中有较大反响和较强故事情节的案件，同时融入对人性和社会意义的思考，弘扬正义必将战胜邪恶的严肃主题。节目内容以精彩的故事展现世间奇案；以独特的视角探求层层悬疑；以高度的责任纪录法制进程。节目表现方式以纪录片和系列片为主。

该栏目获中央电视台2012年度品牌栏目奖。

该栏目于周一至周五20:07在社会与法频道首播，周一至周三23:54重播，周二至周六10:38、13:35、17:21重播，时长40分钟。

奥运风云会——孙杨

孙杨在伦敦奥运会上一人夺得2枚金牌、1枚银牌、1枚铜牌。在他最后一项1500米自由泳比赛结束后，第一时间走进中央电视台设在伦敦国际广播中心的演播室。主持人就观众最关心的问题与孙杨和朱志根教练展开交流，包括1500米自由泳比赛抢跳的原因、击水宣泄的心理源头、手指看台是冲着谁等，使观众的诸多疑问快速得到答案。此外，节目大量运用双视窗，受访者和观众都可以即时看到主持人提问的对应画面，字幕信息也不断交代着人物背景。伦敦奥运会期间,《奥运风云会》播出45期，本期是其中比较有代表性的一期。

该节目获中央电视台2012年度优秀节目一等奖。

该节目于2012年8月18日21:30在体育频道首播，次日06:30重播，时长8分钟。

体育世界·刘翔术后拆线开启康复计划

《体育世界》是体育频道播出的一档日播新闻节目，于2001年开播，利用黄金时间、深度报道，汇聚频道高端受众，栏目收视表现卓越。《刘翔术后拆线开启康复计划》是由《体育世界》栏目播出的专题报道，讲述了刘翔在英国惠灵顿医院手术后回到上海，在华山医院拆线的过程。报道通过对医生等人的采访、刘翔伤口的展示，详细介绍了刘翔伤情和治疗情况以及刘翔恢复期间的康复训练计划。

《刘翔术后拆线 开启康复计划》专题报道获中央电视台2012年度优秀新闻一等奖。

该节目于2012年8月23日21:30在体育频道播出，时长7分钟。

体育的力量

五集纪录片《体育的力量》以2008年北京奥运会到2012年伦敦奥运会之间的四年为时间坐标，从普通人、运动员和国家三个层面，反映体育在中国人生存和发展过程中起到的作用，折射出中国社会对体育的理解和认识所发生的变化。该片内容涉及大众体育和竞技体育两个大的范畴，兼顾学校体育、社会体育、职业体育和奥林匹克体育四个领域。力图用一个个鲜活的实例作为切入点和载体来表达观点，从民间马拉松爱好者到清华赛艇队，从篮球城市东莞到云南深山的彝族篮球村，从姚明、李娜等职业体育明星到在美国职业棒球小联盟打球的普通中国球员，还有正在备战2012年伦敦奥运会的老将和新人，纪录片通过他们的人生故事，彰显“体育的力量”。

该片获中央电视台2012年度优秀纪录片奖。

该片于2012年7月23日至27日19:30在体育频道首播，7月24日至28日02:00在综合频道重播。

我和叶诗文的故事

伦敦奥运会上，叶诗文脱颖而出，记者赵薇用自己敏锐的观察和独特的视角，记录下了叶诗文在奥运赛场发生的戏剧性故事，记录下叶诗文创造历史的全过程。该期报道把叶诗文在伦敦奥运会期间取得的突破，和随之而来西方媒体对她的质疑，以故事的形式展现出来。从叶诗文第一场决赛开始，就出现了意想不到的质疑声，记者紧紧抓住了这一点，从赛后混合采访区被国外记者围堵，到最后新闻发布会面对国外记者的尖锐问题，步步跟进，没有漏掉任何细节，完整地将叶诗文的奥运故事呈现给大家。

该节目获 2012 年度中国广播电视协会电视体育节目奖新闻类一等奖。

该节目于 2012 年 8 月 13 日在体育频道首播，时长 8 分钟。

2012 年伦敦奥运会报道

伦敦奥运会于 2012 年 7 月 27 日至 8 月 12 日举行，中央电视台充分发挥资源优势和创作优势进行了全面、充分的报道，并形成全媒体、立体式报道模式，实现了多项突破：一是境外报道奥运会规模最大，报道量最大；二是形成全媒体覆盖模式；三是报道手段最先进，境外建立完整外场制播系统；四是解说、评论水平最高；五是制作奥运赛事公用信号规模最大。其中，被公认为信号制作难度最大的项目之一的体操比赛首次由我国的信号团队承担制作。

《2012 年伦敦奥运会报道》获中央电视台 2012 年度重大报道奖。

2012 年伦敦奥运会体操男子团体决赛

中央电视台作为 2012 年伦敦奥运会体操公用信号制作团队，不仅以优异的质量博得赞誉，完成了在奥运会上制作高难度公共信号的历史性突破，而且在诸多领域实现创新，在国际电视公共信号的大舞台上充分展示出中国电视人扎实的业务功底和创造力。2012 年 7 月 30 日的男子团体决赛是 2012 年伦敦奥运会体操公共信号中最重要的一场，也是最具有代表性的一场。国际奥林匹克转播公司（OBS）专家高度评价了中央电视台信号制作团队在伦敦奥运会电视公用信号制作过程中所表现出来的高水平的职业精神和质量，让世界各国电视工作者看到了中央电视台和中国体育电视人的职业精神和风采。

该节目获 2012 年度中国广播电视协会电视体育节目奖公共信号制作类一等奖。

该节目于 7 月 30 日 23:30 在奥运频道直播。

2012年欧洲杯《豪门盛宴》

2012 年欧洲杯《豪门盛宴》节目于 2012 年 6 月 8 日开播，旨在通过专业嘉宾的权威解读、前方记者的及时报道和后方编辑的综合处理能力以及大演播室中的多种技术手段，完成对足球赛事及相关信息更专业化、更精确化和更形象化的解读和传播，满足观众观看赛事直播外的延伸需求，营造赛事直播前的看球氛围。《豪门盛宴》节目设立“一起创造历史”、“欧洲之星”、“我的球队”、“战场”、“非常有‘裁’”、“欧洲杯行动”、“超级队报”、“眺望欧洲”、“现在登场”、“城记”等多个小板块，从不同角度呈现欧洲杯的引人入胜之处。体育频道还设置了《豪门盛宴 · 午夜版》，采用主持人与嘉宾侃球、评球的方式品评欧洲杯，共播出 11 期。

《豪门盛宴》栏目获 2012 年度中国广播电视协会电视体育节目奖栏目类一等奖。

该栏目于 6 月 8 日至 16 日，每日 22:00~23:45 播出，共 9 期；6 月 17 日至 7 月 2 日，每日 22:00~23:55 播出，共 14 期。

民声与民意

“两会”特别节目《民声与民意》重点关注人大刑法修正案的审议，围绕修正案中受关注的热点进行探讨，分析刑法修正案的意义及其对中国民主法治建设的重要作用。节目运用动态新闻、演播室访谈、海外嘉宾连线、演播室副主持等多种形式，将人大议程动态、背景和解读分析紧密集合。上会记者跟进刑法修正案审议的最新情况及亮点，其他几路记者制作背景报道，围绕保障人权、死刑量刑、取消行刑逼供以及秘密拘捕等内容展开分析式报道。

该节目获 2012 年人大新闻奖。

该节目于 2012 年 3 月 8 日19:30~20:30 在英语新闻频道播出。

学做中国菜

《学做中国菜》于 2004 年 10 月 1 日正式播出，是西班牙语国际频道开办伊始便设立的一档全自制的教学栏目。该栏目旨在通过主持人向海外观众教授中国菜的制作技法，传播博大精深的中华饮食文化。开播以来共推出了上海菜、鲁菜、粤菜、湘菜、淮扬菜、家常菜、养生菜和汤菜小吃等系列。几年来，为了适应对象国观众收视需求，该栏目在形式和内容上不断推陈出新，节目设置由原来单纯地介绍菜品制作逐步丰富深化，包含了菜品典故、营养常识、厨师窍门等多个内容。如今，它已成为西班牙语国际频道一档融知识性、趣味性和服务性于一体的品牌栏目。

该栏目获2012年度全国广播电视媒体民生影响力调查旅游餐饮类十强栏目称号。

该栏目每日08:15在西班牙语国际频道首播，次日02:15、14:15、20:15重播。

我要上春晚

《我要上春晚》是一档充分发挥中央电视台品牌效应的大型跨界互动综艺节目，是集综艺演出、娱乐谈话、资讯传播等多种电视形态于一身，集演播室录制、外景录制、专题拍摄等多种形式于一体的全新形态的大型综艺互动节目。《我要上春晚》为想要登上中央电视台春节联欢晚会舞台的人们提供展示自我的舞台，为每年都在辛苦创作春节晚会的人提供素材线索，为长期关注"春晚"的公众舆论提供引导和交流平台，为实现"春晚"创新和可持续发展提供富有想象力的试验机会。将"开门办春晚"的基本策略贯穿到全年，将中央电视台春节联欢晚会集中呈现的品牌效应延伸到全年。

2012年6月18日播出的《我要上春晚》节目获中央电视台2012年度优秀节目一等奖。

该节目于2012年6月18日19:30在综艺频道首播，6月25日12:30重播，播出时长100分钟。

《星光大道》2011年度总决赛

《星光大道》作为综艺频道的常播节目之一，秉承不断创新的精神和百姓文娱的宗旨。特别是2011年度总决赛，在前6场分赛的激烈竞争之后，总决赛当晚汇集了年度八强选手，与前来加油助威的往届众多优秀选手欢聚一堂。新颖绝妙的节目编排、精彩独特的舞台表演、画龙点睛的嘉宾发言以及特别来宾的出奇设计使决赛现场高潮迭起、掌声雷动，幽默环节欢笑满堂，感人之处催人泪下。可以说，总决赛的内容和氛围完美地征服了现场和电视机前的观众。此期节目刷新了栏目开播以来的多项新纪录，成为历年嘉宾评审阵容最强大、录制时间最长、与往届合作最成功的一场年度盛宴。

该节目获中央电视台2012年度优秀节目一等奖。

该节目于2012年1月30日19:30在综艺频道首播，播出时长210分钟。

《北纬30°·中国行》

《北纬30°·中国行》是中文国际频道《远方的家》栏目继《边疆行》、《沿海行》之后推出的第三部百集系列特别节目，共189集。节目延续了《远方的家》"快速纪录片"的风格，通过记者体验的方式，展现中国北纬30°线上瑰丽的自然风光、多彩的文化传承和基层百姓的生存状态。摄制组从浙江的舟山群岛出发，自东向西，穿越了浙江、江西、安徽、湖南、湖北、四川、重庆、贵州、西藏等省市自治区，总行程超过2万公里。

该节目获中央电视台2012年度优秀节目一等奖。

该节目于2012年6月1日至7月23日18:03在综合频道首播，于9月5日至11月12日08:35在综合频道首播，共播出100集；于2012年6月4日至2013年3月26日在中文国际频道播出，亚洲版首播时间为17:15，当天23:26和次日06:15重播。

海峡两岸

《海峡两岸》是中文国际频道制作的对台宣传栏目，也是中央电视台唯一一档涉台评论类栏目，开办于1996年10月，栏目宗旨是"跟踪海峡热点，反映两岸民意"。节目内容分为新闻资讯与深度访谈两个部分，在新闻资讯部分，系统全面报道两岸交流交往当中的重大事件、台湾政治动态以及社会民生等新闻，在深度访谈部分，采用与台湾媒体卫星连线的演播室访谈方式，邀请两岸嘉宾就两岸民众关心的国际、两岸、社会、民生等话题进行深入探讨。

该栏目获中央电视台2012年度优秀栏目一等奖。

该栏目于每周一至周日20:30在CCTV-4亚洲版首播，次日07:30和11:30重播；欧洲版首播为每日07:28，重播为15:10；美洲版首播为每日13:30，重播为20:30。每期时长30分钟。

爱的表达式

公益广告《爱的表达式》(Family)由中央电视台资产管理中心与北京葵友广告有限公司联合制作，从2012年1月1日开始在中央电视台各频道播出，通过动画形式对英文字母进行拟人化表现，巧妙阐释了“家”的涵义，表达了“有爱就有责任”的主题。

该片荣获第26届中国电视金鹰奖优秀电视形象宣传片奖。

《爱的表达式》有30秒、60秒两种时长版本，分别在中央电视台综合频道、财经频道、综艺频道、中文国际频道、电视剧频道、科教频道、戏曲频道、社会与法频道、少儿频道等多频道播出。

直播中国

《直播中国》栏目是国内最大、最具权威影响力的网络电视直播平台，依托CNTV“一云多屏、全球传播”优势，通过CNTV视频门户与CBox客户端，面向电脑终端与移动终端用户实时推送145个电视频道的多屏互动视频直播节目，涵盖新闻资讯、体育赛事、大型活动、综艺晚会等。栏目自2009年开办以来，秉持“全面、精准”的内容整合传播特色，紧跟宣传热点，在全国“两会”、党的十八大、“春晚”、伦敦奥运会等重大报道活动中发挥重要作用，成为用户活跃度高、深受网民喜爱的网络电视直播品牌。上线三年来，栏目月均访问用户量达3000万人次，单日最高独立访问用户量近700万人次，居业界领先地位。

该栏目获互联网新闻研究中心、中国互联网协会2012年度中国互联网站品牌栏目（频道）奖。

栏目网址：http://tv.cntv.cn/live。

高端访谈

《高端访谈》栏目是中国网络电视台推出的原创访谈栏目，嘉宾定位于政府高官、名流政要等人物，旨在“网上商国事，在线议民生”，以与国家发展密切相关的国内、国际事务为话题进行深入探讨，搭建网民与高层政要的交流平台。《高端访谈》栏目主要通过网络电视、IP电视、手机电视、互联网电视进行节目推广，将原创视频内容多平台分发，同时在《人民政协报》、全国政协网站、地方政协网站以及电视台等媒体发布。

该栏目获2012年度中国网络视听新闻访谈优秀栏目奖（中国网络视听节目服务协会主办）。

栏目网址：http://news.cntv.cn/gaoduanfangtan/shouye/。

奥运下午茶

《奥运下午茶》是伦敦奥运会期间中国网络电视台独家打造的一档新媒体原创奥运高端访谈节目，以明星的视角看奥运，以文化的视角话奥运，不再将视角紧锁金牌、紧盯冠军，在奥运进行时的大背景下，以体育为发端，诠释奥运文化，传递奥运精神，以名人效应带动奥运传播最大化。《奥运下午茶》的策划与设计，凸显了新媒体奥运原创的差异化，既有别于传统电视媒体，也有别于商业门户网站。

该栏目获2012年度中国网络视听新闻访谈优秀栏目奖（中国网络视听节目服务协会主办）。

栏目网址：http://2012.cntv.cn/afternoon_tea/。

2012伦敦奥运会

中国网络电视台充分利用伦敦奥运会赛事资源及多终端立体化覆盖的优势，通过“一云多屏”的全媒体传播体系对赛事和节目进行了立体交互传播，访问量创新高，形成了“新媒体、新品牌，全媒体、全覆盖”的传播格局。中国网络电视台是本届奥运会全球唯一一家全程直播32大项302个小项，共计5600小时完整赛事的新媒体，全程直播赛事3000场，制作点播视频1.5万条，发布图文资讯15万条。推出奥运赛程、奥运项目、每日看点、精彩回顾、中国骄傲、评论团等内容产品。日均独立访问用户3515.5万人，最高单日独立访问用户达4069万人，均列居本次互联网媒体奥运转播首位。央视网借力奥运，打造“5+体育”新品牌，推出了5+体育客户端和5+VIP两大全终端产品矩阵。

该栏目获中央电视台2012年度新媒体优秀作品奖。

栏目网址：http://2012.cntv.cn/。

中国共产党第十八次全国代表大会专题

2012年11月4日，《中国共产党第十八次全国代表大会专题》上线，5日央视网十八大全媒体报道矩阵全面推出，配以“图解十八大”、“央视网报道亮点解析”、“您好，党代表”、“寄语十八大”、“党代会的故事”、“求是专刊”等一组报道，数字、互动、历史和理论相结合，形成党的十八大专题正式上线的封面报道，为广大网友全面展示中国网络电视台党的十八大报道规模与特色。同时开辟多个专区，分别聚焦中国网络电视台独家专访党的十八大代表的“代表声音”、呈现评论与观点的“媒体解读”、“微报十八大”微博报道、“您好，党代表”留言及代表风采展示、“党代会的故事”党史资料馆、“十年辉煌”地图与“数说”FLASH，从视觉和内容上令网友感受党的十八大盛况。

该栏目获中央电视台2012年度新媒体优秀作品奖。

栏目网址：http://news.cntv.cn/18da/。

中国公开课

《中国公开课》是中央电视台着力打造的文化栏目，是CNTV推动文化生产与传播形态创新的有力举措，是中国网络第一教育品牌。一年来，秉持“做中国自己的公开课”的品牌理念，积极传播中国传统文化，重点展现改革开放30年来现代教育成果，打造集授课、学习、交流、活动于一体的在线教育平台，已推出1000门约3500小时的课程内容，覆盖经济学、管理学、文学、历史等18个学科，累计访问量逾2亿人次。同时，大胆探索，锐意创新，已建成较为成熟的课程管理及运营模式，为网络公开课行业立标杆、树榜样，催生行业规范，掌握行业话语权。《中国公开课》依托CNTV“一云多屏、全球传播”平台优势，积极引导网络舆论、广泛开展道德教育和实践活动，为传递社会主义核心价值观营造良好的社会文化环境。

该栏目获中央电视台2012年度新媒体优秀作品奖。

栏目网址：http://opencla.cntv.cn/。

“科学发展 成就辉煌”大型图片展览网上展馆

“科学发展 成就辉煌”大型图片网上展馆，是由中共中央宣传部、国家发展和改革委员会、解放军总政治部、中共北京市委共同主办，中国网络电视台独家承建的大型多媒体数字网络展馆。网友足不出户，即可通过电脑屏幕身临其境地感受科学发展的生动实践和经济社会发展的巨大成就。展馆分为序篇、经济、政治、文化、民生、生态、国防、港澳台、外交、党建等10个主题单元，充分利用视音频、数字高清相册、留言互动等多种新媒体技术表现形式，采用直观、逼真的三维虚拟场景动画的创新展现形式，生动地再现了党的十六大以来，中国在科学发展方面取得的建设成就。该展馆是全景再现我国在“科学发展、成就辉煌、伟大实践”过程中所取得成就的永不落幕的网络展馆。

该栏目获中央电视台2012年度新媒体优秀作品奖。

栏目网址：http://kxfz.cntv.cn/index.shtml。

2012年CCTV网络春晚

2012年CCTV网络春晚以“亿万网民秀幸福，全球华人享团圆”为主题。通过举办“进高校、选达人”、“秀城市、寻明星”、“游子吟、中国心”三大线下活动，为具有非凡才艺的、来自不同地域的草根提供了展示的舞台。通过国内外明星配合、草根与明星混搭的演出阵容，推出传统文化瑰宝和当代文化精品。同时，微电影及3D拍摄方式的融入，也让2012年CCTV网络春晚受到了广大网友与观众的关注，并于2012年春节期间在全球140多个国家实现了顺利播出，观众覆盖人数超过3亿。

该栏目获2012年度全国春节电视文艺晚会优秀节目创优评选最佳撰稿奖。

栏目网址：http://wlchunwan.cntv.cn/2012/。

首届中国国际微电影大赛

首届中国国际微电影大赛是由中国网络电视台与中国网络视听节目服务协会、北京互联网宣传管理办公室、中国国际广播电视网络台等单位联合主办的微电影赛事，其目的是整合全媒体优势资源，着力打造全球性权威微电影赛事，发掘微电影人才，推动微电影发展。大赛覆盖电视、网络、手机、IP电视、公交移动电视等全媒体平台，实现微电影“一云多屏”的全球化传播。大赛共收到来自国内外的微电影作品1000多部，微剧本200多部。中国网络电视台邀请知名导演、影视单位及公司、新锐影视制作人等拍摄的《战马》、《月亮的草原》、《梦空间》、《瓷偶》、《缘·点》等作品获得首届中国国际微电影大赛组委会特别大奖。

该栏目获中央电视台2012年度新媒体优秀作品奖。

栏目网址：http://wdy.cntv.cn/

2012年春节戏曲晚会

2012年春节戏曲晚会汇集了众多的戏曲名家，尤其是京剧节目，主要是由近年来活跃在舞台上的中、青年名家来表演，剧目也是脍炙人口的经典唱段。整台晚会还展现了除京剧外的10个大的地方剧种（评剧、豫剧、越剧、黄梅戏、沪剧、二人台、川剧、河北梆子、高甲戏、秦腔）。此外本届戏曲春晚自编性戏曲节目的数量超过往年。戏曲小品一共有四个，其中包含了一个武戏小品。晚会在节目中制作相应的画面来配合节目的整体风格，取代以往固定布景的模式，加强了节目的可视性。

该节目获中国广播电视协会颁发的2012全国春节电视文艺晚会优秀节目创优一等奖。

该节目于2012年1月22日在CCTV-11播出，播出时长300分钟。

大风车

《大风车》栏目由少儿频道主办，开播于1995年6月1日，是一档面对7~14岁儿童的综合性少儿栏目，以“尊重儿童、支持儿童、引导儿童、快乐儿童”为使命，播出了大量优秀的少儿电视节目，推出了一大批深受广大观众喜欢的、家喻户晓的儿童电视节目主持人。2009年以前，该栏目以“杂志型”编排为主要形态，2010年起以自制栏目剧为定位，以26期为单位，按季播出轻松、幽默、富有教育意义的栏目剧，现已初步成为儿童优秀栏目剧的展示平台。

该栏目获中央电视台2012年度品牌栏目。

该栏目于每周一至周日19:30在少儿频道播出，播出时长30分钟。

智慧树

《智慧树》栏目由少儿频道委托北京博瑞祥和文化传播有限公司制作，是一档面对3~6岁学龄前儿童及其家长的“教育类娱乐节目”，以“寓教于玩、快乐成长”为宗旨，秉承“弥合当今幼儿教育缺失、促进孩子全面健康成长”的原则，将游戏性、娱乐性和教育性渗透在节目的各个环节中。该栏目从2003年12月28日开播以来，一直坚持通过电视媒体传播最先进的教育理念和教育方法，不断对现有节目进行升级换代，不断创新。该栏目采用“杂志型”编排，依据国际上先进的教育理论，每天有不同的主打板块，为孩子们开设了高品质的“空中幼儿园”。

该栏目获中央电视台2012年度品牌栏目和中央电视台2012年度优秀栏目一等奖。

该栏目于每周一至周六18:30在少儿频道播出，播出时长30分钟。

《领航中国》——中央电视台喜迎党的十八大胜利召开大型专题文艺晚会

为迎接党的十八大胜利召开，在中宣部的直接领导下，《领航中国》——中央电视台喜迎党的十八大胜利召开大型专题文艺晚会以饱满的激情、鲜明的主题、真实的形象、精巧的结构、丰富的内容、创新的样式，抒发青春中国迈向幸福美好目标的壮美情怀。展示科学发展成就辉煌的十年征程，讴歌中国共产党领导下的中国人民团结一心、不屈不挠、勇于进取、创新未来的伟大时代精神。晚会采用十人主持群模式在中央电视台的晚会中尚属首次，另外，晚会摆脱了以往主题晚会中规中矩的模式，采用前后两个视频、演员中间表演的舞台美术设计，营造出3D的立体效果，带来强烈的视觉冲击。

该节目获党的十八大广播电视宣传优秀节目和播出机构评选优秀文艺节目奖。

该节目于2012年11月7日20:06播出，时长120分钟。

2012年中央电视台春节联欢晚会

1月22日晚，由中央电视台大型节目中心制作的2012年春节联欢晚会安全圆满播出，伴随海内外亿万华夏儿女度过一个欢乐、喜庆、吉祥的除夕之夜。龙年“春晚”的主题是“回家过大年”，晚会突出“龙年”元素，营造“大联欢”氛围；坚持“开门办春晚”，彰显“群众性”特色；以“创新”为着力点，打造了一场视觉盛宴。

该晚会获得第九届金鹰节最佳电视文艺节目、最佳美术奖两项大奖。

中央电视台综合、综艺、中文国际、高清频道和英语新闻频道、法语国际频道、西班牙语国际频道、阿拉伯语国际频道、俄语国际频道5个外语频道，以及中国网络电视台、CCTV手机电视、IP电视、中国电视长城平台向全球同步直播晚会实况。整台“春晚”共计39个节目，时长4小时25分钟。共有129个国家和地区的346家电视机构转播或部分使用了中央电视台国际频道的节目信号。台湾天空网等3家转播机构对“春晚”进行全部转播。

军事纪实

《军事纪实》是由解放军电视宣传中心制作的一档故事化纪录片栏目，于2006年6月26日开办。栏目内容注重呈现军事第一现场，探索新闻背后的故事。确立“直击军事现场，披露精彩内幕，展现魅力人物，解读用兵方略”的选题方向，同时把目光穿越人民军队的历史深层，把视野扩展到国际军事舞台，力图实现“揭秘历史，记录今天，关注未来”的创作追求。

该栏目获第18届中国电视纪录片十佳十优作品评

选十佳栏目奖；获视协纪录片工作委员会“纪录·中国”第六届节目评比优秀栏目一等奖；该栏目播出的五集大型文献纪录片《烽火1937——从日本档案解密卢沟桥事变》获2011~2012年度优秀国产纪录片栏目第一名并获得年度十大纪录片奖。

该栏目于周一至周五20:00在CCTV-7播出，并于次日09:40和15:57重播，播出时长30分钟。

景泰蓝—绽在指间的火焰艺术

由央视风云传播有限公司制作的《景泰蓝——绽在指间的火焰艺术》，通过对我国非遗项目进行3D拍摄，展现了景泰蓝的制作工艺与艺术价值，是一部展现中国传统文化的立体电视作品。本片充分利用3D摄录一体机的技术特点，进行了大量创新性尝试，巧妙结合了立体影像的表现特点与节目内容，使景泰蓝这种艺术形式活灵活现地展现在观众眼前，体现了3D纪录片独特的魅力。

该节目获首届国际3D协会中国区提名奖3D影视作品最佳奖以及2012年度优秀3D电视作品立体艺术奖等多个奖项。

该节目于2012年10月7日在中国3D电视试验频道首播，11月3日重播，播出时长为17分45秒。

舌尖上的中国

7集纪录片《舌尖上的中国》是中央电视台纪录频道推出的第一部中国高端美食系列纪录片，将中国美食的“色香味”用纪录片影像的方式呈现出来，揭示了众多数千年来流传至今、不为人知的食材转化的奥秘，传递出蕴藏在中华美食之中悠久的东方文化传统，表达了中国人生活的智慧和对生命的热爱，让观众通过影像感知一个具有悠久文化传统的国度。

该片获以下奖项：

1. 第四届中国影视学院奖年度纪录片作品大奖；
2. 中国烹饪协会2012年度中国饮食文化传播奖；
3. 第12届中日韩电视制作者大奖；
4. 2012中国（广州）国际纪录片节金红棉奖评审团大奖；
5. 海峡两岸电视艺术节两岸交流优秀电视作品；
6. 第18届中国纪录片颁奖盛典第18届中国电视纪录片年度特别奖；
7. 2012《综艺》年度人物评选年度纪录片；
8. 第八届中国纪录片国际选片会评委会大奖；
9. 光影纪年——中国纪录片学院奖评委会特别奖；
10. 光影纪年——中国纪录片学院奖最佳国际传播奖；
11. 第七届中国元素国际创意大赛文化贡献奖年度社团文化贡献奖。

该片于2012年5月14日起每日22:40分在综合频道《魅力·纪录》栏目播出，共7集，每集时长50分钟。

春晚

由中央电视台摄制的大型纪录片《春晚》，第一次全方位披露2012年“春晚”的创作历程，呈现30年来“春晚”的变化与成长。该片以2012年“春晚”幕后创作为主线，首次全面采访历届“春晚”的主创人员和“春晚”标志性人物，梳理从1983年到2011年春节联欢晚会的珍贵影像，让观众回首走过的岁月，回味曾经的欢乐时光。通过回顾30年的经典瞬间和幕后故事，表达30年来“春晚”积淀的文化力量和引领风尚的社会价值。

该片荣获第四届中国影视学院奖年度高等院校影视学会奖；第26届中国电视金鹰奖优秀电视纪录片奖；第18届中国纪录片颁奖盛典第18届中国电视纪录片系列十佳短片。

该片于2012年1月23日起每日22:00在纪录频道播出，共5集，每集时长50分钟。

超级工程

纪录片《超级工程》由纪录频道制作，共5集，每集一个单独的主题，分别关注中国各领域正在建设的重大工程——港珠澳大桥、上海中心大厦、北京地铁网络、海上巨型风机和超级LNG船。透过这些体量巨大的建设项目，使观众真切地感受到一个高度发展的中国。作为一部展示中国在世界工程界成就的纪录片，《超级工程》改变了以往的成就展示片的宣教式歌颂，在制作理念上尽可能接近国际化的表达，在影像表达、叙事方式、音乐风格等方面做了许多创新性尝试。在内容上，在充分强调专业性和揭秘性的同时，加入了许多工程建设者的情感元素，让海外电视观众更加容易理解接受。

该片获第八届中国纪录片国际选片会十大纪录片奖。

该片于2012年9月24日22:40起每日在综合频道《魅力·纪录》栏目播出，共5集，每集时长50分钟。

故宫 100

《故宫 100》由纪录频道制作，将历史渗透在现代生活中，呈现故宫的过去、现在和未来，通过一百个空间故事建构一个故宫的全息建筑影像系统。该系列纪录片以故宫为源泉，延展到整个华夏大地，从古到今，传达一个“大故宫”的概念，讲述中华文明的悠久历史和灿烂瑰宝，故宫成为中华文明的缩影。每一集篇幅简短，浓缩精华，将历史渗透在现代生活中，融叙事于精美的画面造型，通过一百座建筑的命运诠释着普遍意义的文化意象。

该片获第 26 届中国电视金鹰奖优秀电视纪录片奖和海峡两岸电视艺术节两岸交流优秀电视作品。

该片于 2012 年 1 月 1 日起每日 18:50 在纪录频道播出，共 100 集，每集时长 6 分钟。

犯罪：别披着“爱国”的外衣

《犯罪：别披着“爱国”的外衣》由中央电视台新闻评论部《新闻 1+1》栏目创作并播出，本节目以“日本购买钓鱼岛闹剧”为时间背景，此时每一个中国人会格外愤怒，在表达我们自己声音的队伍中，却开始出现了披着“爱国”外衣的公然的犯罪——打砸日系车、伤害日系车主。节目从法律角度，对打砸犯罪行为进行界定，对群体效应进行全面分析，主题鲜明，角度多元，点评犀利。节目播出后获得社会舆论一致好评。

该节目获中央电视台 2012 年度优秀节目一等奖。

该节目于 2012 年 9 月 26 日 21:30 在新闻频道首播，次日 01:30 重播，播出时长 27 分钟。

新闻纪实·农民工局长

《农民工局长》由《新闻纪实》栏目制作，该节目以纯纪实的新闻记录手法，采访和翔实记录劳动局长陈家顺带领云南的农民工外出打工途中发生的新闻事件和新闻人物陈家顺，手法细腻，深入人心。节目主创人员：编导高忠、陈竹强；摄影朱永琪、高忠。

该节目获国家广电总局纪录片扶持奖金。

该节目于 2012 年 2 月 25 日至 26 日在新闻频道播出，并于当日重播。播出时长为每集 15 分钟，共两集。

新闻调查

《新闻调查》是中央电视台唯一一档深度调查类节目，由新闻中心新闻评论部制作，开播于 1996 年 5 月 17 日。栏目注重突出记者的符号功能，记者现场调查采访行为是节目叙事的重要载体。栏目的定位是“新闻背后的新闻，正在发生的历史”，在中国社会发生重大变革的背景下，注重研究真问题、探索新表达，探寻事实真相，追求理性、平衡和深入，致力于促进和推动社会和谐进步。

该栏目获中央电视台 2012 年度品牌栏目。

该栏目于每周六 21:30 在 CCTV-13 首播，周日 14:30 重播。播出时长 45 分钟。

数字十年

《数字十年》是新闻中心经济新闻部为迎接党的十八大推出的一个系列报道，它紧紧围绕我国经济、社会、文化等领域的一系列具体数字，充分吸纳国际先进的“信息可视化”理念，将一个个冷冰冰的数字具象化、人性化、故事化，生动鲜活、时尚清新地展示十年来国家取得的辉煌成就和人民生活发生的巨大变化，节目播出后引起了强烈的社会反响。

该节目获中央电视台 2012 年度创新大奖。

该节目于 2012 年 8 月 21 日至 11 月 7 日在《新闻联播》、《新闻 30 分》、《朝闻天下》等栏目中播出 87 期。平均播出时长 1 分 30 秒。

我们在延安

中央新影集团历史节目部制作的 12 集纪录片《我们在延安》从微观的角度切入，对于中国当代社会生活产生重要影响的延安岁月的方方面面，以社会学者的眼光记录了延安的人生记忆。

该片获中国广播电视协会纪录片工作委员会第八届中国纪录片国际选片会人文类一等奖。

该片于 2012 年 6 月 30 日至 7 月 4 日 19:59 在纪录频道首播，时长 30 分钟。

西安 2020

由中央新影集团地理节目部制作的 6 集纪录片《西安 2020》以独到的创意将西安的历史与梦幻未来相交融，为观众呈现了一场超时空的视觉盛宴。

该片获中国广播电视协会纪录片工作委员会第八届中国纪录片国际选片会人文类一等奖。

该片于 2012 年 1 月 28 日至 30 日 16:10 在 CCTV-4 首播，2013 年 2 月在 CCTV-10 重播，时长 25 分钟。

体育人间·年轻，我怕什么

《体育人间》栏目以浓缩百姓体育故事，展现体育明星的独家内幕，漫卷体育画卷，纵览体育人生为栏目宗旨，于2001年开始在体育频道播出。该栏目通过纪录片的形式、以人文精神展现竞技体育、大众体育、民族体育的故事与事件，揭示现代体育与各种不同文化、不同民族、不同职业人们的体育观念与活动，挖掘体育在人们生活与社会活动之间的深层内涵，探索现代体育的发展和传统体育的衍生过程。纪录片《年轻，我怕什么》讲述了一群因街舞梦想而相遇的年轻人的故事，他们创建了“搜秀舞团”，用优美的舞姿和青春的活力告诉人们，所有的快乐都可以源自对于真我的坚持。

本栏目获第18届中国纪录片好栏目奖。

本栏目播出的《年轻，我怕什么》节目获第八届北京国际体育电影周暨第30届米兰体育国际电影电视节体育电影类提名奖。

栏目于每周一18:35在体育频道播出，时长50分钟。《年轻，我怕什么》于2012年1月9日和1月16日在体育频道播出，总时长96分钟。

宾至如归·我的汉语大赛

《宾至如归》是俄语国际频道2011年改版时推出的一档特别节目，由俄语频道专题一组负责制作，已制作完成六期。节目运用人物纪录片的拍摄手法，启用外籍导演加中方编导的合作模式，通过外国人的视角展现俄语国家地区普通民众在中国的生活、学习、工作的经历。《宾至如归·我的汉语大赛》讲述了两位来自独联体国家的留学生准备和参加汉语大赛的故事。节目展播后获得国外同行的一致好评。

《宾至如归·我的汉语大赛》获第七届国际俄语广播电视节唯一的文化类电视节目大奖。

该栏目于2012年4月30日至5月4日首播，时长30分钟。

大葱进城记

《大葱进城记》由中央电视台科教频道《讲述》栏目组制作并播出。该片真实记录了山东章丘大学毕业生王令章回乡种葱，经历层层困境，几经波折，为全村滞销的大葱、为辛勤耕种的土地，也为自己的人生理想寻找出路的故事。该片以葱农在困境中的突围为窗口，观察时代冷暖和人生浮沉。记者深入田间地头、跟着葱农辗转上千公里北上卖葱，通过一个个带着泥腥味、极具现实感的真实场景和生动细节，展现眼下农村非常突出的产销矛盾，还原基层农民最真实的困惑，探寻现实何以如此，又将如何改变？通过年轻一代农民的努力和思考，表达这个时代以及深藏其中土生土长的力量。节目主创人员：制片人张德宏，副制片人刘惠，策划宋丹，编导杨晓飞，摄像张志。

该片获第八届中国纪录片国际选片会社会类纪录片一等奖。

该片于2012年7月11日13:25在科教频道首播，次日00:28重播，时长55分钟。

CCTV
中国中央电视台
CHINA CENTRAL TELEVISION YEARBOOK
年 鉴
2012
胡占凡 主编
《中国中央电视台年鉴》编辑部 编

XINMEITICHUANBO

新媒体传播

新媒体传播

2012年中国网络电视台综述

2012年，中国网络电视台紧紧围绕台2012年工作会议"加强新媒体建设，进一步提升网络传播竞争力"的总体安排和部署，持续发挥全球化、多语种、多终端的新媒体优势，积极践行"一云多屏、全球传播"的发展战略，不断提升在行业中的传播实力，抢占新媒体发展制高点。

2012年，中国网络电视台日均制作视频、图文分别超过1.2万条，媒资库库存总量超过120.5万条，国内互联网综合排名稳定在第11至12位，在国家重点新闻网站中排名第一；日均独立用户数从年初的1300万，大规模增长至12月底的2000万，月度覆盖用户超过中国网民总数的80%，突破4亿人，均为年初的1.5倍。CBox客户端下载用户数突破1亿，并创下累计访问量超过10亿人次、单日最高访问量达700万人的纪录；移动业务平台用户数从年初的不到1000万人增长至超过2300万人；IP电视累计用户数达1200万户，移动传媒覆盖用户5480万人。

2012年，中国网络电视台加快建设国家新媒体集成播控平台，网络电视、IP电视、手机电视和互联网电视等集成播控平台的建设和运营管理日趋完善。一是建设完成IPTV集成播控总平台，其系统架构及主要功能于5月21日顺利通过国家广电总局验收；IPTV总分平台对接进展顺利，与中国电信集团和中国联通集团签署了战略合作协议，并与地方广播电视播出机构、地方电信运营商共签署8份三方协议、22份两方协议，已在云南、四川、湖南、辽宁、深圳等地开展IPTV业务。二是CCTV手机电视继续成为中国三大运营商手机电视业务的主审方，并获得移动手机动漫视听类业务主审方资格，稳固了行业内的总集成播控地位。CCTV手机电视用户活跃度、健康度以及平均单用户收看时长等综合指标在各季度综合评价中，一直位居三大运营商之首。三是互联网电视进一步完善内容集成、管理、播控管理、CDN分发、终端控制等五大系统，实现视频收录、加工制作、编目、审核、存储、内容编排、发布、分发等功能以及视频内容调度、EPG、终端、用户、平台等管理。四是CCTV移动传媒在已有公交、民航、快客、广场、列车五大频道基础上，进入国航和澳门航空机舱内的电视终端，广场频道还在香港终端测试播出。

2012年，中国网络电视台深入推进国际传播能力建设，打造代表国家水平的国际一流新媒体。一是在现有10个海外镜像站点基础上，把海外传播覆盖范围从主要城市延伸到各国的二级城市和各个社区，大规模租用当地CDN分发商的500个二级站点和边缘节点，节点遍布全球70个国家，覆盖210个国家和地区，有效提升了网站响应速度、视频打开速度和用户访问效果。其中，视频打开速度提升20%。二是加快海外本土化网站建设，2012年建设完成俄罗斯俄语本土化网站、非洲英语本土化网站、北美和亚太本土化网站建设。三是在海外互联网欠发达地区开展手机电视业务。CNTV旗舰版、"我爱非洲"客户端覆盖苹果ios、微软、安卓等智能操作系统，截至2012年12月，移动终端业务平台客户端合计下载用户数2365万人，其中海外地区用户为412万人，占总体用户比约为17%。

2012年，中国网络电视台以打造"国家网络视听公共服务平台"为目标，加强新媒体内容建设。以中央电视台、地方电视台、社会机构等优质内容资源为依托，通过门户网站、微博、客户端、移动互联网、手机电视、IP电视、互联网电视等平台进行全媒体传播。一是积极做好中国共产党第十八次全国代表大会、伦敦奥运会、"两会"、春节晚会等重大事件和活动报道。全球独家全程直播伦敦奥运会完整赛事，邀请多位文艺和体坛明星参加大型原创盛典《5+北京奥运夜》和北京、伦敦两地在线访谈《5+ 奥运下午茶》，并为中国网络电视台奥运会报道拍摄宣传片。二是落实台领导关于“台网融合一体化运行”的战略，组建专门团队对“寻找最美乡村教师”、“寻找最美乡村医生”、“五个一工程”、《木府风云》等大型活动和电视节目进行“一云多屏”全媒体传播，并联合人民网、新华网、新浪网、搜狐网、腾讯网等组建网络联盟，对节目进行最大化推广。三是积极主办、承办“首届中国国际微电影大赛”、“2012 年 CCTV 网络模特大赛”、“2013 年 CCTV 网络春晚”等一系列大型特色品牌活动，并成立产品部，在打造新媒体核心产品和品牌、探索创办大型活动方面进行有益尝试。

此外，中国网络电视台联合中组部党员教育中心共同建设共产党员网，于 6 月 30 日上线，习近平点击开通。共产党员网是全国 400 多万基层党组织、8000 多万共产党员学习、交流、服务、表彰的政务平台，与 2011 年中国政府首次网上展馆“中国打击侵犯知识产权和制售假冒商品专项行动成果展”一起，成为中国网络电视台承办的重要政务平台。2012 年，中国网络电视台荣获“全国创先争优先进基层党组织”、“全国文化体制改革工作先进单位”、“党的十八大网上宣传管理工作先进集体”等各类全国先进集体奖项。

“一云多屏、全球传播”体系建设

2012 年，中国网络电视台规划设计“一云多屏、全球传播”体系，建设综合门户、网络电视、互联网电视、移动电视集成播控平台，以国家网络视频数据库（内容云）为核心，以国家新媒体集成播控平台、全球网络视频分发体系为支撑，将 CCTV、CNTV 的优质视听节目内容通过综合多媒体门户、微博、移动互联网客户端、IP 电视、手机电视、互联网电视，以及车载、户外等公共视听载体多个平台，分发到公共互联网的电脑端、手机 / 平板客户端、互联网电视、车载电视以及与通信运营商合作的手机电视端和 IP 电视终端上，初步实现内容云上的内容向多屏发送的功能。

在规划层面，“一云”主要是打造统一的内容云、视频云（CCTV 自有节目、CNTV 原创节目、UGC 网友上传、第三方合作内容），统一进行节目内容的生产、加工、制作及策划、运营，并在多终端上统一发布。在技术层面，升级面向社会机构和网民开放的云平台，规划和设计技术改造方案，论证原有分立的技术平台实现云、端贯通的运维支撑平台。在营销层面，建立跨屏互动广告营销模式，通过跨屏互动使电视观众在收看电视栏目同时，用手机和电视进行跨屏时时互动，通过信息流和互动流，丰富和满足电视观众的互动性，使客户品牌得到多媒体的更大曝光，深度实现广告主品牌价值扩大化。

2012 年中国网络电视台“一云多屏”业务快速发展，在春晚、“两会”、奥运会、党的十八大期间以及台网联动推广中央电视台节目方面，发挥了巨大作用。

2012 年春晚期间，中国网络电视台依托网络电视、手机电视、IP 电视等多屏进行新媒体互动传播。直播期间，共有超过 2600 万海内外用户通过中国网络电视台各业务平台观看春晚，较 2011 年上涨 149%，其中，来自海外的用户占 15%，视频直播累计观看近 8700 万人次，最高同时在线人数超过 1100 万人，全面超越 2011 年春晚网络直播水平。春节期间，CCTV 移动传媒及时制作春晚点播节目，覆盖全国 24 个城市的 5 万辆公交车，以及火车、飞机、地铁、公交、楼宇等公共视听载体。

在 2012 年“两会”报道过程中，CNTV 累计发布多屏视频报道 5837 条、图文 2959 条，帖文 1100 个、博文 421 条、微博 5573 条，为中央电视台 17 档“两会”新闻栏目提供官网和多屏报道服务，放大中央电视台“两会”报道影响力；共进行“两会”重大议程网络视频直播30场，开设人大会议和政协会议视频频道，提供人大、政协历次会议历史视频点播服务。

2012年奥运会期间，CNTV凭借自有的“一云多屏”传播体系全面覆盖网络电视、手机电视、IP电视、互联网电视、移动电视五大新媒体平台，形成互联网、手机、IPAD、IP电视、互联网电视、移动电视终端全面发力的新媒体传播格局。多层次、多方位联袂业界优势力量，联合传播取得显著成效，实现奥运传播效果的最大化。实现5600小时赛事内容全面多平台传播报道，网民在多屏上浏览CNTV奥运视频内容的人均访问时间长达49分钟，是国内其他网站的1.2至1.8倍，列居国内互联网媒体首位。

在党的十八大直播过程中，中国网络电视台通过网络电视、CBox客户端、手机电视、视频手机报、IP电视、互联网电视等终端，以及中文、英语、西班牙语、法语、阿拉伯语、俄语，分别对党的十八大开幕、闭幕、各场新闻发布会进行全平台、多终端、多语种的视频、图文、互动直播。

在台网联动方面，中国网络电视台先后为《东非野生动物大迁徙》、民族历史剧《木府风云》、《科学发展铸辉煌》、《谢天谢地你来啦》等中央电视台节目进行网站、CBox客户端、手机、平板电脑、IP电视、互联网电视、微博、公交车载、机场、广场户外大屏（北京西客站大屏、上海南京路大屏）等平台的同步推荐和传播，社会反响强烈，凸显CNTV的“一云多屏、全球传播”以及内容整合的优势。

台网融合一体化运行

中国网络电视台于2012年7月20日组建专门机构“台网联动中心”，整合网站内部台网联动资源，归口管理和组织实施中央电视台节目的新媒体宣传推介、台网融合业务，并为实现台网“一体化策划、一体化运行、一体化实现”进行探索和实践。

一、整体规划，确立“台网融合一体化”的核心战略

1. 组织完成《关于推进“台网融合一体化”的实施方案》

按照台分党组的工作要求，中国网络电视台借鉴国内外媒体融合的成功经验，结合中央电视台实际情况，对于实施“台网融合一体化运行”进行整体规划，提出并上报《关于推进“台网融合一体化”的实施方案》。9月20日，台分党组会议对方案进行讨论并原则通过。

2. 将“台网融合一体化”确立为中国网络电视台核心战略

中国网络电视台召开多次“台网融合一体化运行”专项会议，明确了“台网融合，一体发展”是中国网络电视台的核心战略，“台网联动”业务是中国网络电视台的核心业务。中国网络电视台把台网融合作为头等大事，从战略规划、人员配备、资源分配、经费预算、奖励机制等各方面给予支持，深入挖掘中国网络电视台新媒体优势，统一对台业务，增强对台服务能力，满足台内日益丰富、多样化的台网联动需求。

3. 制定台网融合重点项目内部工作流程

中国网络电视台根据中央电视台节目的重要程度进行分级分类，建立规范化的新媒体推广标准和机制。为提高台网融合工作效率，规范台网融合工作行为，实现台网融合工作效果，中国网络电视台制定《中国网络电视台台网融合项目工作流程》，指导各项目的具体落实。

二、强化沟通、落实派驻，加快网络与电视宣传一体化

1. 完善台网沟通、联络机制

中国网络电视台与中央电视台总编室共同建立联合策划推广实施机制，从节目筹划阶段开始全程合作。同时，与综合频道、电视剧频道、综艺频道、中文国际频道等节目部门建立密切联系，不定期召开推广需求座谈会，及时了解台内栏目、节目的新媒体推广需求，定期向台总编室及各节目部门汇报推广渠道和资源说明等，推动电视媒体与新媒体平台相互进行内容推介。

2. 落实新媒体人员派驻制度

抽调业务骨干，派驻台总编室节目推介部和节目研发部，合署办公，全程参与。向综合频道《梦想合

唱团》、综艺频道《星光大道》、《我要上春晚》等重点栏目和节目，派驻新媒体团队，在节目创意策划、制播和推广等环节进行深度融合和协作。

3. 在新闻领域积极探索网络和电视宣传一体化

11 月 22 日，央视网独家首播视频新闻《李克强要求官员在座谈会不要念稿》，并于 11 月 23 日在首页头条位置重点推荐。该条新闻是中央电视台专门为央视网剪辑制作而成的新闻侧写，时长 3 分 47 秒，在《新闻联播》报道李克强强调要坚定不移、不失时机地深化改革开放的同时，将焦点放在李克强提出的“座谈会不要念稿子，应该谈具体问题、谈需求”这一务实的要求上。央视网在网络上独家播出中央电视台采制的时政新闻报道，作为台网联动的新形式，标志着台网融合水平进一步提高，有效增强网络新闻宣传力度。

三、以《星光大道》和《梦想合唱团》为试点，探索台网融合一体化运行

1. 台网一体共建《星光大道》百姓舞台

《星光大道》是中央电视台实施“台网融合一体化”的首个重点示范栏目，并且有台网融合专项资金支持，积极探索台网一体化节目策划、制作和播出体系，打造融电视与新媒体特色于一体的内容，利用新媒体手段充分践行“星光大道百姓舞台”的宗旨。从 2012 年 8 月《星光大道》台网融合项目实施以来，电视与新媒体在人员派驻、内容策划、节目录制、内容呈现、播出平台、宣传推介、线下活动等方面实现了“台网一体化策划、一体化运行、一体化实现”全方位的深度融合。通过网络报名、选拔，网络票选，网络观察员，二维码互动等多种方式，进一步增强了大众参与性、节目互动性，更为吸引年轻受众，也使“百姓舞台”更接地气、更聚人气。

建立台网一体策划沟通机制。中国网络电视台与《星光大道》栏目组定期召开台网沟通策划会，主要领导和具体项目负责人全部参会，分享最新动态信息，策划节目环节和微博话题，部署下一步具体工作。

实现新媒体人员派驻。中国网络电视台派新媒体工作人员固定对接《星光大道》栏目组，及时传达信息，参与节目共同策划，配合联合推广，保障台网互动策划采编一体化运行和高效沟通。

台网共同设计和制作节目。中国网络电视台和《星光大道》栏目组联合设计节目，在电视中通过引入网络观察员、加入二维码互动、增加主持人口播等方式植入新媒体元素；新媒体在每期节目录制时，派记者在现场进行采访报道和微博直播，架起电视和网络、台前和幕后互动的桥梁。

台网配合实现地方落地选拔。2012 年，《星光大道》地方选拔，中国网络电视台派专人同步跟进，对地方选拔进行前期宣传、中期直播、后期推广的全程配合，扩大落地活动的影响力，壮大了基层参与者的队伍，强化《星光大道》“百姓舞台”的栏目定位。

网络为电视量身打造互动产品。中国网络电视台整合《星光大道》栏目优势资源，充分利用多种新媒体形式展现《星光大道》台前幕后，不仅为《星光大道》推出全新改版的官方网站，而且结合节目内容，为《星光大道》量身打造 12 个融电视特色和网络传播特点于一体的新媒体互动产品。

“一云多屏”台网融合立体传播。CNTV 充分发挥“一云多屏”优势，在互联网、CBox、手机、平板电脑、IP 电视、互联网电视、微博、公交车载等多个终端平台的突出位置，采取“高曝光、高强度、多角度”等多种策略，持续推荐《星光大道》相关内容，确保播出预告、视频直播和精彩点播多个环节紧密衔接，形成持续效应，吸引受众眼球。

微博、微信推广引发关注。CNTV 专人负责《星光大道》官方微博的运营和维护，通过“微直播”、“微话题”、“微活动”、“微专题”等方式，进行微博推介。《星光大道》官方微博粉丝数超过百万，新浪微博话题量超过 1000 万条。CNTV 专人负责《星光大道》微信的运营，每天通过发布图文消息、信息推送、群聊对话、一对一聊天等方式，聚集忠实用户，开拓新的推广平台。

组建网络联盟，形成传播合力。为提升《星光大道》在所有互联网用户中的影响力，CNTV 联合新浪、搜狐、腾讯等数十家知名新闻网站和商业网站组成《星光大道》网络联盟，通过共同采访、联合发稿、专题嵌套、优先展示等方式，提高《星光大道》在网络中的曝光度。

开发社交游戏，吸引年轻受众，提升品牌亲和力。CNTV 在自主研发的社交游戏“我要上春晚”中推出《星光大道》特别版，游戏采用星光大道舞台作为主界面，玩家可在虚拟世界中成为比赛选手，并通过完成任务赢取虚拟道具“总冠军奖杯”。结合社交平台特点，通过抽奖游戏、站内公告、用户间社交分享等手段，增加《星光大道》品牌在年轻网友中的亲和力和曝光度。

台网联手开展形式多样的线下推介活动。《星光

大道》2012年度总决赛期间，CNTV与家乐福达成合作协议，在北京家乐福8家门店的家电销售区的电视终端上连续滚动播放《星光大道》宣传视频，并在家乐福北京地区促销海报上印制《星光大道》播出时间、播出频道、官方网站、官方微信等内容。CNTV为《星光大道》8周年盛典和登录CCTV-1设计精美海报，并印刷上万份，摆放在四川、云南、深圳、湖南等地电信营业厅的柜台区、海报专栏、礼品区等位置。

制作具有《星光大道》品牌标识的礼品。CNTV和《星光大道》栏目组不断推出具有《星光大道》品牌标识的礼品，如星光选手李玉刚、凤凰传奇、玖月奇迹、陆海涛、王二妮等人的签名照片，毕福剑签名T恤，新年挂历等。CNTV还为《星光大道》定制1000套《星光大道八周年盛典》限量版特色纪念光盘，每套光盘包括：8周年盛典完整版DVD2张，8周年盛典Hi-Fi版CD2张。通过微活动、调查、投票等方式向受众赠送特色礼品，提升受众的持续关注热情。

台网联合彰显媒体社会责任。为打击借《星光大道》名义进行虚假信息发布和诈骗的行为，中国网络电视台联合《星光大道》栏目组通过新闻节目权威发布、电视节目中强化提示、官方网站显著提示、官方微博点对点回复等多种方式，长期提示观众仔细辨别，切勿上当受骗，获得观众对《星光大道》品牌的肯定。

经过台网融合的探索和实践，《星光大道》成为全台电视、网络双屏收视的王牌节目和全国最具品牌价值的综艺节目。2012年11月18日，央视2013年黄金资源广告招标会，汇源以3.3999亿元中标《星光大道》独家冠名权，节目溢价率高达639%，成为全国最具品牌价值的综艺节目。2012年《星光大道》8周年盛典，收视率达2.83%，平均收视份额6.78%，创近期大型综艺晚会收视新高。而后由CCTV-3转入CCTV-1黄金档的《星光大道》6场年度分赛和总决赛，收视率也出现了逐期增长的态势。2012年《星光大道》六场年度分赛和总决赛，收视率达1.84%、1.83%、2.07%、2.36%、2.66%、2.18%、4.12%。《星光大道》在2012年中央电视台品牌栏目中排名第二，电视收视排名第三。2012年，中央电视台节目在网络点播中获取收视时间（网络收视指标VD，video duration）排名中，《星光大道》位居第一，《星光大道》月均累计收视时间超出100万小时。《星光大道》成为中央电视台电视、网络双屏收视的王牌节目。

2.《梦想合唱团》第二季，台网合唱“公益歌”

作为台网融合一体化的重点项目之一，中国网络电视台与综合频道通过一体策划、联署办公、联合推广，打造《梦想合唱团》台网融合公益传播新模式。

《梦想合唱团》第二季以中国网络电视台为新媒体传播主体，联合国内各类知名网站组成的“梦想合唱联盟”，实现了该公益活动的网络传播最大化。微博搜索“梦想合唱团”内容达2537万条。通过对网络数据的实时监测和舆情分析，把握节目的传播效果，建立科学的反馈机制，推动《梦想合唱团》的内容和形态创新，有效实现了电视与新媒体的双向互动，探索出一条大众文化和社会公益事业相互促进的新路子。

《人民日报》、《光明日报》等主流媒体分别发文评论了《梦想合唱团》台网融合创新所带来的巨大影响力以及对社会公益事业的促进；而节目精彩视频“划船style”、“最炫民族风”等则在网上蹿红，受到网友热捧，《梦想合唱团》因此获称“央视最接地气节目”和“央视最佳综艺节目”。《梦想合唱团》第二季在全台2012年优秀节目一等奖中排名第一。

四、出色完成中央电视台重点电视节目新媒体整合传播和宣介

中国网络电视台运用自有资金，完成《东非野生动物大迁徙》特别报道、电视剧《木府风云》、《长白山下我的家》、《焦裕禄》、《营盘镇警事》、《火蓝刀锋》、《温州一家人》、“寻找最美乡村教师”、“寻找最美乡村医生”大型公益活动、文献纪录片《科学发展铸辉煌》等42项台级A类宣介项目和96项重点宣介项目，得到台领导的高度肯定。

1.“一云多屏、全球传播”，精彩呈现《东非野生动物大迁徙》

《东非野生动物大迁徙》直播特别报道于7月22日开始在中央电视台多个频道播出，这是全球电视媒体首次在非洲对野生动物大迁徙进行直播报道，也是中国网络电视台台网联动中心成立后接到台领导交办的首个推广项目。中国网络电视台通过电脑、IP电视、互联网电视、手机、平板电脑、公交车载、广场户外大屏等全媒体平台进行同步播出，全方位、立体化呈现百万动物大迁徙的壮美景观。同时制作英、法、西、阿、俄多语种专题，利用CNTV“我爱非洲”移动互联网客户端实现非洲落地。协调中央和地方重点新闻网站，以及主要商业门户网站在双首页集中、突出转载央视网专题，覆盖中国主流网络媒体。与百度、腾讯、360等高人气平台展开深入合作，增加访问入口；

发送45万封节目宣传推广电子邮件。在北京动物园、国家大剧院和全国上千家电信营业厅IPTV体验专区派发节目宣传单。通过新媒体推广，互联网平台累计独立访问者数（UV）为2731万人，累计页面访问次数（PV）为1.57亿次。移动客户端累计独立用户562万人，视频观看次数1553万次；移动传媒公交、广场、列车、机场频道每天覆盖5400万人次。

2. 电视剧《木府风云》热播，“木府体”走红网络

《木府风云》在CCTV-1黄金时间播出期间，中国网络电视台专题页面访问量高达15.3亿，独立访问用户1.16亿人。《木府风云》是中央电视台尝试微博营销的首部电视剧，截至9月1日，微博中有关“木府风云”的内容达71万条，包括高晓松、杨幂、谢娜、黄渤、林志颖、郎朗、许嵩等20多位明星对《木府风云》发表评论，传播覆盖人次高达2.7亿次。中国网络电视台精心策划的“木府体”走红网络，《法制晚报》、《北京晚报》等进行了报道。《木府风云》在CCTV-1黄金时间播出期间，创下了单集最高收视率3.876%的收视奇迹。

3.《长白山下我的家》，央视网友“回家看”

中国网络电视台与电视剧频道联合延边朝鲜族自治州人民政府、《长白山下我的家》剧组共同举办《长白山下我的家》网友“回‘家’看看代表团”访延吉活动，组织网友和媒体记者与该剧主创进行互动交流，参观电视剧拍摄外景地，亲身体验延边朝鲜族的风土人情。这是中央电视台电视剧实施“台网融合”开展线上线下互动推广的创新之举，《光明日报》刊发报道《〈长白山下我的家〉回“家”见网友》，中央电视台新闻频道播出了《〈长白山下我的家〉热播电视剧营销进入新媒体时代》。

4.《第十二届“五个一工程”颁奖晚会》，网上盛开“精神文明之花”

中国网络电视台从晚会彩排开始，不断加大新媒体推广，制作大型网络专题，推出系列网络评论，为“五个一工程”颁奖晚会渲染气氛。人民网、新华网、光明网等中央重点新闻网站，新浪、搜狐、网易、腾讯等商业门户网站以及东方网、南方网等地方重点新闻网站在新闻要闻区于9月29日至10月3日突出转发中国网络电视台专题。截至10月1日晚22时，新浪微博中“五个一工程”晚会相关话题量超过27万条，传播覆盖微博用户8000万人次。百度新闻可检索到本届晚会的相关新闻689篇次。网络舆论反响热烈，称赞晚会规格高，节目精彩纷呈，传递了正面向上的积极力量，在国庆期间为全国观众献上了一份“丰富的精神食粮”。

5. 台网携手，打造“最美”公益品牌

在“寻找最美乡村教师”、“寻找最美乡村医生”活动中，中国网络电视台积极探索大型公益活动台网融合新模式。中国网络电视台为活动搭建全景式互动型专题网站，并在手机、平板电脑、IP电视、车载电视、户外大屏等各大终端平台对最美乡村教师、最美乡村医生的感人事迹展开高强度展播。其中，中国网络电视台CBox客户端、CNTV移动智能终端、手机电视等通过播前预热、直播推介和点播回放，对活动及颁奖晚会实现了全方位、多角度的广泛传播。通过微博、论坛等社交平台引发网友关注热潮，微直播、微专题、微访谈相结合；通过组织网评文章积极引导舆论，并联合重点新闻网站和门户网站，形成矩阵化传播合力，使乡村教师、乡村医生成为网上“最美”风景。中国网络电视台还建设了“乡村教师网”，这是我国第一个为乡村教师搭建的公益类网站。网站通过“资讯、培训、公益”三大平台，为846万名乡村教师搭建起网上精神家园，为他们提供全方位的线上线下服务和帮助，使“寻找最美乡村教师”活动常态化、品牌化。

6.《科学发展铸辉煌》开创文献纪录片传播宣介新模式

中国共产党第十八次全国代表大会召开前夕，七集大型文献纪录片《科学发展铸辉煌》在中央电视台综合频道、科教频道播出，中国网络电视台“一云多屏”新媒体平台同步播出。中国网络电视台实施台网融合一体化，开创了大型文献纪录片宣介的新模式。在《科学发展铸辉煌》拍摄过程中，中国网络电视台派出新媒体记者，跟随摄制组同时奔赴各拍摄地点，拍摄该片创作历程并制作13部网络短片，在电视播出期间同步推出，形成了有益补充；录制8期主创人员访谈，与电视同步播出，解读节目亮点；“微直播”同步发布图文资料，丰富电视节目形态。组织两场“微访谈”，让主创团队与网民零距离交流。新华社、《人民日报》、《光明日报》等中央主流媒体对此次宣传推介工作给予了积极评价。截至2012年11月6日，该片在中国网络电视台多终端累计独立访问者合计3189万人，页面访问量4.07亿页次，移动传媒公交、广场、列车频道播放宣传片每天覆盖5000多万人次。

7.《舌尖上的中国》引发“网络上的热潮”

由中央电视台摄制的7集纪录片《舌尖上的中国》5月14日在中央电视台综合频道《魅力·纪录》栏

目首播后，引发了全社会广泛赞誉和热烈反响，在网上更是掀起了一股“舌尖热”。“舌尖上的中国”也成为互联网5月十大热词之首。截至8月3日，《舌尖上的中国》的网络传播效应仍在持续发酵。百度可检索到2150万个网页，新浪微博有998万条相关内容，天涯社区有1.7万个帖文，其中最火的帖子访问量高达21万次。在豆瓣网，有5.3万人对《舌尖上的中国》进行评价，总得分高达9.2分。网民评论说，看《舌尖上的中国》，口水与泪水齐飞，“馋到恨不得舔屏幕”，“是一部爱国主义教育片”。

《舌尖上的中国》播出以后，其中台词、故事备受网民推崇，“舌尖体”在网上走红，不仅有“舌尖上的北京”、“舌尖上的安徽”，还出现了“舌尖上的母校”系列。《舌尖上的中国》热播还引发网购热潮。淘宝网公布的数据显示，自5月14日该记录片开播之后5天，共有5844791人上淘宝找过零食特产，搜索次数达471万次，有2005万人浏览过相关美食页面，成交729余万件。

品牌栏目及核心产品

高端访谈

《高端访谈》栏目是中国网络电视台推出的原创访谈栏目。该栏目的嘉宾定位于政府高官、名流政要等人物，旨在“网上商国事，在线议民生”，以与国家发展密切相关的国内、国际事务为话题进行深入探讨，搭建网民与高层政要的交流平台。栏目主要通过网络电视、IP电视、手机电视、互联网电视进行节目推广，将原创视频内容多平台分发，同时在《人民政协报》、全国政协网站、地方政协网站以及电视台等媒体发布。

网址：http://news.cntv.cn/gaoduanfangtan/shouye/

网络新闻联播

《网络新闻联播》利用微博新兴传播形态，立足于中国网络电视台新媒体采编队伍建设，一方面在CNTV、新浪、腾讯等平台开设官方微博账号，24小时不间断地以微博形式播发新闻资讯；一方面推出独家新闻报道网页平台，开辟多个板块组合式报道“特别关注”，揭露网络谣言、还原事实真相的“辟谣联盟”，公正、全面、平衡报道社会焦点事件的“热点回应”、驻地记者全景新闻地图“我在现场”，涵盖国际主流媒体矩阵报道的“外媒速递”等。

网址：http://news.cntv.cn/dujia/

记者归来

《记者归来》以中央电视台、中国网络电视台以及国内其他重要媒体的著名记者为采访对象，以公务员、白领、企业主、大专院校师生等社会精英阶层为主要受众，以记者极具个性的观察角度、表述方式为特色，以深度报道、民生报道、对社会进步有积极推动作用的硬新闻为内容；力求平实客观、不夸张不回避、不矫揉造作，再现记者亲身经历，再现新闻现场，解构新闻事件，挖掘新闻报道背后的故事。

网址：http://news.cntv.cn/special/jizheguilai/

365历史影像志

《365历史影像志》是中国网络电视台打造的视频深加工与集纳栏目，立足中央电视台丰富视频资源，通过对视频的整合加工与分类，按照日期进行编目，每日推介10条以上历史上的当天发生的大事件，同时集纳呈现中央电视台《新闻联播》节目。《365历史影像志》对视频按照人物、地方、事件等多个维度进行编目，推进全视频化进程，登陆多平台终端，逐渐实现网络“历史影像馆”的转型和栏目的产品化，打造中国网络电视台历史类视频品牌。

网址：http://news.cntv.cn/special/ 365yingxiang/

领导人视频集

《领导人视频集》是中国网络电视台重点打造的时政类新闻产品。针对电视媒体“不易存留，不易查阅”等劣势，充分发挥中央电视台时政视频资源独家优势，以《新闻联播》等品牌新闻栏目和音像资料馆为主要视频来源，系统梳理党和国家领导人的动态新闻，为每位领导人建立单独视频库，以专题页面的形式呈现，并打通网民互动留言通道，成为网民了解党和政府声音的权威平台。

网址：http://politics.cntv.cn/leaders/zgzyldr/

直播中国

《直播中国》是国内较大、较有影响力的网络电视直播平台，依托“一云多屏、全球传播”优势，通过CNTV视频门户与CBox客户端，面向电脑终端与移动终端用户实时推送145个电视频道的多屏互动视频直播节目，涵盖新闻资讯、体育赛事、大型活动、综艺晚会等，为全球网络用户提供实时直播，以及回看、时移等网络特色服务。上线三年来，栏目月均访问用户量达3000万人次，单日最高独立访问用户量近700万人次，居业界领先地位。

网址：http://tv.cntv.cn/live

CBox客户端

中国网络电视台CBox客户端秉承“一云多屏、全球传播”的理念，为广大网民提供电视直、点播内容观赏及节目分类检索，集成创新的互动、分享、社交、电商等功能，打造CNTV的特色内容平台+功能平台，实现客户端产品开放式、集成式、商业化运营。2012年，在春晚、伦敦奥运会、党的十八大等重要报道期间，CBox全程跟踪报道，创造了单日UV 691万的历史新高。截至2012年底，CBox客户端独立访问用户10.9亿人次，累计安装量1.2亿，传播效果显著。

网址：http://cbox.cntv.cn/

搜视指南

《搜视指南》以EPG为核心，利用今日看点、分类导视等内容向用户推送中央电视台、省级卫视、城市频道、数字电视等总计140个频道的电视节目，提供按频道/类别划分的横/纵向检索方式，进行多维度收视引导，并向直、点播等视频业务进行导流，实现播前、播中、播后一体化收视服务。《搜视指南》利用独家资源优势，为用户打造权威、精准的电视节目收视服务平台，在重要事件、赛事、节假日的宣传报道中，策划推出主题专题，传播效果显著。

网址：http://soushi.tv.cntv.cn/

中国纪录片网

中国纪录片网是在国家广电总局指导下，由中国网络电视台主办的国家级纪录片新媒体产业运营平台。该平台旨在整合纪录片产业相关资源，逐步建设成为具备纪录片国家政策发布、题材集纳、创作生产、推介展示、传播推广、融资交易、人才培养、学术研究等功能的综合性运营平台，并通过中国网络电视台“一云多屏、全球传播”的策略进行推广，全面提升中国纪录片行业水平，扩大中国纪录片的国际影响力。

网址：http://docuchina.cntv.cn/

榜样拍客培育基地

“CNTV榜样拍客培育基地”是以国家互联网信息办公室为指导单位、国内唯一具有官方认证的专业网络拍客平台。该平台秉承“展现拍客风采，树立榜样力量”原则，系统拓展、培训、并规范化管理全国拍客用户，助力政府走基层、接地气，深入推进社会主义核心价值体系建设。拥有会员3000多人，广泛覆盖全国32个省市自治区，自上而下建立了相对稳固的用户组织结构，在各类大型互动宣传报道活动中均获得巨大社会效应，受社会各界充分肯定。

网址：http://events.xiyou.cntv.cn/special/bangyangpaike

5+体育

央视网借力奥运，打造“5+体育”新品牌，推出了5+体育客户端和5+VIP两大全终端产品矩阵。5+体育客户端有桌面版（Win&Mac）、Pad客户端、手机客户端，提供用户项目、栏目定制功能，每个用户都有自己个性化的首页。5+VIP直播独有高清画质、多屏模式、事件标注功能，为受众提供了全新的交互式观赛体验。

网址：http://sports.cntv.cn/

5+客户端

5+客户端是5+体育的客户端产品，“+”代表“无限的延伸”，5+客户端桌面版拥有免下载网页和客户端软件下载两种进入方式。

5+客户端的特色功能有：创新性使用类移动终端应用型结构，用户可定制桌面、8个功能应用、18个赛事应用、29个栏目应用、30个项目应用，网友登陆后，可根据自己的需求定制桌面；首次实现赛事直播跨终端“预约提醒”、“一云多屏”多终端内容呈现；用户可根据自己的兴趣爱好组成不同的体育圈组，在观看直播的同时分享看法，并邀请好友开设专属直播间。

网址：http://app.sports.cntv.cn/

《星光大道》网络赛区

《星光大道》网络赛区是中国网络电视台推出的

原创栏目。为了让更多有才艺、有梦想的普通人登上星光大道的舞台，践行“百姓舞台”的栏目宗旨而推出的特别节目，为普通百姓与节目组之间搭建桥梁，为《星光大道》输送更多优秀人才。《星光大道》网络赛区为“一云多屏”全方位传播，主要在网络电视、IP 电视、手机电视进行节目推广，多平台呈现原创视频内容。

网址：http://cctv.cntv.cn/lm/xingguangdadao/wangluosaiqu/

明星来了

《明星来了》是中国网络电视台推出的原创访谈栏目。以面向年轻人传播积极、健康的流行文化为宗旨，以视频＋互动为基本形态，是一档具有新媒体特色的网络原创节目。节目自创办以来，采访演艺界明星近千位，并与中央电视台共享资源。除夕夜“明星来了”在春晚直播现场搭建“春晚明星墙”，邀请春晚明星给网友拜年。这种融电视、网络于一体的原创节目已成为汇聚人气、传递社会主流价值观的重要平台。

网址：http://ent.cntv.cn/star/

2012年中央电视台春节联欢晚会网络无障碍（文字+视频）直播

为使更多的残疾人群体及其家庭能与健康人一样享受同等权利，中央电视台、中国网络电视台与中国残疾人联合会、中国残疾人服务网共同努力，2012 年向海内外华人听障人群提供了中央电视台春节联欢晚会视频直播加配文字直播的网络视听服务，让残疾朋友也能一道分享文化大餐。据统计，2012 年除夕当天，无障碍网上直播页面访问量达到 43 万，14 万残疾人朋友在线观看。

2012年CCTV网络春晚

2012 年 CCTV 网络春晚以“亿万网民秀幸福，全球华人享团圆”为主题，并通过举办线下活动，为具有非凡才艺的草根提供了展示的舞台。本届网络春晚春节期间通过中央电视台综合频道、财经频道、综艺频道、中文国际频道及高清频道进行了播出，观众覆盖人数超过 3 亿，并通过中国网络电视台多终端平台在全球 190 多个国家实现了顺利播出。同时，微电影及 3D 拍摄方式的融入，也让 2012 年 CCTV 网络春晚受到了广大网友与观众的关注。

网址：http://wlchunwan.cntv.cn/2012/

中国网络展览馆

中国网络展览馆是中国网络电视台最新推出的网络平台产品，定位为国家级网络展览展示平台和国家文化资源数字化工程聚合平台。中国网络展览馆现已形成国家形象展馆、国家数字博物馆、数字城市展馆、综合主题展馆为核心的四大板块内容，并成功举办了“科学发展 成就辉煌”大型图片展、中国打击侵权假冒专项行动成果展等国家级网上展馆，受到海内外网民的广泛关注和国务院领导的高度评价。

网址：http://wangzhan.cntv.cn/

首届中国国际微电影大赛

首届中国国际微电影大赛是由中国网络电视台与北京互联网宣传管理办公室、中国国际广播电视网络台等单位联合主办的微电影赛事，目的是整合全媒体资源，着力打造全球性权威微电影赛事。大赛覆盖电视、网络、手机等全媒体平台，实现“一云多屏”全球传播。大赛共收到国内外微电影 1000 多部，微剧本 200 多部。同时，大型活动部还邀请知名导演、影视单位及新锐影视人拍摄了 10 部精品微电影，以引导、帮扶微电影“散户”，树立行业标准。

网址：http://wdy.cntv.cn/

“寻找最美乡村教师”、“寻找最美乡村医生”大型公益活动

“寻找最美乡村教师”和“寻找最美乡村医生”大型公益活动是中央电视台践行新闻媒体社会责任的有益尝试和积极行动，是探索台网联动新模式的深入实践。中国网络电视台与台办室、新闻中心、资产管理中心、科教频道紧密联动，整合资源做好新媒体宣传推广，完成了活动官网设计、运营维护工作，同时通过微博、微信等互动方式让广大网友积极参与活动，并充分发挥多终端和网络联盟优势，全力做好活动宣传推广工作。

网址：http://zmxcjs.cntv.cn/
http://zmxcys.cntv.cn/

2012年CCTV网络模特大赛

“2012 年 CCTV 网络模特大赛”通过整合中国网络电视台与新丝路时尚机构优势资源，共同打造“高品质、高品位、高品格”的模特大赛，力求成为中国最具影响力的网络模特赛事，进而开创网络“美丽经

济”新模式，扩大中国网络电视台的业务领域及业界影响力。大赛于2012年8月22日正式启动，4个多月时间共完成了北京、南京、广州等10个城市的海选，并通过总决赛选出了优秀选手，为有梦想的年轻人提供了展示自我、发展自我的平台。

网址：http://emodel.cntv.cn/

“光影青春　魅力成长”广电青年微视频大赛

为纪念中国共青团成立90周年，展示广电青年风采，国家广电总局团委和中国网络电视台联合举办了“光影青春　魅力成长”广电青年微视频大赛。活动于2012年5月4日由国家广电总局局长蔡赴朝启动，旨在通过微视频展示广电青年生活和工作风采，记录基层骨干的成长历程。活动共收到广电系统各单位选送作品300余部，投票近15万票。经过严格评审，中国网络电视台选送的《星星的孩子》获得特别大奖，中国网络电视台团支部获得优秀组织奖。

网址：http://gdqn.cntv.cn/

俱乐部

俱乐部是由中国网络电视台官方认证，针对机构（名人）打造的一款既具备开放互动特性，又有聚合与传播能力的社交媒体平台。俱乐部集成了日志、相册、投票、评论、收藏、转帖等社交应用，以权威的姿态聚集有共同兴趣的会员，并以动态的形式，一对多地向会员提供最新信息和优质服务。俱乐部成立以来，认证俱乐部共成立378家，其中CCTV主持人以及“星光大道”、“CCTV网络春晚”等知名电视栏目俱乐部共253家，会员总数超过363万人。

网址：http://club.cntv.cn/

复兴论坛

《复兴论坛》是中国网络电视台开设的，以时事民生话题为焦点，具有电视媒体特色的综合论坛。复兴论坛现有民生在线、复兴军事、投资理财、娱乐城堡、CCTV-5体育、央视论坛等25个分区、120个子论坛，现已成为网友与央视栏目、央视人交流的最大网上社区。

网址：http://bbs.cntv.cn/

央视搜索

中国网络电视台搜索是以视频搜索为特色的支持多终端、多语种的站内搜索服务平台，收录了9种语言共计4000万数据、日查询量260万次。产品由核心搜索产品、内容垂直产品和功能服务产品三大部分构成。核心搜索产品包括了视频搜索、图文搜索、微博搜索、播客搜索、博客搜索五大搜索；内容垂直产品包含“奥运搜索”、“星光大道”、“春晚搜索”等17个主题内容搜索产品；功能服务产品包括为移动平台、CBOX客户端以及WAP等业务提供的搜索服务产品。

网址：http://search.cctv.com

央视网邮箱

中国网络电视台邮箱包括免费邮箱和VIP邮箱两套产品，分别服务于全球用户和中国中央电视台各频道、栏目、主持人等。中国网络电视台邮箱包含了超大容量、超大附件、数据传输加密等邮件基础功能和反垃圾、防病毒等系统功能，同时在业内首次针对免费邮箱用户推出了传真邮件功能，并提供视频、相册照片存储与收发、微博查看与发布、网络收藏夹、日程管理、快捷签名档、多语言界面等服务，此外还支持iOS、安卓智能终端访问。

网址：http://mail.cntv.cn
http://vip.cntv.cn

微博

央视微博依托央视网和中国网络电视台的国家级新媒体视听平台，是国内唯一一家同时打通新浪微博、腾讯微博和搜狐微博的微博平台。央视微博作为央视网和中国网络电视台的主互动平台，围绕中央电视台优质独家资源，为所有新媒体业务提供内容、分享、消息、动态、好友等互动服务，并通过自主开发的各项客户端产品，全面支持智能终端用户，有力贯彻了中国网络电视台“视频+互动”的总体方针和“一云多屏、全球传播”的新媒体传播战略。

网址：http://t.cntv.cn

健康有约

《健康有约》是中国网络电视台推出的原创访谈栏目。以“医院科室采访+嘉宾访谈录播”为主要节目形态，关注最新健康热点，为网民提供权威的健康指导。每期30分钟，每周至少播出1次。2012年全年录制播出了80多期节目，在原有演播室访谈基础上，内容形态和后期视频包装水平进一步优化提升，并推出了走进医院等特别节目，同中国医学科学院肿瘤医院、北京大学肿瘤医院等20多所三甲医院建立了长期合作关系。

网址：http://jiankang.cntv.cn/jkyy/index.shtml

直播华夏

直播华夏是中国网络电视台（CNTV）独家推出的中国第一互联网直播平台，它依托CNTV强大的媒体品牌和资源优势，致力于与中国各大城市、景区、景点联手，共同打造全新概念的媒体平台。该平台选取该地区最具代表性的地点架设数字高清智能网络摄像机进行24小时不间断实时拍摄，信号同步传回CNTV旅游台上载至《直播华夏》专享页面。网友通过每日浏览相应页面体味该地一年四季、日月星辰的变化，享受真实的旅游体验。

网址：http://zhibohuaxia.cntv.cn/shouye/

中国公开课

中国网络电视台（CNTV）中国公开课是中央电视台着力打造的文化栏目，是CNTV推动文化生产与传播形态创新的有力举措，是中国网络第一教育品牌。秉持“做中国自己的公开课”品牌理念，积极传播中国传统文化，重点展现改革开放30年来现代教育成果，打造集授课、学习、交流、活动于一体的在线教育平台。覆盖经济学、管理学、文学、历史等18个学科，课程容量居行业首位。同时，借助CNTV“一云多屏、全球传播”优势，实现多终端、跨平台播出，向全球网民展现中国最丰富、最优秀教育资源。

网址：http://opencla.cntv.cn/

艺术家部落

艺术家部落是中国网络电视台的一项艺术数字化工程，旨在通过新媒体的平台，弘扬展示中国的艺术文化成就。该产品主要集纳中国近现代多个艺术门类下具有影响力的艺术家，已为400余位艺术家收集整理了他们的艺术作品、文章、视频等内容，逐渐形成了一个有丰富内涵的艺术家电子资料库。为了达到更大的传播效果，同时赋予产品“一云多屏、全球传播”的理念，将产品投放到多个移动终端，让更多的人了解中国的艺术家、艺术作品、艺术形式。

网址：http://arts.cntv.cn/art/special/zcrshuhua/shouye/index.shtml

央视主持人书画展

“央视主持人艺术活动”是中国网络电视台的一项系列产品，通过网民对央视主持人的关注，使中国传统文化得到更好的弘扬。作为系列活动之一，由中国网络电视台与中国文学艺术基金会共同主办的“央视主持人书画展”隆重展出。中国文联党组书记、副主席赵实、中国书协主席张海及欧阳中石等百余位书画界名家出席了开幕式。画展共展出赵忠祥、倪萍、朱军、毕福剑、崔永元等主持人的书画佳作近百幅，并制作了专题展播。此次活动有超过10万网民参与了互动。

网址：http://arts.cntv.cn/art/special/zcrshuhua/shouye/index.shtml

第一游戏

《第一游戏》是中国网络电视台打造的网络原创游戏资讯及专题类节目，让游戏玩家在第一时间迅速掌握国内外最新鲜的游戏资讯及游戏产业内部大事件、高手攻略，CG视频等，是国内游戏行业里最具影响力的顶级原创游戏节目。《第一游戏》通过对栏目内容的原创性、快节奏、个性化的剪辑风格以及大气时尚的包装元素等优势，已成为提供千万玩家与游戏进行互动的平台，迎合并满足了广大玩家对国内外鲜活游戏资讯的渴求，推动栏目品牌资源优势和影响力。

网址：http://games.cntv.cn/fg/index.shtml

CNTV移动客户端

“CNTV中国网络电视台客户端”集新闻、剧集、栏目为一体，汇聚CCTV和中国网络电视台优质视频资源，向全球用户免费提供电视直播、点播等服务。该客户端使用中、英、西、法、阿、俄等7种语言，第一时间报道国内国际政治、经济、社会、体育等热点事件；热播影视剧、精品纪录片、少儿动画一网打尽；体育视频，全情奉献；一键分享，与主流微博轻松同步。客户端给用户更贴心、更个性化的使用体验。

下载地址：http://app.cntv.cn

新闻联播客户端

《新闻联播》栏目是中央电视台“新闻立台”的标志性栏目，权威、规范、客观，以严谨著称，是世界上观众最多、影响力最大的新闻节目。也是我国电视界历史最长的栏目，多年来收视率稳居全国第一。中国网络电视台“新闻联播移动客户端”提供了该节目的点播服务，播放流畅，界面简洁，易用性强。

下载地址：http://app.cntv.cn

CCTV手机电视

CCTV手机电视拥有国家行业主管部门颁发的全国手机电视集成播控运营牌照和内容服务牌照，于2006年12月正式开播，覆盖移动、联通、电信三大运营商手机用户，基于移动通信网络向所有移动终端提供直播、轮播、点播、下载各类有偿视频服务，向广大手机观众提供新闻、体育、影视、娱乐等多方内容，随时、随地、随身为广大移动终端用户提供视频服务。它是中央电视台作为国家级新闻舆论机构在移动互联网领域的直接表现和重要实践。

移动用户发送CCTV到106580279，联通3G用户发送CCTV到10655107，电信用户发送DCCTV到106598188。

手机央视网

手机央视网整合中央电视台及其他机构优质资源，借助移动互联网先进技术，向移动智能终端用户提供图、文、视频等全景阅览的移动互联网门户产品。它将中央电视台权威信息有效传播，是CNTV“一云多屏”战略中重要的移动端传播载体，承担台网联动战略以及大型活动移动终端的互动任务。

网址：http://m.cctv.com

中国互联网电视——未来教育频道

中国互联网电视——未来教育频道定位于中国教育新媒体领跑者，逐步拓展为全民教育、远程教育，服务于社会。内容体系化，互动化，充分利用平台特点，以点播的形式，专区的风格，将教育类相关视频都放置在相应的分类下，具体内容为启蒙教育、我的小学、我的初中、我的高中、我的大学，集合了空中幼儿园、红领巾专区等品牌化的资源，采用多种方式对精彩内容进行重点推荐，如制作精美导视、策划精彩专题合集、设计精美海报等。内容涵盖了教育的大部分层面，拓展了教育新的深度和广度。该频道通过互联网电视平台呈现。

一周一足谈

《一周一足谈》是中国网络电视台系列电视终端内容产品，根据每周末西甲、德甲、意甲等三大甲级联赛而制作，本专题产品主要是对欧洲足坛一周的赛事结果进行盘点，让观众第一时间直观了解欧洲三大甲级联赛的各队胜负情况，主要体现超级豪门以及热门球队的赛况，并贯穿赛季始终，方便广大球迷观众直观了解自己喜好球队的每一轮的精彩集锦。除了三大甲级联赛的赛果，《一周一足谈》还包括精彩的十大进球和扑救集锦。集锦都出自CCTV-5《天下足球》，内容优质权威，吸引眼球。该栏目通过IP电视平台呈现。

影视周末TOP秀

《影视周末TOP秀》栏目是中国网络电视台固定在每周五推出的内容产品，集中推荐本周收视情况最好的影视节目。其中电影推荐优质CP提供的6部院线电影，题材涵盖科幻、动作、喜剧、爱情、动画等，电视剧推荐CCTV－1、CCTV－8黄金档以及国内主流卫视当下最受欢迎的3部同步热播剧，题材涵盖古装历史、家庭伦理、谍战动作等，该栏目传播片源优质的影视节目，影视剧情的无限发散，带给观众一场视觉的冲击和感官的盛宴，将普通的影视观众拉近和融入影视圈，该栏目一直点播数据较高，受到用户广泛欢迎。该栏目通过IP电视平台呈现。

综艺五花大榜

《综艺五花大榜》盘点前一个月的综艺节目，用汇总的方式呈现一个月以来的火爆、优秀的节目。通过榜单的方式推荐优秀的综艺节目，对上月的综艺节目进行盘点整合。《综艺五花大榜》总结每个月播出的精品综艺节目，给观众一个热点导向，也对下一个月的优秀栏目进行推荐。如热点节目《我是歌手》、《快乐大本营》、《非诚勿扰》等，均通过小标题形式总结出每一期的重点内容，给观众一个直观的印象。该栏目通过IP电视平台呈现。

中国网络电视台访问量统计

一、2012年中国网络电视台“一云多屏”业务发展情况

截至2012年12月，中国网络电视台在中国网站排名网（Chinarank.org.cn）的互联网综合排名稳定在11～12位，在重点新闻门户网站中排名首位。

中国网络电视台网站月度独立用户超过4亿人，较2012年初增长45%，单月覆盖用户超过中国网民总数的70%；网站海外独立用户占比保持在10%，网民已覆盖全球210余个国家和地区。

中国网络电视台CBox客户端累计用户安装量突破1亿次，年度新增安装量7000万次；产品日均独立用户超过200万人，较2012年初增长200%。

CNTV手机电视全年累计用户超过8500万人。CNTV移动客户端全平台累计用户总量近2300万人，年度涨幅超过50%；其中iPhone及iPad平台总体用户数达到1800万人。

中国网络电视台IP电视总用户数达1800万人，达到2012年初的21倍水平；其中IP电视业务用户数为1100万人，互联网电视业务用户数为700万人，发展潜力巨大。IPTV业务已与北京、山东、湖北、四川等22个地区签署两方或三方协议，其中在云南、四川、湖南等8个地区实际开通。

中国网络电视台移动传媒视频已开通公交、快客、民航、饭店频道，广场（上海、广州、北京）、列车、国航机舱电视频道正在测试播出，总体日均覆盖用户数为5480万人。

二、2012年中国网络电视台访问量增长趋势

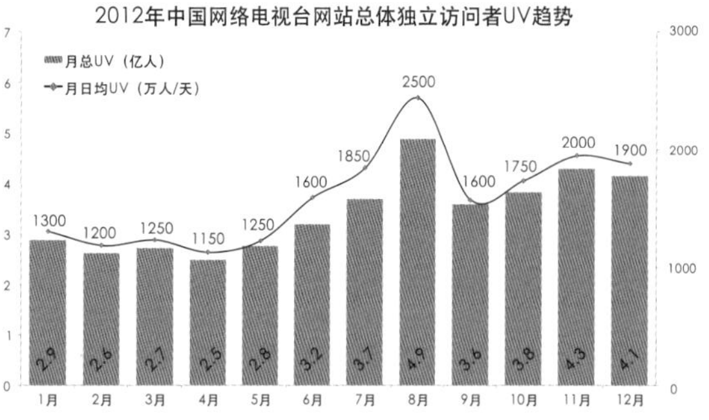

中国网络电视台网站2012年12月月度独立访问者突破4亿人，单月覆盖用户已超过中国网民数的70%（中国网民总数来源于CNNIC2013年1月发布的数据，为5.64亿人）；网站日均独立访问者约1900万人，较年初上涨45%；网站日均海外独立访问用户近200万人，较年初上涨36%。

中国网络电视台2012年报道中一方面针对重大事件加强“一云多屏”联合传播，多终端用户访问效果及综合竞争力明显提升；另一方面积极配合“台网联动重点栏目”在新媒体平台进行多终端推广，与中央电视台同步进行播出，多屏覆盖用户不断刷新纪录；同时，网站继续拓展外部推广渠道，与百度、360、网吧联盟进行深入合作，全面提升网站行业实力及社会影响力。

1.重大事件报道方面

2012年春节，中国网络电视台与中央电视台同步直播中央电视台春节联欢晚会，除夕直播期间中国网络电视台总体独立访问用户超过2600万人，较2011年上涨149%。当天中国网络电视台与腾讯、新浪、搜狐等8家网站组建传播联盟，视频直播累计观看超过8600万人次，最高同时在线人数近1200万人。

春节期间，2012中央电视台网络春晚在春节期间10场电视播出，共覆盖3.64亿电视观众，远远超过2012年北京卫视网络春晚的570万观众。其中单场最高市场份额达14.77%，是上年最高市场份额的2.35倍。网络春晚持续在CNTV网络电视、手机电视、IP电视、公交电视等终端进行点播、轮播。截至1月31日，网络春晚网络视频累计观看人次达880万，是上年的5.6倍；CCTV手机电视视频访问量近3000万次，是上年的3.6倍。

2012年3月，中国网络电视台“两会”报道秉承全球化、多语种、多终端传播，通过网络电视、IP电视、手机电视、移动电视、互联网电视，中、英、西、法、阿、俄多语种以及哈萨克、维吾尔两大少数民族语进行全程报道。“两会”期间，中国网络电视台累计发布视频报道5837条，图文2959条、帖文1100条、博文421条、微博5573条，共进行30场直播，并为中国政协网提供3场直播服务。3月2日至14日，CNTV网站总体独立访问者达1.31亿人，比2011年同期增长110%；视频播放量近1200万次。

2012年7月，中国网络电视台作为2012年伦敦奥运会中国大陆及澳门地区官方互联网/移动平台转播机构，凭借自有的“一云多屏”传播体系全面覆盖网络电视、手机电视、IP电视、互联网电视、移动电视五大新媒体平台，多层次、多方位联袂业界优势力量，联合传播取得显著成效，实现奥运传播效果的最大化。奥运会期间，中国网络电视台网站日均页面访问量5.8亿页次，日均独立访问用户3500余万人，分别比平日增长255%和134%。其中，最高单日页面访问量和单日独立访问用户达8.9亿页次和4069万人，直播最高同时在线人数222万人，均刷新了CNTV历史最高纪录。CNTV各终端整体覆盖用户达4.85亿人，手机电视、移动客户端、IP电视等多终端视频播放次数达6.1亿次。根据央视－索福瑞与DCCI互联网数据中心的联合监测显示，网民浏览CNTV奥运视频内容的人均访问时间长达49分钟，是其他网站的1.2至1.8倍，列居本次互联网媒体奥运转播首位。

2012年11月，中国网络电视台通过网络电视、CBox客户端、手机电视、视频手机报、IP电视、互联网电视等终端，以及中、英、西、法、阿、俄语，针对党的十八大开幕、闭幕、新闻发布会进行全平台、多终端、多语种视频、图文、互动直播。党的十八大期间中国网络电视台多终端总体观看独立用户数1.89亿人，视频累计播放次数1.9亿次；视频直播最高同时在线超过100万人。

2.台网联动推广方面

2012年7月，中国网络电视台与中央电视台同步直播台网重点栏目《东非野生动物迁徙》，并在中国网络电视台“一云多屏”新媒体平台上联合传播。播出期间，中国网络电视台互联网平台累计独立用户数超过2700万人，视频累计观看次数近2400万次；移动客户端平台累计独立用户562万人，视频观看次数1553万次；IP电视和互联网电视平台累计播放155万次；移动传媒公交、广场、列车、机场频道每天覆盖5400万人次。

2012年8月，中国网络电视台继续与中央电视台同步推荐热播大戏《木府风云》，通过新媒体推广，《木府风云》的网络收视大幅提升，创造了中国网络电视台电视剧新媒体观看的最高纪录。8月25、26日，中国网络电视台《木府风云》网络专题页面访问连续两天突破1亿页次。8月10日至9月1日播出期间，互联网专题累计独立访问用户1.16亿人，覆盖中国五分之一的网民（截至2012年6月底,中国网民数量为5.38亿人），页面访问次数15.3亿页次，视频点播播放次数9333万次，视频点播播放时长4334万小时。iPhone及iPad专题累计独立访问者数383万人，专题视频观看次数1636万次。IP电视及互联网电视专题播放次数675万次。公交频道覆盖人群近11亿人次，广场频道覆盖约4200万人次户外人群，列车频道覆盖约2100万人次，快客频道覆盖约2100万人次。

3.站外合作推广方面

2012年中国网络电视台加大站外合作推广拓展范围，针对大事件及台网联动重点资源进行整合及深度挖掘，筛选精华内容，形成有价值的资源池。在本年度合作推广中，中国网络电视台一方面充分研究商业网站用户导流模式，另一方面结合自身发展，分别从网址导航合作、搜索引擎优化、商业网站合作、定制迷你联播平台、推荐垂直类子台优质资源、微博及UGC营销渠道拓展等多方面提升中国网络电视台品牌曝光量，网站流量大幅提升，合作推广用户翻番增长，有效提升了CNTV总体覆盖规模及品牌影响力。

（中国网络电视台提供）

CCTV
中国中央电视台
CHINA CENTRAL TELEVISION YEARBOOK
年 鉴
2012
胡占凡 主编
《中国中央电视台年鉴》编辑部 编

CCTV

HUOJIANG BIAOZHANG

获奖·表彰

获奖·表彰

第22届中国新闻奖
中央电视台获奖名录

特别奖

电视消息：胡锦涛主席在中南海会见美国佩顿中学访华师生（新闻中心）

一等奖

电视系列：走基层·塔县皮里村蹲点日记（新闻中心）

新闻专栏：新闻直播间（新闻中心）

国际传播：走进西藏寺庙（新闻中心）

二等奖

电视直播：东日本大地震周月特别报道（新闻中心）

三等奖

电视评论：茅台镇上的强迁之痛（新闻中心）

电视专题：开往泉州的团圆号（新闻中心）

电视专题：钱云会之死（新闻中心）

电视访谈：姚明风云会（体育频道）

网络访谈：普尔茶舍 2011 年两会民生系列访谈之一：房地产调控两难 难在哪里？（中国网络电视台）

第12届长江韬奋奖
中央电视台获奖名录

韬奋系列

杨华（新闻中心）

第20届全国政协好新闻
中央电视台获奖名录

一等奖

两会观察·新动力：老腔传承记（新闻中心）

二等奖

委员基层调研系列报道：1. 一支笔引出产业转型大课题 2. 一份关于水的提案 3. 社区工地调研保障房该怎么建（新闻中心）

三等奖

复兴时评：政协及时披露花销，是一面镜子（中国网络电视台）

2011年度全国政法综合优秀新闻
作品评选中央电视台获奖名录

特别奖

组合报道：贯彻落实“胡锦涛在省部级主要领导干部社会管理及其创新专题研讨班开班式上重要讲话”的组合报道（新闻中心）

一等奖

现场直播：高晓松醉驾案庭审（新闻中心）

二等奖

专题：“社会管理话平安”之“家和万事兴”（ 社会与法频道）

三等奖

网络专题：“警界保尔”孙炎明感动中国（中国网络电视台）

第22届中国人大新闻奖
中央电视台获奖名录

特别奖

专题：铸法——中国特色社会主义法律体系形成纪实（中央新影集团）

一等奖

消息：在基层·“两会”推动力：“当家堰”的新变迁（新闻中心）

专题：追问保障房——全国人大常委会专题询问保障房建设管理情况（新闻中心）

系列报道和连续报道：“见证履职”系列报道（新闻中心）

访谈：民生与民意（外语频道）

二等奖

消息：与选民见面 为了更好地代表（新闻中心）

评论：2012“两会”杨禹热评（新闻中心）

专题："小撒探会"之小宇和小云的归途（综合频道）

访谈：对话非洲大使——聚焦非洲大使的两会看点（外语频道）

网络专题：2012年全国两会专题人大频道（中国网络电视台）

三等奖

评论：工作生活在人民中的人大代表（新闻中心）

第26届中国电视"金鹰奖"中央电视台获奖名录

电视剧奖

最佳电视剧

中国1921（中国电视剧制作中心有限责任公司）

优秀电视剧

中国地（中国国际电视总公司）

江姐（中国电视剧制作中心有限责任公司）

电视剧创作单项奖

最佳导演奖

中国地：阎建钢（中国国际电视总公司）

最佳摄影奖

中国地：钱　韬（中国国际电视总公司）

最佳照明奖

中国1921：曹　文（中国电视剧制作中心有限责任公司）

电视文艺节目奖

最佳电视文艺节目

2012年春节联欢晚会（综艺频道）

优秀电视文艺节目

在灿烂的阳光下——2011年"六一"晚会（少儿频道）

电视文艺创作单项奖

电视文艺节目美术奖

2012年春节联欢晚会：陈　岩（综艺频道）

电视纪录片奖

最佳电视纪录片

旗帜（科教频道）

优秀电视纪录片

春晚（纪录频道）

故宫100——第一辑（纪录频道）

电视纪录片创作单项奖

电视纪录片最佳编导奖

春晚：刘　文（纪录频道）

电视纪录片最佳摄像奖

故宫100——第一辑：刘　畅（纪录频道）

电视形象宣传片（含公益广告）奖

最佳电视形象宣传片

CCTV-3"生活就是舞台"（综艺频道）

优秀电视形象宣传片

爱的表达式（广告经营管理中心）

最佳电视节目主持人奖

崔永元（综合频道）

优秀电视节目主持人奖

张泉灵（新闻中心）

陈伟鸿（财经频道）

党的十八大广播电视宣传优秀节目和播出机构评选中央电视台获奖名录

优秀直播节目

中国共产党第十八次全国代表大会开幕式现场直播（新闻中心）

新一届中共中央政治局常委中外记者见面会（新闻中心）

优秀新闻节目

喜迎十八大 走基层·行进中国（新闻中心）

数字十年（新闻中心）

优秀文艺节目

领航中国——喜迎党的十八大胜利召开大型专题文艺晚会（大型节目中心）

优秀纪录片

科学发展铸辉煌（科教频道）

优秀播出机构

综合频道、新闻频道、中视卫星电视节目有限责任公司

2010～2011年度残疾人事业好新闻中央电视台获奖名录

一等奖

杨佳的故事（上集：走出黑暗 下集：拥抱世界）（新闻中心）

我国残疾人事业得到长足发展（新闻中心）

关爱：让残疾人生活有保障（新闻中心）

二等奖

渐冻人王甲——一根手指书写生命的坚强（新闻中心）

播音员——一个盲女的梦想与追求（新闻中心）

打排球的养鱼郎（体育频道）

三等奖

陈州：震撼心灵的无腿歌手（新闻中心）

用双脚舞动人生（新闻中心）

优秀奖

呼和浩特："背学兄弟"背起求学梦（新闻中心）

呼和浩特：为了站起来"背学兄弟"赴京求学（新闻中心）

呼和浩特：内蒙古"背学兄弟"来京治疗（新闻中心）

第8届全国安全生产新闻奖 中央电视台获奖名录

特等奖

给人民群众一个实事求是的回答（新闻中心）

国务院安委会通报六起煤矿瞒报迟报事故（新闻中心）

回顾"十一五" 展望"十二五" 重大主题宣传优秀作品评选 中央电视台获奖名录

新闻联播："辉煌十一五"系列报道之一《在共克时艰中实现历史进步》（新闻中心）

"我的这五年"系列报道之一《阿里木：卖羊肉串的慈善家》（新闻中心）

第12届精神文明建设"五个一工程"奖 中央电视台获奖名录

电视剧

感动生命（中国国际电视总公司）

中国地（中国国际电视总公司）

国门英雄（中国电视剧制作中心有限责任公司）

解放（中国电视剧制作中心有限责任公司）

远山的红叶（中国电视剧制作中心有限责任公司）

动画片

美猴王（中国国际电视总公司）

小牛向前冲（中国国际电视总公司）

电影

大太阳（中国电视剧制作中心有限责任公司）

第12届科星新闻奖 中央电视台获奖名录

一等奖

6集系列报道：走进国家重点实验室（新闻中心）

中科院与新中国同行（新闻中心）

二等奖

谢家麟：一个物理学家的"加速"梦（新闻中心）

科学之夜（科教频道）

蛟龙探海（上）（科教频道）

三等奖

大亚湾中微子实验国际合作组：发现新的中微子振荡模式（新闻中心）

中关村再创新（新闻中心）

2010～2011年全国法制好新闻 中央电视台获奖名录

电视新闻

一等奖

记者亲历来宾打击传销过程（新闻中心）

二等奖

走私钻石（财经频道）

潜逃12年 赖昌星今被遣返回国（新闻中心）

三等奖

信用管理促进国际贸易便利化（新闻中心）

电视专题

一等奖

"3·15"系列报道：用制度堵住假鉴定之门（财经频道）

二等奖

"网购"陷阱（新闻中心）

"挂羊头 卖狗肉"青岛倒爷现形记（新闻中心）

"娱乐伴侣"的陷阱（新闻中心）

警界英豪——公安西青分局孙占全（社会与法频道）

三等奖

大墙内的忏悔（综合频道）

十八年逃亡路（社会与法频道）

电视专栏

一等奖

经济与法（财经频道）

二等奖

今日说法（综合频道）

三等奖

一线（社会与法频道）

普法栏目剧

一等奖

墨色丁香（社会与法频道）

二等奖

迷案（农影中心）

网络新闻专题

三等奖

中国警界英雄榜（中国网络电视台）

网络新闻评论

三等奖

“器官捐献”需依法构建器官移植体系（中国网络电视台）

2011～2012年度国家广电总局推荐优秀国产纪录片及创作人才扶持项目中央电视台获奖名录

优秀国产纪录片播出机构奖

纪录频道

科教频道

优秀国产纪录片制作机构奖

纪录频道

科教频道

中央新闻纪录电影制片厂

优秀纪录片短片奖

农民工的局长（新闻中心）

张大千（科教频道）

祖国至上（中央新闻纪录电影制片厂）

优秀纪录片中片奖

南海一号（纪录频道）

优秀纪录片长片奖

舌尖上的中国（纪录频道）

旗帜（科教频道）

金砖之国（财经频道）

玉石传奇（中央新闻纪录电影制片厂）

优秀国产纪录片栏目奖

地理·中国（科教频道）

优秀国产纪录片导演奖：

孟庆海（作品《跨国并购》）（财经频道）

2012中国（青海）世界山地纪录片节“玉昆仑”奖中央电视台获奖名录

最佳长纪录片

滔滔小河（纪录频道）

评委特别奖

云中孤旅——约瑟夫·洛克（纪录频道）

社会类

社会类纪录片大奖

喜马拉雅大淘金（纪录频道）

自然及环境类

自然及环境类纪录片大奖

白蜡传奇（纪录频道）

2012 AIBD（亚太广播发展机构）电视奖中央电视台获奖名录

“公众对自然灾害的反应”类最佳电视节目奖

气仙沼的这个春天（综合频道）

第49届亚广联电视类新闻交换丹尼斯·安东尼奖中央电视台获奖名录

新闻直播节目：“天宫一号”宇宙飞船发射成功（新闻中心）

第36届蒙特利尔电影节中央电视台获奖名录

最佳艺术创新奖

最长的拥抱（中国电视剧制作中心有限责任公司）

第9届中美电影节中央电视台获奖名录

最佳故事片“金天使”奖

最长的拥抱（中国电视剧制作中心有限责任公司）

第18届上海电视节“白玉兰奖”中央电视台获奖名录

最佳中国纪录片奖

滔滔小河（中央新影集团）

评委会特别奖

开心小镇（央视动画有限公司）

第11届长春电影节中央电视台获奖名录

最佳女主角

倪萍（作品《大太阳》）（中国电视剧制作中心有限责任公司）

2012年度第二批优秀国产动画片中央电视台获奖名录

蓝加（央视动画有限公司）

猫眼小子包达达（央视动画有限公司）

大耳朵爷爷历险记（央视动画有限公司）

2012年度第三批优秀国产动画片中央电视台获奖名录

小弯儿成长日记（央视动画有限公司）

第4届解放军新闻奖中央电视台获奖名录

一等奖

我航空母舰顺利进行舰载机起降训练(军事节目中心)

新世纪强军路·新的跨越（军事节目中心）

二等奖

走边关系列之“狐狸山上的‘青春’”（军事节目中心）

“神九”任务航天员乘组出征（军事节目中心）

三等奖

新春走基层·老兵王继腾15年的新春心愿（军事节目中心）

家乡为你骄傲（军事节目中心）

国际传播奖三等奖

中国维和部队·走向世界的和平之师(军事节目中心)

第9届全国“十佳电视制片”优秀电视剧中央电视台获奖名录

中国1921（中国电视剧制作中心有限责任公司）

医者仁心（中国电视剧制作中心有限责任公司）

国门英雄（中国电视剧制作中心有限责任公司）

2012年中国广播电视协会“荧屏导视奖”中央电视台获奖名录

形象宣传类

一等奖

立方体动物标识演绎（纪录频道）

二等奖

社会与法频道形象ID宣传片（社会与法频道）

电视剧《大戏法》宣传片（电视剧频道）

三等奖

2012NBA季后赛宣传片（体育频道）

节目预告类

一等奖

看见隐形的历史（纪录频道）

中国广播电视协会纪录片工作委员会第8届中国纪录片国际选片会中央电视台获奖名录

人文类

一等奖

私家历史私房菜（中央新影集团）

西安2020（中央新影集团）

我们在延安（中央新影集团）

二等奖

百年巨匠（中央新影集团）

中央电视台2012年度优秀节目、优秀栏目评选

CCTV年度优秀新闻

一等奖

习近平在参观《复兴之路》展览时强调 承前启后 继往开来 继续朝着中华民族伟大复兴目标奋勇前进（新闻中心）

增值税改调查：新闻特写 货车司机的税负成本（财经频道）
刘翔术后拆线 开启康复计划（体育频道）
特大暴雨袭京城（新闻中心）
记者亲历：大马士革郊区冲突再起（新闻中心）
喜迎十八大：百姓心声·你幸福吗？（新闻中心）

二等奖

走基层·为人民服务新观察："准生证"办证难在哪？（新闻中心）
揭秘"速生鸡"（新闻中心）
聚焦"双十一"电商大战（财经频道）
罗阳系列报道（新闻中心）
北京"7·21"暴雨 房山灾情惨重（外语频道）
透视美国量化宽松（财经频道）
变了味的奥数（新闻中心）

三等奖

关注最美司机吴斌（新闻中心）
"开往春天的校车"——穿越滇越铁路的上学路（外语频道）
行走川藏线系列报道（外语频道）
伦敦碗里的那 4 个小时（体育频道）
面馆账本里的 CPI 曲线（财经频道）
今天你健身了吗·杭州大学里的篮球奶奶（体育频道）
金正日逝世一周年·记者亲历平壤纪念活动（新闻中心）
我航空母舰顺利进行舰载机起降训练（新闻中心）

CCTV 年度重大报道

中国共产党第十八次全国代表大会宣传报道（总编室、综合频道、新闻频道、财经频道、综艺频道、中文国际频道、外语频道）
2012 年伦敦奥运会报道（总编室、体育频道、新闻中心、财经频道、外语频道、技术制作中心、技术管理中心、播出传送中心）
"神舟九号"成功发射和"天宫一号"对接直播报道（新闻中心、播出传送中心、技术制作中心）
"寻找最美乡村教师"活动报道（台办公室、新闻中心、科教频道、中国网络电视台）
"寻找最美乡村医生"活动报道（台办公室、新闻中心、科教频道、中国网络电视台）

CCTV 年度特别节目

一等奖

感动中国 2011 年度人物评选颁奖晚会（新闻中心）
中央电视台 2012 年春节联欢晚会（大型节目中心）
2012 中国经济年度人物颁奖典礼（财经频道）
科学发展铸辉煌（科教频道）
开学第一课（综合频道）

二等奖

启航 2012——中央电视台元旦晚会（大型节目中心）
辩证看 务实看 理论热点面对面 2012（财经频道）
2012 年欧洲杯豪门盛宴（体育频道）
幸福像花儿一样——2012 年"六一"晚会（少儿频道）
2012 CCTV 民族器乐电视大赛（戏曲和音乐频道）
东非野生动物大迁徙直播（新闻中心）
福州月·中华情——2012 年中央电视台中秋晚会（中文国际频道）

三等奖

2012 年"3·15"晚会（财经频道）
2012 年军营大拜年（军事节目中心）
2012 我的一本课外书（科教频道）
迎接党的十八大特别节目：见证（农影中心）
大爱中华——第七届中华慈善奖颁奖晚会（社会与法频道）
大型文艺专题片：为时代放歌（大型节目中心）
为人民放歌——纪念毛泽东同志《在延安文艺座谈会上的讲话》发表 70 周年大型文艺晚会（大型节目中心）

CCTV 年度优秀纪录片

china·瓷（纪录频道）
农民工的局长（新闻中心）
破译曹操密码（中央新影集团）
见证：铁证如山·DNA 科技探案第三集：惊天逆转（社会与法频道）
魅力肯尼亚（纪录频道）
春晚（纪录频道）
货币（财经频道）
烽火 1937——从日本档案解密卢沟桥事变（军事节目中心）
苍狼（科教频道）
体育的力量（体育频道）

CCTV 年度优秀电视剧

木府风云（合作拍摄·电视剧频道）
营盘镇警事（合作拍摄·中国电视剧制作中心有限责任公司）
国门英雄（合作拍摄·中国电视剧制作中心有限责任公司）
火蓝刀锋（合作拍摄·电视剧频道）
感动生命（合作拍摄·中国国际电视总公司）

便衣支队（购买 · 电视剧频道）

CCTV 年度优秀节目

一等奖

梦想合唱团（第二期）（综合频道）
每周质量报告 · 胶囊里的秘密（新闻中心）
远方的家 · 北纬 30° 中国行（中文国际频道）
星光大道 2011 年度总决赛（综艺频道）
中国财经报道 · 玉米过热了吗？——疯涨的背后（财经频道）
我要上春晚（2012.6.18）（综艺频道）
新闻 1+1 · 犯罪：别披着“爱国”的外衣！（新闻中心）
智慧树（2012.2.2）（少儿频道）
原来如此 · 飞来横祸（科教频道）
奥运风云会——孙杨（体育频道）

二等奖

“万紫千红”戏曲演唱会（戏曲和音乐频道）
军事报道（2012.9.25）（军事节目中心）
法律讲堂（生活版）· 请来的月嫂“杀手”（社会与法频道）
美国大选特别节目（外语频道）
经济半小时 · 包裹里的中国产业地图（上）（财经频道）
新闻调查 · 睡在桥下的兄弟（新闻中心）
2012/13 赛季中国男子篮球职业联赛圣诞大战（广东－北京）（体育频道）
健康之路系列节目 · 吃不好，找院长（科教频道）
今日关注 · 中国超千艘渔船将赴钓鱼岛 日本敢奈我何（新闻中心）
“3 · 15”在行动——如此灭火器 危害猛于火（财经频道）
刹住农村整酒风（农影中心）
2012 八仙过海闹新春（电视剧频道）
一线 · 较量（社会与法频道）
2012 年国庆七天乐（综艺频道）
海峡两岸 · 2012 两岸关系回顾与展望（一）（中文国际频道）

三等奖

体育世界（2012.11.21）（体育频道）
2012 年春节戏曲晚会（戏曲和音乐频道）
“更上一层楼”中秋民族音乐会（戏曲和音乐频道）
车行新疆系列节目（外语频道）
谢天谢地你来啦（2012.10.13）（综合频道）
开讲啦 · 人生路，莫慌张（综合频道）
走近科学 · 系列片蛟龙探海（科教频道）
面对面 · 莫言：中国的“诺贝尔文学奖”（新闻中心）
金龟子城堡（2012.9.15）（少儿频道）
一代楷模黄克诚（军事节目中心）
对话 · 卡梅隆对话张艺谋（财经频道）
回声嘹亮（2012.7.22）（综艺频道）
道德观察 · 深圳捡童事件（上、下）（社会与法频道）
等着我（第三季）第 1 集（外语频道）
焦点访谈 · 倒在绿茵场外的“掌门人”（新闻中心）
法治在线 · 揭秘金三角大毒枭糯康（新闻中心）
经济半小时 · 再问物流（二）：治不住的公路三乱？（财经频道）
新闻袋袋裤（2012.11.28）（少儿频道）
环境的代价 · 稀土调查（外语频道）
天涯共此时 · 跨越海峡的爱——捡回珍珠计划（中文国际频道）
影视同期声（2012.5.19）（电视剧频道）
热线 12（2012.8.4）（社会与法频道）
我爱满堂彩（2012.12.6）（综艺频道）
不会做生意的媳妇发现商机之后（农影中心）
我爱发明 · 雪路旋风（科教频道）
我和春天有个约会（农影中心）

CCTV 年度优秀动画片

新年钟声（中国国际电视总公司）
大角牛梦工场（中国国际电视总公司）
淮南子传奇（中国国际电视总公司）

CCTV 年度新媒体优秀作品

中国共产党第十八次全国代表大会主专题（中国网络电视台）
“科学发展 成就辉煌”大型图片展览网上展馆（中国网络电视台）
2012 年伦敦奥运会（中国网络电视台）
CNTV 中国公开课（中国网络电视台）
首届中国国际微电影大赛（中国网络电视台）

CCTV 年度创新大奖

舌尖上的中国（纪录频道）
数字十年（新闻中心）

年度品牌栏目

新闻联播（CCTV－1 综合）
星光大道（CCTV－3 综艺）
新闻直播间（CCTV－13 新闻）
东方时空（CCTV－13 新闻）
焦点访谈（CCTV－1 综合）

今日关注（CCTV-4 中文国际）
今日说法（CCTV-1 综合）
新闻 30 分（CCTV-1 综合）
共同关注（CCTV-13 新闻）
晚间新闻（CCTV-1 综合）
中国新闻（CCTV-4 中文国际）
海峡两岸（CCTV-4 中文国际）
朝闻天下（CCTV-1 综合）
向幸福出发（CCTV-3 综艺）
非常 6+1（CCTV-3 综艺）
新闻 1+1（CCTV-13 新闻）
智慧树（CCTV-14 少儿）
一线（CCTV-12 社会与法）
国际时讯（CCTV-13 新闻）
我要上春晚（CCTV-3 综艺）
回声嘹亮（CCTV-3 综艺）
大风车（CCTV-14 少儿）
天网（CCTV-12 社会与法）
法律讲堂（生活版）（CCTV-12 社会与法）
新闻调查（CCTV-13 新闻）
新闻周刊（CCTV-13 新闻）
我爱发明（CCTV-10 科教）
深度国际（CCTV-4 中文国际）
军事报道（CCTV-7 军事·农业）
第一时间（CCTV-2 财经）

2012年度国家科学技术进步奖中央电视台获奖名录

一等奖

新一代电视台网络化制播系统及重大应用

2012年国家广电总局科技创新奖中央电视台获奖名录

突出贡献奖

高可靠网络化大规模电视台播出系统与应用

高新技术研究与开发奖

一等奖

高可靠网络化大规模电视台播出系统与应用

工程技术奖

一等奖

中央电视台海外分台网络制播系统

软科学奖

一等奖

3D 电视技术指导意见——节目制作与播出
SMPTE 素材交换格式（MXF）系列规范在高清制播域应用研究

二等奖

广播和宽带混合型电视技术研究（合作）

标准奖

一等奖

数字版权管理系统与 IP 电视集成播控平台接口技术规范

2012年度国家广电总局电视节目技术质量（金帆奖）中央电视台获奖名录

标准清晰度电视录制技术质量奖

新闻类

一等奖

新闻联播（2011.7.12）

二等奖

新闻联播（2012.2.8）

专题类

一等奖

神农架（一）神往之地
神农架（二）生生不息

综合文体类

一等奖

为人民放歌——纪念毛泽东同志《在延安文艺座谈会上的讲话》发表 70 周年文艺晚会
幸福像花儿一样——2012 年“六一”晚会

高清晰度电视录制技术质量奖

专题类

一等奖

舌尖上的中国
故宫 100

综艺类

一等奖

2012 年春节联欢晚会（精编版）

二等奖

睦邻友好夜——第十二次上海合作组织成员国元首理事会文艺晚会

体育类

一等奖

2012 年国际田联钻石联赛——上海站

2012 年汤姆斯杯世界羽毛球男子团体锦标赛决赛

电视剧类

二等奖

节振国传奇（第 22 集）

三等奖

节振国传奇（第 3 集）

音频制作技术质量奖

高清专题类

二等奖

豪门盛宴

大鲁艺

高清综艺类

一等奖

庆祝香港回归祖国十五周年大型文艺晚会

二等奖

美好的一天——第四届中国·新加坡大型歌会

视频图形制作技术质量奖

片头类

一等奖

赛车时代

三等奖

欢欢喜喜迎新年——2012 少儿元旦晚会

动画片类

二等奖

钢仔特工队

三等奖

金螺号

播出技术质量奖

一等奖

中央电视台

金帆综合奖

中央电视台

2012年度全国广播电视安全播出奖
中央电视台获奖名录

先进集体

播出传送中心播出部播出运行一科

技术管理中心动力处

先进个人

新闻中心新闻制作部：陈海文

播出传送中心总控部：张大立

第6届“王选新闻科学技术奖”
中央电视台获奖名录

杰出人才奖

丁文华

2012年优秀新闻科技论文奖
中央电视台获奖名录

二等奖

《构建面向节目生产全生命周期的技术资源管理体系》廖成玉

2012年度中国电影电视技术学会奖
中央电视台获奖名录

第4届高清晰度影视节目优秀制作奖

综艺类

二等奖

2012 年上海合作组织峰会文艺晚会

深圳第 26 届世界大学生夏季运动会开幕式

体育类

三等奖

2012 年汤姆斯杯世界羽毛球男子团体锦标赛决赛

2012 年国际田联钻石联赛——上海站

声音制作优秀作品奖

电视专题类

一等奖

中国文艺贵州行——岜沙之族

电视综合艺术类

二等奖

第四届中国·新加坡大型歌会

电视实况类

一等奖

2012 汤姆斯杯羽毛球决赛

电视美术、灯光设计工程奖

演播室类

二等奖

第六届中央电视台电视节目主持人大赛颁奖晚会

毕业歌

2012 感动中国

中国3D影视作品奖

电视综艺类

最佳奖

中央电视台 2012 年春节联欢晚会

电视体育类

优秀奖

2012 年国际乒乓球中国公开赛上海站男单决赛

中国电影电视青年科技奖

赵贵华　史　强

2012年度中央电视台优秀技术奖

标准清晰度电视节目录制技术质量奖

新闻类

一等奖

新闻联播（2011.11.15）（新闻中心新闻制作部）

二等奖

新闻联播（2011.8.27）（新闻中心新闻制作部）

中国新闻（2012.3.5）（技术制作中心）

专题类

一等奖

走进土耳其——伊斯坦布尔（技术制作中心）

二等奖

岩中花树（上）（北京科学教育电影制片厂）

对话（2012–15）（技术制作中心）

综合文体类

一等奖

五月的鲜花·心中的歌儿献给党——2012 年全国大学生校园文艺会演（技术制作中心）

二等奖

国际艺苑·2011 国际幽默大汇演（技术制作中心）

南昌市运动会开幕式（播出传送中心）

高清晰度电视节目录制技术质量奖

综艺类

一等奖

第四届中国·新加坡大型歌会（技术制作中心）

二等奖

深圳第 26 届世界大学生夏季运动会开幕式（播出传送中心）

阳光路上——2012 庆祝“五一”国际劳动节文艺晚会（技术制作中心）

音频制作技术质量奖

一等奖

2012 汤姆斯杯羽毛球决赛（技术制作中心）

二等奖

豪门盛宴（技术制作中心）

壮丽航程京剧演唱会（技术制作中心）

视频图形制作技术质量奖

片头类

一等奖

秘境追踪 7——宝藏拼图（技术制作中心）

二等奖

CCTV–1 春节宣传片（技术制作中心）

中国警察（技术制作中心）

在线包装类

二等奖

CCTV–NEWS 体育新闻（技术制作中心）

虚拟制作类

二等奖

“神九”——“天宫”交会对接（播出传送中心）

电视节目安全播出奖

技术管理中心质量管理处：有线电视科1班
技术管理中心动力处：供电运行科1、4、8号机站
技术制作中心录制一部：第12演播室1、2、3、4班
第13演播室1、2、3、4、5、6班
第33演播室1、2、3、4、5、6班
技术制作中心录制二部：第19演播室1、2、3、4班
技术制作中心录制三部：第15演播室1、2、3、4、5班
第16演播室1、2、3、4、5班
第17演播室1、2、3、4、5班
播出传送中心播出部：播控运行一科、二科、四科、五科
播控六科：1、2、3、5、6班
播出传送中心总控部：运行一科1、2、3班
运行二科1、3班
运行三科2、3、4班
新闻制作部：播出科3班
电讯科1、3、4班
中心科2、3班

优质工程奖

奥运会技术系统（技术管理中心、技术制作中心、播出传送中心、新址工艺办）
新址E01群演播室系统（E01、E02演播室）（新址工艺办）
A类高清转播车（播出传送中心转播部）
方楼六层制作区高清改造一期（技术制作中心录制一部）

系统维护优秀奖

动力系统（技术管理中心动力处）
基础网络系统（技术管理中心信息通讯处）
播出系统（播出传送中心播出部）
外语频道新闻直播系统（技术制作中心录制三部）
音频系统（技术制作中心音频部）
新闻频道演播室在线包装系统（新闻中心新闻制作部）

人力资源社会保障部、国家发展和改革委员会、环境保护部、财政部四部委表彰“十一五”时期全国节能减排先进集体

中央电视台技术管理中心动力处

深圳大运会新闻宣传系统先进集体和先进个人表彰活动中央电视台获奖名录

先进集体
体育频道体育竞赛部新闻报道组
先进个人
体育频道节目部：秦　宁
大型节目中心第一导演工作室创作组：吕　媛

“蛟龙号”载人潜水器7000米级海试先进集体和先进个人推荐评选中央电视台获奖名录

蛟龙号载人潜水器7000米级海试先进集体
新闻中心经济新闻部

2012年中央电视台获国家级荣誉称号的单位和个人名录

全国文明单位
中央电视台
新闻战线“走基层、转作风、改文风”活动先进集体
新闻中心地方记者部
新闻中心社会新闻部
新闻中心经济新闻部
财经频道《黄河善谷》节目组
中文国际频道《远方的家》栏目组
全国创先争优先进基层党组织
新闻中心党委
中国网络电视台党委
新闻战线“走基层、转作风、改文风”活动先进个人
新闻中心地方记者部：何　盈　赵竹青　周德军　栾婷婷　朱兴建　汪成健　张　英　谢宝军
新闻中心社会新闻部：向　晖　雷　彪　张　萍　熊传刚
新闻中心军事部：倪　宁
新闻中心经济新闻部：乔亚美
新闻中心播音部：李瑞英
财经频道：戴玉岭　李　想
中国网络电视台：庞　帅

中文国际频道：王　峰　　杨　霁

第八届全国五好文明家庭

总编室：王建宏

综艺频道：朱　军

全国广电系统青年岗位能手

新闻中心地方记者部：朱兴建

2012年中央电视台获中直级荣誉称号的单位和个人名录

中直机关青年文明号

中文国际频道《远方的家》栏目组

中直机关青年岗位能手

新闻中心地方记者部：朱兴建

2012年中央电视台获首都级荣誉称号的单位和个人名录

首都文明单位标兵

中央电视台

北京市公安局文化保卫总队“集体嘉奖”

中国电视剧制作中心有限责任公司综合事务部动力安保

2012年中央电视台获省部级表彰的单位和个人名录

国家广电总局2011～2012年度“五一劳动奖状”

中央电视台工会联合会

国家广电总局工会财务最佳优胜单位

中央电视台

国家广电总局精神文明建设标兵单位

中央电视台

国家广电总局人口和计划生育标兵单位

中央电视台

国家广电总局无偿献血标兵工作标兵单位

中央电视台

国家广电总局精神文明建设先进集体

机关党委

新闻中心

国家广电总局青年文明号

中文国际频道《远方的家》栏目组

体育频道竞赛部摄像组

国家广电总局“五四红旗团委”

中央电视台团委

国家广电总局“五四红旗团组织”

技术制作中心团总支

少儿频道第一团支部

中国网络电视台团支部

国家广电总局工会财务先进个人

工会联合会：高　蛀

国家广电总局工会经审先进个人

财务管理中心：张平平

国家广电总局精神文明先进工作者

机关党委：李彦吉　　狄希兰

国家广电总局精神文明建设先进个人

办公室：王玉倩

总编室：鲁　力

新闻中心：陆伟昌　　张　勤　　项　飞
　　　　　张　斌　　黄　成

综合频道：冷　燕　　郝国庆　　金　辉

财经频道：董春虎　　尹　文

综艺频道：李　玲

中文国际频道：黄　卫　　杨　霁

体育频道：刘　颖

电视剧频道：曹　倩

科教频道：于　红

社会与法频道：纪淑田

戏曲和音乐频道：王　兰

少儿频道：李　仲

外语频道：王国营

纪录频道：张苡芊

大型节目制作中心：周晓冬

海外传播中心：何　叶

人力资源管理中心：陈　曦

财务管理中心：闫永强

技术管理中心：刘　霞

技术制作中心：徐　波　　李小康　　王　炜

播出传送中心：张　立　　朱　玮

资产管理中心：杨　斌

发展研究中心：张利生

机关党委：闫晓文
新台址建设工程办公室：赵　宇
纪检组监察室、机关纪委：方　恒
音像资料馆：赵　严
中国电视报社：石　炜
中国国际电视总公司：董　虹
中国电视剧制作中心有限责任公司：
任　力　曹　欢　张红娟
中央新闻纪录电影制片厂（集团）：
瞿卫军　宋　爽　郭志鹏　卢喜英　吴　江
戚　锰　尹虎栓　王东林　王一岩　王　莉
中央卫星电视传播中心：刘　娟

国家广电总局人口和计划生育先进工作者

机关党委：于　莹　白　净

国家广电总局无偿献血先进工作者

机关党委：王　轶

国家广电总局无偿献血先进个人

新闻中心：王志明
综合频道：张　越　李政林
财经频道：徐耀翠
社会与法频道：陈　咏　施东飞
体育频道：徐　莉　曹　蕾　张　华
科教频道：胡　涛　李印青　胡东霞　王　河
徐耀武
少儿频道：崔　玲
外语频道：刘燕君
音像资料馆：袁　凌　黄　弢
中国国际电视总公司：张欢乐　陈　卓　李　静
张梦燕　张　建　周利峰　赵　霏　谢晓芳
车　岩　王于妹　魏　波　郭　坤　吕　佳
袁金碧　徐锦云　钟均云　傅华茂　张春晖
王先立　李晓芹　石天亮　耿晓伟　李文岩
严　美　崔　琪　郭卫华　王　华　刘海星
徐　丁　王连刚　赵越军　郭　宁　谭思瑶
赵　宁　何　宇　吴作儒　郭灿明　韩　嫣
王　京　刘　征　沈　艳　田　涛　张德强
龚建涛　温　响　虞　坚　赵　梅　梁　慧
吴春燕　蔡婷婷　蒲红新　殷　波　刘夕宏
陈志强　籍雄伟　王保峰　龚　丽　姚　均
成可儿　王　岩　王　晶

国家广电总局青年岗位能手

新闻中心：王　梦　朱兴建　柴　璐
财经频道：刘　莹
综艺频道：丛　澍
体育频道：杨　烨
海外传播中心：曾　晋
人力资源管理中心：苏　畅
财务管理中心：赵宇卓
技术管理中心：刘　丹
音像资料馆：吴　琼
中国国际电视总公司：张　杰

国家广电总局优秀共青团干部

赵晓博　漆　丽　齐　光　王　伟
吴　琼　徐巍娜

国家广电总局优秀共青团员

总编室：刘晓雪
新闻中心：孙　艳
财经频道：井天增
综艺频道：李思思
体育频道：吴　迪
人力资源管理中心：左古月
技术管理中心：齐　翼
新台址建设工程办公室：马　蒴
中国国际电视总公司：郭　阳
中央新影集团：李　根

2012年中央电视台获台级表彰的单位和个人名录

中央电视台2010～2011年度巾帼文明示范岗

台办室综合处秘书一科
总编室节目播出部备播组
新闻中心播音部播音一组
新闻中心地方记者部在线供稿组
新闻中心社会新闻部外宣组
新闻中心时政新闻部编辑二组
综合频道节目统筹组
财经频道大连分演播室
综艺频道《舞蹈世界》栏目组
体育频道体育新闻编辑二组
体育频道综合部秘书组
科教频道《健康之路》栏目组
戏曲和音乐频道《过把瘾》栏目组
外语频道英语新闻频道日间新闻组
财务管理中心会计核算处综合科

技术管理中心信息通讯处中心数据管理科
技术制作中心节目制作管理科
资产管理中心频道经营二科
中央新影集团地理节目部
中广国际总公司物资经营与国际交流部

中央电视台2012年度精神文明先进集体

办公室保卫处警卫科
办公室行政处接待科
总编室规划部预算管理组
总编室版权管理部信息管理组
新闻中心策划部综合资料组
新闻中心社会新闻部医药卫生组
新闻中心地方记者部河北记者站
新闻中心海外记者部中东中心记者站
新闻中心新闻频道编辑部《新闻直播间》下午时段组
新闻中心国际频道新闻编辑部《今日欧美》
新闻中心新闻联播编辑部《晚间新闻》
综合频道节目统筹部
财经频道深圳分演播室
财经频道“3·15”剧组
综艺频道综合部秘书组
中文国际频道综合部
体育频道节目部播音组
体育频道竞赛部新闻编辑一组
电视剧频道节目部节目统筹组
科教频道综合部运营管理组
社会与法频道综合部运营管理组
戏曲和音乐频道《百年歌声》栏目组
少儿频道《快乐大巴》栏目组
外语频道英语新闻频道《中国24小时》栏目组
外语频道西班牙语频道策划统筹组
外语频道法语频道访谈（对话）
纪录频道节目管理部节目管理组
大型节目中心综合部秘书组
海外传播中心联络部外联组
人力资源管理中心人才交流处
财务管理中心计划统计处计划科
技术管理中心信息通讯处网络中心科
技术管理中心动力处供电运行科
技术制作中心录制一部录制一科
技术制作中心录制二部后期制作四科
技术制作中心音频部音频制作一科
播出传送中心转播部转播四科
资产管理中心市场部公益广告科
发展研究中心综合部综合组
机关党委精神文明协调处
纪检组监察室、机关纪委
新台址建设工程办公室工程处强电科
音像资料馆资料编辑开发科
中国电视报社中国电视报技术科
中国国际电视总公司中央数字电视传媒有限公司
中国国际电视总公司中国网络电视台
中国国际电视总公司北京央视公众资讯有限公司
中国国际电视总公司北京荧屏汽车租赁有限公司
中国电视剧制作中心有限责任公司第三制片分公司
中央新闻纪录电影制片厂（集团）新影历史节目部
中央新闻纪录电影制片厂（集团）科影厂办公室

中央电视台青年文明号

台办公室秘书处二科
总编室预算管理组
新闻中心社会部统筹策划组
财经频道驻上海记者站
综艺频道《回声嘹亮》栏目组
中文国际频道《远方的家》栏目组
体育频道竞赛部摄像组
社会与法频道《天网》栏目组
技术管理中心信息应用系统管理科
中国国际电视总公司3D频道编辑部

中央电视台2009～2011年度五四红旗团组织

台办公室服务班团支部
总编室节目播出部团支部
新闻中心地方记者部团支部
社会与法频道团总支
少儿频道团总支
外语频道团总支
技术管理中心信息通讯处团支部
技术制作中心团总支
播送中心播出部团支部
资产管理中心团总支
音像资料馆团总支
新台址建设工程办公室直属团支部
中国国际电视总公司中国网络电视台团总支
中央新影集团团委

中央电视台2010年～2011年度巾帼建功标兵

新闻中心副主任：杨　华
新闻中心地方记者部浙江记者站站长：何　盈

新闻中心海外记者部驻曼谷记者站首席记者：张　萌
新闻中心策划部副主任：杨继红
财经频道《消费主张》栏目记者：杨　芳
综艺频道总监助理：哈　文
中文国际频道总监助理：王　峰
外语频道阿拉伯语频道记者：冯韵娴
技术制作中心录制二部高级工程师：王　珮
中央新影集团地理节目部制片人：李　谊

中央电视台巾帼建功特别荣誉称号获得者

新闻中心海外记者部记者：梁玉珍

中央电视台2010～2011年度“先进女职工”

台办室：王雪琴
总编室：梁宇峰
新闻中心：孙　迅　徐　榕　战丽萍
综合频道：韦燕燕
财经频道：欧阳智薇
体育频道：童可欣
电视剧频道：托　娅
科教频道：冯其器　屠小文
社会与法频道：魏　鸿　郭晓红
戏曲和音乐频道：夏　雨
少儿频道：杜　悦　潘　宇
外语频道：郭玉华
大型节目中心：吕　媛
海外传播中心：王雄先
人力资源管理中心：李春媛
财务管理中心：张平平
技术管理中心：武佩萱
技术制作中心：刘　军　刘思婷
播出传送中心：张　靖　许春蕾
资产管理中心：杨莉莎
发展研究中心：周冠宇
纪录频道：周　艳
新台址建设工程办公室：贺　萍
监察室：李湘如
音像资料馆：高　峰
中国电视报社：尚美辰
中国国际电视总公司：胡旭萍　陶小清
中央新影集团：戚　锰
中国电视剧制作中心有限责任公司：林竞红
中央卫星电视传播中心：王　娟
中国广播电视国际经济技术合作总公司：王毓英
中国有线电视网络有限公司：于　淼

中央电视台2012年度精神文明先进个人

办公室：薛　伟　田大明　刘琳琳
总编室：张传玲　姚允婷
新闻中心：刘　亮　颜　倩　高凌云　朱同合　曹　阳　李长胜　肖　艳　伍　辉　李栋维　史　跃　卢星海　曹　旻　周德军　唐　巍　徐丽莉　李彤辉　崔　诺　吴勇军　苏　斌　罗小光　张凯夫
综合频道：王雪纯　未　梦　田　梅
财经频道：哈　聪　张金林　张圆圆　陈　红　颜　芳　姚雪松　袁柏鑫
综艺频道：毕福剑　赵雪峰　颜　丹
中文国际频道：周晓岚　周朝永　刘　娟
体育频道：陆　维　李蓓红　潘　勇　霍　岩
电视剧频道：郑　威　林　刚
科教频道：王玉清　马　健　杨晓飞　薛建峰　罗　安
社会与法频道：林协中　丁海军　朱红群　唐　慧
戏曲和音乐频道：王　兰　李　彬
少儿频道：许蓓蓓　姜美燕　钟　靓
外语频道：姚　宏　袁晓燕　李　颖　丁章海　罗　萌　张　杨　成　蜜　李小贝
纪录频道：李　炜　刘　茜
大型节目制作中心：金　秋　牟　星
海外传播中心：曾　晋　李雪琼
人力资源管理中心：王　兵　左古月
财务管理中心：赵　彤　李莹莹
技术管理中心：张　鹤　荀春辉
技术制作中心：呙成虎　高　磊　阚蕙蕙　胡　磊　卢　鹏　鲁建军　段晓宇　徐　妍　杨　斌　孟秋渝　李怀新
播出传送中心：况德新　顾幼杰　游　田　曲　妍　王　晟
资产管理中心：胡　艺　周罕见
发展研究中心：朱元亮　刘支梅
机关党委：梁　策　王　娟
新台址建设工程办公室：王瑞玲
审计处：高运景　李连生
音像资料馆：吴　琼　吴丽丽
中国电视报社：苑文刚　张　维

中国国际电视总公司：黄艳蓉　陈　扬　李　静
逄丹青　于志强　王一如　吴　怡　成　名
尹铁钢　胡　兰　宋　凯　周　雪　张小亮
洪　艳　张　瑛　张　宇　朱　敏　张　啸
余　冰　麻书城　吕志强　符　霞　李燕华
陈　杰　穆天宇　苏　征　王　琳　张　浩
刘长顺　刘　虹　吴　扬　吴海萍　李　京
韩凤侠　田　涛　沈　沐

中国电视剧制作中心有限责任公司：
赵　薇　李　静　张红娟

中央新闻纪录电影制片厂（集团）：
王素梅　王东林　王　和　刘　颖　闫　瑛
金　顺　张晓颖　张　旗　刘　艳　曲世忠

中央卫星电视传播中心：刘　畅

2009～2011年度中央电视台优秀团干部

台办公室：赵晓博
总编室：刘晓雪
综合频道：沈　龙
体育频道：杨　烨
科教频道：王　尧
社会与法频道：齐　光
外语频道：漆　丽
海外传播中心：李雪琼
技术管理中心：齐　翼
技术制作中心：王　伟
播出传送中心：徐巍娜
音像资料馆：吴　琼
新台址建设工程办公室：马　蒴
中国国际电视总公司：郭　阳
中国有线电视网络有限公司：张　正

2009～2011年度中央电视台优秀团员

台办公室：赵　昕
总编室：黄　芳
新闻中心：吴　昊　周燕妮　孙　艳
综合频道：杨　柳
财经频道：井天增　王　正
综艺频道：李思思
中文国际频道：王正程
体育频道：吴　迪
电视剧频道：郑霏非
科教频道：黄　磊
社会与法频道：张　莹
少儿频道：杜　悦
外语频道：李小贝　赵　楠
海外传播中心：何　叶
人力资源管理中心：左古月
财务管理中心：王双庆
技术管理中心：蒋世梁
技术制作中心：卢　鹏　王　硕
资产管理中心：李　硕
播出传送中心：藺　婧
发展研究中心：徐　曼
机关党委：梁　策
音像资料馆：张　杨
中国电视报：闫丹丹
新台址建设工程办公室：段　毅
中国国际电视总公司：高　超　张浩然　李　萌
王慧镌　王小熹
中央新影集团：黄德璐　李　根
中国有线电视网络有限公司：张　霞
中国广播电视国际经济技术合作总公司：张　慧

中央电视台2012年度先进集体、先进个人获奖名单

先进集体

台办公室：秘书处秘书二科
综合处综合科
保卫处消防中心科
总编室：规划部宣传规划组
节目播出部备播组
市场评估部数据维护组
高清频道编辑部综合运营组
新闻中心：策划部评价调研组
时政新闻部编辑一组
经济新闻部宏观经济组
社会新闻部特别节目报道组
地方记者部新闻频道编辑组
国际新闻部驻外记者业务协调组
军事节目部军事新闻一组
新闻评论部《东方时空》栏目组
新闻频道编辑部《新闻直播间》上午组
国际频道新闻编辑部《今日关注》栏目组
新闻联播编辑部《新闻联播》栏目组
新闻制作部录制科
驻四川记者站
驻河北记者站
非洲分台
北美分台

亚太中心记者站
大马士革记者站
日内瓦记者站
基辅记者站
布宜诺斯艾利斯记者站
综合频道：《今日说法》栏目组
节日及长假节目组
《正大综艺》栏目组
财经频道：综合部运营管理组
节目部节目统筹组
《中国财经报道》栏目组
上海中心站
综艺频道：《星光大道》栏目组
《我要上春晚》栏目组
《奋勇向前》节目组
中文国际频道：节目部观联组
《走遍中国》栏目组
体育频道：节目部播音组
竞赛部策划通联组
竞赛部导演二组
电视剧频道：节目部节目统筹组
项目部编辑一组
科教频道：节目部节目统筹组
《我爱发明》栏目组
社会与法频道：《一线》栏目组
《普法栏目剧》栏目组
戏曲和音乐频道：节目部摄像组
《CCTV 空中剧院》栏目组
《中国音乐电视》栏目组
少儿频道：节目部主持人组
《智慧树》栏目组
《新闻袋袋裤》栏目组
外语频道：节目部旅游节目组
英语新闻频道《中国 24 小时》栏目组
英语新闻频道日间新闻组
西班牙语频道新闻一组
法语频道策划统筹组
阿拉伯语频道专题一组
俄语频道访谈组
纪录频道：节目管理部频道包装组
大型节目中心：综合部摄像组
海外传播中心：项目部亚太业务组
人力资源管理中心：劳动工资处
财务管理中心：财务管理处管理科
产业管理处企业管理科
技术管理中心：工程管理处工程科
信息通讯处信息应用系统管理科
动力处动力科
技术制作中心：综合部节目制作管理科
录制一部录制八科
录制二部后期制作三科
录制三部播出二科
音频部音频制作四科
播出传送中心：转播部转播五科
传送部卫传科
总控部技术保障科
资产管理中心：营销部产品策划科
监审部审查科
发展研究中心：电视传播研究部书刊编辑组
机关党委：党委办公室
审计处：审计处
音像资料馆：视音频处理科
用户服务科
中国电视报社：记者组
新台址建设工程办公室：工程处电梯科
合同造价处
央视总部接收管理办公室：央视总部接收管理办公室
中国国际电视总公司：总公司计划财务部
中视实业发展有限责任公司
梅地亚电视中心有限公司
中视科华有限公司
央视风云传播有限公司
央视国际网络有限公司
中视卫星电视节目有限责任公司
中视国际传媒（北京）有限公司
中央新闻纪录电影制片厂（集团）：
集团纪检监察审计部
集团离退休办公室
新影财务管理部
播出传送部
历史节目部
科影节目制作中心教育节目部
集团影视剧中心项目运营部
科影视频科
中国电视剧制作中心有限责任公司：
人力资源部

《长白山下我的家》摄制组
《营盘镇警事》摄制组
中央卫星电视传播中心：用户管理三部
中国有线电视网络有限公司：安全运行中心
中国广播电视国际经济技术合作总公司：
有线电视技术部
进出口部

先进个人

台办公室：王凝然　程庆生　李兴无　陈　维　薛　军　陈　晨
总编室：谢　昆　鲁　力　郑　楠　王　莹　王玉奇
新闻中心：朱　瑛　王　未　肖午铭　郑连凯　张芊芊　孙　艳　杨　阳　刘　鑫　陈　雷　陈慧慧　张李彬　周　琨　窦　伟　郝　亮　曹筱征　王小节　陈　琴　张　宇　黄　成　邹　韵　庞新华　王薇薇　王建兵　宁　柯　徐　广　杨惠敏　王晓丹　白岩松　吕志佳　刘　年　鹿　敏　王晓清　成　微　法　展　朱邦录　毛初明　王守城　李光宗　刘一帆　杨智坤　孟繁伍　刘　蕊　朱旭东　倪　钢　于婷婷　潘春蓉　肖　彧　崔志刚　丁　力　吕　松　范　苑
综合频道：沙宇鸿　陈　铭　沈　龙　过　彤　王红玉
财经频道：李　慧　贺　涛　杨　晨　张晓丽　信　勇　刘　迎　裴　峰　唐　琳　姚　飞　陈金石　齐　曦　张凤玥　闫　琼
综艺频道：于　蕾　顾志刚　丛　澍　陈　维
中文国际频道：周朝永　晏　萌　杨　磊　王　蕊　常　治
体育频道：徐　磊　王伟东　董　旭　陈　伟　曾晓澄　李武军　刘建宏　罗　刚
电视剧频道：张　倩　张家林
科教频道：吕　芸　冯其器　冀玉华　张长虹　张德宏　李德刚　鞠　超　王晓斌　闫　东
社会与法频道：权　勇　卢钊凯　王　昔　甘　露　李大通　陈　坤　王　峰
戏曲和音乐频道：李　彬　贾建元　夏　雨　周　闫　忱　忱
少儿频道：贺　斌　付　强　赵　影　张丽媛　黄　木
外语频道：袁　静　来云鹤　朱　华　沈小蒙　张　杨　李　颖　张　露　贾佳斌　宋　扬　方　晓　马　辰　刘　畅　杨小巍　李　磊　刘　景
纪录频道：张建新　朱乐贤
大型节目中心：王　浩
海外传播中心：付为民
人力资源管理中心：唐　玥　具春秋
财务管理中心：冯兴涛　王守庆
技术管理中心：李幼林　武佩萱　路朝晖　崔　岳　刘建国　梁　麒
技术制作中心：于海兵　王　炜　许　新　谭　阳　陈海卿　马　悦　高蓉莉　田文东　罗新艳　祁志勇　叶　红　高　岩　郭　超　骆　峰　关海龙　续　航　康正平　李小沛　宫　晖　苑学成
播出传送中心：刘晶晶　张丽娜　邓　楠　郭　荣　陶　湛　慕永晖　杨　言　曾利强　况德新　白少泽　王丽英
资产管理中心：杨　斌　孙苗青　张勇立
发展研究中心：黎　斌
机关党委：闫晓文
监察室：单　良
审计处：段　炼
音像资料馆：王　甫
中国电视报社：万胜昆　闫丹丹
新台址建设工程办公室：王瑞玲　姜宏军
央视总部接收管理办公室：马　蒴　林　辰
中国国际电视总公司：
赵　刚　石宪法　陈维立　王　钧　张　勇　韩春来　白凤海　崔立新　芦燕生　刘香菊　尚德学　邓朴琪　张玉志　周加雪　黄艳蓉　陆海亮　徐建新　刘保平　陈若愚　郑梦晖　陈超英　吕春光　全　卫　张　琳　栾志永　张文庆
中央新闻纪录电影制片厂（集团）：
赵平洋　陆　黎　刘奕奕　段鸣镝　杨　琳　郑　子　贾晓欣　王　欣　祁少华　张晓颖

梁仁红　王　珏　卢喜英
中国电视剧制作中心有限责任公司：
夏晓仟　金　韬　邢英杰　孙志维　冯晓勇
中央卫星电视传播中心：王　娟
中国有线电视网络有限公司：王洁清　张　珊
袁　欣　刘永强
中国广播电视国际经济技术合作总公司：
朱　兢　金　英　潘明华　吕京京

中央电视台台长特别奖获奖名单

集体奖

伦敦奥运报道团队
《东非野生动物大迁徙》直播报道团队
《舌尖上的中国》主创团队
香港回归十五周年报道团队
“天宫”、“神九”载人交会对接报道团队
“蛟龙号”载人深潜报道团队
2012 年欧洲杯转播报道团队

个人奖

奥运报道：方　钢　郁　洁　张　伟　张　斌
栗　斌　慈勤萍　郭　婕　韩乔生
洪　钢　徐　鹏　焦　兆　梁　栋
金　医　李蓓红　李　庆　杨开诺
张　智　朱文韬　纪朝阳　刘　菡
孟凡浩　冬日那　李　洋　邢　成
杨　烁　张　兴　朱　炤　李宝石
王增栓　梁　崴　刘　彭　张天舒
陈文江　康　克　汪　洋　丁　祎
袁文栋　史志刚　薛昭晖　黄小川
陈　宇　刘建国　尹　皓　戴芦新
张力云　孟秋渝　许　新　李小康
国　雯　王　珮　陈　波　徐　波
胡　磊　孙　楠　杨　奇　李　松
薛军洪　陈　明　王嘉勉　陈策明
丁　研　陈格平　林　辉　张大立
祥祖军　宋　蔚　潘晓非　高蓉莉
侯　佳　翟　南　王兰岚　刘　玓
崔　岳　姜柏宁　刘　钢　杨　威
白岩松　于　淼　姬　缘　王　阳
张　君　蒋　励　于　潞　孙　浩
张晓朋　盛　毅　邱　纯　王晓遐
容博东　曹金梅　凌晟珩　钟玉婷
丁同泰　裴　峰　王晓丹　吴　坚
童　瑛　苑文刚　李旭光　俞　雷
东非野生动物大迁徙报道：吴　闯　汪曙光
欧阳倩　宋嘉宁
黄铮铮　沈世一
舌尖上的中国：陈晓卿　朱乐贤　张铭欢
李　慷　周　俊　李艳峰
香港回归 15 周年报道：何晓鹏　张　磊
王　潇　孙　迅　马亚阳　侯　军
董　倩　宋　镜　赵　钢　欧阳夏丹
赵雪松　刘　舸　沙　晨　王　浩
梁　麒　荆甫礼　付　威　盛　楠
罗　雷　陶　铮
“天宫”、“神九”载人对接报道：李　洁　崔　霞
何绍伟　冀惠彦　张泉灵　刘若欠
张梦溪　康　辉　薛小妹　沈小蒙
韩　峰　武新兴　刘　学　陈　辰
王　璐
“蛟龙号”载人深潜报道：孙　艳　周　旋
欧洲杯报道：许　伟　张　斌　贺　炜　李　铭
卢　爽　胡江波　马　鑫　刘　畅
陈　京　符　亮　朱海涛　韩东光

SHOUZHONGDIAOCHA YANFA

受众调查·研发

受众调查·研发

2012年中央电视台收视分析

一、全国电视市场收视概况

2012 年全国电视市场总量为人均每日收看电视 164 分钟，比 2011 年增多 1 分钟。

全年分周收视量走势显示，自下半年开始，2012 年各周的收视率水平整体略高于 2011 年同期，年底呈现收视持续增长的趋势（见图 1）。

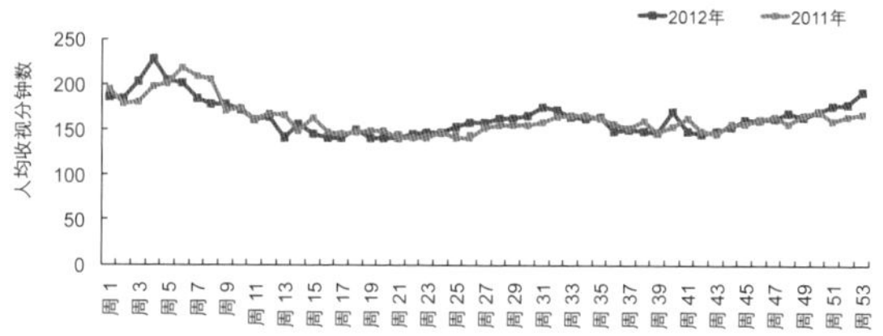

图1　2012年和2011年全国市场收视年度走势

2012 年全天多时段的收视走势与 2011 年基本一致。中午至下午时段收视略有增长，晚间高峰继续稳固（见图 2）。

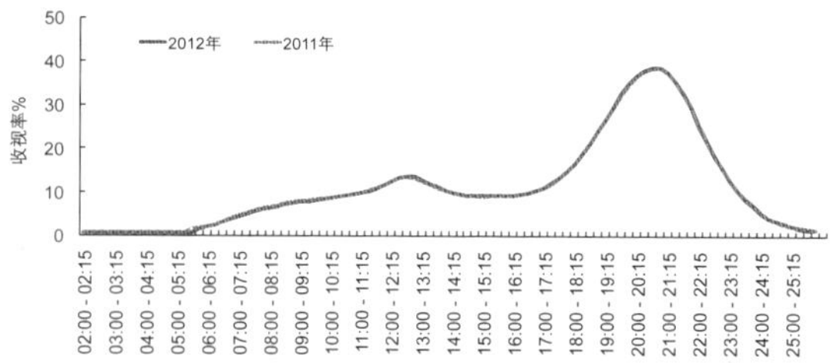

图2　2012年和2011年全国市场收视时段走势

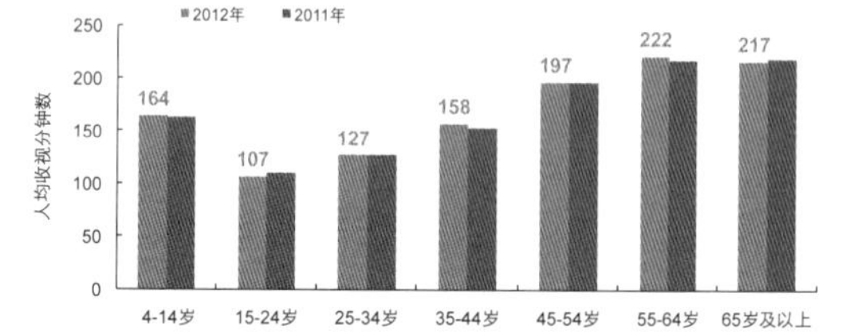

图3　2012年和2011年全国市场各年龄段观众收视量

与 2011 年相比，2012 年中央电视台频道组和上星频道组市场份额有小幅提升，其他频道组市场份额有所降低（见图 4）。

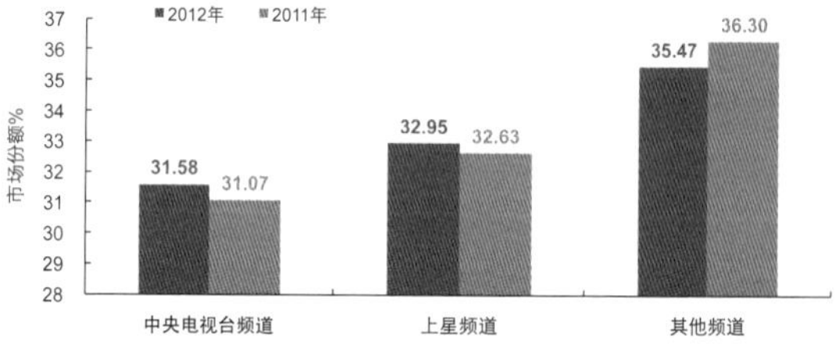

图4　2012年和2011年全国市场各级频道竞争态势

城市观众更多收看中央电视台（32.6%），乡村观众更多收看上星频道（33.7%），其他频道二者差异不大（见图 5）。

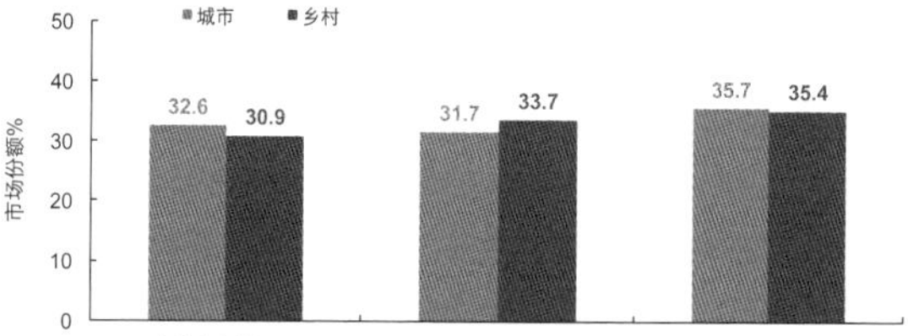

图5　2012年全国市场各级频道城乡竞争态势

2012 年，中央电视台频道组周五至周日的市场份额略高于工作日，上星频道组在周六、周日市场份额明显较高，这一特征在全天和晚间时段都有体现（见图 6、图 7）。

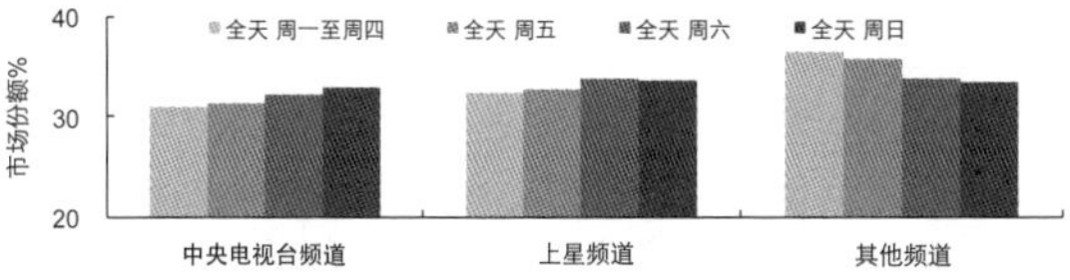

图6　各级频道周天竞争态势（全天）

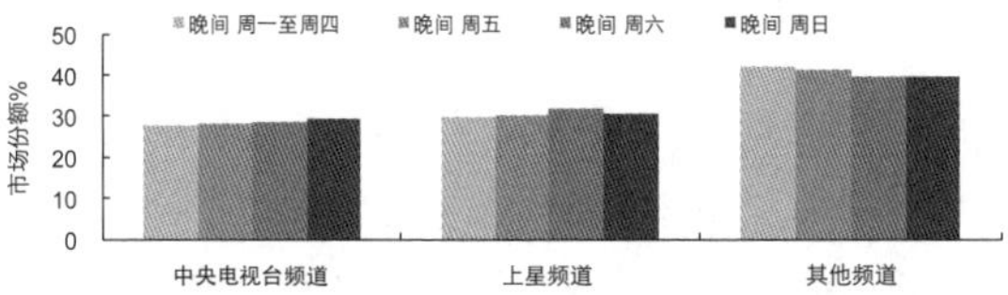

图7　各级频道周天竞争态势（晚间18:00～24:00）

中央电视台在 55 岁及以上观众中份额较高，在 15 ～ 24 岁观众中市场份额明显较低。上星频道组与之相反，在青少年观众、尤其是 15 ～ 24 岁观众中竞争力较强，在 55 岁及以上观众中竞争力明显较弱。其他频道组在各年龄段观众中市场份额差异不明显（见图 8）。

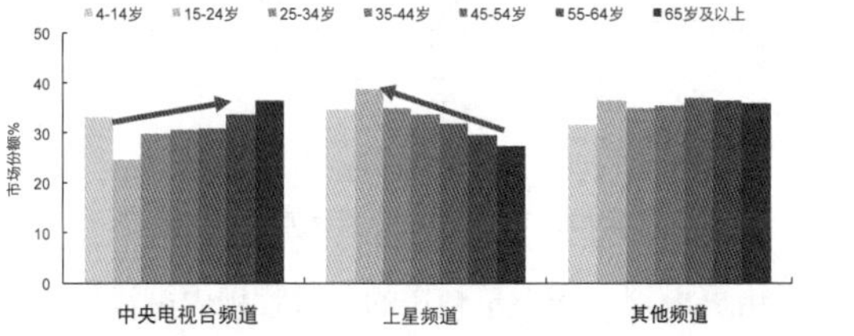

图8　各级频道在目标观众中的竞争态势：年龄

未受过正规教育和大学及以上教育程度的观众收看中央电视台的比例更多。中等学历观众收看上星频道和其它频道的比例更多（见图 9）。

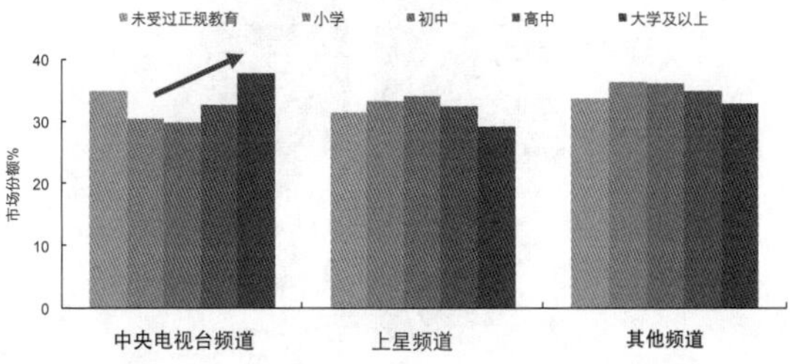

图9　各级频道在目标观众中的竞争态势：教育程度

中央电视台收视高峰在 19:00 ～ 22:00 时段，17:45 ～ 20:00 时段收视率水平高于上星频道组收视水平。上星频道在 19:30 之后开始进入收视上升期，在 20:00 ～ 22:00 之间达到全天收视的最高水平。

2012 年各级频道的全天收视趋势与 2011 年一致，中央电视台频道和地面频道都在 19:00 ～ 22:00 之间达到全天最高收视率。中央电视台和上星频道的晚间收视变化分为两段，18:00 ～ 20:00 中央电视台收视率领先优势较大，20:00 之后上星频道组的收视超过中央电视台（见图 10）。

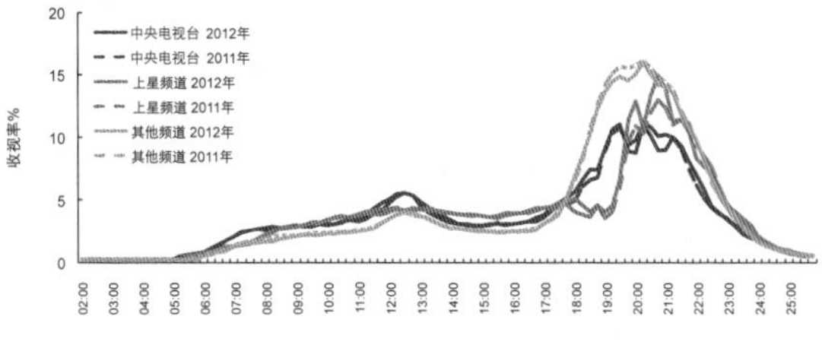

图10　2012年和2011年各级频道收视对比：全天时段走势

相比 2011 年，2012 年 CCTV-1 综合频道市场份额有所下降，但依然具有大幅领先优势。安徽卫视与 2011 年相比，份额有所减少，尚未达到 2%。在市场份额超过 2% 的其他频道中，湖南卫视、CCTV-6 电影频道和 CCTV-3 综艺频道的份额较 2011 年有所下滑，CCTV-14 少儿频道和 CCTV-8 电视剧频道位于前列，CCTV-13 新闻频道和 CCTV-4 中文国际频道的份额也有所提升，上星频道中江苏卫视和山东卫视也跻身其中（见图 11）。

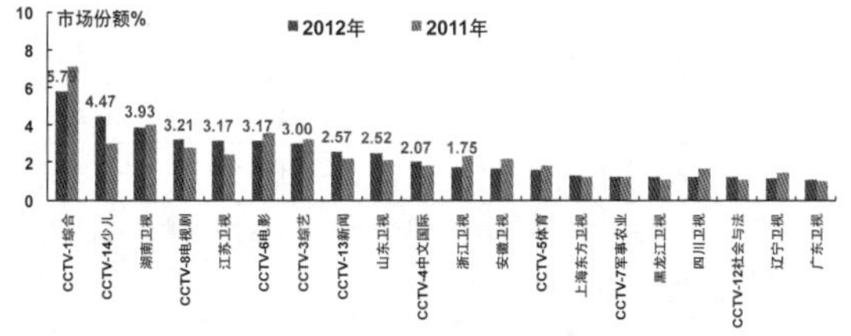

图11　2012年和2011年全国市场上星频道市场份额

CCTV-1 综合频道在日间和晚间黄金时段收视率大幅度高于其他频道，CCTV-14 少儿频道高收视时段主要在 06:00 ～ 21:00 时段，湖南卫视和江苏卫视后晚间 22:00 ～ 24:00 时段竞争力较强，其他频道收视竞争激烈（见图 12）。

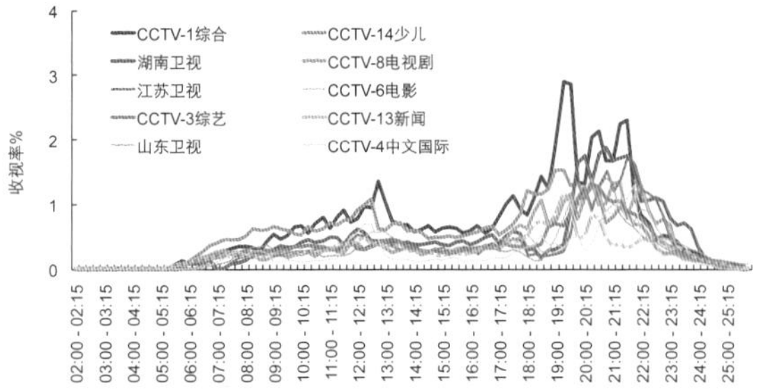

图12　2012年市场份额排名前10位上星频道时段收视走势

CCTV-1 综合频道在全国电视市场中的领先优势在逐步缩小，CCTV-14 少儿频道收视增长明显，位居全国第二。湖南卫视收视份额小幅下降，位居第三。CCTV-8 电视剧频道、CCTV-6 电影频道分列第四、第五（见表 1）。

表1　2012年、2011年全国上星频道全天市场份额排名（%）

排名	频道	2012	2011
1	CCTV-1 综合	5.79	7.11
2	CCTV-14 少儿	4.47	2.99
3	湖南卫视	3.93	4.05
4	CCTV-8 电视剧	3.21	2.78
5	CCTV-6 电影	3.17	3.63
6	江苏卫视	3.17	2.43
7	CCTV-3 综艺	3.00	3.27
8	CCTV-13 新闻	2.57	2.19
9	山东卫视	2.52	2.15
10	CCTV-4 中文国际	2.07	1.87
11	浙江卫视	1.75	2.33
12	安徽卫视	1.73	2.22
13	CCTV-5 体育	1.65	1.82
14	上海东方卫视	1.31	1.27
15	CCTV-7 军事·农业	1.26	1.23
16	黑龙江卫视	1.26	1.12
17	四川卫视	1.24	1.69
18	CCTV-12 社会与法	1.22	1.07
19	辽宁卫视	1.17	1.46
20	广东卫视	1.12	1.00

收视领先频道中的多数中央电视台频道在男性观众中市场份额更高，其中 CCTV-1 综合频道、CCTV-6 电影频道、CCTV-13 新闻频道、CCTV-4 中文国际频道、CCTV-5 体育频道和 CCTV-7 军事·农业频道较为突出。CCTV-14 少儿频道中男性观众的市场份额也高于女性观众。

CCTV-8 电视剧频道和上星频道多在女性观众中赢得更高份额，其中湖南卫视在女性中市场份额十分突出（见图 13）。

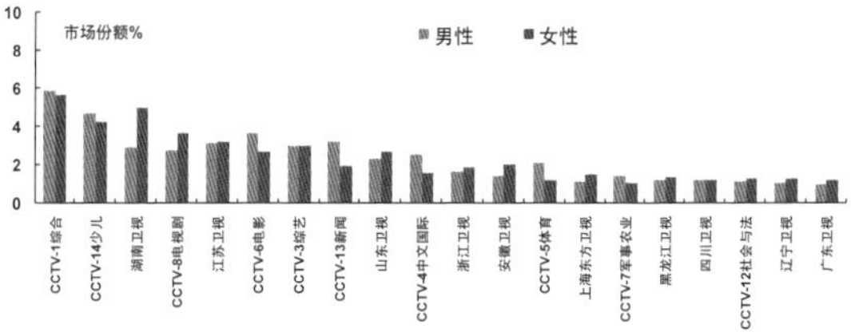

图13　市场份额排名前20位上星频道市场份额分布：性别

随着年龄增大，CCTV-1 综合频道、CCTV-3 综艺频道、CCTV-4 中文国际频道、CCTV-8 电视剧频道和 CCTV-13 新闻频道市场份额逐渐增高。湖南卫视和江苏卫视则更多为年轻观众选择，其中湖南卫视更受 15 ～ 24 岁年轻观众欢迎（见图 14）。

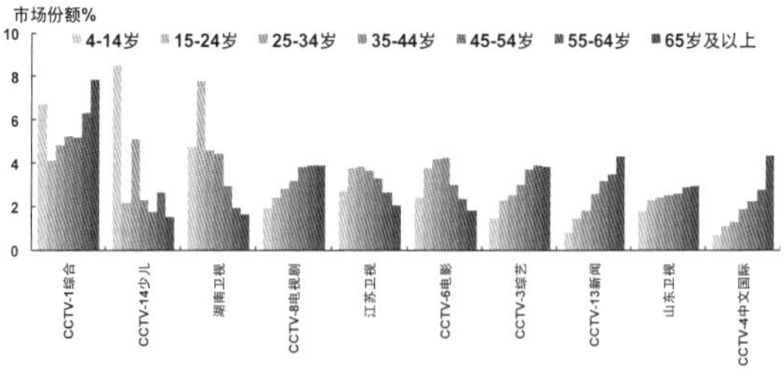

图14　市场份额排名前10位上星频道市场份额分布：年龄

中央电视台和上星频道的节目收视中电视剧收视贡献比例最大，为 35%；其次是综艺和新闻 / 时事节目，分别占 11% 和 10%；专题、青少、电影和生活服务节目收视贡献比例相近，在 5% ～ 8% 之间（见图 15）。

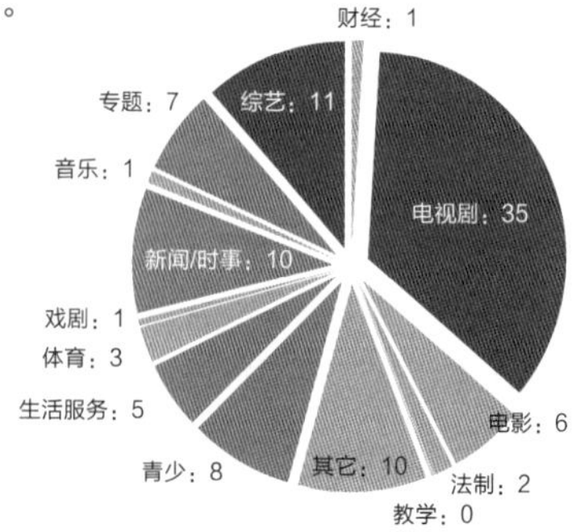

图15　2012年上星频道节目类型收视分布

在电视剧、新闻和综艺三大节目类型收视量竞争中，中央电视台和上星频道在电视剧中的收视量均略有提升，上星频道在综艺节目中的收视量略有下降。其他主要节目类型中，除电影和生活服务类节目外，中央电视台收视份额都有不同程度提升（见图16、图17）。

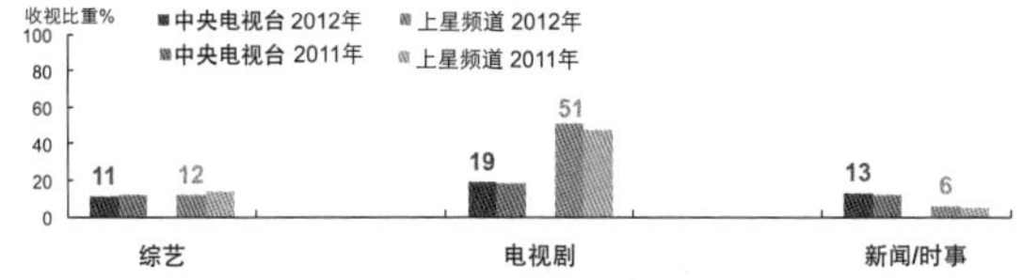

图16　2012年和2011年上星频道在电视剧、新闻/时事和综艺节目市场的收视份额对比

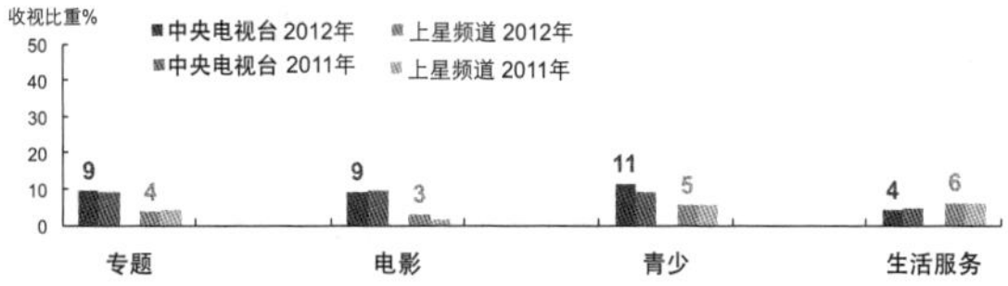

图17　2012年和2011年上星频道在电影、青少、生活服务和专题节目市场的收视份额对比

2012年中央电视台和上星频道各自的节目构成整体相对稳定，具体变化体现在：中央电视台电视剧、电影、法制和专题类节目播出有所增多，其中专题类增幅明显。另外，受伦敦奥运会影响，体育类节目播出量也有所增加。受管理条例影响，上星频道加大了电视剧、电影、法制、生活服务和新闻/时事类节目播出比重，综艺节目播出量减少幅度较大（见图18）。

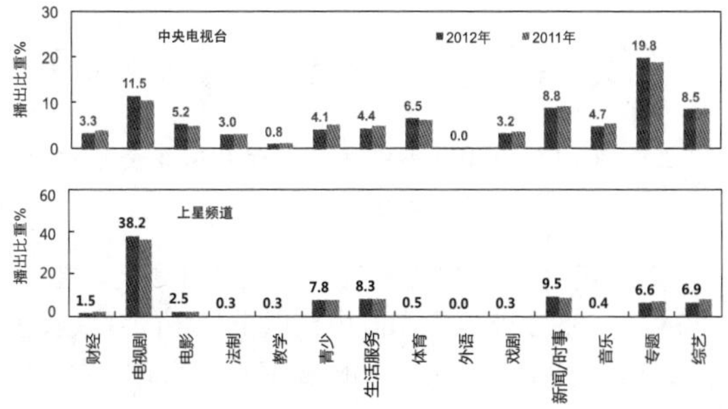

图18　2012年和2011年中央电视台和上星频道各类节目播出比重

电视剧、综艺对于中央电视台和上星频道都是最大的收视来源。除电视剧外，多个节目类型对中央电视台的收视贡献相当（专题、综艺、电影、青少和新闻等）；上星频道收视来源相对单一，高度依赖电视剧和综艺。

相比2011年，2012年中央电视台收视中来自电视剧的贡献略有提升，青少、体育、新闻/时事、音乐和专题类节目的收视比重增大；上星频道电视剧和电影收视贡献有所提升，综艺节目收视量有所减少，其他主要节目类型收视比重变化较小（见图19）。

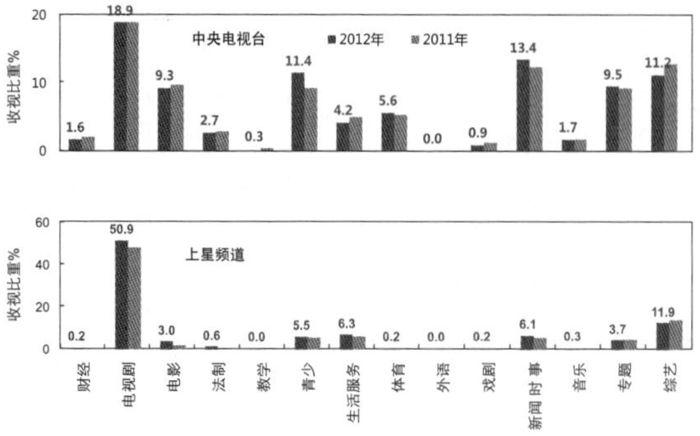

图19　2012年和2011年中央电视台和上星频道各类节目收视比重

表2　2012年全国电视市场收视较高的电视剧

排名	电视剧	频道	收视率%
1	国门英雄	CCTV-1	3.81
2	幸福妈妈	湖南卫视	3.64
3	麻辣女兵	湖南卫视	3.04
4	阳光路上	CCTV-1	2.73
5	宫锁珠帘	湖南卫视	2.72
6	樱桃	山东卫视	2.69
7	木府风云	CCTV-1	2.67
8	便衣支队	CCTV-1	2.60
9	誓言今生	CCTV-1	2.55
10	隋唐英雄	湖南卫视	2.54
11	非常有喜	湖南卫视	2.46
12	温州一家人	CCTV-1	2.25
13	感动生命	CCTV-1	2.25
14	加油妈妈	湖南卫视	2.20
15	生死依托	CCTV-1	2.16

续表

排名	电视剧	频道	收视率%
16	知青	CCTV-1	2.15
17	火蓝刀锋	CCTV-1	2.14
18	樱桃	黑龙江卫视	2.10
19	火蓝刀锋	CCTV-8	2.08
20	天涯明月刀	湖南卫视	2.07

表3　2012年全国市场收视较高的综艺节目

排名	名称	频道	收视率%
1	非诚勿扰	江苏卫视	2.07
2	快乐大本营	湖南卫视	2.02
3	中国好声音	浙江卫视	1.98
4	星光大道	CCTV-3	1.69
5	正大综艺墙来啦	CCTV-1	1.48
6	梦想合唱团	CCTV-1	1.47
7	我要上春晚	CCTV-3	1.45
8	CCTV直通春晚2012	CCTV-3	1.25
9	分秒必争	CCTV-1	1.22
10	CCTV综艺盛典	CCTV-3	1.22
11	回声嘹亮	CCTV-3	1.14
12	天天向上	湖南卫视	1.13
13	国际艺苑	CCTV-1	1.10
14	我们有1套	CCTV-1	1.08
15	非常6+1	CCTV-3	1.07
16	向幸福出发	CCTV-3	1.01
17	欢乐一家亲	CCTV-3	1.00
18	见证奇迹	CCTV-3	0.95
19	百里挑一	上海东方卫视	0.93
20	综艺喜乐汇	CCTV-3	0.92

注：常规栏目排名，不包含单天或短期播出的晚会、特别节目等。

二、中央电视台整体收视表现

中央电视台频道组2012年在城市的市场竞争力低于2011年，在乡村的竞争力则有所上升（见图20）。

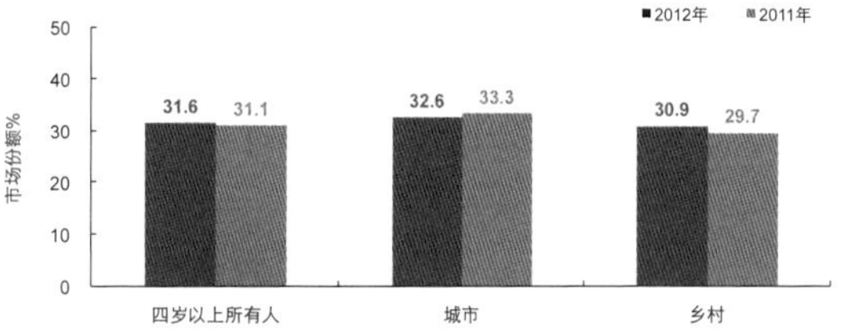

图20　2012年和2011年中央电视台频道组在城乡市场的竞争力

2012年与2011年相比，中央电视台频道组白天和傍晚时段收视普遍有所提升。中午11:00～14:00和傍晚17:30～19:45时段收视率增长较明显（图21）。

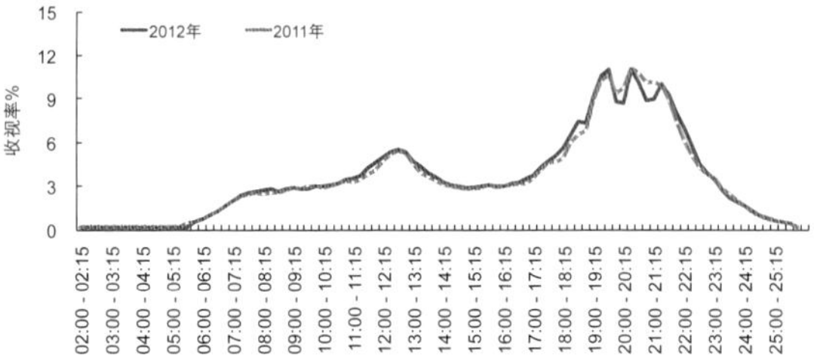

图21　2012年和2011年中央电视台频道组全天收视率走势

2012年与2011年相比，中央电视台在春节、伦敦奥运会、钓鱼岛事件和党的十八大期间表现更加突出（见图22）。

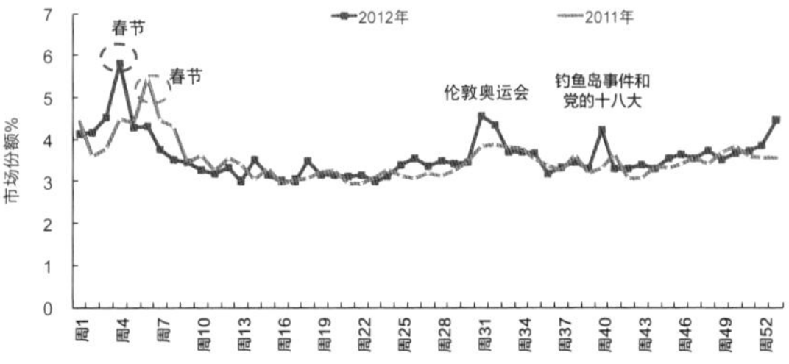

图22　2012年和2011年中央电视台频道组全年收视时期趋势

2012年中央电视台频道组与2011年相比，除15～34岁、65岁及以上和高中及以上学历的观众收视下降以外，其他所有观众的收视率水平均有一定幅度的增长。4～14岁儿童收视增长尤为明显，小学及以下教育程度观众的收视上升也较显著（见图23）。

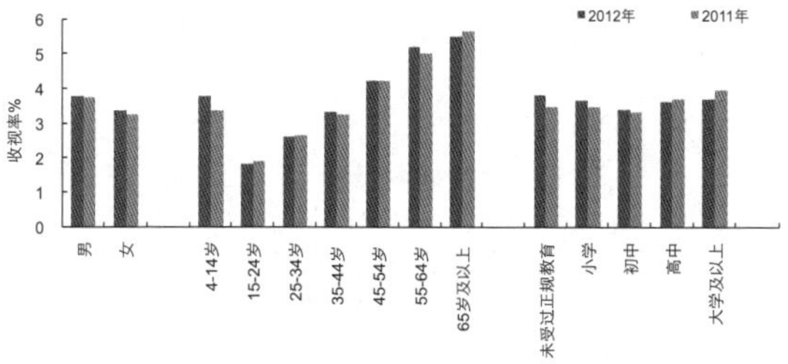

图23　2012年和2011年中央电视台频道组收视率对比：性别、年龄、教育程度

与2011年相比，4～14岁、35～44岁、55～64岁和小学及以下教育程度观众的收视倾向有所提升，其中4～14岁儿童收视倾向的增幅较为明显（见图24）。

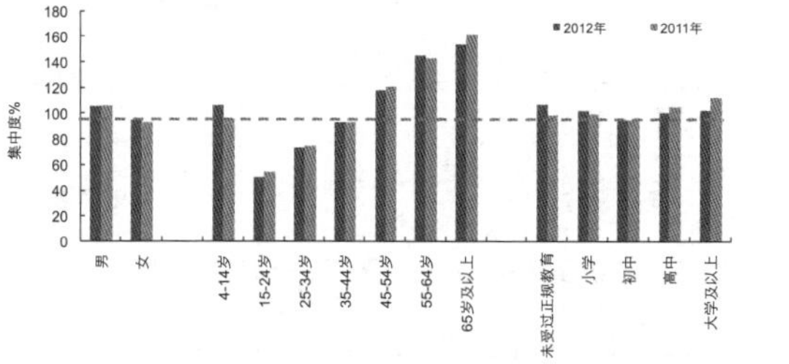

图24　2012年和2011年中央电视台频道组收视集中度对比：性别、年龄、教育程度

三、中央电视台分频道收视表现

与2011年相比，CCTV-1综合频道收视下降最为明显，市场份额减少1.32个百分点；CCTV-2财经频道、CCTV-3综艺频道、CCTV-5体育频道、CCTV-6电影频道和CCTV-10科教频道也有一定幅度的下降（见图25）。

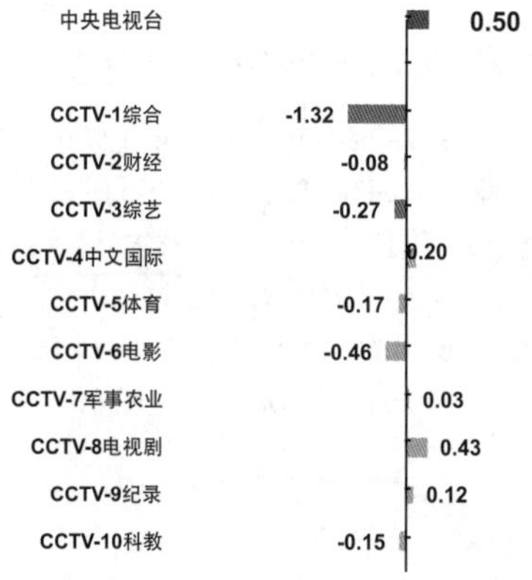

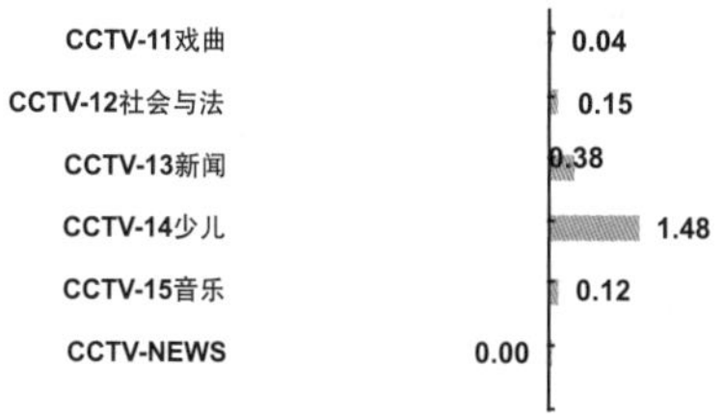

图25　2012年和2011年中央电视台分频道市场份额年度变化

CCTV-4中文国际频道、CCTV-7军事·农业频道、CCTV-8电视剧频道、CCTV-9纪录频道、CCTV-11戏曲频道、CCTV-12社会与法频道、CCTV-13新闻频道、CCTV-14少儿频道和CCTV-15音乐频道的收视份额有所提升，其中CCTV-14少儿频道份额增幅较明显（见图26）。

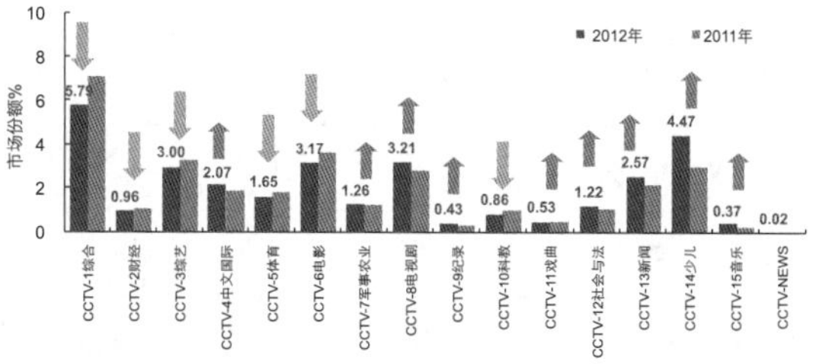

图26　2012年和2011年中央电视台分频道市场份额

中央电视台综合频道节目类型多样（见表4）。

表4　2012年CCTV-1综合频道和CCTV-4中文国际频道的节目特征

CCTV-1综合	播出比重%	收视比重%
财经	0.01	0.00
电视剧	28.99	34.31
电影	1.03	0.92
法制	3.47	3.77
其他	10.60	11.05
青少	6.41	9.02
生活服务	5.73	6.91
体育	3.96	3.63
戏剧	0.09	0.07
新闻/时事	16.72	17.21
音乐	0.46	0.10
专题	14.36	4.91
综艺	8.18	8.10

CCTV-4中文国际	播出比重%	收视比重%
教学	3.01	1.27
其他	7.10	6.12
青少	0.26	0.15
生活服务	4.24	2.85
体育	1.94	1.23
戏剧	0.37	0.02
新闻 / 时事	34.53	53.40
音乐	2.11	1.67
专题	27.49	16.07
综艺	7.84	8.16

中央电视台专业频道实至名归（见表5）。

表5　2012年中央电视台专业频道专业节目类型收播状况

频道	节目类型	播出比重%	收视比重%
CCTV-2财经	财经	49.30	52.67
CCTV-3综艺	综艺	70.07	75.01
CCTV-5体育	体育	86.31	86.43
CCTV-6电影	电影	71.52	83.00
CCTV-7军事·农业	专题	46.95	58.89
CCTV-8电视剧	电视剧	84.66	86.52
CCTV-9 纪录	专题	83.57	86.05
CCTV-10科教	专题	56.51	72.16
CCTV-11戏曲	戏剧	46.93	51.87
CCTV-12社会与法	法制	38.74	45.39
CCTV-13新闻	新闻 / 时事	79.72	81.68
CCTV-14少儿	青少	47.76	67.92

1. CCTV-1 收视情况

从分周收视走势来看，CCTV-1 综合频道在 2012 年多数时期收视水平较 2011 年同期有所下降。春节期间的收视低于 2011 年春节期间收视水平，之后收视走势相对平稳，11 月以来走势略有上扬（见图 27）。

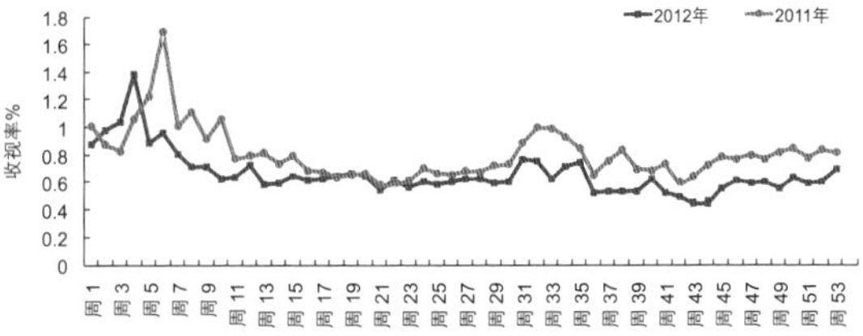

图27　2012年和2011年CCTV-1分周收视走势

CCTV-1 综合频道 2012 年在晚间 18:30 ~ 22:00 时段的收视水平低于 2011 年同期水平，对于频道整体收视影响较大（见图 28）。

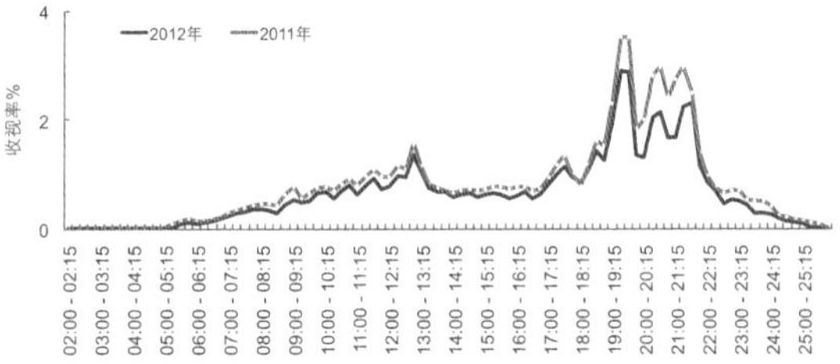

图28　2012年和2011年CCTV-1时段收视走势

与 2011 年相比，2012 年 4 ~ 14 岁、55 岁及以上、未受过正规教育、高中及以上教育程度的目标观众对 CCTV-1 综合频道的收视倾向均有一定的增长。15 ~ 54 岁和小学至初中学历观众对频道的收视倾向则有所下降（见图 29）。

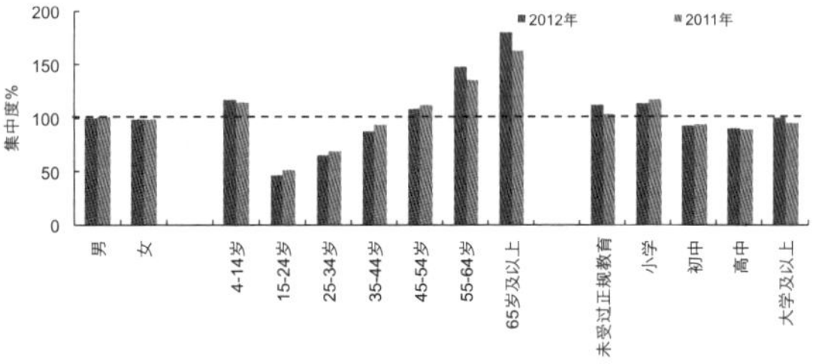

图29　2012年和2011年CCTV-1观众集中度

CCTV-1 综合频道在 2012 年上映的 20 部电视剧平均收视率为 2.04%，低于 2011 年同期 3.03%。其中，《国门英雄》、《阳光路上》、《便衣支队》、《木府风云》、《温州一家人》10 部剧目收视超过 2.04%，其他如《阿丕书记》、《我们的法兰西岁月》等 10 部剧目收视未达到 2012 年平均收视率水平（见图 30、图 31）。

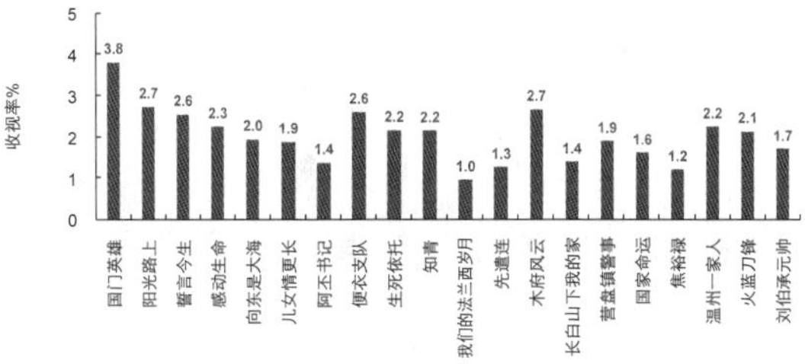

图30　2012年CCTV-1晚间黄金档电视剧收视率

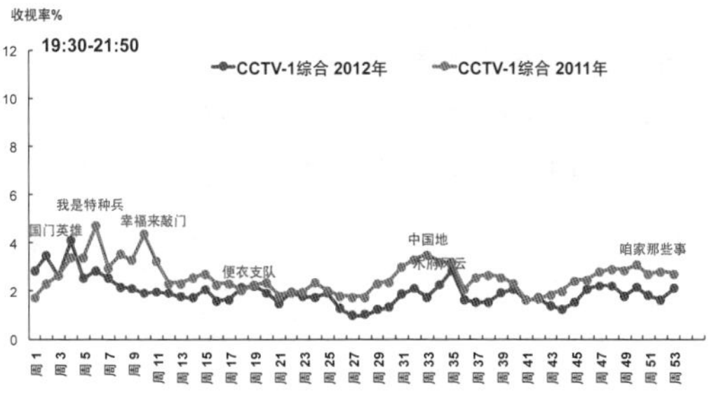

图31　2012年和2011年CCTV-1晚间时段电视剧收视率

2. CCTV-2 收视情况

从分周收视走势来看，各周收视水平十分稳定，CCTV-2 财经频道与 2011 年同期整体保持同一水平。另外，春节期间收视略高于 2011 年春节同期水平（见图 32）。

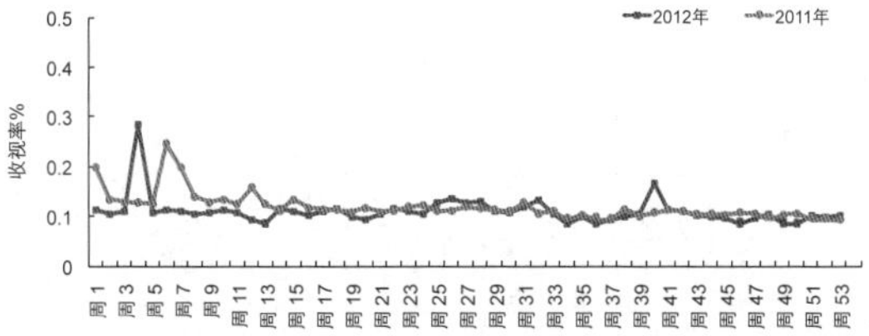

图32　2012年和2011年CCTV-2分周收视走势

CCTV-2 财经频道在午间 12:30 ~ 13:30 时段和晚间的 19:00 ~ 23:00 时段收视较 2011 年同期均有所下降，17:30 ~ 18:45 时段收视率有所提升（见图 33）。

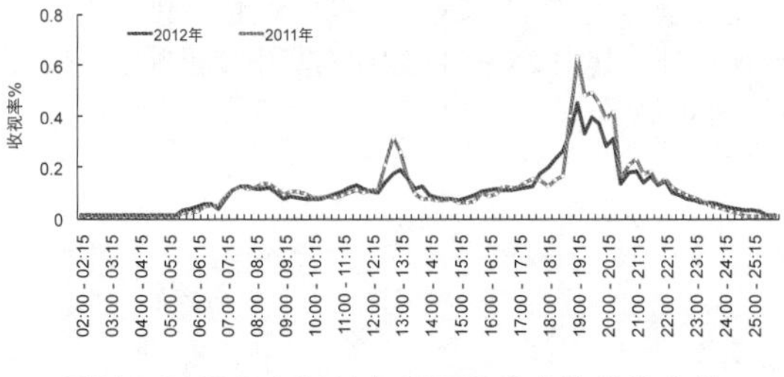

图33　2012年和2011年CCTV-2时段收视走势

2012 年，25 ~ 34 岁、45 岁及以上和高中及以上观众对 CCTV-2 财经频道的收视倾向较 2011 年有所下降（见图 34）。

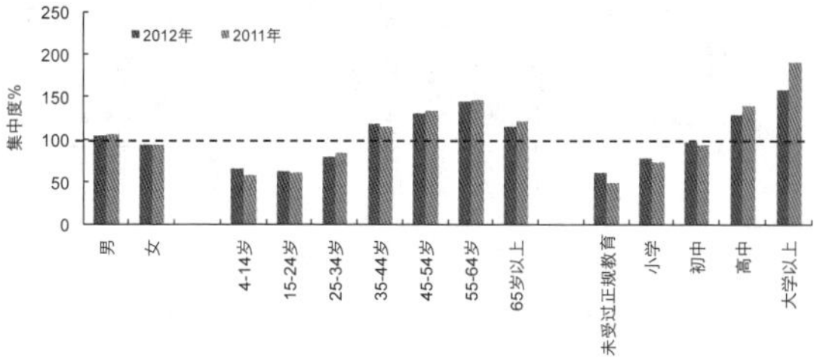

图34　2012年和2011年CCTV-2观众集中度

3. CCTV-3 收视情况

2012 年，CCTV-3 综艺频道春节期间收视水平明显低于 2011 年春节同期水平，3 月以来收视率走势有所上扬，收视水平接近或超过 2011 年同期（见图 35）。

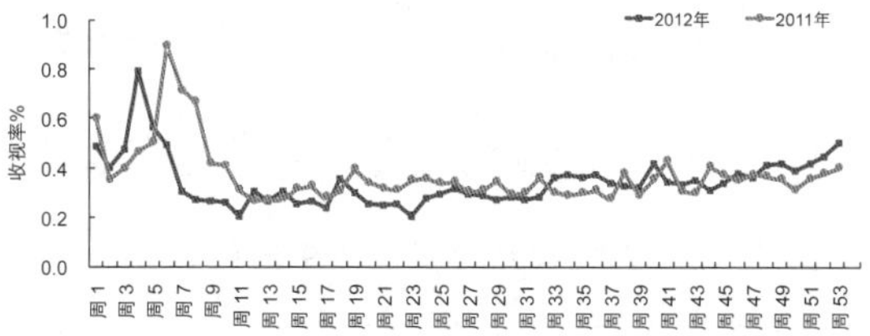

图35　2012年和2011年CCTV-3分周收视走势

与 2011 年相比，CCTV-3 综艺频道 2012 年在 12:00 ~ 13:00 时段和 19:45 ~ 22:00 时段收视率有所下滑，10:45 ~ 11:45 时段收视率有所提升（见图 36）。

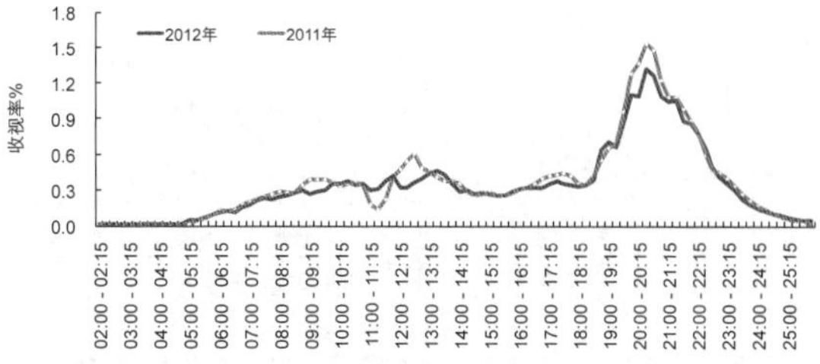

图36　2012年和2011年CCTV-3时段收视走势

与 2011 年相比，2012 年 44 岁及以下、未受过正规教育和初中及以上教育程度的观众收视倾向有所下滑；而 45 岁及以上和小学教育程度的观众收视倾向有所增长（见图 37）。

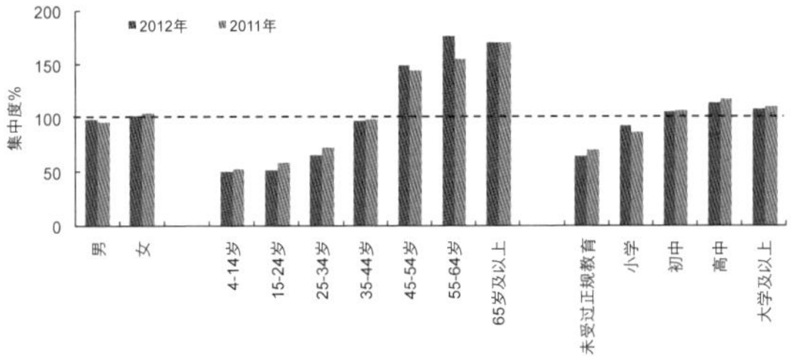

图37　2012年和2011年CCTV-3观众集中度

4. CCTV-4 收视情况

2012 年，CCTV-4 中文国际频道各周收视走势呈上扬态势，春节期间和重大事件报道期间收视水平高于 2011 年同期（见图 38）。

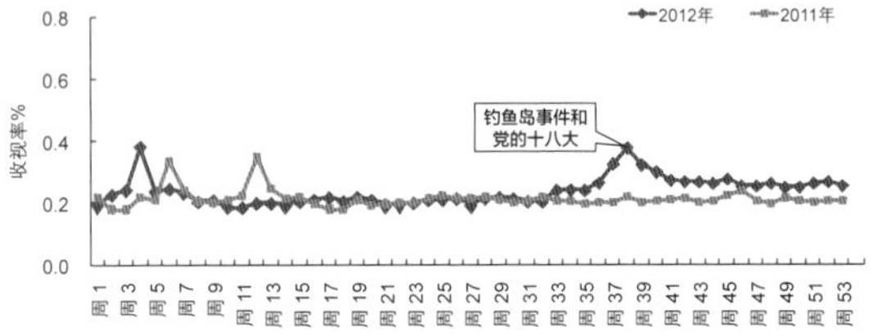

图38　2012年和2011年CCTV-4分周收视走势

与 2011 年相比，2012 年 CCTV-4 中文国际频道早间 07:00 ～ 09:00 时段、午间 11:30 ～ 13:00 时段和晚间 20:30 ～ 22:15 时段收视水平有所提升，晚间 18:30 ～ 20:15 时段收视水平则有所下降（见图 39）。

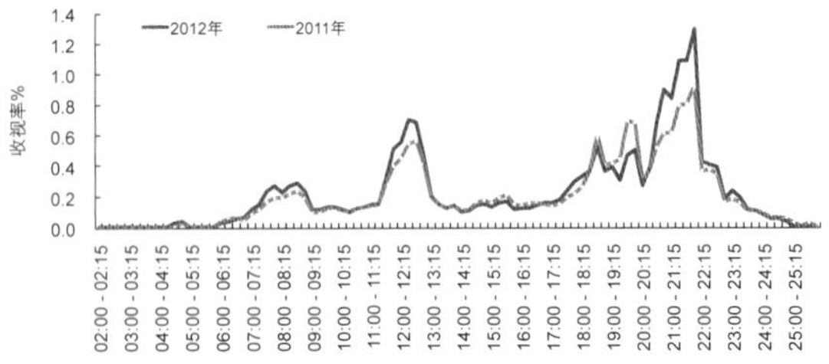

图39　2012年和2011年CCTV-4时段收视走势

与 2011 年相比，2012 年男性、35 ～ 44 岁、55 ～ 64 岁和小学至初中教育程度观众对 CCTV-4 中文国际频道的收视倾向有较明显增长（见图 40）。

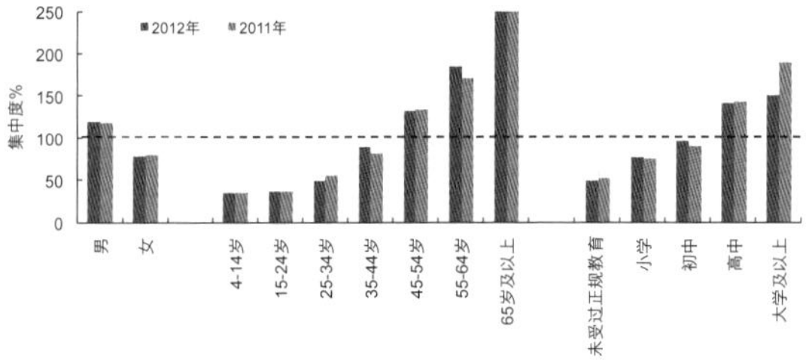

图40　2012年和2011年CCTV-4观众集中度

5. CCTV-5 收视情况

CCTV-5 体育频道 2012 年奥运期间收视水平大幅冲高，其余时期收视水平低于 2011 年同期（见图 41）。

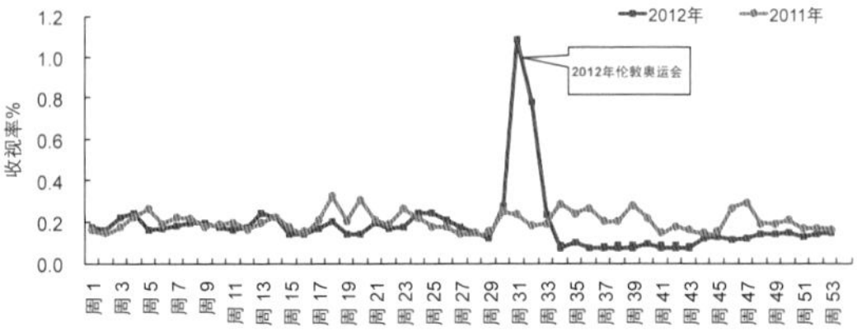

图41　2012年和2011年CCTV-5分周收视走势

2012 年，CCTV-5 体育频道全天多个时段收视率水平较 2011 年同期有不同程度下滑（见图 42）。

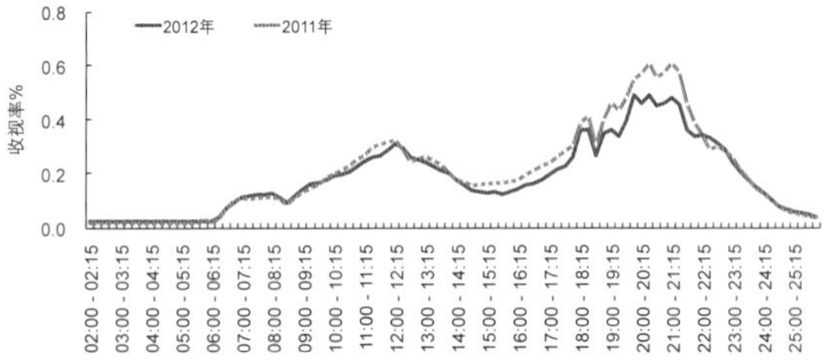

图42　2012年和2011年CCTV-5时段收视走势

与 2011 年相比，2012 年 55 岁及以上和高中及以下学历观众收看 CCTV-5 体育频道的倾向度有所下降，其中 65 岁及以上观众集中度下降幅度更大。受伦敦奥运会影响，54 岁及以下中青年观众集中度有所提升，其中 35 ～ 44 岁观众集中度提升幅度较大（见图 43）。

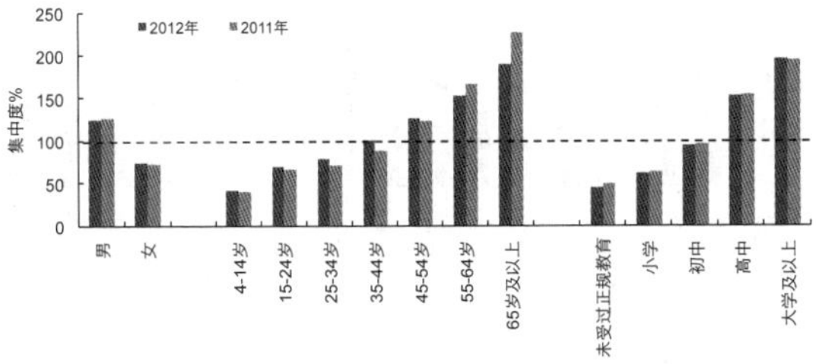

图43　2012年和2011年CCTV-5观众集中度

6. CCTV-6 收视情况

从 2012 年分周收视率走势来看，CCTV-6 电影频道收视走势相对平稳，但整体收视水平低于 2011 年同期（见图 44）。

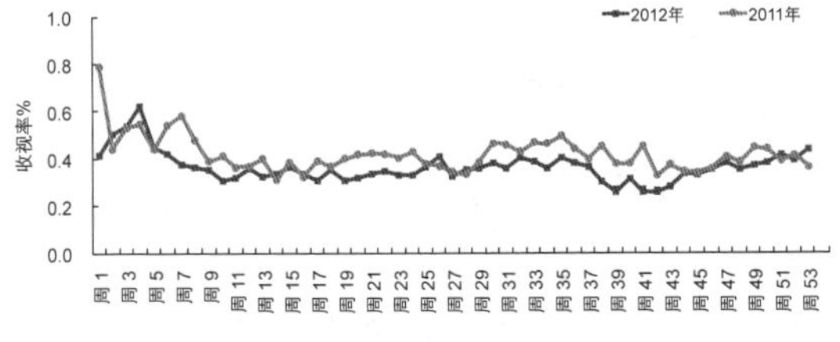

图44　2012年和2011年CCTV-6分周收视走势

2012 年 CCTV-6 电影频道在 17:00 ～ 18:45 时段和 19:45 ～ 21:30 时段较 2011 年同期有明显下降，21:30 ～ 22:45 时段收视率有所提升（见图 45）。

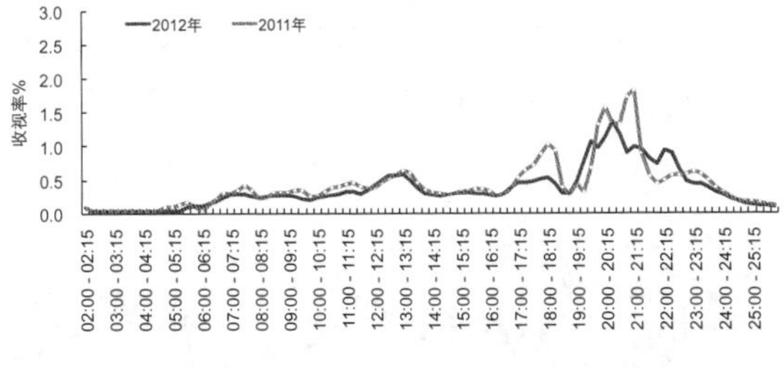

图45　2012年和2011年CCTV-6时段收视走势

与 2011 年相比，2012 年 CCTV-6 电影频道男性、4 ～ 14 岁、45 岁及以上、小学及以下和高中学历观众的集中度有所下降（见图 46）。

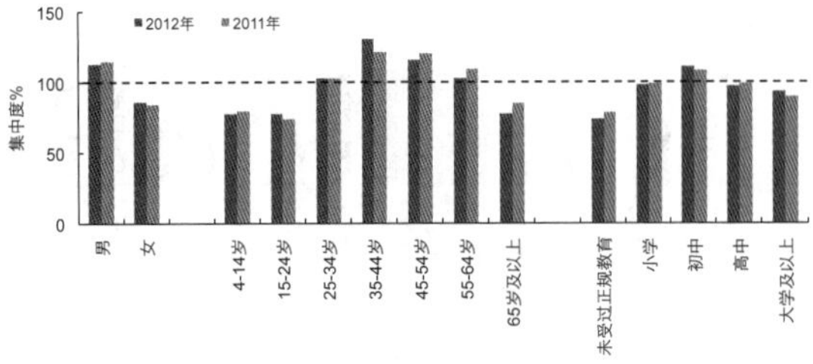

图46　2012年和2011年CCTV-6观众集中度

7. CCTV-7 收视情况

从 2012 年分周收视率走势来看，CCTV-7 军事·农业频道各周收视较为平稳，且 1 月～ 8 月收视水平普遍高于 2011 年同期（见图 47）。

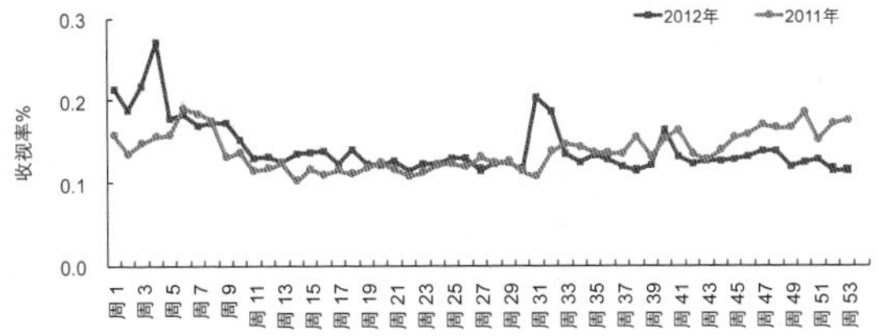

图47　2012年和2011年CCTV-7分周收视走势

CCTV-7 军事·农业频道在 2012 年全天收视表现中，07:00 ～ 09:00 时段、11:30 ～ 12:45 时段和晚间 21:00 左右收视率水平较 2011 年同期增幅较大（见图 48）。

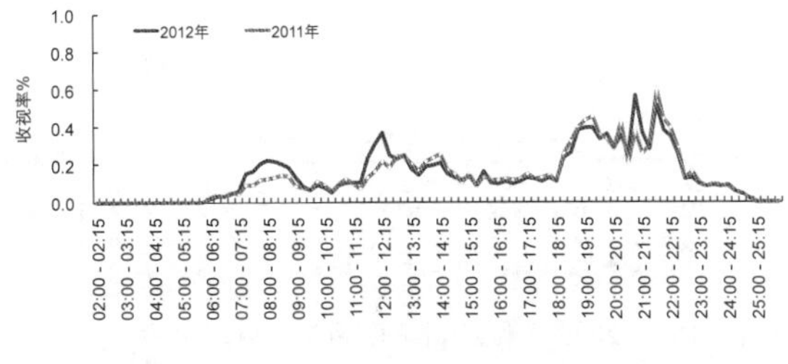

图48　2012年和2011年CCTV-7时段收视走势

相比 2011 年，2012 年 44 岁及以下、未受过正规教育和高中学历的观众收视程度略有降低；45 岁及以上、小学至初中和大学及以上学历观众的收视倾向略有提升（见图 49）。

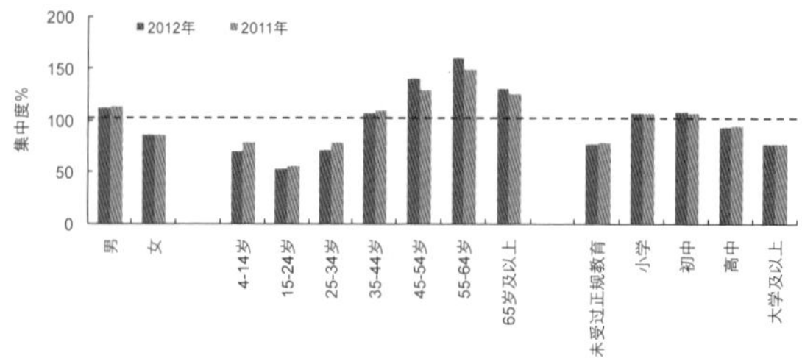

图49　2012年和2011年CCTV-7观众集中度

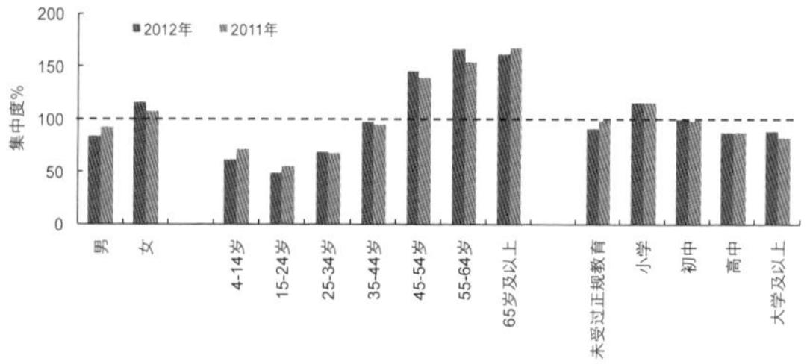

图52　2012年和2011年CCTV-8观众集中度

8. CCTV-8 收视情况

从全年分周收视率走势来看，CCTV-8 电视剧频道在 2012 年 1 月～ 6 月、9 月～ 11 月中旬和 12 月中下旬的收视水平均高于 2011 年同期水平（见图 50）。

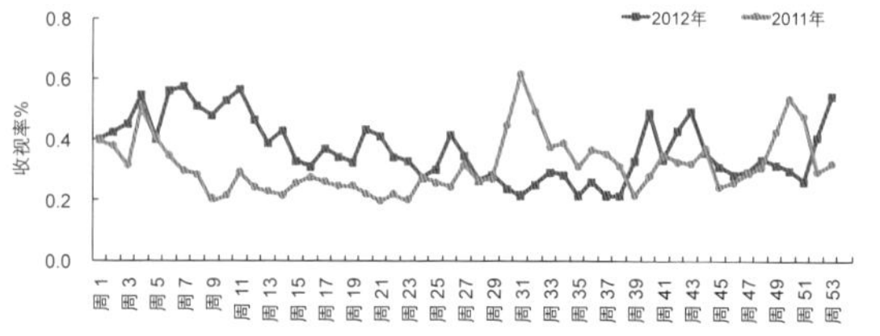

图50　2012年和2011年CCTV-8分周收视走势

相比 2011 年，CCTV-8 电视剧频道在 2012 年 12:15 之后多个时段收视水平有所提升，其中晚间 17:45 ～ 23:15 时段收视率增幅更为明显（见图 51）。

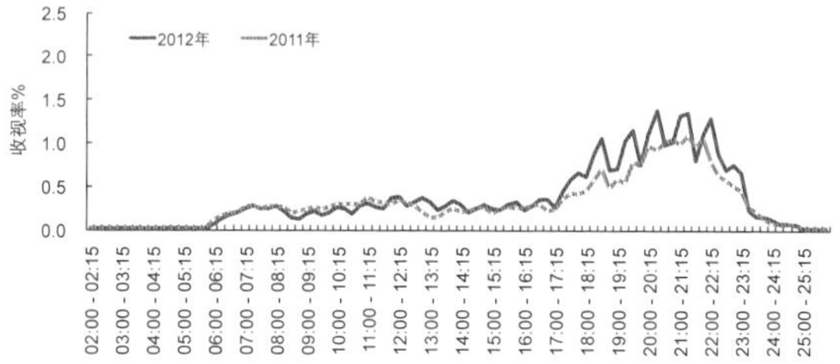

图51　2012年和2011年CCTV-8时段收视走势

2012 年 CCTV-8 电视剧频道在 4 ～ 24 岁、65 岁及以上、未受过正规教育和高中教育程度观众中收视倾向比 2011 年有所下降；25 ～ 64 岁、小学至初中和大学及以上学历观众对 CCTV-8 电视剧频道的收视倾向有所提升，其中 55 ～ 64 岁观众表现最为明显（见图 52）。

CCTV-8 电视剧频道 2012 年黄金档电视剧收视超过 2011 年水平 (2012 年 CCTV-8 电视剧频道晚间黄金档电视剧平均收视率为 1.13% ，2011 年频道同时段黄金档电视剧平均收视率 1%)，上半年电视剧普遍高于 2012 年平均水平，下半年第三季度和 12 月底播出的电视剧收视水平较高（见图 53）。

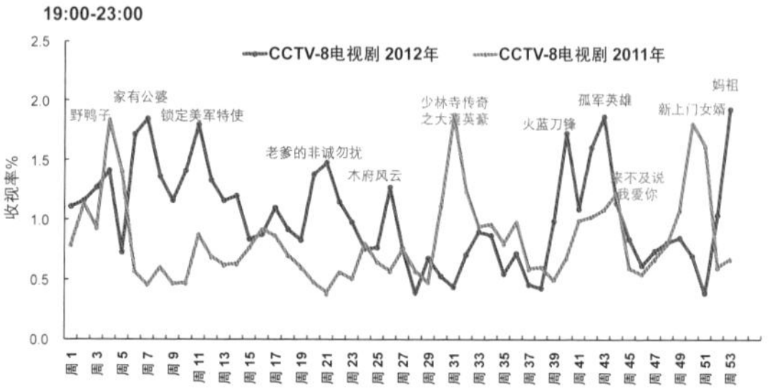

图53　2012年和2011年CCTV-8晚间时段收视率

9. CCTV-9 收视情况

CCTV-9 纪录频道在 2012 年多数时期收视水平高于 2011 年同期水平，9 月底以后有小幅冲高（见图 54）。

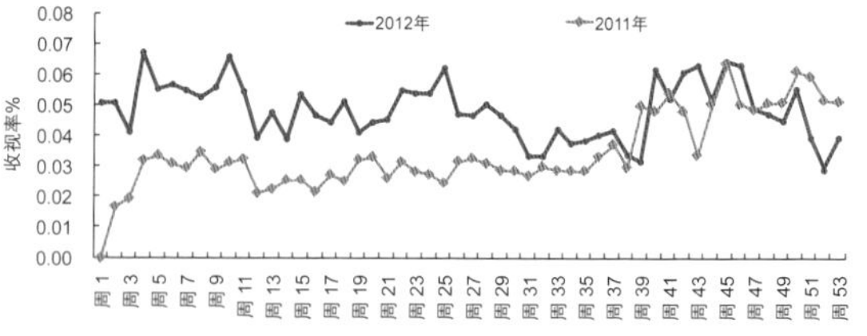

图54　2012年和2011年CCTV-9分周收视走势

从收视率走势来看，CCTV-9 纪录频道 2012 年全天收视率水平有所提升，在 18:15 ～ 20:00 时段达到全天收视最高峰值（见图 55）。

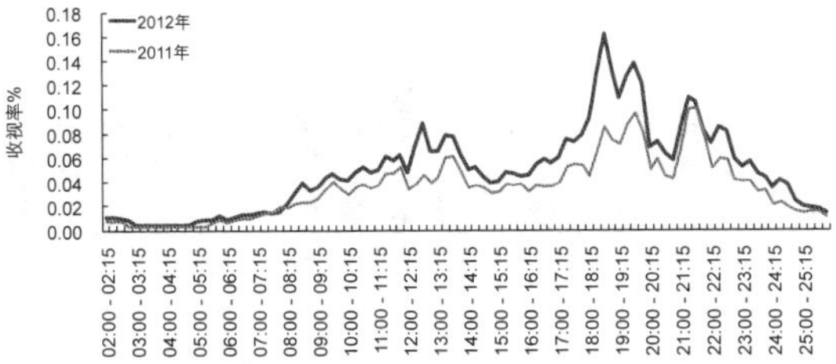

图55　2012年和2011年CCTV-9时段收视走势

与2011年相比，2012年女性、44岁及以下和初中及以下教育程度的观众收看CCTV-9纪录频道的倾向度有所提升（见图56）。

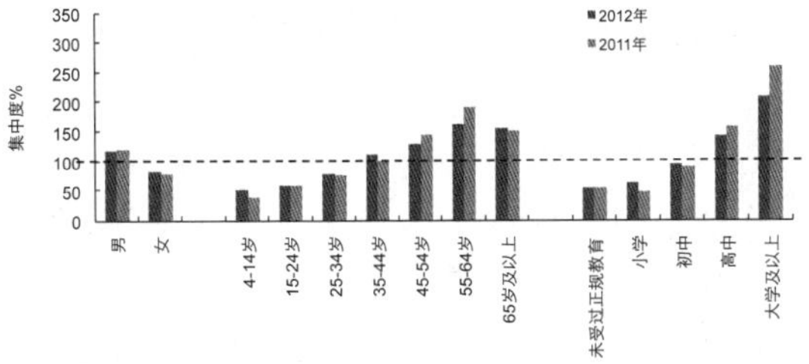

图56　2012年和2011年CCTV-9观众集中度

10. CCTV-10收视情况

CCTV-10科教频道在2012年分周的收视走势略有上扬，与2011年相比一、三季度降幅较大（见图57）。

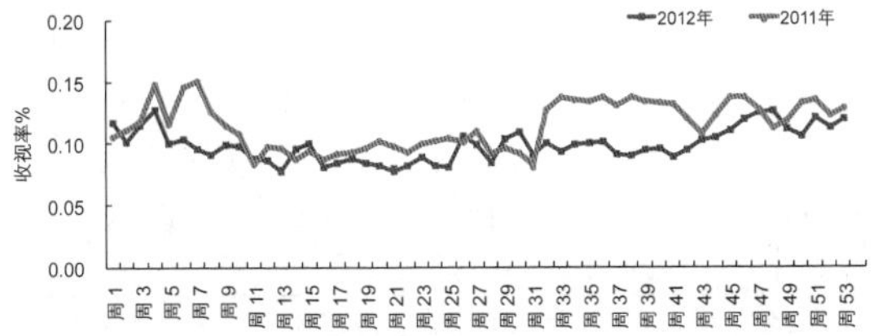

图57　2012年和2011年CCTV-10分周收视走势

从全天收视率走势来看，CCTV-10科教频道2012年全天多个时段收视率有所下滑，其中晚间19:00～22:00时段收视下滑较明显（见图58）。

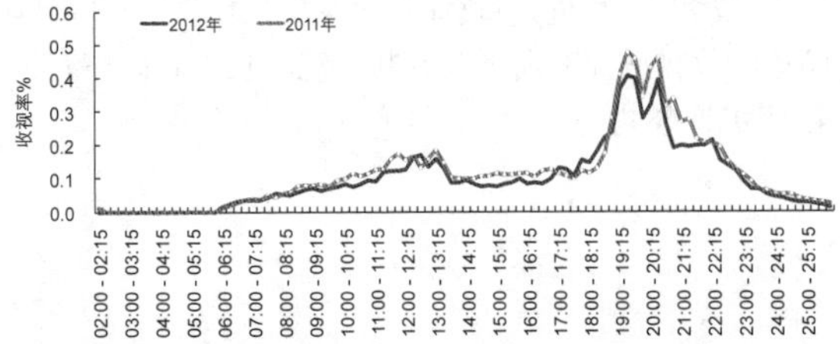

图58　2012年和2011年CCTV-10时段收视走势

2012年，CCTV-10科教频道各类目标观众中，男性、34岁及以下、未受过正规教育和高中及以上教育程度的观众收视倾向较2011年有所下滑，其他观众收视倾向性则略有提升（见图59）。

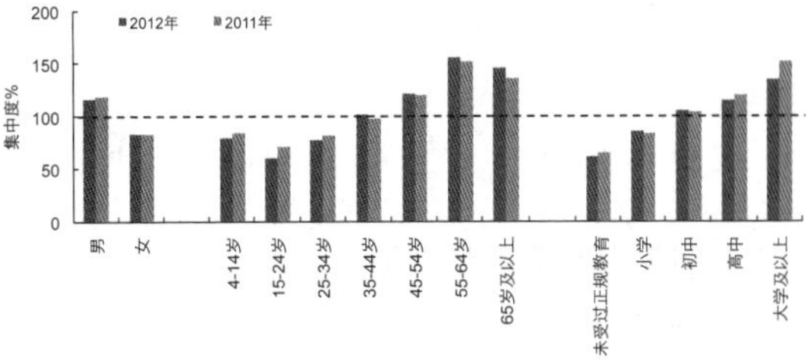

图59　2012年和2011年CCTV-10观众集中度

11. CCTV-11收视情况

2012年，CCTV-11戏曲频道的收视率9月之前低于2011年同期（见图60）。

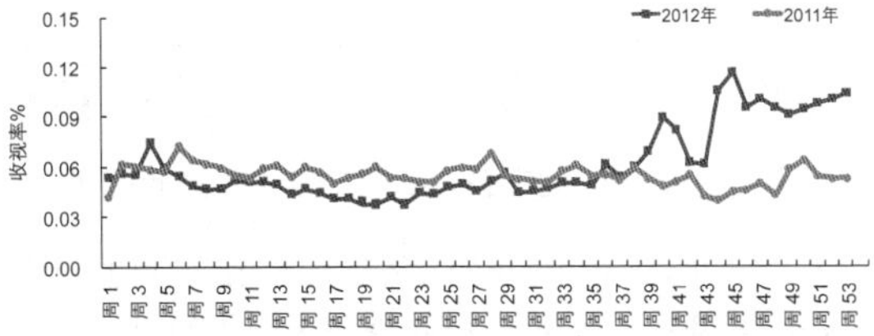

图60　2012年和2011年CCTV-11分周收视走势

2012年CCTV-11戏曲频道在午间11:45～13:45时段、傍晚18:15～19:45时段和22:30后晚间时段较2011年同期有明显的上升（见图61）。

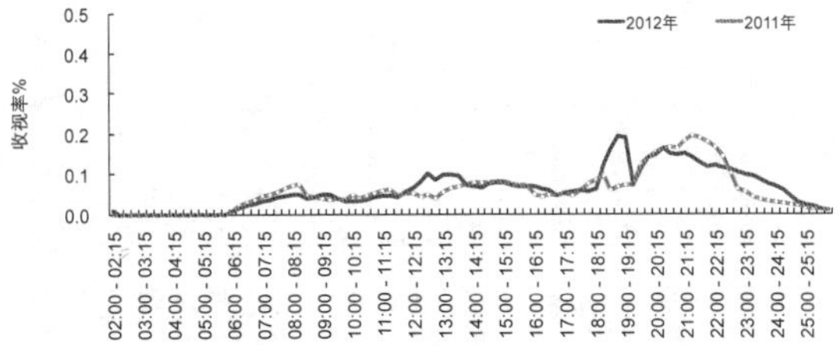

图61　2012年和2011年CCTV-11时段收视走势

与2011年相比，2012年54岁及以下观众对于CCTV-11戏曲频道的收视倾向有较明显的提升，初中及以上教育程度观众收视倾向也有所上涨，55岁及以上观众和小学及以下教育程度观众收视倾向有所下降（见图62）。

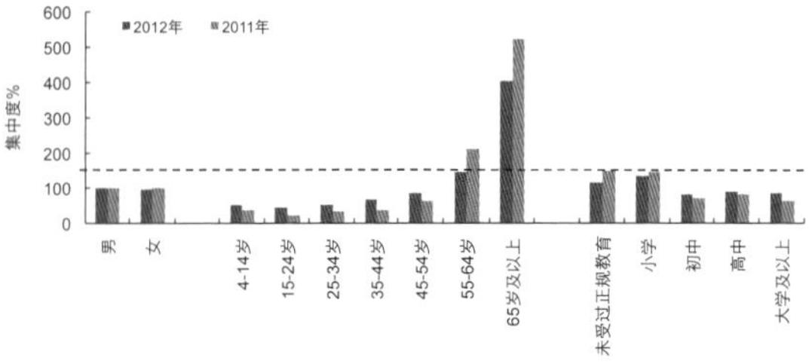

图62　2012年和2011年CCTV-11观众集中度

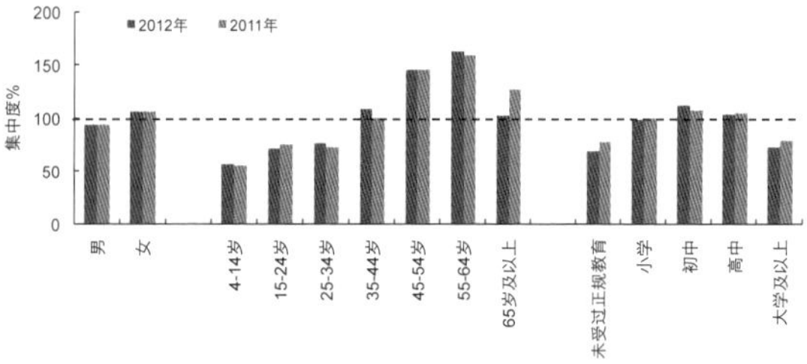

图65　2012年和2011年CCTV-12观众集中度

12. CCTV-12 收视情况

从全年分周收视走势来看，CCTV-12 社会与法频道 2012 年下半年收视走势明显有所上扬，且收视水平高于 2011 年同期（见图 63）。

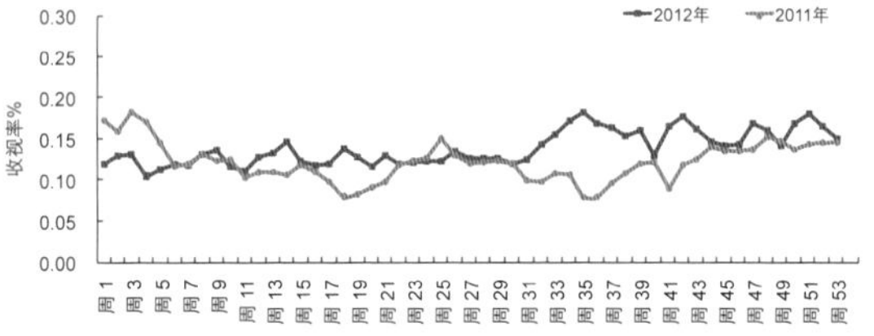

图63　2012年和2011年CCTV-12分周收视走势

2012 年，CCTV-12 社会与法频道在午间 13:15 左右和 17:30 ～ 22:00 时段收视水平较 2011 年同期有所提升，22:00 之后时段收视率水平则有所下降　（见图 64）。

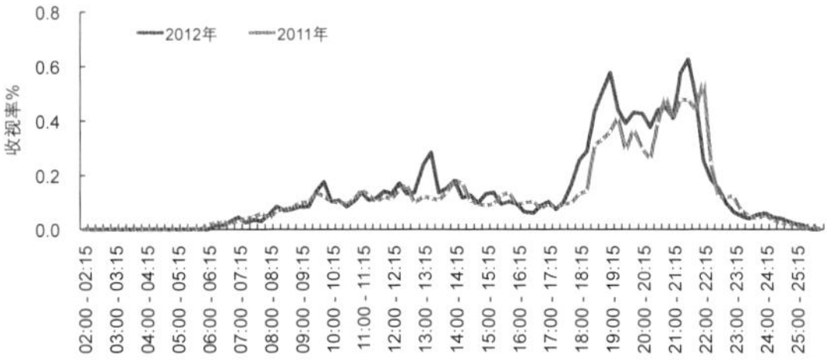

图64　2012年和2011年CCTV-12时段收视走势

相比 2011 年，2012 年女性、15 ～ 24 岁、45 ～ 54 岁、65 岁及以上、小学及以下和高中及以上教育程度观众收视倾向有所下降，其余观众收视倾向略有上升（见图 65）。

13. CCTV-13 收视情况

2012 年上半年，CCTV-13 新闻频道各周收视水平整体保持稳定，6 月以后收视率走势有所上扬，下半年收视水平较 2011 年同期明显提升（见图 66）。

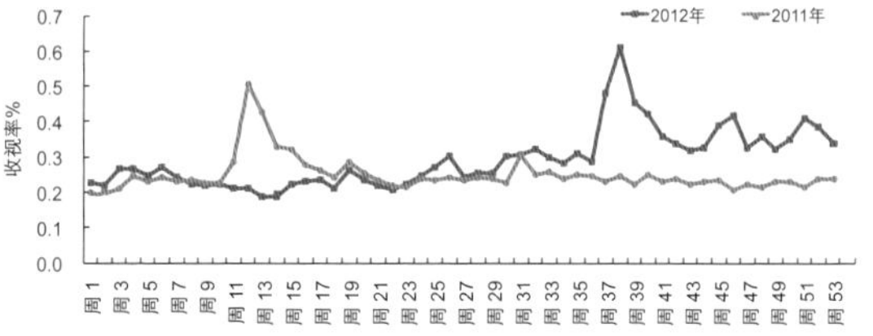

图66　2012年和2011年CCTV-13分周收视走势

2012 年，CCTV-13 新闻频道全天各时段的收视水平普遍较 2011 年同期有所上升，其中 18:15 ～ 21:00 时段收视率水平较高（见图 67）。

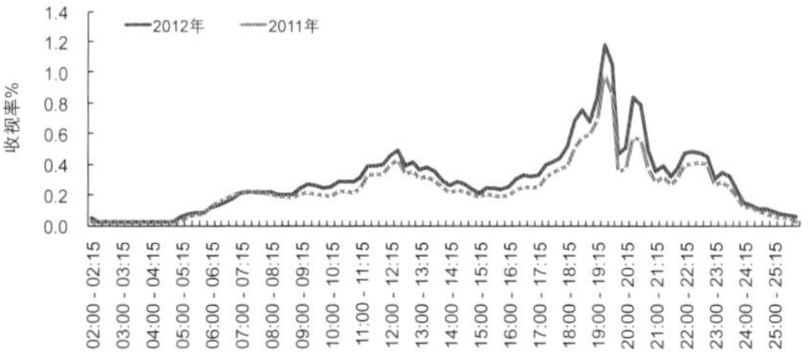

图67　2012年和2011年CCTV-13时段收视走势

相比 2011 年，2012 年男性、24 岁及以下、35 ～ 44 岁和小学至初中教育程度观众对 CCTV-13 新闻频道的收视倾向有所增长，其余观众收视倾向略有下降（见图 68）。

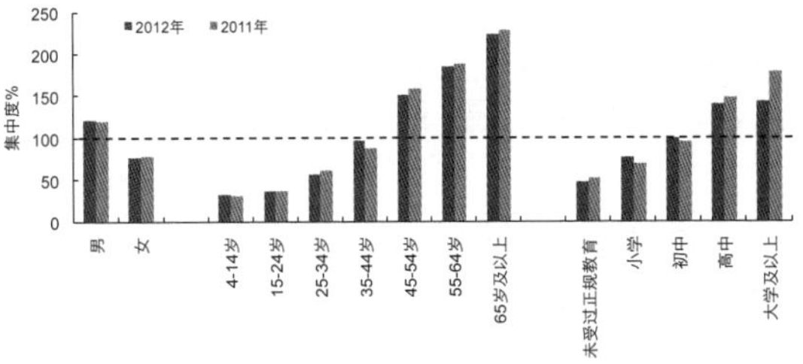

图68　2012年和2011年CCTV-13观众集中度

14. CCTV-14 收视情况

从全年分周收视率走势来看，CCTV-14 少儿频道在 2012 年各周收视率均高于 2011 年同期，4 月以后有多次冲高（见图 69）。

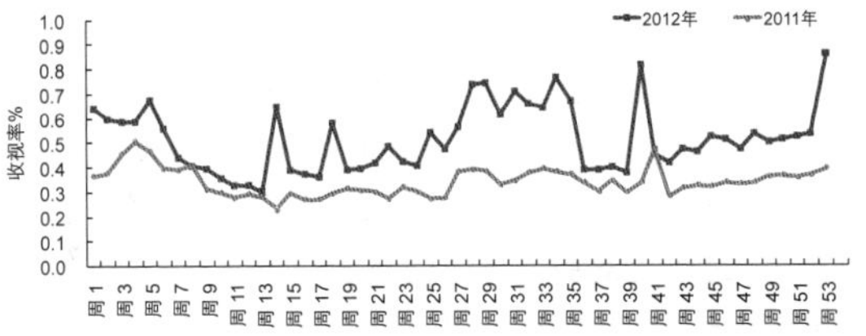

图69　2012年和2011年CCTV-14分周收视走势

CCTV-14 少儿频道 2012 年全天收视水平整体稳中有升，相对 2011 年 07:00 ～ 12:00 时段和 13:00 ～ 22:30 时段收视提升明显（见图 70）。

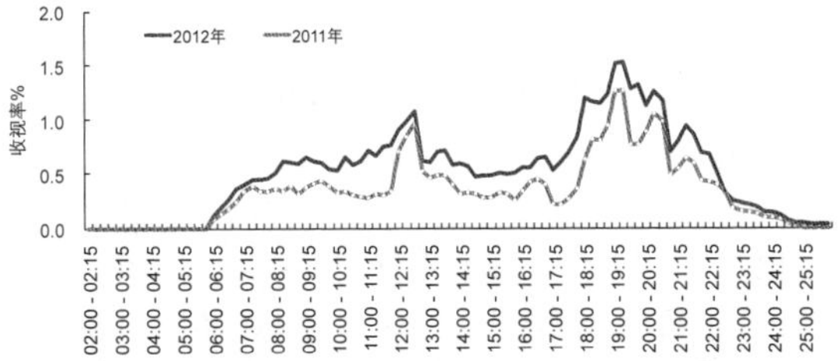

图70　2012年和2011年CCTV-14时段收视走势

2012 年 CCTV-14 少儿频道 4 ～ 14 儿童观众和 35 ～ 44 岁观众的收视倾向有所增长，小学及以下学历的观众收视倾向也较 2011 年有所增长（见图 71）。

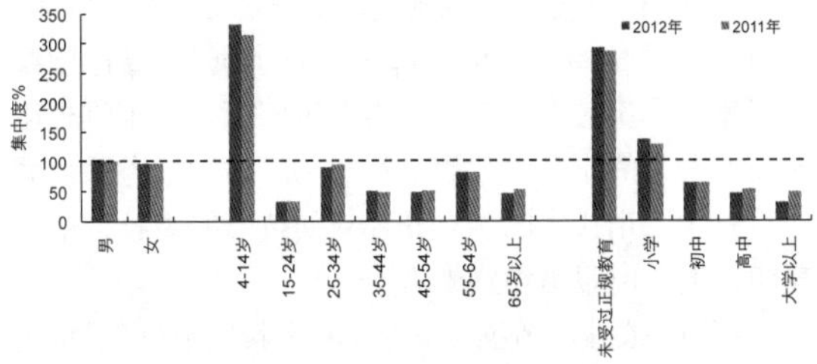

图71　2012年和2011年CCTV-14观众集中度

15、CCTV-15 收视情况

2012 年，CCTV-15 音乐频道收视走势从下半年起持续上扬，全年大多时期收视均高于 2011 年同期（见图 72）。

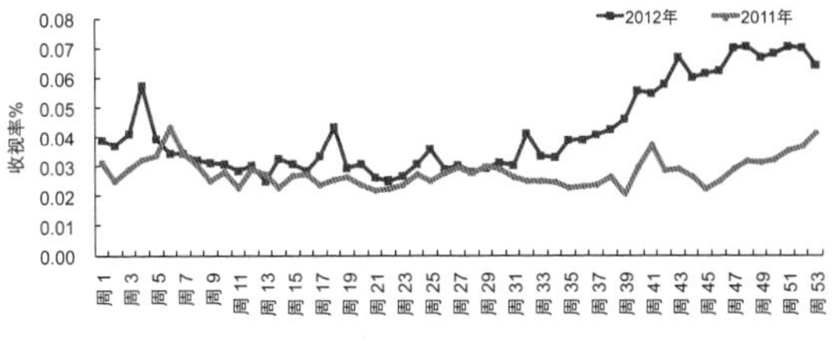

图72　2012年和2011年CCTV-15分周收视走势

CCTV-15 音乐频道 2012 年整体收视水平有所提高。除 10:00 ～ 10:45 时段收视率低于 2011 年同期外，全天多个时段收视率水平有所提升（见图 73）。

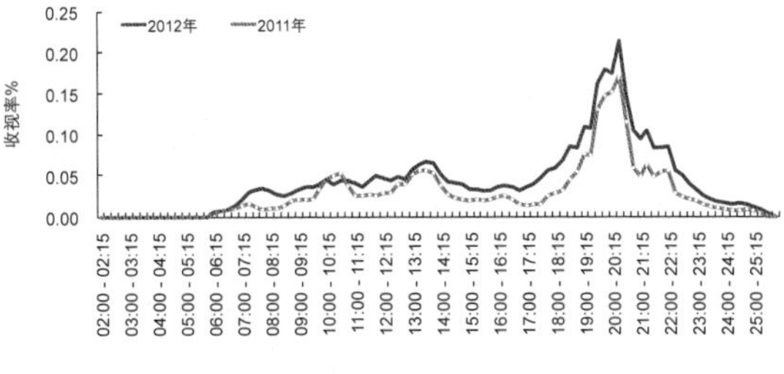

图73　2012年和2011年CCTV-15时段收视走势

2012 年 CCTV-15 音乐频道在女性、44 岁及以下中青年观众，以及小学至初中教育程度的观众对频道的收视倾向有所增长，其余观众收视倾向比 2011 年有所下降（见图 74）。

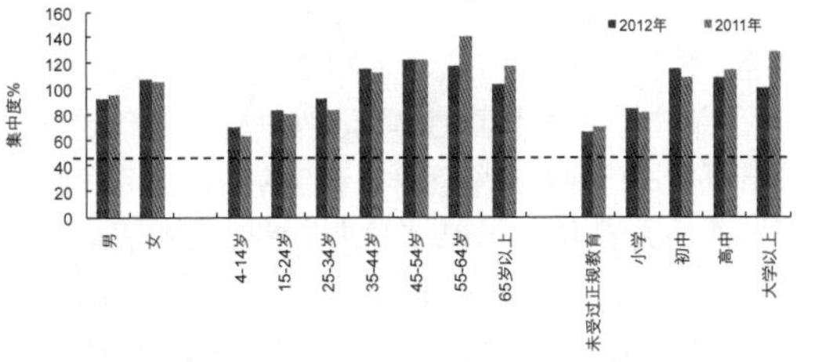

图74　2012年和2011年CCTV-15观众集中度

（总编室市场评估部提供）

2012年中央电视台观众反馈信息综述

2012年，中央电视台在党的十八大、“神九”飞天、“蛟龙”探海、伦敦奥运会等重大事件及活动，以及日本“购岛”闹剧、北京“7·21”强降雨灾害等一系列突发事件的报道中，展现了国家媒体应对重大活动和突发事件的报道能力；“最美”系列报道深入基层，通过记者所见所闻所感的现场报道，引发观众共鸣，全国广大观众通过多种反馈渠道对中央电视台所作报道给予肯定。

一、重大活动及事件报道获得观众高度赞许

1. 党的十八大报道圆满成功，向党献厚礼

中国共产党第十八次全国代表大会于2012年11月8日起召开，会上选举出了新一届中共中央领导集体。中央电视台多个频道围绕党的十八大推出了专题报道、专栏解读、纪录片、文艺晚会等形式各异、内容丰富多彩的节目，赢得了观众的高度好评，为党的十八大胜利召开营造了祥和、喜庆的气氛。

新闻频道全新开设多个报道专栏。系列报道《数字十年》以动画的形式生动再现党的十六大以来我国经济社会领域发生的巨大变化，用数据直观展现了10年间所取得的巨大成就。内容深入浅出、简洁明快，被广大观众评价为老少皆宜的精品节目。作为党的十八大赠送用书和学习读物，此次十八大参会代表人手一本的《数字十年》图书，内容正是源于中央电视台该同名节目。《新闻联播》设置“聚焦十八大·百姓心声”板块，倾听民心、民愿的初衷，被访百姓真切、实在地回答，这一新颖的节目形式让观众感觉新鲜、产生期待，成为《新闻联播》的一大看点。《我从基层来》将镜头对准来自基层的十八大代表，展示他们的风采，关注他们会内会外的履职情况。让更多基层代表走上电视屏幕，体现了对基层代表的重视，具有鲜明特色。《新闻直播间》和《新闻1+1》栏目中开设了“聚焦十八大·报告解读”和“十八大观察”等专栏，就十八大报告中的新提法、新精神进行解读，挖掘其深刻内涵，有利于观众更好地领会十八大精神。纵观这些板块，各有特色、可圈可点，新闻频道用多维的报道形式，扩大了中央电视台作为主流宣传阵地的影响力。

综合频道为迎接党的十八大胜利召开，于2012年11月7日晚隆重推出大型专题文艺晚会《领航中国》，群星荟萃，气势磅礴，传递正气，催人奋进。整台晚会以鲜明的主题，丰富的内容，巧妙的构思，展现了“科学发展成就辉煌”的十年征程，讴歌了中国共产党不同时代的典型，表达了全国各族人民“永远跟党走”的坚定信念，以及团结一心、不屈不挠、勇于进取、创新未来的伟大时代精神。喜迎十八大，综合频道以不同的节目形式，大力营造出喜庆热烈的节日气氛，向党献上了一份厚礼。

财经频道配合十八大精神的宣传，凸显权威专业的财经特色。从会前播出的《跨越——文化改革发展十年巡礼》，到十集系列片《寻找经济增长新动力》，再到晚间特别节目《聚焦十八大》，无论是对党的十八大的会上报道，还是会外宣传，都极具深度和针对性。党的十八大涉及经济领域的新提法、新部署，意义重大，社会关注度较高。财经频道对“美丽中国”、“建成小康社会”、“收入翻番”、“教育公平”、“新型城镇化”等热点话题均进行了深入解读，主动引导观众从财经的角度，全面、准确领会十八大精神。

综艺频道《激情广场》栏目在党的十八大即将召开之际，特别推出《爱国歌曲大家唱》系列专题，气氛热烈、特色显著。一是主题突出唱经典，节目从经典歌曲的遴选到主持人的串联词都突出了歌颂党、歌颂祖国的大主题；二是特色鲜明有看点，在同一大主题下，经典歌曲的选择结合了各城市的不同特点，并在“地方特色”上做了精心设计。国家非物质文化遗产的介绍和展示，丰富了节目内容，活跃了舞台气氛，同时使节目的民族地方特色更为鲜明，更富知识和文化品位；三是现场访谈见精神，现场访谈环节的设置，具体形象地彰显了时代精神，增加了节目的厚重感。

中文国际频道《中国新闻》配合党的十八大宣传，播出“新闻特写：美丽中国，迈向小康”。专栏围绕全面建成小康社会、环境、生态等问题，对刚刚走出人民大会堂的十八大代表进行现场采访。报道采用同期声方式，用代表的声音诠释新闻特写的主题，情真意切，很有说服力和感染力。

军事·农业频道推出喜迎十八大特别节目《见证》，邀请农民中的杰出代表讲述十年来我国农村发生的巨

大变化，唱出亿万农民的心声。节目紧紧围绕政策惠农、科技兴农和保障民生，主题鲜明、内容集中。《军事报道》先后推出“赞颂科学发展成就，忠实履行历史使命”、“喜迎十八大，全军武警官兵以特有形式迎盛会”和“伟大的会议”等专栏，有党的十六大以来我军科学发展的辉煌成就的回顾，也有突出喜庆气氛、干部战士载歌载舞令人振奋的报道，“伟大的会议”则请专家讲述历届党代会的简史，语言精练、观点明确、论理得当。在党的十八大召开前夕，军事节目中心精心设计，各个专栏风格各异，喜迎十八大的宣传有声势、有深度、有特色。

2.“神九”飞天、“蛟龙”探海，彰显中央电视台重大事件直播能力

2012 年 6 月 16 日，中央电视台针对“神九”升空推出了特别节目《太空新旅，进驻天宫》，节目从航天员的“出征仪式”到火箭“入轨”，整个过程连贯紧凑，令观众尽收眼底。关键节点都设有电视机位，重要环节都有精彩回放。回放过程中，慢动作、镜头特写、多角度拍摄把动人心魄的“点火升空”瞬间展示得淋漓尽致、扣人心弦。在“神九”发射的现场直播中，屏幕上出现了“神舟”、“天宫”的巨大模型，给观众身临其境的感受，也把科学知识讲得通俗易懂。整个“神九”的报道形成了重大事件直播的合力，编排紧凑，庄重流畅，内容详略得当，形式丰富多样，音频视频质量上乘，给观众带来了视觉震撼的同时普及了知识。

6 月 17 日，三位航天员如何度过在太空飞行的 24 小时，成为观众普遍关注的话题。《新闻联播》及时予以报道，《东方时空》则为观众提供了宇航员更为详实的画面，回应了观众的需求。“天宫一号”和“神舟九号”交会对接模型的运用，使报道变得更加形象生动，其创新形式也给观众留下了深刻的印象。此次交会对接运行近半月时间，新内容、新科技多，报道难度也随之加大，中央电视台在准确、及时报道的基础上出新出彩，更好地满足了观众的收视期待。

“可上九天揽月，可下五洋捉鳖”这个充满浪漫主义气概的梦想，在今天的中国正在一步步变为现实。就在“神九”顺利送入太空的同时，“蛟龙号”载人潜水器在 7000 米级海试第一次下潜试验中，最大下潜深度超过 6671 米，创造了中国载人深潜的新纪录。新闻频道《新闻 30 分》、《共同关注》、《新闻直播间》，中文国际频道《中国新闻》等多个栏目对“蛟龙号”不断冲击深海下潜极限给予密切关注，作了全面报道。通过连线前方记者，生动梳理“蛟龙号”六次深潜过程，以不同视角介绍深潜行动中的各关键节点，权威解析“蛟龙号”成功完成 7000 米级海试展示的我国深海潜航的世界级水平，真实诠释了科技的探索与进步即是富国强民的重要源泉。

直播报道的成功，充分体现出中央电视台报道队伍的专业素养和职业精神，是对中央电视台应对重大事件直播报道的又一次成功检验，同时也给观众奉上了一道丰盛的电视大餐。

3. 伦敦奥运会报道体现中央电视台国家媒体风范

2012 年伦敦奥运会于 7 月 27 日至 8 月 12 日举行，作为中国大陆地区独家电视和新媒体播出机构，中央电视台多个频道分别围绕奥运前奏、奥运开幕、奥运赛程、奥运闭幕推出了众多精彩节目。赛事直播、专题报道、人物访谈、纪录片等节目赢得了观众的高度好评。特别是对奖牌背后奥运精神给予的关注，提升了奥运报道的精神内涵，充分彰显了体育的力量，尽显中央电视台国家媒体风范。

奥运频道 24 小时不间断播报，随时更新，最大限度地满足观众第一时间了解奥运动态的需求。《奥运风云会》成为选手赛后接受专访的第一现场。在整个奥运报道中，奥运频道与多个频道形成合力，使观众在不同时段基本上能够欣赏到奥运的精彩瞬间；以直播为主的多样化报道，使奥运会得以直观立体呈现；专家助阵，给观众提供了专业化的解说；多机位的运用，全景、近景、特写镜头的衔接，快慢镜头的切换，达到了世界一流的转播水平；除了赛事转播之外，还通过特别报道的形式，关注奥运精神，提升奥运报道的精神内涵。

新闻频道《朝闻天下》以“奥运正此时”为题，梳理头一天的赛事，预报第二天的赛情。《晚间新闻》开设“奥运时间·面孔”专栏，以“这些年，被遗忘在巨星背后的人”为题，对敢于拼搏、勇于拼搏，但由于种种原因，最终没能站在冠军领奖台的选手作了特别报道，着重体现他们坚持梦想，以及对奥林匹克精神的不懈追求。在各媒体竞相把镜头、话筒对准金牌的时候，《东方时空》播出《不论成败，他们同样值得尊重》，认真秉承奥运精神，传达出“金牌不是唯一”的观点，凸显出国家媒体的素质和风度，担起奥运宣传的示范性引领。《奥运 1+1》特色鲜明，给人印象深刻，体现出洒脱和包容，将奥运赛场中的众多新闻事件一一还原，举重若轻，客观公正，发出了伦敦奥运的中国声音。《焦点访谈》栏目连续 5 期播出回顾伦敦奥运的专题节目《奥运启示录》，精辟总结、剖析奥运会期间发生的形形色色的正反面现象，大力弘扬“更高、更快、更强”的奥运精神，凸显了中央电视台的国际媒体形象。

观众认为，中央电视台伦敦奥运会的报道全面、快速、深刻，既带给观众感动，又给观众以强烈的期待感，体现出了新闻媒体“国家队”的水平和实力。

二、突发事件快速反应彰显媒体引导力

1. 中央电视台对日本“购岛”闹剧反应迅速，多栏目报道形成合力

9月10日下午，日本政府不顾中国政府强烈反对和国际社会舆论的谴责，公然将钓鱼岛及附属岛屿实施所谓“国有化”。对此严峻形势，中央电视台反应迅速，及时报道了我国政府的严正声明，我外交部长杨洁篪召见日本驻华大使、我国驻日本大使向日本政府提交抗议等，表达了维护国家领土主权的坚定决心。

新闻频道全天各档栏目大力度、高强度报道钓鱼岛事态进展，充分表明了我国政府与人民的态度，报道中还积极引导民众领会政府方针，防止出现过激行为。

财经频道《经济信息联播》栏目“聚焦日本‘购岛’闹剧”板块，一方面，从历史史实入手，引用古代地图等文献资料，全面阐述钓鱼岛自古以来就是中国领土的事实，节目说理充分，分析透彻；另一方面，报道各地日资企业关门停产、日本本土中国游客减少等情况，表明钓鱼岛危机已直接影响到中日经贸关系。《央视财经评论》针对在华日企纷纷停工、停业现象，邀请商务部有关专家和央视评论员进行评析，指出这场闹剧将给日本经济造成重大损失，给世界的经济格局带来一定影响，但是中国的立场是不会改变的，奉劝日本立即悬崖勒马。财经频道观点鲜明，尤其是发挥财经特色，主动引导舆论的做法得到观众肯定。

中文国际频道《海峡两岸》栏目全面报道了两岸对日本政府所谓钓鱼岛“国有化”的强烈反应，节目中两岸嘉宾就美国防长相继访问日本、中国进行了深刻点评。《今日关注》请专家深入解读钓鱼岛问题的历史背景，分析了中、日、美三国的关系。《中国新闻》从日本政府和右翼势力的行为、钓鱼岛问题的历史真相等方面，还原钓鱼岛争端的真相，报道了我国政府的坚定立场，以及世界媒体的反应。

面对日本“购岛”闹剧，中央电视台反应迅速，导向正确，多频道形成合力。各栏目请专家从历史与法理的角度深刻阐述，充分表达了钓鱼岛及其附属岛屿为我国领土“有史为凭，有法为据”，日本所谓的“购岛”是非法的、无效的，彰显了中央电视台作为权威媒体的责任和风范。

2. 直播北京“7·21”强降雨，彰显敬业精神

7月21日，北京遭遇61年来最大降雨，中央电视台多频道展开及时、充分的报道。

新闻频道取消正常栏目播出安排，在当晚推出4小时30分钟的现场直播特别节目，对全市的路段积水、交通状况、机场受阻、龙卷风袭击通州区、房山区数百名学生被山洪围困等突发事件，都一一进行了连线报道，让观众充分感受到暴雨中涌动的真情。《新闻联播》持续关注雨情，在次日头条版面播出长达6分钟的组合报道，分别关注暴雨夜中的温情事例、全国多省市的最新汛情，并配发车辆涉水时的针对性服务提示。

在其他媒体报道的注意力都放在“风雨同舟、众志成城”，颂扬北京人的大爱精神上时，中央电视台没有忘记对暴雨灾难的反思。财经频道《经济信息联播》和《环球财经连线》分别以“聚焦城市内涝与排水”、“应对极端天气”为题，探讨在极端天气下城市排水系统的建设问题，并分析国内外成功做法，对北京市排水系统的改造和建设具有积极意义。大雨过后，财经频道紧抓热点，从正面角度积极建言献策，有助于政府工作的改进。

英语新闻频道当天派出多路自采记者赶赴各积水和拥堵集中地点、首都机场、房山区等地，以现场出镜报道方式及时介绍最新雨情和救援、排涝进展。同时在多档《整点新闻》中对雨情和抢险救灾情况进行跟踪报道，邀请专家分析如何防范暴雨后续影响，及城市防汛体制的完善，并连线气象专家预测未来天气趋势。

面对突如其来的灾害，中央电视台多路记者第一时间赶赴现场，充分体现出新闻工作者面对突发事件时的敬业精神和高效的报道能力，令观众感动。大灾过后，中央电视台在弘扬“风雨同舟，众志成城”的大爱精神的同时，不忘对暴雨灾难的反思，以及对观众正确的心理引导，切实担负起了主流媒体应有的责任。

三、节目创新广受好评，新节目研发增强观众期待

1.“寻找最美”系列报道深入民心，中央电视台公益品牌获高度认可

2012年下半年以来，中央电视台陆续推出多档大型公益活动，其中“寻找最美乡村教师”、“寻找最美乡村医生”的“寻找最美”系列节目在社会各阶层产生了热烈反响，成为系列公益活动中的典范。

“寻找最美”系列引发观众积极关注与评价。“寻找最美”系列两次活动历时半年，在全国范围内寻找扎根基层、为民众服务的教师和医生，公益色彩和弘扬大美大爱的主题广受好评。很多观众表示：这两次活动“平凡中见伟大”，选出的是“最美的人，最美的心”。“寻找最美”系列作为中央电视台在2012年力推的两档大型公益活动，也引发观众对中央电视台新闻节目的正面肯定，认为这两次活动是新闻媒体“走基层、接地气”的最好体现，并期待中央电视台的报道能够尽快带来乡村教师和医生生活环境的改善。

我国地域辽阔，行业众多，各行各业都有自己的典型代表。从“寻找最美乡村教师”、“寻找最美乡村医生”的公益活动，可以辐射到各行各业中的最美人物。让那些几十年坚守基层、淡泊名利、默默无闻、无私奉献的典型展示在世人面前，成为当今社会的学习典范。这是主流媒体的社会责任，也是“走转改”丰硕成果的展现。

2.《谢天谢地你来啦》深受观众欢迎

综合频道于4月14日推出新栏目《谢天谢地你来啦》。作为一档“智慧型文化栏目”，因其内容“一切都是未知”而令观众充满期待。中央电视台首次将海外情景喜剧类真人秀节目引入本土，演员的各种即兴表演，给观众带来不少惊喜，并且在欢乐中体现了栏目的文化内涵。栏目风格的大胆创新获得很好的收视效果，被观众认为是一档“乐而不俗”的“高智商”栏目，成为彰显我国娱乐节目新风貌的领头羊。

3.《魅力·纪录》提升综合频道品质

4月16日，综合频道新推出纪录片栏目《魅力·纪录》，内容涵括历史、人文、自然、科技等领域，为观众呈现来自全球顶级水准的纪录片，成为“晚十点半档”的精品节目带。《舌尖上的中国》播出后，引发全国观众热议，广受社会各界好评，提升了综合频道的文化品位。那些极具地方特色的美食，饱含历史、文化、风土风情、人间冷暖等丰富内容，勾起了许多远离家乡的人们浓浓的思乡之情，引发观众在情感上的共鸣。该节目带来的引领效应大幅提升了中央电视台的品牌影响力。国庆前夕播出的《超级工程》，是中央电视台纪录频道摄制的第一部科学类工程题材纪录片。该片选择了正在建设中的五大超级工程，通过航空摄影、水下摄影、视效合成等多种技术表达方式，全景式展现了这些工程从无到有的过程。一流的影像呈现、新颖的拍摄视角，显示出纪录片的魅力，给观众带来极具震撼的视听感受。纪录片是衡量一家电视台综合实力和节目品质的重要标志，在中央电视台旗舰频道CCTV-1开辟专门的纪录片时段，充分满足了电视观众精神愉悦和审美享受的长久期待。

四、受众业务拓展，监看功能完善升级

为强化中央电视台节目监看工作力度，提高宣传管理水平，总编室创办《监看日报》。作为内部自律性刊物，总编室历经摸索探寻，不断扩充专家监看队伍，使《监看日报》的编辑思想、内容定位与刊物风格更加明确，既发挥了其全台管理抓手的功能，又充分体现了总编室的“参谋本部”职能。

总编室积极扩充热心观众纠错员队伍，通过新修订的《中央电视台屏幕语言文字差错管理办法》，强化了对语言文字差错的监管力度。

中央电视台观众呼叫中心经过近三年的筹备，已于2012年8月20日投入试运行，截至2012年底，共接听观众电话68439通。当前，平均每天观众来电量为793通。呼叫中心融合全渠道的联络沟通方式，利用其语音、互联网、传真、邮件、短信等工具将节目生产与观众之间的空间和时间距离变得畅通无阻，极大方便了电视观众与中央电视台的联系，通过规范、专业的服务实现了为受众服务的目的，收集到的大量观众信息可以为节目质量改进提供持续的动力和鲜活的素材，加强了中央电视台的品牌塑造和形象建设，为观众和中央电视台建立起了一座沟通的桥梁。

上述一系列管理制度的建立、管理措施的实施，都是为了确保中央电视台节目质量的提高，满足广大观众的收视需求，维护中央电视台在观众心目中的品牌形象，充分体现受众服务工作作为观众和电视台之间沟通的桥梁和纽带作用。

（总编室受众服务部提供）

2012年中央电视台研发成果选介

《关于中央电视台“走基层”报道阶段性情况的报告》摘要（专项报告）

中央电视台自2011年8月推出“走基层”系列报道以来，取得了良好的社会效果，并多次得到中央领导同志的高度肯定。

报告全面呈现了中央电视台“走转改”取得的阶段性成果：一、以多种形态开展主题报道，推出了一批“接地气”、“有底气”、“聚人气”的精品佳作；二、把党和人民赋予媒体的新闻报道权、舆论监督权用到为老百姓解决实际困难上，用到为执政者与国情民意间搭建理解、沟通的桥梁上，推动了问题的解决；三、创新了新闻报道手法，丰富了电视表达方式；四、锻炼了人员队伍，涌现出一批优秀记者，他们的世界观、人生观正悄然发生着深刻变化。

报告得到李长春、刘云山批示肯定。

（发展研究中心电视传播研究部提供）

《近期扩大社会影响力收视高位运行的报告》摘要（专项报告）

2012年春节后，中央电视台整体收视份额一度低至27.41%，各频道迅速做出调整，收视份额一路攀升并连续八周保持在30%以上，“五一”当周攀升至33.56%。报告对中央电视台围绕提升收视开展的工作进行了阶段性总结，归纳出如下做法：

一是抓思路，思路决定出路。具体做法有：1.要求各频道全面分析本频道整体情况，统筹考虑本频道全天收视的强项和弱项；2.强调“全台办一套”战略，要求把为综合频道提供精品节目作为各频道的基本任务；3.加强节假日特殊编排力度；4.着重抓品牌、抓活动；5.加强节目创新力度。

二是抓领导力，领导层深入节目一线，破解瓶颈。

三是抓执行力，一竿到底，持续发力。

四是把握规律，初见成效。节假日和周末编排奏效，一大批优质新节目相继亮相，带动各频道多时段收视提升。

报告得到蔡赴朝批示肯定。

（发展研究中心电视传播研究部提供）

《CCTV频道绩效考核方案》摘要（专项报告）

根据台工作部署，发展研究中心成立专项课题组，起草设计了《中央电视台频道绩效考核方案》。《方案》主要内容包括频道考核指标体系设计、实施体系、考核结果应用、组织机制、监督机制、实施流程、实施规则等。《方案》有三大创新之处：一是采用“共性指标＋个性指标”的设计思路，考虑各频道的不同特点；二是变目前“收视＋收入”的单一方式为“收视＋收入＋管理＋加分项”的综合考核体系；三是首次引入“对一套收视贡献”、“频道创新排名”、“网络传播影响力评价”等加分指标，强化了对频道的全面考核与管理。

（发展研究中心电视传播研究部提供）

《美国加拿大电视机构考察报告》摘要（专项报告）

2012年10月，发展研究中心“国际一流媒体建设”课题小组赴美国和加拿大考察，先后调研了加拿大国家电视台、加拿大广播公司、中国驻蒙特利尔总领事馆、美国斯坦福大学胡佛研究所、美国国际文化交流集团等机构。根据调研结果，课题组对海外华人关于中国媒体“走出去”和国际传播措施的评价进行了系统整理，报告客观描述了中国媒体加强国际传播能力建设的现状和存在的一些问题，并从国家战略层面、传播内容、传播方式、传播技巧等方面提出了具体建议。

报告得到李伟、胡占凡、罗明、魏地春批示。

（发展研究中心电视传播研究部提供）

《关于“春晚走出去”的调研建议》摘要（专项报告）

根据台工作部署，从2012年3月初至7月底，“春晚走出去”课题调研组走基层、访高端，先后调研文化部、国务院新闻办公室有关官员，中外专家学者，部分省市歌舞团、曲艺团等文艺团体。在充分调研的基础上，从“春晚”以及“春晚走出去”两个层面进行深度思考，并从全方位战略层面提出：“春晚走出去”是一个系统工程，需尽心、谋、力、奇，方可为盛乎、喜（爱）乎、（久）远乎！

报告从世界如何看“春晚”、“春晚走出去”的客观基础、晚会的具体形态、前期的宣传造势和“后春晚时期”工作等五大方面对“春晚如何走出去”提出了初步的分析和建议。

报告得到胡占凡、胡恩批示。

（发展研究中心综合部提供）

《中国电视新闻年度报告（2011年～2012年）》摘要（专项报告）

《中国电视新闻年度报告（2011年～2012年）》首次对全国电视新闻节目的播出、收视、运营情况进行了详细分析，总结梳理了2011～2012年电视新闻工作的成功经验，对增进各电视台之间新闻业务的沟通与交流，共同探讨电视新闻的未来发展具有开创性意义。

报告主要由四部分构成：一是全面总结中国电视新闻节目和新闻频道总体播出、收视和运营情况；二是深入分析不同频道新闻栏目的收视表现和典型案例；三是详细解读在当前的政策和环境背景下，中国电视新闻呈现出的主要特点和创新点，探讨中国电视新闻的发展前景；四是个案剖析2011～2012年表现突出的新闻栏目。

（发展研究中心电视传播研究部提供）

《CCTV 电视节目网络影响力研究》摘要
（专项报告）

2012 年，在历年分析框架基础上，课题组紧密跟踪当今电视研究前沿，经过精心策划，与业内权威研究公司合作，进一步确定了网媒关注度、网民评议度、视频点击量和微博提及量四大维度的分析体系。在对 2012 年全年数据采集挖掘分析基础上，形成《CCTV 电视节目网络影响力研究》专项报告。

报告不仅从全国竞争环境角度对相关指标的影响力进行了排行，更对 2012 年 CCTV 各频道、新闻栏目、综艺栏目以及电视剧的网络影响力进行了详细分析和盘点。报告同时摘取在排行中表现突出的省级卫视、优秀栏目和电视剧等，对其内容特色、营销策略进行个案研究，力求全面呈现 2012 年电视媒体在网络影响力方面的特色与亮点。

（发展研究中心产业与新媒体研究部提供）

《综合频道现有新闻栏目改版的若干设计》摘要
（台情研究　第 27 期）

中央电视台的新闻节目主要在综合频道和新闻频道播出。由于两个频道的多档新闻节目并机播出及其他原因，两频道间的新闻节目呈同质化趋势。课题组经过深入调研，对综合频道现有主要新闻节目的改版设计提出如下建议：

一、综合频道新闻节目应与新闻频道有明显差异，其新闻节目必须坚持严肃性、权威性、时效性；二、实现综合频道的新闻节目群一体化设计与推广；三、向总局申请政策支持，增加《新闻 30 分》的全国转播，将全国范围内每天一次（《新闻联播》）的新闻共享变成两次（《新闻联播》和《新闻 30 分》）；四、《新闻联播》可缩短每条新闻的时长，增加领导人同期声；将早间《新闻联播》（重播）与《人与自然》编排位置互换，与《朝闻天下》形成衔接；五、新闻频道取消《朝闻天下》、《新闻 30 分》和《焦点访谈》的并机，这三个时段可以播出有差异性的节目。

报告得到胡占凡、罗明批示。

（发展研究中心电视传播研究部提供）

《“微博问政”来了，〈焦点访谈〉怎么办？》摘要
（台情研究　第 62 期）

近年来，微博已经成为政府与网民即时沟通交流的平台。微博不仅在重塑政府的执政与公共关系传播方式，也在深刻地影响着传媒生态。中央电视台《焦点访谈》栏目作为传统媒体舆论监督的领头羊，也受到了微博的冲击。课题组对此进行了深入调研，就《焦点访谈》等节目在“微博问政”时代如何继续保持品牌影响力提出如下建议：一、面对网络热点话题，做到不失语；二、多方位引导、解读事件，稳固“一锤定音”公信力；三、掌握官方权威话语渠道；四、创新节目制作，与微博等新媒体融合互动，加强推广。

报告得到胡占凡、孙玉胜批示。

（发展研究中心产业与新媒体研究部提供）

《“寻找最美乡村教师”引发网民高度关注》摘要（台情研究　第34期）

报告对中央电视台与光明日报社联合主办的“寻找最美乡村教师”大型公益活动进行了网络数据监测，结果显示此次活动有效运用了电视、报纸、网络等全媒体传播手段，广大网民也对活动给予了积极正面的评价。通过对网络数据监测结果的分析，报告为中央电视台进一步提升网络影响力提出三点建议：一、利用舆论优势，凝聚社会力量，进一步加强报道的话题性；二、进一步推进电视节目与网络在内容、推广方面的融合；三、关注负面舆情，正当、有效、及时化解负面舆情。

报告获得胡占凡、李挺批示。

（发展研究中心产业与新媒体研究部提供）

《中央电视台应根据国际形势的变化及时调整国际传播策略》摘要（专项报告）

中央电视台过去几年来国际传播能力建设取得了突出成效，引起了《时代》杂志、美联社等西方最具影响力媒体的关注。这种关注，一方面表明中央电视台的国际传播影响力显著增强；另一方面也触动了西方社会的敏感神经，引起他们的高度警觉和防范。报告建议从四个方面及时调整国际传播策略，进一步增强中央电视台国际传播影响力：一、变“高举高打”为“隐形潜藏”；二、利用中国的区位优势，将地缘优势地区作为国际传播中的重点和突破口；三、在区域性国际新闻报道上，应对区域政治局势进行深度掌握；四、对于敏感话题的处理，此时有声胜无声。

报告得到李长春批示。

（发展研究中心电视传播研究部提供）

《国内电视市场常见的几种“频道＋公司”模式》摘要（调研信息　第108期）

近年来，国内诞生了一批社会节目制作公司，它们通过各种合作方式向以省级卫视为主的地方台输送节目，打造出《波士堂》、《中国达人秀》、《中国好声音》等品牌栏目。

课题组通过调研、走访，分析梳理了频道与社会公司之间主要的合作模式及优劣势。“频道＋公司”合作模式主要有三种形式：

一、简单的劳务输出。其优势在于：频道占有绝对的主导地位，合作成本非常低，不用养过多的人；其劣势在于：不便于管理，难以吸引到非常优质的合作资源。

二、频道主导＋社会公司外包。其优势在于：频道牢牢占据强势地位，可在广泛的节目资源中任意挑选，可通过议价降低合作成本，投资总体来说不大，不用养太多的制作人员；其劣势在于：无法激发制作方的动力，具有一定的风险。

三、频道播出＋社会公司主导完成＋利益分成。其优势在于：巨大的经济利益能吸引到一流的社会公司，且能激发和提升自身制作团队的制作水平；其劣势在于：投资较大，一旦节目失败损失也会很大，且在合作中，频道可能会丧失部分主导权和广告收益。

报告得到胡占凡、罗明、程宏批示。

（发展研究中心电视传播研究部提供）

《“未播先热”引发的思考——〈舌尖上的中国〉海外舆情监测报告》摘要（调研信息　第65期）

《舌尖上的中国》开播后，成为国内舆论热点，为了解国外观众和媒体对该片的关注度和评价，课题组对《舌尖上的中国》开展了海外舆情监测。调研结果显示，《舌尖上的中国》因质量上乘、手法新颖，在海外也引发关注，尤其在海外华人圈中产生一定影响，在东南亚地区还引起了主流媒体的关注和热议，可谓“未播先热”。基于此，报告建议“趁热打铁”将舆论影响扩大到西方主流媒体：一、尽快推出各语言版本的光盘，满足海外观众的收视期待；二、在海外开展宣传营销，进一步扩大国际影响，与我国驻各国使领馆沟通，促成该片作为对外传播文化的载体，更广泛地建立中央电视台国际影响力；三、深入挖掘该片的品牌潜力，适时设计、推出国际大型活动，将《舌尖上的中国》开发成为可持续发展的国际品牌。

报告得到胡占凡、罗明批示。

（发展研究中心发展战略研究部提供）

《中央电视台简报——中央电视台奥运全媒体传播获观众满意》摘要（专项报告）

伦敦奥运会期间，中央电视台通过电视、互联网、移动终端等多种媒体形式为全国观众呈现了一场精彩的视觉盛宴。为全面总结中央电视台奥运报道的全媒体传播效果，课题组在深入的数据分析的基础上将研究成果提炼形成了该篇简报。简报的主要观点是：尽管网络媒体的影响力日益凸显，电视仍然是观看奥运的最主要渠道，观众对中央电视台、中国网络电视台奥运传播整体满意度高，《全景奥运》等多档栏目及多位主持人受到观众认可。

报告得到刘云山、胡占凡批示。

（发展研究中心产业与新媒体研究部提供）

《如何借力新媒体提升电视节目影响力》摘要（专项报告）

为全面提升中央电视台电视节目影响力，课题组深入调研多名网络营销专家及知名视频网站高层，探讨如何利用新媒体手段扩大电视节目影响力，专家们的主要观点是：

一、利用网络进行“话题营销”是提升节目影响力的重要手段。《中国好声音》的爆红，离不开各种各样的“话题”热炒。但在进行话题炒作的时候应避免“低俗”、“违法”。

二、网络新媒体逐渐成为视频收看的主要入口。《中国网络视频蓝皮书》数据显示，视频用户每周观看视频时长分布分别为：PC电脑12.6小时/周、电视9.0小时/周、平板电脑8.3小时/周、智能手机7小时/周，网络新媒体逐渐成为视频收看的主要入口，这对传统电视是重大挑战。

三、节目推广应采取整合营销策略。节目的推广单靠一种推广手段很难达到预期目的。要充分使用“整合营销”策略，通过多渠道和持续不断的后续话题跟进，才能获取节目传播的“长尾效应”。

四、电视节目应学会利用社交媒体平台传播。电视节目内容在社交平台的传播要注意以下几点，一是短，10 分钟是用户在社交平台看视频的极限；二是精，专门剪辑的精彩视频可引爆第一波传播热点；三是借力，在社交网站传播要借助名人效应。

报告得到胡占凡、罗明批示。

（发展研究中心产业与新媒体研究部提供）

《2012 年中央电视台年度发展报告（央视蓝皮书）》摘要（专项报告）

《2012 年中央电视台年度发展报告（央视蓝皮书）》立足中央电视台，放眼整个行业，总结经验，分析问题，探讨对策，对中央电视台年度发展状况进行全面盘点和系统分析。报告由八部分组成：第一部分《宣传报道彰显国家主流媒体影响力》；第二部分《努力创新，增强节目品牌效应》；第三部分《完善海外传播体系，国际传播能力不断提升》；第四部分《初步构建以创新为核心的现代管理体系》；第五部分《面向全媒体，努力提升内容产业核心竞争力》；第六部分《推进“台网融合”一体化，中央电视台加快全媒体战略升级》；第七部分《技术创新与技术应用相结合，提升安全保障能力》；第八部分《推广公益广告与公益活动，凸显中央电视台品牌价值》。

（发展研究中心综合部提供）

《2012 年度央视建设国际一流媒体白皮书（央视白皮书）》摘要（专项报告）

《2012 年度央视建设国际一流媒体白皮书（央视白皮书）》立足中央电视台实际情况，放眼全球一流媒体，全面梳理国际一流媒体最新情况。报告采取自身纵向发展对比、与其他国际一流媒体横向对比等相结合的方式，综合评估中央电视台的国际一流媒体建设成效。报告由全球传播布局、全球采编网络、全球传播渠道、海外市场营销、国际传播效果、国际传播对策研究等六大部分组成，内容涉及中央电视台和国际主要媒体的发展数据数万条、媒体案例近百个，报告结合国际一流媒体的传播经验及相关策略，为中央电视台的国际传播提供相关建议及对策。

（发展研究中心发展战略研究部提供）

《CCTV 新媒体考评指标体系》摘要（专项报告）

为进一步提升中央电视台新媒体业务发展水平，推动其不断明晰发展目标，优化发展策略，课题组于 2012 年初启动“CCTV 新媒体考评指标体系”项目。在指标体系的拟定过程中，课题组对央视网相关部门进行了多次调研，并邀请来自国家重点新闻网站、国内主流视频网站及互联网专业咨询公司的专家召开多轮研讨会，对考评指标体系的定位、功能、考评维度、指标分类及指标权重的设置进行了深入讨论，数易其稿。

本考评指标体系在指标分类上分为业务指标、经营指标和加分指标三大类。业务指标有七大一级考评指标，分别是互联网综合门户业务、手机电视业务、移动客户端业务、IP 电视业务、互联网电视业务、公共视听载体业务和微博业务；经营指标有总收入和净利润两大一级考评指标；加分指标则由获得上级主管部门奖项数和台网一体化项目运营效果两大一级考评指标构成。

（发展研究中心产业与新媒体研究部提供）

《CCTV 经营业绩考评体系》摘要（专项报告）

根据台工作部署，课题组于2012年初启动了“CCTV 经营业绩考评方案”的优化和改进工作。通过对国资委、上海东方传媒集团、江苏广播电视总台等机构的深入调研，与中国国际电视总公司相关领导、业内专家的深入研讨，课题组对考评体系的维度、指标分类、权重设置等进行了优化。

本考评体系的设计，采用“共性指标＋个性指标”的设计思路，强化分类考核。在参照国资委对企业的统一标准基础上，充分考虑中央电视台企业的特殊性，对不同企业设置了不同的权重；并且根据不同企业的发展任务，设置相应的目标考核指标。同时，考评体系将企业对本台服务及对外市场开拓角度分开考核，针对不同企业的成长性、市场化程度设置不同权重，逐步引导企业面向市场，参与市场竞争。为强调责权利统一，考评体系将经营业绩考评结果与经营者薪酬、职业发展等挂钩。

（发展研究中心产业与新媒体研究部提供）

《关于提高中央电视台整体收视的六点建议》摘要（专项报告）

2011～2012年间，中央电视台整体收视略有下降。针对此现象，报告全面分析了内部、外部原因，并提出如下对策建议：一、利用价格杠杆减少“关系剧”数量；二、针对晚间时段打造大投入、大板块、大制作的王牌节目；三、扩大节目经费总量，调整经费管理办法，为节目制作提供充足合理的经费保障；四、下放部分人财物管理权至频道，允许频道根据自身情况进行自我调控；五、完善相关财务管理和合同审批制度，提高管理科学化水平；六、尽快完成定岗定编，建立科学有效的人才机制。

（发展研究中心电视传播研究部提供）

《演员片酬疯涨不利于电视剧行业的健康发展》摘要（专项报告）

近年来，国内电视剧演员片酬呈现快速上涨的趋势。报告分析了片酬快速上涨的原因：一是热钱进入使电视剧市场快速膨胀，供需关系出现不平衡；二是电视台之间竞争激烈，导致电视剧价格被哄抬；三是新老明星青黄不接遭遇危机；四是明星拍电影提高知名度，进而带动电视剧片酬上涨。

报告对调控电视剧演员薪酬提出如下建议：一、电视剧行业要联手培养新人；二、出台政策控制演员片酬占总投资的比例；三、剧本优先，吸引明星演员；四、合理调整“4+1”捆绑购剧模式。

报告得到胡占凡批示。

（发展研究中心电视传播研究部提供）

《内部节目购买——“全台办一套”机制的一点建议》摘要（台情研究　第19期）

为把综合频道打造成精品荟萃、含金量高、美誉度高的高品质传播平台，课题组走访业内专家，提出在中央电视台建立“内部节目购买机制”的建议。确定编排需求、内部招标和购买、为一套贡献节目计入各频道考评指标、为一套贡献节目的初始节目经费由总编室节目创新资金提供，在此基础上建立“内部节目购买”机制。为避免内部节目购买机制可能出现的问题，报告建议：一、避免编排不精细，确保购买的节目达到预期效果；二、避免成本控制不到位，保证节目制作水平和质量；三、避免考评体系不均衡，激励各频道贡献优秀栏目；四、避免创新资金使用流程不科学，保证节目创新源源不断。

报告得到刘国良批示。

（发展研究中心发展战略研究部提供）

《应对卫视飞快的创新速度，中央电视台节目创新应从哪里突破？》摘要（台情研究　第43期）

2012年，《中国好声音》、《一站到底》、《好好学习》、《百变大咖秀》等优秀新节目大量涌现，省级卫视新节目快速孵化。

为实现中央电视台节目创新的快速突破，报告建议从以下四点着手：一、在节目创新方式上，效仿安徽凤阳小岗村“土地承包制”的做法，建立“新节目孵化室”，从个别研发团队突破；二、在节目创新速度上，与时间赛跑，缩短周期进行头脑风暴，加快新节目研发速度；三、在新节目类型上，以综艺节目和生活服务节目为突破口，加大对这类节目的研发；四、在节目创新机制方面，制定灵活的样片制作经费支持政策，扩大研发资金的支持面。

报告得到胡占凡批示。

（发展研究中心电视传播研究部提供）

《关于建立中央电视台节目创新机制的建议》摘要（台情研究　第44期）

媒体之间的比拼实际上已经晋级为创新意识、创意能力、创新机制、创新体系的比拼。为切实推进中央电视台创新机制的建立，课题组调研国内外电视行业的创新机制，寻找中央电视台创新的突破口，并建议从创新突破和长期保持创新动力两方面着手，建立中央电视台的节目创新机制。具体措施包括：一、成立专门的委托制作部门，推动内部市场形成；二、频道定期更新节目，为新节目提供生长土壤；三、创意执行流程标准化，保证新节目质量精良；四、设计风险分担制度，开发节目衍生价值；五、建立激励创新长效机制，吸引全国乃至全球人才。

报告得到胡占凡批示。

（发展研究中心发展战略研究部提供）

《CCTV-1 晚间两档节目的舆情监测结果及建议》摘要（调研信息　第 59 期）

2012 年 4 月，中央电视台综合频道晚间时段节目全面改版，推出精品纪录片“魅力·纪录”系列和大型智慧型文化栏目《谢天谢地你来啦》。

课题组对这两档节目的网络舆情监测结果显示，广大网民对这两档节目尤其是《谢天谢地你来啦》高品质、高品味的节目定位和文化内涵给予充分肯定，对精品纪录片的一流品质给予高度称赞。部分网民对改版节目提出了一些建议，如《谢天谢地你来啦》演员选择可以更加草根化，适当控制表演难度，增强节目的互动性、参与性，适当提前节目播出时间等。

报告得到胡占凡、罗明批示。

（发展研究中心产业与新媒体研究部提供）

《如何集合优质资源打造央视主持人品牌》摘要（调研信息　第 111 期）

在形成节目品牌的诸多要素中，主持人是最重要的要素之一，优秀主持人的品牌影响力在某种程度上甚至大于频道本身。中央电视台拥有一流的传播平台和优质的主持人资源，曾培育出一大批品牌主持人。在电视市场竞争加剧的现状下，报告就如何集合中央电视台台内外优质资源打造一批有特点、有影响力的新主持人品牌，提出相关参考意见：一、变“为栏目配主持人”为“为主持人配栏目”；二、可借鉴某些艺人管理模式包装主持人；三、在社会名人中挖掘潜在主持人资源，补充中央电视台主持人队伍；四、适当允许中央电视台主持人参与台外活动和广告，提升品牌价值；五、多举办各类活动，增加曝光率，用“主持人群”提升关注度。

报告得到胡占凡、张宁批示。

（发展研究中心电视传播研究部提供）

《〈江南 style〉风靡全球的原因及对中央电视台节目创新的启示》摘要（调研信息　第 114 期）

2012 年，短短数月内，韩国歌曲《江南 style》风靡全球，成为韩国文化产品输出的成功案例。课题组对此现象密切关注，从内容形式、歌曲主题、推广营销等方面分析其成功原因，并对中央电视台节目创新提出了建议：

一、在机制创新方面，充分利用国家政策支持，不断深化机制改革，为节目创新提供更为宽松的创作环境，鼓励和激励员工的创作热情；二、在创作理念方面，要勇于突破传统模式；三、在内容选择方面，建议多做市场调查，精准找到热点内容；四、在推广营销方面，重视节目的整体推广，利用多种手段主动营销；五、在新媒体联动方面，深入运用新媒体，将其中优秀内容资源吸纳至电视节目中，为传统媒体注入创新活力。

报告得到胡占凡批示。

（发展研究中心产业与新媒体研究部提供）

《2012年国际一流媒体节目流行趋势及案例分析》摘要（调研信息　第123期）

为实现中央电视台建设国际一流媒体目标，及时了解国际节目市场的信息，课题组跟踪国际一流媒体的新近节目样态，总结其中趋势，推出专题分析。报告由纪录片、电视剧、综艺节目三大板块构成，分别介绍国际一流媒体节目的流行趋势。研究发现：一、纪录片题材选择多元化，制作投入愈来愈高，注重运用先进技术，加大营销宣传力度；二、电视剧的女性、专业职场题材成为新热点，剧集渐短，编排灵活；三、真人秀节目以纪录片创作手法展现表演者内心，选秀节目创新频繁，深度开发节目品牌价值。

报告得到胡占凡批示。

（发展研究中心发展战略研究部提供）

《英美主流社会对央视建立海外分台的三种观点》摘要（调研信息　第130期）

经广泛的数据收集，报告对英美主流社会对中央电视台北美和非洲分台建立后的反应和评论进行了深入分析。报告发现，英美媒体对中央电视台建立海外分台的评价总体可分为三种，即“实力说”、“宣传说”、“模仿说”。“实力说”认为新闻全球化是各大知名新闻媒体发展的必然趋势，中国经济的腾飞为中央电视台建立海外发展奠定了坚实的基础。“宣传说”认为中央电视台的海外发展是以宣传为目的的思想扩张。“模仿说”认为中央电视台模仿以半岛电视台为代表的一些同行先行者，向海外扩张，取得了一定成效，正在慢慢地被全世界的受众所接受。文章依次对三种说法的依据、提出者和主要观点进行了分析。

报告得到胡占凡批示。

（发展研究中心电视传播研究部提供）

《电视剧〈焦裕禄〉、〈温州一家人〉广受网民好评》摘要（调研信息　第131期）

为迎接党的十八大胜利召开，中央电视台从2012年10月起，在综合频道晚间黄金时段相继推出了两部重点电视剧《焦裕禄》和《温州一家人》。监测数据显示，两部电视剧在播出期内，不仅都保持了较高收视率，而且受到广大网民的持续关注和好评。

多数网民认为，党的十八大期间，中央电视台重点推出的这两部电视剧，与大多数地方台播出的革命历史题材剧、谍战剧等主旋律电视剧风格明显不同，给人以耳目一新的感觉，而且颇受感染和启发。《焦裕禄》所塑造的一个历史英模的崇高品格及其对当下干部的警示和教育意义；《温州一家人》所展现的一家人的奋斗励志故事和感人亲情，引发了众多网民的议论和思考。

报告得到胡占凡、罗明批示。

（发展研究中心产业与新媒体研究部提供）

《全媒体时代中国电视市场三大趋势战略前瞻》摘要
（调研信息　第141期）

报告详细分析了全媒体时代中国电视市场的三大趋势，即：一、从单一的视频节目到完整的数据包，内容需适配全媒体；二、新闻资讯由移动终端主导，满足“随时随地”的需求；三、娱乐回归大屏幕，并与移动第二屏互动。

报告从定位布局、传播模式、人才储备、效果评估等方面为中央电视台的全媒体建设提出建议：第一，明确定位，谋略布局。充分利用多个新媒体运营牌照，制定战略规划，部署发展路线；从“单打独斗”向“集团作战”转变，满足受众的不同需求；第二，建立适配全媒体的传播模式。应以用户为中心，改变既有“一对多”传播模式，并针对不同终端开发不同内容；第三，储备全媒体复合型人才。多渠道加快对全媒体人才的孵化与储备；第四，构建全媒体传播效果评估体系。

报告得到罗明批示。

（发展研究中心产业与新媒体研究部提供）

《借鉴美剧流程和模式力促“好戏出央视”》摘要
（信息快报　第3期）

在美国众多外销节目中，电视剧所占比重最高，并吸引了70%以上的行业广告。美剧为何如此受追捧？该期《信息快报》分析了美剧的生产流程和生产模式的特点。美国四大电视机构（ABC、CBS、NBC、FOX）的电视剧生产已经形成一整套流水线制作方式，特点如下：一、从等待者（“播出平台”）转变为积极参与者；二、抓好“大戏”的第一责任主体——制片人；三、注重播前评估，减少投资风险；四、建立广泛市场渠道，寻找社会资源。

报告得到胡占凡批示。

（发展研究中心发展战略研究部提供）

《2012年度中国电视剧发展报告》摘要
（专项报告）

我国是当今世界电视剧生产和消费大国，电视剧产业在经历市场导入阶段和产业化阶段后，已发展得相对成熟。报告以中国电视剧产业链为视角，通过收视分析、市场研究、案例分析等研究方法，力图在厘清2012年度中国电视剧市场发展脉络的基础上，总结发展规律、预测发展趋势，从而为中央电视台提升电视剧市场竞争力提供有力的参考依据。报告由市场收播分析、产业制销分析、广告市场分析、新媒体传播分析以及发展趋势分析五大部分组成，得出如下结论：一、电视剧仍是电视台最为重要、最受观众喜爱的节目类型；二、大陆电视剧产量平稳增长；三、电视剧广告时长明显下滑，大多数行业的广告投放出现负增长；四、视频网站电视剧版权规范初见成效，新媒体出品及制作将成为电视剧市场新的经济增长点。

（发展研究中心发展战略研究部提供）

《2012年度中国纪录片竞争力分析》摘要
（专项报告）

2012年，以《舌尖上的中国》为代表的中国纪录片逐步走近观众、走向市场、走出国门，中国纪录片行业整体呈现出蓬勃发展的积极态势。《2012年度中国纪录片竞争力分析》从传统电视平台上的播出、收视与经营情况出发，通过问卷调查、数据分析、个案研究等研究方法，全面梳理中国纪录片行业发展态势，为中央电视台制定纪录片发展战略提供有力支撑，同时也为节目部门和相关频道的自身经营提供借鉴和参考。报告分别就全国纪录片频道的市场表现、纪录片节目和栏目的收播情况、纪录片新媒体播出渠道的积极探索以及中国纪录片的制作与发行四大行业核心问题进行了深入分析，并得出如下结论：一、中央电视台输出大量优秀纪录片节目、栏目，中央电视台相关频道市场表现极为强势；二、新媒体重视纪录片市场，开辟专门频道，打造“库”概念；三、中国纪录片市场营销现状不理想，国际影响力待加强。

（发展研究中心发展战略研究部提供）

《中央电视台电视剧核心竞争力研究报告》摘要
（专项报告）

电视剧作为最受老百姓喜爱的电视节目类型，不仅是电视台提高收视表现的有力保证，也是吸引广告客户的重要资源。近年来，各大省级卫视为提高频道竞争力，纷纷把电视剧作为内容选择和市场竞争的重中之重。《中央电视台电视剧核心竞争力研究报告》共分为三大部分：一、通过对湖南、江苏、安徽、北京四大卫视以及新媒体播出平台的案例分析，详细描绘当前我国电视剧制播市场竞争环境；二、对近年中央电视台电视剧的收视表现、选剧特点和竞争地位进行全面梳理，指出现存问题；三、提出“短期、中期、长期三步走”战略以及“大戏工程”战略，助力中央电视台全力打造电视剧品牌。

（发展研究中心发展战略研究部提供）

《“东非野生动物大迁徙”台网联动经验总结及建议》摘要
（台情研究　第40期）

2012年7月，中央电视台启动《东非野生动物大迁徙》直播特别报道，这是全球电视媒体首次在非洲对野生动物迁徙进行直播。

统计数据显示，截至7月31日，互联网平台累计独立访问者数（UV）为2731.3万人，累计页面访问次数（PV）为1.57亿次，视频累计观看次数（VV）为2338万次；其中，CBOX累计独立访问者达到2635万人。iPhone及iPad移动客户端累计独立用户562万人，视频观看次数1553万次；IP电视和互联网电视专题累计播放155万次；移动传媒公交、广场、列车、机场频道每天覆盖5400万人次，取得了良好的宣传效果。

针对“东非野生动物大迁徙”台网联动过程中存在的问题，报告提出了强化中央电视台台网联动的对策建议：一、尽快形成台网一体化的战略架构和布局；二、比照国内外先例，尽快成立全台层面台网联动领导协调机构；三、尽快制定台网联动的规范机制；四、线下活动与线上宣传密切配合，提升联动效果。

（发展研究中心产业与新媒体研究部提供）

《国内外主流媒体发展新媒体的经验举措》摘要（专项报告）

为充分了解国内外主流媒体发展新媒体的路径和举措，课题组广泛调研，对BBC、CNN、新华社、中国国际广播电台等国内外知名媒体的先进经验进行了全方位梳理，为中央电视台进一步加大新媒体发展力度提供参考。报告提出了中央电视台新媒体发展的整体思路：一、战略升级，加快台网融合发展；二、展望未来，积极抢占新媒体传播制高点；三、找准抓手，完善全媒体建设保障体系。报告就中央电视台的新媒体发展提出五点对策建议：一、从战略高度重视新媒体，按新媒体规律发展新媒体；二、创新体制机制，推动管理和运营革新；三、借新媒体手段扩大国际传播影响力；四、由自我输血式发展向资本运作转变；五、加大扶持力度，争取国家政策优惠。

（发展研究中心产业与新媒体研究部提供）

《2011年中央电视台与省级卫视频道收视竞争对比分析》摘要（台情研究　第18期）

该期《台情研究》从收视格局、分频道竞争、分时段竞争等三个方面，对中央电视台与省级卫视频道的收视竞争情况进行对比分析，得出如下结论：一、收视格局方面，省级卫视整体收视连续第二年超过中央电视台；二、分频道竞争方面，中央电视台主力频道收视回升，江苏、上海成为势头最猛的省级卫视；三、分时段竞争方面，中央电视台黄金时段收视继续下降，省级卫视晚间全时段增幅明显。

（发展研究中心电视传播研究部提供）

《依托小微博，构筑大阵地——中央电视台微博运营现状盘点及提升建议》摘要（台情研究　第29期）

近年来，微博快速发展，为电视节目推广和品牌运营提供了新手段，地方卫视利用微博提升节目影响力成效显著。报告以新浪微博为研究对象，对中央电视台微博开通使用情况进行了专项调研，得出如下统计结果：一、含有“CCTV”等关键词的微博共440个；二、8个开路频道开微博，粉丝量与省级卫视差距明显；三、中央电视台开通的栏目微博共219个，财经频道最多；四、共两档栏目微博粉丝量过百万；五、栏目微博发布量少，互动性不佳；六、栏目微博发布不稳定。

报告对凤凰卫视、江苏卫视、湖南卫视等电视媒体成功运营微博提升品牌影响力的经验进行了总结，为中央电视台借助微博提升节目传播效果与品牌影响力提出如下建议：一、将微博运营纳入全台战略层面统一策划管理；二、将微博作为内容获取渠道，完善节目策划；三、开展微博深层次互动；四、扩宽微博开发新思路；五、将微博作为舆论引导的渠道。

（发展研究中心产业与新媒体研究部提供）

《以 5+ 模式为典范促进中央电视台台网融合一体化运作》摘要（台情研究　第 56 期）

在 2012 年伦敦奥运会传播中，CNTV 依托 5+ 频道这一“中国体育新媒体第一品牌”，其奥运报道的时效性、丰富性、权威性广受认可；5+ 频道认知度和影响力也伴随着奥运传播的成功而更加深入人心。课题组对 5+ 频道进行了调研，认真梳理其运作模式和台网融合经验，在此基础上提出“调动频道力量是促进台网融合走向深入的关键”，应采取电视专业频道与新媒体频道捆绑发展策略，将电视专业频道与新媒体专业频道利益一体化，并通盘考虑电视与新媒体节目版权购买、使用和保护，同时注意发挥新媒体频道、手段对电视频道的反哺作用。

（发展研究中心产业与新媒体研究部提供）

《打造我国电视外宣新名片——积极推进中央电视台节目在海外主流新媒体平台的“落地”》摘要（台情研究　第 64 期）

近年来，新媒体的传播力、影响力日益增强，越来越多的受众通过互联网收看电视节目。海外以视频网站 YouTube、社交网站 Facebook 为代表的新媒体平台迅速崛起并实现全球覆盖。以中央电视台为代表的国内电视机构虽在积极搭建海外新媒体传播平台，但传播效果有待进一步提高。

紧密结合当今国际传播格局的最新变化，课题组对上海东方卫视等机构进行了调研，认为中央电视台电视外宣策略应进行两点调整：一、深化推进中央电视台电视节目在新媒体平台上的国际传播；二、积极推进中央电视台电视节目在海外主流新媒体平台上的“落地”，实现新媒体传播平台的“借船出海”。

本报告建议中央电视台遵循商业化、民间化和低调化的总体原则，利用 Facebook、YouTube 等海外主流新媒体平台传播电视节目。具体而言，可成立高度市场化的公司，负责与国外的第三方公司或团队开展合作，在 YouTube、Facebook 等平台上搭建并维护传播我国电视节目的专门账号或频道。中方公司负责整体的传播导向把控与内容素材提供，外方公司负责内容的本土化与新媒体化改造、平台维护和用户拓展。

（发展研究中心产业与新媒体研究部提供）

《“一人多职”的全能型记者是 BBC 的培养方向》摘要（调研信息　第 63 期）

近年来，随着中央电视台海外分台的建立和海外记者站数量的增加，中央电视台国际传播能力建设在硬件方面的水平大幅提升，但驻外记者的单兵作战能力仍有待提高。课题组通过对 BBC 资深驻外记者以及新闻采访部主管等人的采访，了解其驻外记者的选拔标准和培养路线，为提高中央电视台驻外记者的工作能力提供对策建议。

报告将专访信息汇集如下：一、BBC 驻外记者的选拔渠道。主要来源于三个，一是英国当地记者，二是自由撰稿人，三是 BBC 的外派记者。二、BBC 驻外记者的选拔标准。一是语言和文化优势，二是经验优势，三是专业优势，四是新技术优势。三、BBC

驻外记者培训内容和培养方向。一是提供因地制宜的培训内容，二是从重“团队合作”向重“一人多职”的培养方向转变。四、BBC驻外记者的职责分工与薪酬待遇。一是权责分明，二是架构清晰，三是多劳多得。五、BBC专家对中央电视台驻外记者的简要建议。一是采用驻外人才多元化的选拔方针；二是着力塑造每个记者的新闻报道特色，让每个人在报道时都能体现报道比较优势；三是着重打造中央电视台的品牌形象。

（发展研究中心电视传播研究部提供）

《伦敦奥运会CCTV传播效果调查分析报告》摘要（调研信息　第95期）

为深入了解中央电视台在伦敦奥运报道中的传播效果，课题组联合环球舆情调查中心完成“伦敦奥运会CCTV传播效果调查”。结果显示，中央电视台奥运报道覆盖率高、关注度强、舆情评价积极，形成了强势正面舆论。一是中央电视台成为观众获取奥运信息的最重要来源，99.8%的奥运信息关注者通过中央电视台获得有关信息；二是报道凸显文化元素和以人为本理念，获得观众普遍好评；三是《全景奥运》、《奥运快讯》、《奥运赛事集锦》“信息内容丰富，角度多样”、“信息播报及时”，成为最受观众欢迎的栏目；四是中央电视台“报道规模大、播出频道多、直播多”等，受到观众好评；五是中央电视台负责制作的五项赛事公用信号观众表示满意，满意度均高于4分（满分5分）；六是中国网络电视台通过奥运转播，影响力得到进一步提升；七是观众普遍认为，新媒体在中央电视台奥运转播中将发挥更大作用。

（发展研究中心发展战略研究部提供）

《中央电视台如何利用微博抢占新闻制高点——人民日报设置“处级微博”，开通一月　粉丝量破百万》摘要（调研信息　第99期）

人民日报官方微博自2012年7月上线以来，粉丝量在一个月内以每天两万多的数量快速增长。课题组针对传统媒体的微博发展情况进行了调研和分析，总结出人民日报官方微博成功之道：一、应对突发事件注册微博，快速反应抢占新闻高地；二、发挥传统媒体的评论优势，设置微博固定栏目广受好评；三、首次设立“处级微博”，确保新媒体时代国家级媒体不失语。

报告就中央电视台如何利用微博抢占新闻制高点提出若干建议：一、成立专门微博运营部门，提升新闻竞争力；二、将微博作为新闻的重要信息源，打造“第二新闻舆论场”；三、多层次开发微博平台，实现电视与微博的融合发展。

（发展研究中心产业与新媒体研究部提供）

《中央电视台十八大开幕式直播被海外媒体广泛采用》摘要（调研信息　第126期）

2012年11月8日，中央电视台党十八大开幕式直播信号被众多海外媒体采用，在国内外引发高度关注。报告对此进行了密切的舆情监测，数据显示，开幕式当天，全球共有133个国家和地区的389家海外电视媒体使用了中央电视台的开幕式直播信号。与此同时，反观一些外媒的党的十八大开幕式报道，“外围文章”做得各有特色，其中的许多经验值得借鉴：一、提前精心策划，延伸报道“时长”。重大事件的报道，单靠现场临时采访的资料远远不够，提前精心策划是成功关键。二、开展场外直播，拓展报道“宽度”。一些外媒的经验表明，会议直播不一定必须是“会场直播”，会场外的直播，也能取得良好的效果。三、加大外围采访，拓展报道“广度”。一些外媒“剑走偏锋”，不仅跳出会议现场，甚至跳出北京，通过个性化的外围报道来拓展报道的广度。四、善用历史资料，增强报道“厚度”。BBC依托丰富的影像资料库，制作了有历史“厚度”的开幕式报道。

（发展研究中心产业与新媒体研究部提供）

《〈梦想合唱团〉海外节目模式引进报告》简介

《梦想合唱团》是中央电视台《新节目研发管理暂行办法》实施以来，首档完整引进的海外节目模式版权，借鉴了《合唱团之战》在美、英、法等十多个国家市场的成功经验，并结合中国市场特色，科学、有效地进行本土化创新，播出后反响良好。为了全面总结《梦想合唱团》在引进、制作、运营等方面的经验，总编室节目研发部对该栏目运作过程进行了回溯和研究。报告共分四个部分：

第一部分主要介绍了《梦想合唱团》节目引进的基本情况，指出该节目的引进体现了中央电视台节目研发工作开始与国际接轨，同时指出外方培训是学习国际制作理念的一个重要渠道。

第二部分介绍了节目的制作经验。前期组织经验主要体现在海选和真人秀拍摄上，演播室比赛环节中在赛制、公益、投票上进行了改版设计。

第三部分主要介绍《梦想合唱团》进行市场运行的成功经验。节目利用社会优势力量，与制作公司开展广泛的深度合作，同时在营销上加大了推广力度，进行全方位宣传。节目在模式上的优势使广告运营获得了较好的收益。

第四部分总结了《梦想合唱团》与国外模式差异及经验，指出节目开创了公益与娱乐的节目新形式，引进经验值得在中央电视台创新节目中借鉴和推广。

（总编室节目研发部提供）

《2012年全国春晚类节目创新分析报告》简介

报告通过对2012年春节期间中央电视台和省级卫视的收视数据和舆情监测数据进行对比分析，结合部分网络调查结论，在对竞争市场和受众收视行为分析的基础上，对中央电视台“春晚”的总体表现进行客观、科学评估，为今后节假日期间节目内容创新与频道编排提供对策建议。

从整体收视效果来看，2012年春节期间，中央电视台各类“春晚”的影响力进一步提升，有13台主题晚会进入2012年春节期间春晚类节目收视率排名前20位，其中有9台主题晚会的收视率超过1%。总体来看，中央电视台“春晚”呈现出如下特点：一、龙年“春晚”将“三贴近”原则与国际化原则相结合，将传统年文化的回归和现代创新表达相结合，这成为中央电视台“春晚”内容创新的突出亮点；二、春节期间以综合频道为代表的各频道根据各自定位制作的节目大大满足了观众的假日收视需求；三、总编室打造的“播出季”的节目资源管理方式，使得频道资源和节目资源价值达到最大化，进一步放大了中央电视台的整体品牌效益。

值得注意的是，中央电视台“春晚”语言类节目在数量上比往年有所减少，而且吸引力也减弱，有待进一步挖掘；中央电视台“网络春晚”收视比往年下降严重，有待进一步创新；过于强调舞台技术效果和舞美形式，一定程度上减弱了节目内容和演员的表现力。相比之下，省级卫视春晚继续大打特色牌和创新牌，全力打造充满地域特色的节目、充分挖掘明星资源并创意化利用、精心编排魔术与语言类节目，也让观众耳目一新。

（总编室节目研发部提供）

《2012 年中央电视台新节目研发工作年度报告》简介

2012 年，总编室完善创新机制，搭建创新平台，在资金、政策等方面加大对中央电视台新栏目研发和新节目创新的支持力度，全台各频道推出了大量新栏目，取得了一定的创新成果，节目研发部汇总分析了2012 年中央电视台新节目研发整体情况，完成了报告。

报告共分为“新节目研发工作整体情况”和“工作建议”两大部分。第一部分归纳了 2012 年中央电视台新节目研发整体工作的主要特点：新节目研发资金使用合理、高效；部分新栏目取得了良好的收视效果和广告收益；建立综合频道研发资金重点保障机制；建立引进类项目跟踪研发机制；创意大赛成为中央电视台新节目研发新趋势；新节目类别丰富，类型以综艺益智类节目居多；研发新媒体互动技术，推动台网全面融合等。第二部分提出了相应的工作建议：建立以综合频道为核心的全台研发创新机制；完善《中央电视台新栏目研发管理暂行办法》；搭建研发创新平台，推动创意大赛成果转化。

（总编室节目研发部提供）

《CCTV 第 15 届青歌赛节目形态创新研究报告》简介

青歌赛自 1984 年创办以来，出现了品牌影响力和美誉度下降，收视回落的现象。基于这种情况，中央电视台决定延缓 2012 年第 15 届青歌赛，通过广泛了解各方意见，对青歌赛进行优化升级。

报告指出，青歌赛多年以来面临着观众结构老龄化，核心观众流失严重的情况，导致收视水平不断下降。青歌赛的专业性得到业界人士和观众的充分认可，但赛事内容和形式的娱乐性较弱，降低了节目的收视吸引力。

在大量调研的基础上，报告反映了观众对于节目的基本观点：青歌赛主题定位应是专业权威和有娱乐性；赛制周期呈现“两年一届”和“一年一届”两种意见；观众对选手偏好倾向于未经过专业训练，但有表演经验的选手；赛事选拔机制主要有中央电视台直选和与地方频道合作两种意见；评委偏好上，观众和专家基本统一认为青歌赛应大幅精简评委数量；评选方式上，目前的打分形式专家及观众意见存在分歧；唱法组别设置上专家的建议有分歧，但总体是专业组和业余组要互通融合。

针对这些情况，报告提出了节目改进的基本思路，依靠专业性形成品牌差异化，打造贴近百姓的节目内容。要从观众需求角度出发，应大力提高节目内容的娱乐性。同时还指出节目应整合多媒体资源，加大节目播出前的营销推广力度，提高自身商业价值。

（总编室节目研发部提供）

《海外一流电视台综合频道节目编排分析研究》简介

为使中央电视台综合频道能根据我国电视市场竞争环境制定适当、有效的节目编排策略，课题组以英国BBC、ITV，美国FOX、NBC、ABC、CBS，日本NHK、富士电视台等多家海外一流媒体的8个综合类频道为对象，对其节目编排规律和策略进行梳理，深入分析各频道间的编排差异，挖掘普遍规律，为中央电视台CCTV-1综合频道的节目编排提供借鉴，开拓思路。

第一部分对海外综合频道节目编排情况进行了对比分析。通过对海外公共电视与商业电视编排差异、各综合类频道节目类型与时长、节目首重播比例等进行分析，总结出海外综合频道日常（周一至周五）及周末节目编排策略。

第二部分总结了海外综合频道节目编排的特点及策略：海外综合频道普遍采用“5+2”式的编排策略；通过分时段配置节目资源，能够精确匹配目标观众群体；重视打造“节目带”或“节目块”，形成稳定的收视保障；充分运用差异化竞争策略，避免同质化竞争造成的节目资源浪费等。

课题第三部分结合中央电视台综合频道特点和目前的问题，提出了相应的对策建议：一是突出特色编排，强调新闻节目的“综合频道特色”；二是精确匹配观众的收视要求；三是增加在周末播出的体育相关类栏目；四要进行周末特殊编排，针对周末晚间时段重点打造“季播类”品牌节目；五是针对日常深夜时段，开发高端谈话节目；六要采取灵活的编排策略，利用平台优势，开展优秀新栏目试播。

（总编室节目研发部提供）

《中央电视台2011年度新节目研发情况》简介

2011年，中央电视台实施《中央电视台新栏目研发管理暂行办法》以来，在资金、政策等方面加大对新栏目研发和节目创新的支持力度，各频道推出了大量新栏目，取得了一定的创新成果。同时，在《办法》实施过程中也呈现出一些问题。总编室节目研发部对中央电视台2011年新节目研发情况进行了梳理、总结，针对中央电视台各频道节目创新工作中存在的问题提出了建议对策。

该报告分三部分，第一部分总结了央视2011年新栏目研发的整体情况；第二部分分析了央视各频道节目创新工作中存在的三个问题；第三部分，结合央视的节目创新需求、频道的生产运营现状，有针对性地提出建设性改进建议。一是加强对全台各频道、台属各单位研发资源的全盘统筹，集中优势研发资源向综合频道倾斜。二是根据各频道实际需求和专业特色，开展前瞻性的节目研发创新活动。三是建立海外节目模式引进管理工作机制。四是建立科学严格、规范系统的新栏目播后评估机制，与栏目综合评价体系形成有机联动，建立新栏目奖励和退出机制。

（总编室节目研发部提供）

《中央电视台建立节目创新机制工作建议案》简介

为落实台领导对节目创新工作的指示，总编室组织节目研发部课题组成员有针对性地与BBC、ITV、NBC、ABC等国际电视传媒的相关部门负责人进行直接沟通，实地调研了湖南卫视、浙江卫视、江苏卫视、深圳卫视等上星频道，经认真研讨反复修改，拟定了《中央电视台建立节目创新机制工作建议案》。

本建议案充分吸取国际媒体的成熟创新经验，结合中央电视台实际情况，从节目创新管理机制、节目创新研发机制、节目创新保障机制、节目创新测评机制、节目创新激励机制及相关业务职能等六个方面，对中央电视台节目创新机制进行了全面设计，力求建立以综合频道为重点、面向台内外研发资源的开放式节目创新孵化平台。

（总编室节目研发部提供）

《深圳卫视“独立制片人”制情况调研报告》简介

深圳卫视于2004年5月28号正式上星播出，2011年实现跨入“全国上星频道收视前十”的目标。深圳卫视的成长与其对现代媒体运营体制和机制的突破和创新是密切相关的。近年来，深圳卫视摸索出了一套适合自身特点的现代媒体管理制度，其核心内容即为在非时政新闻类节目中实行的“独立制片人”制。

“独立制片人”制以激活最基层的节目生产单元为目的，以充分放权、充分信任为基础，以对等的权责划分为纽带，以收视为主要考核目标。其基本政策为：人员自定、岗位自定、薪酬自定、包产到户。“独立制片人”制实现了电视媒体运行管理理念和机制的转变，提高了节目生产自主性和创新积极性，形成了良性循环的人才培养储备机制，有效实践了内部适度的制播分离。

报告还从中央电视台实际出发，提出了相应的对策建议：一是在非新闻类节目中选择试点，并跟进相关的人事、财务配套措施；二要转变节目生产管理理念，将更多的资源投入到节目需求目标的确立、审核、节目招标、制片人团队选拔之上；三是建立人员薪酬同收视目标、节目质量、收支结余等挂钩的长效激励机制；四要充分发挥节目评估体系的作用。

（总编室节目研发部提供）

《英国爱丁堡国际电视节及荷兰出访报告》简介

2012年8月23日至30日，中央电视台副总编辑黄传芳、总编室副主任赵文江及总编室节目研发部、节目推介部、受众服务部相关人员一行五人赴英国参加爱丁堡国际电视节并顺访荷兰Absolutely Independent传媒集团，并完成本报告。

爱丁堡国际电视节创办于1976年，主旨在于为各国电视媒体人打造一个可以共同分享经验心得，讨论电视发展前沿话题，启迪触发灵感且相互沟通交流的高端平台。本次出访活动取得系列成果：一是通过举办CCTV专场宣传推介活动，扩大国际影响力；二是参加中国媒体相关论坛，交流国际合作经验；三是会见海外媒体机构代表，寻求国际合作机会；四是签署《梦想合唱团》第二季模式引进合同，节目模式国际合作取得实效；五是搜集海外最新节目模式，关注国际电视发展趋势。

报告还阐述了本次出访活动的认识和体会。首先，对目前以英国为代表的欧美电视市场发展状况和趋势变化有了更新的认识。其次，海外媒体行业对中国电视市场和中央电视台兴趣十足但了解匮乏、片面，中央电视台需充分利用各种国际交流平台进一步强化宣传推介力度。第三，国际一流媒体节目生产及创新的不竭动力源自其有效的机制体制保障，中央电视台应在机制体制上进一步大胆创新。最后，海外媒体及制作机构与中国媒体合作意愿强烈，中央电视台需进一步开拓思路丰富国际合作的内容和形式。

（总编室节目研发部提供）

《2012年中国电视剧收视特征及走势分析报告》简介

报告旨在通过分析2012年中央电视台及省级卫视电视剧播出效果和策略，对2013年中国电视剧市场发展趋势进行预判，以提供智力支持。

2012年全国电视剧市场全年制作量约3万集，播出量为7000集左右，仅为制作量的23%。从总体上看，电视剧市场产能过剩，优秀剧目寥寥可数，尤其是符合主流价值观、高收视、高影响力剧目更是稀缺。电视剧市场竞争日益激烈，电视剧的播出效果对频道收视份额的影响也越来越明显。2012年，省级卫视频道组晚间黄金时段收视增幅达8%，挤压中央电视台与地面频道的收视份额，出现了湖南和山东两家省级卫视冲击全国第一的新局面。多家卫视晚间黄金时段三集连播覆盖中央电视台一套黄金剧场时段，且省级卫视播出电视剧类型更为多样，农村剧、战争剧、古装传奇剧、家庭喜剧均有不同表现，电视剧类型化趋势日益鲜明。部分省级卫视独播剧也日渐发力。

预计 2013 年电视剧市场竞争局势将会更加激烈，竞争焦点主要集中在争夺创新度较高的类型剧上；电视剧高成本态势将继续保持，但快速上升的可能性不大；省级卫视三集联播对电视剧播出市场影响深远；长剧或可成为高收视竞争重点。

中央电视台应尽早规划，提前着手，通过自制、定制、预制与市场选剧相结合的方式，重点打造显现国家台品质、具有良好市场表现的优秀剧目。

（总编室审片部提供）

《从电视剧观众测评看电视剧收视要素的主要特征》简介

随着电视剧市场的蓬勃发展，中国成为了世界第一的电视剧播出与生产大国。2012 年，电视剧的产量达到 3 万集，达到了近五年来的新高。然而电视创作市场的极大丰富，为电视台的电视剧选购工作带来了极大困难。据粗略估算，全国 2000 多个电视频道对电视剧的年需求量约 1 万集左右，其中省市一级电视台约为 7000 集，而真正能够进入黄金档播出、带来较高收视回报的电视剧不足 500 集，仅占播出量的 5% 左右。如何从浩如烟海的电视剧剧目中，挑选出这具有收视保障的 5%，成为了各电视台竭尽心力研究的问题。

为进一步提高电视剧选剧工作的科学性、严谨性、有效性，中央电视台总编室审片部自 2011 年 4 月起建立台内专家审看、观众测试、台外专家审看等三个维度构成的电视剧测评系统，一方面通过台内专家审片的方式，从专业角度把握被测电视剧在导向性、思想性、艺术性和观赏性等方面的表现；另一方面通过观众审片的方式收集不同观众层面对备选电视剧的评价与偏好，重点了解被测电视剧的观赏性水平；第三，通过台外专家审看重点了解被测电视剧可能引发的社会影响和共鸣。

报告通过重点分析两年来电视剧观众测试的主要发现，结合近两年来全国电视剧市场的收视热点，分析近年来高收视题材电视剧的主要特征。

（总编室审片部提供）

《大连、西安观众一套黄金时段电视剧收视偏好分析报告》简介

2012 年，为进一步了解中央电视台一套黄金时段观众的收视偏好和收视习惯，审片部选取两个相对具有代表性的城市（大连、西安）的电视观众进行了针对中央电视台一套黄金时段电视剧和观众收视偏好的座谈会，希望通过深入了解当地电视观众的收视习惯、收视偏好以及对一套黄金时段电视剧的认识和建议，对现有电视剧评估要素进行丰富和完善，指导和改进一套黄金时段电视剧的审看工作。

调研证实，CCTV-1 黄金时段电视剧的特点已经在观众中形成了一定的心理预设：CCTV-1 是国家级媒体平台，其播出的电视剧不仅代表着国家，同时也承担着引导、教育大众的重要使命。而这种经过多年来频道品牌的沉淀、累积而成的心理预设是 CCTV-1 特有的频道优势，也是其区别于其他频道，特别是省级卫视的重要因素。因此，CCTV-1 应该继续保持频道特色，多播出能够更大程度凸显其频道优势的电视剧，同时也需要补充一些反映当下时代特点、贴近百姓生活的剧目，以进一步增强频道电视剧的观众吸纳能力，并有效提升收视表现。

（总编室审片部提供）

《中央电视台微博品牌推广策略研究》简介

现今，微博已成为网民获取新闻信息的重要渠道。借助微博自媒体和网络传播的特性，传统媒体可以在微博上进行持续的、低成本的品牌推广。出于对中央电视台品牌管理需要，总编室综合部对在微博上如何进行营销、如何提升中央电视台的品牌形象及影响力进行了研究，得出如下结论和相关建议：

1. 中央电视台微博集群现状

中央电视台在五大微博平台皆开通了微博，其中新浪微博优势明显。在微博集群的粉丝量和博文曝光量方面，呈现主持人微博最大、频道微博次之、栏目微博较低的态势，其目前的传播模式受隶属关系的影响很大，除主持人微博相互关注较多外，隶属关系外的微博之间很少关注，传播能力没有得到合理的运用。

2. 应采用蒲公英式的传播模式重新构建 CCTV 的微博集群

蒲公英式的传播模式可以有效利用整体优势扩大微博信息的覆盖面，使微博信息可以多次到达用户，形成持续的影响，加深用户印象，更适合集团的品牌传播。为了使 CCTV 品牌在微博中得到更有效的传播，建议重新构建 CCTV 的微博集群。

3.CCTV 典型机构微博应向用户提供以下功能价值

(1) 洞察中央电视台节目收视亮点，主动向微博用户推荐。(2) 通过搜索方式发掘观众收视体验、感悟和推荐，以诙谐的语言加以评论分享给其他微博用户。(3) 发布中央电视台独家的新闻资讯。典型机构微博可在新闻节目播出的第一时间发出相关微博，或者联合新闻节目进行同期直播；失去第一时间发博机会的新闻，可以采用挖掘新闻的背景知识来发掘新闻热点的二次传播价值。(4) 收集观众对节目的意见或建议。(5) 向微博用户介绍名人明星屏幕背后的故事和花絮，满足追星粉丝的好奇心。(6) 提供节目相关的背景知识，让粉丝不看节目也能学习到知识。(7) 提供职场、生活哲理，让粉丝产生情感共鸣，给人深思警醒、励志教育。(8) 发布中央电视台官方声音，例如官方新闻、品牌理念、价值观、辟谣等。(9) 与中央电视台相关微博相互推荐，博文里推荐其他微博的独特卖点。

4.CCTV 典型机构微博的运营策略

(1) 选择用户关注度高的内容和互动率高的选题。(2) 结合微博特性及微博用户使用偏好，对微博话题、发布规律、互动方式进行调整，提升 CCTV 典型机构微博的传播效果。(3) 借助多种方式，提升 CCTV 典型机构微博的用户认知度，增加粉丝量。

（总编室综合部提供）

《综合频道（香港版）传播效果调查》简介

为科学评估中央电视台综合频道（香港版）开播一年来的传播效果，提升频道在香港的竞争力和影响力，2012 年 3 月 22 日至 25 日，海外传播中心与环球舆情监测中心及香港专业调查机构合作，在香港进行受众抽样调查和传播效果研究，最终回收 310 份有效问卷，其中在一年内收看过中央电视台的被访者有 204 人。

调查结果显示：综合频道（香港版）落地香港一年以来，收看过该频道的香港观众占所有被访者的 65.8%。其中，收看综合频道（香港版）的男性和女性比例相当；29 岁以下年龄段的香港观众中，收看过综合频道（香港版）的人数比例最高。在月收入 20000 ~ 40000 港币的香港观众中，收看过综合频道（香港版）的人数比例最高。多数香港观众（38.7%）收看综合频道（香港版）的频率是“偶尔收看”。香港观众收看综合频道（香港版）的时间集中在 19:00 ~ 22:00 的黄金时段。58.3% 的香港观众表示收看主要目的是“了解时事动态”。39.7% 的香港观众对综合频道（香港版）总体感到满意。综合频道（香港版）在香港最受欢迎的节目是“晚间新闻”和“电视剧”。48.5% 的香港观众认为综合频道（香港版）存在的最大不足之处是“香港特色不明显”。38.2% 的香港观众认为综合频道（香港版）最需要改进的是“增加粤语类节目”。在香港观众经常收看的电视频道中，综合频道（香港版）位列第六。77.1% 的被访香港观众知道在香港可直接收看综合频道（香港版），22.9% 的观众则不知道这一情况，说明还需进一步加大在香港的宣传推介力度。

（海外传播中心提供）

《中央电视台首次开展十八大海外传播效果调查》简介

为深入、全面地了解海外公众对党的十八大的看法以及党的十八大召开对塑造中国海外形象的作用，同时精确掌握中央电视台（含 CNTV）党的十八大报道的海外传播效果，积累历史数据，为今后更好地报道党代会和“两会”、提升国际传播能力提供参考借鉴，海外传播中心与环球舆情调查中心合作，首次对中央电视台党的十八大报道的海外收视情况、受众满意度以及观众态度变化等进行调查研究。调查于 2012 年 11 月 8 日至 16 日在美国、德国、日本、俄罗斯以及中国进行，调查对象为居住于前四个国家的居民（包括海外华人）以及目前在中国（包括长期居住和短期逗留）的外籍人士，共成功回收 787 份有效问卷，其中收看过CCTV或CNTV党的十八大报道的有331人，调查对象的学历和收入情况在各自所在国家都属于中高端群体。

调查结果显示：超四成（44.5%）的外国受访者主动从媒体上关注党的十八大有关信息，“了解中国最新动态”是他们关注党的十八大信息的主要目的，最关心的是“中国经济建设及政策”。收看过党的十八大报道后，37.1% 的观众认为中国变得“更强大”了。在通过大众媒体接触党的十八大相关信息的外国受访者中，超过四成（42.8%）主要通过 CCTV 或 CNTV 来了解有关信息。超六成（65.2%）的外国受访者对 CCTV（包括 CNTV）的党的十八大报道总体情况感到“非常满意”或“比较满意”。外国受访者对 CCTV（包括 CNTV）的党的十八大报道满意度最高的是“信息量大”和“报道内容丰富、形式多样”。与其他媒体的党的十八大报道相比，外国受访者认为 CCTV（包括 CNTV）的主要优势在于“信息量更大”和“报道更及时”。中国的外籍受访者中，通过 CCTV 了解党的十八大信息的比例最高；美国的受访者中，通过 CNTV 了解党的十八大信息的比例最高。29 岁以下年龄段的外国观众中，通过 CCTV 关注党的十八大信息的人数比例最高，为 42.5%。党的十八大召开期间，外国受访者收看 CCTV 或 CNTV 报道的平均天数为 3.2 天，收看最集中的时段是 17:00 ~ 23:00。三成受访者表示，他们从其他媒体接触的党的十八大相关信息中，有“很多”或者“一些”来自转播 CCTV 或 CNTV 的报道。

（海外传播中心提供）

《中央电视台对非洲传播策略研究》简介

长期以来，非洲对于我国具有重要的战略意义，也是我国对外传播的重点目标区域。中央领导同志曾作出重要指示，强调要加强对非媒体合作，使该地区“成为我在国际舆论阵地争夺话语权的突破口，成为国际传播能力建设的重点方向”。近年来，中央电视台以全媒体布局的态势，通过电视频道、网络电视台、视频发稿平台、长城平台等多种途径，全面加强对非洲传播，取得了显著成效。课题重点梳理了非洲传媒业发展现状、全球媒体在非洲竞争态势，以及中央电视台对非洲传播策略情况，形成研究报告。

报告重点分析了非洲传媒业的现状及竞争态势，搜集整理了BBC、CNN、半岛电视台等国际媒体巨头在非洲发展现状及策略。以此为基础，报告总结了中央电视台在非洲全媒体方式的布局和对非洲的传播情况。最后，对下一步对非传播策略提出了意见和建议。

（海外传播中心提供）

《纪录频道开播两周年海外传播效果调查》简介

为进一步加强国际传播能力建设效果评估工作，在纪录频道开播两周年之际，海外传播中心统筹规划部与环球舆情调查中心合作，在澳门、马来西亚、英国开展受众调查，评估观众的知晓度、满意度、收视喜好及意见建议。在预调查的随机抽样访问中，25.93%的澳门观众半年内收看过中央电视台纪录频道，马来西亚的比例为23.40%，英国的比例为1.39%。正式调查在收看过CCTV-4、CCTV-NEWS或CCTV-9 Documentary中任何一个频道的观众中进行，共回收有效问卷1504份。

调查数据显示：(1)在收看过中央电视台三个国际频道的观众中，近半年内收看过CCTV-9 Documentary的受访者占57.0%。其中女性收看纪录频道的比例略高于男性，马来西亚和英国的年轻观众比例较高，澳门老年观众比例较高。(2)在没有收看过纪录频道的受访者中，53.4%表示听说过纪录频道，表明频道的境外知晓度较高。其中，马来西亚的受访者听说过频道的比例最高，为63.2%。(3)在近半年内看过CCTV-9 Documentary的受访者中，“经常收看”的受访者占34.4%，“基本每天都看”的占21.5%，“偶尔收看”的占44.1%。(4)近六成受访者曾通过CNTV收看纪录频道的节目。(5)近七成受访者对纪录频道给予好评，其中23.5%的受访者表示“很满意”，55.2%的受访者表示“比较满意”。(6)58.5%的受访者表示收看纪录频道的主要目的是“了解中国的历史、文化和社会”。61.4%的受访者最希望通过纪录频道收看关于中国的纪录片。63.3%的受访者认为自己看过纪录频道后，“对中国的人文历史有了更深入了解”。(7)51.5%的受访者认为纪录频道最大的优势在于“题材广泛，内容精彩”。17.7%的受访者认为与其他国际一流纪录频道相比，纪录频道最需要提高的是“首播量不高，重播次数多”。其中，澳门受访者最喜欢收看自然动物类纪录片；英国和马来西亚受访者最喜欢收看人文历史类纪录片。(8)加强频道在海外的知名度、入户率仍是纪录频道未来需要改进的方面。英国和澳门的受访者不收看的最主要原因是“从来没注意过这个频道”，马来西亚受访者是“节目编排与看电视时间冲突”。此外，观众还就节目内容、宣传与包装、制作编排、翻译语言等提出了具体意见。

（海外传播中心提供）

《2012年中央电视台法语和俄语国际频道海外收视调查活动》简介

为了解中央电视台外语频道的海外收视效果，深入分析外语频道在海外的认知度、满意度和海外观众对节目的需求，海外传播中心于2012年上半年分别启动了法语和俄语国际频道海外收视调查活动，委托专业调查公司设计问卷，并通过中央电视台海外合作运营商和互联网等途径发放。这是中央电视台首次针对外语频道进行的海外收视调查活动，共有23个国家的711位观众提交了法语国际频道的有效问卷，8个国家的577位观众提交了俄语国际频道的有效问卷。

数据显示：法语国际频道定位准确，节目内容符合法语观众对中国的兴趣点；关注中国信息和对中华文化感兴趣是法语观众收看法语国际频道的最主要原因；47.53%的法语观众最常收看新闻时政类节目，《综合新闻》以58.67%的接触率和49.51%的满意度成为法语国际频道最受观众欢迎的栏目；《综合新闻》和《非洲时间》也是非洲地区法语观众收看最多的节目，欧洲地区观众收看《旅游指南》和《学汉语》的比例显著高于其它栏目；主持人弗朗西斯·李成为频道最受法语观众喜爱的主持人。参加本次调查的海外观众中，非洲地区观众占78.42%，19～39岁观众占67.84%，普通职员及学生占40.05%。

海外观众对中央电视台俄语国际频道总体满意度评分达83.57分。俄语国际频道虽然开播仅有3年，但在参加调查的海外观众中，89.12%的人知晓该频道，接触度达85.44%。中国文化是俄语观众最感兴趣的内容。在观众最常收看的节目中，文化新闻的关注度达50.74%。《旅游指南》以55%的支持率成为中央电视台俄语国际频道观众最喜爱的栏目，《中国厨艺》、《纪录片》和《综合新闻》等栏目也受到接近半数接受调查的俄语观众的喜爱。外籍主持人阿列西娅以47.46%的支持率成为俄语国际频道最受观众喜爱的主持人。“娱乐类节目”和“深度调查类节目”是俄语观众最期待增加的节目类型。参加调查的俄语观众呈现年轻和高学历的特点，18～49岁观众占85.59%，大专及以上学历占88.40%。

活动还评选出法语、俄语国际频道各9位海外观众作为观众代表于2012年9月20日来华参加海外观众座谈会。座谈会上，法语国际频道观众表示，法语国际频道节目内容丰富、制作精良，为法语国家观众提供了一个全面了解中国历史、文化和现状的渠道；中央电视台记者报道新闻公正、客观；评论类节目深入、透彻地分析当今热点问题，让人了解同一问题的中国视角；电视剧和专题节目让观众了解当代中国人的生活状态和思维方式。俄语国际频道观众表示，俄语国际频道节目内容充实、有内涵，包装精美，新闻时效性强、客观、翔实，从报道内容和报道视角上都不同于其它俄语媒体，是俄语国家观众了解中国的重要窗口；频道的新闻、电视剧，以及《观点》、《成功之路》、《旅游指南》、《学做中国菜》等栏目受到俄语地区观众的喜爱。

（海外传播中心提供）

《媒体内容资产价值评估及产业化经营机制研究》课题简介

《媒体内容资产价值评估及产业化经营机制研究》作为音像资料馆申报的2011年国家广电总局部级社科研究项目，是在2010年度国家广电总局课题项目（《电视节目资料有偿使用与市场开发管理体系研究》）的基础上所做的进一步深入阐述和论证。此课题研究主要是基于媒介融合研究、影视内容产业研究、媒体资产管理研究和无形资产评估研究等领域，结合中央电视台的探索和实践，围绕产业化经营机制所做的深入论述。课题共分为五个部分：第一部分“电视节目资料的开发利用价值”，主要界定电视节目资料、数字内容资产等的基本概念，结合数字内容资产的属性分析电视节目资料的开发利用价值，梳理了中央电视台节目资料管理的发展战略；第二部分“媒体内容资产的价值评估”，主要从不同角度论述电视节目资料价值评估的重要性，并对应用重置成本法、收益现值法和现行市价法等不同评估方法作了介绍；第三部分“媒体内容资产评估的实证研究”，主要探讨媒体内容资产的评估过程及评估原则，结合中央电视台和中国国际电视总公司的评估案例，对重置成本法和收益现值法在媒体内容资产评估中的具体应用进行实证分析；第四部分“电视媒体内部节目资料有偿使用管理”，主要对实行节目资料有偿使用的必要性、可行性、有偿使用管理的具体内容，以及中央电视台节目资料内部有偿使用试运行情况进行了梳理和分析；第五部分“关于媒体内容资产社会化服务市场开发管理”，主要研究媒体内容资产市场开发的意义和现状，进一步阐述了媒体内容资产市场需求以及开展社会化服务需要解决的问题。

（音像资料馆提供）

CCTV

GUIZHANG ZHIDU XUANZAI

规章制度选载

规章制度选载

中央电视台领导干部选拔任用工作若干规定

第一章 总 则

第一条 为进一步规范中央电视台领导干部选拔任用工作，加强日常管理，建设高素质的干部队伍，依据《党政领导干部选拔任用工作条例》等文件精神，结合中央电视台实际，特制定本规定。

第二条 领导干部的选拔任用与日常管理，须坚持以下基本原则：

（一）党管干部原则。

（二）任人唯贤、德才兼备原则。

（三）群众公认、注重实绩原则。

（四）公开、平等、竞争、择优原则。

（五）民主集中制原则。

（六）依法办事原则。

第三条 本规定主要适用于中央电视台副司局级干部、县处级干部的任用与管理。科级干部的选拔任用，参照此规定执行。

第二章 选拔任用方式

第四条 干部选拔，应结合职位特点及部门实际，采用民主推荐、竞争上岗和公开选拔等方式进行。

民主推荐和竞争上岗主要适用于中央电视台内部选拔干部，公开选拔主要适用于面向社会选拔干部。

第五条 空缺职位需补充干部时，由人力资源管理中心汇总情况并报分管台领导和台长，台分党组决定选拔干部的方案。

第六条 根据业务发展需要，也可从其他单位适当引进职务层次相当的领导干部。

第三章 选拔任用条件

第七条 选拔担任领导干部，应当符合《党政领导干部选拔任用工作条例》规定的任职资格。

（一）选拔担任中心（室）主任、频道总监（副局级）职务者，一般应担任中心（室）副主任、频道副总监等正处级职务满2年；

选拔担任中心（室）副主任、频道副总监职务者，一般应担任部门主任、处长等正处级职务满2年；

选拔担任部门主任、处长等其他正处级职务者，一般应担任副处级职务满2年；

选拔担任副处级职务者，一般应担任正科级职务满3年。

（二）一般应当具有大学本科以上文化程度，学历、学位双证齐全；面向台内选拔干部时，符合下列条件的，可放宽学历、学位限制，具有大学本科以上学历、学位证件之一即可：

1.普通员工晋升副科级时，来台签约工作满6年的；

2.副科级晋升正科级时，在台内任副科级满4年的；

3.正科级晋升副处级时，在台内任正科级满6年的；

4.副处级晋升正处级时，在台内任副处级满4年的；

5.部门正职晋升内设机构副职时，在台内任正处级满4年的。

特殊岗位确因工作需要、本人工作表现优异的，经台分党组研究，可适当放宽学历、学位限制。

干部本人学历学位变更后，应及时提交相关管理部门认定。竞争上岗选拔干部时，报名者提交报名材料时，应提供学历学位证明及相关证明材料，由竞争上岗工作领导小组委托相关管理部门认定方可有效。

（三）近两年年度考核结果为称职以上等次。

（四）选拔担任正处级以上职务者，应当经过党校、行政院校或者台内认可的其他培训机构五年内累计三个月以上的培训，确因特殊情况在提任前未达到培训要求的，应当在任用后一年内完成培训。

（五）身体健康。

第八条 特别优秀的年轻干部或工作特殊需要的，经台分党组研究确定，可以破格提拔。破格提拔的干部，应报经广电总局批准。

第四章　选拔任用程序

第九条　民主推荐选拔干部的程序如下：

（一）通过民主推荐确定考察对象。

民主推荐是确定考察对象的重要环节，应由人力资源管理中心根据台分党组决定，在一定范围内组织进行。民主推荐的结果在一年内有效。

人力资源管理中心对民主推荐结果进行汇总并报台分党组确定考察对象。确定考察对象时，应把民主推荐的结果作为重要依据之一，同时防止简单地以票取人。

（二）组织考察与确定拟任人选。

对确定的考察对象，人力资源管理中心按照干部管理权限，在一定范围内组织民主测评和个别谈话，形成书面考察材料，同时征求纪检监察部门的意见，一并报台分党组讨论决定拟任人选。

第十条　民主推荐参加人员范围如下：

（一）中心（室）主任、副主任，频道总监、副总监职位一般在本中心（室）、频道副处级以上干部范围内进行；

中心（室）主任、频道总监等职位还应听取台领导及台内相关部门负责人意见，并按规定上报广电总局。

（二）部门主任、副主任、处长、副处长等处级职位一般在本中心（室）、频道领导班子及本部门科级以上干部范围进行；

参加民主推荐的人数较少时，应适当逐级扩大。

第十一条　因工作表现特别优秀，或关键岗位特殊需要的，可由台分党组推荐提名，作为考察对象。

对具体职位进行的定向推荐，推荐结果在确定该职位考察对象时一年内有效，如果拟任职位变化，原推荐结果一般不再有效。

第十二条　民主测评参加人员的范围参照民主推荐的范围确定。测评副处级干部，一般在本中心（室）、频道领导班子、本部门领导及考察对象所在科组的全体人员范围内进行。

参加民主测评的人数较少时，应适当逐级扩大。

第十三条　根据台分党组决定，人力资源管理中心在全台范围对拟任人选进行任前公示，为期7个工作日。

任前公示未发现问题或公示结果不影响任职的，宣布聘任决定，办理任职手续。

第十四条　选拔任用的干部，一般有一年试用期。试用期满经考核合格的，办理正式任职手续。正式任职的，试用期计入任职时间。

试用期满经考核不合格的，按干部管理权限审批或备案后，免去试任职务，一般按试用前原职级安排适当工作。

干部在试用期间工作出现重大失误或犯严重错误，不宜继续试用的，按干部管理权限审批或备案后，提前结束试用期，并按有关规定予以处理。

第十五条　竞争上岗有关程序，依照《中央电视台领导干部竞争上岗工作暂行办法》执行。

第十六条　公开选拔有关程序，依照《公开选拔党政领导干部工作暂行规定》执行。

第五章　交流任职

第十七条　应对领导干部有计划、有重点地实行跨部门交流。交流人选须具备拟任职位所要求的资格条件。

第十八条　交流任职主要适用于下列人员：

（一）因工作需要交流的。

（二）需要通过交流提高工作能力的。

（三）工作经历较为单一，在同一部门工作时间较长的。

（四）按照规定需要回避任职的。

第十九条　交流程序如下：

（一）根据实际情况，人力资源管理中心提出交流方案及人选。

（二）台分党组讨论决定。

（三）印发文件，办理任职手续。

第六章　聘期管理与考核

第二十条　干部任职原则上实行聘任制，聘期为3年。特殊岗位的干部任职按有关规定办理。

第二十一条　聘期管理主要依据干部的工作职责、目标任务及履职表现等情况，综合采用跟踪考察、满意度测评、实绩分析等方式进行评价。

结合年度考核结果，对聘期届满的干部进行续聘、解聘等相关工作。

第二十二条　对领导干部的考核分为日常考核和定期考核。

日常考核以领导干部的日常工作任务、阶段工作目标完成情况为重点，考核周期原则上不超过半年。

定期考核采取年中考核、年度考核等方式进行。

第二十三条　年度考核结果分为优秀、称职、基本称职和不称职四个等次。

领导干部对年度考核结果持有异议，可以按照有关规定申请复核和申诉。

第二十四条　考核结果可作为调整干部职务及工资福利、奖惩及培训的依据。

第七章 免职、辞职

第二十五条 领导干部有下列情形之一的，一般应当免去现职：

（一）达到任职年龄界限或者退休年龄界限的。

（二）在年度考核、干部考察中，民主测评不称职票超过三分之一，经组织考核认定为不称职的。

（三）违反台规台纪，按照相关纪律处分规定须免去现职的。

（四）因工作需要或者其他原因，应当免去现职的。

第二十六条 自愿辞职，指领导干部因个人原因或其他原因，自行提出辞去现任领导职务。

自愿辞职，须写出书面申请，人力资源管理中心对干部辞职原因、辞职条件等有关情况进行了解审核，并提出初步意见，报台分党组审批。

第八章 纪律和监督

第二十七条 中央电视台干部选拔任用工作必须严格履行工作程序，遵守工作纪律。对违反干部选拔任用纪律的行为，要按照《党政领导干部选拔任用工作责任追究办法（试行）》等相关规定追究责任、严肃处理。

第二十八条 中央电视台干部选拔任用工作必须接受干部、群众的监督，按年度开展“一报告两评议”工作。干部、群众对干部选拔任用工作中的违纪行为，有权向广电总局或台组织人事部门、纪检监察部门检举、申诉。

第二十九条 建立组织人事与纪检监察等有关部门联席会议制度，加强对干部选拔任用工作的监督，督促领导干部严格执行廉洁从政若干准则及相关规定，正确行使权力、履行职责。

第九章 附则

第三十条 台属单位中层以上干部的选拔任用与日常管理，可参照本规定执行；按照干部管理权限，台属单位对中层正职的任免须报台人力资源管理中心备案。

第三十一条 本规定由中央电视台人力资源管理中心负责解释。

第三十二条 本规定自发布之日起施行。

中央电视台

2012年9月27日

（人力资源管理中心提供）

中央电视台专业技术职称评聘管理办法

为加强中央电视台专业技术队伍建设，规范专业技术职称（以下简称“职称”）评审和专业技术岗位聘用管理工作，根据人力资源和社会保障部、国家广播电影电视总局（以下简称“广电总局”）相关文件精神，结合我台实际，制定本办法。

第一章 适用范围

第一条 本办法适用于在专业技术岗位及行政管理岗位工作、具备相应条件的事业编制职工（含台本部及派往下属单位的事业编制职工）和企聘员工。

第二条 未经广电总局许可，我台不受理外单位职称评审委托。

第二章 机构与职责

第三条 按照人力资源和社会保障部对高级职称评审委员会备案管理的明确要求，广电总局负责新闻、广播电视播音、翻译、工程、艺术、经济、图书资料、出版等系列高级职称评审委员会。档案、会计、统计、卫生等职称系列，由广电总局委托其他部委代为评审。

按照广电总局相关规定，我台成立职称工作领导小组，组长由台长担任，成员由台领导、人力资源管理中心负责人和相关专家组成。主要职责包括：根据广电总局核定的高、中、初级职称的结构比例和数额以及我台职工退休情况，确定各级别职称岗位空额的使用计划（即评审指标）；根据广电总局规定，组建相应的高级职称推荐委员会；审批专业技术人员的职称评定和岗位聘用等。

职称工作领导小组办公室设在人力资源管理中心，负责职称日常管理工作。

第四条 各中心（室）、频道和直属单位设立职称工作小组，组长由一把手担任。工作小组负责本部门职称申报材料的审核呈报；负责提出本部门专业技术人员的聘任意见。

第三章 推荐委员会组建

第五条 按照广电总局要求，我台组建高级职称推荐委员会。

第六条 高级职称推荐委员会负责对申报材料进行综合评议，并按要求向广电总局高级职称评审委员会推荐申报人选；负责中级职称评审工作。

第七条 高级职称推荐委员会一般由17至21名具备相近专业高级职称的专家组成，设主任委员1人、副主任委员1至2人。推荐委员会委员由职称工作领导小组确定，名单不对外公布。

第八条 推荐委员会委员须严格遵守工作纪律，不得以任何理由、任何形式向个人或单位泄露评议情况。如出现违纪现象，视情节轻重，给予批评教育、取消资格和行政处分。

第四章 职称申报

第九条 申报者需具备相应职称任职条件，在政治思想、业务水平、工作能力、工作业绩等方面表现优秀。

（一）申报初级职称，应具备下列条件之一：

1.大学本科毕业，入台工作满1年；

2.大学专科毕业，入台工作满3年。

（二）申报中级职称，应具备下列条件之一：

1.大学本科毕业，取得初级职称资格满4年；

2.获第二学位，取得初级职称资格满3年。

（三）申报副高级职称，应具备下列条件之一：

1.大学本科及以上学历，取得中级职称资格满5年；

2.获博士学位后，取得中级职称资格满2年。

（四）申报正高级职称，需大学本科及以上学历，取得副高级职称资格满5年。

第十条 非应届高校毕业生入台满1年，符合申报条件的人员，可申报职称。其中事业编制职工占用申报年度评审指标。

第十一条 经组织调动到非本专业岗位工作的人员，可提出转系列申请，报相应评审委员会确认其新转入职称资格。

对于申报高一级别的转系列专业技术人员，凡符合新转入系列申报条件的，可直接申报。

第十二条 申报限制

有下列情形之一的，不能参加当年职称申报：

1.当年受党纪、政纪处分的或在受党纪、政纪处分期间内的人员；

2.正在被纪检、监察、司法部门立案审查人员；

3.上一年度考核不称职人员；

4.病休1年以上，尚不能正常工作人员；

5.年度考核称职年数不满规定的职称任职年限或因病休导致职称任职年限不满规定年限人员；

6.未按规定参加培训或培训考核不合格人员；

7.在规定的专业工龄截止时间前已到达退休时间的人员。

第十三条 对不具备规定学历、资历条件，但确有真才实学、成绩显著、贡献突出者，且符合广电总局《关于破格申报高、中级专业技术职务暂行规定》的，可破格申报。

第十四条 申报人员需提交的材料

（一）《专业技术职称资格申报表》。

（二）最高学历证书、学位证书、现职称资格证书的复印件。

（三）职称外语考试合格证书复印件。符合《关于职称外语考试有关问题的规定》的免试人员需提供《职称外语免试申请表》。

（四）申报高级职称的人员需填写《推荐评审高级专业技术职称资格人员情况简表》。

（五）申报高级职称的人员需提供任现职以来正式出版的本专业论著1部，或在省部级以上报刊（全国公开发行，有正式刊号）公开发表的本专业论文，其中申报副高级职称不少于3篇、申报正高级职称不少于5篇。

（六）申报新闻系列职称人员另需提供《新闻记者证》。

（七）申报播音系列职称人员另需提供本人近期时长10至15分钟的节目光盘。

（八）破格申报人员另需填写《破格申报专业技术职称资格推荐表》。

第十五条 各种结业证书不能作为申报职称资格的学历依据。

第十六条 职称任职资历及专业工龄的计算时间一般截止到当年7月31日。申报材料中的论文（著）、获奖、职称外语合格证必须为取得现有职称资格后至当年7月31日所发表或获得的。

第十七条 申报材料必须真实有效。凡伪造学历、资历，谎报业绩、奖项、成果者，取消当年申报资格及相应的职称资格，且3年内不得申报，情节严重者给予相应的纪律处分。

第十八条 申报程序

（一）申报人向所在部门提交申报材料。

（二）各中心（室）、频道及直属单位职称工作小组对材料进行审核，出具推荐意见，提交职称工作领导小组办公室。

（三）职称工作领导小组办公室负责审核申报材料，并报送高级职称推荐委员会进行评议。

第十九条 在当年7月31日后到达退休时间，符合申报条件的人员可参加当年度职称评审。

第五章 论文鉴定

第二十条 职称工作领导小组办公室负责组建职称论文鉴定专家组进行论文鉴定，专家组名单不对外公布，申报人不得自行鉴定。

第二十一条 职称论文鉴定专家组由具备相近专业高级职称的专家组成，组成人数根据当年论文（著）提交情况确定。每篇论文由不少于2名专家鉴定。

第二十二条 论文鉴定实行百分制，60分以上为通过，通过篇数不达标的不得参加职称评审。

第二十三条 论文鉴定情况由职称工作领导小组办公室负责反馈，论文鉴定专家不得泄露鉴定情况。

第六章 职称推荐与评审

第二十四条 职称评审工作原则上每年一次，具体时间由广电总局统一安排。

第二十五条 职称推荐评审应优先考虑专业水平高、业绩突出、贡献大的创新型人才和重大专业奖项获得者。

第二十六条 事业编制职工严格按照评审指标进行评审，企聘员工参照事业编制职工评审比例控制评审指标。

第二十七条 经高级职称评审委员会评审通过的人员，须在我台范围内公示7个工作日。

第二十八条 已实行全国专业技术资格统一考试的专业或系列，申报中级职称实行“以考代评”，不再评审；申报高级职称实行“考评结合”，需按规定参加评审。

第二十九条 我台事业编制职工和企聘员工取得职称资格时间按照广电总局下发的资格确认通知执行，事业编制职工的聘任时间以台聘任文件为准。

第三十条 事业编制职工、企聘员工在台工作期间未经许可取得的职称资格，我台不予承认。

第七章 事业编制职工岗位聘任管理

第三十一条 台本部事业编制职工实行职称资格和专业岗位相结合的管理方式，根据职称评审结果和岗位空额进行聘任，聘任时间以台聘任文件为准并根据相关规定兑现工资福利待遇。

对于当年度取得职称资格，但台聘任文件下发前已到达退休时间的人员，不再聘任，自退休之日起可享受相应职称的工资福利待遇。

第三十二条 在下属单位工作的事业编制职工只评资格，不予聘任。调回台本部工作的可直接聘任，兑现工资福利待遇；退休回台的享受相应职称的工资福利待遇。

第三十三条 事业编制职工平级转换职称系列，不占岗位空额指标，经相应职称评审委员会审定通过后直接聘任，其任职年限可连续计算。

第三十四条 通过“以考代评”取得职称资格的事业编制职工，可根据我台岗位空额择优聘任。

第三十五条 聘任专业技术人员应签订聘约，聘约存入本人业务档案。在聘任期间由台本部派往下属单位的事业编制职工需与我台解除聘任关系。在任期内，不能履行岗位职责或不能完成岗位任期目标的人员，应予缓聘、低聘或解聘，其职称工资也相应调整。

第三十六条 专业技术岗位分为13个等级，一至四级为正高级岗位，其中一级岗位是国家专设的特级岗位，人员确定按国家有关规定执行；五至七级为副高级岗位；八至十级为中级岗位；十一至十三级为初级岗位。

（一）专业技术岗位结构比例

广电总局对我台事业编制职工专业技术高、中、初级岗位的整体比例要求为45∶40∶15。其中正高二、三、四级岗位比例为2∶4∶4；副高五、六、七级岗位比例为3∶4∶3；中级八、九、十级岗位比例为3∶4∶3；初级十一、十二级岗位之间的比例为5∶5。

（二）专业技术岗位晋级条件

正高职称聘期满11年及以上的可晋升至正高二级；正高职称聘期满6至10年的可晋升至正高三级；正高职称聘期不满6年的定为正高四级。

副高职称聘期满10年及以上的可晋升至副高五级；副高职称聘期满6至9年的可晋升至副高六级；副高职称聘期不满6年的定为副高七级。

中级职称聘期满12年及以上的可晋升至中级八级；中级职称聘期满8至11年的可晋升至中级九级；中级职称聘期不满8年的定为中级十级。

初级职称聘期满6年及以上的可晋升至初级十一级；初级职称聘期不满6年的定为初级十二级；初级十三级为员级。

第三十七条 专业技术岗位晋级原则上每年6月进行一次。在严格遵守规定比例的前提下，聘期达到规定年限的，按以下优先原则的先后顺序调整：

（一）退休优先原则。当年6月底之前退休的，自退休之日起直接晋级；当年7月以后退休的优先晋级。

（二）聘期优先原则。聘期长的优先晋级。

（三）获奖优先原则。获得台长特别奖励的优先晋级。

（四）年龄优先原则。聘期相同，年龄大的优先晋级。

第三十八条 事业编制职工被派往下属单位工作的，晋级年限对照同时取得职称资格的台本部事业编制职工的聘期计算。

第八章 企聘员工职称资格管理

第三十九条 企聘员工根据企业管理通行的惯例实行“评聘分开”管理，职称不与工资福利待遇挂钩。

第四十条 企聘员工取得职称资格后，应在人力资源管理中心备案。

第四十一条 全日制高校应届毕业生可按国家有关规定确定相应职称资格。

（一）确定初级职称资格，应具备下列条件之一：

1.硕士研究生毕业或获第二学位，经考核合格；

2.大学本科毕业，工作满1年，经考核合格。

（二）确定中级职称资格，应具备下列条件之一：

1.博士研究生毕业，经考核合格；

2.硕士研究生毕业在台确定初级职称资格后工作满3年，经考核合格。

第九章 附则

第四十二条 本办法由人力资源管理中心负责解释。

第四十三条 本办法自发布之日起实施。凡与本办法不一致的，以本办法为准。

中央电视台

2012年12月12日

（人力资源管理中心提供）

中央电视台企聘员工薪酬管理办法（试行）

企聘员工薪酬福利制度，是我台企聘员工管理工作的重要组成部分。为规范薪酬管理体系，建立工资收入正常增长机制，健全收入分配制度，特制定本办法。

第一章 总则

一、目的

设立合理岗位工资标准，形成正常的工资晋升机制，完善绩效工资管理与福利制度，建立与我台事业发展相匹配的企聘员工岗位绩效工资管理体系，保证企聘员工收入分配的科学性和合理性，从而发挥薪酬的保障和激励作用，充分调动企聘员工的工作积极性，更好地服务于我台建设国际一流媒体的战略目标。

二、原则

以岗位管理为基础，以绩效考核为基本激励调节手段，规范实施岗位绩效工资制度。以岗定薪，岗变薪变。收入分配重点向一线、重要岗位倾斜。鼓励先进，重实绩，讲贡献，多劳多得，少劳少得。

第二章 薪酬结构

企聘员工薪酬结构主要包括：岗位工资、绩效工资和奖金等。

一、岗位工资

岗位工资为固定薪酬部分，与该岗位等级的职责挂钩。以岗定薪，岗变薪变。岗位划分为九个等级，分别对应岗位工资标准，每个等级设立若干档次。

二、绩效工资

绩效工资为浮动薪酬部分。通过科学合理的绩效考核，体现员工日常工作业绩，实现收入与业绩挂钩。根据岗位等级设立相应的绩效工资标准。

三、奖金

按照有关规定和台分党组决议进行发放。

第三章 岗位工资

企聘员工岗位工资与所确定的岗位等级直接挂钩，企聘员工岗位划分为九个等级，一至二级为工勤辅助岗位，三至九级为主要业务岗位及管理岗位。每个等级设立若干工资档次。

一、岗位工资的确定

（一）企聘的应届大学毕业生，依据入职时的学历和学位确定岗位工资等级和档次。

大学本科毕业生初始岗位工资为三级一档，入职满一年后转正定级，定级后调整为四级一档；硕士、博士研究生初始岗位工资为三级二档，入职满一年后转正定级，定级后调整为四级二档。

（二）社会招聘的企聘员工，入职时参照同类人员确定岗位工资等级和档次。其中，工勤辅助类人员初始岗位工资为一级一档或二级一档。

（三）按特殊岗位要求招聘的企聘员工，依据特殊工作岗位职责确定岗位工资等级，初始岗位工资档次为所在级别第一档。

二、岗位工资等级的调整

（一）岗位工资等级的调整，以在岗人员的岗位适配程度、岗位任职年限、工作业绩和年度考核结果等作为依据。学历和专业技术职务是岗位聘任的基本条件。学历的提高和专业技术职务的评定等因素，不直接与岗位工资等级调整相挂钩。

（二）企聘员工进行岗位调整，岗位工资等级根据调整后的岗位进行确定。

（三）工勤辅助类人员岗位工资等级调整，依据其业绩考核确定，二级为其岗位工资等级上限。

（四）为拓宽专业技术岗位人员的晋升通道，为岗位能手和业务带头人提供发展空间，六至九级岗位，除管理岗位外，同时设置专业技术岗位，人力资源管理中心按照各专业技术岗位序列，设置相应的岗位名称、等级和工资标准，制定相应的管理办法。

（五）为保持岗位等级设置平衡，六级及以上专业技术岗位均实行比例控制（不含台发文聘任的管理岗位人员）。六级岗位人员所占比例不超过本中心（室）、频道、部处总人数的20%；七级岗位人员所占比例不超过本中心（室）、频道总人数的15%；八级岗位人员所占比例不超过本中心（室）、频道总人数的10%；九级岗位人员所占比例不超过本中心（室）、频道总人数的3%。各级岗位的具体人数及指标由人力资源管理中心定期核定。

（六）各中心（室）、频道人员的岗位工资等级调整，应在各等级规定的比例范围内进行，原则上不允许越级调整。

（七）对岗位工资等级为六级及以上的专业技术岗位人员，各中心（室）、频道每三年进行一次业务技能和业务水平考核，对于不合格的人员予以降级处理。

（八）岗位工资等级调整的具体规定：

岗位工资等级的调整时间统一从2012年1月1日起开始计算。对现岗位工资等级执行时间在2009年12月31日之前且符合以下第1条的员工，现岗位级别任职年限条件可适当放宽，按满两年计算；符合以下第2、3条的员工，现岗位级别任职年限条件另行规定。各中心（室）、频道负责上报调整申请材料及名单，由人力资源管理中心审批，自批准后的次月起执行。

1.岗位工资等级由四级调整为五级的，必须同时具备以下条件：

(1) 在现岗位工作满四年，年度考核结果必须全部为称职及以上等次；

(2) 由员工所在部门提出调级申请。

2.企聘员工岗位工资等级由五级调整为六级的，必须同时具备以下条件：

(1) 在现岗位工作满五年，年度考核结果必须全部为称职及以上等次；

(2) 员工所在部门有调级指标，并提出调级申请。

3.企聘员工岗位工资等级由六级调整为七级的，必须同时具备以下条件：

(1) 在现岗位工作满六年，年度考核结果必须全部为称职及以上等次；

(2) 其专业技能在部门内处于领先水平，起到业务引领与示范作用，在所在部门内承担相应专业技能指导和培训工作；

(3) 员工所在部门有调级指标，并提出调级申请。

4.企聘员工岗位工资等级由七级调整为八级的，必须同时具备以下条件：

(1) 在现岗位工作满七年，年度考核结果必须全部为称职及以上等次；

(2) 其专业技能在行业内被广泛认可，且多次荣获行业内相关奖励，担任我台重大专业技术项目，承担台内相应专业技能指导和培训工作；

(3) 员工所在部门有调级指标，并提出调级申请。

5.企聘员工岗位工资等级由八级调整为九级的，必须同时具备以下条件：

(1) 在现岗位工作满八年，年度考核结果必须全部为称职及以上等次；

(2) 其专业技能在行业内被广泛认可，且多次荣获国家级相关奖励，具备开拓、创新能力，担任我台重大专业技术项目，承担台内相应专业技能指导和培训工作；

(3) 员工所在部门有调级指标，并提出调级申请。

三、岗位工资档次的调整

（一）岗位工资档次调整在同一岗位工资等级中

进行，以上一年度的考核结果为依据，考核结果分为：优秀、称职、基本称职和不称职。

年度考核结果为称职及以上等次的，每年晋升一档岗位工资；年度考核结果为基本称职等次的，岗位工资档次不予调整；年度考核结果为不称职等次的，降低一档岗位工资，连续两年考核结果为不称职等次的，予以调岗或解聘处理。

（二）岗位工资档次调整工作由人力资源管理中心根据上一年度考核结果统一进行调整，自本年度一月起执行。

四、岗位工资其他管理规定

（一）岗位工资档次调整与岗位工资等级调整配合进行。员工同时具备岗位工资调级和调档条件的，优先进行岗位工资调级。岗位等级调整后，当年度不再进行调档。

（二）岗位工资等级调整应就近就高调整到新等级的相应档次，原岗位工资标准低于新等级中最低档次标准的，执行新等级的最低工资档次标准。

（三）岗位工资等级降低的，先调整到等级晋升前的相应级别和档次，然后根据等级晋升后历年年度考核结果，重新核定降级后的岗位工资档次，从次月起执行。

第四章　绩效工资

绩效工资管理坚持公平、公开和实事求是的原则。考核标准、内容、过程和结果全面公开，以保证绩效工资发放的科学性与合理性。各部门根据不同业务特点制定绩效工资发放管理办法。

一、管理职责

（一）人力资源管理中心职责：

1.负责全台绩效工资管理办法的制定；

2.负责核算下达各中心（室）、频道绩效工资总额；

3.对各部门绩效管理业务进行指导与培训；

4.对绩效工资发放过程进行监督，对不规范行为予以纠正；

5.受理绩效考核工作的申诉，并督促相关部门进行处理；

6.督促部门绩效工资发放情况的通报与公布，并与相关部门对此进行检查。

（二）各中心（室）、频道职责：

1.各中心（室）、频道根据自身特点制定适合本部门的企聘员工绩效考核办法，并报人力资源管理中心备案；

2.负责实施绩效考核工作，以绩效考核结果为依据，在规定时间完成绩效工资填报。

（三）部门各级主管职责：

1.负责制定企聘员工工作计划，确定考核标准；

2.负责考核企聘员工日常工作业绩；

3.积极配合对考核工作存在问题的调查；

4.根据考核结果实事求是填报绩效工资。

二、绩效考核周期、内容和流程

（一）企聘员工绩效考核以月为周期。

（二）绩效考核内容主要包括工作业绩和工作态度等指标。指标设置做到全面、量化，易于操作。

（三）绩效考核流程：

我台实行自上而下的分级绩效考核管理办法。

1.中心（室）、频道对部门、科组（栏目）进行考核；

2.部门、科组（栏目）对企聘员工进行考核；

3.中心（室）、频道按月汇总考核结果，确定企聘员工当月个人绩效考核结果，在两个工作日内完成本部门绩效工资的填报；

4.中心（室）、频道每月定期在本部门对企聘员工绩效工资发放情况进行公示；

5.人力资源管理中心汇总全台绩效工资数据，转接给中视汇才公司按月进行发放。

三、 绩效工资标准及总额

（一）根据岗位等级设立相应绩效工资指导标准。

（二）按照岗位等级标准和人数核定绩效工资额度，对中心（室）、频道绩效工资实行总额控制。

各中心（室）、频道对绩效工资进行自主分配，根据其绩效考核办法对所属部门、科组（栏目）进行考核。以考核结果为依据，可对各部门、科组（栏目）绩效工资总额进行调剂，调剂后的各部门、科组（栏目）绩效工资总额一般不得低于正常标准的90%，最高不得高于正常标准的150%。

各中心（室）、频道不得突破由人力资源管理中心下达的绩效工资总额。中心（室）、频道对部门、科组（栏目）绩效工资总额进行调剂时，需报人力资源管理中心备案。

（三）各岗位等级绩效工资，根据员工业绩进行考核发放。为体现公平、公正，防止分配的随意性，绩效工资实行高限控制。五级及以下员工，发放水平原则上不高于本岗位等级绩效工资标准的150%；六、七级管理类岗位员工，发放水平不高于本岗位等级绩效工资标准的150%；八、九级管理类岗位员工，由于负责本部门绩效工资的考核分配，因此绩效工资不允许上浮。凡因个人原因未完成工作任务的，原则上不予发放绩效工资。

四、绩效工资其他管理规定

（一）绩效工资标准调整，由人力资源管理中心根据实际情况拟定调整方案，报台分党组批准后执行。

（二）中心（室）、频道必须在绩效工资总额内进行绩效工资的填报，余额可累计使用，累计余额每半年进行清零，不得转至下半年使用。

（三）在按一个月工资标准发放奖励时，绩效工资以个人该年度绩效工资平均值进行计算。

第五章 管理与监督

一、人力资源管理中心和财务管理中心负责对企聘员工薪酬日常工作进行管理，严格执行薪酬审批发放程序。

二、人力资源管理中心和纪检监察等部门负责对企聘员工薪酬管理工作进行监督检查，确保我台企聘员工薪酬管理工作的公平、公正和合理性。

各中心（室）、频道必须每月在本部门就绩效工资发放结果进行公示，人力资源管理中心及纪检监察部门将定期对公示情况进行监督检查，对出现违规问题的部门，将视情况进行处理。

企聘员工对绩效考核结果有疑义的，可以向本部门或人力资源管理中心反映，人力资源管理中心负责督促相关部门进行核实并予以答复。

第六章 附则

一、取消现行担任科级和处级管理职务的企聘员工职务津贴和相应奖金等。

二、企聘员工所有薪酬项目每月一次性合并入卡发放。

三、本办法由人力资源管理中心负责解释。

四、本办法自2012年7月1日起实施。

附件：

绩效考核参考指标

各中心（室）、频道按照不同岗位设立若干个关键业绩指标作为“中心（室）、频道–科组（栏目）–企聘员工”的绩效考核量化指标。

1.节目系统主要参考指标：

中心（室）、频道对栏目的考核指标以我台栏目综合评价体系为基础，提取收视率、收视份额、工作量、社会影响力、观众满意度和栏目发展趋势等指标，参照节目制作成本、节目差错率和安全播出记录等要素，综合评价科组（栏目）绩效。

科组（栏目）对员工考核指标可包括工作量、节目差错率、安全播出情况、节目制作质量、部门满意度以及出勤情况等。（例一）

2.技术系统主要参考指标：节目差错率、安全播出情况、工时、值班情况、设备使用完好率和部门满意度等。（例二）

3.行政系统主要参考指标：部门满意度、工作量、差错率、工作效率和廉洁自律等。（例三）

例一：编辑记者岗位绩效考核表

考核维度		评分要点
工作业绩>60%	一、前期策划	1.报送选题导向正确 符合栏目特色
		2.报送选题具有独特的报道价值
		3.报送选题数量符合栏目要求
		4.其他建议和意见可行性
	二、中期和后期制作	5.保证外拍、现场录制、约稿等前期过程顺利进行
		6.文字稿件通过初审
		7.节目编辑质量符合节目要求
		8.节目包装质量符合节目要求
		9.字幕准确无误
		10.成本控制有效
	三、审查和修改	11.节目按规定程序送审
		12.按照审查意见予以修改
		13.按规定程序和要求及时报送节目播出带

续表

考核维度		评分要点
工作业绩>60%	四、收视结果	14.收视份额增长率
		15.收视增长率
		16.节目的引导力、影响力
		17.节目的传播力、专业性
工作态度	五、责任感	18.工作态度端正
		19.勇于承担责任
	六、学习成长	20.主动勤奋学习，提高专业知识和技能
		21.政治素养不断提高
	七、团队精神	22.能和同事良好合作
		23.积极融入团队
	八、工作纪律	24.遵守规章制度
		25.出勤情况

例二：技术系统员工绩效考核表

考核维度		评分要点
工作业绩>60%	一、质量	1.工作质量符合相关要求
		2.是否出现工作事故
		3.因工作失误所造成的影响
	二、数量	4.足额完成计划任务
		5.有效的工作数量（工作时长）
	三、时间	6.按时完成各项任务
	四、成本	7.工作过程中有效控制成本
	五、创新性	8.创新解决工作中遇到的问题
		9.有新颖、可行的想法
工作态度	六、责任感	10.工作态度端正
		11.勇于承担责任
	七、学习成长	12.主动勤奋学习，提高专业知识和技能
		13.积极融入团队
	八、团队精神	14.能和同事良好合作
		15.主动融入团队
	九、工作纪律	16.遵守规章制度
		17.出勤情况

例三：行政系统员工绩效考核表

考核维度		评分要点
工作业绩>60%	一、质量	1.工作质量符合相关要求
		2.是否出现工作差错
		3.因工作失误所造成的影响
	二、数量	4.足额完成计划中所规定的各项任务
		5.有效的工作数量（工作时长）

续表

考核维度		评分要点
工作业绩>60%	三、时间	6.能够及时完成各项任务
	四、成本	7.工作过程中有效控制成本
	五、创新性	8.创新解决工作中遇到的问题
		9.有新颖、可行的想法
工作态度	六、责任感	10.工作态度端正
		11.勇于承担责任
	七、学习成长	12.主动勤奋学习，提高专业知识和技能
		13.政治素养不断提高
	八、团队精神	14.能和同事良好合作
		15.主动融入团队
	九、工作纪律	16.遵守规章制度
		17.出勤情况

中央电视台

2012年7月10日

（人力资源管理中心提供）

关于提高第一、二级企聘员工薪酬标准的补充规定

根据台分党组【2012】76号议定事项通报，第一、二级岗位企聘员工薪酬标准，在2011年7月调整的基础上，做相应提高。第一级岗位岗位工资标准每月增加300元，绩效工资标准每月增加500元。第二级岗位岗位工资标准每月增加400元，绩效工资标准每月增加800元。

执行日期为2012年1月。

中央电视台

2012年7月25日

（人力资源管理中心提供）

中央电视台电视广告管理规定

第一章　总则

第一条　为规范我台广告经营管理活动，提升我台媒体资源价值，实现广告收益最大化，特制定本规定。

第二条　凡带有CCTV标志的我台各开路频道（不含电影频道）的电视广告管理活动，均适用本规定。

第二章　管理办法

第三条　资产管理中心是我台各开路频道（不含电影频道）所有形式电视广告统一经营管理的唯一部门。

第四条　本规定所涉及的广告包括常规广告和特殊广告。

常规广告指宣传企业形象、产品、服务等内容的广告片，以及含企业元素的公益广告。

特殊广告指常规广告之外，任何涉及企业、经营单位的标识或商业元素的内容，包括但不限于以下内容：节目冠名、特约、特别呈现、赞助播映、提示收看等；节目宣传片、片头、片花、标版、角标、字幕、信息条、部分画面、鸣谢字幕等；节目中主持人口播内容、产品或奖品镜头体现、品牌标识镜头体现、企业音乐使用、企业标准色使用、服装服饰表现（包括主持人、嘉宾、观众等）、节目场景布景（包括背景板、主持台、观众席、地标、桌面产品摆放等）、大屏幕的边框或画面中的展现、

现场笔记本电脑背贴等；在节目宣传的新闻发布活动中带有商业元素的背景板、新闻稿、海报、手册等。

第五条 资产管理中心应根据《广告法》、国家工商总局及国家广电总局有关规定，统一安排我台各频道广告段位、段数、时长等，按照规定时间向各中心、频道提供广告播出安排计划表；各中心、频道应积极配合，按照规定时间提供播出计划和节目单，因节目改版、特殊编排、临时节目调整等原因变更或撤减广告播出安排，须报总编室和资产管理中心同意并确认后方可执行。

第六条 资产管理中心负责我台各开路频道（不含电影频道）广告的审查和播出，应直接或委托指定单位送播所有广告素材及广告节目单；各中心、频道及播出部门不得接收其他任何单位或个人提供的广告素材或广告节目单。各中心、频道及播出部门应与资产管理中心商定广告交接流程，确保广告播出安全。

第七条 为保证播出安全，如遇节目改版、特殊编排、临时节目调整等情况，各中心、频道应在播出前2天以上，报总编室和资产管理中心确认后方可执行。

第八条 我台在经费使用及创收管理上实行“收支两条线”的原则，节目制作经费的使用须遵循我台有关规定，各中心、频道不得以冲抵节目制作经费等任何理由在节目中安排任何形式的广告。

第九条 全台各部门如有违反本规定的行为，特别是因随意撤减广告，造成我台重大经济损失的，一经发现，将追究其经济责任，并追究所在部门主管领导管理责任。

第三章 附则

第十条 本规定自2012年11月1日起执行。

第十一条 本规定最终解释权归资产管理中心。此前相关规定如与本规定不符，均以本规定为准。

中央电视台
2012年10月29日
（资产管理中心提供）

中央电视台动画片采购管理暂行办法

一、总则

第一条 为规范我台动画片采购工作，实现动画片版权价值最大化，维护我台整体利益，依照我台有关管理规定，制定本办法。

第二条 本办法适用于我台以购买、赠播、委托制作、联合制作等形式获取动画片版权的采购管理及动画片的播出管理。

第三条 在动画片采购、播出管理工作中，我台遵循统一选题规划、统一经费管理、统一审片标准、统一谈判签约、统一调配资源的原则。

第四条 本办法所称动画片是指以一定的美术形式作为内容载体，具有完整主题和故事情节，并报请广播电视主管机构同意发行的国内外动画片和动画电影。不包括特技动画制作、动画形式的广告以及宣传片等。

二、经费管理

第五条 我台设置动画片年度预算，编制预算时，各相关频道（部门）向少儿频道提出动画片采购需求，少儿频道汇总编制《我台动画片年度采购计划》，报总编室审核通过后提交财务管理中心。

第六条 我台设置动画片专项采购资金，该资金作为台节目经费预留预算管理，预留资金从提出动画片采购需求的各频道（部门）预算资金中划拨。

第七条 少儿频道需做好动画片采购经费使用计划工作，并按季度申报预算，办理相关预算手续。

第八条 动画片采购须按照片名申请独立的节目代码，编制采购预算。

三、采购管理

第九条 我台动画片由少儿频道代台统一购买，即由少儿频道代台与国内外机构进行谈判、签约，并履行我台相关合同审批手续。其它频道不得自行开展动画片采购工作。

第十条 为实现台内动画片采购信息的有效沟通，总编室负责建设和运营节目采购信息发布平台，向各频道节目采购人员发布国内外最新动画片信息、少儿频道当前正在商洽的动画片信息、我台最新购买动画片版权信息。

第十一条 少儿频道代台组织动画片审片工作，对动画片节目质量进行把关，确保动画片内容和制作质量符合我台宣传管理、播出管理的规定。

第十二条 建立动画片采购版权基准，即我台购买国内动画片原则上应至少购买综合频道、少儿频道、中文国际频道、军事·农业频道和中国网络电视台的播出权；购买境外动画片时应至少购买少儿频道或综合频道的播放权。

第十三条 如出现拟购动画片达不到版权基准、非固定播出动画片频道提出补购需求等情况时，由总编室负责进行采购协调，确定最终购片方案。

第十四条 动画片采购工作完成后，由少儿频道负责办理入库手续。

四、播出管理

第十五条 综合频道、少儿频道、中文国际频道、军事·农业频道、中国网络电视台为我台固定播出动画节目频道（平台）。其他频道为非固定播出频道。

第十六条 为巩固我台综合频道的市场地位，少儿频道需做好全台动画片播出的统筹工作，在已入库动画片版权情况允许的前提下，优先考虑综合频道节目编排需要。

第十七条 除综合频道和少儿频道外，其他频道如需播出、编排动画片，须向总编室版权管理部核实版权状况并经少儿频道同意后方可办理动画片母带的出库手续，并在出库单上注明使用动画片的栏目名称及代码、节目名称及代码、首播频道、领用人及工作证号等信息。

五、配套管理

第十八条 相关频道采购、播出动画片时，应严格执行国家广播电影电视总局关于动画片进口、播出时段、播出比例等有关规定。

第十九条 为有效实现我台动画片版权价值最大化，我台实行动画片片库统计工作机制，该机制的主要工作内容有：少儿频道对已拥有版权的动画片进行分类、整理；以年度为单位，汇总节目采购入库情况，并对我台拥有版权的动画片的使用情况、库存情况进行汇总。

上述信息由总编室版权管理部负责在采购信息平台上予以发布，以实现动画片资源共享及统一管理。

第二十条 为增强动画片采购工作的计划性，我台实行动画片选题规划管理工作机制，该机制的主要工作内容有：少儿频道对本年度全台动画片专项资金使用情况进行统计分析，如完成片购买、委托制作、联合制作的资金使用比例等；对入库动画片的节目类型及其收视业绩进行分析研究；对国内外动画片市场进行分析预判，提出全年动画片采购数量及其所需题材类型等建议，制定《我台动画片年度采购计划》，并将该计划报总编室审核通过后报财务管理中心。

第二十一条 总编室根据少儿频道提交的《我台动画片年度采购计划》，召集相关部门、频道召开动画片采购工作会，共同研究制定我台动画片采购计划、年度动画片专项资金的划拨额度。

六、附则

第二十二条 本办法自下发之日起执行。

第二十三条 本办法由总编室负责解释。

中央电视台

2012年11月6日

（总编室提供）

中央电视台个人微博使用管理细则（试行）

第一章 总则

第一条 为促进中央电视台个人合理、规范使用微博，维护中央电视台国家媒体品牌形象和价值追求，形成有序舆论氛围，依据《国家互联网信息办、工业和信息化部、公安部关于加强微博客管理工作的意见》、《中央电视台互联网平台信息发布管理规定（暂行）》和《中央电视台工作人员纪律处分规定（试行）》，特制定本管理细则。

第二条 本管理细则所指个人，是指中央电视台全体台聘和企聘员工，包括播音员、主持人、新闻评论员、编辑记者，以及《中央电视台互联网平台信息发布管理规定（暂行）》中所指机构中其他所有员工。

第三条 中央电视台鼓励微博的合理使用，依据《中央电视台互联网平台信息发布管理规定（暂行）》对个人微博使用实行备案管理、分级指导、有效监督。

第二章 微博使用特性与界定

第四条 微博是基于用户关系的互联网信息分享、

传播以及获取平台，兼具社会交往功能与媒体属性，微博信息发布具有即时性、共享性、互动性的特点。中央电视台员工在使用微博时，对以下方面应有充分意识：

（一）微博是一个公共平台，不论公开发布还是个人信息收藏、私信等操作，均不保证信息的私密性，或信息传播的封闭性。

（二）微博是一个即时发布平台，个人对内容的发布、修改、删除均会受到公众关注，并在微博平台留下操作记录。

（三）微博平台的各类使用行为均可能体现出，或被他人解读为带有个人的倾向性。

（四）不论是否使用真实身份注册、签名，通过阅读所发布的内容，浏览者均可能认知发布者的中央电视台员工的身份。

（五）即使是言行的个人表达，或声明仅代表个人观点，了解发布者职业身份的浏览者仍可能将所发布内容与中央电视台相关联。

（六）个人所表达的观点，在微博平台被评论、转述、引用的过程中，均存在被误解、曲解、片面理解的可能。

第五条　本细则所指个人微博使用行为包括但不限于：

（一）原创发布行为，指个人在微博上发布自己编写的文字、拍摄的图片、制作的音视频、发起的话题、发送的私信等。

（二）转发发布行为，指个人在微博上用发布或转发功能发布的他人或其他机构所拥有的文字、图片、音视频等信息；此类行为也包括微博中发布的网页链接。

（三）评论、回复行为，指个人在微博上对他人或其他机构微博所发布内容的评论或对私信、邀请的回复。

（四）其他发布行为，指使用微直播、微访谈、微投票等功能发布信息的行为。

（五）其他操作行为，包括添加或接受好友、关注、加入群、添加和使用微博应用等行为。

第三章　管理及权责

第六条　根据《中央电视台互联网信息发布管理规定（暂行）》规定，总编室和台办公室是个人微博的对应管理部门，台办公室负责统筹行政、技术、产业、经营等系统的个人微博管理工作，总编室负责统筹节目宣传系统的个人微博管理工作。

第七条　台纪检监察部门对个人微博使用情况予以监督，对违反本细则和相关台规台纪的行为予以核查处理。

第八条　中央电视台各级机构负责人对本部门员工个人微博使用行为有管理、指导、监督的责任，是个人发布对应级别工作信息的授权责任主体。

第九条　各频道（中心、对应级别其他机构）应当设立互联网信息发布管理联络员。联络员负责协助本频道（中心、对应级别其他机构）负责人对个人微博使用行为进行管理指导，敦促员工进行个人微博备案，与对应微博管理部门进行日常工作对接，实现对相关舆情的及时监测预警、上报、核实及协同应对，并根据本机构约定，定期向机构负责人汇报相关情况。

第四章 微博账户的开设、注册与备案

第十条　除特别约定个人，中央电视台员工可自行选择微博网站开设微博账户，无须审批。

第十一条　通过所发布信息可使浏览者认知使用者的中央电视台员工身份的个人微博账户，须进行登记备案。个人填写《中央电视台开通互联网信息发布平台（个人）备案表》，报本频道（中心、对应级别其他机构）互联网信息发布管理联络员，由联络员报送至对应信息发布管理部门备案。

第十二条　个人注册微博账号应按国家主管部门要求使用真实身份信息，不得以虚假、冒用的身份信息进行注册。个人微博使用的名称可自愿选择，可使用真实姓名，或个性化签名。

第十三条　个人可进行真实身份认证（加V），个人在微博身份真实性认证时，不得在认证资料里对本人的单位、职业地位作评价；我台机构不得给非我台员工提供担保或提供身份证明。

第十四条　个人微博在用户名（昵称）、注册标签、用户资料等处，不得使用“CCTV”、“CNTV”、“中央电视台”、“央视”等我台品牌元素，不得使用我台各频道、栏目或特别节目的相关名称、标识，不得透露个人在台内的具体岗位信息。

第十五条　个人在微博平台的自我介绍、用户资料的文字表述视同个人微博的发布内容，应遵守下述个人信息发布规范。

第五章 个人信息发布规范

第十六条　个人在微博使用中，应自觉遵守国家相关法律法规和我台相关管理规定；应坚持正确舆论导向和遵守新闻工作者的职业准则，坚持实事求是的新闻职业精神；应积极维护中央电视台公正、公信、客

观、权威的品牌形象，传播我台品牌的核心价值、维护中央电视台作为国家媒体的形象和声誉。

第十七条 个人微博发布私人信息，若未作特别规定，中央电视台不进行事前内容审核。

第十八条 微博是一个即时信息发布平台，个人应确保对自己的微博使用行为具有清醒的意识和自我控制能力，审慎发布每一条内容，准确表达信息，并对内容发布后的传播情况持续关注。

第十九条 个人微博未经授权，不得发布任何与工作相关的信息，也不得评论、转发非官方机构发布的我台工作相关信息，不得发布党务政务信息及案件侦查调查、庭审判决、灾情疫情、统计数据、食品产品安全、环保测评等应由政府官方发布的敏感信息。

第二十条 中央电视台作为国家媒体，在国内拥有最广泛的受众群体，与各级部门、机构有广泛的沟通与协作，个人针对任何事件和事件主体在微博发表评论，都应审慎操作、周全考虑，防止情绪化、非理性、无依据言论，不能产生任何负面作用。

第二十一条 个人微博不得含有任何人身攻击、侵犯隐私、泄露机密等内容。

第二十二条 个人若无法把握所发布信息对中央电视台可能产生的影响，应及时与上级主管沟通，否则不得发布。

第二十三条 个人应确保所发布信息的真实性，对把握不准的内容有核实求证之后再作发布的义务。

第二十四条 个人转发他人或其它机构微博信息时，应仔细考虑该操作可能带来的相关反应及倾向性解读，对原信息做个人编辑应审慎操作，无此把握不得发布。

第二十五条 个人引用新闻链接时，应确信对所引用链接进行了充分阅读和理解，并充分考虑浏览者对引用行为的倾向性解读。

第二十六条 个人发布微博信息应当注意对他人原创权益的保护，转发信息时应当使用转发、共享、链接等能够被识别为他人言论或作品的功能，或明确标识信息来源。

第二十七条 个人在微博平台关注好友、加入微博群、参与微调查等，应确信对所关注对象、所加入的微博群及所参与调查的背景及倾向性有充分了解，并考虑浏览者对个人相关行为的倾向性解读。

第二十八条 个人应确保微博登录密码的安全性，将个人微博账户交与他人托管时应慎重。在我台备案的个人账户中所发布的信息，均视同本人发布。

第二十九条 个人在微博平台遭受攻击、谩骂、诽谤或其他侵权行为时，应避免过激反应，可及时向微博所在网站投诉，并视情况向所属机构的信息发布管理联络员报告，由联络员协调应对。

第三十条 个人微博未经授权不得回复其他个人或机构针对我台的言论，可将所发现信息及时上报，并积极关注、传播我台对应机构的官方回复内容。

第三十一条 当个人在微博网站上被冒名、或微博账户被盗用时，应及时向微博所在网站投诉，做出个人身份说明，并报所属机构互联网信息发布管理联络员备案。

第六章 工作信息发布授权

第三十二条 个人微博不得发布与我台节目内容及工作内容相关联的信息，如需发布，应在相关领导或管理部门授权后方可进行，应确保在CNTV微博平台首发，应遵守中央电视台节目宣传管理及版权管理的相关规定。

（一）个人在微博上不得发布中央电视台任何相关内部信息，因工作或存在特殊情况需要发布的，须经上级主管领导授权。

（二）未经授权，个人不得于节目播出前在微博上发布相关活动或报道事件的相关信息，节目播出后个人微博所发布信息应与节目口径一致。

（三）大型特别报道活动，个人微博的使用应严格遵守活动报道的相关规定。

（四）个人可配合节目播出，对相关节目进行宣传推介，但未经授权，不得发布涉及未播出节目的内容。

（五）个人不得通过微博发布工作相关的意见或建议，应按相关规定通过内部正常渠道反映。

（六）个人在微博上不得发布对同事、领导、机构不满等信息，避免受众对中央电视台机构或个人产生负面印象。

（七）个人发布节目制作中未使用的素材、后台花絮等因工作原因获取的视频资源，须取得上级主管领导及版权管理部门授权，并唯一上载至CNTV平台。

第三十三条 发布栏目相关信息的授权主体是该栏目制片人，发布频道相关信息的授权主体是该频道中心级领导或指定部门领导；日常的频道或栏目信息发布可报相关领导定期授权。

第三十四条 因工作原因在节目播出过程中需涉及个人微博信息的，须事先报所属部门领导批准，遵守节目宣传管理相关规定。

第三十五条 我台员工在微群里发布个人信息或

工作信息时均需符合上述相关规定。对以我台机构或团队的名义发起微群的管理，参照《中央电视台互联网平台信息发布管理规定（暂行）》中对机构信息发布的相关规定。微群管理员负有管理责任，有监督微群参与者按上述规定进行信息发布的责任，并设置加入微群的资格审定流程，不得引入非我台员工进入该群。

第七章　播音员、主持人微博信息发布管理

第三十六条　中央电视台播音员、主持人是我台对外形象的代表，是我台重要的品牌资源，其言行受到社会各界的高度关注。播音员、主持人的微博发布应切实维护中央电视台的国家媒体形象，维护个人作为公众人物的社会形象和声誉，严格遵守《中央电视台互联网平台信息发布管理规定（暂行）》和本细则有关个人信息发布的相关要求，慎用自身的影响力。

第三十七条　中央电视台播音员、主持人已注册的所有微博账户，均应在对应微博管理部门备案。新开设微博账户须按规定报批申请。

第三十八条　中央电视台播音员、主持人所发布的微博信息，均须通过CNTV微博平台首发。播音员、主持人可将其他微博平台账号与CNTV账号进行捆绑，实现在其他微博平台的关联发布。

第三十九条　中央电视台播音员、主持人微博上传的个人视频和图片，应以CNTV为原始存放平台。

第四十条　中央电视台播音员、主持人以个人微博名义参与非我台组织的网络活动（如微直播、微访谈等），或宣传报道活动，须根据《中央电视台播音员、主持人参加社会活动管理办法》，报相关部门审批。

第四十一条　中央电视台各频道（中心、对应级别其他机构）互联网信息发布管理联络员负责对本频道（中心、对应级别其他机构）特约评论员的微博备案工作。各频道（中心、对应级别其他机构）应参照本管理细则第五章、第六章的条款，对特约评论员的微博发布行为进行约定。

第八章　微博账户的关闭和更改

第四十二条　个人关闭、注销微博时应及时到各频道（中心、对应级别其他机构）互联网信息发布管理联络员处备案，由其报告对应信息发布管理部门。

第四十三条　个人账户失效或废弃时，如网站不提供注销服务，应在自己微博的显著位置声明作废。

第四十四条　个人更改账户显示名称时须再次备案。

第九章　危机应对

第四十五条　本细则所称危机，是指由于个人微博信息发布等行为不当，以及个人微博被冒名、盗用、攻击所产生的不利于我台整体品牌形象建设、有损于国家级媒体从业人员形象的负面舆情。

第四十六条　个人使用微博过程中，如发现涉及中央电视台的负面舆情（含经由本人微博引发的负面舆情），个人不独立应对，应及时上报所属机构互联网信息发布管理联络员。联络员在核实情况后，应在第一时间将相关信息报告本机构主管领导，并向对应微博信息发布管理部门报告情况。

第四十七条　我台对应微博信息发布管理部门负责危机舆情协调处理。应及时做出舆情预警、舆情研判、制定应对策略、上报执行方案，协调相关部门积极应对，实时跟踪舆情动态。

第四十八条　涉及危机舆情的相关机构，是危机应对的执行主体，有义务配合相关部门的调查，认真核实上报相关情况，并密切关注当事个人的状态，配合对应微博信息发布管理部门的应对要求，指导个人、统筹本机构资源积极做好危机应对工作，并向对应微博信息发布管理部门及时反馈应对执行进展。

第十章　罚则

第四十九条　违反本细则要求的个人微博使用行为属违规行为。

第五十条　个人在开设、注册、更改、关闭、注销微博账户时，未按细则登记备案的，对应信息发布管理部门将通知个人或其所在单位、部门予以提示并纠正。如拒不改正或屡次违规的，给予组织处理。

第五十一条　个人在微博使用过程中，因不当言论或行为，导致我台整体形象、声誉、公信力受到不良影响，或导致频道、栏目品牌遭受负面影响的，由中央电视台分党组认定负面影响等级，由台纪检监察部门根据本细则进行处罚。

（一）一般性负面影响：引起了负面舆情，但范围较小，程度较轻。处理措施：给予组织处理。

（二）扩散性负面影响：对我台品牌产生负面影响，在网络上传播范围较广，触发我台舆情干预机制。处理措施：给予组织处理或警告、记过处分。

（三）恶劣性负面影响：对我台品牌产生严重负面影响，影响范围由网络扩散至传统媒体，触发我台危机干预机制。处理措施：给予记大过、降级、降职或撤职处分。

（四）重复性负面影响：屡次出现扩散性负面影响或恶劣性负面影响。处理措施：给予留用察看或开除公职处分。

第五十二条 对在微博使用过程中，未经授权，擅自发布有关我台工作信息的个人，情节较轻的，给予组织处理或警告、记过处分；情节较重的，给予记大过、降级、降职或撤职处分；情节严重或造成严重不良后果的给予留用察看或开除公职处分。如对我台品牌造成负面影响，参照本细则有关条款予以处理。

对违反本细则，授权他人发布本条第一款所述信息的个人，按照台相关规定给予组织处理或纪律处分。

第五十三条 对违反本细则，在微博使用过程中泄露国家秘密信息，情节较轻的，给予组织处理或警告、记过处分；情节较重的，给予记大过、降级、降职或撤职处分；情节严重的给予留用察看或开除公职处分；涉嫌违反《中华人民共和国保守国家秘密法》等相关法律法规，构成违法犯罪的移送司法机关处理。

第五十四条 中央电视台播音员、主持人在微博使用过程中，擅自以个人微博名义参与非我台组织的网络活动或宣传报道活动的，按《中央电视台播音员、主持人参加社会活动管理办法》的相关规定处理；对我台品牌造成负面影响的，参照本细则第五十一条有关条款进行相应处罚。

中央电视台播音员、主持人因违反本细则受到组织处理或纪律处分的，可同时暂停播音主持岗位并扣发服化费，取消其参选我台“双十佳主持人”资格及《中国广播电视播音主持作品奖暨“金话筒奖”》选送资格；情节严重或造成严重不良后果的，可同时取消其上岗资格，并报中国广播电视协会予以行业通报。

第五十五条 个人在使用微博过程中，如屡次出现违反本细则的行为，在相应违规处罚条款基础上，给予从重处理。

受到组织处理和纪律处分的个人，根据台相关规定予以相应经济处罚。

个人在使用微博过程中，如违反《中央电视台工作人员纪律处分规定》或其他相关台规台纪的，按照相关规定予以处理；如违反《中国共产党纪律处分条例》，按照该规定予以处理。

第五十六条 个人因非授权的微博行为而引发的法律纠纷，均由个人承担相关法律责任，但个人应第一时间通知本部门主管，并上报台相关部门。

第十一章　附则

第五十七条 本细则自下发之日起施行。

第五十八条 总编室负责本管理细则的最终解释工作，有向相关管理个人解释相关细则的义务。

第五十九条 各级部门可根据本管理细则，制定具体管理规定，并报对应信息发布管理部门备案。

中央电视台
2012年8月29日
（总编室提供）

关于调整中央电视台因公出国（境）人员审批办法的通知

各中心（室）、频道、部（处），台属各单位：

根据《广电总局因公出国（境）人员审批管理办法》（广办发人字【2012】76号）文件精神和要求，职工因公出国（境）人员审批按照人事行政隶属及干部管理权限，实行备案制度。按照文件要求，我台因公出国（境）人员审批工作做出相应调整，现通知如下：

1.出国（境）人员审核备案与外事任务审批同时进行，不再办理人事政审批件；

2.实行谁派人谁负责原则，派人单位对选派出国人员负有第一责任，由派人单位负责选派及审核人员情况，填写《因公临时出国（境）人员备案表》；

3.组团部门、派人单位应履行及时备案职责；

4.人事和外事部门同时备案，人事和监察部门共同审查。

本通知自印发之日起执行，原我台出国人员政审制度同时废止。

附件：1.《中央电视台因公出国（境）人员审批工作流程》
2.《因公临时出国（境）人员备案表》

附件1：

中央电视台因公出国（境）人员审批工作流程

一、审批手续：

1.司局级以上领导干部因公临时出国（境），按干部管理权限规定程序报广电总局审批备案。

2.处级干部及其他事业编制人员、企聘人员由派人单位填写《因公临时出国（境）人员备案表》（以下简称《备案表》），由组团单位负责在办理出国（境）任务审批的同时，按任务批次及时报人事部门备案，并抄报台外事部门。

3.台属单位人员由所在单位填写《备案表》。台属单位领导班子成员及台派人员《备案表》报台人事部门备案，并抄报台外事部门；台属单位其他人员《备案表》报本单位人事部门备案，并抄报本单位外事部门。

4.派驻国（境）外常驻机构工作人员，由派出单位凭任职文件办理出国（境）手续。

二、办理流程：

1.组团单位负责组织派人单位填写《备案表》。

2.派人单位负责选派人员并按要求填写《备案表》，一式两份，交组团单位办理出国手续。

3.组团单位持外事报批件原件、复印件和两份《备案表》到人事部门进行人员备案。

4.经人事部门备案后，组团单位持外事报批件原件和一份《备案表》到外事部门办理外事任务报批手续。

5.组团单位接到外事部门通知，可以继续办理出国（境）手续执行外事任务。不再办理人员政审批件。

6.人事部门收到《备案表》进行审核，并复印送监察室征求意见；审核有问题的，人事部门原则上不超过5个工作日通知外事部门和派出单位，外事部门即停止办理相关手续。审核没有问题的，则人事和外事部门留存《备案表》备案。

7.外事报批件原件和一份《备案表》留外事部门报批备案；外事报批件复印件和一份《备案表》留人事部门备案。

8.人事部门按月汇总出国人员审批情况，并上报主管台领导审查。

附件2：

因公临时出国（境）人员备案表

姓名		性别		出生年月		政治面貌	
人员身份				职级		工作证号	
工作单位及职务是否为涉密人员及涉密等级						健康状况	
家庭主要成员情况	称谓	姓名	年龄	政治面貌	工作单位、职务及居住地（是否取得外国国籍、境外长期或永久居留权）		
组 团 单 位					在团组中拟任职务		
出国任务、所赴国家（地区）及停留时间							
出国任务审批单位							
最近一次因公出国时间、所赴国家（地区）及任务							

续表

人员派出部（处）意见	负责人签字　　　　　　　　单位盖章 年　月　日　　　　　　　　年　月　日
人员派出中心、频道意见	负责人签字　　　　　　　　单位盖章 年　月　日　　　　　　　　年　月　日
人事、监察部门备案意见	
说　明	本表由因公临时出国人员所在单位填写，按照干部管理权限，报组织人事部门备案，并抄报外事审批部门。

中央电视台

2012年10月12日

（人力资源管理中心提供）

CCTV

DIANSHI SHU BAO KAN JI YINXIANG CHUBANWU

电视书、报、刊及音像出版物

电视书、报、刊及音像出版物

中央电视台 2012 年编辑出版新书选介

千年契约

编著者：田涛。主编：魏斌、童宁。副主编：权勇、苏大为、陈德鸿。法律出版社 2012 年 4 月出版。12 万字，照片 60 幅。

该书由法文化系列节目《千年契约》特邀主讲人田涛根据自己在节目中的讲稿整理而成，是一本集科学性、知识性、趣味性为一体的普及中国古代法文化的科普新书。书中较为详尽地介绍了中国传统民间契约的发生和发展，并将传统契约进行了系统的分类介绍，讲述了中国传统民间契约的价值和历史地位。此外，在进行综合比较之后，介绍了中国传统契约在近代的转变，并最终发展成当代较为完善的合同制度的完整历程。书中通过买卖、合伙、抵押典当等不同的契约形式品读历史，通过翻阅租赁、摇会、买妻卖妻等不同契约领略历史风貌，并最终通过看契约品鉴历史年轮、读契约见证中华诚信美德。

书中穿插了大量图片和实物照片，既丰富了信息量，又图文并茂，雅俗共赏。

权，为你——杨波律师解惑维权僵局 20 例

编著者：杨波。主编：魏斌、童宁。副主编：权勇、苏大为、陈德鸿。中国民主法制出版社 2012 年 11 月出版。15.8 万字。

该书是《法律讲堂》生活版出版的第三本图书，也是该栏目主讲人杨波根据栏目中主讲的维权案例为基础编撰而成的。本书精心选择了 20 个普通老百姓在工作和生活中常见的法律纠纷，涵盖了生命健康权、婚姻自由权、财产知情权、遗产遗赠权、就业平等权、被抚养权、人格权、祭奠权等基本权益，涉及人身损害赔偿、精神损害赔偿、饲养宠物致人损害赔偿、安全保障义务、劳动合同履行纠纷等多种法律关系，用生动的语言娓娓道来，遇到争议焦点进行通俗讲解，从而告诉观众遇到事情该怎么办、解决的途径有哪些，实用性强，对现实生活具有一定的指导意义。

新闻架起连心桥——CCTV“走基层”典型报道纪实

主编：胡占凡。副主编：罗明、孙玉胜、张海鸽。学习出版社 2012 年 2 月出版。37 万字，照片 200 幅。

该书由中央电视台台长胡占凡作序，收集了李瑞英、康辉等一批知名播音员主持人撰写的文稿，并收录了《新疆皮里村蹲点日记》、《索道医生邓前堆》、《北京同仁医院蹲点日记》等 13 部（集）优秀节目视频刻制光盘，多方位、立体化地对中央电视台的“走基层”活动加以细致、全面的总结和记录。全书约 37 万字，图片近 200 张，以文字、光盘的形式实现了对中央电视台“走基层”优秀节目的二次传播。

传情送暖贴人心——CCTV“新春走基层”典型报道纪实

主编：胡占凡。副主编：罗明、魏地春、孙玉胜、张海鸽。学习出版社 2012 年 6 月出版。37.5 万字，照片 150 幅。

该书是继《新闻架起连心桥——CCTV“走基层”典型报道纪实》一书出版并取得良好社会反响之后，又一部反映中央电视台“走转改”活动的内容丰富、贴切感人的力作。该书由胡占凡台长作序，孙玉胜副台长撰文，收集了《杨立学讨薪记》、《招工局长陈家顺》、《郭明义和他的“粉丝”》等一系列影响力巨大的精品节目，并汇集了中央电视台深入一线采访报道的

播音员主持人、节目主创人员和编辑记者等的感悟、思考和总结，以及专家学者的点评、提升。该书图文并茂、生动鲜活地对中央电视台“新春走基层”活动进行了细致、全面的总结和展示，以文字、图片、光盘的形式实现对中央电视台优秀节目的二次传播。

对话3——大家看世博

主编：宋嘉宁、徐波（特邀）。外语教学与研究出版社2012年1月出版。27.7万字，照片12张，视频截图120幅。

该书是中央电视台法语国际频道《对话》栏目出版的系列图书的第三册。该书由中国前驻法大使吴建民、法国前驻华大使苏和（Hervé Ladsous）作序，收录了《对话》栏目于2010年上海世博会期间录制的8期专访节目。全书共8个篇章，分别为“上海世博和中国馆”、“法国馆：感性城市”、“非洲联合馆：魅力大陆”、“比利时—欧盟联合馆：发现之旅”、“瑞士馆：自然乐园”、“卢森堡馆：亦小亦美”、“加拿大馆：现代都市”与“意大利馆：人之城市”。该书通过采访上海世博局联络官、各国场馆设计师、馆长、明星代言人等嘉宾，从8个国家的文化与历史、城市发展与现代化生活等角度，探讨了“城市让生活更美好”的主题，再现2010上海世博会的现实意义与长远影响。

国际一流媒体研究

编著者：李舒东等。世界知识出版社2013年4月出版。35万字。

本书在多年积累的国际媒体数据资料的基础上，参考国内外媒体的相关研究，对国际一流媒体的关键发展指标、发展历程、发展路径及战略和新媒体发展等进行了系统梳理，对国际一流媒体的电视媒体和媒体集团个案做了介绍，对公营与私营、美国与欧洲、媒体集团与单一电视网做了对比研究，并提出了中国媒体的国际发展探索之路。书中一些较为成熟和前沿的研究成果在一定程度上填补了国内关于国际一流媒体研究的空白。

我们一起走过——CCTV-4成立20周年纪念

主编：杨刚毅。副主编：王广令、王文昌。人民出版社2012年10月出版。52万字，照片116幅。

该书是对中文国际频道开播20年的献礼，也是中文国际频道第一次以文字形式对频道历史进行的全面回忆和经验总结，具有很高的史料价值。书中共收录了97篇稿件，其中75篇稿件是由曾经和现在仍在中文国际频道工作的人员所撰写，另外22篇为海外忠实观众的投稿。稿件分为“激情岁月”、“见证辉煌”、“与你同行”、“观众心声”4个板块，既有对频道20年发展历程中重大事件、宣传报道、重要活动的回顾，也有编辑创办栏目、创作节目的点滴感悟，还有与频道相伴成长的种种故事。通过不同人物、不同角度、不同侧面的记忆片断，勾勒出中文国际频道20年发展变化的一幅全景图。书中还增设了“大事记”板块，首次对频道20年来的重大事件进行了系统梳理，让读者在一篇篇零散的感性回忆文章之外，能对频道的20年历程有一个全面了解。

舌尖上的中国

编著者：《舌尖上的中国》编委会。主编：张宁、刘文。光明日报出版社2012年6月出版。27.4万字，照片572幅。

该书真实完整地呈现了整部纪录片《舌尖上的中国》的信息，以新颖精美的编排方式让读者耳目一新。详尽记录了纪录片全片的美食攻略、美食地图，让寻找“舌尖”的美味之旅成为可能；并提供了30余种传统经典食材的细致解析，让读者在家即可烹饪。此外还精心挑选了数十篇名家说美食的随笔散文，让读者对中国美食文化、风土人情有更深入的体会。

货币

编著者：《货币》纪录片主创团队。主编：王颖。副主编：苏扬。中信出版社2012年10月出版。30万字，照片122幅。

货币有着跟人类文明等长的历史，它与每一个人、每一个家庭、每一个地区、每一个国家都息息相关，即使远在非洲的原始部落，也有货币的踪迹。人类社会已经跟货币密不可分，从最初的起源到局部的通行再到无处不在，从作为交换的手段和价值的尺度再到站上国际贸易的制高点，货币已经从人们欲望的来源到造成密西西比泡沫，再到今天成为世界经济浪潮中最棘手和最根源性的课题。人们对货币从哪里来、它又将如何影响世界产生了越来越多的困惑。货币到底是什么？是金钱，是债券？是黄金，是钻石？

是财富，是国家意志？是梦想，还是其他？货币既是经济发展中最根本的要素，也关乎我们每个人的日常生活；它带给人们便利和财富的同时，也带来了很多的困惑和欲望。最早的货币，最神奇的矿井，最昂贵的生产线……本书让读者带着对货币的渴望和疑问，一起进入货币的世界，追溯货币的缘起，共瞻货币的未来。

货币II：从货币看懂中国经济和世界经济

编著者：《货币》纪录片主创团队。主编：王颖。副主编：苏扬。中信出版社 2012 年 10 月出版。15 万字，照片 25 幅。

欧债危机的结局将会是怎样？希腊最终是否会破产？人民币升值的空间还有多大？通货膨胀还将持续多久？世界经济何时会走出萧条？人民币成为国际货币还需具备什么条件？黄金是否是最好的资产保值工具？……

一切的问题均源自——货币。

《货币II》云集了吴敬琏、陈志武、资中筠、巴曙松、王巍等国内外 30 位经济学家、金融专家、著名学者、媒体精英、财经人士，从货币的起源开始讲起，讲述了货币的发展、货币的崛起、货币的灾难和货币的未来，对货币和政治、经济、文化以及社会运行秩序之间的关系进行一次较为全面深入的梳理，以一种权威、开放、通俗、人性和客观的方式来解读货币的角色和影响力，并对中国经济和世界经济的未来提出了独到的看法。

数字十年

编著者：肖振生、姜秋镝、岳群、周旋、陈茜、李欣。主编：胡占凡。副主编：孙玉胜、黄传芳、庄殿君。中国广播电视出版社 2012 年 11 月出版。24.7 万字，照片约 630 幅。

该书取材于中央电视台为迎接中国共产党第十八次全国代表大会召开而制作，并从 2012 年 8 月 21 日开始在《新闻联播》等节目中播出的同名专栏，是党的十八大赠送用书和学习读物。本书通过动画风格的图片和客观准确的数字，深入浅出地总结了近十年中国政治、经济、文化、教育、科技、民生、健康等方面及全国 31 个省、市、自治区地方发展的巨大变化。尤其是在过去十年全球金融危机让整个世界一片萧条之势的情况下，用客观真实的数字理性、中立、权威、真实地分析和评价让世界震惊的逆势前进的“中国奇迹”，以及被整个世界关注的大国崛起。数字十年，图注十年，写下的是十年变化、十年发展、十年中国。

CCTV 感动中国十年

主编：胡占凡。副主编：孙玉胜、黄传芳。学习出版社 2012 年 4 月出版。47.3 万字，照片 2 幅。

10 年来，《感动中国》作为中央电视台一档年终人物盘点节目，始终以巩固共同思想基础、凝聚民族精神力量、弘扬社会主义核心价值观为己任，坚持鲜明的价值导向，彰显深切的人物关怀，被中央领导同志誉为一个“给人以力量，给人以鼓舞”的主旋律精神品牌，被广大观众称为“一部让民族为之动容的年度精神史诗”，被专家学者看作“一部记述社会主义核心价值体系建设的年度发展报告”。该书收录了中央有关领导同志给中央电视台“感动中国”10 周年的贺信原文，汇集了“感动中国”主持人敬一丹等栏目组成员的相关文章，浓墨重彩地勾勒了 100 多位“感动中国年度人物”的感人事迹，叙述平实、图文并茂、感情真挚、温暖人心，是一部唱响主旋律、弘扬真善美的优秀作品。

照照这面镜子——岩松夏丹说伦敦奥运

主编：吕志佳、白岩松、欧阳夏丹、王青雷、古铭、张继宏。副主编：于森。光明日报出版社 2012 年 10 月出版。30 万字，照片 80 幅。

该书取材于中央电视台新闻频道《新闻 1+1》栏目为 2012 年伦敦奥运会开办的一档特别节目《奥运 1+1》。该节目自 2012 年 7 月 25 日开始，由白岩松在伦敦实地采访，欧阳夏丹在北京演播厅主持，将记者每天的所见、所闻、所感及时传递给观众，在解读、评论奥运会、解密运动员背后的故事的同时，为观众欣赏伦敦奥运提供了更多视角。该书记录了全部节目中的精彩内容，还原了记者采访的具体过程，为读者展现了奥运赛事本身的魅力，以及赛事背后的精彩故事。

中央电视台 2012 年音像出版物选介

货币

中央电视台、中信证券联合制作，中国科学文化音像出版有限公司 2012 年 12 月出版。DVD，时长 450 分钟，5 盘，10 集。

著名经济学家陈志武教授曾这样描述货币："货币化是市场化深化发展的前提或基础；同时，货币化的发展也是个人自由的前提"。纪录片《货币》由货币的起源开始，讲述了货币的发展、货币的崛起、货币的灾难和货币的未来，对货币和政治、经济、文化以及社会运行秩序之间的关系进行了一次较为深入的梳理，以一种开放、通俗、生动的方式来解读货币。货币既是社会经济发展中最根本的要素，也与我们每个人的生活息息相关；它带给人们生活便利的同时，也带来了很多疑惑。因此，研究和分析货币，既是对财富的探讨，也是对人性的探讨。面对既熟悉又陌生的货币，纪录片《货币》带领观众一起穿越时空，走进历史，走进货币的世界。

纪录片《货币》共 10 集，分别为《有价星球》、《从哪里来》、《黄金命运》、《银行历程》、《权力之争》、《通胀之殇》、《三条红线》、《汇率之路》、《超越国界》、《未来多远》。

金砖之国

中央电视台财经频道制作，中信出版社 2012 年 5 月出版。DVD，时长 405 分钟。5 盘，9 集。

大型电视纪录片《金砖之国》是 2011 年中央电视台批准立项的重点项目，是财经频道继《大国崛起》、《公司的力量》、《华尔街》之后的又一重大选题。纪录片《金砖之国》共 9 集，每集 45 分钟，由中央电视台耗时 15 个月打造。创作团队共采访了包括前任和现任国家领导人 10 位，部长级官员 26 个，先后共有 180 多位社会各界人士接受采访，采访路程超过 4 万公里。纪录片对俄罗斯、印度、巴西、南非四个金砖国家进行系统、全面的介绍，从经济发展、民生民情、文化习俗等方面介绍这四个国家，给中国观众提供了一个系统了解"金砖国家"的窗口。《金砖之国》从整体上全面反映了金砖国家的发展变迁，梳理了金砖国家经济崛起历程，系统阐述了金砖国家在全球化的背景下把握机遇、经济腾飞的过程，揭示了以"金砖国家"为代表的新兴市场国家力量步入上升期的客观现实。

解密咏春拳

中央电视台科教节目制作中心（北京科学教育电影制片厂）制作，北京科影音像出版社 2012 年 6 月出版。DVD，时长 100 分钟。1 盘，11 集。

深藏不露的咏春拳为什么会名扬天下？银幕上功夫高手匪夷所思的身手是特技效果还是真有如此的威力？咏春拳高手实战一击制敌的秘诀又在哪里？《解密咏春拳》中详尽回答了观众对于咏春拳的问题，揭示了咏春拳的奥秘。

该片由以实战见长的北京咏春拳学会王志鹏师傅亲身示范讲解，分为《咏春三套套路拳法（小念头、寻桥、标指）》、《二字钳羊马》、《咏春基本手法》、《黐手》、《咏春基本腿法》、《进退马步》、《中线理论》、《追中守中》、《寸劲》、《四门原理》、《攻守合一、消打同时》等 11 集。通过观看该片，可以使包括咏春拳爱好者在内的观众初步了解咏春拳的基本理论。

老师

北京桂馨慈善基金会制作，北京科影音像出版社 2012 年 4 月出版。DVD，时长 80 分钟。1 盘，1 集。

该片以汶川大地震中为救学生而牺牲的老师为叙事开端，将镜头伸入数百万中国偏远地区的乡村教师群体，记述了她们当中的几位普通老师的日常教学生活和内心感受。

犬敏捷运动

中央电视台科教节目制作中心（北京科学教育电影制片厂）制作，北京科影音像出版社 2012 年 3 月出版。DVD，时长 200 分钟。2 盘，8 集。

犬敏捷运动是一项人犬共同参与的运动，兼具观赏性、娱乐性、竞技性和运动性，已成为一项深受人们喜爱的体育运动，在世界各地拥有众多的爱好者。该片传达了尊重动物的权利和选择，一切训练都应是犬的自愿行为，没有惩罚，只有奖励，以及信任、关怀、健康、快乐、时尚的犬敏捷运动理念。该片特邀中国犬敏捷运动专业人士，系统全面地阐释了犬敏捷运动的训练方法；特邀中国顶尖的犬敏捷运动选手传授比赛方法和经验。同时，关注了人与犬怎样和谐相处的命题，探讨动物的行为特点，帮助人们与犬建立起真正的理解和信任。

绳彩飞扬

中央电视台科教节目制作中心（北京科学教育电影制片厂）制作，北京科影音像出版社 2012 年 5 月出版。DVD，时长 100 分钟。1 盘，4 集。

曾几何时，跳绳是很多人在学生时代接触最多的一项运动。一根小小的绳子寄托了大家童年时代的很多美好回忆。如今，跳绳朝着更加时尚、娱乐的方向发展，并诞生了一个全新的名字——花样跳绳。上海跃动花样跳绳队，秉承着发扬花样跳绳的理念，不断发展，现已成为我国乃至亚洲最优秀的花样跳绳团队之一。

该片由跃动队的教练员为观众传授最新最炫的花样跳绳动作，让观众了解到底什么是花样跳绳。此外还涵盖了跃动队挑战交互绳世界纪录时台前幕后的精彩内容。全片共分 4 集：《中考体育中的跳绳项目》、《体操类个人花样跳绳技巧》、《多摇类个人花样》、《交互绳技巧》以及挑战吉尼斯交互绳世界纪录的内容。

甜蜜的危险

中央电视台制作，北京科影音像出版社 2012 年 7 月出版。DVD，时长 280 分钟。7 集，4 盘。

该片邀请中国医师协会内分泌分会常委、英国皇家医学会院士王执礼教授全新解读糖尿病，破解大众对糖尿病认识上的常见误区。片中详尽解释了糖尿病究竟是身体的哪部分出了问题，会造成什么危险的后果；哪些生活习惯容易导致糖尿病；糖尿病人如何使用胰岛素；常见的蔬菜、水果的升糖指数是多少，糖尿病人能不能吃、应该怎么吃；如何监测血糖才是科学的，监测好血糖对治疗又有什么帮助；怎样运动才能控制好血糖，运动中又该如何避免危险发生；怎样才能避免并发症的发生，有了并发症应该如何应对等一系列问题。

边疆行

中央电视台中文国际频道制作，中国国际电视总公司 2012 年 3 月出版。DVD，时长 4500 分钟。16 盘，100 集。

2012 年 3 月 2 日，中央电视台中文国际频道《远方的家》栏目百集系列特别节目《边疆行》DVD 光盘珍藏版正式出版发行，标志着这档大型系列节目继电视荧幕、互联网之后，拥有了第三种传播介质，也为喜爱本节目的观众提供了收藏的最佳载体。摄制组从广西防城港出发，沿中国陆路边境线穿行广西、云南、西藏、新疆、甘肃、内蒙古、黑龙江、吉林、辽宁等九省区，最后到达辽宁丹东，总行程 22800 公里，沿途经过 100 多个县市、500 多个乡镇，采访了 30 多个不同民族的基层民众 3000 多人。该片以新闻纪实的手法、记者体验的方式，突出国际视角，关注自然风光、关注人文风情、关注经济发展，向世人展示了当今时代丰富多彩和发展变化的中国边疆形象。

沿海行

中央电视台中文国际频道制作，中国国际电视总公司 2012 年 9 月出版。DVD，时长 5040 分钟。17 盘，112 集。

《沿海行》是中文国际频道《远方的家》栏目继《边疆行》之后推出的又一档大型系列特别节目，《沿海行》DVD 光盘的出版发行标志着这档大型系列节目继电视荧幕、互联网之后，拥有了第三种传播介质，也为喜爱本节目的观众提供了收藏的最佳载体。摄制组从辽宁丹东出发，沿中国大陆海岸线按顺时针方向行进，跨越辽宁、河北、天津、山东、江苏、上海、浙江、福建、广东、广西等十个省、自治区、直辖市，最终抵达广西防城港，行程超过 18000 公里。向海内外观众介绍了中国最前沿、最开放、最富足、最富有创新精神的沿海地区的风采。该片走进了普通沿海人的日常生活，描绘出他们敢为人先的性格特征，展现了沿海地区开放富足和充满创新精神的丰厚文化底蕴，折射出改革开放 30 多年来中国沿海地区的巨大变化，生动地传达出处在飞速发展中的中国开放包容的时代风貌。

国宝档案 2011 精选特辑

中央电视台中文国际频道制作，中国国际电视总公司 2012 年 1 月出版。DVD，时长 900 分钟。6 盘，60 集。

该片精选了电视栏目《国宝档案》2011 年度的优秀节目，按照节目内容将其分为节庆文化、绘画、陶瓷三大类，每类由 20 集内容组成，每集 15 分钟。节庆文化类囊括了春节、清明节、端午节、儿童节、教师节、中秋节、重阳节等节日，通过故宫里的门神、福字、金瓯永固杯、《清明上河图》绘画等珍贵文物，为观众展现出博大精深的中国传统文化习俗。绘画类精选了如元代画家黄公望的《富春山居图》和《富春大岭图》、郎世宁《花鸟图册》、赵孟頫《人骑图》等历代绘画精品，讲述了作品与画家的传奇故事。陶瓷类精选了陕西法门寺地宫出土的秘色瓷碗、元青花缠枝牡丹纹兽耳罐、明成化葡萄纹杯、珊瑚红地珐琅彩花鸟瓶、平泉辽三彩、岁寒三友梅瓶等中国历代陶瓷精品文物，展现了中国古代瓷器烧造的精湛工艺。该片以主持人演播室实物举证、故事讲述为主，穿插器物展示、情景再现、专家点评，讲述巍巍中华灿烂文明，集权威性、故事性、观赏性为一体，让难得一见的国之瑰宝不再陌生，将悠久灿烂的中华传统文化形象生动地展现给观众。

中国老龄报告　今又重阳

全国老龄工作委员会办公室、中央电视台制作，中国国际电视总公司 2012 年 12 月出版。DVD，时长 300 分钟。4 盘，4 集。

该片分为《中国老龄报告》和《今又重阳》两部分。前者以全球人口老龄化为背景，聚焦中国老龄问题，回顾了中国政府高度重视老龄问题，积极应对人口老龄化社会的历程，展示了中国特色构建老龄化社会的方针、政策和成就，呼吁全社会关注老龄问题，营造尊老爱老氛围。后者选材于《夕阳红》栏目为庆祝重阳节推出的 4 小时大型直播节目《今又重阳》，立足中国老龄化社会现实，围绕老有所为、老有所养、老有所爱等内容，多视角关注老年群体的生存现状。《今又重阳》融典型人物故事、养老话题、爱心助老小分队活动、《数字老龄》Flash 短片等内容为一体，结合网络实时互动等多种表现手法，充分展示了当代老年人积极向上、丰富多彩的晚年生活，营造了尊老爱老氛围。

普法栏目剧微电影

中央电视台社会与法频道制作，中国国际电视总公司 2012 年 4 月出版。DVD，时长 1035 分钟。10 盘，23 集。

该片精选了《普法栏目剧》栏目 2012 年一季度播出的，以电视电影标准制作的中央电视台第一批原创“微电影”系列节目。该片以扣人心弦的故事结构剧情，同时将普法宣传融入其中，增强了功能性、服务性、贴近性和必看性，倡导和谐的社会主流价值观，取得了良好的社会反响。全片共包含《一路上有你》（上下集）、《因为爱》（上下集）、“回家”系列节目之《漂流瓶》、《我的母亲》、《桃源惊梦》、《麻雀男·凤凰女》、《归心似箭》，“铁鹰”系列节目之《危机四伏》、《攻心骗术》、《温柔陷阱》、《迷失的贪欲》、《决战贼王》，“城里城外”系列节目之《财路》（上下集）、《铁龙门》（上下集）等，均是品质与收视俱佳之作。

食在八方

中央电视台中文国际频道制作，中国国际电视总公司 2012 年 7 月出版。DVD，时长 300 分钟。3 盘，10 集。

该片围绕各大菜系的菜肴特色，展现不同地域人们的生活方式、生活态度、饮食习惯以及他们在饮食文化方面的创造力。通过“过程化”和“体验式”的表现形态，从美食家、文化学者或者烹饪技艺传承人的视角，以探寻和发现的眼光，展现某一菜系独特的魅力。从而向全球展示具有中国地域特色的食文化，并由此弘扬中华民族的传统文化精髓。

舌尖上的中国

中央电视台纪录频道制作，中国国际电视总公司 2012 年 5 月出版。DVD，时长 350 分钟。7 盘，7 集。

纪录片《舌尖上的中国》是中央电视台纪录频道推出的第一部美食类系列纪录片，也是中国国内第一次用高清设备拍摄的美食类纪录片。从 2011 年 3 月开始，摄制组共在 60 多个地方进行大规模拍摄，涵盖了包括港澳台在内的中国各个地域。该片通过一个个具体而细微的故事，从中华美食的多个侧面入手，全方位记录博大精深的中华美食文化；向观众展示出中国的日常饮食流变、千差万别的饮食习惯、独特的味觉审美以及上升到生存智慧层面的东方生活价值观，让观众从饮食文化的侧面认识和理解传统和变化着的中国。全片共 7 集，分别是《自然的馈赠》、《主食的故事》、《转化的灵感》、《时间的味道》、《厨房的秘密》、《五味的调和》、《我们的田野》。

超级工程

中央电视台纪录频道制作，中国国际电视总公司 2012 年 11 月出版。DVD，时长 350 分钟。5 盘，5 集。

社会发展的不同时期，都会产生代表性的伟大工程，这些工程和它所处的时代紧密地结合在一起，发挥了举足轻重的作用，同时也成为了那个时代的标志性符号。纪录片《超级工程》由中央电视台纪录频道核心团队创作完成，前后历时一年，全片影像宏大、震撼、具有冲击力，同时注重细节的发掘和刻画。除常规拍摄外，该片借助CGI和航拍、水下摄影等特殊摄影技术，力求为观众创造新颖、独特的视听体验。全片共5集，分别是《港珠澳大桥》、《上海中心大厦》、《北京地铁网络》、《海上巨型风机》、《超级LNG船》。

魅力肯尼亚

中央电视台纪录频道制作，中国国际电视总公司2012年2月出版。DVD，时长75分钟。1盘，3集。

高清纪录片《魅力肯尼亚》是对肯尼亚生态环境、民俗风情、传统文化、都市文明的一次全景式展现，是对肯尼亚旅游资源的一次生动展示，也是中央电视台纪录频道对国际旅游类纪录片创作的一次重要探索与尝试。该片共3集，分别是《大地的呼吸》、《部族的图腾》、《城市的脉搏》。

魅力斯洛文尼亚

中央电视台纪录频道制作，中国国际电视总公司2012年5月出版。DVD，时长75分钟。1盘，3集。

高清纪录片《魅力斯洛文尼亚》是对斯洛文尼亚自然风光、历史传统与当代生活的集中展示和全景式描摹。中央电视台纪录频道摄制组首次深入斯洛文尼亚，不仅记录下童话般的美景，更以中国人的文化视角来关注欧洲古老文明与现代进程。从神秘动人的波斯托伊那溶洞、如诗如画的布莱德湖，到孕育了骑士文明的利比卡马场以及古朴与现代交融的城市卢布尔雅那，这里演绎着不同的浪漫故事，交织着各异的生活、情感和垒筑其上的绮丽梦想。该片解开一个童话国度的魅力面纱，带领观众造访一块斯拉夫先民创造的乐土。该片共3集，分别是《大地深处的乐章》、《天堂印象》、《一个被爱的地方》。

春晚

中央电视台纪录频道制作，中国国际电视总公司2012年4月出版。DVD，时长250分钟。3盘，5集。

纪录片《春晚》以2012年春节联欢晚会幕后创作为主线，首次全面采访历届“春晚”的主创人员和标志性人物，梳理1983年到2011年春节联欢晚会的珍贵影像，让观众回首走过的岁月，回味曾经的欢乐时光。通过回顾30年的经典瞬间和幕后故事，表达30年来“春晚”积淀的文化力量和引领风尚的社会价值，展现出“春晚”逐步从一台电视晚会演变成凝聚海内外华人家国情怀的情感纽带，让观众重新解读与感受“春晚”带给中国人的点点滴滴，从中折射时代变迁和社会发展，勾勒出春节、“春晚”、中国社会30年的一幅宏大时代画卷。该片共5集，分别是《相约三十年》、《回家过大年》、《共同的追求》、《我要上春晚》、《永远的春晚》。

《中国古镇》（上、下）

中央电视台中文国际频道制作，中国国际电视总公司2012年12月出版。DVD，时长3060分钟。18盘，102集。

102集系列片《中国古镇》是中央电视台中文国际频道《走遍中国》栏目2012年精心筹划制作的大型电视纪录片。该片以“一镇一传奇，一镇一风情”为主题，力图通过讲述古镇传奇故事吸引观众，通过展示古镇独特风情感染观众。片中有的古镇名人辈出，影响着历史走向；有的古镇美食荟萃，吸引着八方来客；有的以建筑著称，有的则以风俗见长，观赏性、文化性较强。节目从古镇历史传承的真实性、空间环境的完整性、生活状态的延续性等方面勾连古今，从中解读出古镇特有的社会结构与文化智慧，同时着力挖掘每一个古镇别具一格的特色。

中国之路

中国国际电视总公司、学习出版社制作，中国国际电视总公司2012年11月出版。DVD，时长240分钟。4盘，8集。

为迎接中国共产党第十八次全国代表大会胜利召开，中共中央宣传部、中央电视台联合推出了8集电视系列片《中国之路》，理论联系实践，历史与现实结合，融合国际视野，弘扬时代精神，深入浅出地阐释中国特色社会主义建设的辉煌成就、宝贵经验和深刻启示，客观真实地展示一个文明型国家和平崛起的发展道路。该片包括《中国崛起》、《中国贡献》、《中国人权》、《中国民生》、《中国板块》、《中国文明》、《中国话语》、《中国模式》8集内容。

2012年春节联欢晚会

中央电视台综艺频道制作，中国国际电视总公司2012年1月出版。DVD，时长240分钟。2盘，1集。

2012中央电视台春节联欢晚会以“回家过大年”

为主题，分为“龙年”、“家”、“春晚三十年”、“天下一家”等四大板块，为全国人民奉献了一台丰富健康温馨可口的“年夜大餐”。2012年春节联欢晚会，中央电视台用一场自“春晚”开创以来从未有过的创新，展现了一台无广告、无评选的诚意“春晚”。

2012年春节戏曲晚会

中央电视台综艺频道制作，中国国际电视总公司2012年1月出版。DVD，时长240分钟。2盘，1集。

舞台小天地，天地大舞台。中央电视台在龙年新年来临之际，携京剧界老中青少四代演员以及十余个地方剧种的名角，为全国戏迷奉献一台温馨丰富、极具回味的“年夜大餐”。

伦敦2012奥运会开幕式

伦敦奥组委制作，中国国际电视总公司2012年7月出版。DVD，时长200分钟。1集，2盘。

2012年7月27日20:12，全球瞩目的体育盛会——第28届伦敦奥运会拉开了帷幕。中央电视台、中国国际电视总公司再次获得国际奥委会官方授权，独家出版发行伦敦2012奥运会音像制品。高品质、高清晰的画面让观众在第一时间珍藏奥运最绚烂的回忆，享受奥运最豪华的盛宴。

中国商人

中央新闻纪录电影制片厂制作，中国国际电视总公司2012年3月出版。DVD,时长600分钟。10盘,20集。

20集高清纪录片《中国商人》，每集30分钟，通过对中国历史上（从先秦直到1949年）的商人群体与社会背景的描摹，生动地展示了他们的言行禀性、道德风范、智慧才能、胆略贡献、特殊风采。该片还原了“结驷连骑、分庭抗礼于诸侯”的子贡等先秦巨贾的风采；再现了渗透着商业文化的大运河、“丝绸之路”、“海上丝绸之路”商旅途中的勾栏瓦舍、声色犬马；讲述了汇通天下的晋商、贾而好儒的徽商等纵横四海的商帮故事；回顾了晚清国力衰退之下，工商业艰难的发展，展现了近代上海滩的十里洋场和老北京的商旅风情；刻画了民族工商巨头荟萃的群英谱、海外华商辛酸而壮烈的奋斗史、商界赤子毁家纾难的报效情怀。该片还在最后一集以历代典型商人为贯穿，探讨历史沉淀下来的商业精神，对比西方商业文明，启示人们重新思考东方商业文明的内涵。

黄埔军校

中央新闻纪录电影制片厂制作，中国国际电视总公司2012年8月出版。DVD，时长420分钟。4盘，12集。

黄埔军校，这座当年号称“世界四大军事院校之一”的特殊学校，创办至今已有近90年的时光，几乎完整地伴随着中国近现代革命史，经历了第一次国内革命战争、抗日战争、解放战争。它是第一次国内革命战争中，国共两党为了民族的进步和独立而走向合作的结晶。在抗日战场上，曾经的同学虽然分属不同的政治阵营，却能并肩作战，打出了国威军威。因此，黄埔军校的历史也是国共合作的历史，她的精神财富也是海峡两岸人民共同的精神财富。然而，在解放战争中，许多少年时曾经亲密无间的黄埔同学，为了各自的信仰而走上战场，演出了民族历史上的又一个悲剧。汲取历史的教训，看透战争的惨烈，避免再一次内战的发生，是我们这一代人的责任。

纪录片《黄埔军校》在历史的经验与教训两个方面做出了全新的解读，既尊重传统史观，又为现代的观众留下足够多的思考空间。

兵圣孙武

中央新闻纪录电影制片厂（集团）制作，新影音像出版社2012年12月出版。DVD，时长90分钟。1盘，3集。

孙武是我国春秋末期著名的军事家、军事理论家，被后人尊称为“东方兵学鼻祖”，而立之年便著就兵法奇书；辅佐吴王经国治军，西破强楚，南服越人，北威齐晋，创立春秋霸业；在人生与事业高点时激流勇退，飘然归隐；他留下的《孙子兵法》六千余言，超越时空，跨越领域，被后人无尽演绎。而今，传奇已化为不朽，孙武其人、其书、其影响力在当代更有着可供世人回味思量、探究求索的历史价值。《兵圣孙武》系列节目分为《武者春秋》、《兵者伐谋》、《智者无疆》3集，通过展示孙武的人生历程与战争实践以及《孙子兵法》在后世的传播与影响，力图还原真实的历史人物，揭示孙武兵学思想的历史价值与现实意义，探索如何将兵学思想转化为维护和平之利器的深刻命题。

红裙记

中央新闻纪录电影制片厂（集团）制作，新影音像出版社2012年10月出版。DVD,时长90分钟。1盘,1集。

福州书生王成龙嗜赌败家，将其妻柳氏的最后一条红裙也输于赌场。柳氏怒夫不成器，严辞相责，王成龙万般窘迫之下投水闽江，幸被救起，后避走长安。柳氏以为丈夫葬身江流,守节抚子,艰难度日。13年后，王成龙已入赘他乡。他回榕经商时偶遇亲子王达官街头卖饼，遂寻机重回故宅。物是人不非，死别又重逢，心生疑窦的柳氏欲认未敢认，悔愧交集的王成龙盼归却难归，一场况味自知的人生话剧无奈上演。

蝴蝶梦

中央新闻纪录电影制片厂（集团）制作，新影音像出版社2012年10月出版。DVD,时长120分钟。1盘,1集。

越剧《蝴蝶梦》取材于明代冯梦龙《三言二拍》中庄周试妻的故事。新中国成立前，取材于这个故事的《大劈棺》曾经是京剧舞台上一个非常著名的“恐怖戏”与“黄色戏”，在解放后一度遭到禁演。这个故事在后来中国的戏曲及话剧舞台上曾多次出现，黄梅戏的《劈棺惊梦》、话剧的《庄周戏妻》都是很有代表性的作品。越剧《蝴蝶梦》舞台剧导演陈薪伊与著名剧作家吴兆芬一起对越剧《蝴蝶梦》进行了重新梳理，确立了该片“上善若水”的歌颂女性的主旨，同时提出了“只记缘来不记仇”的主题。

雷锋：洒满阳光的青春记忆

中央新闻纪录电影制片厂（集团）制作，新影音像出版社2012年3月出版。DVD,时长50分钟。1盘,1集。

在高速发展的市场经济和社会主义现代化建设过程中，很多人开始质疑这个产生于革命时代背景下的英雄——雷锋。在倡导艰苦朴素的氛围里，他为什么会拥有皮夹克和手表？那些热情澎湃、感情赤诚的日记真的是他写的吗？雷锋真的是每日不知疲倦地在帮助着别人吗？该片采用客观平实的纪录片手法，通过采访曾经和雷锋亲密接触的战友、工友、家乡父老以及为他拍摄照片和撰写传记的记者，为观众展示了一个真实雷锋的故事。他是一个阳光帅气的男孩，从小成为孤儿的他体会到了新社会给他的爱，长大之后，他要将这样的爱播撒出去,那些美好的人性——恻隐、同情、牺牲也在这个过程中被彰显出来。该片还原了雷锋普通人的身份，真实地表现了他性格中孤怯软弱和愤怒难当的另一面，真切地告诉观众雷锋身上的确有我们应该重视的品德，他用他的幸福观在告诉我们，怎么样生活才是最快乐的，并且希望雷锋精神在当下社会得以继续传递，让我们生活的这个世界变得更加美好。

私家历史私家菜

中央新闻纪录电影制片厂（集团）制作，新影音像出版社2012年9月出版。DVD,时长150分钟。2盘,5集。

中国美食文化在历史的长河中，无论是在选料、口味、制法和风格上都形成了不同的区域差异和风格特色。而在纷繁的美食种类当中，有一些菜肴却蕴藏着很多不为人知的历史故事，在几十年乃至上百年的传承中，它们被赋予了一个特殊的名字——“私家菜”。从宫廷、官府到市井百姓，有些私家菜已经逐渐淡出人们的视线，有些却随着时代的变迁几经沉浮。该片分为《国厨故事》、《百年老厨家》、《阿山饭店》、《厉家菜风云》、《梅府家宴》5集，讲述了那些经过历史洗礼后的私家菜肴再次映入人们的眼帘时，是怎样的一种风貌，以及人们又是如何审视那些久远时代的浮华梦影。

烽火1937——从日本国家档案解密卢沟桥事变

解放军电视宣传中心制作，解放军音像出版社2012年7月出版。DVD，时长125分钟。2盘，5集。

为纪念卢沟桥事变75周年，解放军电视宣传中心特别制作了《烽火1937》。该片全片在日本拍摄，以日本的战争亲历者口述历史为主线，以日本国家历史档案为佐证，走访了大量的日本权威历史学家，侧重梳理和解密卢沟桥事变中鲜为人知的细节，从日本人的视角客观审视卢沟桥事变的历史起因，从而深刻地揭示出当年日本军政当局蓄意发动全面侵华战争的阴谋。该片分为《卢沟枪声》、《战意渐浓》、《烽烟四起》、《推波助澜》、《战争泥潭》5集，通过日本战争亲历者对战争的回忆以及反省，意在进一步加深中日两国相互之间的历史认识，揭示日本军国主义者发动侵略战争给中日两国人民带来的深重灾难，明确日本的战争责任，促使两国人民珍惜来之不易的和平生活。

解析战争密档

解放军电视宣传中心制作，解放军音像出版社 2012 年 5 月出版。DVD，时长 420 分钟。4 盘，12 集。

该片透视第二次世界大战的硝烟背后，剖析战后逐渐被公开的战争机密和谍战悬念，通过解读二战中的人物和事件真相，揭示出情报在战争中的巨大作用，指出情报对现代战争的信息战、舆论战、情报战同样具有重要的参考和借鉴意义。该片共 12 集，分别为《港湾暗流》、《超级女谍》、《二战谍王》、《川岛芳子》、《山本之死》、《生死突击》、《成功的欺骗》、《艰难的越狱》、《惊天玄机》、《特混支队》、《“哑谜”的噩梦》、《希特勒之死》。

毛泽东诗词另类解读

解放军电视宣传中心制作，解放军音像出版社 2012 年 6 月出版。DVD，时长 160 分钟。4 盘，8 集。

毛泽东是军事家、思想家、战略家，同时也是享有“诗人政治家”美誉的一代伟人。该片中，解放军艺术学院教授朱向前带领观众一起解读毛泽东诗词。他从纯文学的角度切入，探索究竟是怎样的文化形成了毛泽东的性格、魅力、智慧和权威，从而融诗入史、化史入诗，让人们更真切地走进伟人的心灵世界，探究更深层次的哲学智慧和穿透时空、超越政治的恒久魅力。

情注香江
——香港回归 15 周年记

解放军电视宣传中心制作，解放军音像出版社 2012 年 7 月出版。DVD，时长 125 分钟。2 盘，6 集。

该片在香港回归祖国 15 周年之际，从不同角度展现了驻香港部队在新的历史阶段，如何通过与多国军队举行联合演习、演练、互访参观等各种方式的合作交流，不断增进相互之间的友谊，扩大解放军的影响，提高作战能力的发展历程。从而展现了驻港部队威武之师、文明之师的风采。该片共 6 集，分别为《砺剑香江》、《风采之源》、《守法模范》、《海空坚盾》、《血脉相融》、《相伴繁荣》。

新世纪强军路

解放军电视宣传中心制作，解放军音像出版社 2012 年 10 月出版。DVD，时长 180 分钟。2 盘，6 集。

该片以我军在新世纪的发展历程为主线，着眼于党的十六大以来军队建设取得的伟大成就，重点叙述全军官兵为履行新世纪新阶段的历史使命，为打赢未来信息化条件下局部战争所做的扎实工作。该片共 6 集，分别为《使命在肩》、《变革转型》、《砺剑行动》、《新的跨越》、《军民融合》、《维护和平》。

新武器风云榜

解放军电视宣传中心制作，解放军音像出版社 2012 年 8 月出版。DVD，时长 180 分钟。8 盘，8 集。

该片为观众展现了近年来世界发达国家最先进的陆战武器、海战武器、航空航天武器、激光武器、隐形武器及电子战、信息战、网络战争等方面的武器装备。介绍了这些新型武器的研发、试制和列装部队的情况，并对未来武器的发展趋势做出了科学的探究。该片共 8 集，分别为《陆战金刚——外骨骼机器人》、《近海“利刃”——濒海战斗舰》、《SU-27 系列战机传奇》、《“航母杀手”——“瓦良格”号导弹巡洋舰》、《X-47B：下一代航母舰载杀手》、《UFO 是否只是传说》、《“猛禽”无限期停飞，玄机何在》、《F-35 战斗机，“Hold”不住的“闪电”》等。

周恩来的密战艺术

解放军电视宣传中心制作，解放军音像出版社 2012 年 8 月出版。DVD，时长 180 分钟。4 盘，4 集。

周恩来同志不但是举世闻名的政治家、军事家、外交家，他还是鲜为人知的隐蔽战线工作的开创者。该片由研究隐蔽战线文化的权威学者郝在今主讲，重点讲述了由周恩来创建并领导的统一战线工作，如何建立近代中国第一个特务组织；怎样编制了中国共产党第一部密码等内容。

感动中国 2011 年度颁奖盛典

中央电视台新闻中心特别节目组制作，中国国际电视总公司 2012 年 2 月出版。DVD，时长 120 分钟。1 盘，1 集。

该片记录了 2012 年 2 月 3 日在中央电视台综合频道播出的《感动中国 2011 年度颁奖盛典》的全过程。此次获选的人物包括科学家朱光亚、公安战线楷模刘金国、党的基层干部杨善洲、医生吴孟超、台湾爱心人士张平宜、最美妈妈吴菊萍、教师胡忠、谢晓君夫妇、草根慈善家阿里木、孝女孟佩杰、钢琴师刘伟。此次正值《感动中国》播出10周年，节目中不仅播出了获选人物的感人事迹，还向以白芳礼老人为代表的常年热心公益事业而未能获得感动中国荣誉的所有爱心人士表示了特别的敬意。

跨越——文化改革发展十年巡礼

中央电视台新闻中心特别节目组制作，中国国际电视总公司2012年12月出版。DVD，时长180分钟。3盘，6集。

大型电视专题片《跨越——文化改革发展十年巡礼》以清晰的脉络和生动的案例，系统回顾了党的十六大以来我国文化改革发展所走过的不平凡历程，全面展示了十年文化改革发展取得的历史性成就和宝贵经验。全片共6集，分别为《深化体制改革》、《加强公共服务》、《创新体制机制》、《发展文化产业》、《引导创作生产》、《推动文化走出去》。

中央电视台2012年报刊一览表

类别	名　　称	主管单位	主办单位	公开/内刊
报纸	中国电视报	国家广播电影电视总局	中央电视台	公开
月刊	电视研究	国家广播电影电视总局	中央电视台	公开
月刊	现代电视技术	国家广播电影电视总局	中央电视台	公开
月刊	第5频道	国家广播电影电视总局	中视体育娱乐有限公司	公开
简报	中央电视台简报	中央电视台	台办公室	内刊
日刊	工作日报	中央电视台	台办公室	内刊
期刊	电视决策参考	中央电视台	台办公室	内刊
半月刊	电视生活	中央电视台	机关党委	内刊
双月刊	CCTV党建	中央电视台	机关党委	内刊
日刊	新闻早读	中央电视台	总编室	内刊
专刊	舆情专报	中央电视台	总编室	内刊
简报	台情研究	中央电视台	发展研究中心	内刊
简报	调研信息	中央电视台	发展研究中心	内刊
简报	信息快报	中央电视台	发展研究中心	内刊
期刊	同赢	中央电视台	资产管理中心	内刊
期刊	国际传播舆情	中央电视台	海外传播中心	内刊
月刊	第8频道	电视剧频道	电视剧频道	内刊
期刊	离退休生活	中央电视台	人力资源管理中心	内刊

续表

类别	名　　称	主管单位	主办单位	公开 / 内刊
简报	中国国际电视总公司月报	中央电视台	中国国际电视总公司	内刊
简报	中央新影集团通讯	中央电视台	中央新闻纪录电影制片厂(集团)	内刊

中央电视台 2012 年公开出版发行报刊简介

中国电视报（周报）

1981 年 1 月正式创刊，国家广播电影电视总局主管，中央电视台主办，中国电视报社承办。

法人代表：胡占凡。总编辑：彭健明。社长：郭卫翔。副社长：赵成璧、苑文刚。

办报宗旨：宣传党的电视方针政策，宣传中央电视台节目，扩大中央电视台节目的影响与覆盖，全面提升中央电视台的收视率，从而带动中央电视台广告的整体创收，为广大电视观众服务。

全国刊号：CN11-0040，邮发代号：1-21；北京刊号：CN11-0238，邮发代号：1-15。

2012 年，《中国电视报》的平均期发行量为 65.8 万份，定价 1 元。地址：北京市海淀区复兴路 11 号。联系电话：010-68500284。电子邮箱：zgdsb@cctv.com。

《中国电视报》是由中央电视台主办的一份集预告、宣传、推广中央电视台节目和全国各省上星节目于一体的最权威的报纸。由中央电视台内设机构中国电视报社负责采编、制作、出版。自创刊以来，与时俱进，不断改革进取，打造报纸品牌，先后被授予“全国十佳报纸”、“全国青少年最爱阅读的报纸”、“全国著名品牌和改革创新示范单位”等荣誉称号，被国家邮政集团评为“全国邮政发行畅销报刊”。

《中国电视报》一直按照中宣部宣传精神以及台领导指示，在台分党组的正确领导下，坚持将社会效益放在首位，遵守宣传纪律，坚持“贴近生活、贴近群众、贴近实际”的新闻“三贴近”原则，为宣传党的方针政策、做好中央电视台节目的宣传推广工作努力。在把握舆论导向、稳定发行量的前提下，努力做好中央电视台节目的宣传工作，真正做到了报纸内容健康向上，格调清新，始终坚持正确的舆论导向，在宣传工作中切实做到了无任何舆论导向问题。在经营工作方面，报社在遵守国家政策法规的前提下，广告经营收入取得了显著的成绩。在发行方面，居全国 291 家广电报发行量首位、全国周报发行量第一。

电视研究（月刊）

1985 年 3 月创刊。国家广播电影电视总局主管，中央电视台主办，发展研究中心电视传播研究部书刊编辑组承办。

主编：罗明。副主编：李舒东、张利生、杜宝凤。

办刊宗旨：电视实践的理性思考，突出权威性、指导性、前瞻性、实用性，服务于电视专业工作者、研究人员、大专院校师生及广大电视爱好者。

刊号：ISSN1007-3930（国际标准），CN11-3068/G2（国内统一）。

发行数量：8000 册。价格：7.50 元。地址：北京市海淀区复兴路 11 号。电话：010-68500653/68539643/68506356。电子邮箱：dshyjiu@163.com。

《电视研究》自 1997 年实施改版、创新以来，致力于实践经验的提升与电视应用理论的研究和传播，先后荣获了中国期刊方阵、双效期刊，第二届、第三届国家期刊奖。百种重点期刊，中文核心期刊，新闻核心期刊，CSSCI 来源期刊等政府奖及行业奖项，以其专业品质在电视业界、学界有较高影响力。

现代电视技术（月刊）

1989 年 3 月创刊，2001 年 7 月全面改版并更改为现刊名，2002 年 7 月正式公开发行。国家广播电影电视总局主管，中央电视台主办，技术管理中心技术业务处承办。

主编：何宗就。编辑部主任：韩强。

办刊宗旨：关注电视技术的探索与实践，关注高新理论的形成与发展，为广大读者提供大量实用信息，为技术创新提供重要实践经验。

刊号：ISSN1671-8658（国际标准），CN11-4864/TN（国内统一）。

发行数量：15000 册。价格：10 元 / 期，100 元 / 年。地址：北京市海淀区复兴路 11 号。电话：010－63987586/63985910。网址：www.cctvpro.com.cn。电子邮箱：tvtech@cctv.com。

《现代电视技术》围绕重大行业活动和重要报道事件进行选题，关注电视技术最新发展趋势和应用实际，着力报道技术实施情况以及技术成果应用。所刊登的内容主要涉及国内外高新技术与数字化、网络化技术，电视中心系统设计、设备选型与维护，电视节目制作与播出，多媒体技术与计算机网络，新媒体与三网融合，电视发射、接收设备的改造与维护，卫星电视与有线电视，科技管理、市场动态与业内活动报道等。

第 5 频道（月刊）

2008 年 8 月创刊。国家广电总局主管，中视体育娱乐有限公司主办。

第 5 频道杂志社法人代表、总编辑：郑梦晖。社长：江和平。

办刊宗旨：以独特的视角再现体育，以时尚的思维传递体育美感，以鲜明的态度彰显体育精神，为中国体育产业的发展和繁荣提供助力。

刊号：ISSN1674-3628（国际标准）、CN11-5711/G8（国内统一）。

发行数量：30000 册。价格：10 元 / 期。地址：北京市朝阳区光华路 15 号院泰达时代中心 1 号楼 14 层。电话：010－52813333-6101。电子邮箱：diwupindao@cctvse.net。

《第 5 频道》作为中央电视台跨媒体发展的重要组成部分，立足于 CCTV—5 的优质赛事资源，将电视同步性与现场感延展至荧屏之外，杂志聚焦当红体育明星、捕捉体坛热点事件，专注体育大事件的深度报道、开设贴近大众的自驾、玩家专栏，解读潮流运动方式，引领健康的体育文化。杂志在与读者分享体育的力量与激情的同时，引领读者领略动感、健康、优质的体育人生，已成为国内有影响力的体育杂志之一，为推动中国体育文化，丰富群众体育娱乐生活做出了努力。

XINJISHUSHEBEI

新技术设备

新技术设备

2012年中央电视台科技工作综述

2012年是中央电视台事业发展的关键年，中央电视台技术系统始终把安全播出工作作为技术工作的重点，以高度的政治责任感、严谨认真的工作态度，加强安全播出的管理，完善加固技术系统配置，较好地完成了党的十八大、伦敦奥运会、“神九”发射与“天宫一号”交会对接等重大宣传报道任务，确保了节目制作和安全播出。

2012年中央电视台技术委员会根据台技术事业的发展需要，对中央电视台现址系统作适当技术改造，提高现址系统的稳定性、可靠性，适配新址全文件化制播流程，确保党的十八大等重要宣传报道安全播出。经技委会审定，台分党组批准，确定实施30个技术项目和4个科研项目，完成了一号厅电力增容改造、伦敦奥运会电视转播制作系统、现址节目生产管理系统适配新址改造、方楼圆楼动力基础设施改造、节目素材分发交换平台建设及有线电视系统数字化改造等16个技术项目。

一、紧抓重点项目，保质按期完成任务

1. 加强海外分台建设，提升新闻快速反应能力，发挥好技术管理作用

海外分台建设是中央电视台2011年立项项目，是台技术系统攻坚项目之一。技术系统按期完成了新闻外场系统、分台网络制播系统建设任务，并在海外记者站搭建了若干小型电视新闻采编播系统，基本形成了遍布全球的新闻采集、编辑、传输、播出技术体系。2011年底开播了非洲分台，2012年春节前开播了美洲分台。2012年5月，技术系统建立了“CCTV IT服务平台”网站及新浪微博，面向全台及300多名海外记者提供7×24小时技术咨询和技术支持服务；为节目人员编写了《中央电视台海外记者站实用技术手册》口袋书，为技术人员编写了《中央电视台海外记者站技术工作手册》，在介绍技术、设备、使用功能及流程规范基础上，就海外记者站运行以来常见的问题进行了详细解答，力求用通俗易懂的语言方便驻外人员熟悉各类生产工具，快速学习使用。

2. 适配节目制作需求，实施一号厅电力增容改造

近年来，中央电视台大型文艺晚会充分调动各种元素，力求在表现形式上创新突破，在演播室中大量使用了升降舞台等机械设施，以及大型彩幕及舞美灯光等高功率、用电量大的设备。为此，技术系统经过充分调研论证，在确保用电安全，确保节目正常制作的基础上，严谨设计，历时近半年，完成了一号演播厅的电力增容改造项目，确保大型综艺晚会，特别是2013年“春晚”的如期进行。

3. 现址节目生产管理系统适配新址改造项目

为适配6月18日新址试播，技术系统5月份完成了新址播出系统、媒资系统、节目生产管理系统，与现址的制作系统、播出系统、SATA系统和内审系统的新、现两址全系统联调测试，并进行了多项系统优化调整与变更发布，先后解决新址制作节目的预算申请、支持高/标清节目编排、以及与新址媒资系统、播出系统进行相应接口扩充和缓解系统压力等方面的问题，有效支撑了新、现两址节目文件的互备、互播业务，并完成了党的十八大、伦敦奥运会等重大活动的节目制作与备播任务。

4. 节目素材分发交换平台的建设

节目素材分发交换平台项目是中央电视台2012年重点工程项目，技术系统完成了技术业务调研、需求分析，制定了业务需求和技术需求方案，并通过了台技术委员会的审定，已经按计划进入到集成商招标阶段。

5. 适配新址工艺，改造现址高清常规制作岛

高清常规制作岛网络化改造项目的实施，是对新址综合节目制作系统一次技术验证，为新址工艺系统

建设实施积累经验。苹果高清制作岛系统进行了端口改造，更新调整了苹果系统软件，实现了新址文件技审流程。Avid 高清网络接口改造，增强 Avid 制作区高清文件转码效率，增加转码文件格式，应对新址高清频道开播与新址文件送播需求。苹果高清制作系统改造，改造后的苹果系统将接入新址节目生产管理系统和审片系统。

6. 有线电视系统改造前端升级改造

2012 年 6 月，在完成设备及系统安装、调试后，有线用户顺利平移到整合后的有线电视双向、数字化播出平台，并于 9 月通过了国家广电总局（第三方）验收测试。升级后的数字电视 IP 架构的平台不但便于升级扩容及新业务的开展，还可通过新增的用户带宽管理系统改善用户宽带上网体验。

7.ITIL 三期项目

继 2009 年借鉴 IT 基础架构库（ITIL）理论实施 IT 服务管理（ITSM）项目以来，运行管理效果显著。2012 年 ITIL 三期立足于一期现址较成熟的运行模式，将现有的 IT 管理体系向新址延伸，面向网络化制播，以适应新址、现址并存的 IT 服务管理体系，以服务台为接口，从而实现 IT 服务管理平滑过渡。

三期项目自 2012 年 8 月启动以来，对现址 ITSM 系统的数据进行统计分析，对新址各系统进行访谈，梳理新址数据中心的服务目录，进行事件、问题和变更流程设计等工作。

8. 新台址演播室内工艺电源系统改造工程

新台址的 33 个演播室工艺电源系统是按照工艺二级供电系统设计建成的，采用一路 UPS 作为主供电，再加上一路工艺市电作为备份的形式，工艺配电柜（ATP2）的两路输入开关具有机械互锁、手动切换的功能。经过改造加装 STS，使人工手动切换改为自动切换，以保障切换时间，满足了备用电源切换时演播设备不间断供电的要求，排除可能存在的安全隐患，确保供电和人员操作安全。

9. 财经频道上海、深圳演播室改造

上海、深圳演播室建于 2000 年，当时设计目的主要是满足《证券时间》一个栏目中前方记者出镜使用，现在要承担财经频道多个直播栏目（《第一时间》、《交易时间》、《环球财经连线》、《市场分析室》等）报道上海、深圳财经新闻。近几年，演播室的播出时间每日 2 小时以上，且需实现上海与深圳、大连、香港或纽约、伦敦、新加坡等视频连线，每天有多档连线和访谈节目参与直播。为满足节目制播需求，技术系统全力保障，2012 年下半年完成上海演播室改造，深圳演播室改造将于 2013 年完成。

10. 及时调整卫星覆盖，确保外宣频道播出

为确保党的十八大期间中央电视台国际频道在非洲中南部卫星信号的全面覆盖，提高信号接收质量，按照台领导指示，技术系统与节目部门经过深入调研和论证，确定了最佳解决方案，调整了中央电视台国际频道在非洲中南部区域的卫星覆盖，采用欧洲卫星全球公司的 SES-5（4.8° E）卫星 Ku 波段撒哈拉以南波束覆盖非洲中南部地区，CCTV-4（欧洲版）、CCTV-NEWS、CCTV-Français 和 CCTV-9 Documentary 共 4 个国际频道信号在 SES-5 卫星上播出，同时原有覆盖维持不变，并行播出至 2013 年 1 月，有效保证了党的十八大期间中央电视台国际频道信号的接收安全和信号质量。

二、全面推进科研及标准制订工作，为技术发展服务

由国家广电总局立项，中央电视台牵头，技术系统完成了《立体电视主观评价和客观测试方法研究》和《3D 电视关键技术》两个科研项目，为我国 3D 电视试验频道的播出和电视节目的制作提供了技术规范。

随着 IP 电视、手机电视等新媒体的高速发展，向电视受众提供多样化、多媒体化、个性化服务，实现网络资源共享的“三网融合”势在必行。为此，技术系统组织了《广播和宽带混合型电视技术研究》项目，对相关技术标准进行了研究，并搭建了互动节目演示平台，完整地实现了 HbbTV 技术的制作、发布、播控等核心功能，该平台当前已具备实际部署能力。

2012 年，为适配新址高清化、网络化、文件化制播，加快了相应技术规范的制定工作，在台内颁布了《高标清混合制播体系幅型变换规范》，完成了《高清播出格式 MXF 文件规范》、《中央电视台高清 MXF OPAtom 文件规范》、《高清晰度电视主观评价用图像——城市、建筑序列》、《电视节目多声道制作标准研究》、《中央电视台电视节目音频制作的响度规范》、《系统间节目素材交换编目元数据规范》、《媒体文件统一命名规范》、《高清播出格式视音频文件自动技审规范》等 29 项标准与规范的制定工作，为中央电视台高标清同播技术发展、高清文件交换，实现文件化、网络化的制播提供了技术标准。

三、开展技术交流活动，展示技术成果

2012 年，技术系统按计划主办了北京国际电视技

术研讨会（ITTC）；组织全台技术资源，参与了北京国际广播电影电视设备展览会（BIRTV）、中国国际广播电视信息网络展览会（CCBN），并积极推动数字版权论坛（ChinaDRM）、3D技术交流等各项活动。

1. 跟踪前沿科技步伐，引领电视媒体发展，成功举办北京国际电视技术研讨会

5月16日至18日，由中央电视台主办的2012年北京国际电视技术研讨会在北京召开，全国广电媒体、相关企业和研发单位，以及来自美国、日本、欧洲等海外的生产厂商、研究机构、标准组织等各方面的同行近450人参加。会议结合国内外传媒环境的新形势、新变化、新特点，面向广电行业当前发展的新业务、新流程和新方向，就影响电视媒体发展与进步的一些核心技术、前沿技术、关键技术和共性技术，采用主题演讲和专业论坛形式进行集中研讨和多向交流，引领先进技术发展，探索新技术，分享新经验，发布新产品，研究新应用，更好地推动电视技术创新。

2. 借技术展会舞台，展示技术创新成果

在8月22日举办的第21届北京国际广播电影电视设备展览会（BIRTV）上，中央电视台以“新台址、新工艺、新技术、新业务”为主题参展。技术系统在750平方米展区设置主题形象区、新址工艺成果展示区、奥运转播技术介绍区、台网融合业务推介区、现场演播及网络电视采访区共五个主要功能区域，多角度全方位展示中央电视台在技术进步创新方面的成果。其中，新址高清化、文件化、网络化的节目生产方式，伦敦奥运会前后方耦合、集团化作战模式，标志着中央电视台技术进入新阶段，实现革命性、突破性、飞跃性的转变，成为面向全球的国际化媒体机构。

四、开展专利申报，维护专利权益

经过近十年的信息化建设，中央电视台在网络化、文件化节目制作、播出、传输、存储和管理方面积累了大量知识和经验，推动了国产自主知识产权和民族品牌广播电视设备行业的发展，为此，技术系统联系国家知识产权局和相关律师事务所，大力推动中央电视台技术专利的申报工作，从技术专利层面展现中央电视台的先进技术，提高中央电视台的软实力。2012年，中央电视台共向国家知识产权局申请专利19项，其中发明专利8项、实用新型专利9项、外观设计专利2项。同时，转接受理各部门已申报专利22项，有效保护了中央电视台的专利权益。

五、重点项目荣获国家科技进步一等奖

新一代电视台网络化制播系统，是通过先进的网络信息技术整合电视台“采、编、播、存”各业务环节，构建电视台广播级、非线性的全文件化电视节目制播系统，为电视台节目制作播出核心业务服务，是电视台实现高质、海量节目安全可靠播出的核心生产平台，也是国际各大电视台节目制播技术的未来发展方向。

经过多年的摸索和实践，中央电视台牵头组织完成的“新一代电视台网络化制播系统”彻底解决了电视转播中的前后方协同和信号传输的延时控制两大技术难题，构建了完整的低延时远程节目制作协同体系，实现了节目异地制作的“协同与共享”。该项目在确保图像高质量的前提下，依靠国内自主产权设备和系统，实现电视节目采、编、播、存、传、管的全流程功能，将系统的制播效率优化到了业内最高水平，在国际舞台上展示了多项自主产权的技术创新成果，系统可视为业内新一代网络制播体系的典型代表。

2012年10月26日，国家广电总局科技司在中央电视台（新址）组织召开了“高可靠网络化大规模电视台播出系统与应用”项目技术鉴定会，由中国科学院和中国工程院两院院士组成的技术鉴定专家委员会听取了项目的技术报告，审阅了检测报告、专利文件及相关附件，并现场观看了系统演示，技术鉴定专家委员会给予该项目很高的评价，鉴定意见指出：

(1) 项目创新地研究建立了一个高可靠、高可用、全流程“控管监”一体化大规模播出系统，设计了全流程网络化播出业务流程，首创了全流程基于文件的播出内容质量保证体系，成功地解决了全域节目文件整备、质检、控制、管理、监控等难题，彻底改变了基于磁带的电视节目整备播出流程，大幅提高了节目播出的准确性和处理效率，形成了《高清播出格式MXF文件规范》等行业标准。

(2) 项目采用高可用设计方法，提出了完全代播与部分代播相结合的分组备份机制，自主创新地提出和完成了克隆播出技术，有效地解决了系统备份及计划停机的难题；研发了兼容主备播出控制模式和高精度播出控制技术，大大提升了播出系统的安全可靠性。

(3) 项目研发了动态智能化的任务分配新算法和相关媒体文件整备的关键技术，解决了节目文件整备任务及时处理、策略自动调整等难题，大幅提高多种情

况下的节目文件整备效率和准确性。

(4) 项目中自主创新地提出高标清同播的全面解决方案，成功研发出高标清文件混合播放系统，解决了高标清幅型不一致带来的技术难题，制定了《高标清混合制播体系幅型变换规范》标准，在行业内起到示范作用。

(5) 项目针对电视节目播出形式多样性的要求，自主研发了具有国际一流水平的多种帧精度渲染播出关键技术，成功构建了大规模频道包装制播一体化应用系统。

“新一代电视台网络化制播系统”项目已在一系列大型活动当中得到了成功应用，包括2008奥运会近线包装系统，2009济南全运会、2010温哥华冬奥会、2010广州亚运会、2011深圳大运会以及2012伦敦奥运会国际广播中心的中央电视台网络制播系统。该项目顺利通过了2012年7月18日的国家科技进步奖候选项目考察，得到了与会专家的一致好评，最终获评为国家科技进步奖一等奖，实现了广电行业在国家级科技奖项的突破。

（技术管理中心提供）

中央电视台有线电视系统升级改造

中央电视台是国家电视台，作为党和国家政府的重要文化宣传窗口，要求在技术领域、业务管理领域保持其先导地位。中央电视台有线网用户数近万户，升级改造后的有线网数字前端是基于IP架构的小型双向接入网模式的典型代表。

一、信源部分

有线电视系统内播出的节目共168套，所有信号源都从总控机房接入。

省市台标清节目34套、高清8套：由总控机房的卫星地面站接收后，跳接到有线电视机房，信号为L-BAND信号。

中央电视台标清节目27套、高清5套、3D节目1套：由总控机房送到有线电视机房，信号为2路IP组播流和6路ASI节目流。

北京市节目11套：由歌华机房通过总控机房跳接光纤送到有线电视机房，信号为ASI节目流。

境外节目32套：卫传机房通过总控跳接光纤送到有线电视机房，信号为ASI节目流。

中数平台节目21套：由总控机房送到有线电视机房，信号为ASI节目流。

台湾节目18套、俄语节目1套、半岛节目1套：由总控机房的卫星地面站接收后，跳接到有线电视机房，信号为L-BAND信号。

自办节目1套：由总控机房送来的演播室SDI信号，21层党办机房、14层会议室送来的模拟AV信号。

新增立体声广播10套：由总控机房接收中星6B的卫星信号，跳接到机房经过卫星接收机接收10套广播节目，信号为L-BAND信号。

二、前端机房部分

有线电视系统升级改造后，前端机房具备了数字电视系统、宽带网络系统、信号监看系统、智能供电及环境监控系统、EPG系统、时移回看系统。这些系统设备运行正常，系统运行稳定，保障了节目收看、宽带接入等各种业务的正常工作。

1. 数字电视系统

利用8台复用加扰器（哈雷 prostream1000）把节目源的IP组播信号、ASI信号进行再复用，对境外节目进行加扰，并通过G1、G2端口同时输出主备两路IP组播信号，传送到主备核心交换机（华为7706），通过核心交换机把主备路信号传送到IP-QAM(哈雷BNSG9000)进行调制播出。

2. 双向宽带网络系统

经过与信息通讯处协商后，由信息通讯处提供一路光纤路由，通过路由器（思科3750）连接汇聚交换机（华为7706）。由台信息通讯处提供600M共享出口带宽，改善了出口带宽的瓶颈。

通过CMTS3.0(摩托罗拉BSR64000)的上下行板卡频道绑定功能，把每个小区的物理带宽从50M升级到200M；从原有的频分模式接入改造成空分模式接入，提高了频率资源使用率。

3. 信号监控系统

利用博汇监看系统，采集L-BAND、ASI信号、与IP组播信号、播出的QAM信号实现三级信号监控，并通过信道、码流、音视频等不同级别的检测分析，实现了智能化的监控。利用博汇多画面管理服务器结合16台三星大屏幕在监看间实现了重要节目的实时内容监看和一般节目的轮巡监看，并支持声音报警，及时发现问题，尽快排除故障的能力大大提高。

4. 智能供电及环境监控系统

每列 10 个机柜的 PDU 利用智能供电机柜内的 2 台 PDM 进行供电，并通过 PDM 实时监测每个 PDU 的电流电压值，通过网络口把数据发送到采集器。同时把设置在机柜内多处的温湿度采集器采集的信号也发送到采集器上，通过环境监测服务器把采集的数据进行分析，并发送到监看室的监看台上，实现实时监看。

5.EPG 系统

在原 EPG(Electronic Program Guide, 电子节目菜单）系统上将服务器、应用软件、数据库进行了升级，保证了在较少的成本投入下实现平滑过渡，确保现有机顶盒的使用的前提下，实现支持交互、时移等更多功能，使今后数字节目的收看更加稳定、安全，为用户提供更好的服务质量。

6. 时移回看系统

增加了新闻频道时移回看业务，在前端机房内实时录制新闻频道播出的节目，通过具有双向交互功能的机顶盒可实现节目的回看。

三、传输网络部分

有线电视经过升级改造后，用户平滑过渡到升级后的平台上。为了更好地为用户提供高质量的电视信号和更稳定的宽带接入感受，对有线电视系统的分配网络进行了调整优化。整个传输网络运行正常，用户宽带接入的体验比过去有较大提高。

四、用户终端部分

有线电视系统升级改造后，用户家中现用的高、标清机顶盒均能正常使用。随着 Android 机顶盒的发放，升级改造后的交互功能也能被用户使用。

用户家中宽带接入的电缆调制解调器也均能正常使用，通过升级改造后的网管可以管理这些在线的电缆调制解调器不得跨区使用，不得恶意抢占资源，确保满足用户正常的上网需求。

五、有线电视系统的功能

随着有线电视系统升级改造完成，中央电视台有线电视系统更加凸显了以下三大功能：

1. 信号安全播出功能

有线电视系统负责中央电视台办公区、宿舍区、家属区及特殊用户的电视信号的播出，为这些用户提供稳定、高质量的数字电视节目信号，是有线电视系统最重要的功能之一。

2. 节目学习观摩、新闻采集功能

有线电视系统内除中央电视台播出节目、省台卫视节目等常规节目外，还有 30 多套境外节目在网内加扰播出，主要为中央电视台节目部门提供了解世界最新电视节目制作方式、学习观摩的窗口。

为及时了解海峡两岸情况，提供了 18 套台湾节目 在网内加扰播出，为新闻中心提供所需素材及信息。

3. 新媒体业务实验功能

中央电视台有线电视系统从建成以来，就具备为中央电视台电视技术发展提供实验平台的功能。特别是随着广电下一代有线电视网络（NGB）的提出并发展。中央电视台面临着新媒体业务的多方面冲击，传统业务也在不断变化，增值业务与设备的测试也都需要真实的环境和用户的使用反馈意见。这些也都是中央电视台有线电视系统提供的重要功能。

（技术管理中心提供）

中央电视台新台址微波中心机房建设

一、微波机房简介

在中央电视台新址工艺建设中，各个演播室、制作区域及总控、播出等电视机房的工艺设计建设至关重要，建成后的中央电视台具有更高的信号处理及制作能力，全系统实现高清化、网络化、文件化，改变了传统电视制作及播出观念，促进了电视领域的飞速发展。新台址微波中心机房的工艺设计与建设完全根据微波信号传送的性质和转播业务需求而定，设计中的微波中心机房具有多路高清信号的传输处理能力，并可将信号送至台内总控机房或外场制作区域进行信号交互，微波机房的工艺实施根据微波中心机房在新台址所处的位置和微波传送业务性质及需求而集成实施。建成后的微波中心机房完成了北京地区微波传送业务的汇集、监看及调度，使外场信号与台内信号通过微波传输无缝交互。

二、微波机房设计原则

微波信号传送广泛使用在大型活动的转播中，比如：微波通路传输与光缆传输互为主备路传送 PGM 信号，制高点等特殊地点信号无其他传输路由回台，或者跟踪传输移动车、航拍直升机信号等。微波中心机房的设计就是为满足日常传送业务和北京地区大型直播活动转播中微波信号传送的需求。同时在需要的时候，为其他传输路由做微波链路传输备份，比如，为新址与现址信号光纤路由传输做微波链路备份，新址与地面站的光传输路由做备份等等。考虑到新台址中的直升机平台的设计以及直升机航拍微波中继系统在移动传输中的广泛使用，微波中心机房应有能力接收、处理来自接收直升机航拍微波中继传送的信号。随着业务的增加和不断扩大，机房容量要有足够的吞吐量，同时，为以后扩容做好前期准备。设计中，考虑到以后电视节目制作的发展和图象质量的高标准，微波中心机房支持所有视频信号为高清 / 标清数字信号，音频采用 SDI 嵌入方式。同时，机房设计充分考虑到对现有数字固定微波设备使用的兼容性。

三、微波机房设计方案

考虑到中央电视台当前使用的微波设备的特性，收发设备均为两部分组成——控制单元及高频单元，高频单元通过连接在控制单元的馈线馈电，完成中频信号的传输。实际微波发射接收受馈线长度、信号传输视频线长度、前方遮挡物影响接收质量等限制，结合新址的建筑结构，微波机房分为两个接收机房，分别位于新址 45 层和 49 层，负责处理新址周边东南、西北方向的微波传输业务。45 层机房为微波系统中心机房，负责信号的调度、处理和监视。49 层为扩展机房，设置简单的监看环境。45 层机房作为微波信号与外界传输的唯一接口，49 层与 45 层两机房之间通过光缆传输实现信号互通。

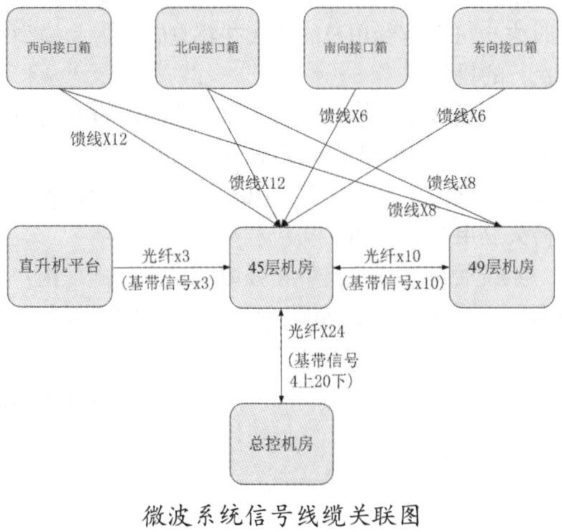

微波系统信号线缆关联图

微波机房周边设置了微波前端天线房，主要功能为放置微波发射及接收信号的高频单元，负责用天线接收微波机房所有发射和接收的微波高频信号，在天线房与微波机房之间布设了阻抗 50 欧姆的馈线，由于各天线房距离微波机房间的距离较长且实际布线路由弯折多复杂，设计时综合比较了各种线缆指标，重点考虑馈线中频段衰减量和线缆布设柔软度及转弯半径等，选择了安德鲁 1/2 超柔馈线布设至两个机房，并在各天线房留有接口箱接口板，方便人员接线操作。信号高频单元分别架设在 43 层（东向）、45 层（南向）和 49 层（西向和北向）3 个平台上。4 个外部接口箱经由射频馈线连接至 45 层及 49 层机房。

四、微波机房集成施工及测试

微波机房在施工中严格遵从中央电视台新台址工艺施工规范，完成了机房的布局设计及实施、机房布线及跨区域布线的设计实施、设备布置、机房电源配比平衡及实施、机房工艺地线系统及实施等工艺建设。建成后，完成了多级系统测试工作，包括设备到货验收、微波机房系统设备测试（微波机房周边设备加电是否正常，包括视频分配、矩阵、画面分割器和技术监看等）、系统内微波信号通道测试、系统内光传输信号通道测试、系统开通测试等，并聘请广电设计院完成了系统主体设备及路由的第三方检测，所有检测指标符合要求。

五、微波机房优势

(1) 系统中采用兼容高标清数字信号格式的设备，设备可靠性高、稳定性高。

(2)45 层机房设置 1 台 32×32 数字多格式矩阵，实现信号调度以及监看调度和监看。

(3)4 块多画面分割屏幕，分别监视接收信号、送主控的播出信号和主控的返送信号及有线电视信号，监看清晰，出现问题便于判断。

(4) 主控播出信号原则上不经过微波机房系统，直接由微波接收机入光端机送总控机房。但如果遇到特殊情况，也可以通过跳线方式将信号引入矩阵，实现在微波机房的信号调度处理（如马拉松比赛转播）。

(5) 微波系统可实现多层面信号监视，例如：中频、视频以及接收指标（星座图、载噪比等）监视。

(6) 两机房间的所有信号可实现灵活传输和调度。

(7) 当设备出现故障时，实现快速有效的系统应急，保障安全播出，主要设备前后级设置跳线板。系统流程清晰，板卡支持热插拔，电源模块冗余备份，同类型设备可以实现交叉备份。

(8) 系统周边设备网络化统一管理 。

六、微波机房应用案例

微波机房的工艺设计及集成完工后，2012 年开始投入使用，在首场党的十八大转播中，新址微波机房承担了大会堂记者招待会的 PGM 信号及大全景信号回传新址机房、通过新址机房中继后微波送回现址微波机房的任务。任务期间，微波机房系统运行稳定。随后，在 2012 年北京国际马拉松赛电视转播中，所有比赛移动信号全部回传到新址 45 层中心机房，机房经监看、调度后送新址总控机房。北京马拉松是全程高清信号移动跟踪，共有 11 路移动车的微波接收信号回新址机房，业务量最大化，同时对机房的通讯设备、矩阵调度、监看系统等都带来了新的考验，经过北京马拉松赛的多场演练和信号接入系统及调度，验证了新址微波机房的设计思路及实际运行状态。此后，微波机房还承担了《启航 2013 元旦晚会》、《春晚倒计时》等节目制作中的微波传送。在 2013 年“两会”期间，新址微波机房承担了大会堂记者招待会的 PGM 信号及大全景信号的传送，并通过微波中继回现址微波机房，同时还给大会堂东大厅做了冷备份的微波传送路由。当前，新址微波机房系统运行稳定，在北京地区的微波传送转播中发挥了重要作用。

（播出传送中心提供）

中央电视台绩效考核管理系统

绩效考核管理系统是由中央电视台信息通讯处负责技术开发建设，以人力资源管理中心干部管理处为核心，联合地方记者部，管理地方记者部下属 31 个地方记者站站长绩效考核的信息应用系统。应用范围为干部管理处、地方记者部、地方记者部下属各地方记者站。绩效考核系统整合了四类针对各记者站站长的评测：民意评测、站长互评、综合评价、实际分析，通过特定的逻辑处理后，产生了比较完善科学的量化数据。利用这些量化数据，绩效考核系统协助干部管理处完成对中央电视台各国内记者站的站长实行一套导向明确、行之有效的管理考核办法，完善科学、有效激励，公开、量化地与绩效、薪酬、奖惩和晋升直接挂钩，发挥实质上的、刚性的激励与约束作用，以便于更加准确的衡量各站长工作业绩，促使其更好地履行职责，提高站内的宣传业务与行政管理水平。

绩效考核管理系统的软件开发遵循 J2EE（Java2 平台企业版）体系的 B/S 结构，基于网络环境、J2EE 应用服务器和 MySQL 数据库进行构建。

同时，本系统采用 MVC (Model–View–Controller) 设计模型，把应用逻辑、处理过程和显示逻辑分成不同的组件实现，这些组件可以进行交互和重用。模型层 (Model) 负责表达和访问商业数据，执行商业逻辑和操作。在模型层变化的时候，它通知表示层 (View)，并提供后者访问自身状态的能力，同时控制层 (Controller) 也可以访问其功能函数以完成相关任务。表示层负责显示模型层的内容，它从模型层取得数据并指定这些数据如何被显示出来。在模型层变化的时候，它将自动更新。另外表示层也会将用户的输入传送给控制器。控制器负责定义应用程序的行为。它可以分派用户的请求并选择恰当的视图以用于显示，同时它也可以解释用户的输入并将它们映射为模型层可执行的操作。

本系统为了让每个层以一种松散偶合的方式彼此交换，采用了一个基于 Struts+Spring+Hibernate 的整合技术框架，在表示层用 Struts，在业务层用 Spring，在持久层用 Hibernate。

系统管理采用了集中和分散相结合方式。用户可根据自己不同的权限，管理和使用各自的系统功能。

（技术管理中心提供）

中央电视台审计信息系统

随着中央电视台改革和发展的不断深入，审计处作为中央电视台治理结构中的重要组成部分，体现的职能也由单一的内部监督，向监督与评价、事业与企业审计并重转变，并逐步加强对台属各单位的审计垂直管理。同时，为贯彻国家审计署、国家广电总局关于加强计算机审计的要求、基于中央电视台审计工作的实际需要，中央电视台于2012年7月，由信息通讯处负责技术开发建设了作业功能与管理功能并重的审计信息系统，实现了工作流程的标准化、管理手段的信息化，审计工作的集中管控和审计资源的高度共享，从而进一步完善审计监督机制，提高风险防范能力，构建一个结构合理、安全高效、快速反应的审计信息网络平台，促进审计信息化建设的持续、协调和全面发展。

审计信息系统建设的总体框架包括审计管理子系统、审计作业子系统两个部分。同时，为了将应用与资源进行集中部署，为审计处提供统一的信息共享平台，系统还包括一个信息系统门户；为了实现用户权限管理和审批工作流模板的定制，系统管理功能也必不可少。

审计信息系统由两个子系统组成：

一、审计管理子系统

审计管理子系统侧重管理职能，能够满足不同层次的管理需求。针对中央电视台审计业务管理要求，审计管理子系统以年度计划为龙头，以审计项目为核心，以审计人才、审计对象、法律法规等信息为基础，涵盖审计准备、审计实施、审计报告三个主要审计项目管理阶段，实现审计项目全过程的质量控制、审计档案的及时归集以及为领导决策提供有效依据。

二、审计作业子系统

审计作业子系统实现与中央电视台现有财务系统（总账、辅助账）、资产管理系统的对接，覆盖审计作业各个环节的信息化环境。根据审计作业业务模型，结合中央电视台的基础数据，满足审计处对台本部及台属企事业单位的经济责任、内部控制、财务收支、管理和效益、专项审计调查审计等项目审计的需求。审计人员可以在审计程序的指导下，运用多种查询、分析工具对财务、业务数据开展审计工作；可以生成审计重点、审计证据、审计工作底稿等作业成果，有力协助审计人员开展审计工作，提高审计效率，控制和提升审计工作质量。

总之，中央电视台审计信息系统是高质量的审计专用软件，数据提取方便，系统管理功能实用强大，

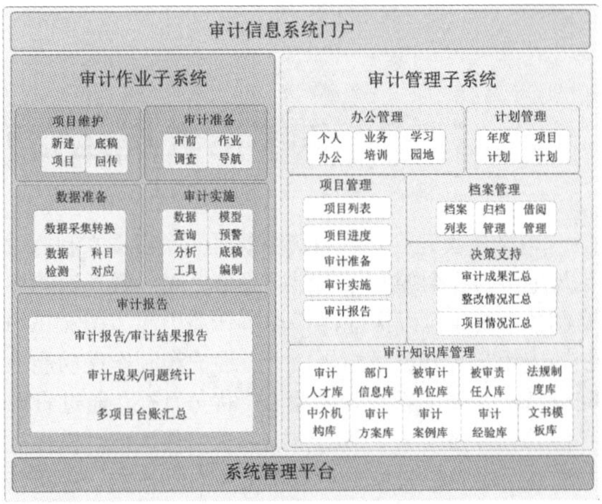

审计信息系统门户图

人机交互界面友好，操作简便，为中央电视台审计工作的新流程、新方法、新要求、新规律进行了有益探索。

（技术管理中心提供）

中央电视台新址培训管理软件系统

新址培训管理软件系统是由信息通讯处负责技术开发建设的信息应用系统，应用范围以人力资源管理中心职称培训处为核心用户，各个台属培训对象单位为主要用户。系统旨在更好地配合中央电视台新址搬迁工作，提高新址搬迁培训工作效率，提升新址搬迁培训的科学化、规范化管理水平。

培训管理软件系统承载着全台众多的培训信息，通过对培训期间产生的培训时间、培训地点、培训内容、

培训形式、培训人员、培训费用、培训老师等信息数据的收集、分析，培训管理系统可以为用户提供多种形式的横向、纵向比较结果，使用户高效准确地了解各个培训班的培训效果、各中心接受培训次数的横向对比等。

系统管理采用了集中和分散相结合方式。用户可根据自己不同的权限，管理和使用各自的系统功能。当前的系统功能包括以下功能模块：培训信息管理（项目管理、课程管理、培训费用管理、培训评估管理、培训考核管理）、培训资源管理（培训场地管理、培训师资管理、培训公司管理、人员管理、组织机构管理）、基础信息管理（课件类型管理、课件格式管理、考核方式管理、考核等级管理、课程类型管理、培训评估等级管理、培训费用类型管理）、培训课件管理（课件信息管理、课件发布管理）、个人自助学习（自主学习桌面、已修课件、我的收藏）、交流反馈管理、综合统计（新址培训综合统计、新址课件综合统计）、系统管理（业务权限管理、用户管理、学员组管理、日志管理）。

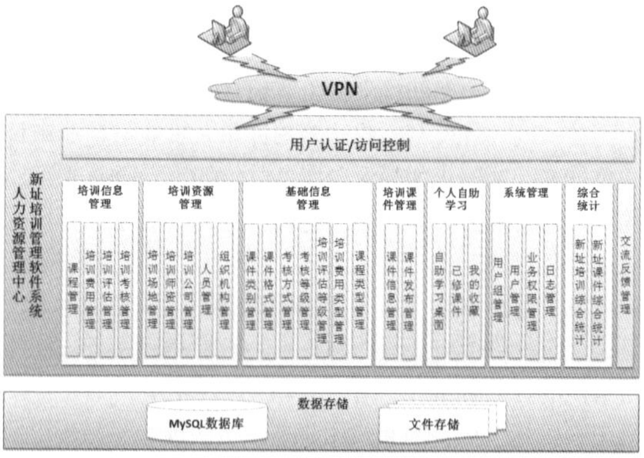

系统构架设计图

（技术管理中心提供）

2012年伦敦奥运会在线包装制播网络系统

2012年奥运会在线包装系统是一个以图文制播设备为主体，各个控制、制作端设备之间互联互通的网络制播系统，可以保证体育赛事转播中前方图文在线制播应用与后方在线模板设计、维护和制作在功能上完整统一，保证系统资源整合、优势互补。通过资源存储管理、播出单手动编辑或模板文件调用、模板播前整备，使模板与信息和赛事数据自动连接；采用精细的流程管理、先进优化的生产方式，使节目图文制作播出实现信息、资源共享，达到大中型体育赛事转播期间海量的图文制作处理能力，为体育转播提供强有力的图文内容和相关信息的支持。

在大屏幕系统方面，各个制作和播出控制设备也可以互联互通，保证体育节目高时效性和高质量的播出，保证演播室大尺寸图形应用的精品效果。

一、节目制作技术要求

(1) 完成在线图文模板的设计制作和应用播出；

(2) 能访问SOBEY网络，进行图片、视频文件序列、文稿信息等素材资源共享；

(3) 能实时调用刷新在线体育数据；

(4) 视窗系统最多需要4路外来视频；

(5) 在线播控设备有GPI触发功能；

(6) 与演播室声音系统连接，保证现场图象声音延时在可控范围、动画效果声可同步播出；

(7)CCTV–5演播室要求具备大屏幕图形渲染播出功能。

二、数据需求

在线包装模板数据来自体育赛事信息数据库BDF，数据维护在转播系统数据处理中心统一进行，控制端通过数据服务器自动调用在线实时数据信息。数据维护需要从组委会提供的原始数据中抽取出模板播出软件待查询的数据项，并与模板播出软件统一数据项查询标识，形成二者均能识别的键值。数据查询语句需要在播出前插入到模板播控软件，与相应模板对应，并设置好异常处理，如查询项为null时，模板即不显示。

三、系统配置

系统由前方CCTV–5演播室播控操作模块、新闻访谈演播室播控操作模块、近线模板设计维护制作模块，以及CCTV–5演播室内的大屏幕应用系统构成：

(1) 前方演播室模块对应于赛事前方在线包装制作，CCTV–5演播室配置3台在线包装控制端；新闻访谈演播室配置2台在线包装控制端；

(2) 在CCTV–5演播室配备一套大屏幕播控系统，

包括 2 台控制机、2 台渲染引擎和显示系统；

(3) 模板现场维护支持实现在线包装远程维护，由近线模板制作模块通过网络模式提供。

四、技术方案

1. 在线包装系统工作流程

（1）场景设计：图文场景设计制作由美术编辑通过设计端完成。美编通过图元与事件的组合，以及相关渲染参数的调整与设定，实现图文场景的制作。由 3Designer 设计完成的图文场景上传到网络平台中，可以生成一个根模板。在该模块中，美编的设计工作大致分两类：

①从视觉效果的角度出发，以图元、事件等进行屏幕场景设计，以及构成场景图元的效果参数的设定。

②参数可见性设计。构成场景的不同的图元有不同的参数可以设定和调整。除了图元的效果参数调节外，图元对应数据的数据类型也是可以调节的参数。在这些参数中，并不是所有的都需要后续用户进行调整的，允许后续用户调整或设定的参数在场景设计中进行设置。

（2）模板设计：模板设计、审核和修改可以在模板管理界面中实现。制作或管理人员通过对渲染参数和数据参数的调整和预置可以实现模板的定制。

一个图文模板在上传时，只能创建一个模板。但在模板管理界面中，通过对现有模板的派生和继承，以及相应渲染参数和数据参数的调整，可以生成多个可以用于不同节目的模板。模板管理模块中，对模板的操作大致分两类：

①数据关系映射。模板由图文场景和数据源两部分构成。图文场景中的可以显示标签或绘制的图文，仅仅是通过一个或多个数据进行的简单显示或标注，并不会自动与数据源中的某个数据进行对应或关联。而要实现画面数据与数据源中的数据进行自动关联，必须在模板设计中确定二者之间的对应关系。

②在模板的基础上派生新模板，并对模板进行效果参数和数据参数的调节与预置。

（3）在父模板允许调整参数的基础上，对暴露给节目制作人员的参数进行限制和约束，将没有必要让节目制作人员看到或调节的参数设定为不可见或不可调整，使最终用户的制作更加简化与方便。

（4）模板发布：图文模板上传到网络平台上的生成模板或由其它模板派生出来的模板是不可见的，只有通过管理员的确认和审查，将其发布到系统中后才能成为最终使用的模板。

（5）图文制作：图文制作工作是在模板的基础上完成最终的图文设计，供播出使用。图文制作是在模板的基础上派生出来的，一个模板通过简单的参数调整可以生成多个图文素材。在图文制作的过程中，模块通过模板中显示字段与数据源之间的映射关系，从数据服务层获取数据并实现数据与数据显示单元的对应和数据填充。

（6）图文播出：在模板的基础上通过简单的参数调节和数据填充生成的不同图文素材，通过图文播出服务器的实时渲染，实现最终播出。

（7）伦敦奥运会 CCTV－5 演播室在线包装工作流程设计：3 台设备进行在线包装播控，并按照制作内容类型分别控制播出；互为安全设备主备。播前整备在后台进行，为演播室模板应用提供播出控制串联单。2 台设备进行在线包装播控，并按照制作内容类型分别控制播出；互为安全设备份。播前整备利用停播时间在演播室进行。

2. 奥运会信息处理方案

奥运会期间伦敦奥组委为广播电视媒体提供了 BDF(Broadcast Data Feed) 服务。BDF 包括以下信息：

Sport Info：成绩、日程、记录、奖牌、天气、实时成绩。

OBS Transmission Schedule

OBS Olympic Channel Run down

OBS IBC News

Rights Holder Broadcasters’ Private Feeds.

BDF 的数据是采用 HTTP1.1 协议传输的，以 POST 的方式推送到中央电视台的接收服务器中，中央电视台需根据伦敦奥组委提供的 BDF 信息，进行相应处理后，供编辑记者和在线包装系统使用，同时保存 BDF 信息作为历史资料。

BDF 数据通过应用服务器的接收程序接收数据，接收程序取出信息体以 XML 文件的形式存放在本机硬盘上，作为原始数据保留。同时对接收到的信息进行解析，并把解析出来的数据存放到数据库中。前方和后方的工作人员通过应用服务器来查询数据库中的记录。

另一方面，本系统把 BDF 数据整理成在线包装系统所需的 XML 格式，数据通过 Webservice 推送到包装系统应用服务器中，在线包装播控机通过包装应用服务器获得所需数据。

数据库 / 服务器采用一主一备的方式，保证系统安全稳定。

（1）数据接收系统

BDF 数据以 POST 的方式把数据传送到接收服务器的 web server 中，当接收系统处理完毕，给 BDF 返回一个 200 的状态，表示接收完成。

所以在接收系统的实现上采用 java 做一个 servlet，接收从 BDF Server 传送过来的消息，对消息进行解析，取出消息体的内容以 XML 文件的方式存储在本地硬盘上，作为原始数据备份及以后作为资料时使用。同时把消息体的内容传送给 XML 解析系统进行解析，解析后的数据存放在数据库中，供编辑记者查询使用。

（2）数据解析系统

XML 解析系统主要的功能是对接收系统传送过来的 XML 文件实体进行解析，提取出相关内容，保存到 oracle 数据库中，供查询系统和在线包装系统查询使用。

（3）数据查询系统

查询系统的设计原则是总体采用 info 的风格，保留其优点，并实现一键式查询等。这个设计原则获得了编导记者的好评，因此在本届奥运会的 BDF 查询系统依然采用这个原则。

为方便用户使用，查询系统采用 Browser/Server 方式。主要功能包括：

比赛结果查询浏览——将比赛信息按项目、按时间等进行分类汇总，通过点击方式，逐层深入，快速定位。方便的查询比赛结果和统计信息。

运动员信息查询——可以根据运动项目、标题、作者、运动员名称、时间等条件，组合查询所需记录。

纪录查询——查询当前最新纪录以及破纪录情况。

奖牌查询——按项目、国家对奖牌进行汇总统计。

一键式查询——对中国队每日赛程、中国队每日成绩、中国队奖牌榜、中国队新纪录等用户关心的信息提供一键式查询。

（4）在线包装系统数据推送服务

本系统根据在线包装系统的需求，把 BDF 数据重新整理打包成新的 XML 格式数据，通过 Webservice 推送到包装系统应用服务器中。在线包装播控机通过包装系统应用服务器获得所需最新数据。

3. 奥运会信息处理应急预案

方案中，各播控工作站使用交换机进行网络连接实现互为热备的安全模式，当其中一台播控工作站发生故障时可由另一台接管故障控制工作站的播出任务。当渲染工作站发生故障时，渲染工作站设备自动切换为直通模式，此时，根据现场环境的需要控制工作站选择接管或是停止播放预定内容。

每台在线包装播控工作站、渲染工作站均采用双路供电，当某一路出现故障时，另一路可正常工作；每台在线包装播控工作站设备中有 3 个电源模块，任意 2 个发生故障，不会影响正常工作；每台在线包装渲染工作站设备中有 2 个电源模块，任意 1 个发生故障，不会影响播出；BDF 的服务器分为主备两套服务器，用户访问时主要访问主服务器，当主服务器出现问题，可以访问备份服务器。

（技术制作中心提供）

高清 3D 演播室在伦敦奥运会直播中的应用

中央电视台新址 E16 3D 演播室位于新址塔一 49 层，在 2012 年的伦敦奥运会中主要任务是接收伦敦奥组委 OBS 提供的 SideBySide 方式的高清信号，再通过 E16 3D 演播室进行在线包装，经过新台主控送现址播出。E16 演播室首次采用 3D 赛事直播的方式，在 3D 试验频道播出。直播的赛事场次为 80 场，项目分别为游泳、体操、皮划艇、跳水、蹦床、田径、篮球、花样游泳，共计直播时间 165 小时 27 分钟。开闭幕式 2 场，时长为 5 小时 50 分钟。OBS 集锦共计 13 小时 20 分钟。

E16 演播室进出系统的信号均为 1.5G SideBySide 编码的高清信号，在演播室内部均使用 DUAL-LINK 方式的 3D 信号进行节目制作和播出。

主控经过光端机送到演播室 4 路 SideBySide 编码的外来高清信号，每路高清信号包含 8 路音频和 1 路视频，其中音频 1~6 声道为环绕声、7 和 8 声道为立体声。信号经过 HARRIS 的 HDX6803 板卡，音视频解嵌，音频送进调音台，视频送到 MIRANDA3D 解码板卡，对 SideBySide 视频信号进行解码，输出为 DUAL-LINK 信号，并分为左右眼双路信号进行传输。左右眼信号送到视频 HARRIS 的 DA6802 板卡，进行视频分配，分别送到导监墙、矩阵和切换台，经过 EVS 和

VIZ 在线包装制作后，一方面将音视频加嵌，将不带直播标的 PP/CLEAN 信号送到录像机和 EVS 进行录制，用做重播和资料。另一方面将带直播标的 PGM 信号经过 MIRANDA3D 编解码板卡，对 DUAL-LINK 视频信号进行编码，输出为 SideBySide 信号，将音视频加嵌，经过光端机主送往主控播出。

矩阵作为切换台的应急备份，当主路切换台或音频调音台出现死机故障时，启用矩阵，使用备路将信号送往主控播出。

系统内部采用黑场同步基准信号，对本系统的所有设备进行锁相。采用 SONY MVS-7000 切换台，使用黑场信号锁相。系统内配备两套 VIZ 在线包装系统，可由切换台两条辅助母线提供两路非同源信号；配备两套 EVS 文件服务器，用来作为 3D 播放服务器使用，也用作节目精彩回放；配备两台华傲精创 HDD980 编辑录像机进行收录，两台 HDD980 编辑录像机进行播放，两台 HDD980 编辑录像机进行编辑；1 台 JVC 2D 转 3D 设备，可以把 2D 素材转成 3D 素材。TALLY 系统在监视墙上采用源名跟随方式显示，采用双色 TALLY，本系统以主备方式配置两台服务器；导演监视墙由 6 台 42 寸 3D 液晶监视器及 1 台 40 寸 3D 液晶电视组成，其中 4 台监视器由 3D 画面分割器实现分屏监看系统内信号，PGM 及 PVW 通过 3D 信号输入卡直接输入 42 寸 3D 监视器，40 寸 3D 液晶电视接收电视机顶盒 3D 信号。技监采用 SONY 高清 17 寸技监监视器，信号源分别由切换台辅助母线和矩阵输出提供，通过给监视器加配 3D 输入卡的方式，以实现 3D 信号的监看。

在演播室正式开播前，对整个系统做了一次通路测试，这次测试可为今后奥运会的顺利直播奠定坚实的基础。

选择 EVS1、EVS (highlight)、EVS2、P3、P4、2D-3D、在线包装 1、在线包装 2、MC1、MC2、MC3、MC4 共 12 个输入通道，主备输出通道的组合方式，将本部分测试分为 22 个通道进行。从输入跳线板输入标准测试信号，逐一测试各个视频通道，用测试仪器对通道输出信号进行测试。

例如通路 1 主路测试流程（见图 1）：测试信号由 MC1 通道接入，经过解嵌器后进入解码器，解码后左眼输出经高清视频分配器接入切换台，切换台 PGM 输出信号后经视频分配器分配后经过 3D 编码，编码后再进行左眼加嵌，经过加嵌器输出后接入光端机板卡送入主控。右眼信号经高清视频分配器分别接入切换台，经 PGM 输出后在编码器位置将左眼和右眼编码成 REAL ID 格式，再次进行音频加嵌后送入主控光端机，在演播室接口板 PGM SINGLE OUT 位置进行测试。

图 1　通路 1 主路测试流程图

通路 1 备路测试流程（见图 2）：测试信号由 MC1 通道接入，经过解嵌器后进入解码器，解码后左眼输出经高清视频分视器接入矩阵，矩阵 EMG 输出信号经过帧同步校准左右眼同步信号，编码后再进行左眼加嵌，经过加嵌器输出后接入光端机板卡送入主控。右眼信号接入矩阵，经 EMG 输出后经过帧同步校准左右眼同步信号，在编码器位置将左眼和右眼编码成 REAL ID 格式，再次进行音频加嵌后送入主控光端机，在演播室接口板 EMG SINGLE OUT 位置进行测试。

图 2　通路 1 备路测试流程图

（技术制作中心提供）

中央电视台大型高清转播车（HD-A2）工程

A2 高清转播车作为 CCTV 外场高清制作的大型系统，是中央电视台第二辆 A 系列高清转播车，代表了中央电视台的外场节目制作能力和技术力量，建成后将对国内、外各类大型、超大型活动进行高清晰度电视转播制作。如：国家级庆典、大型新闻事件及时政活动、大型体育赛事、大型综艺晚会的高端制作。该系统不仅能够满足台内各节目部门的制作要求，同时也能够成为国际电视转播高端制作的技术平台。当前，该工程正在建设中。

一、基于转播系统能力的车体设计

1. 整车参数

A2 车的定位是外场高清制作的大型系统，因此采用了三轴半挂车型，选取 GB1589-2004 强制性标准中的极限值作为车体的外廓尺寸，即转播车箱体长14.6米，宽2.55米，高4米，包含拖挂车头的总长为18.1米。为了满足外场节目制作大型化、复杂化的需求，采用了稳定性和技术成熟性较高的双侧拉和折叠地板式的侧拉方式，最大侧拉跨度为10米，侧拉长度为1米，音频间为了满足5.1声道环绕声的制作环境采用单侧独立侧拉。A2车具备了约58平方米的车内空间，为转播系统提供了最大的系统承载能力。

2. 整车布局

A2车根据区域功能、各工种工作特点及相互关系将整车划分为4个独立的工作区，从车头到车尾依次为音频区、副制作区，主制作区和技术区，其中主制作区为转播车各个工作区的中心。为了在节目制作过程中，使各工作区的人员通道最大程度减少对制作人员的干扰，将每个工作区的通道都安排在该区的最后。全车最大可容纳29个工位。

二、转播系统的核心设计

1. 双区制作（双节目制作）

从车体设计中的区域划分中可以看到，音频区、主制作区和技术区都是继承传统的划分，副制作区在以往的转播车中称之为慢动作区，它的功能是进行慢动作的制作或插播的回放。考虑到工作中经常遇到需要制作两套不同信号的情况，该系统设计能够在一辆转播车中完成两套信号的制作工作，扩展了慢动作区的功能，使其不仅能够完成慢动作的制作工作，同时还能够胜任独立完成1套节目信号的制作工作，从功能上与主制作区相当，在规模上比主制作区稍逊色，因此称之为副制作区。

2. 平台化系统设计

平台化系统设计就是具有较好的通用性和接口能力的系统平台，在此基础上可以根据需求加载不同的模块来完成相应的功能。在这一新的设计理念中，转播车成为了一个开放的平台，这样既满足了不同节目制作的需求，又能将空闲的设备卸下用于别处，从而提高了节目制作的适应能力和设备的使用率。

根据新的设计理念，转播车的设计思想也发生了根本改变。在新的设计理念中，转播车的所有部件，包括机柜安装的设备、监视墙的布局、各个工位的个数和功能等等都将是可变的、可调动的、可增减的。为形成这些可变能力，就要求各个部件具有通用互换性、接口多样性及调度方便性。

A2车的总工位数达到了29个，并没有将它们全部按平台化系统设计，因为首先平台化系统虽然方便，但是必然会对矩阵、布线空间产生额外的开销，出于性价比平衡的考虑必须有所取舍；其次，调度的灵活性和系统的稳定性之间是有矛盾的，必须有所兼顾、取舍；再次，不分主次一锅端的做法根本不能称之为设计，是对资源的无谓浪费。所以经过反复权衡，选取了其中的14个采用平台化系统设计，这个数目已经足以使A2车具备强大的制作能力，可以从容应对复杂的制作需求。更进一步来说，如果将平台化系统设计应用于未来的转播车，全台可以实现各转播车间的信号调度、控制、制作、设备资源的共享。

3. 统一更改系统源名

外场转播每次所面对的节目形式都有所不同，信号源名当然也不相同，为了使节目制作人员能够避免混淆，清晰地分辨信号来源，提供友好的监看与操作界面，因此每次转播都需要对系统的源名进行更改。复杂多变的系统要求，也正是外场转播工作的魅力所在。源名的更改，包含了切换台的源名更改、矩阵的源名更改、监视器UMD和TALLY系统的源名更改。这四者之间是有逻辑对应关系的，以往必须由系统工程师花费额外的精力辨清这些关系，再对它们进行逐一的更改。此次在A2车的设计中，系统源名能够通过一次操作进行统一的更改。具体过程如下：

（1）通过设置PC修改矩阵的源名；

（2）矩阵通过自有协议将源名信息发布到矩阵面板；

（3）矩阵通过TSL协议将源名信息发布到Tally控制单元；

（4）TALLY控制单元通过TSL协议将源名信息发布到各个画面分割器；

（5）TALLY控制单元通过TSL协议将源名信息发布到切换台。

系统源名统一更改的实现，简化了繁琐复杂的设置过程，降低了人为失误造成的系统源名混乱，大大提高了系统设置的效率。

三、系统的细化设计

在系统的细化设计上，基于经过中央电视台多年来的实际工作中所验证的成熟技术进行设计，以确保系统稳定可靠，具有极高的安全性；同时着眼于中央电视台未来电视事业的发展，在部分功能和性能上具有一定的超前性；最后紧紧围绕A2车的车体和系统核心，使各项设计紧密联系起来，形成统一的整体。

1. 视频系统部分

根据近几年比较有代表性的大型活动制作需求的

实际数据，逐项确定A2车的视频系统能力。在讯道规模上A2车的满负荷讯道能力要能够达到20+20，其中包含6台高速讯道，即能够同时承担有线讯道20个和外来信号20个的超大型制作。在工位设计上以转播部根据长期工作经验总结归纳的视觉调整工位为基础设计的。此外，系统工程师工位具备统调监控功能。在制作区监视墙的设计上，A2车采用了50寸PDP监视器+矩阵内置式分割器作为监看方案，实现了双区制作所必须的独立监听监看环境。

2. 具备双区制作能力的系统设计

要实现双区制作的能力，需要6项必须条件作为技术支撑，当前已经陆续解决了其中3项，还要完成3项关键技术的设计实现工作。解决的三项分别是独立的信源及TALLY显示技术、独立的节目传输通路及应急能力、独立的信号调度及通话能力。

3. 视、音频系统之间协同工作能力

在视、音频系统之间协同工作能力的设计上，A2车采用以下两种方案：

（1）在实时节目信号的制作中，采用切换台的GPO输出触发调音台读取预设的方式，实现节目声音对节目视频的自动跟随；

（2）在录制信号的制作中，如慢动作硬盘记录设备、录像机等，采用嵌入音频方式或视音频混合矩阵方式来实现。嵌入音频方式灵活性较差，但是容易操作，适合一般节目的录制；视音频混合矩阵方式的灵活性最强，但是设置有些复杂，需要通过设置矩阵将视音频信号分层管理，将视音频信号的源和目的根据需要进行绑定，可实现任意视音频信号的协同工作。

在实际工作中可以根据需要选择不同的AFV方案加以实施。

4. 慢动作制作能力和节目录制能力

从增强设备实用性和利用率的角度出发，设计时在规模上充分考虑了扩展需求，常态下A2车配置了3台8通道硬盘慢动作服务器，可以完全覆盖包括2个高速讯道在内的12个基础讯道，通过更改设置还可以完成4个高速+6个普通讯道的制作需求；同时还具备5台6通道硬盘慢动作服务器的扩展能力，在极限情况下可以实现6个高速+20个普通讯道的制作需求。因此，就体育赛事公共信号制作能力来说，单以A2一辆转播车，就能够完成世界杯决赛的制作需求。

在录制设备的设计上追随电视技术的发展方向，采用将现阶段需求和未来发展相结合的方式，即支持网络传输的磁带录像机和基于慢动作服务器的硬盘记录设备相结合的方式。支持网络传输的磁带录像机既可以解决现阶段的节目录制需求，也可以应对未来全台网络化制播的数据传输；基于慢动作服务器的硬盘记录设备原生支持多种码率的本地编解码格式，包括DNxHD、DVCPro HD、ProRes422等，可以灵活适配第三方系统，无须转码，而且支持多种文件格式，包括MXF、MOV、AVI等，能够与新台的网络化制播系统无缝对接。

5. 通话系统能力

A2车的通话系统采用4线通话矩阵，以通话面板以及其他相关通话设备为主要通话终端。而且通话系统充分考虑了将来可能出现的制作需求，通过因特网就可以实现与新台址通话系统的矩阵级联扩展，完成矩阵层面的互联互通。

（播出传送中心提供）

中央电视台上海演播室系统

上海演播室于2012年5月正式投入使用，位于上海浦东陆家嘴未来资产大厦33层，窗外西侧是具有代表性的上海外滩老建筑群，北侧则是上海新地标建筑东方明珠塔，景观充分体现了上海的地域特色。演播室建筑面积350平方米，实际使用面积240平方米，其中演播区130平方米，另设有导播间、配音间、化妆间、审看间、后期编辑机房等。演播室具备4讯道高清系统，楼顶安装有一台室外可遥控的360°高清景观摄像机，可俯拍整个黄浦江外滩和陆家嘴景区。除配备了相应的直播常规设备外，还配有在线包装系统可以实现多地（香港、韩国、日本、新加坡等）多视窗视音频连线、嘉宾访谈、实景抠像等功能；具有直播连线小号电话和返送监听监看功能；还配备了103寸背景大屏幕，可提供室外及室内多用途的背景功能。

系统具体内容如下：4讯道高清，其中一套室外景观摄像机；松下切换台，16路输入4路输出，应急备份采用16×8切换矩阵，带2路净输出；2路外来信号、2套在线包装系统；配备12路数字主调音台，7路数字备调音台；监视墙由2台50寸等离子、1台46寸平板液晶、4台24寸平板液晶组成；OCP光圈调整监视器采用1台20寸高清LCD监视器；配备3台标清DVCPRO录像机；TALLY系统采用双色主备TALLY；配置3套22倍便携式镜头；通话系统由32路通话矩阵、2套面板、一个双通道2-4线转换器和3个腰包组成；时钟系统配备1个GPS时钟和倒计时系统。

上海演播室已成为财经频道规模最大、功能最完备的区域生产中心，除每天的《交易时间》、《市场分析室》、《环球财经联线》等直播栏目连线外，还承担每日120分钟的上海本地独立直播节目。

（技术制作中心提供）

2012年新购置特种设备——摇臂传感器跟踪系统

虚拟制作系统从硬件上可分为跟踪、渲染工作站，色键系统及传感器跟踪系统三个部分。播出传送中心在已有虚拟制作固定传感器的基础上，于2012年新购置了高清摇臂传感器跟踪系统，以丰富外场高清转播拍摄角度及手段，提高节目的观赏性。

SHOTOKU TK53LVR+TI08型虚拟制作摇臂传感器跟踪系统是实时拾取摄像机位置信息和镜头状态信息的装置，位于摄像机机位处。

该系统具有以下特点：

1. 操作精确、稳定

采用双臂防震结构，仿生云台控制，工作全重220公斤以内。

2. 跟踪精度高

云台平摇解析度为86400/360°；云台俯仰解析度86400/360°；摇臂平摇解析度324000/360°；摇臂俯仰解析度324000/360°；镜头变焦聚焦解析度128,000 counts/ rotation。

虚拟数据的取样时间小于1/1000秒，是当前机械传感方式中精度最高、数据最稳定的一款产品。

3. 安装调试简单快速

支持Free-d和RADAMEC FM协议，可用于多种后台工作站；配置一台专用触屏掌上电脑（SPi-TOUCH），用于快速调试跟踪；采用TI08轻便底座，便于安装部署。

4. 其他规格参数

最大长度4.9米；最大高度3.9米；云台承重10公斤；云台最大转速90度/秒。

该系统在2013年春节联欢晚会、2013年元宵晚会的虚拟制作中取得突出效果。

（播出传送中心提供）

中国网络电视台技术平台建设

一、2012年“一云多屏、全球传播”技术平台概况

中国网络电视台以“一云多屏，全球传播”战略为依托，采用全平台、多语种、多码率、多终端自适应及多画面相结合的先进技术，全面提升用户观看体验。

1. 全球网管监控系统

中国网络电视台全球网管监控系统实时监测全球用户访问效果，进行数据汇总、分析。通过智能网管调度系统为用户分配最优质的CDN（内容分发网络）资源，保证用户的体验效果。

2. 互联网传输管理系统

传输管理系统通过自主研发的互联网加速技术，可将图文、视频内容从国内源站快速、安全传输到全球CDN站点中。传输管理系统不仅解决了文件，特别是视频文件的跨国传输效率问题，且极大地提高了文件传输速度。

3. 视频在线转码技术

CNTV全球网络视频分发平台采用自主研发的视频在线转码技术（VTP-Video Transformation Platform）实现对视频文件实时、在线多码率制作。该技术已成功应用到视频直播、视频点播业务。

4. 视频多码率自适应技术

视频多码率自适应技术通过实时监测、收集用户本地带宽数据，自动为用户选择最适合的视频码率进行投递，保证用户在不同网络条件下的视频播放效果。

当前，中国网络电视台多码率自适应技术已经成功应用于全球网络视频分发平台。

5. 多终端传播

平台适用于 PC、iPad、iPhone 及互联网电视等多种终端传播途径。

二、建立健全技术管理制度

1. 修订完善一系列技术管理制度

针对议题分类、议题上报流程、汇报模板等进行细化明确的规范，规范完善了《专家技术研讨会》、《项目管理流程》、《投资管理流程》等相关技术管理制度。

为鼓励中国网络电视台技术自主创新，奖励在推动网站技术进步中做出突出贡献的部门和个人，充分调动广大技术人员的积极性和创造性，提高技术创新能力，制定了《中国网络电视台技术贡献成果奖评审及表彰办法》。

根据对业务部门需求调研结果，制定了一套完整的业务需求承接及实施的在线流程，即《央视网业务上线实施流程》。此流程初步实现提交需求规范化、在线审批、明确流程岗位、问题实时备注、流程自动化、项目生命周期控制，承载了跨技术中心各部门的业务流。

2. 建立统筹资源的“大运维”体系

为从技术角度做到整体系统资源统一规划、管理和分配，以及传统的数据中心向云数据中心转变，2012 年技术中心牵头进行 CNTV 技术团队“大运维”体系建设。对各技术运维团队进行人员统筹管理，建立健全一系列运维制度，优化更新应急预案，切实提高运维管理的效率，降低系统故障率，确保整体技术支撑平台的稳定运行；集中管理技术资源平台，统一规划实现按需分配，提高资源利用率，节省公司运行成本。

为快速处理各种紧急突发事件，技术内部制定一系列的应急预案，如：《CNTV 页面被篡改应急预案》、《CNTV 网络异常流量应急预案》、《CNTV CMS 故障应急预案》、《CNTV 北京核心存储应急预案》、《CNTV 页面或视频无法访问应急预案》、《CNTV 源站节点故障应急预案》、《CNTV 各地节点故障应急预案》等。

3. 健全网络安全体系

网络安全平台是保障整个“一云多屏”平台平稳运行的基础，新媒体多终端、多服务的播出模式也对安全播出工作提出极高要求。经过长时间探索和研究，中国网络电视台对安全播出保障工作有了较为深入的理解。CNTV 将可持续性、有效性、合规性及独立性原则作为信息安全管理体系建设的指导原则。在对整体业务风险进行全面评估后制定全面的信息安全播出体系。

CNTV 的信息安全管理体系分为安全管理、业务运行、技术保障三个层面，并辅以安全体系评审工作，对整个安全管理体系进行定期评估，保证了安全播出工作的可持续性。

安全管理层：主要包含各方面安全管理制度、安全组织架构及安全方针等内容，旨在从宏观上指导安全工作方向，从微观上指导规定项具体工作内容的安全规范。

业务运行层：以 CNTV 所有业务需求为导向，从物理安全、系统安全、代码安全和数据备份几个方面对技术体系下的所有资产进行保护，从技术层面保障安全体系处于较高的安全级别，最大程度降低风险。

技术保障层：主要是对全公司各种安全行为进行监督和管控，分为安全检查（监督）和访问控制（管控）两大方面，做到一切安全活动可管、可控、可回溯。

CNTV 所有安全防护按照国家三级等保标准执行，并每年通过三级等保标准对上述三个层面进行严格审查，使安全工作真正的循环开展。

三、主要技术平台及系统建设或发展情况

1. 信源 IP 化

信源 IP 化平台建设是一个面向新媒体多终端的全平台播控系统，是从信号源端到网络传输以及各播出终端支持的 IP 数据交换平台，与现有的传统播控系统形成良好的互补和衔接。这种方式相对基础建设投资小、灵活度高、适配性强。通过推进 IP 化项目，为网络电视台实现“一云多屏”的战略目标以及今后视频系统在跨平台多终端战略统一支撑方面打下坚实基础。

2. 网页播放器统一和深度覆盖改造

CNTV 不断推进播放器体验优化和功能升级，2012 年对全网点播、直播播放器进行了功能和风格统一改造工作，并针对不同业务和不用用户群进行有针对性改造。

3. 网页点播直播支持业务

图 1 显示了 CNTV player 所支持的业务，CNTV player 根据各个业务不同的特点对播放器进行改造以满足业务需求。在皮肤定制、播放逻辑控制、广告逻辑控制、个性需求都做到了良好支持，当前各个业务在播放器风格、播放流程方面都比较统一，具有良好的维护和管理特性。

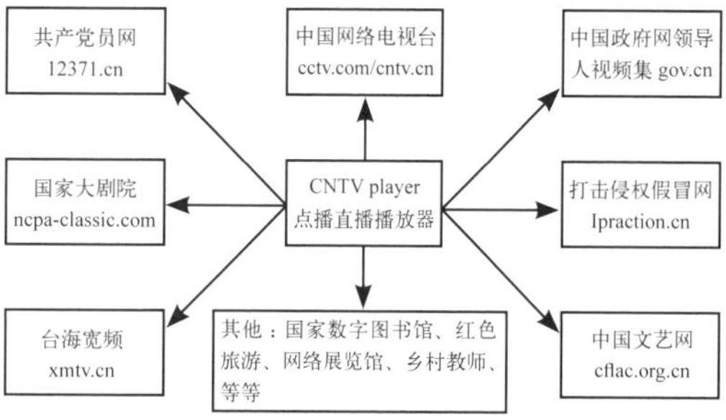

图 1　网页点播直播业务图

4. 网页点播终端及用户群覆盖

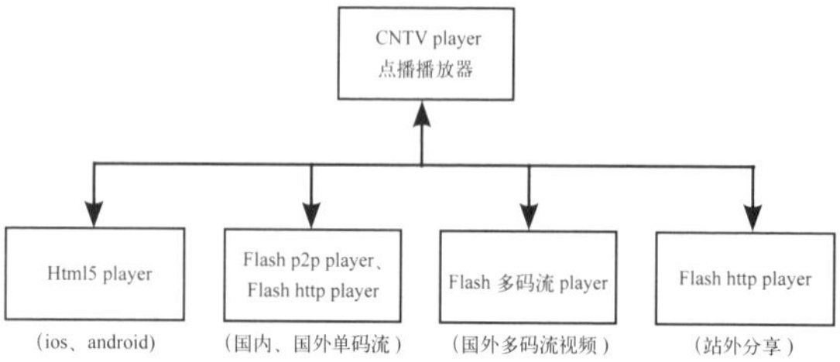

图 2　不同网页点播终端及地区播放方式图

图 2 显示了不同终端及地区的播放方式，根据用户地区及终端特点选择最优播放方式，保障用户用最流畅、最佳的播放模式观看视频。

5. 网页直播播放器多终端覆盖

2012 年 CNTV 在直播多终端支持上做了大量工作，其技术和体验达到业内一流水准。当前 CNTV 直播涵盖了几乎所有终端和所有地区的用户。此外 CNTV 在直播创新上也做了大量工作，其动态码流直播的应用在“劲歌王”等直播活动中提升了用户观看体验。

6. 全球传播大网管平台

中国网络电视台在全球范围有 35 个自建站点（国内 25 个、海外 10 个）和 500 个 CDN 租用站点（国内 200 个、海外 300 个），站点分布于 70 个国家，服务器超过 120，000 台（国内 20，000 台、海外 100，000 台），内容分发网络可以覆盖 210 个国家和地区。

中国网络电视台是国内唯一拥有大规模全球视频传播能力的网络分发平台和管控平台，具备支撑千万级视频承载能力。通过海外网络深度覆盖工作，中国网络电视台海外乃至全球的访问效果得到明显提升，其中，海外直播、点播播放流畅度较网络深度覆盖前相比，视频打开速度提升 20%，卡断率（缓冲率）下降 32%。整体上，中国网络电视台业务在全球范围内用户访问效果已接近或达到国家一流媒体访问效果水平，大部分地方已实现平均 3 秒打开页面、平均 5 秒打开视频，并且已在北美、欧洲等网络较发达地区基本达到当地主流媒体（如 BBC、CNN）访问效果水平。中国网络电视台用户可以在全球范围内，通过各种终端设备（PC、手机、平板电脑、电视）安全、快速地访问中国网络电视台相关内容。

7. 内容发布平台

内容发布平台是网站提供采集、编辑、制作、合成与发布的核心服务的高端产品，2012 年度内容发布平台基于“一云多屏”的传播目标，采用最新的互联网前沿技术，在原有平台基础上完成了全面系统升级。新内容发布平台系统设置了更细致化的权限划分，实现了按人分配权限，保障了操作行为的安全性，同时考虑各平台整合性，实现了动静态发布系统的账号统一登录；为用户提供了开放式数据调用模式，极好地实现了“一处录入数据，多端自由调用”的数据共享需要；采用可配置化的模板模块化技术，使得不了解模板专业知识的内容编辑也可以随心所欲地创建个性化模板；新内容发布平台启用业界主流的 maven 进行工程管理，统一软件构建过程，代码耦合拆分实现快速开发及升级需要，从而实现管理及可持续部署。内容发布平台很大程度地减轻了（图文、视频等）数据录入管理和页面维护的复杂性，并使网站内容管理、维护和发布变得高效而便捷。

8. 新媒体互动平台

央视网互动平台以用户中心为基础，依托论坛、博客、评论、微博等互动产品，最大限度地实现用户间的社交与分享，从而提升央视网的媒体价值。当前全网共有通行证注册用户近 3000 万人，其中微博用户超过 1020 万人。

作为央视网互动平台核心的用户中心集纳了日志、相册、投票、转帖等 26 种互动组件，为用户提供了交友、阅读、分享、评论等互动功能，形成了一个 SNS 化的媒体社区。同时已实现在跨平台多终端的用户统一注册、激活、认证、登录等功能，最大范围地集纳用户资源。在此基础上当前共成立针对机构（名人）打造的官方认证平台“俱乐部”378 家，其中中央电视台主持人和知名电视栏目俱乐部共 253 家，会员总数达 363 万余人。结合特色赛事资源打造的“欢乐竞猜”组件覆盖了足球、篮球、网球等热门赛事，已成为大型赛事新媒体报道中的标配应用，在 2012 年伦敦奥运会期间共为全网贡献 UV 近 500 万。

中央电视台微博围绕本台优质独家资源，为当前所有新媒体业务提供内容、分享、消息、动态、好友等互动服务，是国内唯一同时打通新浪微博、腾讯微博和搜狐微博的微博平台。当前官方认证名人及机构用户3255个，日新增微博5.4万余条、新增评论及转发数7.8万余条。中央电视台微博为互联网和移动互联网用户提供一揽子解决方案，当前已具备网页版、手机网页版、智能手机客户端版和短信版等形式，并提供了丰富的微博应用，如微博秀、微直播、微访谈、微专题等，其中微博墙已应用近百次，微博输出组件5000余个。

9. 移动终端平台

手机电视集成播控平台经历了蛇年“春晚”的考验稳定运行获得成功。成为国内首个投入商用的、与上游内容服务平台以及与下游移动运营商分发网络成功对接的手机电视集成播控平台。

春节联欢晚会播出期间通过手机电视集成播控平台商用绿色通道实现手机视频内容的快速发布，发布速度较以往提高一倍。所有“春晚”相关节目实现通过CNTV手机电视内容服务平台生产制作，并通过手机电视集成播控平台制定的接口规范实现全部自动化发布到移动运营商分发网络，呈现给用户更富时效性的节目内容。同时通过此次成功的报道“春晚”，也实际检验了手机电视集成播控平台的安全及可靠性；为手机电视行业内更多具有内容服务牌照的兄弟电视台及商业公司提供了有力的技术保障；也使中央电视台成为手机电视集成播控的总平台，并确保了手机电视内容健康发展。

10. IP电视平台

根据国务院三网融合工作协调小组办公室确定的“双认证、双计费”原则，搭建了IP电视集成播控平台双认证、双计费及EPG管理演示系统。技术部门编制了双认证、双计费和EPG管理技术方案和接口规范并作为试行技术要求随《广电总局关于印发IP电视集成播控平台有关技术要求的通知》（广发【2012】16号）文件下发到了各地广电局。截至2012年底，双计费、双认证系统以及EPG管理系统已经分别在江苏、四川、湖北、北京、辽宁等地部署。

11. 互联网电视平台

互联网电视技术平台经历了从无到有的过程，在支撑国内用户基础视频服务情况下，不断对基础平台进行完善，同时，启动了海外互联网电视平台建设工作。在做到安全播控的同时，能够很好地形成国内和国外互联网电视的全覆盖，真正成为了全球互联网电视运营机构，为更好地发展国内外互联网电视业务奠定了扎实的基础。

针对党的十八大、奥运会、欧洲杯等重要事件制定了相关的播出保障方案，并圆满完成了保障任务。

四、2012年CNTV自主研发实力进展情况

1. 技术研发中心成立

中国网络电视台技术研发中心筹备组自2012年1月成立开始，密集走访了十几家互联网行业内有影响力和特色的企业，经过近一年的调研和筹备，于2012年12月底正式成立了技术研发中心。

技术研发中心正在承担2012年两项国家重点科研项目的执行任务：一是2012年“基于IPv6的应用示范类”项目(此项目已列入国家高技术产业发展项目计划)基础科学研究领域方面。二是“十二五”国家科技支撑计划国家文化科技创新工程2013年备选项目——网络影视制作与传播项目。

2. CNTV自主研发技术成果

2012年10月28日，自主研发的TMS系统完成了3.0版本的研发和发布，大幅提升了传输功能。TMS每日实现数千小时视频节目以及数十万页面和图片的全球发布，单个文件达到10MB/s，总传输量逾TB，文件全球发布时间控制在45秒以内。

2012年7月19日，ASP视频按需封装引擎正式支持IOS终端的hls协议。该系统克服了诸多技术难点，实现了视频多码率文件服务器端的实时封装和虚拟切片，为不同地区、不同终端、不同网络环境下的用户提供平滑的播放体验。该系统已为全网移动多终端用户提供多码率播放服务。

2012年6月15日，自主研发的海外云转码集群VTP上线测试并试运行。VTP系统把多码率转码工作转至海外镜像站进行，是海外点播多码率自适应体系的基础平台之一，可以节省近60%的传输成本，极大提升了发布速度。

2012年3月31日，通过一个多月的算法比较和研发，VHD平台推出提前预测热点视频的特有算法，可以第一时间将重点新闻和热点视频主动推送到每个覆盖节点的最前端，有效减少回源带宽，将平均卡断率降低到2%以下，极大地降低了运营成本，有力改善了用户体验。

2012年12月21日，CNTV技术研发中心自主研发的hds和hls自适应多码率直播技术通过测试上线，此技术能根据用户及服务器带宽的情况进行实时调整，当宽体环境好时，用户最高能观看2M码率的超清直播视频，而当带宽条件不佳的时候，会自动调整至对应码率观看模式（共有2M、1.2M、850K、450K、250K五种码率模式），以保证用户能流畅观看。根据

统计，用户平均能观看1.2M码率的高清直播，此次上线的多码率直播具备“一云多屏”特点，涵盖了pc终端用户和移动终端用户。

CNTV技术研发中心运用免插件Flash p2p功能进行视频播放。采用此技术之后，用户观看网页任何点播视频，不仅可以从服务端取视频数据，还可以从正在观看同一视频的其他用户端获取视频数据，既提升了用户获取视频数据的速度从而提升了用户体验，又节省了CDN所需要花费的带宽。此点播Flash p2p功能上线之后运行比较稳定，节省带宽率保持在50%左右，高峰期时能节省近60%。此外，此技术的特点是用户无需安装任何插件，直接打开页面观看视频就能实现此功能。

CNTV技术研发中心自主研发的终端自适配直播于2012年10月9上线，由此全网直播支持Windows、Linux、Mac、Android、iOS等各种终端及操作系统及ie、chrome、firefox、Safari、Opera等浏览器，极大地提高了用户终端涵盖面。此外，为了支持老版本的Android终端观看，自主研发的rtsp播放模式也于2012年年底上线。

（中国网络电视台提供）

CCTV

CHANYE JINGYING

产业经营

产业经营

中央电视台2012年广告经营情况综述

2012年，中央电视台广告经营再接再厉，取得了新的突破。全年广告创收269.76亿元，比2011年增长41亿元多，增幅超过18%，远高于2012年GDP增速和全国电视广告行业增速，实现了3年连续增长108亿元的大跨越，这3年的增长额高于从2000年到2009年10年的增长额。其中，综合频道广告创收138.42亿元，占广告总收入的51.31%。其他专业频道广告创收131.34亿元元，占广告总收入的48.69%。2013年广告招标158.8134亿元，创历史新高。

一、2012年日常销售工作

2012年，中央电视台资产管理中心面对经济增速放缓和行业竞争加剧的大环境，深入研究市场形势，制订科学有效的销售策略，提升了内部管理，从而取得了新的成绩。

1. 在宣传方面，深入调研，制订了科学的传播方案

中央电视台通过深入调研，制订了科学的传播方案，把自我宣传和客户成就宣传融合起来。早在3年前中央电视台资产管理中心就启动了案例研究项目，2012年实现了案例研究从文字到视频的升级。2012年，资产管理中心深入12家企业进行调研，剖析中国市场品牌成功案例，历时10个月出版《中国市场品牌成长攻略Ⅲ》，在招标前夕拍摄播出了《2012，资产管理中心的品牌》案例专题片，以榜样客户吸引其他企业的效仿，在招标前期宣传中取得了非常好的效果。

2012年，资产管理中心顺应新媒体发展潮流，以《同赢》官方网站和官方微博为传播主阵地，将合作媒体由平面扩展到网络，宣传中央电视台成就的品牌客户，以及中央电视台节目改革和热点。

2. 在策略制订上，顺应市场，积极满足客户需求

在产品策略上，资产管理中心顺应市场需求，设计了更加丰富的广告产品。2013年广告签约产品共109个，范围涉及15个频道，传统招标产品由“单一段位”升级为“组合套装”，特别节目及晚会产品由“一天”延伸为“一季”；在丰富产品的同时，资产管理中心还加强个性化定制方案，适配不同客户需求；2012年资产管理中心积极推动节目创新，与节目部门一起力推《星光大道》、《中国好功夫》等新节目在综合频道播出，《开门大吉》等在综艺频道播出。

在价格策略上，资产管理中心在经济形势不确定时保持了稳定合理的价格体系。首先，稳定招标预售价格，提高执行率；其次，坚定执行公开、公平、公正的承包招标政策，首次承包价格由市场决定，续约价格保持稳定。当前，中央电视台已建立起既体现频道栏目价值，又能满足不同客户需求的价格体系。

在推广策略上，资产管理中心减少会议场次，增加接触频次，精心策划推广内容，举办了30余场大型推介活动，包括4场奥运推广会、2场纪录频道推广会、4场招标推广会。在推广活动中资产管理中心与政府、行业、地区加强沟通，提高了客户沟通的针对性、互动性和实效性。

在渠道策略上，资产管理中心成立了专门的渠道服务管理科。此外，还创新设立了地区代理公司，逐步建立客户代理、资源代理和地区代理等不同类型的销售渠道体系。

3. 在资源开发上，理顺管理体制，积极盘活资源

2012年，其他专业频道广告创收131.34亿元，成为新的增长源。CCTV-2、CCTV-5和CCTV-13频道的广告收入突破20亿元。这得益于资产管理中心在专业频道资源开发上做出的努力。2012年，资产管理中心顺应频道制改革和市场化模式，成立了专门的频道对接部门：产品策划科和频道经营管理科，分别对接 CCTV-1 和各专业频道。

资产管理中心在认真研究每个频道项目特性的基础上，实行差异化营销，如纪录频道针对高端人群和白领人士开发广告产品和推广，在 2011 年 2600 万元的基础上上升至 2 亿元，成为全台增长幅度最大的频道。比如针对伦敦奥运会围绕赞助商和体育营销企业开展推广，从客户需求出发设计产品，获得市场高度认可，最终奥运广告个性化定制方案销售额占奥运广告总销售额的 2/3。

4. 在客户营销上，积极沟通，维系好客户关系

2012 年，资产管理中心开展不同层次、不同频次、不同维度的客户营销工作，通过台领导、中心领导、部门领导、科组长、行业小组等多级力量，与近 1000 家企业的高层、执行层及代理公司深入沟通，激发企业合作愿望，引导企业投放行为，夯实中央电视台客户梯队。

二、2013年黄金资源广告招标

2013 年，黄金资源广告招标面临挑战，既有经济形势的不确定，又有“限酒令、限娱令”等政策限制，还有安徽、浙江、江苏、湖南等地方电视台首次在中央电视台招标之前进行广告招标或招商等因素的影响。在这种情况下，中央电视台加大节目栏目创新和机制体制改革力度，推动品牌栏目的改版和新节目的设计，中央电视台屏幕更加“接地气”，节目吸引力有所增强。

鉴于 2013 年招标的紧迫形势，资产管理中心以节目创新为支撑点，深入挖掘全台资源；以市场分析为立足点，准确把握招标形势；以舆情监测为助力点，借势营造舆论氛围，努力坚定客户信心。资产管理中心于招标前几个月就深入全国各地，从长三角、珠三角等发达地区到西南、中部等欠发达地区，联合政府、行业、地区全面开发客户，采用“扶持一个带动一片”的策略，召开大型推广会，合理安排小型沟通会，拓展了新行业、新客户在中央电视台的广告投放。

2012 年 11 月 18 日，在 2013 年黄金资源广告招标现场竞购大会上，251 家国内外知名企业参与竞争，招标预售总额达到 158.8134 亿元，比 2011 年的 142.5757 亿元增长 16.2377 亿元，增长率达到 11.39%，增速略高于中国经济增速，创 19 年来的招标预售总额新高。

三、三项工作取得了新进展

1. 内部管理

多年来，资产管理中心一直积极推动中央电视台颁布全台性的电视广告管理制度。2012 年，《中央电视台电视广告管理规定》正式实施，这是中央电视台广告经营管理具有里程碑意义的大事，是全台广告规范管理的制度保障。

2012 年，资产管理中心还委托 IBM 启动流程再造项目，优化业务流程，建立流程型组织，IBM 与中心内部、台里各频道以及代理公司、企业进行了上百场访谈，提出了针对性建议。对此，资产管理中心内部充分讨论，并采取了措施。资产管理中心调整了营销部组织架构和业务职能，明确了产品科和频道科的资源管理和产品研发职能，增设了渠道管理科和合同执行科。2012 年，资产管理中心在管理上还推进了物资管理系统、订餐统计系统、机票预订打折系统的使用，节约了办公成本，提高了工作效率。

2012 年，资产管理中心积极推进新址广告管理系统建设工作，克服新队伍、新系统、新流程、新环境带来的挑战，一手抓管理创新，一手抓技术创新。

2. 安全播出

2012 年，资产管理中心实现了全年播出安全无事故。与总编室及各频道反复沟通，推动中央电视台具备硬盘播出条件的频道全部实现硬盘播出，确保新现址两套系统的播出安全。2012 年，资产管理中心实施《广告审查意见书》制度，使中央电视台广告审查水平上了一个新台阶。2012 年，资产管理中心还实现了全年综合治理无事故。

3. 公益广告

2012 年，资产管理中心成立了专门的公益广告科，制作播出公益广告 130 余支，播出频次约 20 万次，播出广告时段价值约 20 亿元，精品公益广告受到中宣部、国家广电总局以及社会各界好评。同时，资产管理中心还启动了“CCTV 电视公益广告全球征集活动”。

（资产管理中心提供）

中央电视台2013年黄金资源广告招标综述

2013年，黄金资源广告招标面临挑战，既有经济形势的不确定，又有“限酒令、限娱令”等政策限制，还有安徽、浙江、江苏、湖南等地方台首次在中央电视台招标之前进行广告招标或招商等因素的影响。在这种情况下，中央电视台加大节目栏目创新和机制体制改革力度，推动品牌栏目的改版和新节目的设计，中央电视台屏幕更加“接地气”，节目吸引力有所增强。

鉴于2013年招标的紧迫形势，资产管理中心以节目创新为支撑点，深入挖掘全台资源；以市场分析为立足点，准确把握招标形势；以舆情监测为助力点，借势营造舆论氛围，努力坚定客户信心。资产管理中心于招标前几个月就深入全国各地，从长三角、珠三角等发达地区到西南、中部等欠发达地区，联合政府、行业、地区全面开发客户，采用“扶持一个带动一片”的策略，召开大型推广会，合理安排小型沟通会，拓展了新行业、新客户在中央电视台的广告投放。

2012年11月18日，2013年黄金资源广告招标现场竞购大会上，251家国内外知名企业参与竞争，招标预售总额达到158.8134亿元，比2011年的142.5757亿元增长16.2377亿元，增长率达到11.39%，增速略高于中国经济增速，创19年来的招标预售总额新高。

一、资源投放情况

从招标结果看，新闻节目、全新综艺栏目、重大项目、重点活动受到企业热捧，争夺十分激烈。新闻联播标版组合中标金额43.1188亿元，相比2012的38.4372亿元增长了12.18%，2013年新闻联播报时组合中标金额10.66亿元，相比2012年的6.56亿元增长了62.5%。《星光大道（超级版）》、《舞出我人生》、《中国好功夫》、《谢天谢地你来啦》、《梦想合唱团》等全新综艺节目的独家冠名以及纪录频道合作伙伴均被企业高价中标。2013年中央电视台推出了大批具有国家气质和精神追求的大型活动，如“感动中国”年度人物评选、“年度经济人物”评选、“最美乡村教师”评选、“最美乡村医生”评选等，这些活动具有良好的社会效益和品牌力影响力，其广告项目均顺利销售完毕。

二、客户投放情况

近年来，行业结构的升级与品牌企业的壮大演绎了中国经济的新变化，新兴行业的发展成为经济发展的内生驱动力。2012年共有来自全国的251家企业参加招标，排在前三位的行业分别是食品饮料、家用电器、金融，增长较快的行业有汽车、酒类、旅游等。中标企业区域分布均衡合理，一批新的企业登上了招标预售舞台。

1. 快速消费品是投放的中坚力量

食品饮料行业持续增加广告投放，各大品牌齐聚中央电视台。金龙鱼、加多宝、红牛、农夫山泉等行业领袖品牌气势不减，已经完成资本市场整合的健力宝、银鹭等再度发力，以蓝猫、东鹏饮料为代表的新品牌首次亮相中央电视台。

2. 耐用消费品稳中有升

耐用消费品企业纷纷保持了稳定的广告投放，以强化品牌形象抢占市场份额。汽车行业各路品牌轮番上阵：中德合资品牌一汽大众、一汽大众奥迪投放稳中有升；中法合资品牌东风标致、东风雪铁龙首次参与招标预售；奇瑞、吉利等自主品牌也加大2013年广告投放，再掀市场竞争新浪潮。家电行业全线出击：除了传统的三大千亿元巨头海尔、美的、格力继续大力投放外，小家电领域以方太、老板等为代表的厨房电器，以太阳雨、四季沐歌为代表的太阳能家电，也积极抢占中央电视台黄金资源。

3. 高端消费品亮点频现

随着经济的发展和财富的积累，中国消费升级不断演进。其中，拥有消费传统的珠宝首饰消费增速尤其突出。中国内地黄金珠宝产业重要基地深圳罗湖区，整合区内珠宝企业参与签约认购。金伯利、和玉缘、梦金园等珠宝品牌借中央电视台平台大放异彩，并和高端白酒、茶叶品牌一起构建富有中国传统文化底蕴的高端品牌集群，与国外奢侈品品牌相抗衡。

4. 金融行业发力

随着金融行业品牌意识的提升，中、农、工、建四大国有银行和招商银行等股份制银行集体亮相。中国保险行业协会成为国内首个参加招标的行业协会，推动行业整体品牌形象的优化。与此同时，中国人保、太平洋保险等保险巨头也纷纷中标。

5.“美丽中国”带动省市旅游品牌

党的十八大提出创建“美丽中国”的愿景，旅游业发展持续升温。各省市纷纷朝着旅游品牌整合升级、集群式投放的方向发展，重庆、贵州、山东等数十个省市亮相中央电视台。

6. 国有企业品牌意识觉醒，品牌“国家队”值得关注

近年来，曾经凭借资源优势保持领先的国有企业也开始了全新的品牌建设之路。2013 年招标预售中，中国移动、中国联通、中国电信、中国石化、中粮集团、一汽集团、东风集团等老客户，以及中国邮政、中储粮等央企品牌新军，组成了一支强大的品牌“国家队”。此外，以史丹利为代表的农业品牌首次大力投放中央电视台黄金资源，成为招标的一个新亮点。

（资产管理中心提供）

2012 年中央电视台音像资料馆社会化有偿服务迈出历史性的一步

2012 年，中央电视台音像资料馆通过节目资料有偿使用和数字化转储等社会化有偿服务的尝试，在探索节目资料的社会化增值服务上成绩斐然，取得了历史性的突破。

一、社会化有偿服务取得实质性突破

音像资料馆积极探索建立市场主体，盘活产业资源的经营道路，努力开拓中央电视台新的经济增长点。在 2012 年，音像资料馆尝试开展社会化有偿服务，并取得实质性突破，不仅成功签订节目资料社会化有偿服务第一单，同时开展其他社会化服务项目，为中央电视台创造价值 2000 多万元。

1. 节目资料创造价值

中央电视台音像资料馆的节目资料是中央电视台几代人心血和智慧的结晶。为使这些节目资料重新焕发生机，创造新的价值，中央电视台音像资料馆自 2007 年组织专家成立调研组，对节目资料有偿使用进行了大量的可行性论证。2010 年，《电视节目资料有偿使用与市场开发管理体系研究》被列入国家广电总局部级社科研究项目。2012 年，中央电视台音像资料馆节目资料有偿使用工作从理论研究落实到市场化经营的实践上，迈出了实质性的一步，节目资料真正开始创造价值。

2012 年 9 月 26 日，中央电视台音像资料馆与深圳广播电影电视集团签署节目资料有偿使用协议，为深圳电视台制作纪录片《中国新医改》有偿提供节目资料 3.5 分钟，收入 26000 元，平均单价将近 7500 元 / 分钟。中央电视台沉睡片库的节目资料第一次开始创造出真金白银的收入，从实际工作上，历史性的打通了中央电视台音像资料馆社会化有偿服务的全流程。

在中央电视台总编室和财务管理中心的支持下，截至 2013 年 3 月 22 日，音像资料馆从 101 件外单位向音像资料馆提出的购买资料申请中，根据资料价值和购买用户的不同，有选择性地分别与武汉军械士官学校、江西宜春采茶歌舞剧院、法国国家电影学院学生王林波、长春电影制片厂电影《大格局》摄制组、《检察日报》社网络信息中心等 7 家单位和个人，就相关项目的节目资料需求签署节目资料有偿使用协议，有偿提供节目资料 134 分钟，总收入 105603 元，其中单价最高的节目资料售价为 34874 元 / 分钟，实现了中央电视台内容资产管理社会化增值服务的重大突破。

2. 社会化服务项目新进展

随着现代传媒的发展与普及，社会上的广播电视机构越来越重视节目资料的加工、存储和珍贵资料的修复工作，但往往受到各种条件的制约，为此，相关机构曾向音像资料馆提出过数次代为加工的请求。

中央电视台音像资料馆拥有先进的数字化转储设备和国内唯一一套最先进的视频标清修复处理设备（亚洲仅两套）。经过多年探索，音像资料馆在各类节目资料的数字化生产以及视频修复等方面都积累了丰富的经验，拥有一套操作规范的标准化数字化生产流程、技术娴熟的工作团队和视频修复人才，具备为社会用户提供标准化的视音频资料的数字化上载、编目生产等业务的基础，拥有每年 2000 ~ 2500 分钟的修复能力，能够创造可观的社会效益和经济效益。

按照胡占凡台长“抓产业发展，形成一批真正的市场主体”的工作部署，音像资料馆为进一步开发中央电视台的媒体资产资源，促进媒体内容资产管理产业化发展，在2012年面向社会开展数字化转储和珍贵资料修复项目的有偿服务。

2012年，音像资料馆接受新疆生产建设兵团数字化转储需求，为248盘3/4磁带、折合120小时的珍贵素材提供数字化转储服务，这批资料涉及大量专题片、国家领导人镜头和航拍素材，其珍稀程度相当高。音像资料馆通过版权授权的方式，获得了这批节目资料的共享版权，保守价值评估不低于2000万元人民币。当前，还有新加坡、黎巴嫩以及中国建设银行等国家和单位向音像资料馆提出老旧磁带的数字化转储服务和视频修复服务。这一新的进展，预示着在繁荣文化产业、发展文化产业的大背景下，中央电视台丰富的文化产业资源具有巨大的市场空间。

二、建立了科学的社会化有偿服务工作流程与规章制度

2012年，中央电视台音像资料馆收到社会用户对节目资料的需求申请100多件。通过对用户需求、用户种类和节目资料用途的分析发现：提出需求申请的用户以单位居多，占总量的89%，其余11%为个人用户。其中，单位用户根据其单位性质，可以细化为：文化团体、社会团体、境外机构、司法部门、党政机关、教育科研、影视剧组、大众传媒、文化公司等9种类型。

在节目资料的使用上，用于编辑制作的占总量的58%，用于保管收藏的占总量的33%，用于数据库搭建和其他用途的分别为3%和6%。其中，用于编辑制作的用户中，有71%的用户使用节目资料用于电视节目的编辑制作，15%的用户用于电影制作，7%的用户用于展览，5%的用户用于广告制作，还有2%的用户用于个人创作使用。用于保管收藏时，个人收藏占30%，单位收藏占27%，领导业绩汇编存档占9%，教学科研和观摩学习占34%。这些数据说明，节目资料的社会化有偿服务具有巨大的市场和利润空间。

在以上数据分析的基础上，结合社会化有偿服务的实际工作经验，音像资料馆通过对荷兰视听研究所、上海东方传媒有限公司、五洲传播中心等有节目资料销售经验的业内机构的考察和调研，以中央电视台成本数据为基础，结合中央电视台内部使用节目资料的数据、中国网络电视台提供的电视节目网络点击与浏览数据以及现有的社会化需求节目数据进行统计与分析，形成了具有中央电视台自主知识产权的节目资料价格评估体系，研究并起草了《中央电视台音像资料馆社会化有偿服务实施方案》，制定了社会化有偿服务的工作流程、定价标准、操作规范以及与之配套的规章制度。

（音像资料馆提供）

中国国际电视总公司2012年经营情况综述

2012年，是中国国际电视总公司夯实管理基础、明确战略方向、加强企事业联动、实现稳健增长的一年。

一、超额完成全年经营任务

按《企业会计准则》核算，2012年集团实现营业收入135.9亿元，完成计划任务的110％；按2011年同口径核算，实现营业收入112.6亿元，同比增长18.9亿元，增长率为19.4%；实现利润总额8.36亿元，完成计划任务的110%。集团汇总总资产144.5亿元，汇总净资产达到99.45亿元。加上上市公司，中国国际电视总公司管理企业营业收入总计超过123亿元，总资产达到160亿元，净资产达到110亿元。

二、明确战略发展方向，强化安全合规经营

1. 规范决策管理体系，确保安全合规经营

2012年中国国际电视总公司完善、细化了“三重一大”决策制度实施细则，明确了“三重一大”事项的决策原则及程序，并督促、指导各级下属公司建立和完善各自的“三重一大”决策细则和相关议事规则。以此为切入点，全面梳理和规范了中国国际电视总公司及各级下属公司决策流程和管理体系，研究下属企业法人治理结构管理办法，加强了总裁会议确定事项通报及督办制度。一方面夯实管理基础，强化中国国际电视总

公司的股权投资管理力度；另一方面强调用制度和规则来保障各级公司安全、合规经营。

2. 统一财务核算体系，全面实施新的《企业会计准则》

自2012年1月1日起，中国国际电视总公司及下属公司统一实行新的《企业会计准则》，由此消除了各企业核算方法的差异，有利于企业的统一管理和横向对比。为配合新准则实施，中国国际电视总公司在全系统范围完成了财务系统软硬件升级、专业培训、相关制度修订等大量基础性工作，保障了新旧体系间的平滑过渡。

3. 启动全面预算管理，强化企业的预测预判

2013年起中国国际电视总公司正式实施全面预算管理，将企业的人、财、物全部纳入全面预算管理体系，以强化企业预测预判和规范运作的管理。为确保执行效率和效果，2012年中国国际电视总公司在人员培训、制度基础、软硬件支持等方面做了大量细致的筹备工作。预算编制工作从2011年年底正式启动，截至2012年底，各下属公司2013年预算汇总工作已完成，并经中国国际电视总公司预算管理委员会、总裁办公会审议通过。

4. 以集团架构理顺产权关系，基本完成中视科华产权重组

2012年中国国际电视总公司继续全力推进理顺产权工作，按照集团控股架构的管理模式，对中视科华有限公司及其下属公司的产权关系进行了全面调整，基本完成股权划转工作，进入公司改制和工商变更阶段。中视科华有限公司的资产重组和集团内部管理体系的建立，为中国国际电视总公司继续推进其他业务板块的重组工作，建立产权清晰、责权明确的现代企业制度和科学合理的集团管理模式起到良好的示范作用。旅游实业事业部的整合方案也已基本成型，即将进入审批阶段。

5. 确立市场主体定位，明晰战略发展方向

2012年中国国际电视总公司不断完善自我认识，与麦肯锡公司联手合作，历时4个多月，采用多种方式，从企业诊断入手，借鉴各方经验，进行战略对标，形成涵盖中国国际电视总公司功能定位、发展目标、组织架构、业务方向在内的整体战略思路。

6. 尝试分类考核对台服务公司，优化考核机制

2012年，按照“稳步推进、逐步提高”的思路，在前期调研成果及考核实施工作基础上，中国国际电视总公司继续深化改革绩效考核体系，调整了经营目标考核指标及权重，明确了新业务和拓展社会市场的考核方式，增加综合评价机制内容。尝试分类考核，扩大对台服务类公司试点范围，引入权重达49%的“对台服务满意度”专项指标，建立了台主管部门直接给出考核意见的考核机制。

三、加强事企联动，助力产业增长

1. 圆满完成党的十八大宣传和服务保障

在党的十八大宣传报道中，央视网充分展现了“台网融合”、“一云多屏”的全媒体传播优势，构建了全球化、全平台、多终端、多媒体的报道矩阵。党的十八大期间，其访问量分别是新华网和人民网的3.12倍和3.1倍。

中视卫星电视节目有限责任公司圆满完成党的十八大舆情监管工作，荣获总局“党的十八大广播电视宣传优秀播出机构”称号。

中央数字电视传媒有限公司严把播出和平台节目质量关，圆满完成了党的十八大安全播出任务，得到了总局安全播出检查组的高度肯定。

梅地亚中心精心组织、圆满顺畅完成党的十八大新闻中心服务接待任务，获得各级领导充分肯定，党的十八大秘书处专程发来感谢信。

中视科华有限公司及实业下属各专业公司党的十八大期间全力对台提供技术支持和服务保障，为确保安全播出贡献了力量。

2. 国际传播能力建设成绩喜人

中国国际电视总公司海外公司配合中央电视台新闻中心和技术部门，高速高效完成北美分台、非洲分台的建设支撑与运营保障，为分台的顺利开播发挥了不可替代的作用。

美国子公司为北美分台提供了人力资源、技术设备、运营维护等全方位保障，为分台累计投入资金3500万美元，配备外籍雇员超过120名，为中国中央电视台海外传播探索了新的模式。

非洲子公司全力为非洲分台提供全方位服务，在其积极推动下，中国中央电视台非洲分台节目成功进入肯尼亚国家电视台黄金时间播出，实现历史性突破。

长城（非洲）平台正式开播。通过多渠道、全方位的传播方式，积极扩大欧洲、北美、大洋洲等地区的用户量。长城平台收费用户突破了2008年的峰值，达到了12万户的新高度。长城平台全球布局持续向纵深发展。

中国网络电视台加快海外互联网本土化网站建设，已建成俄罗斯俄语本土化网站、非洲英语本土化网站、北美本土化网站和亚太本土化网站。

央视国际视频通讯有限公司（以下简称国际视通）发稿量比 2011 年增加 163%，其中视频素材的外媒采用率高达七成。国际视通已具备全天 24 小时、日均多语种 150 条、视频素材 100 条的发稿能力。

节目代理部创新节目外销推介手段，开拓斐济、非洲等新兴市场，实现海外签约 1395 万美元，创外销业绩历史新高。

3. 全媒体全产业链发展取得新进展

中国网络电视台深入贯彻“台网融合一体化运行”战略，完善重点节目新媒体推广沟通联络机制，落实人员派驻制度，组建专门团队对《寻找最美乡村教师》、《梦想合唱团》、《星光大道》、电视剧《木府风云》等节目进行台网融合一体化传播，加大中央电视台节目新媒体推介力度。通过“一云多屏”传播模式，探索新媒体在拓宽传统媒体制作及营销中的新思路，收效良好。

此外，央视国际网络有限公司建设完成 IP 电视集成播控总平台，并在云南、四川等地区开展 IP 电视业务；CCTV 手机电视继续成为中国三大电信运营商手机电视业务的主审方；互联网电视进一步完善内容集成、管理、播控管理、CDN 分发、终端控制等五大系统；CCTV 移动传媒成功进入国航和澳门航空机舱内电视终端，广场频道在香港终端测试播出。

央视风云传播有限公司、中央数字电视传媒有限公司对各付费频道进行改版和包装，全新上星央视台球频道，依托中央电视台优质节目资源，发挥公司机制优势，持续提升中央电视台付费频道在地网和订户中间的口碑。

伦敦奥运期间，央视风云传播有限公司承办的 3D 电视试验频道进行了 16 天的全程转播，这是奥运历史上首次采用 3D 技术进行全程拍摄转播，也是我国第一次 3D 奥运转播。

北京央视公众资讯有限公司积极配合中央电视台部分节目组和资产管理中心，为其定制开发了互动业务服务手机客户端，丰富了公司业态，发掘了潜在的增长点。

4. 内容生产稳定发展

（1）剧情类节目多剧目获奖

2012 年，中国国际电视总公司有三部剧目获国家“五个一工程”优秀作品奖，包括中视影视投拍的电视剧《感动生命》、央视动画的大型动画系列片《美猴王》和《小牛向前冲》。电视剧《山里红》获全军电视剧“金星奖”长篇电视剧二等奖，动画片《开心小镇》获 2011 年度白玉兰奖评委会特别奖。

中视传媒股份有限公司自制剧“启程计划”的开篇之作《赵氏孤儿案》在中央电视台综合频道黄金时段热播，《客家人》已进入剧本修改阶段；对地方台销售的影视剧《山楂树之恋》收视效果良好，《渗透》、《警界英豪》等多部新投资剧目也在积极运作之中。

（2）整栏目制作再上台阶

中国国际电视总公司为中央电视台提供的整栏目制作已达 23 个。其中中视体育娱乐有限公司自主版权赛事“中华龙舟大赛”已成为国内级别最高、竞技水平最高的龙舟赛事，节目收视率和知名度不断攀升。中视广经文化发展有限公司协助财经频道制作播出《举案说法》168 期，并试行该栏目公司化运作；中视创新科技发展有限公司除继续巩固与《今日说法》等 15 个栏目的合作外，委托节目的制作量、自制剧、系列剧大幅增加；中视传媒股份有限公司配合台内完成多个纪录片与栏目的制作任务。

（3）研究制订部分频道栏目的公司化运营方案

2012 年中国国际电视总公司还配合中央电视台里完成综合频道节目创新公司和纪录片制作公司的方案设计与组建筹备工作，与中国广播电视出版社合作，研究制订了“央视出版公司”组建方案，力求在内容创新上有新突破。

5. 对台服务保障再上台阶

2012 年，中视科华有限公司整合了旗下资源成立技术服务分公司，增强承接台内核心技术业务能力，满足台技术系统改革需要。当前该公司与中视远图影视传媒有限公司、中视北方影视制作有限公司均已被纳入台技术系统的“准内部制作系统”单位；继续全方位服务于国内 31 个记者站，贯彻“新闻立台”战略，并将再投入 2.3 亿元，以满足新闻采编、安全直播能力提升的需求；协助中央电视台开展了新址基础信息认知培训及第 30 届奥运会报道团队出境专项培训，收效显著。

中视技术开发有限公司全面承接中国中央电视台 2012 年春节联欢晚会的灯光、音频、及特种设备的技术服务；中视节点文化发展有限公司为“春晚”专门设计了多层次背景墙、立体视频柱等。

旅游实业事业部全力配合中央电视台接管办、新址办、工艺办，组建专业机构和专业队伍，为中央电视台总部大楼提供专业运行服务。中视实业发展有限公司牵头完成了物业服务模式论证、新址物业项目部组建及运行、国际顾问公司招标等一系列工作。中视物业管理有限公司较好地完成了新台址动力系统的承接查验工作，保障了新址设备的运行安全。中广物业承担了新址开荒、保洁等工作，并在“7·21”特大暴雨中，管理有限公司坚守岗位、积极抢险，出色完成新址大楼的防汛抢险任务。北京荧屏技术公司克服困难在规定时间内承担起新址安防监控工作。中视华业电视工程有限公司配合中视环亚公司圆满完成体育频道搬迁任务。央视后勤经过精心筹备，克服重重困难，按既定时间如期启用位于新址主楼一层餐厅，为新址按时搬迁和顺利运行提供了切实可靠的后勤保障。

中视实业发展有限公司主动对接中央电视台技术制作中心和“春晚”剧组，承接了中央电视台服装整体外包服务及部分化妆服务，圆满完成2013年春晚及元宵晚会的服装、化妆适配服务。

中视汇才文化发展有限公司、荧屏汽车租赁有限公司等也在企聘员工管理、用车服务等方面出色地完成了中央电视台交予的任务。

中电高科技电视发展有限公司紧密配合总编室受众服务部，圆满完成了呼叫中心筹备及系统功能测试阶段工作，自8月20日启动试运行以来，各项工作进展良好。

6. 广告经营迎难而上

2012年，在艰难的市场环境和上缴台广告费任务提高的情况下，中国国际电视总公司广告经营克服困难完成了经营任务，收入实现平稳增长。CCTV-8频道广告经营业务完成平稳交接。业务重组之后，未来广告专注体育频道广告经营，锁定“体育营销”的大方向，深挖赛事资源、创新策略服务、布局全媒体整合，出色完成当年经营任务。中视广经文化发展有限公司通过一年多的探索和努力，在理顺价格体系、重建市场秩序、调整客户结构等方面取得了显著成效，全面完成中国国际电视总公司下达的经营指标。

7. 市场拓展取得新进展

依托核心技术、品牌信誉和运营经验，一批企业积极拓展社会市场，取得新的进展。

中视广信科技有限公司在承担中央电视台IT服务工作的基础上，业务触角不断向广播、地方广电的核心业务延伸。除参与中国国际广播电台互联网系统规划设计，承接其新大楼技术规划、受众及其反馈信息采集和管理平台二期建设项目外，还与浙江广电集团建立了长期合作关系，承担其核心节目生产管理系统，另外，中视广信科技有限公司已成为北京电视台最大的IT合作伙伴之一。依托中央电视台，打拼市场，中视广信科技有限公司已经具备为中央电视台以外的媒体整体性构建技术系统的能力，市场拓展取得新进展。

中视环亚卫星传输有限公司承接14场亚洲地区的国际高尔夫赛事转播技术服务，并开始接洽澳洲赛事转播项目。

央视市场研究股份有限公司（CTR）正式成为位列全球消费品第二位的联合利华全球消费品专项研究项目供应商，标志着CTR在巩固国内市场领先地位的基础上，正式步入国际化研究领域。消费者固定样组业务销售额超亿元，这是继广告监测后，CTR第二个亿元收入产品。央视－索福瑞媒介研究有限公司(CSM)在第19届中国国际广告节上获“2012年度金牌媒介研究机构”奖项。

节目代理部承办的第十届中国国际影视节目展，克服会期延迟、临近节日等不利因素，简化形式，突出实效，展会交易额达39亿元，实现展会收入1329万元、毛利645万元的好成绩。

中视电视购物有限公司加强渠道建设和节目、排期、营销形式等创新，频道已覆盖全国260个城市、2亿多电视观众，上线iOS版应用程序，网络营销进一步升级。利用频道六周年庆开展促销活动，日均销售额达613万元，最高达到755万元，当月首次实现单月盈利。

（中国国际电视总公司提供）

2012年中央电视台付费电视业务新进展

2012年，中央数字电视传媒有限公司（以下简称中数传媒）和央视风云传播有限公司（以下简称央视风云）按照中央电视台、中国国际电视总公司的整体部署，确保经营指标，强化规章制度和绩效考核，加强内容建设，提升技术水平，不断探索新的营销和创收模式，经营工作取得了良好成绩。

一、稳步发展，全面实现经营目标

2012年，中数传媒和央视风云不断加强对台服务，积极拓展对外合作，中数平台共集成付费频道43个，央视风云受中央电视台委托负责播出的频道达到15个。截至2012年12月31日，公司实现汇总收入45,363万元，汇总利润4,060万元，分别比2011年计划指标增长5.28%和5.36%，圆满完成中国国际电视总公司下达的各项经营计划指标。

二、狠抓落实，取得良好经营业绩

1. 销售数据对接工作全面开展，分账体系与绩效考核更趋完善

随着付费电视数字化的推进，各地网络公司的用户数不断增加，然而从2004年国内付费电视开办至今，中数平台一直没有获得真实有效的用户销售数据，导致产业发展无据可依。2012年公司打破桎梏，经过重重谈判，首次与地网实现销售数据对接，并进行了科学分析，全面了解付费电视市场整体状况，形成明确的量化指标；同时真实反映地网实际销售情况，进一步促进今后的营销增长。

在掌握销售数据的基础上，公司进一步完善频道分账体系，由主观定性向定量分析转变，使平台频道考核指标更加科学，为今后长效发展奠定坚实基础。同时进一步推进和完善绩效考核量化指标，使考评指标更加客观具体，更有针对性，进一步调动员工的积极性，实现360°科学化考核。

2. 内容结合市场，探索立体营销

2012年，在内容不断提升的基础上，中数传媒与风云各频道相联合，在多个重点地网进行了推广活动。同时积极拓展商务模式，针对全国省网整合后的市场情况进行了细致调研，及时调整公司营销策略，转变单一的经营模式，谋求与重点省网的战略合作，树立公司的行业领导地位。

风云各频道联合中国电视网，充分发挥品牌提升作用，通过网络互动营销活动与用户建立起沟通桥梁，为频道宣传服务，完善中央电视台付费频道推广平台建设，实现台网联动服务功能，不断彰显频道品牌优势。

3. 强化内部管理，启动全面预算管理

2012年，公司进一步强化内部管理，提高执行力，推进各项工作科学化、精细化、制度化。公司启动全面预算管理，实行新的企业会计准则，建立合同预警机制，对整体经营活动进行一系列量化的计划安排，建立科学有效的预算管理制度。从“事后管理”向“过程管理”转变，确保公司各项经营活动一直处于制度的监控、监督中，确保目标制订与实际差异得到有效控制，防范经营风险。

三、强化内容建设，开创3D频道新局面

2012年1月1日，中国3D电视试验频道正式开播。根据中央电视台部署，3D频道由央视风云负责日常播出和管理。一年来，3D频道各项工作有序展开，不断开创新局面，已在全国26家省网、90家市网、19家企业网覆盖落地。

2012年6月，3D试验频道对2012年欧洲杯足球赛进行了长达24天的全程直播。伦敦奥运会期间，3D频道对为期16天的赛事进行了全程转播，这是奥运历史上首次采用3D技术进行全程拍摄转播，也是我国第一次3D奥运转播。

通过近一年的摸索，3D频道积累节目制作经验，拍摄制作的专题片《景泰蓝——绽在指间的火焰艺术》荣获首届国际3D协会中国区提名奖、中国电影电视技术学会最佳3D影视作品奖、“索尼杯”3D影视作品电视专题类佳作奖，以及中国电视艺术家协会立体委员会“2012年度优秀3D电视作品奖”，受到广泛好评。3D频道编辑部还联合中国电视艺术家协会开展了优秀3D电视作品评奖，促进了产业发展。

四、出台全国首个平台管理办法，强化中数平台综合管理能力

当前国内付费频道的发展很不均衡，地方频道大多存在定位不准确、经营管理较混乱、安全播出意识淡薄等问题。针对现状，2011年10，月公司提出要强化中数平台的综合管理能力，将平台管控作为重要工作之一，经过半年多的调研和各部门多次讨论，2012年6月，公司正式出台《中央数字电视集成运营平台管理办法（试行)》，下发给各地网络公司及频道，于7月1日正式施行，相关实施细则也同步出台，这也是国内首个由付费电视运营机构出台的平台管理制度。

结合当前市场运营和发展实际，公司进一步加强与国家广电总局相关司局的沟通与交流，每季度对中数平台付费频道的发展现状、存在问题、平台管控、安全播出管理等方面工作进行总结和分析，上报中国国际电视总公司和中央电视台相关部门，以维护和完善行业发展环境，推动付费电视产业进一步发展。

五、确保安全播出，加大设备投入

截至2012年12月底，中数平台连续两年无重大

安全播出事故，全年停播率为0.878秒/百小时，远远低于国家广电总局对一级安全播出单位全年停播率不超过5秒/百小时的要求。风云各频道安全播出达111,447小时，累计安全播出777,846小时。

中数传媒根据国家广电总局第62号令统一要求，按照平台项目建设计划，继续加大设备更新投入。对CA系统、机房接地防雷项目进行建设更新，启动设备管理及维护系统项目开发，实施机房环境集中监控及办公区安防监控项目，并对多画面监控存储系统进行升级改造。央视风云根据公司发展方向和各频道制作需求，于下半年增加投入，进行高清虚拟演播室系统集成改造，同时购置高清电视后期包装制作系统及3迅道3D EFP系统，通过新的制作系统，不断加强公司的制作力量与制作水平。

（中央数字电视传媒有限公司提供）

中央卫星电视传播中心2012年经营情况综述

2012年，中央卫星电视传播中心（以下简称卫传中心）加快构建以企业为主体、以市场为导向的经营发展模式，继续抓好《卫传中心十二五规划》的落实，继续扩大中央电视台加密频道落地覆盖，全力开拓CCTV-3、CCTV-5、CCTV-6、CCTV-8频道用户市场，加密频道信号版权管理、市场运营管理力度进一步增强，中央电视台纪录频道及高清加密频道落地覆盖推广扎实有效，公司内部管理更加规范有序。

一、开拓市场求增长，把握主动促发展

1. 积极应变，确保效益增长

2012年卫传中心收视费收缴金额及上缴金额两项指标达到历史最好水平，在收视费收缴金额逐年递增的同时，卫传中心的营业收入比上年度有所提高。

面对日益复杂的市场发展形势，卫传中心在云南召开了“落实安全播出，加强加密频道覆盖暨全国用户工作会议”。经过沟通和努力，卫传中心首次邀请到国家发改委领导到会并做了重要讲话，提出了“关心、支持、服务”的工作方针，为卫传中心提供了支持和帮助，为市场稳定和发展提供了重要依据。全国27个省市广电系统相关领导120多人参加了会议，会议对市场发展进行了深入研讨，对业绩突出的用户单位进行了表彰奖励，国家广电总局计财司领导及中央电视台发展研究中心、相关频道的领导与代理单位和单签大客户进行了交流沟通，促进了彼此了解，保障了市场和谐发展。

2012年，卫传中心积极开展调研和走访工作，针对重点地区和签约难点，积极到当地协调解决，深入基层调查解决问题，走访20余省市广电局及网络公司，帮助地方广电协调解决改革中出现的困难和问题，密切了客户关系，有力推动了签约收费工作。

2. 确保安全播出，加强信号管理

卫传中心认真贯彻落实国家广电总局62号令，强化安全播出管理，完善技术管理手段，在安全播出、打击盗版和维护版权工作中成绩显著。

为贯彻落实好国家广电总局62号令，打击侵权盗版行为，卫传中心在中央电视台有关部门的支持下，连续两年在全国工作会议上反复宣讲安全播出打击盗版的重要意义，向地方用户提出为确保安全播出更换升级设备的要求，制订详尽的工作方案，在7月15日凌晨成功完成了加密系统的替换工作，停止了盗版严重的爱迪德系统。经过反复动员，各级广电网络公司技术平台上大批超期服役的设备得到更换，有力地确保了年初的两会、奥运会和党的十八大的安全播出。以上举措有效的制止了侵权盗版及互联网共享盗播等情况的蔓延，维护了正常的市场秩序。

3. 加大力度，强化版权管理。

一直以来，多头信号源的存在给卫传中心的签约收费和市场管理工作带来很大冲击，扰乱了加密频道市场秩序。为加强中央电视台加密频道的版权管理，中央电视台给予卫传中心CCTV-3、CCTV-5、CCTV-6、CCTV-8加密频道（包括高清频道）运营及信号管理的全媒体独家授权，使加密频道版权管理得到进一步规范。卫传中心依据授权，切实加强版权管理和版权保护，更加有序地发展加密频道市场。

4. 发挥优势，实现纪录频道全覆盖

2012年卫传中心充分发挥频道落地覆盖的经验和优势，顺利完成了纪录频道在全国乡镇及四星级以上宾馆的落地覆盖工作。卫传中心连续两年召开纪录

频道全国落地推广会议，积极跟踪覆盖效果，充分利用全国客户资源，在两年时间内高效完成了纪录频道覆盖全国的任务。

二、科学管理上水平，完善机制促规范

1. 增收节支，完善预算制度

2012 年，中心财务预算工作有序推进，有章可循，重点突出，按需调整。全年财务收支预算项目均按计划落实，各项收入指标、效益指标执行均好于 2011 年。预算管理工作更加制度化、科学化、规范化。

2. 注重绩效，完善激励机制

进一步深化绩效管理改革，继续完善绩效考评体系和目标管理办法，进一步推动考核结果与员工收入挂钩。建立《公司目标管理办法》、《绩效考核办法》，公司与各部门签订《目标责任书》，为公司今后实行科学的内部管理打下基础。有效激发了员工的积极性，强化了干部职工的责任意识，管理更加规范，工作效率进一步提高。

3. 加强核算，完成新会计准则转换工作

为提高公司管理的科学化水平，更加全面真实地反映公司财务状况和经营成果，保证会计信息质量，2012 年 1 月 1 日起卫传中心及下属单位全面实施新会计准则。

4. 竞争上岗，公开选拔人才

2012 年实施了财务部主任与副主任职位的选拔工作，公开、公平、透明，顺利完成财务部班子的新老交替。按照卫传中心的人才需求，采取社会公开招聘方式，选取优秀大学生充实队伍。

（中央卫星电视传播中心提供）

中视传媒股份有限公司 2012 年经营情况综述

2012 年中视传媒提出了“群策群力、迎难而上、务实进取”的要求。在公司董事会、监事会的领导下，经过一年的努力，中视传媒在战略转型、业务经营及内部管理等方面都取得了全面的发展。

一、业务经营工作

1. 影视业务

（1）影视剧业务继续实施战略突破措施，亮点纷呈

2012 年，由中视传媒投资或发行的电视剧《山楂树之恋》、《一日夫妻百日恩》、《百花深处》、《干得漂亮》分别在中央电视台及地方台播出，均取得良好的收视效果。《渗透》、《警界英豪》、《第三种爱情》、《抹布女也有春天》等新投资的剧目也在积极运作之中。

在公司自制剧业务方面，“启程计划”开篇之作《赵氏孤儿案》已进入发行阶段，另一部“启程计划”作品《客家人》已进入剧本修改阶段。

在继续拓展国内业务和续约的同时，不断开发海外市场，库存剧的销售取得了显著成绩。2012 年，公司库存剧销售网络延伸到澳洲、台湾、泰国及长城平台所覆盖的其他海外国家及地区。同时，开发多种模式的合作，如独家卫视播映权、网络信息传播权、城市台电视剧打包销售等方式，并探索以库存剧为资源，承包地面频道时段打造“中视剧场”的模式，进一步提高销售额。

（2）以服务台内需求为目标，纪录片制作、栏目制作及包装业务成绩显著

2012 年，公司围绕中央电视台业务需求，开展了《舌尖上的中国》、《茶叶之路》、《为时代放歌》、《超级工程》、《习仲勋》、《故宫》等 20 余部纪录片的委托制作业务，《热线 12》、《忏悔录》、《年度经济人物》、《财经小辞典》、《健康之路》、《夕阳红》等 30 余个栏目的委托制作业务，完成了《走近科学》、《状元 360》、《探索 · 发现》、《希望之星英语风采大赛》等栏目的运营管理，为中央电视台内业务发展切实做好服务。

（3）影视设备租赁及技术服务业务在发挥自身优势的基础上，克服困难，加快技术升级，努力拓展市场

2012 年，公司先后配合中央电视台完成多项重大事件的直播报道及重大活动大屏幕制作业务，并为中央电视台综合频道、电视剧频道、纪录频道、综艺频道、戏曲频道、技术管理中心等部门提供了高质量的包装、设备、制作服务。

（4）拓展外部市场效果显著

2012年，公司影视业务按照“面向市场、背靠央视”的发展思路，大力拓展外部市场，包括与国家博物馆联合制作大型纪录片《国脉——中国国家博物馆100年》，完成了《美好安徽》、《祥龙耀新春》、《五四》、《六一》、《国庆》、《中国元素》等天安门大屏幕宣传片制作业务，承制环保部、中信集团宣传片制作业务，承办中国建筑工程总公司宣传片及组建周年庆典活动。影视制作业务方面，完成了北京电视台举办的《中国网事感动2011》晚会活动视频和《一汽红旗发布会》的视频制作业务。争取到2013年新疆建设兵团卫视的全频道广告代理业务，为公司经营地方卫视广告开创了先河。

2. 旅游业务

2012年，公司旅游业务继续保持稳步增长趋势，已提前完成年度经营收入和利润目标。

无锡分公司通过全面提升景区品质和竞争力，稳步实施票务营销策略调整、强化渠道维护和市场推介，调整经营项目推动园内经营创收，强化营销完善服务、适度开展影视协拍业务，紧抓安全管理，不仅顺利通过国家旅游局5A景区复检，同时超额完成全年经营任务。

南海分公司紧紧围绕“文化统领旅游”的经营理念，加强营销力度、创新经营思路、拓展经营内容。同时积极融入当地政府的发展规划，为实现战略转型奠定良好的基础。

3. 广告业务

2012年，公司广告业务面临诸多困难。因此，公司及时调整经营策略，采取加大中央电视台科教频道广告销售力度、改革内部机制、实施栏目广告外包等措施，使中央电视台科教频道广告收入同比实现一定的增长。

在拓展外部市场方面，公司采取积极措施，全力推进自助终端机项目，开展3D电影拍摄及广告经营业务，全面开拓市场化经营的格局。

二、管理工作

2012年，公司的管理以实施内控体系为契机，努力构建完善、高效的管理体系，进一步提升企业品质，力争达到以管理促经营，使公司具有足够的实力面向市场、参与竞争。同时，快速推进制度建设，使管理工作在整章建制的基础上向标准化、精细化延伸。

2012年，公司正式实施内部控制体系，成为文化传播企业内部控制建设的先行者。公司内部控制体系正式实施以来，各项管理工作坚持以风险控制为导向，以服务经营为目标，进一步明确了内控要点和各项工作流程，管理工作得到进一步规范。

公司按照突出重点、分步实施的总体原则，本着以源头控制和结果控制为重点，逐步推进过程控制，重点风险项目强调全过程控制的具体原则，推进公司内控体系的实施。通过内控体系持续自我评价维护工作，公司逐步建立起董监事会、审计委员会治理层面，管理层自我评价和审计监督各部门和各分子公司的三级内部控制自我评价体系，保证公司整体的内部控制体系完整、有效、客观、真实。

在运行过程中，为减少内控自评工作量、提高效率，公司开发了内控自评工作系统，实现了内控自评工作的网络信息化，并及时开展了内控体系、内控自评及网络自评系统的相关培训工作，确保了公司内部控制工作的顺利开展。

按照“融入地方政府战略发展规划”的战略指导方针，公司重点加强了整体战略发展和重点项目的调研工作。公司先后赴广东、浙江、江苏、河南、吉林、上海等多个省市，横店、宋城等多个影视旅游基地以及具备投资开发潜力的地区进行实地考察和项目调研，与当地政府建立了良好的沟通合作渠道。

公司董监事会定期会议和年度股东大会的各项议案、决议顺利通过，保障了公司决策的制订和执行；信息披露工作按照监管部门的要求更加规范；投资者关系管理与维护工作进一步加强；资本市场调查研究工作完成情况良好；顺利完成了2011年度的分红派息工作和内部控制规范体系相关议案审议及披露工作。

人力资源工作以标准化、精细化管理为目标，共完善工作流程28项、工作表单110张；建立编制、岗位动态管理机制；建立人力资源基础数据库；严格推行考核制度；加强管理团队培训工作，成功组织了公司首次中高级管理人员培训，激励员工不断学习、创新、进取，构建全员学习、终身学习的学习型组织。

财务管理工作结合内控体系的实施，通过流程化的预算管理，以资金管理为中心，以风险管理为主线，进一步加强财务监督与控制机制建设，按照“执行前有预算、使用前看预算、开支前走程序、开支后有分析、分析后有考核”的原则，继续深化公司的全面预算管理，统筹规划资金调配，保证资金安全，充分发挥财务信息决策支持功能。

组织建设工作以党的十八大召开为契机，以多种形式组织全体党员进行党的十八大专题理论研究学习。紧紧围绕“强组织、增活力，创先争优迎十八大”这一主题，在“创先争优”活动中开展“基层组织建设年”活动；按照监事会主席要求，在公司内举行“我为中视发展献计策”活动，鼓励员工为公司的经营与管理工作建言献策；充分发扬民主，组织党委委员进行以开展批评与自我批评为形式的民主生活会，进一步促进党委班子的团结，增强工作中的互动，充分发挥党组织的战斗堡垒作用。

行政管理、信息化系统建设、合同管理、廉政建设、企业文化建设等工作均按照年初制订的目标稳步推进。

（中视传媒股份有限公司提供）

中国有线电视网络有限公司 2012 年经营情况综述

2012 年是实施“十二五”规划承上启下的重要一年，也是贯彻落实党的十七届六中全会精神，加快推进中国有线电视网络健康可持续发展的关键一年。2012 年，中国有线电视网络有限公司按照“稳中求进、务实进取”的总原则，以确保党的十八大安全传输为主线，大力实施系列专项工程，圆满完成安全播出任务，安全播出传输保障水平创历年最佳；深入细致拓展市场业务，经营收入特别是利润又有新提升；继续加强自主科技研发能力，强化完善内部管理，彻底解决历史遗留问题，全面推进各项工作协调发展。

一、经营收入有新提高

2012 年，中国有线电视网络有限公司继续加强和完善内部经营管理责任制，顶住了严峻的市场压力，取得了良好的经营业绩。全年总收入近 7.8 亿元，比 2011 年增长 6.32%。利润总额比 2011 年增长 12.68%。全面超额完成了中央电视台和公司董事会下达的各项经营指标。

二、安全传输成绩创历年最佳

2012 年，中国有线电视网络的安全传输任务较往年更加繁重。年初，中国有线电视网络有限公司即确立了安全播出的多项指标，并明确了考核办法。在圆满完成了党的十八大安全传输保障任务的同时，圆满完成了“元旦”、“两会”、“十一”等常规重要保障任务和中央电视台现场直播传输保障工作。安全播出成绩创历史最好水平，得到国家广电总局的充分肯定。

保障党的十八大安全播出，是中国有线电视网络有限公司贯穿全年的工作任务，是全年工作的重中之重。中国有线电视网络有限公司精心准备，早部署、早安排、早自查、早整改，通过了国家广电总局的安全播出大检查，实施了 24 项党的十八大专项技术改造项目，总投资 7200 万元；演练阶段，从严、从难、从实战，砥砺战术，检验预案；重要保障阶段全员保安全，做到了指挥协调到位、全员保障到位、故障抢修到位、重要路段巡线督查到位、协调机制健全沟通顺畅、安全保卫严防死守措施得力、信息安全专人负责防范有效、临时传送任务优质快捷服务到位。在党的十八大安全传输保障期间，没有发生任何人为责任事故和重大事故、事件，达到了安全播出“零事故、零中断”的金标准，并为新疆、西藏等 10 个省（区市）电视台提供了共计 3 万多分钟高效高质的节目信号传输服务，被国家广电总局授予“十八大安全播出先进集体”称号。

三、科技创新有新突进

中国有线电视网络有限公司紧抓三网融合、NGB 建设和有线电视数字化双向化发展机遇，确立了国干网在广电科技领域中的重要地位。中国有线电视网络有限公司当前承担和参加的国家级、省部级科研项目十多项，省部级社科项目两项。正在审批的专利两项，正在申请的著作权一项。这些科研项目大大提高了中国有线电视网络有限公司的自主创新能力，为中国有线电视网络的发展提供了新的动力。

2012 年确定的八个重大项目均取得不同程度的成效。一是北京四环路光缆建设项目如期完成，形成国干网进出京光缆路由主备保护结构，降低了光缆在市内中断的风险，在党的十八大安全传输重要保障期和业务保障中发挥了积极作用。二是国干网扩容改造工程建设项目全力推进，圆满完成了粤桂、湛海等波分系统的扩容改造，新建京绥 OLP 保护系统和湛海OLP保护系统，完成了数据网东部扩容和局部优化项目，以及京沪、沪穗OTN建设工程的设计、工勘、设备招标、工程协调等工作，对提高国干网承载能力和安全保障能力有积极意义。三是对国干网所在的30个省市的346个机房进行全面清查，摸清了国干网现状，找出了国干网在设备、光缆线路方面存在的薄弱之处，为国干网扩容及安全播出改造提供详实的依据，为日常运行维护的改进方向和投入力度提供依据。四是三网融合试点与NGB示范工程建设取得阶段性成果，完成三个主要子项目的招标采购工作，累计投资3000多万元，有力地推动了新型融合业务的验证及推广，引领NGB业务平台发展趋势。五是积极推动视联网项目，进行视联网设备施工前的机房资源核查及设备准备工作，根据视联网系统特点及用户操作需要，完成系统优化、终端改造、演示系统的方案规划和设备准备，积极主动开拓战略合作伙伴及行业客户，为视联网的市场拓展打下基础。六是广播电视专用传输交换网络建设项目高效展开，完成了前期调研，确定了业务传送需求、资源状况、技术体制，基于在中央电视台新址、电影频道等已有DTM系统上运行的经验，分析典型故障，确保网络建成后运行维护的无缝割接。七是国干网首站广播电视节目交换平台建设进展顺利，明确了项目要解决的主要问题，确定系统建设的技术路线，根据国家广电总局安全播出的要求，结合中国有线电视网络安全播出整改的“双环双通道”方案以及对未来业务的发展预测，确定了项目建设规模，确定了项目系统与周边系统的对接方案，保证安全可靠，无缝对接。八是认真筹划广电在线项目，完成了合作计划书和可研报告，明确了五大业务模式和相关技术方案，完成了广电在线技术系统部署，对可研报告中提出的业务模式进行了验证，完成了广电在线门户网站建设。

四、内部管理有新面貌

中国有线电视网络有限公司一直坚持向管理要效益。2012年，公司按照两项法规制度的要求，进一步提高管理制度和管理方法的科学性、实效性，不留死角，努力提高管理效率，实现360°管理。中国有线电视网络有限公司继续完善了各项制度，细化流程，制订了各部门工作规程，全面加强内部管理，特别是完善和加强了财务、人事档案、合同等重要领域的管理制度、管理手段、管理措施，强化系统思维，搭建科学的管理框架，进一步完善现代企业管理体系，努力开创内部管理新局面。

（中国有线电视网络有限公司提供）

中国广播电视国际经济技术合作总公司 2012年经营情况综述

2012年，中国广播电视国际经济技术合作总公司（以下简称中广国际总公司）紧紧围绕中央电视台建设国际一流媒体、加强国际传播能力建设的工作中心，全力巩固传统业务，努力探索新型业务，克服困难，积极开拓，取得了较好业绩，全年实现营业总收入4.25亿元人民币。主要工作有：

一、继续大力推动和实施广播影视“走出去”工程广电节目海外落地项目并在海外推广中国标准

(1) 在科摩罗实施了广播电视节目落地，并在科试点中国数字电视国际标准(DTMB)，利用地面数字电视方式转播中央电视台英语新闻频道、中文国际频道和纪录频道节目。这是中国数字电视国际标准首次在非洲国家进行落地试点。

(2) 积极推动电视和广播节目在吉布提落地项目，并在吉推广DTMB。8月，公司在北京与吉布提广播电视公司签署了《关于在吉布提开展数字电视的合作备忘录》，明确中广国际总公司在吉布提全国范围内采用DTMB标准建设和运营数字电视播出网络，项目合作期为20年。

(3) 协助中央电视台完成部分国外解码器、广电设备销售及统计工作，并配合中央电视台对30多个国家和地区的驻外使领馆及中资机构进行了回访和设备升级。

(4) 努力推动中国整频率调频节目在南美落地。7月，中广国际总公司派专人赴苏里南与合作方商谈项目实施细节，推动中国国际广播电台调频节目在苏落地，并达成一致。

二、妥善应对马里政变给租机工作带来的影响

中广国际总公司负责实施的马里租机项目已运行到第4期。3月，马里突发政变，公司立即启动应急机制，和无线局通力配合，保证了人员安全和正常播音。5月，马里局势恶化，根据上级决定，公司将驻马里租机组全体人员安全撤回国内休整，转播工作暂由马里广电局负责。待条件成熟后，妥善安排租机组重返马里工作岗位。

三、对外援助项目正常开展，时隔五年再次进入援外设计领域

公司各项经济援助技术合作项目均正常实施，其中包括：电视、广播节目在刚果（布）落地运行项目，援科摩罗广播电视中心技术合作项目，援赤几巴塔电台技术合作项目，援刚果（布）朱埃电台技术合作项目，援中非宾博电台技术合作项目等。公司下属的中广国际建筑设计研究院受商务部援外司的委托，完成了《援几内亚广电中心和四电台改造项目》对外和对内的勘察设计合同任务。这也是五年来公司所属设计院首次承接商务部的任务并获得好评，标志着除承担援外工程、技术合作和培训项目外，公司正式进入援外设计领域。

四、承办对外广电培训班

受国家广电总局和商务部的委托，公司于2012年承办了针对发展中国家广播电视官员、技术及管理人员的培训班5批次，学员共计136人。培训班坚持重视对方需求，立足实际应用，深受学员好评。

五、稳步拓展国内工程项目

顺利实施中宣部六部口综合楼项目并陆续承接了一系列后续工程，赢得了用户的信任和好评。

六、协办第68届国际电影资料馆联合会（国资联）年会

4月22日至28日，第68届国资联年会在北京举行。本届年会由中国电影资料馆承办，中广国际总公司协办，共有包括中国电影资料馆在内的48个国家和地区的79个机构的210名代表注册参加，国资联北京年会取得圆满成功。中广会展服务逐渐形成新的服务品牌。

七、执行承办第21届北京国际广播电影电视设备展览会（BIRTV2012）

BIRTV2012主题为“品格媒体，品质生活”，共有中外参展商493家，专业观众55000人，在展出规模与观众规模上均较以往有所增加。展品覆盖广播影视内容各个环节，广泛涵盖热点技术与解决方案，充分体现了广播影视近一年来的发展成就与优势特点。作为世界排名第三的广播影视展览会，BIRTV借助自身平台的国际影响力，积极推动民族品牌技术设备走出去。根据BIRTV国际化工作规划，公司组团分赴NAB、IBC、印尼和新加坡广电展宣传推广BIRTV展览会，提高了展览会的国际影响力和认知度，取得了良好成效：2012年有191家国际厂商参展BIRTV，国际观众数量有了明显增加。中广国际总公司以BIRTV为平台组织的BIRTV展团两次赴越南参展，推广国产优秀广电设备，收到良好效果。

在BIRTV期间，中广国际总公司还承办了国家广电总局主办的首届中非媒体合作论坛，通过与各相关单位的紧密合作，在代表邀请、会务组织和服务以及会议安全等工作中顺利完成了预定目标，为大会的成功举办提供了有力保障。非洲国家联盟委员会主席让·平、来自非洲的20多名政府部长和42个非洲国家的广播电视媒体机构负责人、企业界高层管理人员和专家学者，以及非洲国家联盟、非洲广播联盟等国际组织的代表共200余人参会。通过本次论坛，很多非洲国家代表对BIRTV展览会综合平台展出内容的全面性、先进性和国际性留下了极为深刻的印象，并通过BIRTV了解到了具有较高水平的中国自主知识产权在广播电视产业的发展状况。同时，许多全程参与了中非媒体合作论坛的国产设备生产商也对论坛与

BIRTV 相结合这种方式给予了高度评价，表达了希望继续通过此种方式扩大国际影响力的想法。

在承办中非媒体合作论坛和 BIRTV 的同时，还承办了“东盟广播产业人员访华”项目，东盟八国的 18 名广电产业人员来华考察并参观了 BIRTV2012 展览会，扩大了中国与东盟国家在广播电视领域的交流合作，提升了中国技术标准及设备在东盟各国的影响和认可度。

八、为国家广电总局“村村通、户户通”工程等提供专业服务

在国家广电总局“村村通、户户通”项目中，中广国际总公司发挥多年从事国际贸易的专业优势，为外商开立大额远期信用证，为“户户通”项目的顺利执行提供了专业服务和支持。另外，还为中央电视台奥运项目及新台址设备提供了专业服务和支持。

（中国广播国际经济技术合作总公司提供）

CCTV
中国中央电视台
CHINA CENTRAL TELEVISION YEARBOOK
年鉴
2012
胡占凡 主编
《中国中央电视台年鉴》编辑部 编

TONGGANGAO TAI JIAOLIU YU HEZUO

同港、澳、台交流与合作

同港、澳、台交流与合作

2012 年中央电视台同港、澳、台交流与合作纪事

4 月 12 日 魏地春副台长会见了台湾资深记者协会理事长、铮报社长赖连金一行。魏地春表示，媒体在增进两岸人民相互了解方面发挥着重要作用。两岸媒体应顺应当前两岸关系和平发展、大交流大合作的新形势，进一步加强交流合作，共同努力为增进两岸了解、减少两岸分歧做出更大的贡献。

7 月 10 日 孙玉胜副台长会见了台湾 TVBS 电视台总经理杨鸣，双方签署了《新闻合作备忘录》。孙玉胜对 TVBS 长期以来给予中央电视台中文国际频道新闻报道及台北驻点记者在台采访活动的支持与协助表示感谢，认为双方十多年来的新闻合作，尤其是在突发事件应急反应能力方面得到进一步加强。希望通过此次签署协议，共享报道选题等采访信息，进一步加强合作，拓展合作领域与范畴。

7 月 18 日 朱彤副总编辑会见了香港电台副台长戴淑饶一行，双方就两台之间开展合作交换了意见。朱彤表示，中央电视台将全力支持香港电台办好电视频道，希望双方本着务实、可行、高效的原则，充分考虑香港观众的收视习惯与需求，进一步商讨转播中央电视台频道的方案。

7 月 20 日 朱彤副总编辑会见了台湾 MOMO 亲子台总经理陈景怡一行，双方就开展合作交换了意见。朱彤表示，制作少儿节目要有宽阔的视野和创新精神，并融入东方文化的特点。希望通过两岸少儿频道之间的合作，共同制作属于孩子自己的晚会，展现孩子们天籁般的声音和最好的表现。同时，也欢迎台湾同仁将深受喜爱的儿童节目介绍到中央电视台播出。

8 月 14 日 孙玉胜副台长会见了台湾 TVBS 电视台董事长张孝威。孙玉胜表示，不久前，双方签署了《新闻合作备忘录》，约定共享报道选题等采访信息，进一步拓展新闻领域的合作。当前，两岸有许多共同关注的题材，两台可以积极策划、相互配合，在“钱塘江大潮”直播等有关活动中加强合作。

8 月 31 日 朱彤副总编辑会见了香港中国商会访京团一行。朱彤表示，中央电视台将积极贯彻落实中央关于“走出去”的指导方针，抓住良好契机，大力提升在全世界范围内的影响力，加强中国声音，让世界人民更加客观地了解中国。

12 月 7 日 程宏副总编辑会见了香港优质旅游服务协会访京团团长李应生一行。程宏表示，中央电视台拥有成功的广告运营经验，在全国电视广告市场中占有优势份额，具有极高的市场号召力。香港旅游业可借助中央电视台这一广阔、高效的平台，开展多元化合作，进一步开拓内地市场。

（台办公室外事处提供）

2012 年中文国际频道对台宣传情况综述

2012 年，中文国际频道进一步加强对台宣传，密切与台湾媒体的交流合作，共同制作节目、举办活动等，依托台湾媒体的资源和平台，积极扩大频道在台湾的影响力，取得了良好的宣传效果。

一、品牌对台栏目积极创新，拓展话题领域

2012 年，中文国际频道两个对台栏目《海峡两岸》

和《天涯共此时》积极创新发展。《海峡两岸》先是推出了周日特别节目《两岸新观察》，节目以“两岸嘉宾、两岸观点，两岸新观察”为宗旨，邀请两岸的来宾就两岸民众关心的重大话题进行深入分析探讨，主题涉及两岸政治、经济、文化等各种领域；随后又推出了周六特别节目《台海风云会》，揭秘两岸交往互动几十年来重点历史事件的背后故事、重点历史人物的命运浮沉。《天涯共此时》则推出周末版特别节目《养生有道》，邀请两岸嘉宾一同就观众关心的养生问题答疑解惑。这两个栏目周末版节目的推出，不仅收到了良好的收视反馈，还提升了栏目的影响力。

另外，《海峡两岸》栏目的演播室和包装在2012年还进行了多次调整，提升专业性。演播室从原来的简单色块堆积的单一背景板，调整为以红蓝两色为基调有层次感的动态背景板，充分利用演播室的大屏幕，将每期节目的提要、关键词、关键画面投射到大屏幕中，增加了视觉的冲击力。节目的包装也由原来的单一标题、单一播报的方式，转化为大小标题并存、多角度播报的方式。在《热点扫描》板块中扩大了新闻选择范围，灵活运用新闻链接、新闻背景、新闻分析、专家观点等，增加了新闻的深度和广度，体现了《海峡两岸》新闻报道的独特性和权威性。

二、海峡两岸知识大赛亮点不断，推动文化交流

2012年，中文国际频道继续与台湾中天电视台合作，联合举办第11届海峡两岸知识大赛，活动吸引了海峡两岸200多所知名院校的上万名学生参与。9月15日至23日，决赛在台湾中天电视台的演播室进行录制，中央电视台副总编辑李挺、台湾中天电视台总经理马詠睿等领导出席并为获奖选手颁奖。决赛节目于12月6日至10日每晚19:15在中文国际频道播出。

本届大赛充分整合两岸媒体不同的节目制作风格，互为补充，在追求知识考察的基础上，增加活泼轻松的比赛形式，协同创新，亮点频现。一是赛制创新。首次推出一位大陆学生和一位台湾学生的比赛组合，有利于促进两岸参赛选手之间的交流与合作。二是大陆比赛选手真正走进台湾，从各个层面了解台湾的历史和台湾人民的生活，增强彼此之间对于同根文化的认知。

“海峡两岸知识大赛”自2002年首次举办以来，已成功举办11届，共有十多万两岸青年参与预赛，近千名选手参加演播室的决赛。它是两岸媒体联合举办时间最长的益智类节目，也是规模最大的两岸青年知识大赛，已成为两岸青年交流的重要平台。

三、与台湾媒体合作深入广泛，形成常态机制

2012年，中文国际频道在节目制作方面加强与台湾媒体的合作，台湾TVBS电视台和东森电视台每周分别为《海峡两岸》栏目传送50分钟新闻，全年共传送5200多分钟新闻。《海峡两岸》栏目每周还会和台湾东森电视台进行6小时的双向卫星连线，全年共连线312小时。在《2012两岸关系回顾与展望》年终特别节目中，《海峡两岸》栏目与台湾东森电视台和TVBS电视台合作，邀请两岸嘉宾展开对话，为全球观众梳理2012年两岸关系发展大事记，为观察和分析两岸关系和平发展趋势提供重要资料和参考。

2012年11月，在台湾东森电视台的帮助下，《走遍中国》的百集系列节目《中国古镇》走进台湾莺歌、鹿港、美浓等地，对台湾文化、美食、民俗等进行了深入采访，制作了“台湾美食”、“神奇之釉”、“鹿港千工”等5集系列节目，真实反映了台湾的民俗风情、历史文化以及民众生活。

四、对台宣传选题不断拓宽，形式丰富多样

2012年，中文国际频道的对台宣传不仅选题范围不断扩大，涉及政治、经济、文化等各个方面，节目形式也日渐多样，新闻、专题、文艺节目百花齐放。

《海峡两岸》作为中央电视台唯一的涉台时事新闻评论栏目，2012年跟踪报道了台湾地区新一任领导人大选、第八届两岸经贸文化论坛、第四届海峡论坛、台湾各界对中国共产党第十八次全国代表大会的关注以及民进党人士谢长廷访问大陆等方面内容。

2012年，《天涯共此时》在坚持“展现中华文化在两岸传承”节目定位的同时，积极寻求选题突破、形态变化，制作了《跨越海峡的爱》和《捡回珍珠计划》、《奇趣雕刻》等节目。国家广电总局第93期《监听监看》中，称赞《天涯共此时》栏目制作的《跨越海峡的爱——麻风村的台湾女子》是一档有故事、有思想，导向力和传播力都很强的节目。国家广电总局收听收看专家认为《奇趣雕刻》节目使观众在愉悦的氛围中不但欣赏到两岸高手的精湛技艺，而且感悟到中华传统文化的博大精深。

2012 年 6 月 16 日，第四届海峡论坛开幕式暨“中华情 · 海峡缘”综艺晚会在厦门国际会展中心举行。晚会由两岸艺人联手打造，将大陆和台湾的中华艺术元素巧妙结合，相得益彰。突出闽南地方特色文化，展现中华文化精髓。节目用乡音乡情唤起两岸观众共同的美好回忆，传递了“中华情 · 海峡缘”的理念。

2012 年 7 月，《中国文艺》周末版录制了“同是一个梦——两岸和平小天使互访 20 周年”纪念专题文艺节目，整台节目长约 90 分钟，以两岸和平小天使交流互访活动为主线，凸显了两岸青少年交流播种希望、收获未来的主旨。

（中文国际频道提供）

2012 年中国网络电视台对台宣传情况综述

2012 年，中国网络电视台努力探索对台宣传新平台，加强台海网络广播电视台建设，逐步扩大对台网络宣传的影响力。运行三年来，台海网络广播电视台实现从中国网络电视台二级频道、中国网络电视台独立子台到台海网络广播电视台独立运营的三次跨越，发展模式日渐清晰、网站内容日渐丰富、对台宣传日见成效，访问量正稳步增长。2012 年 3 月，中共厦门市委编办正式批准厦门广播电视集团成立新媒体中心，主要承担台海网络广播电视台的日常运营工作。

一、内容建设

1. 升级改版

2012 年 5 月，经厦门广播电视集团党委和中国网络电视台共同研究决定，台海宽频全新改版升级为台海网络广播电视台。一是启用新呼号、新标识和独立域名 www.xmtv.cn，尝试独立运作。台海网络广播电视台立足厦门，面向两岸，借助国家网络电视台技术平台，构建对台专业网络电视台。二是丰富内容架构。自办频道由 7 个增加到 10 个，并新增合作频道 10 个。三是突出本土特色。重点突出海峡西岸报道和原创特色，新推出《i 在现场》等特色栏目，信息量增加 50% 以上，实现中央电视台和厦门广播电视集团自办广播与电视节目的在线直播和点播回看。数据显示，改版以来，网络用户和网络访问量逐步攀升。

2. 原创活动

台海网络广播电视台 2012 年逐步加强网络原创、专题策划和活动策划。一方面加强原创策划。先后完成 2012 台湾大选等重大网络原创专题报道；围绕党的十八大、海峡论坛、海峡两岸文化产业博览交易会、海峡两岸机械电子商品交易会暨厦门对台进出口商品交易会、中国国际投资贸易洽谈会等主题活动开展线上线下互动，共策划推出了上百个网络专题，取得较好的效果。另一方面加强活动推广。2012 年主办了“第三届两岸中秋网络博饼大赛”，将原来的单一主赛场扩展为 1 个主赛场和 3 个分赛场，除人机对博形式外，互联网上首家推出圆桌在线人人对博游戏形式，获得良好的宣传推广。承办全国广播电视网络新媒体发展研讨会活动，国家广电总局发展研究中心领导和全国 20 多家兄弟台网络媒体机构参加会议，为国内网络新媒体机构提供了一个交流学习的机会。

(1) 直击台湾 2012 大选

从 2011 年 8 月起，台海网络电视台对台湾 2012 大选进行重点关注，以视频和图文相结合的方式，对台湾各阵营参选、热点竞选事件进行报道。每日在网站首页对最新动态进行推荐。随着台湾 2012 大选不断深入，报道量不断增多，台海网络电视台推出《直击台湾 2012 大选》专题，从参选的蓝、绿、橘三大阵营，到马英九、蔡英文、宋楚瑜三位候选人的介绍，再到选举日程、电视辩论、候选人的民调支持率等方面对大选动态持续跟踪报道。

在该专题报道中，台海网络电视台始终保持客观公正的报道立场，并根据大选进程与热点话题，策划推出系列分专题，如《宋楚瑜参选或致四结局》、《李登辉操盘 2012？》、《宋楚瑜拼连署 45 天》、《全面解析 2012 台湾选举首场辩论会》等。

开票日当天，台海网络电视台采用图文、视频、微博三种形式，滚动、互动式立体报道。在网站头版直播厦门卫视信号，成为国内仅有的几家全程直播大选开票过程的网络媒体。同时，直接收录台湾中天电视台的现场画面，经编辑后发出最新的独家视频报道，并同步更新微博。其中，马英九成功当选以及当选后发表的现场演讲，台海网络电视台均推出及时的视频报道。

(2) 第四届海峡论坛

第四届海峡论坛于2012年6月16日至22日在福建厦门隆重举行，台海网络电视台第一时间搭建专题，除了对论坛日程、背景和历届论坛进行回顾外，还第一时间报道了两岸互动交流活动，提炼本届论坛的精彩看点。通过信息整合、视频再现、评论解读等形式，台海网络电视台及时、全面、重点突出又特色鲜明地对论坛全貌进行了成功报道。

一是信息及时全面。台海网络电视台发挥网络媒体时效性强、信息海量等特性，全面整合厦门本地、国内其他媒体的图文资讯、视频报道，并将论坛最重要、最新鲜、最有吸引力的资讯在网站首页及专题首页重点推送。

二是重点突出。台海网络电视台在众多的交流议程与项目中，重点关注“中华情·海峡缘”开幕式综艺晚会，直播海峡论坛开幕式，聚焦海峡影视季活动，以及介绍颇受大陆民众欢迎的台湾小吃等。此外，全程聚焦论坛取得的成果，不断挖掘论坛新意，深入解读两岸惠民政策。

三是原创视频报道。论坛期间，台海网络电视台共制作发布原创视频40条。通过紧扣两岸关系脉搏和论坛主旨，直播两岸领导层及两岸民众的交流场面，邀请台湾嘉宾与台湾业者讲述自己的两岸情怀，呈现两岸影视文化的交流与交融状况等。这些原创视频，既具有网络媒体的时效性，又凸显网络媒体的草根性。

(3) 第四届厦金海峡横渡直播报道

厦金海峡横渡活动是由厦金双方携手打造，大陆、台湾、香港、澳门共同参与的重大体育交流活动，也是全球华人游泳爱好者切磋技艺的竞技平台和交流盛会。作为两岸体育盛事，2012年的赛事规模进一步扩大。台海网络电视台继续发挥本地媒体优势，对第四届厦金横渡活动进行专题报道，并视频直播了横渡全过程。

在赛事前期，分别介绍横渡航线、航道水文条件、参赛选手状况，以及赛事进展与保障等前期资讯。赛事期间，全程网络直播选手横渡状况，展现选手之间的竞争与友谊，为网友全面呈现赛事现场的激烈与惊险。横渡结束后，台海网络电视台在第一时间对整档节目进行拆分切条处理，对亮点新闻在专题首页和台海网络电视台首页进行重点推荐。此外，专题还对历届厦金海峡横渡进行盘点和回顾，以方便网友在线查看所有比赛内容。

(4) 第八次“陈江会”专题

2012年8月9日，大陆海协会会长陈云林与台湾海基会董事长江丙坤在台北圆山举行第八次会谈，台海网络电视台全程报道此次会谈，并及时搭建相关专题，整合各方面信息，重点突出两岸签署《海峡两岸投资保护和促进协议》和《海峡两岸海关合作协议》的内容。从两会预备性磋商前开始持续关注，详细介绍两岸两会领导人第八次会谈的日程、商谈内容、会谈成果、签字仪式等，将各方的分析评论以及大量的现场报道等信息结合，让受众更加深入地了解此次会谈。

(5) 第五届海峡两岸（厦门）文化产业博览交易会

2012年10月26日，第五届海峡两岸（厦门）文化产业博览交易会在厦门国际会展中心隆重开幕，台海网络广播电视台提前对此次会议进行持续关注，推出文博会相关专题报道。

本届“文博会”升格为国家级文化交流展示交易重要展会。和往届不同，在国际颇具影响力的第五届厦门国际动漫节和第八届海峡两岸民间艺术节与本届文博会合并举办，形成“一会两节”的新格局。台海网络广播电视台以视频和图文相结合的方式，并配合原创组在展会现场自采自编的内容，全方位报道此次活动，并将焦点对准台湾企业展位，让台湾的原创设计、商品等受到网友更多的关注。

此外，台海网络广播电视台还着重报道第五届厦门国际动漫节和第八届海峡两岸民间艺术节等活动，并对动漫节“金海豚”奖颁奖晚会进行全程直播。

(6) 2012两岸中秋网络博饼大赛

中秋博饼是闽南地区特别是厦门民众欢度中秋佳节的传统民俗活动。不同于其它的对台新闻专题报道，两岸网络博饼大赛是由台海网络电视台自主开发并举办的、具有闽南特色的互动游戏项目。通过2012两岸中秋网络博饼活动，可让海峡两岸乃至海外网民足不出户、随时随地、无门槛、无限制地参与博饼民俗，实现传统的线下博饼无法比拟的庞大参与面。

2012两岸中秋网络博饼活动在前两届的基础上，对博饼游戏网站和代码进行全面重新开发，除人机对博形式外，在互联网上首家推出圆桌在线人人对博游戏形式，进一步增强网络博饼用户的参与体验度。

2012两岸中秋博饼活动采取“主赛场”和“专场”两种博饼方式，分海选、复赛、总决赛三个阶段，而复赛获胜者和王中王选手则将获得金门游与台湾游等奖品。在总决赛当天，最终晋级的10名网络选手来到演播室，面对面掷骰对决，台海网络广播电视台全程网络视频直播。

(7) 2012 台湾十大爆红关键词

2012 年底，台湾“Yahoo! 奇摩”公布在该平台上 2012 年度十大爆红的搜索关键词，“凤飞飞辞世”、“Makiyo 醉殴运将”、“林来疯”等上榜，台海网络广播电视台根据这十个关键词搭建年终盘点专题。通过整合视频、图片、文字等资源，提取各个事件的要点，对每个关键词所对应的热点事件都进行详细回顾和总结，为两岸网民带来详尽的描述和报道，并在台海网络广播电视台的首页显著位置重点推荐相关内容。

二、平台建设

在厦门市宣传文化基金及厦门广播电视集团和中国网络电视台的关心支持下，2012 年台海网络广播电视台的平台建设与推广工作取得重要进展：

1. 网络演播室建设

3 月完成台海网络广播电视台服务器机房与网络演播室的建设，通过网络演播室，录制播出《幸福湖里零距离》网络系列访谈录，进行两岸中秋网络博饼大赛的两场总决赛网络直播等节目活动。

2. 内容发布平台升级

5 月启用新版 CMS 后台内容发布系统，解决旧 CMS 系统不稳定、图文发布功能缺失的问题；7 月新增四路本地电视节目信号的收录，并实现苹果 IOS 系统的网络直播功能；8 月实现厦门一、二、三套与厦门卫视的网络回看功能。

3. 布局移动传播平台

在厦门广播电视集团技术中心支持下，12 月正式签订网络转直播车与移动传播平台（一期）项目建设合同，移动传播平台（二期）建设相关经费申请和方案调研工作也已启动。

三、入岛工程

2012 年，台海网络广播电视台通过与台湾媒体的合作加强入岛宣传：

(1) 通过新闻置换等方式，将台海网络广播电视台的新闻报道呈现在今日新闻网、联合网等台湾知名新闻网站的相关版面，新闻标题的链接直接跳转至台海网络广播电视台，并且为台湾网民带来许多正面的有关大陆及两岸关系的相关新闻。

(2) 在《中国时报》等传统媒体上，刊登相关的宣传 Logo，逐渐提升台海网络广播电视台在台湾的知名度。

（中国网络电视台提供）

DUIWAI JIAOLIU YU HEZUO

对外交流与合作

对外交流与合作

2012年中文国际频道对外宣传情况综述

2012年，中央电视台中文国际频道扎实推进国际传播能力建设，积极传播中华优秀文化，对外宣传的能力和水平、范围和影响都上了一个新台阶。

一、中文国际频道收视、口碑双丰收

从海外数据上看，2012年，在长城（美国）平台上，中文国际频道平均收视份额16.52%，排名第一，比凤凰卫视美洲台高出1倍多；在长城平台美国、加拿大、欧洲等七大网站频道电子节目单点击量排名中，中文国际频道也全部名列第一。

2012年中文国际频道还多次获得中央领导同志的肯定，受到中宣部、中央外宣办、国家广电总局、国台办等部门以及电视业界和专家学者的好评，在第二届中国电视发展年会上，荣获“中国电视发展最具创新力十大上星频道”。同时，频道也深受广大海内外电视观众的认可和喜爱。莫桑比克共和国总统保健医生江永生赞扬中央电视台是海外华人华侨的良师益友，是他们共同的宝贵精神财富，是传播文化、更新知识的摇篮。中国驻美国纽约总领馆文化参赞王燕生来函认为，中文国际频道的节目无论在传播中国主流价值、表达方式,还是对海外华人吸引力及节目可视性方面，均属上乘，可圈可点。

2012年，中文国际频道《远方的家》栏目推出百集系列特别节目《北纬30°•中国行》、《走遍中国》栏目推出百集系列片《中国古镇》以及50集系列片《留住手艺》等一大批文化韵味浓厚、品质高雅的节目，受到海外观众好评。

从收视数据和社会反响上可以看出，2012年中文国际频道取得了收视效益和社会效益的双赢，传播力和影响力显著提升。总结做法和经验，主要有以下几个方面：

第一，定位准确，各栏目整体优化，这是中文国际频道竞争力提升的基础和关键。

第二，深化“走转改”，所有栏目深入基层挖掘最鲜活的素材，这是中文国际频道搞好对外宣传的必由之路。

第三，量身打造，精心编排周末假日版节目，这是中文国际频道提升整体品质的重要举措。

第四，走“系列”路，发挥规模效应，这是中文国际频道搞好对外宣传的有效途径。

第五，推行中英文双语字幕，扩大观众规模，这是中文国际频道增强国际传播能力的有效策略。

第六，加强评价管理、观众反馈、经验总结等工作，促进中文国际频道影响力进一步提升。

二、“借船出海”，联合外力，共同推动中华文化“走出去”，扩大中文国际频道海外影响力

2012年11月，中文国际频道成功举办了第三届海外华语电视媒体协作会。来自5大洲52家华语电视媒体的100多位代表参加了会议，国家广电总局副局长李伟、中央电视台台长胡占凡、中宣部副秘书长张英伟出席会议并致辞。本届协作会是近年来海外华语电视媒体规模最大的一次盛会。

与会代表围绕“深化合作、实现共赢”的主题进行深入探讨，并在节目交换、人员交流、联合采访等方面达成了广泛共识。海外华语媒体协作会是中文国际频道“借船出海”的重要举措。

另外，2012年9月5日，中文国际频道还向全球孔子学院赠送了《北纬30°•中国行》光盘作为辅助教材，这也是中央电视台的优质节目“借船出海”的一种形式，借助孔子学院的全球平台，进一步扩大自身的海外传播力和影响力。

三、品牌赛事活动不断，中文国际频道搭建对外交流桥梁

2012年，中文国际频道先后举办了第五届在华留学生汉语大赛、第11届海峡两岸知识大赛、《福州月·中华情》中央电视台中秋晚会以及海外忠实观众联谊活动等一系列品牌赛事、晚会活动，扩大了影响、凝聚了观众，搭建起一座座中外之间、全球华人之间的友谊之桥。时任中共中央政治局委员、国务委员刘延东在出席《在华留学生汉语大赛总决赛暨颁奖晚会》时表示，汉语大赛已经成为全球推广汉语的重要品牌活动，对进一步推动中国文化“走出去”起到了积极的作用。

四、引领全国电视外宣，中文国际频道联合地方力量共同壮大中国电视对外传播声势

中文国际频道是中国广播电视协会外宣工作委员会的日常办事机构，当前该委员会的成员单位已发展至包括中央电视台和全国省市级电视台在内的50多家电视台。2012年9月，中文国际频道在广西崇左组织了中广协会外宣委员会工作会议，会议首次设置了“边境电视外宣工作”主题，来自国侨办、国台办、中央外宣办、国家广电总局等上级机关的领导，以及40多家地方台的100多位代表出席了会议。开展边境电视外宣可以发挥电视媒体的优势，宣传我国关于构建和谐世界的主张，增强中华文化在周边国家的影响力和感召力，塑造积极、正面的国家形象。

2012年，中文国际频道还先后组织了《生态丽水，养生福地》和《感知陕西，尽览人文》全国电视联合采访活动。其中，陕西联合采访活动吸引了包括台湾和香港主流媒体在内的37家电视台参加，是迄今举办规模最大的一次联合采访活动。

五、重大宣传对外展示中国新形象，中文国际频道海内外影响力不断提升

2012年，中文国际频道圆满完成党的十八大、香港回归15周年、“神舟九号”载人飞船与“天宫一号”成功对接等重大事件的宣传报道。特别是针对党的十八大，频道结合自身特色精心组织策划了一批重点节目，比如《中国古镇》推出6集“红色古镇”，《中国文艺》推出“祖国颂歌”、“华夏同歌”、“山河赞歌”等歌曲汇编，通过文化的传承变迁以及人们的生产生活变化向海外华人华侨展示当代中国新形象。此外，频道还制作播出了《五彩呼伦贝尔》、《走遍中国·走进赣州》、《神奇宁夏》等等多部反映中国地方特色的电视专题片，为向海外推介美丽、神奇、多元、开放的中国形象发挥了重要作用。

（中文国际频道提供）

2012年外语频道对外宣传情况综述

2012年，是外语频道提升节目品质、优化频道管理和增强国际影响力的丰收之年。频道认真贯彻中央领导关于加强外宣工作的指示精神，在坚持正确舆论导向、圆满完成重大报道任务、实现安全播出的同时，扎实推进国际传播能力建设工作：成功开播了非洲和北美两个英语新闻频道区域制作中心，实现了英语新闻频道全球化直播；成功编织并扩大了海外报道网络、国内报道网络和各领域评论员网络等三大网络，大大增强了外语频道的新闻报道力量；成功建立和优化了外语频道策划机制、DESK机制、节目创新机制和评价调研机制等四大管理机制，完善了频道的业务管理体系，为提升节目品质提供了可靠的保证。2012年，外语频道坚持不懈的努力使中央电视台海外影响力不断加强，与国际主流媒体的差距逐渐缩小，在我国全方位、多层次、宽领域的大外宣格局中发挥了重要作用。

一、抓住机遇，成功建立非洲、北美分台英语区域制作中心，实现外宣工作跨越式发展

2012年1月11日，非洲分台英语新闻频道区域制作中心在肯尼亚首都内罗毕开始播出节目。2月6日，北美分台英语新闻频道区域制作中心在华盛顿开始播出节目。两个分台英语新闻节目的正式开播标志着中央电视台国际传播能力建设取得重要突破。通过本土

化制作，有针对性地为非洲、北美地区主流观众提供时政、财经和访谈类节目，两个区域制作中心很快就以其客观、独特的报道角度，制作精良的节目内容受到国际主流媒体的关注，得到业内外的积极评价和本地观众的欢迎，国际影响力进一步提升。

二、积极推进报道能力建设，提升新闻报道现场到达能力、表达能力和影响力

2012年，外语频道在国内外报道网络建设上取得了长足的进步，对内建立外语频道联合采访平台，抽调外语频道最优秀的记者资源为各频道共享；陆续在各省市派驻地方英语记者，他们逐渐成为活跃在新闻报道中的生力军；编织遍布全球的海外报道员网络，第一时间将发生在世界各地的新闻告知天下。这一系列举措使外语频道的新闻现场到达能力、表达能力和影响力得到了迅速提升。

三、出色完成年度重大报道，全力实现频道品牌化发展

2012年，外语频道在“两会”、伦敦奥运会、党的十八大等重大报道中突出创新，实现频道全球联动。

在“两会”报道中，外语频道充分发挥海外分台的作用，创新了“两会”报道的手法与形态，三大洲四地演播室的互动不仅丰富了报道内容，也使“两会”报道的形态更为国际化。

在伦敦奥运会的报道中，通过在前方搭建演播室、启用国际著名主持人等尝试，灵活运用国际化电视呈现方式，有效提升节目的国际化形象，并大大提升了节目看点。

外语频道在党的十八大报道中紧紧围绕“科学发展、成就辉煌”的主题，以“变化中的中国”为主线贯穿所有报道，在会前突出介绍十年来中国的发展进步；会中宣传好中国共产党的执政理念和伟大成就；会后继续做好党的十八大精神的解读和贯彻。各语种频道有意识加强自主设置议程，积极响应海外关注，凸显频道特色。记者本着“对外三贴近”原则，贯彻“走基层”精神，深入到基层百姓当中，以贴近海外受众的方式进行传播。实行全球报道力量联动，充分调动了美洲和非洲区域制作中心、各海外站点和特约报道员及国内记者站的力量，针对性明显增强，取得了较好的效果。

四、重要时事报道主动出击，牢牢把握国际舆论斗争话语权

针对国际社会关注的热点事件，各语种频道严格把握口径，发挥多语言优势，充分表达中国的立场和观点，本着“以我为主”的原则积极发出中国声音。

2012年，外语频道密切关注叙利亚局势变化，本着客观、平衡的原则，在做好动态消息报道和深度解读的同时，重点向世界阐述了中国立场。

针对黄岩岛事件和南海局势问题，外语频道及时更新外交部消息，第一时间表明中国政府立场，同时编译背景短片及新闻片，向海外观众阐述黄岩岛属于中国的事实，其中英语新闻频道《今日亚洲》、《今日话题》、《中国24小时》、《今日观察》等栏目制作的相关新闻，还被CNN国际频道使用。

自日本宣布将钓鱼岛“国有化”以来，外语频道持续关注最新动态和中国官方表态，充分体现中国拥有钓鱼岛主权的合理性，并结合图文制作的报摘，报道中、美、日媒体的反映。西班牙语、法语、阿拉伯语、俄语国际频道及时跟进相关动态，与英语新闻频道合力形成对外报道声势。

五、各频道发挥优势，自主策划，百花齐放

为反映新疆近十年的发展变化，阿拉伯语国际频道于6月6日启动了自主策划的大型系列报道《车行新疆》，报道组采用边行车、边报道、边回传的形式，从乌鲁木齐出发，途经吐鲁番地区等新疆最具民族特色的地区，以驾车拍摄的方式，历时一个月最终抵达中国最西部的城市喀什。报道活动行程超过1500公里，涉及维吾尔族、汉族、哈萨克族、回族、蒙古族等13个少数民族聚居地，向海外受众全面展现今日新疆的新图景。此次拍摄贴近时代、现实感强，深入、有力地驳斥了西方媒体关于新疆等西部地区生态恶化、发展失衡的报道。

西班牙语国际频道于8月12日启动了《行走川藏线》大型系列报道，频道派出的南、北两路摄制组从成都出发，采用边行车、边制作、边回传的方式记录西藏这十年的发展成就。《行走川藏线》总行程近5000公里，沿途拍摄记录了川藏线沿路藏区的经济发

展、宗教保护、文化传承、民生改善和生态文明等国际关注度高的选题，展示藏区新形象。

俄语国际频道的专题文艺类节目制作播出平稳推进，不断取得新进展。特别节目《等着我》的采编人员先后赴各地为俄罗斯电视一台提供故事素材和信息支持，并于9月初再次与俄方合作伙伴通过视频录制了《等着我》特别节目，在中秋节期间播出。该节目进一步提高了俄语国际频道在俄语国家受众中的知名度及关注度。

六、加强与国外媒体合作交流，多渠道推介频道品牌

在扩大对外传播影响力的同时，外语频道还积极与对象国媒体建立全方位的合作关系。

俄语国际频道结合“中俄旅游年”等活动，派出摄制组赴莫斯科拍摄，制作了《旅游年特别节目——中俄旅游列车》等节目，期间与俄罗斯电视媒体建立起了良好的合作关系，对推广俄语国际频道起到了积极的促进作用。由俄语国际频道独立策划、制作的《宾至如归》系列节目参加了布达佩斯第七届国际俄语电视广播节，并获得唯一的一个文艺类电视节目大奖，扩大了中央电视台俄语国际频道的影响力。

2012年，阿拉伯语国际频道共接待了10个外国参观团，其中黎巴嫩共产党总书记、埃及开罗电视台、阿拉伯国家和阿盟广电干部等均提出合作意向。苏丹国家电视台台长苏莱曼对阿拉伯语国际频道提出的进一步加强派摄制组赴苏丹拍摄、互办电视周、互派人员交流等方面的合作建议表示采纳，并表示将为中央电视台驻苏丹记者提供便利，为阿拉伯语国际频道提供嘉宾资源。

英语新闻频道制作的一小时《非洲直播室》11月起成功进入肯尼亚电视台播出，这是外语频道扩展传播渠道的一次重大突破。

七、组织海外观众座谈，加强节目针对性

为全面了解不同地区的观众需求及频道在海外的竞争环境，改变知己不知彼的传播状态，西班牙语、法语、阿拉伯语、俄语国际频道于2012年陆续启动了海外观众调查。调查范围涵盖观众属性、收视习惯、对频道现有节目评价、对频道的期望等多个方面，这些调查结果成为外语频道提高节目针对性的有力参考。调查完毕后，俄语国际频道和法语国际频道从忠实观众中评选出幸运观众来华参加海外观众座谈会。观众普遍认为，中央电视台节目为他们提供了一个全面了解中国历史、文化和现状的渠道，节目内容充实、有内涵，包装精美，新闻时效性强、客观、翔实。观众对加大新闻节目的信息量、加强宣传推广力度以及节目编排、栏目形态、电子节目指南等提出了建设性意见和建议。

八、统筹新闻资源，优化管理机制

为提高工作效率、规范工作秩序，外语频道不断优化管理机制，制定出台了一系列涉及频道新闻宣传、行政办公、人力资源、财产物资和版权管理等方面的规章制度，加大了科学管理和绩效考核力度，强化频道综合管理工作。同时，进一步加强业务体系建设，基本建成了由策划机制、DESK机制、节目创新机制和监看评价机制组成的业务运行系统。

（外语频道提供）

2012年中国广播电视国际经济技术合作总公司对外交流与合作情况综述

一、协办第68届国际电影资料馆联合会

经国家广电总局批准，由中国电影资料馆承办、中国广播电视国际经济技术合作总公司（简称中广国际总公司）协办的第68届国际电影资料馆联合会（简称国资联）年会于2012年4月22日至28日在京成功举办。

4月22日，共有来自48个国家和地区的70多家电影档案保存机构的中外会议代表和嘉宾300多人出席了在首都博物馆举行的开幕式。国家广电总局副局长张丕民、国家档案局局长杨冬权和国资联主席埃里

克·勒·鲁瓦出席了开幕式并分别致辞。开幕式前，张丕民和杨冬权会见了国资联执委会全体委员。4月23日上午，大会在中国电影资料馆艺术影院正式开幕，国家广电总局电影局局长童刚作了主旨发言。4月28日，在顺利完成各项议程后，本届年会在京圆满闭幕。

国际电影资料馆联合会成立于1938年，其宗旨是把电影作为人类文化加以保存传承，传播电影文化，促进国际交流和电影保存技术的发展。中国电影资料馆作为国家电影档案馆于1980年加入国资联。国资联北京年会是国资联成立以来第一次在中国举办年会。本届年会举办了世界动画电影研讨会及相关论坛和活动，重点研讨了动画电影的收集、保存、修复、利用。国资联北京年会是中外电影档案工作者的一次交流盛会，受到各方好评。

二、承办中非媒体合作论坛

8月23日，国家广电总局主办、中广国际总公司承办的首届“中非媒体合作论坛”在北京举办。8月24日，时任中央政治局委员、书记处书记、中宣部部长刘云山在人民大会堂会见了部分外方代表。

8月23日论坛开幕当天，中宣部、国家广电总局、外交部、国新办等政府部门的领导，非洲国家联盟委员会的领导、来自非洲的20多名政府部长和42个非洲国家的广播电视媒体机构负责人，企业界高层管理人员和专家学者，以及非洲国家联盟、非洲广播联盟等国际组织的代表共200余人与会。论坛以“交流合作，共同发展”为主题，旨在加强中非政府部门和媒体机构间的沟通与对话，促进双方在新闻传播、内容产业、信息技术和人力资源等方面的交流合作，分享发展经验，共同应对挑战。与会代表围绕广播电视媒体政策、中非广播电视交流合作和广播电视数字化等议题进行了深入研讨和广泛交流。

蔡赴朝在致辞中表示，本次论坛是在中非合作论坛框架下为加强传媒领域交流合作和共同发展采取的重要举措。中非媒体合作论坛既是展示一个时期以来中国和非洲各国广播影视交流合作成果的重要平台，也是双方共同谋划未来发展的新起点，将为深化中非广播影视交流合作、丰富中非人文交流内涵、推动中非新型战略伙伴关系的发展产生长远而积极的影响。

本次论坛成果丰硕，中非广电业界共签署了10项深化广播影视合作的协议。让·平及与会代表一行还参观了BIRTV展览会和中央电视台总部大楼、中国国际广播电台等单位。

三、在非洲推广中国数字电视国际标准（DTMB）

2012年8月24日，中广国际总公司与吉布提广播电视公司在中央电视台签署了《关于在吉布提开展数字电视的合作备忘录》。该备忘录明确中广国际总公司在吉布提全国范围内采用DTMB建设和运营数字电视播出网络，项目合作期为20年。

2012年12月，中广国际总公司在中央电视台模拟电视落地项目实施同期，在科摩罗进行了DTMB数字电视落地试点。这是首次在非洲国家试点中国数字电视国际标准转播中央电视台纪录频道、英语新闻频道、法语国际频道和中文国际频道节目。

四、承办我政府对外培训项目和专业组团境外考察培训项目

2012年，中广国际总公司组织实施了8个境外考察团组和2个外国专家局审批的培训项目。受国家广电总局和商务部的委托，中广国际总公司承办了国家针对发展中国家广播电视官员、技术及管理人员的培训班，分别是“发展中国家电视技术培训班”（18国，33名学员，4月10日至5月24日）、“发展中国家广播技术培训班”（16国，30名学员，8月8日至9月21日）、“发展中国家广播电视技术管理研修班”（8国，25名学员，8月14日至 28日）、“几内亚广播电视转播技术培训班（20名学员，8月20日至9月10日）。

五、加强BIRTV国际化建设，组织BIRTV展团赴越南参展

中广国际总公司和BIRTV组委会组织的BIRTV展团分别于2012年6月12日至16日赴越南参加了越南之声广播电台主办的越南广播节，12月19日至20日参加第32届越南国家电视节。越共中央委员、越南之声广播电台台长阮灯进和越共中央委员、越南电视台台长陈平明均参观了BIRTV展团，对中国产品给予了高度评价。

组织BIRTV展团赴境外参展是中广国际总公司建立并推广国家品牌形象、推动中国国产设备和技术“走出去”的创新服务内容。中广国际总公司努力通过BIRTV平台为中国企业在“走出去”中形成合力、增强中国广电民族品牌的国际竞争力和影响力

提供服务。

BIRTV展团赴越参展，成功扩大了BIRTV展览会和中国技术设备在越南的影响和认可度，为中国广电设备产品进入越南市场再次进行了探索探讨，收到良好效果。

（中国广播电视国际经济技术合作总公司提供）

2012年中国网络电视台国际传播能力建设及对外宣传情况综述

2012年，中国网络电视台继续深入推进国际传播能力项目建设，致力于构建一个技术先进、传输快捷、覆盖广泛的“一云多屏、全球传播”的现代新媒体传播体系，面向全球网民全面、准确、及时地传播中国的思想文化与价值观念；传播中国的历史与文明，分享中国的发展与进步。让中国了解世界、让世界了解中国，以期在国际舆论竞争中赢得主动，提升我国主导和影响国际事务的能力。

其中，2012年国际传播能力建设重点项目包括：一、海外镜像站点建设项目；二、海外本土化网站建设及市场推广项目；三、海外重点热点地区手机视频业务落地项目。通过项目建设，中国网络电视台国际传播效果得到进一步推进和扩大。2012年12月，网站海外月日均独立访问者（UV）达到191万人，较年初增长36%，占全网总访问量的比例稳定在10%。海外月度视频直播在线人数累计为1052万人次，视频点播总观看时长累计为152万小时；网站的互联网综合排名从开播之初的第30位跃升至前12位，在重点新闻门户网站中排名首位。用户访问量排在前10位的国家和地区分别为：美国、中国台湾、加拿大、韩国、香港、日本、澳大利亚、新加坡、英国及马来西亚。

一、为国际传播能力建设项目成立专门机构

为进一步专门推进国际传播能力项目建设，中国网络电视台陆续成立项目办公室、采购办公室、审计办公室3个管理部门，以及国际传播事业部、网管中心、移动业务拓展部、互联网电视事业部4个业务部门，统筹推进国际传播能力各项目建设，立足全球视野进行项目研究与规划，综合进行传播布局，科学建立合理规范的项目管理体系，从项目规划、立项、执行、监控、验收、资金审计和效果评估等方面，力争建立事前规划、事中监控、事后审查全过程的管理和业务体系。

二、2012年项目建设

1.2012年加大海外镜像站点全球网络视频分发平台覆盖范围和覆盖深度，进一步提升海外用户访问速度和体验效果

中国网络电视台海外镜像站点暨全球网络视频分发平台由国内源站点、自建海外镜像站点、海外内容分发网络（CDN）服务商儿部分组成。为了更好地提升镜像站点支撑能力，保障中国网络电视台海外用户访问效果。2012年中国网络电视台在已有10个海外镜像站点的基础上，开始推进海外网络深度覆盖，完善全球网络视频分发体系。为此引入国际先进的视频效果监测与智能调度技术、自主研发的全球视频传输系统、全球网管监控系统，开始逐步解决各所在国的二级分发节点和边缘分发节点，把海外传播的骨干覆盖延伸到所在国各个城市和各个社区，以提升响应速度、用户访问效果和用户体验。针对海外地域广泛、电信运营商众多、网络接入条件差异大等诸多因素，中国网络电视台在海外采用视频多码率自适应技术，根据海外不同地域网络接入条件进行视频自适应播放（200K、450K、850K、1.2M、2.0M）。通过多年努力，当前海外镜像站点总体构建起了服务器总数超过10万台、海外分发节点超过500个、存储容量超过1.5PB（1500TB）的海外网络支撑体系。由此，中国网络电视台节点遍布全球70多个国家，网络覆盖210多个国家和地区。中国网络电视台全球视频分发网络成为国内唯一拥有大规模全球视频传播能力的分发网络，具备千万级视频服务能力。中国网络电视台全球

网络视频分发平台已具备国际一流在线媒体的网络分发水平。

中国网络电视台在全球范围内除非洲等本地网络不发达的个别地区访问速度稍慢外，整体效果良好，海外页面打开速度相比2010年的7.3秒提升到平均2.7秒，远远快于新浪、搜狐等商业网站在海外的打开速度，其中在英国为2.4秒，美国为1.9秒，加拿大为1.6秒。在许多地区接近CNN、BBC等发达国家一流媒体的打开速度；海外地区视频打开速度相比2012年年初提升20%，其中视频直播平均打开时间为8秒，视频直播平均打开时间小于10秒的比例占海外总访问量的95.2%，视频点播平均打开时间为2.6秒，视频点播平均打开时间小于5秒的比例占海外总访问量的98.3%；海外地区视频播放卡断率（缓冲率）相比2012年年初下降了32%。

2.进行海外本土化传播布局，大力拓展海外传播阵地

中国网络电视台从2011年起，启动本土化网站建设，加强本土化推广，并向海外派驻本土采编、运营推广团队，"走出去"发展国际传播能力，打造国际一流媒体，提高新闻信息原创率、首发率、落地率。截至2012年底，已经完成俄罗斯俄语本土化网站、非洲英语本土化网站、北美本土化网站、亚太本土化网站。

（1）俄罗斯本土化网站

立足俄罗斯，向世界展示中国、宣传中国，塑造全面真实的中国形象。向广大俄语地区国家和地区的用户提供客观、公正、及时、准确的新闻视听服务，并对国内外重大时事政治、经济、文化、社会、体育活动和事件进行专题报道，着力打造全方位的网络资讯平台。俄罗斯本土化网站将中央电视台俄语国际频道的各个栏目予以聚合、导航和关联，涉及历史、文化、综艺、旅游等领域，让世界近距离了解中国。同时，通过与塔斯社等俄罗斯本土媒体合作的方式，俄罗斯本土化网站强化本土报道，在内容上更加贴近本土用户的需求和习惯。

根据中央电视台2012年对俄罗斯受众市场调查结果，俄罗斯受众接触到的中国对俄传播的网络媒体中，中国网络电视台位列榜首（37%），高于新华网（24%）、国际在线（20%）和人民网（17%）。

（2）非洲本土化网站手机落地

2012年8月5日，中国网络电视台面向非洲用户研发的"我爱非洲"手机电视移动多媒体频道在肯尼亚首都内罗毕举行了正式开通仪式。"我爱非洲"手机电视频道通过移动多媒体平台播出。非洲地区的移动用户可以通过手机、车载电视、MP4、笔记本电脑等移动多媒体终端实时收看来自中国的精彩电视节目。频道节目用英语播出，以"中国精选"为主题，面向非洲移动用户提供实时专业的新闻报道、原汁原味的中国影视剧和纪录片，以及非洲民众喜爱的体育赛事等精品节目，并同步直播非洲分台制作的"非洲一小时"电视节目。

"我爱非洲"手机电视移动多媒体频道是中国网络电视台继2012年初推出"我爱非洲"智能手机客户端之后，在非洲推出的又一项本土化移动互联服务。开通后，首先覆盖了肯尼亚、尼日利亚、坦桑尼亚、乌干达、卢旺达、莫桑比克等非洲六国的移动终端用户。

（3）北美本土化网站

2012年12月1日，北美本土化网站正式上线运行，域名为cntvna.com。网站定位于中美、中加文化交流，由新闻、中国文化、电视、电影、音乐5个频道构成。网站上线运行10天后，被Google收录300多个页面，日均发布英文稿件量约100篇，中文稿件量约400篇。

（4）亚太本土化网站

2012年12月28日，亚太本土化网站正式上线运行，域名为asiapacific.cntv.cn。网站贴近亚太本土用户的需求和习惯，开辟新闻、娱乐、体育、经济和生活5个板块，网站针对亚太地区热点事件特别开辟"热点解读"专区，及时跟踪报道重大事件，结合专家解读，以独特的新闻视角和新闻见解树立中国网络电视台亚太地区新闻品牌形象，为全面拓展国际传播范围奠定坚实基础。亚太本土化网站上线后，网站日均视频更新量约80条，发稿量150篇。

3.积极占领移动互联网领域用户阵地，实现全球传播价值最大化

中国网络电视台从2009年开始布局移动互联网，经过3年的发展，海外手机视频业务覆盖苹果iOS平台、微软（Windows Phone）、安卓（Android）等操作系统，将中央电视台的多语种视频节目通过手机、平板电脑等移动智能终端落地其中。CNTV旗舰版客户端使用中、英、西、法、俄、阿六种语言面向全球提供中国电视节目的直播和点播服务，用户遍布亚洲、欧洲、北美等近百个国家及地区。当前，CNTV旗舰版iPhone&iPad客户端已经成为全球最有影响力的移动互联网电视客户端之一，其在亚洲（新加坡、马来西亚、日本）、澳洲（澳大利亚、新西兰）、北美（加拿大、美国）等地区的苹果在线商店里，长期保持下载排行榜前10的位置；在欧洲（英国、法国、爱尔兰、挪威）地区也跻身下载排行榜的前50名。CNTV旗舰版影响力遍及全球，在近百个国家的APP Store新闻类应用下载排行榜上位居前列。

CNTV“我爱非洲”客户端是国际传播能力建设的另一个重要产品，面向非洲用户，使用英、法、阿、中四种语言提供新闻频道、英语新闻频道、法语国际频道、阿拉伯语国际频道的同步直播，以及非洲本土用户喜闻乐见的体育、新闻、影视剧等多语种视频点播。截至2012年11月底，该客户端在非洲多个国家已经拥有了稳定的用户群，在苹果公司的应用中，总体用户数也已达到69.3万个。

CNTV海外传播栏目客户端也已启动建设，该客户端以英语为主，内容以CCTV—NEWS英语栏目为主，包括《整点新闻》、《中国24小时》、《对话》、《世界观察》、《亚洲财经》，此外还收录了中央电视台北美分台的栏目《今日美国》及中央电视台非洲分台的栏目《直播非洲》，实时跟踪报道全球政治、经济、文化等领域最新动向，独立视角进行客观播报，更多地发出“中国声音”，提高中国媒体的国际传播能力。

正在实施的海外手机视频业务项目包含客户端开发及升级、全球Cmall视频应用平台、海外移动互联网管理平台、移动互联网网络及系统平台建设4个方面共9个子项。其中，网络及安全平台、数据分析平台、Cmall平台已经开标，硬件支撑平台已经招标公示，其余子项目（海外传播栏目客户端开发、CNTV旗舰版客户端扩容、CNTV我爱非洲客户端扩容、CNTV直播中国客户端扩容、CDN及带宽租用项目）正依照项目计划和政府采购法随后陆续招标，2013年初陆续上线。

截至2012年12月，移动终端业务平台客户端合计下载用户数2300万人，较2012年初增长55%，来源于海外地区用户为345万人，占比约为15%。

4. 降低海外电视落地难度，开拓海外互联网电视业务

海外互联网电视近期业务目标是面向全球3000万海外华人以及对中华文化感兴趣的当地主流人群进行推广，第一阶段拓展工作以面向拥有600万以上华人的北美地区为突破口，采用与在北美当地有一定运营基础的合作方进行战略合作的方式，进行内容、渠道、品牌方面的联合拓展工作。海外互联网电视项目共包含五大项：内容存储，中心及海外节点建设，播控系统软件，业务运营支撑系统，视频质量监测系统。

三、海外媒体报道CNTV

1. 海外媒体转载CNTV党的十八大报道

2012年党的十八大期间，中国网络电视台还首次借助俄罗斯本土化网站推出党的十八大特别报道，受到广泛关注，俄罗斯塔斯社转载了《俄罗斯本土化网站隆重报道中国共产党第十八次全国代表大会盛况》。党的十八大报道期间，俄罗斯本土化网站访问量较平日增长了15%。

2. 俄罗斯媒体报道CNTV俄罗斯本土化网站开辟中俄交流新渠道

2012年11月27日，俄罗斯当地华文报纸《华俄时报》刊登了以“CNTV俄罗斯本土化网站开辟中俄交流新渠道”为标题的相关报道。报道中提到，2012年11月9日，中国网络电视台俄罗斯本土化网站第一时间报道了《红场大阅兵》仪式。

3. 海外媒体报道中国网络电视台在英国伦敦举办海外影响力座谈会

当地时间2012年11月30日，“中国网络电视台海外影响力座谈会”在英国首都伦敦拉开帷幕，来自中、英两国多位媒体代表和华人华侨以“中国网络电视台在英国影响力”为主题，就当地用户体验效果、传播内容以及传播渠道等具体问题展开热烈讨论，为中国网络电视台提高在当地的影响力给予诚恳建议。会议期间，欧洲时报、当地华人媒体英闻网第一时间报道了此次中国网络电视台海外影响力座谈会。

（中国网络电视台提供）

2012年中央电视台对外交流与合作纪事

2月6日 台长胡占凡会见了美国库恩基金会主席罗伯特·库恩博士，副台长魏地春、副总编辑朱彤陪同会见。胡占凡说，库恩博士是中央电视台的老朋友，双方长期保持着愉快的合作关系。开放的中国需要被世界了解，需要库恩博士这样负责任的学者站出来，以准确、客观、严谨的态度向世界介绍中国，用亲身经历矫正带有偏见的言论。北美分台建立后，希望更多地发挥库恩博士的影响和作用，就开办栏目开展针对性合作。

2月10日 副台长何宗就会见了英国维斯令克公司总裁约翰·哈金斯。何宗就表示，中央电视台已使用维斯令克公司旗下多个品牌的设备，其性能和表现令人满意。希望今后通过双方的紧密合作，让观众能够收看到更优质、更丰富的电视节目。

2月14日 台长胡占凡会见了日本大富公司社长张丽玲一行，副总编辑朱彤、梁晓涛以及海外传播中心负责人陪同会见。胡占凡表示，中央电视台将海外落地的主要目标放在所在地区的主流社会，希望大富公司坚持以日语化方式进入日本主流收视群的方向，保持当前良好发展势头，及时反馈海外观众意见与建议，为扩大中央电视台新闻报道影响力、推进海外传播能力建设提供有力支持。

2月15日 副总编辑朱彤会见了澳大利亚广播公司青少部运营与开发主管西蒙·霍普金森和比扬制作公司电视剧部总经理容松德。朱彤听取了澳方关于中澳拟合拍儿童剧《奇妙小镇》的策划阐述。他表示，《奇妙小镇》富有幽默、欢乐、运动、想象力等元素，切合学龄前儿童的需求，剧中人物设计有特色，以动作推动情节发展，具备国际化节目的特点。朱彤提出，要进一步丰富人物性格，加强戏剧冲突，争取在中澳两国工作人员的共同努力下，制作出具有国际顶尖水准的作品。

2月16日 总编辑、副台长罗明会见国家地理频道亚洲区首席执行官简树贤、国家地理频道（国际）节目部执行副总裁席尼·史威沙，双方就开展合作的具体内容、运行模式等进行了深入探讨。罗明表示，中国正处于快速发展的阶段，不仅城市和乡村的发展日新月异，人们的思想观念也在不断地发生着变化，这些都为纪录片创作提供了极为丰富的素材。希望双方深入交流，加强合作，共同向世界讲述更多“中国的故事”。

3月21日 副总编辑朱彤与塞尔维亚广播电视台总编辑内纳德·史蒂法诺维奇分别代表两台签署合作协议，双方将在节目交换、互办电视周、人员交流等领域展开合作。

3月23日 副总编辑朱彤会见了捷克社民党副主席什克罗马赫一行。朱彤表示，社民党在捷克很有影响力，希望能够借助社民党推动中捷两国媒体间的合作与交流。中央电视台愿意与捷克电视台开展进一步的合作，希望在儿童节目交流交换、纪录片及纪录频道今后在捷克播出、驻捷克记者站建设等方面得到支持与协助。

3月28日 副总编辑朱彤会见了意中基金会主席切萨莱·罗米蒂和意大利驻华大使严农祺。朱彤表示，中意同为文明古国，拥有悠久的历史和灿烂的文化。中央电视台愿意派遣团队拍摄制作关于意大利的专题片或纪录片，也希望意方积极协调推动中央电视台纪录频道在意大利落地，通过双向交流，拉近两国观众之间的距离。

3月29日 副台长何宗就会见了英国天空广播公司3D频道技术总监克里斯·琼斯和3D运行发展经理罗宾·布鲁姆菲尔德。何宗就说，英国天空广播公司开创了3D足球赛事技术直播的先河，在3D电视制播方面有着丰富的经验。近年来，中央电视台一直紧密跟踪3D电视技术的革新与发展，并在2012年1月1日成功开播了中国首个3D电视试验频道。当前，中国的3D电视技术仍处于起步阶段，希望双方紧密合作，共享节目素材与创新技术，为广大观众提供更加优质、更为丰富的3D电视节目。

4月10日 副台长何宗就会见了来访的土耳其广播电视机构（TRT）主席沙鹰一行。何宗就表示，加强中土两国媒体的交流，对推动两国在经济、贸易等多方面的双边合作，增进两国人民之间的相互了解将起到积极作用。此次，中央电视台与土耳其广播电视机构签署合作协议，对双方在纪录片交流、节目交换等方面开展合作提供了有力的保障。

4月24日 中国国际电视总公司董事长、总经理梁晓涛参加了在韩国首尔举行的第七届CCTV－KBS

节目合作会议，并会见韩国广播公司（KBS）社长金仁圭。在节目合作会议上，梁晓涛担任中方首席代表并做主旨发言，他强调中央电视台将本着“加强互信，共创佳绩”的精神，努力与KBS共谋发展，实现双赢。会议就扩大双方新闻交换、筹办第14届《中韩歌会》、开展版权合作、纪录片合拍和双方人员交流等进行了讨论。

4月25日 台长胡占凡会见了美国华特迪士尼公司董事长兼首席执行官罗伯特·艾格先生一行，副总编辑朱彤陪同会见。胡占凡说，中央电视台和华特迪士尼公司有着长期良好的合作关系，希望今后双方进一步拓展合作领域，积极探讨节目合拍事宜。同时，希望借助迪士尼公司的销售渠道及在全球的播出平台，把中央电视台优秀的儿童节目推广到全球。

4月26日 台长胡占凡和总编辑、副台长罗明会见了美国导演詹姆斯·卡梅隆一行。胡占凡欢迎卡梅隆导演来中央电视台访问，并介绍了年初新开办的3D频道的情况。他说，3D频道是利用新技术手段建立的电视频道，当前中央电视台还处于对3D技术的学习阶段，面临着节目源短缺及技术人员缺少培训等问题，希望卡梅隆先生的公司能为台里的技术人员举办3D方面的培训，并利用3D频道资源进一步深化双方的合作，建立长期的合作伙伴关系。

5月4日 副台长胡恩会见了叙利亚驻华大使伊马德·穆斯塔法博士。胡恩着重介绍了中央电视台英语新闻频道和阿拉伯语国际频道近年来的发展，以及中央电视台设立大马士革记者站、加强涉叙报道等情况。双方还就进一步开展合作进行了探讨和交流。

5月7日 副台长孙玉胜与罗马尼亚电视台主席兼首席执行官亚历桑德鲁·拉兹库分别代表两台签署新闻合作协议，双方将在新闻交换、突发新闻直播权、互聘特约报道员等方面展开深入合作。孙玉胜说，中央电视台在发展新闻事业的过程中，除了增设本台驻外记者站点，也要扩大和深化同国际媒体的合作，他希望通过此次新闻合作，推动两国观众更好地了解两国的政治、经济、民生现状，增进相互了解和友谊。

5月14日 副台长孙玉胜会见了“今日俄罗斯”电视台总编辑尼科洛夫。孙玉胜祝贺“今日俄罗斯”电视台在欧美地区获得的成功，希望双方携手合作，在重大新闻选题方面掌握话语权，并更多地关注发展中国家的情况。孙玉胜还就积极推进双方在节目内容交换等方面的合作提出了建议。

5月16日 台长胡占凡会见了捷克国家电视台台长彼得·德沃夏克、捷克驻华大使利博尔·塞奇卡、捷中友好协会会长杨·高厚特一行，副台长魏地春、副总编辑朱彤等参加会见。胡占凡说，中捷两国的文化交流有着良好的基础。捷克卡通形象“鼹鼠”在中国家喻户晓。2012年3月，捷中友好协会代表到访中央电视台，为增进中央电视台与捷克电视台之间的友谊发挥了积极作用。希望以此次《鼹鼠的故事》重返中央电视台荧屏为起点，将双方的合作范围扩展到互播纪录片、新闻节目交换等更为广阔的领域。

5月22日 副总编辑黄传芳会见了英国广播公司（BBC）新闻副总裁史蒂芬·米切尔、新闻采编部主编弗朗西斯卡·昂斯沃斯。黄传芳表示，在对同一事件的报道中，各国媒体都应发出自己的声音。希望双方加强沟通，共同探索更加广泛的合作空间。黄传芳还就电视媒体如何积极应对新媒体飞速发展带来的挑战提出了意见。

5月28日 台长胡占凡、副台长孙玉胜分别会见了来华访问的肯尼亚副总统穆西约卡一行。胡占凡表示，感谢穆西约卡副总统一直关注和支持中央电视台在肯尼亚的各项工作、活动，希望双方今后在广电领域开展更多合作。肯尼亚是中国的忠实朋友，中央电视台作为国家电视台，有责任和义务向世界介绍肯尼亚，通过六种语言的对外播出平台，让世界更多地了解肯尼亚及中肯关系。也希望通过中央电视台节目在肯落地，使当地观众更好地了解今日中国。孙玉胜对穆西约卡在非洲分台建设和运营过程中给予的支持和帮助表示感谢，并希望在非洲分台建设方面继续得到肯尼亚政府的支持。

5月29日 台长胡占凡会见了英国威讯247公司首席执行官约翰·米尔斯一行，副总编辑朱彤陪同会见。胡占凡积极评价中央电视台与威讯公司在英国电视平台和当地酒店落地方面的合作成果，并对威讯公司一直以来传播推广中央电视台国际频道所做的努力表示感谢。胡占凡希望双方进一步扩大合作，将国际频道推广到更多的国家和地区。

6月21日 总编辑、副台长罗明会见了亚广联主席、韩国广播公司（KBS）社长金仁圭一行。罗明说，2012年正逢中韩建交20周年，双方将合办特别纪念版第14届《中韩歌会》。两台的纪录片部门也通过互拍、合拍和引进的方式，开展了十分有意义的交流活动。金仁圭表示，双方可进一步发挥纪录片、电视剧的优势，在节目交换、合拍领域加强合作。

7月13日 副台长魏地春会见了澳大利亚澳柒集

团执行董事施来恩一行。魏地春说，中央电视台与澳柒集团合作关系长久而稳定，双方在国际新闻交换等方面已开展深入合作。希望今后双方在财经节目、新媒体、人员交流等方面开展更加广泛的合作，通过加强媒体间的交流与合作，推动两国之间的友好关系。

7月31日　副台长孙玉胜会见了伊朗外交部发言人梅赫曼帕拉斯特及伊朗主流媒体代表一行。孙玉胜表示，中国和伊朗都是大国和发展中国家，在世界上的话语权都有待提高。当前更多的新闻来自西方媒体，要改变这种局面，平衡不同的声音，必须拥有持续的报道能力。中央电视台为提高国际传播能力作了大量的努力，一直秉持客观、公正的原则报道伊朗事务。当前，中央电视台驻伊朗记者的采访尚受到诸多限制，希望伊朗外交部能对中央电视台记者区别对待，提供工作上的便利。

8月21日　副台长魏地春、瑞典电视4集团董事长谢曼杨分别代表中央电视台和瑞典电视4集团签署新闻合作协议。协议涉及两台新闻节目交换、突发新闻直播权、互聘特约报道员等合作内容。魏地春希望通过此次新闻合作协议的签署，切实有效地加强两台合作。他表示，全球媒体因各国体制、文化的差异，在对新闻的具体处理方式上有所不同，但在新闻节目制作和报道方面都有着相似的流程，特别是时效性和真实性始终是世界通用的检验标准。面对新媒体对传统媒体的冲击和挑战，电视媒体既要保持和发挥在新闻等信息类节目上享有的优势，又要吸收借鉴网络等新媒体在吸引年轻观众方面的成功经验，推动传统媒体与新媒体在融合中实现共同发展。

8月22日至25日　由国家广电总局主办的“中非媒体合作论坛”在京举行。中央电视台作为论坛组委会成员，积极参与论坛各项活动，并配合完成有关论坛嘉宾接待工作。台长胡占凡，副台长魏地春、孙玉胜，台分党组成员、纪检组组长、机关党委书记张海鸽、总工程师丁文华等出席了论坛欢迎招待会、论坛开幕式、论坛嘉宾参观中央电视台总部等活动。在论坛开幕式上，魏地春代表中央电视台作题为《架起中国人民与非洲人民相互了解与友谊的桥梁》的演讲，回顾了中央电视台同非洲国家电视机构多年交流合作的成果，展望了双方今后的发展方向，并表达了中央电视台同非洲媒体进一步扩大合作、增进了解的愿望。孙玉胜在欢迎论坛嘉宾参观中央电视台总部时表示，中非媒体合作论坛为中非新型战略伙伴关系的发展和巩固，为中非两地人民之间架设起了一道沟通与理解的文化桥梁。论坛期间，中央电视台与毛里求斯国家广播公司签署了《新闻合作协议》和《电视节目播映权授权合同》，与吉布提国家电视台签署了《落地协议》。

8月28日　总编辑、副台长罗明会见了塞内加尔新闻电信和信息通讯技术部部长阿布·洛一行。罗明就两国媒体加强新闻合作强调，中央电视台坚持“客观、准确、公正”的报道原则，积极反映非洲人民的生活和非洲经济发展的新变化，向世界介绍一个真实的非洲。同时，也希望通过中央电视台国际频道在塞内加尔的落地播出，进一步增进当地人民对中国的了解。

8月28日至9月2日　中央电视台承办的2012年亚广联纪录片合拍项目“改变亚洲，拯救地球”（CARE—3）第一次会议在京召开。8月29日，副总编辑兼总编室主任张宁在欢迎仪式上致辞表示，亚广联在亚太地区有很大影响力，此次国际合作充分展现了媒体的公益作用和社会责任。希望各国主流媒体在这个平台上加深沟通与交流，扩大合作。

9月4日　副台长魏地春会见了以色列新任驻华大使马腾。魏地春介绍了中央电视台事业发展、频道落地等方面的基本情况，希望进一步加强与以色列媒体机构的交流与合作，不断促进两国人民之间的相互了解，巩固两国之间的友好关系。

9月6日　副总编辑黄传芳会见了越南记协副主席陈家泰率领的越南记协代表团。黄传芳表示，长期以来，越南电视媒体都是中央电视台的重要合作伙伴。当前，双方已经签署协议，在日常新闻交流等方面建立了良好的合作关系。希望双方加强交流，拓宽合作领域，深化合作内容，推进在专题片、电视剧等方面的合作。

9月18日　副总编辑朱彤会见了来台参观访问的“阿拉伯国家广播电视中高层管理官员研修班”第二期学员。朱彤说，当前，中央电视台通过推进海外节目落地、建立驻外记者站等多种方式，“让中国更了解世界，世界更了解中国”，努力向世界发出中国与发展中国家的声音。希望与阿拉伯国家广播媒体进一步加强交流，开展多层次、多方面的合作。

9月20日　副总编辑朱彤会见了埃塞俄比亚新闻事务办公室主任贝瑞克特·西蒙率领的考察团。朱彤说，中央电视台在驻埃记者站建设中得到埃方的大力支持。中央电视台一向珍视同非洲国家媒体之间的传统友谊。希望双方加强交流、深化合作，在国际社会发出更多发展中国家的声音。

9月27日 副台长胡恩会见了土耳其驻华大使穆拉特·埃森利。胡恩表示，近年来两国媒体交流合作不断深化，2012年正值土耳其“中国文化年”，两国在文化和艺术层面的交流大大加深。胡恩对埃森利推荐土耳其演出团体参加2013年中央电视台春节联欢晚会表示欢迎，并强调春晚节目的遴选机制非常严格，建议土耳其方面多推荐吸引年轻观众的好节目，创造更多的合作机会。

9月28日 副总编辑黄传芳会见意大利米兰市副市长博埃里。黄传芳说，2012北京国际设计周正在举行，中央电视台给予充分报道，并关注主宾城市米兰举办的活动。黄传芳还介绍了中央电视台驻意大利记者站的情况，希望意方推动双方电视机构建立紧密的合作关系。

10月9日 台分党组成员、纪检组组长、机关党委书记张海鸽会见捷中友好合作协会监事会主席德沃吉克和副会长瓦沃拉。张海鸽表示，希望捷中友好协会继续协助和推动中央电视台与捷克电视台在中央电视台参加兹林国际青少儿电影节、播放中国少儿节目、合拍文化和旅游纪录片等方面开展更加广泛的合作。

10月10日 副台长魏地春会见了欧广联总干事戴尔特女士。魏地春表示，中央电视台自2010年成为欧广联合作成员以来，始终与欧广联保持良好的合作伙伴关系，特别是在新闻交换以及重大活动转播方面合作紧密。在中央电视台建设国际一流媒体方面，离不开欧广联的帮助与支持。今后，中央电视台将更加积极地参加欧广联新闻、技术、法务、电视峰会等方面的重要活动，在更多领域开展全方位的务实合作。

10月24日 副总编辑朱彤会见了佛得角驻华大使德莫赖斯，双方签署《中国中央电视台与佛得角广播电视台合作协议》。根据协议，双方将在节目交换、纪录片合拍、人员互访和技术交流等层面加深沟通与合作。朱彤表示，2012年7月，胡占凡台长在与佛得角共和国总理内韦斯的会见中，就推进双边交流合作达成了共识。此次协议是对高层共识的具体落实，为双方开展合作提供了制度性保障，将有利于加深两国广电行业的交往，为两国经济、文化和民间交流架设桥梁。

10月24日 魏地春副台长会见了德国贝塔斯曼集团董事托马斯·海瑟。魏地春表示，随着新媒体的迅猛发展，作为传统媒体中影响力最大的电视行业面临着挑战和变革。中央电视台顺应这一潮流，在努力推进多语种、多平台、多终端的国际一流媒体建设中，强化台网联动，注重传统媒体与新媒体的融合发展，取得了显著的成绩。同时，中央电视台与国际一流媒体之间还存在着明显差距，需要加强与国际媒体的沟通合作，学习借鉴他们的成功经验。

11月19日 台长胡占凡会见了美联社总裁兼首席执行官加里·普鲁特，副台长孙玉胜参加会见。胡占凡肯定了双方在新闻报道、国际视频发稿、海外记者站建设等方面的紧密合作关系。希望双方加强在新闻共享和人员培训等方面的合作，实现互惠互利。孙玉胜希望美联社进一步提升提供速度，并为中央电视台记者在境外重大突发事件的现场报道提供优先技术支持。

11月21日 副总编辑黄传芳会见由肯尼亚新闻通讯部人力资源司副司长马卡里亚女士带队的“肯尼亚新闻官员和媒体人员研修班”一行，并就非洲分台建设、媒体技术交流和未来合作方向等交换了意见。黄传芳表示，中央电视台与肯尼亚各界一直保持良好的合作关系，媒体研修班此次来访再次证明了中肯两国在国家层面和媒体领域的友好关系，期待双方能够在节目和技术方面有更多、更深入的交流与合作。

11月28日 副总编辑黄传芳会见了苏格兰工商委员会董事会主席吉里斯。黄传芳表示，2012年8月，中央电视台代表团赴苏格兰参加爱丁堡国际电视节期间，曾与苏格兰工商委员会进行初步接洽。此番再度会面进一步增进了双方的相互了解。他希望苏格兰工商委员会协助中央电视台在当地寻找适当的合作伙伴，推进在纪录片合拍、少儿节目交流、国际频道酒店落地等领域的实质性合作。

11月29日 副总编辑黄传芳会见了由俄共中央主席团成员、国家杜马议员科莫茨基带队的“俄罗斯共产党理论宣传干部考察团”。黄传芳表示，考察团此次来华拍摄宣介中国共产党的十八大精神和中国经济社会发展成就的专题片，中央电视台俄语国际频道摄制组将给予全程协助。俄语国际频道制作的《等着我》节目在两国观众中反响良好，对加深中俄传统友谊起到了积极推动作用。

12月10日 总编辑、副台长罗明会见了南非MIH集团总裁库斯·贝克一行。罗明表示，MIH集团作为全球最大的媒体联合集团之一，在电视营销方面拥有丰富的资源和经验。希望随着中央电视台海外事业的拓展，进一步加强双方合作。

12月11日 副台长魏地春会见了黎巴嫩新闻部长瓦利德·达欧格一行。魏地春表示，达欧格部长此次访华并与国家广电总局签署广播电视合作框架协议，必将促进两国间的媒体合作，增进两国人民的相互了解。下一步，中央电视台将认真落实协议精神，使合作项目具体化，并在节目交换、人员互访和技术交流等方面与黎方展开合作。

（台办公室外事处提供）

2012年中央电视台节目海外落地情况

2012年1月至12月，中央电视台与海外34个国家和地区的42家广播电视机构分别展开了有关中文国际频道、英语新闻频道、法语国际频道、西班牙语国际频道、阿拉伯语国际频道、俄语国际频道和纪录频道（国际版）等7个国际频道的落地合作，分别是：

一月

英语新闻频道进入保加利亚SATELLITE BG AD公司的直播卫星平台播出，该运营平台的用户数为0.16万户。

法语国际频道、中文国际频道进入布隆迪四达时代公司地面数字平台播出，该运营平台的用户数为3.2万户。

法语国际频道、中文国际频道进入几内亚四达时代公司地面数字平台播出，该运营平台的用户数为5.7万户。

纪录频道（国际版）、中文国际频道、英语新闻频道进入肯尼亚四达时代公司地面数字平台播出，该运营平台的用户数为4.7万户。

英语新闻频道进入卢旺达四达时代公司地面数字平台播出，该运营平台的用户数为5.8万户。

纪录频道（国际版）、中文国际频道进入缅甸SHWE THAN LWIN MEDIA公司的直播卫星平台播出，该运营平台的用户数为5万户。

中文国际频道、英语新闻频道进入莫桑比克四达时代公司地面数字平台播出，该运营平台的用户数为5.7万户。

纪录频道（国际版）、中文国际频道、英语新闻频道进入尼日利亚四达时代公司地面数字平台播出，该运营平台的用户数为87.5万户。

中文国际频道进入瑞士Swisscom 公司的IP电视平台播出，该运营平台的用户数为79.1万户。

中文国际频道、英语新闻频道进入坦桑尼亚四达时代公司地面数字平台播出，该运营平台的用户数为23万户。

中文国际频道、英语新闻频道进入乌干达四达时代公司地面数字平台播出，该运营平台的用户数为14万户。

法语国际频道、中文国际频道进入中非四达时代公司地面数字平台播出，该运营平台的用户数为1.5万户。

二月

中文国际频道进入韩国LG UPLUS公司的IP电视平台播出，该运营平台的用户数为89.25万户。

纪录频道（国际版）、西班牙语国际频道、英语新闻频道进入美国纽约中播控股地面数字平台播出，该运营平台的用户数为400万户。

纪录频道（国际版）的部分节目进入加拿大加华视讯WOWTV的频道播出，该频道用户数为68万户。

三月

英语新闻频道进入罗马尼亚BOSNET INTER S.R.L公司有线电视平台播出，该运营平台的用户数为0.05万户。

西班牙语国际频道进入墨西哥Tele Cable de Los Altos公司的有线网播出，该运营平台的用户数为0.42万户。

西班牙语国际频道进入墨西哥Grupo Cable del Sur 公司的有线网播出，该运营平台的用户数为0.06万户。

纪录频道（国际版）部分节目以葡语化和粤语化的形式进入澳门广播电视股份有限公司地面无线频道在澳门和部分葡语国家播出。

法语国际频道部分节目通过法国欧洲中谊文化传媒C–MEDIA公司在法国明日电视台的频道中播出，该频道用户数为17.6万户。

英语新闻频道和中文国际频道的部分节目进入美国CMMB今日中国频道播出，该频道用户数为57万户。

阿拉伯语国际频道部分节目进入约旦立体电视台CATV位于直播卫星平台的频道播出。

四月

俄语国际频道、纪录频道（国际版）、英语新闻频道、中文国际频道进入保加利亚Cores Group公司的有线电视平台播出，该运营平台的用户数为0.1万户。

英语新闻频道进入罗马尼亚MXGNET IT SRL公司有线电视平台播出，该运营平台的用户数为0.015万户。

英语新闻频道的部分节目进入乌干达广播电视局的无线台播出，每天播出时长为8小时。

六月

英语新闻频道、俄语国际频道进入白俄罗斯Atlant Telecom 公司的IP电视平台播出，该运营平台的用户数为15万户。

英语新闻频道、中文国际频道进入格鲁吉亚7 Channel LLC公司的有线电视平台播出，该运营平台的用户数为0.2万户。

英语新闻频道、中文国际频道进入柬埔寨Royal Media Entertainment Corporation Limited地面数字平台播出，该运营平台的用户数为3.1万户。

纪录频道（国际版）、英语新闻频道、中文国际频道、法语国际频道进入科摩罗广播电视局地面数字平台播出。

英语新闻频道进入罗马尼亚S.C. Telecablu & Net S.R.L公司的有线电视平台播出，该运营平台的用户数为0.0074万户。

西班牙语国际频道进入西班牙ONO公司的有线电视平台播出，该运营平台的用户数为120万户。

英语新闻频道进入印度DISH TV公司的直播卫星平台播出，该运营平台的用户数为1250万户。

七月

英语新闻频道进入澳大利亚FOXTEL公司的直播卫星平台播出，该运营平台的用户数为157万户。

西班牙语国际频道进入秘鲁Amazonia TV公司的电视平台播出，该运营平台的用户数为0.12万户。

纪录频道（国际版）、英语新闻频道进入摩洛哥电信公司的IP电视平台播出，该运营平台的用户数为5.2万户。

纪录频道（国际版）进入土耳其TURKSAT有线电视公司的有线电视平台播出，该运营平台的用户数为136万户。

英语新闻频道部分节目进入塞舌尔广播公司的地面无线模拟平台播出，每天播出时长为6小时。

八月

法语国际频道进入吉布提广播电视公司的地面无线模拟平台播出。

英语新闻频道进入罗马尼亚S.C. Pol Sat S.R.L.公司的有线电视平台播出，该运营平台的用户数为0.01万户。

西班牙语国际频道进入秘鲁Radio Cable E.L.R.L公司的有线网播出，该运营平台的用户数为0.05万户。

英语新闻频道进入斯洛文尼亚Turnsek公司的有线电视平台播出。

西班牙语国际频道的部分节目进入墨西哥KW Entertainment KWTV的频道播出，播出节目为《学汉语》、《学做中国菜》、《这里是中国》。

九月

英语新闻频道进入罗马尼亚S.C. RAC S.R.L. FILIALA RODNA公司的有线电视平台播出。

十月

英语新闻频道进入斯洛文尼亚Telemach公司有线电视平台播出，该运营平台的用户数为4.3万户。

十一月

英语新闻频道进入罗马尼亚MILLENNIUM IT S.R.L.公司的有线电视平台播出，该运营平台的用户数为0.02万户。

十二月

俄语国际频道、英语新闻频道进入白俄罗斯Cosmos TV公司的有线电视平台播出，该运营平台的

CHINA CENTRAL TELEVISION YEARBOOK

用户数是15万户。

英语新闻频道进入罗马尼亚S.C. TOP TELECOM S.R.L.公司的有线电视平台播出，该运营平台的用户数为0.01万户。

阿拉伯语国际频道、俄语国际频道、西班牙语国际频道、法语国际频道、中文国际频道、纪录频道（国际版）进入意大利欧洲华文电视台的IP电视平台播出，该运营平台的用户数为16.05万户。

法语国际频道进入中非新闻部的地面无线模拟平台播出。

英语新闻频道的部分节目（《非洲直播室》节目）进入肯尼亚广播公司地面无线模拟频道播出，覆盖肯尼亚1000万户。

截至2012年12月31日，中央电视台已与海外119个国家和地区的电视机构达成落地合作项目，用户分布在171个国家和地区，7个国际频道在海外累计用户数达3.14亿户，海外酒店落地1874家，房间总数425011间。

（海外传播中心提供）

2012年中央电视台接待来访的境外主要摄制组一览表

序号	时　间	摄制组名称	拍摄内容	拍摄地点
1	1月10日~26日	日本广播协会（NHK）	《新闻九点》专题片	北京、上海、成都
2	3月20日~26日	塞尔维亚广播电视台	中国政治、经济发展	北京、上海
3	5月2日~11日	乌克兰国家电视台	中国之行	北京、上海、苏州
4	5月8日~29日	克罗地亚国家电视台	马可·波罗纪行	喀什、楼兰、敦煌、柴达木
5	5月10日~20日	NHK	世界女子拳击预选赛	秦皇岛
6	6月6日~16日	吉尔吉斯斯坦HTC电视台	中国历史、旅游	北京、上海、安徽
7	6月15日~19日	日本经济新闻社	中国的黄金市场	上海、北京
8	7月16日~21日	NHK	世界可再生能源	上海、江苏
9	7月19日~25日	NHK	2012年机器人大赛	四川
10	8月13日~22日	爱沙尼亚塔林电视台及波卡制作公司	中爱友谊	北京、上海、吉林
11	8月27日~9月20日	TBS	中日邦交正常化40周年	北京、上海、山东、河南、黑龙江、江苏
12	8月30日~9月2日	NHK	NHK交响乐团北京公演	北京
13	9月4日~24日	NHK	中国的速度赛马市场	上海、天津、武汉、济南
14	9月20日~29日	TRT	中国－土耳其	北京、上海
15	10月8日~21日	NHK	产自中国的日本高尔夫用品	上海、温州、深圳
16	11月1日~16日	NHK	中国共产党第十八次全国代表大会	北京
17	11月3日~17日	日本朝日电视台	中国共产党第十八次全国代表大会	北京

（台办公室外事处提供）

2012年中国国际电视总公司接待境外摄制组一览表

序号	时　间	摄制组名称	拍摄片名	拍摄地点
1	1月12日~1月16日	美国 Powder House制片公司	龙的存在	北京、甘肃
2	2月6日~2月12日	英国 Dragonfly制片公司	靠垫工厂	杭州
3	2月20日~2月24日	英国 Space Digital制片公司	嘉实多磁护	上海
4	4月1日~4月13日	比利时 Kanakna制片公司	北京特快2012考察	上海、浙江、江苏、山东、北京
5	4月14日~4月30日	丹麦 Final Cut for Real制片公司	城市动态	北京、上海、重庆
6	4月18日~4月30日	1080制片公司	水	福建、云南
7	5月7日~5月24日	美国 WRP制片公司	极速前进2012	上海
8	6月6日~6月13日	英国BBC电视台	贸易帝国	广东
9	6月9日~6月12日	比利时 Kanakna制片公司	北京特快2012	上海、浙江、江苏、山东、北京
10	6月24日~6月30日	美国Pig Newton制片公司	路易	北京
11	7月9日~7月27日	新加坡IFA制片公司	熊猫	四川
12	9月31日~9月7日	美国Figure8 Films制片公司	Duggar夫妇一家	北京

（中国国际电视总公司提供）

2012年中央电视台与国外电视机构签署的合作协议

一、2012年3月21日 中央电视台与塞尔维亚广播电视台合作协议。

二、2012年5月7日 中央电视台与罗马尼亚电视台新闻合作协议。

三、2013年10月25日 中央电视台与佛得角广播电视台合作协议。

（台办公室外事处提供）

R E N W U

人 物

人物

2012年中央电视台任命的县处级以上干部名录

姓　名	职　务	职务级别	任职时间
张　宁	中央电视台副总编辑、总编室主任（兼）	司局级	2012年8月
彭健明	中央电视台副总编辑	司局级	2012年8月
王建宏	中央电视台总编室常务副主任	副司局级	2012年9月
张利生	中央电视台发展研究中心副主任	县处级	2012年5月
冯雪松	中央电视台办公室综合处处长	县处级	2012年6月
杨怀文	中央电视台办公室房管处处长	县处级	2012年6月
杨继红	中央电视台新闻中心策划部主任	县处级	2012年6月
刘光蕊	中央电视台综艺频道专职副书记	县处级	2012年6月
李　真	中央电视台戏曲和音乐频道专职副书记	县处级	2012年6月
徐　瑛	中央电视台外语频道专职副书记	县处级	2012年6月
丁亚建	中央电视台技术管理中心专职副书记	县处级	2012年6月
张军农	中央电视台技术制作中心专职副书记	县处级	2012年6月
安育华	中央电视台正处级纪检员	县处级	2012年6月
关　湄	中央电视台人力资源管理中心劳动关系管理处处长	县处级	2012年7月
高华中	中央电视台财务管理中心副主任	县处级	2012年7月
陈　忠	中央电视台总编室节目推介部主任	县处级	2012年8月
申家宁	中央电视台欧洲中心记者站站长	县处级	2012年8月
张平平	中央电视台财务管理中心会计核算处处长	县处级	2012年8月
杨　明	中央电视台总编室规划部主任	县处级	2012年9月
史冠翔	中央电视台总编室节目播出部主任	县处级	2012年9月
崔建伟	中央电视台技术制作中心副主任	县处级	2012年11月
李跃山	中央电视台播出传送中心副主任	县处级	2012年11月
韩　强	中央电视台技术管理中心技术业务部主任	县处级	2012年12月
刘　军	中央电视台技术管理中心质量管理部主任	县处级	2012年12月
梅剑平	中央电视台技术管理中心工程管理部主任	县处级	2012年12月

（人力资源管理中心提供）

2012年中央电视台享受政府特殊津贴人员名录

丁文华　任学安　任永蔚　顾　筠

（人力资源管理中心提供）

2012年中央电视台聘任正高级专业技术职务人员名录

高级编辑（24人）：

张　森　林　芝　孙　岩　穆　莉　向幼姝
何海明　王　阳　孙　伟　许　伟　高　峰
王世林　毕福剑　钱连红　贾鸣之　魏淑青
申翠海　祖菊红　吴玉仑　赵伯平　于　红
李晓平　张利箭　吴泽涛　才旦央姬

高级记者（1人）：

张　洁

教授级高级工程师（4人）：

徐　进　刘开平　赵贵华　陈江疆

播音指导（2人）：

陈志峰　梁　艳

一级录音师（1人）：

荆甫礼

译审（1人）：

王雄先

（人力资源管理中心提供）

2012年中央电视台聘任副高级专业技术职务人员名录

主任编辑（37人）：

张海鸽　石　村　骆　群　张铁忠　武　航
薛昭晖　贺　斌　张　君　杨　春　刘　颖
王立欢　徐　欢　王雪松　田忠卿　郑　威
陈　昕　房　莉　于希岩　刘　芡　刘　舸
赵　杰　刘迎春　聂红江　苏晓春　王达菲
唐卫东　刘美佳　何　盈　张　宇　吴　春
王英泽　花　凯　赵　蓉　戴　进　田　源
刘　斌　王宝卿

主任记者（5人）：

李　宾　王　峰　杨　平　张　恒　李亚玮

高级工程师（9人）：

金　旭　陈　辰　徐　翔　林　忠　汪　波
赵　壁　孙淑华　张国森　徐　妍

主任播音员（1人）：

张泽群

二级导演（1人）：

郭　艳

二级美术师（1人）：

周　珏

二级录音师（2人）：

陈　晨　苑学成

副研究馆员（2人）：

杨　珺　赵金松

高级经济师（1人）：

田淑惠

二级摄像师（1人）：

杨春来

主任灯光师（1人）：

李　奇

（人力资源管理中心提供）

2011年中央电视台所属单位聘任正高级专业技术职务人员名录

中国电视剧制作中心有限责任公司（1人）：

一级导演：刘晓航

（台所属单位提供）

2012年中央电视台所属单位聘任正高级专业技术职务人员名录

中国国际电视总公司（3人）：
高级编辑：魏　平　吴兆龙
教授级高级工程师：刘　平
北京科学教育电影制片厂（2人）：
一级导演：冯振志
一级录音师：徐晓鸣
中国电视剧制作中心有限责任公司（3人）：
一级文学编辑：芶　鹏　东方闻樱
一级导演：刘立京

（台所属单位提供）

2012年中央电视台所属单位聘任副高级专业技术职务人员名录

中国国际电视总公司（4人）：
主任编辑：晋延林　肖频频
二级美术师：亢宝晶
高级经济师：王金涛
北京科学教育电影制片厂（4人）：
二级导演：余立军　池建新　戚　锰
二级美术师：李　刚
中国电视剧制作中心有限责任公司（6人）：
二级文学编辑：宋铁发　周　磊
二级导演：陈　杰
二级摄影师：孙　明　胡　欣
主任化妆技师：文　蕾
中视传媒股份有限公司（2人）：
二级导演：鲍　杰
二级演员：杨新州

（台所属单位提供）

2012 年中央电视台竞聘上岗栏目制片人名录

中心、频道	栏目名称	姓　名	职　务	聘任时间
社会与法频道	普法栏目剧	王　琳	副制片人	2012年4月
社会与法频道	心理访谈	沙玛阿果	副制片人	2012年4月
社会与法频道	小区大事	何云红	副制片人	2012年4月
社会与法频道	班长对班长	万山红	副制片人	2012年4月
社会与法频道	热线12	徐大鹏	副制片人	2012年4月
社会与法频道	热线12	范修刚	副制片人	2012年4月
社会与法频道	平安365	赵红梅	副制片人	2012年4月
社会与法频道	平安365	王筱磊	副制片人	2012年4月
社会与法频道	夜线	唐高宽	副制片人	2012年5月
综合频道	中华民族	姜　文	制片人	2012年7月
科教频道	地理·中国	罗　安	副制片人	2012年9月
科教频道	健康之路	田丰歌	副制片人	2012年9月
科教频道	我爱发明	宋岩君	副制片人	2012年9月
科教频道	自然传奇	张　弘	副制片人	2012年9月
新闻中心	共同关注	李　洁	副制片人	2012年9月
新闻中心	晚间新闻	魏力婕	副制片人	2012年9月
新闻中心	法治在线	刘　珺	副制片人	2012年10月
新闻中心	今日亚洲	孟艳滨	制片人	2012年12月

（人力资源管理中心提供）

CCTV

T O N G J I

统 计

统计

2012年中央电视台队伍构成概况

2012年中央电视台各系统在职人员人数统计

	名称	人数
台聘人员	行政系统	338
	节目系统	1307
	技术系统	505
	合　计	2150
企聘人员	行政系统	286
	节目系统	5366
	技术系统	1318
	合　计	6970
总　计		9120

（人力资源管理中心提供）

2012年中央电视台在职各类专业技术职务人员统计

级别	专业技术职务	人数
正高级	高级编辑	183
	高级记者	24
	播音指导	16
	教授级高级工程师	35
	译　审	5
	研究馆员	2
	一级导演	3
	一级录音师	3
	一级文学编辑	1
	主任医师	1
	合　计	273
副高级	主任编辑	326
	主任记者	42

续表

级别	专业技术职务	人数
副高级	主任播音员	24
	高级工程师	221
	高级会计师	15
	高级经济师	12
	高级审计师	1
	高级统计师	2
	副译审	13
	副研究馆员	12
	二级编剧	1
	二级导演	6
	二级录音师	13
	二级美术师	6
	主任技师（艺术专业人员系列）	7
	合　计	701

续表

级别	专业技术职务	人数
中级	编　辑	425
	记　者	63
	一级播音员	50
	工程师	226
	会计师	11
	经济师	14
	审计师	1
	翻　译	16
	馆　员	10
	三级导演	4
	三级灯光师	4
	三级录音师	18
	三级美术师	26
	三级摄影师	6
	三级摄像师	1
	技　师 (艺术专业人员系列)	26

续表

级别	专业技术职务	人数
中级	主管护师	1
	主管药师	1
	主治医师	2
	合　计	905
初级	助理编辑	46
	二级播音员	5
	助理工程师	30
	助理会计师	15
	助理经济师	16
	助理馆员	2
	美术员（助理）	2
	摄影员（助理）	2
	技术员（助理）	3
	合　计	121
员级	技术员	3
	舞台技术员	1
	合　计	4
总　计		2004

注：截至2013年5月（人力资源管理中心提供）

2012年中国电视剧制作中心有限责任公司在职各类专业技术职务人员统计

级别	专业技术职务	人数
正高级	一级文学编辑	7
	一级编剧	1
	一级导演	4
	一级演员	2
	一级录音师	1
	教授级高级工程师	1
	一级美术设计师	1
	合　计	17
副高级	二级文学编辑	2
	二级导演	6
	二级剪辑师	1
	二级摄影师	3
	二级美术设计师	1

续表

级别	专业技术职务	人数
副高级	二级录音师	1
	高级政工师	3
	高级工程师	6
	高级会计师	1
	主任化妆师	1
	主任播音员	1
	合　计	26
中级	三级文学编辑	11
	三级导演	6
	三级摄影师	2
	三级美术设计师	3
	三级录音师	4

续表

级别	专业技术职务	人数
中级	灯光技师	1
	化妆技师	1
	经济师	7
	工程师	11

续表

级别	专业技术职务	人数
中　级	会计师	6
	合　计	52
初　级	各类初级专业技术职务	18
总　计		113

（中国电视剧制作中心有限责任公司提供）

2012年中央新闻纪录电影制片厂（集团）在职各类专业技术职务人员统计

中央新闻纪录电影制片厂

级别	专业技术职务	人数
正高级	一级导演	1
	高级记者	5
	一级美术师	2
	合　计	8
副高级	主任记者	30
	主任编辑	7
	二级导演	3
	二级摄影师	2
	二级美术师	1
	二级录音师	2
	二级剪辑师	2
	高级工程师	3
	高级政工师	11
	主任技师（艺术专业人员系列）	1
	高级会计师	1
	副研究馆员	1
	合　计	64

续表

级别	专业技术职务	人数
中级	三级摄影师	1
	三级美术师	1
	三级录音师	6
	三级音乐编辑	2
	编　辑	9
	三级剪辑师	1
	记　者	90
	工程师	9
	经济师	3
	会计师	4
	政工师	12
	主管护师	1
	技　师（艺术专业人员系列）	6
	馆　员	8
	合　计	153
初　级	各类初级专业技术职务	90
总　计		315

北京科学教育电影制片厂

续表

级别	专业技术职务	人数
正高级	一级导演	5
	一级摄影师	1
	一级美术设计师	1
	合　计	7
副高级	二级导演	21
	二级摄影师	9
	二级美术设计师	5
	二级录音师	3
	高级工程师	1
	高级经济师	1
	高级政工师	2
	高级会计师	1
	主任技师（艺术专业人员系列）	3
	副编审	1
	合　计	47
中级	三级导演	87
	三级摄影师	30
	三级美术师	31
	三级录音师	3
	三级音乐编辑	1
	三级编辑	3
	三级剪辑师	2
	三级作家	1
	记　者	1
	编　辑	2
	工程师	5
	经济师	1
	会计师	4
	政工师	2
	技　师（艺术专业人员系列）	6
	馆　员	1
	一级播音员	3
	三级解说	1
	合　计	184
初　级	各类初级专业技术职务	60
总　计		298

（中央新闻纪录电影制片厂（集团）提供）

2012年中国国际电视总公司在职各类专业技术职务人员统计

续表

级别	专业技术职务	人数
正高级	高级编辑	10
	高级记者	1
	一级编剧	1
	一级导演	1
	一级演员	1
	教授级高级工程师	2
	合　计	16
副高级	主任记者	4
	主任编辑	14
	高级经济师	4
	高级审计师	2
	高级政工师	6
	高级会计师	8
	高级工程师	7
	二级编剧	1
	二级导演	6
	二级美术师	3
	副教授	2
	副译审	3
	副编审	1
	其　他	6
	合　计	67
中级	编　辑	120
	记　者	7
	一级播音员	1
	会计师	71
	经济师	22

续表

级别	专业技术职务	人数
中级	统计师	5
	工程师	90
	政工师	2
	翻　译	8
	三级美术师	44
	三级导演	16
	三级编剧	1
	三级演员	1

续表

级别	专业技术职务	人数
中级	三级摄影师	15
	三级文学编辑	6
	三级录音师	6
	技师（艺术专业人员系列）	60
	其　他	9
	合　计	484
初　级	各类初级专业技术职务	1127
总　计		1694

（中国国际电视总公司提供）

2012年中央卫星电视传播中心在职各类专业技术职务人员统计

级别	专业技术职务	人数
副高级	高级工程师	6
	高级会计师	2
	高级经济师	1
	主任编辑	3
	合　计	12
中　级	工程师	10

续表

级别	专业技术职务	人数
中级	会计师	4
	经济师	5
	助理研究员	1
	合　计	20
初　级	各类初级专业技术职务	6
总　计		38

（中央卫星电视传播中心提供）

2012年中国广播电视国际经济技术合作总公司在职各类专业技术职务人员统计

级别	专业技术职务	人数
正高级	教授级高级工程师	1
	合　计	1
副高级	高级工程师	25
	副译审	4
	高级经济师	6
	高级会计师	2
	高级政工师	4
	二级美术师	1
	合　计	42

续表

级别	专业技术职务	人数
中级	工程师	30
	经济师	7
	政工师	3
	会计师	8
	商务师	4
	编　辑	2
	合　计	54
初　级	各类初级专业技术职务	60
总　计		157

（中国广播电视国际经济技术合作总公司提供）

2012年中视传媒股份有限公司在职各类专业技术职务人员统计

级别	专业技术职务	人数
正高级	高级编辑	2
	合 计	2
副高级	高级会计师	2
	高级工程师	3
	二级导演	1
	二级演员	1
	合 计	7
中级	工程师	5
	经济师	17

续表

级别	专业技术职务	人数
中级	馆 员	2
	会计师	22
	三级文学编辑	1
	三级摄影师	2
	审计师	1
	美术设计师	1
	编 辑	5
	合 计	56
初 级	各类初级专业技术职务	59
总 计		124

（中视传媒股份有限公司提供）

2012年中国有线电视网络有限公司在职各类专业技术职务人员统计

级别	专业技术职务	人数
正高级	教授级高级工程师	8
	高级记者	1
	合 计	9
副高级	高级工程师	14
	副研究员	1
	高级会计师	1
	主任编辑	1
	副编审	1
	高级政工师	3
	合 计	21

续表

级别	专业技术职务	人数
中级	工程师	31
	会计师	7
	经济师	9
	审计师	1
	馆 员	1
	三级导演	1
	三级文学编辑	1
	合 计	51
初 级	各类初级专业技术职务	44
总 计		125

（中国有线电视网络有限公司提供）

2012年中央电视台事业发展概况

2012年中央电视台各类节目播出量及比例

分类名称	首播量(小时:分)	首播占台%	重播量(小时:分)	重播占台%	总播出量(小时:分)	占全台%
新闻资讯类	55590:37	16.25	44074:21	12.88	99664:58	29.13
专题服务类	24033:23	7.03	82611:39	24.15	106645:02	31.18
综艺益智类	7949:39	2.32	41035:47	12	48985:26	14.32
影视剧类	13468:20	3.94	60628:31	17.72	74096:51	21.66
广告类	9148:01	2.67	121:32	0.04	9269:33	2.71
导视类	244:54	0.07	3:35	0.001	248:29	0.07
其他类	1920:00	0.56	1254:32	0.37	3174:32	0.93
总　计	112354:54	32.84	229729:57	67.16	342081:51	100

（总编室提供）

2012年中央电视台各频道节目播出量统计

频道名称	首播(小时:分:秒)	重播(小时:分:秒)	小计(小时:分:秒)
CCTV－1	6064:37:53	2719:54:32	8784:32:25
CCTV－2	4611:42:30	4172:17:30	8784:00:00
CCTV－3	2748:28:26	6035:35:51	8784:04:17
CCTV－4（亚洲）	4469:46:54	4314:13:06	8784:00:00
CCTV－4（欧洲）	2747:12:29	6036:47:31	8784:00:00
CCTV－4（美洲）	2770:44:30	6013:15:30	8784:00:00
CCTV－5	7022:18:30	1761:41:30	8784:00:00
CCTV－6	2685:12:16	5571:28:33	8256:40:49
CCTV－7	3165:35:24	3903:00:46	7068:36:10
CCTV－8	3763:12:55	5021:00:45	8784:13:40
CCTV－9 纪录	2768:46:00	6015:14:00	8784:00:00
CCTV－9 Documentary	2074:00:00	6710:00:00	8784:00:00
CCTV－10	3740:24:10	3602:45:10	7343:09:20
CCTV－11	2341:08:30	4813:13:17	7154:21:47
CCTV－12	2664:55:30	4879:35:30	7544:31:00
CCTV－13	7349:58:00	1434:02:00	8784:00:00
CCTV－14	5175:24:43	2148:01:29	7323:26:12
CCTV－15	3010:29:50	4104:22:33	7114:52:23

续表

频道名称	首播(小时:分:秒)	重播(小时:分:秒)	小计(小时:分:秒)
CCTV－NEWS	6403:38:00	2380:22:00	8784:00:00
CCTV－ Русский	1705:30:00	7078:30:00	8784:00:00
CCTV－Français	2747:15:00	6036:45:00	8784:00:00
CCTV－Español	2456:02:00	6327:58:00	8784:00:00
CCTV－العربية	1738:00:00	7046:00:00	8784:00:00
CCTV－1（高清）	6061:35:40	2722:56:15	8784:31:55
CCTV－1（香港）	5546:37:21	3237:30:02	8784:07:23
CCTV－高清	1014:39:11	7769:20:49	8784:00:00
总　计	96847:15:42	121855:51:39	218703:07:21

（总编室提供）

2008～2012年中央电视台技术制作中心节目录制情况对照表

（单位：小时）

年份 类别	2008年	2009年	2010年	2011年	2012年
直　　播	38161.5	44283.5	56873.5	56724.5	57594
录　　像	24873	24620.5	22550.5	21926	17519.5
排　　练	5197	3712.5	4799	4999.5	7080.5
搭景布光	6941	7543.5	7152.5	5575.5	6115.5
ENG采录	351273	326043.5	357990.5	330441.5	584708.5
电　　编	220613	216575.5	232446	238248	239246
多 媒 体	301511.5	334361	370533	391190	446431
自　　编	498837	451518.5	403955.5	402632	453274
带　　转	5255.5	9128	4170.5	5928	6417
录　　音	1401	863.5	1100	1375.5	1023.5
音　　响	83959	81901	100853	103125	341184
译　　配	73599.5	81808.5	107688	108989	109903
灯　　光	67848.5	75079	89173	87374	99285.5
新闻共享	686988	724029	991845	983133	1239427.5
三维动画(秒)	11333.4	9869	12524	12961	14577.4
总　计	2366458.5	2381468	2751130	2741661.5	3677385.5

（技术制作中心提供）

中央电视台2003～2012年常规频道电视节目播出时间比较

电视节目播出总时长　　　　　　　　　　（单位：小时）

年份	播出时长	平均每天播出时长
2003	95471	262
2004	120376	329
2005	152642	418
2006	155235	425
2007	175347	480
2008	189684	518
2009	200713	550
2010	218411	598
2011	243260	666
2012	244793	671

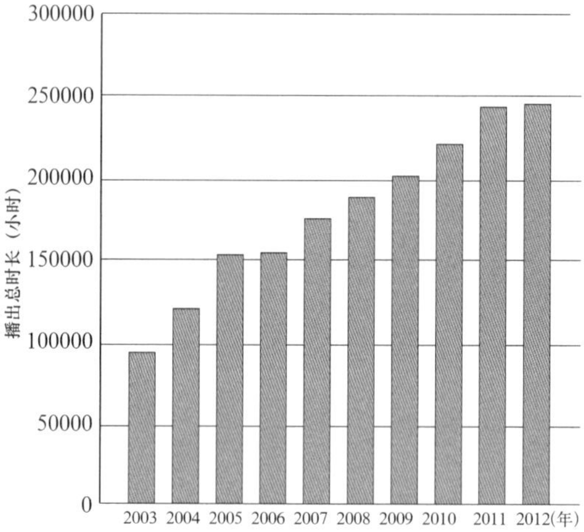

（播出传送中心提供）

中央电视台2003～2012年常规频道播出事故率比较

（单位:秒/百小时）

年份	2003	2004	2005	2006	2007	2008	2009	2010	2011	2012
总事故率	3.86	2.52	1.49	1.91	0.99	1.16	0.34	0.56	0.66	0.26

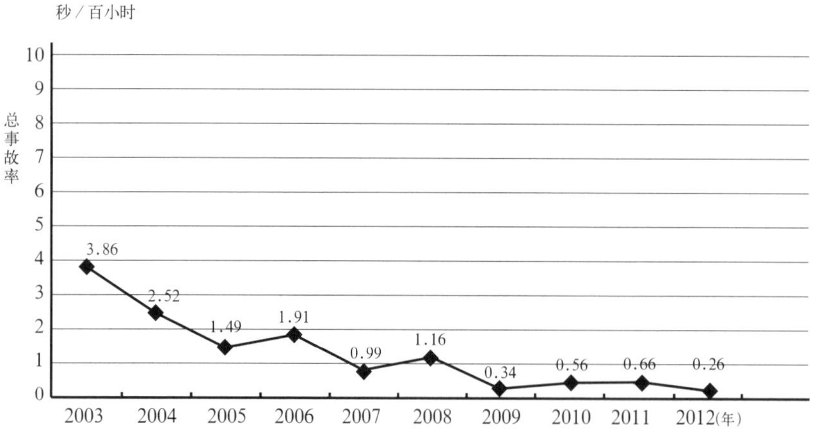

2012年总事故率：
0.26秒／百小时
安全播出率：
>99.999%
注：
安全播出率换算：
99%=1小时／百小时
99.9%=6分钟／百小时
99.99%=36秒／百小时
99.999%=3.6秒／百小时

（播出传送中心提供）

2012年中央电视台各频道节目最高收视率排名

CCTV－1

排名	节目名称	日期	开始时间(时：分)	结束时间(时：分)	收视率(%)	收视份额(%)
1	特别节目 2012年春节联欢晚会	2012－01－22	20:00	24:24	32.81	69.87
2	新闻联播	2012－01－22	19:00	19:30	14.56	37.64
3	特别节目 一年又一年	2012－01－22	19:44	19:50	8.45	19.80
4	特别节目 2012年元宵晚会	2012－02－06	19:59	21:49	7.21	17.05
5	电视剧 国门英雄	2012－01－12	21:04	21:49	5.34	14.75
6	电视剧 木府风云	2012－09－01	21:05	21:50	4.26	11.88
7	特别节目 奥运演播室	2012－08－05	21:28	21:51	3.83	11.13
8	电视剧 便衣支队	2012－05－08	21:02	21:48	3.65	11.00
9	第30届奥运会羽毛球男单决赛	2012－08－05	20:00	21:26	3.59	9.88
10	电视剧 阳光路上	2012－01－29	21:03	21:48	3.24	8.63
11	特别节目 2012年中央电视台中秋晚会	2012－09－30	20:03	21:57	3.18	8.60
12	电视剧 温州一家人	2012－11－28	20:05	20:50	3.06	7.71
13	电视剧 生死依托	2012－05－28	21:03	21:49	2.96	8.72
14	电视剧 知青	2012－05－29	21:05	21:50	2.94	8.69
15	电视剧 誓言今生	2012－02－16	21:04	21:49	2.92	8.09
16	第1动画乐园	2012－01－20	17:24	17:36	2.87	15.10
17	火蓝刀锋	2012－12－15	20:06	20:51	2.79	6.85
18	感动生命	2012－02－27	21:04	21:49	2.69	8.00
19	正大综艺 · 墙来啦	2012－01－15	17:50	18:49	2.68	10.14
20	特别节目 开学第一课	2012－09－02	19:59	21:45	2.59	7.17
21	电视剧 儿女情更长	2012－04－15	21:03	21:49	2.58	7.98
22	星光大道	2012－10－06	20:00	21:45	2.57	6.78
23	特别节目 万家灯火平安夜——公安部2012年春节电视文艺晚会	2012－01－24	20:01	21:51	2.53	6.94
24	电视剧红旗渠的守望者	2012－01－09	21:03	21:48	2.50	7.43
25	吉尼斯中国之夜	2012－01－23	17:45	18:49	2.50	8.97
26	电视剧 向东是大海	2012－03－27	20:07	20:51	2.45	6.38
27	焦点访谈	2012－01－01	19:41	19:52	2.43	6.14
28	电视剧 营盘镇警事	2012－09－29	21:05	21:50	2.41	6.89
29	电视剧 薛平贵与王宝钏	2012－07－07	15:15	16:02	2.35	18.91
30	特别节目 “3·15”晚会——共筑诚信 有你有我	2012－03－15	20:00	21:59	2.23	6.03

CCTV－2

排名	节目名称	日期	开始时间（时：分）	结束时间（时：分）	收视率（%）	收视份额（%）
1	祝福：2012笑看生活多变化	2012－01－23	07:31	11:30	1.28	6.44
2	特别节目 2012年春节联欢晚会	2012－01－23	11:30	16:02	1.06	5.13
3	经济与法特别制作 举案说法	2012－03－03	19:30	20:26	0.80	1.99
4	生财有道	2012－01－02	18:13	19:10	0.75	2.40
5	一槌定音	2012－02－12	18:10	19:28	0.73	2.40
6	消费主张	2012－11－20	19:18	19:56	0.73	1.94
7	电视剧 血色黄昏	2012－06－23	13:15	14:00	0.67	4.72
8	小崔说 立波秀	2012－10－03	21:19	22:14	0.61	2.10
9	谈商论道	2012－07－08	12:30	18:30	0.54	4.05
10	状元360	2012－03－03	15:12	16:00	0.53	4.46
11	第11届CCTV模特电视大赛	2012－01－23	17:08	18:06	0.51	2.20
12	环球驿站	2012－03－31	18:50	19:28	0.51	2.15
13	第30届奥运会女子400米个人混合泳颁奖仪式	2012－07－29	15:32	15:39	0.50	3.76
14	交换空间	2012－01－14	18:30	19:27	0.50	1.51
15	购时尚	2012－01－01	19:30	20:26	0.49	1.23
16	不速之客	2012－04－30	13:15	14:00	0.49	3.99
17	周末特供 伤痕	2012－06－24	13:15	14:00	0.47	3.21
18	央视财经芭莎明星慈善夜	2012－11－10	19:30	20:00	0.46	1.16
19	财智动漫馆	2012－07－15	11:31	11:38	0.46	3.24
20	厨王争霸	2012－06－25	18:32	19:30	0.44	2.32

CCTV－3

排名	节目名称	日期	开始时间（时：分）	结束时间（时：分）	收视率（%）	收视份额（%）
1	特别节目 2012年春节联欢晚会	2012－01－22	20:00	24:24	5.51	11.75
2	特别节目 2012年元宵晚会	2012－02－06	20:00	21:50	3.81	9.02
3	星光大道	2012－02－02	19:30	21:24	2.89	6.85
4	我要上春晚	2012－01－04	19:30	21:23	2.25	5.71
5	国庆七天乐	2012－10－07	18:30	19:53	2.07	6.56
6	全国助残日特别节目	2012－11－10	19:33	20:58	2.04	5.12
7	百花迎春—— 中国文学艺术界2012春节大联欢	2012－01－27	19:30	21:24	2.00	5.10
8	回声嘹亮	2012－12－08	19:30	20:53	1.99	5.00
9	千里共婵娟—— 壬辰年七夕昆明演唱会	2012－08－23	20:39	22:34	1.90	5.83
10	CCTV直通春晚2012	2012－12－30	19:30	22:34	1.88	5.25
11	非常6+1	2012－08－12	20:05	21:24	1.88	5.23
12	CCTV综艺盛典	2012－12－17	19:30	21:24	1.82	4.71
13	暑假七天乐	2012－12－01	18:29	19:23	1.79	5.07

续表

排名	节目名称	日期	开始时间(时:分)	结束时间(时:分)	收视率(%)	收视份额(%)
14	向幸福出发	2012－11－16	19:31	20:49	1.71	4.36
15	过年七天乐	2012－02－06	18:25	19:18	1.71	5.64
16	难忘今宵	2012－01－25	19:30	21:53	1.63	4.54
17	喜到福到好运到	2012－01－22	08:00	19:50	1.56	7.44
18	我们的生活充满阳光	2012－11－09	19:30	21:26	1.54	3.97
19	唱响中国——群众最喜爱的新创作歌曲平谷演唱会	2012－10－22	19:30	20:47	1.54	4.07
20	唱吧——2012消夏歌会	2012－08－25	20:05	21:24	1.51	3.96

CCTV－4

排名	节目名称	日期	开始时间(时:分)	结束时间(时:分)	收视率(%)	收视份额(%)
1	今日关注	2012－09－16	21:27	21:57	2.81	9.55
2	中国新闻	2012－09－18	21:00	21:27	2.66	7.72
3	海峡两岸	2012－09－16	20:30	20:58	2.02	5.27
4	深度国际	2012－09－14	22:00	22:44	1.79	7.98
5	特别节目 2012年春节联欢晚会	2012－01－22	20:00	24:24	1.60	3.41
6	中国文艺周末版	2012－01－24	18:15	18:58	1.42	5.25
7	阿坝藏区系列自焚事件真相调查	2012－12－23	21:25	21:57	1.21	4.09
8	2012年中央电视台中秋晚会	2012－09－30	19:58	21:57	1.15	3.10
9	2012年全球华侨华人新春晚会	2012－01－26	19:16	20:56	1.10	3.01
10	电视剧 新上门女婿	2012－01－25	20:00	20:45	1.05	2.77
11	电视剧 民工	2012－04－01	19:15	20:00	0.91	2.88
12	电视剧 雄关漫道	2012－01－23	19:25	20:10	0.88	2.18
13	特别节目 神九飞天再探天宫	2012－06－16	21:29	22:58	0.74	2.77
14	电视剧 密战	2012－02－17	19:15	20:00	0.73	1.89
15	走遍中国	2012－01－21	20:00	20:30	0.72	1.70
16	国宝档案	2012－01－12	18:46	18:59	0.68	2.14
17	电视剧 文化站长	2012－10－24	19:15	20:00	0.66	1.83
18	今日亚洲	2012－09－29	23:00	23:25	0.64	4.55
19	流行无限	2012－10－03	19:15	19:59	0.64	1.82
20	经典歌曲	2012－01－25	20:50	20:57	0.64	1.71

CCTV－5

排名	节目名称	日期	开始时间(时:分)	结束时间(时:分)	收视率(%)	收视份额(%)
1	第30届奥运会体操女子高低杠决赛	2012－08－06	21:50	22:19	4.29	14.87
2	第30届奥运会跳水男子双人3米板决赛	2012－08－01	21:59	22:55	4.16	17.23
3	第30届奥运会女子4×200米自由泳接力预赛	2012－08－01	20:24	20:35	3.53	9.99

续表

排名	节目名称	日期	开始时间(时 : 分)	结束时间(时 : 分)	收视率(%)	收视份额(%)
4	第30届奥运会赛艇女子单人双桨决赛	2012－08－04	19:40	19:50	3.43	12.21
5	第30届奥运会田径预赛	2012－08－04	19:56	20:26	3.30	10.20
6	第30届奥运会射击男子10米气步枪决赛	2012－07－30	19:12	19:43	2.80	12.22
7	第30届奥运会乒乓球男单决赛	2012－08－02	22:41	23:45	2.75	18.19
8	第30届奥运会女排小组赛B组	2012－08－05	18:29	20:47	2.67	10.10
9	第30届奥运会女篮小组赛	2012－08－01	18:14	19:56	2.37	12.25
10	奥运新闻	2012－07－30	18:37	18:58	2.17	12.74
11	第30届奥运会女子重剑团体半决赛	2012－08－04	20:29	21:21	1.97	5.38
12	第30届奥运会射箭男子个人赛1/4决赛	2012－08－03	22:14	22:27	1.90	7.23
13	2011/2012赛季中国男篮职业联赛总决赛第五场	2012－03－30	19:43	21:55	1.83	5.09
14	午夜奥运报道	2012－07－29	22:55	23:22	1.72	11.40
15	奥运典藏	2012－08－08	20:40	20:52	1.62	4.32
16	第30届奥运会举重女子48公斤级决赛	2012－07－29	09:55	10:30	1.42	11.27
17	第30届奥林匹克运动会开幕式	2012－07－28	08:33	11:53	1.40	11.49
18	第30届奥运会男子马拉松比赛	2012－08－12	18:57	20:14	1.11	4.17
19	全明星周末扣篮预赛	2012－02－19	20:31	20:45	1.07	2.55
20	现场直播：2011／2012赛季美国职业篮球联赛	2012－01－26	11:42	14:15	0.96	6.33

CCTV－6

排名	节目名称	日期	开始时间(时 : 分)	结束时间(时 : 分)	收视率(%)	收视份额(%)
1	白蛇传说	2012－01－23	19:34	21:25	3.68	9.20
2	精武英雄	2012－01－13	19:34	21:23	2.84	6.81
3	锦衣卫	2012－01－15	19:34	21:30	2.51	6.06
4	举起手来	2012－09－04	19:00	20:32	2.50	8.21
5	九品芝麻官	2012－01－08	19:34	21:22	2.38	5.90
6	太极张三丰	2012－12－21	18:59	20:40	2.37	5.84
7	铁血奇兵	2012－01－02	19:35	21:13	2.32	5.83
8	神勇投弹手	2012－11－02	18:59	20:44	2.29	6.17
9	聊斋系列之桃花劫	2012－01－20	19:35	21:11	2.24	5.41
10	举起手来之二 追击阿多丸	2012－12－16	18:59	20:41	2.16	5.50
11	苏乞儿	2012－06－27	20:54	22:46	2.15	7.32
12	龙门飞甲	2012－06－22	19:05	21:07	2.14	7.36
13	乱世飘丐	2012－03－26	19:34	21:07	2.12	5.68
14	中华英雄	2012－07－28	20:57	22:31	2.09	6.35
15	狩猎者	2012－04－10	20:48	22:39	2.07	7.35
16	烈火金刚	2012－05－25	20:45	22:17	2.05	5.93
17	少林小子	2012－08－03	18:59	20:46	2.00	7.06
18	神丐	2012－01－12	19:35	21:19	2.00	4.95

续表

排名	节目名称	日期	开始时间(时 : 分)	结束时间(时 : 分)	收视率(%)	收视份额(%)
19	追剿魔头	2012－04－13	19:04	20:42	2.00	6.25
20	战争角落	2012－03－16	19:34	21:11	1.98	4.89

CCTV－7

排名	节目名称	日期	开始时间(时 : 分)	结束时间(时 : 分)	收视率(%)	收视份额(%)
1	第30届奥运会女子4×200米自由泳接力决赛	2012－08－02	19:52	20:03	1.41	4.83
2	第30届奥运会羽毛球男子双打决赛	2012－08－05	21:50	22:44	1.40	5.13
3	乡村大世界	2012－11－10	18:05	19:29	1.10	3.45
4	2012全国农民春节大联欢 亿万农民的笑声	2012－01－22	18:05	19:27	1.07	3.36
5	致富经	2012－04－18	21:17	21:46	1.06	3.36
6	第30届奥运会射箭男子个人铜牌决赛	2012－08－03	22:38	22:57	1.00	4.83
7	第30届奥运会男篮小组赛	2012－07－29	21:29	23:25	1.00	4.09
8	第30届奥运会女子马拉松决赛	2012－08－05	19:57	20:26	0.99	2.95
9	第30届奥运会射击男子50米手枪决赛	2012－08－05	19:29	19:53	0.96	3.54
10	动物世界	2012－03－10	20:35	21:05	0.95	2.33
11	防务新观察	2012－09－22	20:01	20:25	0.95	2.47
12	法制编辑部	2012－02－26	21:17	22:06	0.93	2.97
13	2011第三届新农村电视艺术节	2012－01－03	18:05	19:29	0.87	2.68
14	2012湖北荆州农民迎春晚会 春到新农村	2012－01－30	18:05	19:29	0.85	2.95
15	人与自然	2012－01－14	11:51	12:21	0.85	5.74
16	军事报道	2012－01－22	19:31	19:53	0.79	1.90
17	星光大道	2012－01－07	07:37	08:47	0.77	9.19
18	第30届奥运会乒乓球男子团体第一轮	2012－08－04	16:59	19:08	0.77	5.05
19	乡约	2012－05－19	21:17	22:06	0.75	2.22
20	每日农经	2012－02－07	21:47	22:05	0.74	2.44

CCTV－8

排名	节目名称	日期	开始时间(时 : 分)	结束时间(时 : 分)	收视率(%)	收视份额(%)
1	孤军英雄	2012－10－26	20:48	21:32	3.32	9.64
2	火蓝刀锋	2012－10－06	20:47	21:31	3.31	8.82
3	木府风云	2012－07－02	20:50	21:36	2.92	8.24
4	一生只爱你	2012－02－17	21:33	22:17	2.89	8.99
5	锁定美军特使	2012－03－14	21:37	22:21	2.76	10.40
6	家有公婆	2012－02－11	21:32	22:16	2.73	8.29
7	强者风范	2012－10－19	19:54	20:38	2.72	7.09
8	妈祖	2012－12－31	19:55	20:40	2.59	5.99

续表

排名	节目名称	日期	开始时间(时：分)	结束时间(时：分)	收视率(%)	收视份额(%)
9	我的土地我的家	2012－12－30	20:48	21:32	2.56	6.76
10	真爱无敌	2012－03－31	20:42	21:27	2.54	6.83
11	山里红	2012－01－28	20:40	21:24	2.37	6.00
12	夫妻	2012－03－17	20:37	21:20	2.37	5.66
13	小菊的秋天	2012－05－22	21:35	22:18	2.32	9.20
14	远远的爱	2012－01－19	21:36	22:20	2.08	6.47
15	再婚进行时	2012－05－30	21:37	22:20	1.97	7.59
16	百花深处	2012－02－25	19:00	19:43	1.95	5.27
17	博弈	2012－10－27	19:53	20:38	1.94	4.98
18	丈母娘来了	2012－08－14	21:38	22:21	1.92	6.74
19	大营救	2012－03－08	21:35	22:19	1.90	7.21
20	密战峨眉	2012－10－12	19:54	20:38	1.86	4.73

CCTV－9

排名	节目名称	日期	开始时间(时：分)	结束时间(时：分)	收视率(%)	收视份额(%)
1	精彩纪录	2012－02－12	18:43	18:56	0.40	1.28
2	舌尖上的中国	2012－11－08	19:00	19:55	0.36	0.94
3	鳄鱼争霸战	2012－10－24	18:00	18:53	0.33	1.51
4	大迁徙 角马群里的间谍	2012－01－23	17:59	18:54	0.32	1.12
5	恐龙灭绝	2012－03－25	18:59	19:55	0.31	1.07
6	花豹女王	2012－04－09	18:59	19:52	0.31	1.05
7	探秘北极熊	2012－02－26	18:59	19:52	0.31	0.87
8	巨型食人鱼	2012－02－19	20:59	21:52	0.31	0.89
9	自然界致命生物	2012－02－12	17:59	18:43	0.31	1.22
10	生命	2012－01－07	17:59	18:50	0.30	1.13
11	奇形怪物	2012－03－26	21:00	21:50	0.29	0.89
12	伟大的卫国战争	2012－03－07	17:59	18:48	0.29	1.38
13	鸟瞰地球	2012－11－11	18:00	18:53	0.29	1.10
14	动物之爱	2012－03－12	18:59	19:54	0.28	0.83
15	马拉生命之河	2012－02－28	20:59	21:54	0.27	0.78
16	生命的速度	2012－02－26	17:59	18:44	0.26	1.12
17	天启：第二次世界大战	2012－06－16	18:59	19:52	0.26	1.11
18	断刀——朝鲜战场大逆转第二部 绝地反击	2012－10－16	19:00	19:56	0.25	0.73
19	野生链	2012－11－14	18:00	18:54	0.25	0.97
20	神秘的暗礁杀手	2012－10－25	18:00	18:52	0.25	1.13

CCTV－10

排名	节目名称	日期	开始时间（时：分）	结束时间（时：分）	收视率（%）	收视份额（%）
1	我爱发明	2012－01－26	18:55	19:50	0.91	2.79
2	文明密码	2012－10－29	18:44	19:40	0.83	2.36
3	原来如此	2012－12－30	18:44	19:40	0.81	2.27
4	自然传奇	2012－01－01	19:55	20:37	0.74	1.84
5	走近科学特别节目 奥秘	2012－07－23	21:34	22:20	0.70	2.40
6	王者拯救	2012－11－05	18:44	19:40	0.57	1.69
7	探索 · 发现	2012－01－01	21:10	21:52	0.57	1.70
8	探秘自然	2012－10－07	18:54	20:22	0.46	1.28
9	欢聚夕阳红	2012－03－25	18:55	19:51	0.46	1.62
10	真相	2012－11－24	21:29	22:57	0.44	1.82
11	味 · 道 食在乡	2012－01－21	20:55	21:50	0.43	1.06
12	健康之路	2012－11－28	18:01	18:42	0.43	1.67
13	地理 · 中国	2012－01－02	17:40	18:07	0.40	1.86
14	人物	2012－09－18	18:44	19:40	0.39	1.43
15	航母传奇	2012－10－28	21:29	22:57	0.37	1.71
16	讲述	2012－07－22	18:54	19:50	0.32	1.44
17	寻找最美乡村教师大型公益活动颁奖典礼	2012－09－09	19:59	21:40	0.32	0.87
18	动物探秘	2012－09－01	11:54	12:37	0.31	2.00
19	发现	2012－09－02	22:35	23:17	0.31	2.20
20	舌尖上的中国	2012－09－29	22:24	23:15	0.29	1.59

CCTV－11

排名	节目名称	日期	开始时间（时：分）	结束时间（时：分）	收视率（%）	收视份额（%）
1	刘三姐	2012－09－02	19:20	21:14	0.82	2.31
2	一路欢笑——优秀曲艺作品展播	2012－12－27	18:09	19:09	0.80	2.63
3	家有儿女第一部	2012－11－11	12:42	13:09	0.44	3.13
4	西游记	2012－11－09	22:10	22:57	0.41	2.21
5	刘巧儿	2012－12－09	19:20	21:04	0.36	0.91
6	九州大戏台	2012－10－09	19:20	21:43	0.35	1.01
7	三笑	2012－11－25	19:20	20:53	0.32	0.80
8	花为媒	2012－11－02	19:19	21:06	0.32	0.84
9	精彩回放	2012－10－12	18:08	19:08	0.30	1.27
10	三国演义第三部 三足鼎立	2012－10－11	21:58	22:44	0.29	1.58
11	CCTV空中剧院	2012－09－01	19:20	22:00	0.29	0.80
12	七品芝麻官	2012－08－12	19:20	21:08	0.28	0.84
13	大宅门	2012－08－06	12:54	13:41	0.28	1.97

续表

排名	节目名称	日期	开始时间(时:分)	结束时间(时:分)	收视率(%)	收视份额(%)
14	神探狄仁杰第三部	2012－12－22	22:20	23:06	0.28	1.49
15	中国京剧音配像精粹	2012－12－20	19:30	22:00	0.27	0.73
16	天仙配	2012－10－24	12:14	12:58	0.26	2.52
17	女驸马	2012－12－23	19:20	20:59	0.26	0.65
18	升官记	2012－05－13	19:19	21:16	0.26	0.74
19	追鱼	2012－12－02	19:20	20:49	0.25	0.64
20	红楼梦	2012－08－15	13:00	13:37	0.24	1.80

CCTV－12

排名	节目名称	日期	开始时间(时:分)	结束时间(时:分)	收视率(%)	收视份额(%)
1	普法栏目剧	2012－08－29	21:09	21:59	1.27	3.72
2	庭审现场	2012－09－01	20:27	21:07	1.08	2.74
3	法律讲堂（生活版）	2012－11－20	19:12	19:42	0.97	2.64
4	一线	2012－09－12	19:44	20:24	0.88	2.33
5	天网	2012－09－05	20:27	21:07	0.88	2.37
6	忏悔录	2012－09－02	20:27	21:07	0.75	1.97
7	中国警察（精编版）	2012－10－27	18:21	19:11	0.72	2.59
8	道德观察	2012－01－31	21:50	22:08	0.64	2.17
9	小区大事	2012－10－07	20:27	21:07	0.50	1.33
10	平安365	2012－07－21	11:39	11:59	0.33	2.20
11	热线12	2012－09－11	11:59	12:39	0.31	2.34
12	平安中国行	2012－12－03	17:21	18:51	0.30	1.39
13	心理访谈	2012－04－15	22:04	22:40	0.30	1.45
14	热度故事十一特别节目	2012－10－02	11:59	12:39	0.30	2.17
15	夜线	2012－07－11	22:20	23:00	0.29	1.51
16	从我做起	2012－11－18	20:27	21:07	0.28	0.76
17	永远的雷锋	2012－03－03	19:28	20:58	0.27	0.67
18	闯关到12	2012－07－16	18:34	19:11	0.22	1.34
19	第七届中华慈善奖颁奖盛典	2012－04－21	19:23	20:54	0.19	0.57
20	见证	2012－09－02	23:00	23:30	0.19	1.84

CCTV－13

排名	节目名称	日期	开始时间(时:分)	结束时间(时:分)	收视率(%)	收视份额(%)
1	东方时空	2012－09－18	20:00	20:57	2.31	6.18
2	新闻联播	2012－11－14	19:00	20:00	2.19	5.84
3	共同关注	2012－11－15	18:00	18:55	1.64	5.92
4	焦点访谈	2012－09－25	19:40	19:52	1.60	4.39

续表

排名	节目名称	日期	开始时间(时:分)	结束时间(时:分)	收视率(%)	收视份额(%)
5	国际时讯	2012－09－17	22:00	22:25	1.43	6.72
6	世界周刊	2012－09－30	22:15	22:57	1.25	6.03
7	环球视线	2012－09－20	22:30	22:57	1.18	7.87
8	新闻30分	2012－09－18	12:00	12:30	1.14	9.17
9	新闻1+1	2012－09－18	21:33	21:56	1.12	3.84
10	新闻周刊	2012－09－15	22:15	23:00	1.10	5.84
11	天宫·家园“天宫一号”与“神舟九号”载人交会对接	2012－06－24	11:55	13:58	1.10	6.93
12	胡锦涛主席抵达香港	2012－06－29	11:37	12:17	1.00	6.85
13	24小时	2012－08－07	22:25	23:58	1.00	5.72
14	面对面	2012－09－16	22:15	23:00	0.98	5.83
15	新闻调查	2012－09－16	21:30	22:12	0.97	3.53
16	中国共产党第十八次全国代表大会专题新闻	2012－11－07	19:39	19:59	0.95	2.43
17	新闻直播间	2012－09－16	10:00	11:54	0.84	7.33
18	法治在线	2012－09－19	12:35	12:55	0.80	6.24
19	奥运新一天	2012－08－07	16:00	18:14	0.78	6.50
20	湄公河惨案一审开庭	2012－09－21	16:00	17:55	0.75	8.02

CCTV－14

排名	节目名称	日期	开始时间(时:分)	结束时间(时:分)	收视率(%)	收视份额(%)
1	动画大放映 葫芦小金刚	2012－01－03	18:04	18:23	3.62	13.71
2	动画片 奇思妙想喜羊羊	2012－12－02	18:08	18:21	3.56	13.89
3	动画片 蓝猫龙骑团之炫迪传奇	2012－12－01	19:14	19:28	3.26	8.45
4	动画片 开心宝贝之开心大冒险	2012－11－18	19:20	19:30	3.21	8.78
5	动画片 生肖传奇之十二生肖闯江湖	2012－11－03	19:21	19:32	3.14	8.23
6	动画片 电击小子	2012－12－30	19:10	19:32	2.95	7.87
7	动画大放映 熊出没	2012－07－20	21:11	21:21	2.67	7.19
8	动画梦工场 果宝特攻二	2012－12－14	19:04	19:24	2.50	6.74
9	动画片 中华小子	2012－10－14	19:11	19:32	2.21	6.35
10	银河剧场 水漫金山	2012－04－07	20:11	20:22	2.19	5.62
11	动画大放映 大耳朵图图	2012－02－25	11:41	11:53	2.16	13.66
12	动漫世界 海绵宝宝	2012－10－06	12:36	12:46	2.14	14.31
13	动画乐翻天 小鸡不好惹第七部	2012－12－26	18:13	18:25	2.12	8.17
14	动画大放映 黑猫警长	2012－05－19	19:26	19:39	2.08	8.27
15	动画大放映 成龙历险记	2012－07－12	11:36	11:51	2.01	14.00
16	巴啦啦小魔仙	2012－02－06	19:25	19:48	1.97	5.13
17	快快乐乐迎新年	2012－12－31	18:30	19:59	1.96	5.49

续表

排名	节目名称	日期	开始时间(时:分)	结束时间(时:分)	收视率(%)	收视份额(%)
18	动画片 甜心格格	2012-12-15	19:00	20:52	1.93	4.93
19	动画大放映 晶码战士DISTAL四	2012-12-16	09:11	09:23	1.91	16.63
20	动漫世界 万能阿曼	2012-09-16	12:34	12:44	1.86	11.71

CCTV-15

排名	节目名称	日期	开始时间(时:分)	结束时间(时:分)	收视率(%)	收视份额(%)
1	2012CCTV精彩音乐汇	2012-10-27	19:30	20:36	0.49	1.27
2	周末音乐电影	2012-08-11	21:23	22:53	0.43	1.58
3	音乐影视作品赏析	2012-06-22	20:40	22:10	0.42	1.23
4	刘三姐	2012-11-30	20:39	22:14	0.38	1.12
5	家有儿女第一部	2012-10-19	18:22	18:49	0.31	1.35
6	中国音乐电视	2012-12-08	18:54	19:25	0.29	0.83
7	不如跳舞	2012-11-20	18:06	18:52	0.28	1.04
8	CCTV音乐厅	2012-11-18	20:38	21:28	0.27	0.76
9	民歌·中国	2012-01-18	21:43	22:15	0.26	0.83
10	音乐传奇	2012-07-16	20:40	21:12	0.26	0.71
11	电视剧 楚留香传奇	2012-10-16	18:03	18:49	0.26	1.17
12	魔法奇迹	2012-12-04	18:30	18:50	0.24	0.84
13	电视剧 和空姐一起的日子	2012-12-21	17:14	17:59	0.24	1.28
14	百年歌声	2012-05-12	20:40	21:10	0.23	0.59
15	电视剧 老大的幸福	2012-10-29	17:35	18:21	0.22	1.18
16	一起音乐吧	2012-01-26	18:20	19:25	0.22	0.76
17	CCTV-MTV音乐盛典	2012-09-01	20:40	22:40	0.21	0.66
18	电视剧 大明宫词	2012-09-23	18:02	18:49	0.21	1.14
19	2012CCTV民族器乐电视大赛	2012-10-28	20:39	22:56	0.20	0.76
20	历届春节联欢晚会歌曲精粹	2012-11-18	21:32	22:05	0.20	0.76

（总编室提供）

2012年中央电视台"心连心"艺术团慰问演出活动一览表

节目名称	录制时间	播出时间	演出地点	导演	时长(分钟)	播出频道
雷锋，我们的榜样——慰问全国青年志愿者大型文艺演出	2012-02-25	2012-03-05 20:05	北京航空航天大学	吴　楠	93	CCTV-1
华彩湘西——赴湖南湘西慰问演出	2012-05-10	2012-05-18 20:05	湘西吉首市民族广场	屠　茵	90	CCTV-1

续表

节目名称	录制时间	播出时间	演出地点	导演	时长（分钟）	播出频道
永远跟党走——赴北京房山慰问演出	2012－06－26	2012－07－01 20:05	北京房山霞云岭堂上村党旗广场	王宪生	100	CCTV－1
八一军旗红——赴南昌慰问演出	2012－07－27	2012－08－01 21:31	南昌市长天广场	王炳森	90	CCTV－1
欢歌大凉山——赴凉山彝族自治州慰问演出	2012－09－19	2010－10－05 20:57	西昌市火把广场	肖　芳	80	CCTV－1
幸福山歌，美丽中国——赴广西贺州慰问演出	2012－12－17	2012－12－27 20:12	贺州灵峰广场	陈雨露	90	CCTV－1

（综艺频道、大型节目中心提供）

2012年戏曲和音乐频道大型文艺晚会播出（直播、录播）一览表

播出日期	晚会名称	录制地点	撰稿人	策划人	导演	主持人
2012－01－01	2012年新年京剧晚会	国家大剧院	无	无	李纯博	周　涛
2012－01－01	2012维也纳新年音乐会（直播）	维也纳金色大厅	聂小华	无	聂小华	刘芳菲 赵忠祥
2012－01－03	2012年北京新年音乐会	人民大会堂	无	无	葛小红	无
2012－01－18	2012年上海春节京剧晚会	上海大剧院	无	无	阎德威	张　喆
2012－01－22	龙腾盛世——2012年春节戏曲晚会	中央电视台1000平方米演播室	程博峰	郎　昆 曹　毅	刘　洋	白燕升 董　艺 张　喆 任鲁豫 赵保乐 周　宇
2012－01－22	金色的梦想——2012中央电视台新春音乐会	中国音乐学院国音堂	冯　飞	郎　昆	葛小红	任鲁豫 刘芳菲
2012－03－04	放歌雷锋城大型歌会	辽宁抚顺	李　晶	齐宪役	谢冬娜	白燕升 孙小梅
2012－05－01～2012－05－02	第23届澳门艺术节（直播）	澳门文化中心	无	郎　昆 曹　毅	阎德威	无
2012－05－21～2012－06－03	乐鸣东方——中国优秀交响乐团暨交响乐作品展播系列音乐会	云南、新疆、浙江、深圳等地	任卫新	齐宪役	葛小红	任鲁豫 刘芳菲
2012－05－23	万紫千红总是春——纪念毛泽东同志《在延安文艺座谈会上的讲话》发表七十周年晚会	星光影视园	李　晶	曹　毅	钱　皓 国　浩	任鲁豫 董　艺
2012－06－08	2012年维也纳美泉宫夏季音乐会	奥地利维也纳	无	郎　昆	葛小红	刘芳菲

续表

播出日期	晚会名称	录制地点	撰稿人	策划人	导演	主持人
2012－06－30	光荣绽放·十大青年二胡演奏家音乐会	北京二十一世纪剧院	赵益玮	郎　昆	夏　雨	任鲁豫 刘芳菲
2012－07－01	甘洒热血写春秋——庆祝建党九十一周年戏曲晚会	长安大戏院	俞红亚	曹　毅	吴月佳	张　喆 任鲁豫
2012－07－01	唱支山歌给党听——庆祝中国共产党成立九十一周年主题歌会	贵州	任卫新	郎　昆 齐宪役 任卫新	陈　月	任鲁豫 刘芳菲 梁　璐
2012－07－02	超越梦想——中央电视台第七届全国青年京剧演员电视大赛启动仪式（直播）	中央电视台1000平方米演播厅	李　晶 刘连群	郎　昆 曹　毅 李纯博 阎德威	钱　皓 国　浩	任鲁豫 董　艺 张　喆
2012－07－03～2012－07－24	第七届全国青年京剧演员电视大赛（复赛）（直播）	中央电视台1000平方米演播室	李　晶	郎　昆 曹　毅	钱　皓 国　浩	任鲁豫 董　艺
2012－07－14	光荣绽放·十大青年琵琶演奏家音乐会	北京二十一世纪剧院	耿　玉	郎　昆	顾　蕾	刘芳菲 李佳明
2012－08－11	第31届中国·哈尔滨之夏开幕式——沿着松花江歌唱大型音乐会	哈尔滨国际会展中心体育馆	朱　海	郎　昆	葛小红	任鲁豫 刘芳菲 董　卿
2012—08－18	光荣绽放·十大青年古筝演奏家音乐会	中国剧院	耿　玉	郎　昆	顾　蕾	任鲁豫 刘芳菲 董　卿
2012－08－25	光荣绽放·十大青年竹笛演奏家音乐会	中国剧院	赵益玮	郎　昆	夏　雨	任鲁豫 刘芳菲
2012－09－08	光荣绽放·十大青年女高音歌唱家音乐会	中国剧院	无	郎　昆	郑滨生	任鲁豫 刘芳菲
2012－09－15	光荣绽放·十大青年男高音歌唱家音乐会	中国剧院	冯　飞	郎　昆	葛小红	任鲁豫 刘芳菲
2012－09－08～2012－09－24	第七届全国青年京剧演员电视大赛（决赛）（直播）	中央电视台1000平方米演播室	李　晶	郎　昆 曹　毅 李纯博 阎德威	钱　皓 国　浩	任鲁豫 董　艺 张　喆
2012－09－29	第七届全国青年京剧演员电视大赛颁奖晚会（直播）	中央电视台1000平方米演播室	李　晶	郎　昆 曹　毅 李纯博 阎德威	钱　皓 国　浩	任鲁豫 董　艺 张　喆
2012－09－30	花好月圆——2012年中秋晚会	八一电影制片厂	魏子晨	曹　毅	吴月佳	张　喆 任鲁豫 董　艺
2012－09－30	更上一层楼——2012中秋民族音乐会	山西鹳雀楼 江西滕王阁 湖南岳阳楼 湖北黄鹤楼 中央电视台总部	冯　飞	郎　昆	葛小红 谢冬娜 刘　军 郑滨生 陆海宁	任鲁豫 刘芳菲 张　宇 白燕升 梁　璐
2012－10－01	江山如画——国庆大型交响音乐会	国家大剧院	任卫新	郎　昆	夏　雨	刘芳菲 白燕升

续表

播出日期	晚会名称	录制地点	撰稿人	策划人	导演	主持人
2012－10－12～2012－10－24	2012CCTV全国民族器乐电视大赛（决赛分组赛）（直播）	中央电视台1000平方米演播室	赵益玮	郎 昆	夏 雨	任鲁豫 刘芳菲 杜 悦
2012－10－27～2012－10－29	2012CCTV全国民族器乐电视大赛冠军之夜（直播）	中央电视台1000平方米演播室	赵益玮	郎 昆	夏 雨	任鲁豫 刘芳菲 杜 悦
2012－11－04～2012－11－08	2012中国民族民间歌舞乐盛典	中央电视台一号演播厅	任卫新	郎 昆 齐宪役 任卫新	陈 月	任鲁豫 刘芳菲 白燕升 尼格买提 梁 璐
2012－11－07	在灿烂阳光下主题歌会	辽宁抚顺	张 瑜	齐宪役	谢冬娜	白燕升
2012－11－08	万紫千红——大型戏曲演唱会	星光影视园1200平方米演播室	李 晶	曹 毅	钱 皓 国 浩	董 艺 张 喆 任鲁豫 赵保乐
2012－11－09	2012CCTV全国民族器乐电视大赛颁奖晚会	中央电视台1000平方米演播室	赵益玮	郎 昆	夏 雨	任鲁豫 刘芳菲 杜 悦
2012－12－08	光荣绽放·十大青年小提琴演奏家音乐会	新清华学堂	无	郎 昆 齐宪役	郑滨生等	白燕升 刘芳菲 陈 钢
2012－12－15	光荣绽放·十大青年钢琴演奏家音乐会	中国剧院	慢 三	郎 昆	葛小红	任鲁豫 刘芳菲 郎 朗
2012－12－30	光荣绽放·十大少数民族青年歌手演唱会	北京展览馆剧场	赵益玮	郎 昆	夏 雨	任鲁豫 杜 悦 爱 华
2012－12－31	光荣绽放·十大新锐歌手演唱会	五棵松体育馆	慢 三	郎 昆	顾蕾等	任鲁豫 刘芳菲 张 宇 王 梁
2012－12－31	2013年新年音乐会（直播）	山东潍坊潍柴机械厂	胡 晗	郎 昆 齐宪役	葛小红	任鲁豫 刘芳菲

（戏曲和音乐频道提供）

2012年CCTV－3综艺频道文艺晚会播出（直播、录播）一览表

播出日期	晚会名称	开始	收视率（%）	收视份额（%）	播出
2012－01－01	启航——2012中央电视台元旦晚会	19:30	0.95	3.47	首播
2012－01－10	特别节目 第13届中韩歌会	21:30	0.85	3.49	首播

续表

播出日期	晚会名称	开始	收视率（%）	收视份额（%）	播出
2012－01－22	特别节目 福到 喜到 好运到——2012年春晚倒计时	08:00	1.56	7.44	直播
2012－01－22	2012年新春歌会	14:38	0.61	7.11	首播
2012－01－22	中央电视台2012年春节联欢晚会	20:00	5.51	11.75	首播
2012－01－23	特别节目 第二届网络春晚	19:30	1.00	2.54	首播
2012－01－23	中央军委慰问驻京部队老干部文艺演出	16:00	0.78	3.91	首播
2012－01－24	特别节目 百花迎春——中国文学艺术界2012春节大联欢	12:30	1.51	8.60	首播
2012－02－06	中央电视台2012年元宵晚会	20:00	3.81	9.02	首播
2012－02－09	军旗下的歌声——总政合唱团建团五周年音乐会	21:30	0.17	0.65	首播
2012－02－16	复兴之歌——雷佳国家大剧院独唱音乐会	21:30	0.24	0.96	首播
2012－02－23	金色记忆 蓝色情怀——听·付林大型音乐会	21:30	0.34	1.31	首播
2012－03－01	美丽的旗帜——张燕北大情景音乐会	21:30	0.45	1.60	首播
2012－03－03	第十届中国民间艺术山花奖颁奖典礼	09:30	0.24	1.76	首播
2012－03－05	雷锋，我们的榜样——中央电视台“心连心”艺术团慰问全国青年志愿者大型文艺演出	21:30	0.39	1.76	首播
2012－03－08	2012年藏历新年电视联欢晚会	21:30	0.30	1.41	首播
2012－03－15	伦敦的约定——谭晶英国皇家阿尔伯特音乐厅演唱会	21:30	0.31	1.16	首播
2012－03－24	壬辰年黄帝故里拜祖大典	08:30	0.28	3.03	直播
2012－04－18	唱响中国——群众最喜爱的新创作歌曲宁波演唱会	19:30	0.67	1.89	首播
2012－04－23	全国政协十一届五次会议联欢晚会	20:30	0.64	1.71	首播
2012－05－04	五月的鲜花 心中的歌儿唱给党——2012年全国大学生校园文艺会演	20:00	1.35	3.76	首播
2012－05－20	乘着歌声的翅膀——2012全国助残日特别节目	21:00	1.44	4.86	首播
2012－05－21	华彩湘西——中央电视台“心连心”艺术团赴湖南湘西慰问演出	19:30	0.97	2.75	首播
2012－05－22	李谷一从艺50周年音乐会	20:36	0.79	2.52	首播
2012－05－23	为人民放歌——纪念毛泽东同志《在延安文艺座谈会上的讲话》发表70周年文艺晚会	20:00	0.96	2.73	首播
2012－05－24	我要去延安——纪念毛泽东同志《在延安文艺座谈会上的讲话》发表70周年大型广场文艺演出	09:20	0.35	5.74	首播
2012－05－28	2012年俄罗斯旅游年开幕式文艺晚会	16:00	0.12	1.71	首播
2012－05－28	唱响中国——群众最喜爱的新创作歌曲四川石棉演唱会	19:30	0.82	2.52	首播

续表

播出日期	晚会名称	开始	收视率（%）	收视份额（%）	播出
2012－06－03	镌刻忠诚——解放军后勤学院建院60周年文艺晚会	21:00	0.60	1.93	首播
2012－06－03	幸福像花儿一样——2012年“六一”儿童节文艺晚会	11:30	0.39	2.64	首播
2012－06－06	2012年上海合作组织峰会文艺晚会	20:00	0.42	1.14	首播
2012－06－10	唱响中国——群众最喜爱的新创作歌曲北京演唱会	13:00	0.27	2.03	首播
2012－06－18	中华情·海峡缘——第四届海峡论坛开幕式暨综艺晚会	12:38	0.30	2.63	首播
2012－06－24	电视新魅力——第18届上海电视节开幕式文艺晚会	22:00	0.47	2.23	首播
2012－06－25	第四届中国新加坡歌会	19:30	0.93	2.79	首播
2012－06－30	爱在香港——庆祝香港回归祖国暨中国人民解放军进驻香港十五周年文艺晚会	18:30	0.34	1.84	首播
2012－06－30	美丽之路——我爱你香港陈思思演唱会	21:16	0.75	2.38	首播
2012－07－01	庆祝香港回归15周年文艺晚会	16:32	0.34	2.84	首播
2012－07－01	永远跟党走——庆“七一”中央电视台“心连心”艺术团赴北京房山慰问演出	21:48	0.75	3.90	首播
2012－07－08	全国道德模范故事汇基层巡演活动启动仪式暨首场演出	07:21	0.08	1.10	首播
2012－07－12	越变越好——宝丰农民魔术精萃	19:30	0.89	3.11	首播
2012－07－16	美丽家园——李晖独唱音乐会	22:00	0.26	1.29	首播
2012－07－22	第四届少数民族文艺会演闭幕式	16:30	0.22	1.76	首播
2012－07－31	唱响中国——群众最喜爱的新创作歌曲甘肃天水演唱会	20:00	0.88	2.46	首播
2012－08－01	忠诚之歌——庆祝中国人民解放军建军85周年大型军乐交响音乐会	20:00	0.57	1.61	首播
2012－08－01	八一军旗红——中央电视台“心连心”艺术团八一建军节赴江西南昌慰问演出	21:31	0.83	3.11	首播
2012－08－12	双拥花开万里春——庆祝中国人民解放军建军85周年文艺晚会	14:54	0.29	2.53	首播
2012－08－23	“天下有情人 千里共婵娟”七夕晚会	20:40	1.90	5.83	直播
2012－08－23	天下有情人 一起过七夕	12:00	0.70	4.62	直播
2012－08－25	忠诚卫士永向党大型演唱会	15:23	0.01	1.28	首播
2012－08－27	第11届CCTV－MTV音乐盛典	20:00	0.97	3.05	首播
2012－09－01	我们的骄傲——中国奥运健儿澳门联欢会	20:00	1.38	3.71	首播
2012－09－02	第14届中韩歌会	20:00	0.78	2.16	首播

续表

播出日期	晚会名称	开始	收视率（%）	收视份额（%）	播出
2012－09－10	唱响中国——群众最喜爱的新创作歌曲长春演唱会	20:00	0.73	1.99	首播
2012－09－17	我们忠诚——武警部队争做党和人民忠诚卫士活动15周年史诗报告	13:58	0.21	3.22	首播
2012－09－18	2012中国宁夏黄河善谷慈善博览会开幕式	13:58	0.16	2.41	首播
2012－09－19	延边赞歌	13:58	0.20	2.96	首播
2012－09－20	母亲水窖大型公益晚会	13:58	0.15	2.19	首播
2012－09－21	第11届全国见义勇为英雄模范表彰大会文艺晚会	13:58	0.18	2.51	首播
2012－09－23	纯净歌声——与刘莉娜一起听电影	13:58	0.32	3.06	首播
2012－09－29	永远跟党走——首都老干部喜迎党的十八大文艺演出	15:01	0.21	2.66	首播
2012－09－30	万家邀明月 一起过中秋	12:00	0.65	3.24	直播
2012－10－01	为祖国放歌——第12届精神文明建设“五个一工程”颁奖晚会	22:00	0.34	2.27	首播
2012－10－06	雪域颂歌——西藏自治区喜迎国庆专题 文艺晚会	22:00	0.30	1.75	首播
2012－10－07	天山情——新疆维吾尔自治区国庆晚会	22:00	0.33	2.29	首播
2012－10－08	中央电视台“心连心”艺术团赴大凉山 自治州慰问演出	20:00	1.06	3.01	首播
2012－10－09	香江明月夜——第13届中秋晚会	20:00	0.36	1.04	首播
2012－10－10	唱响中国——群众最喜爱的新创作歌曲云南玉溪演唱会	20:00	0.76	2.07	首播
2012－10－14	同在蓝天下 爱心·希望——2012大型公益晚会	15:25	0.19	2.08	首播
2012－10－15	2012年南宁国际民歌艺术节开幕式	20:00	0.97	2.77	首播
2012－10－20	第七届中国曲艺牡丹奖颁奖晚会	21:30	0.47	1.85	首播
2012－10－21	南水北调送欢歌文艺晚会	21:30	0.45	1.92	首播
2012－10－22	唱响中国——群众最喜爱的新创作歌曲北京平谷演唱会	19:30	1.54	4.07	首播
2012－10－23	九九艳阳天 一起过重阳	12:00	0.87	5.11	直播
2012－10－29	唱响中国——群众最喜爱的新创作歌曲盘锦演唱会	19:30	0.9	2.32	首播
2012－11－05	唱响中国——群众最喜爱的新创作歌曲澳门演唱会	21:11	0.42	1.83	首播
2012－11－07	倾注三农 情满大地文艺晚会	19:30	0.92	2.44	首播
2012－12－01	唱响中国——群众最喜爱的新创作歌曲湖南株洲演唱会	21:00	0.52	1.74	首播
2012－12－09	2012中国大学生电视节闭幕式晚会	14:00	0.23	2.18	首播

续表

播出日期	晚会名称	开始	收视率（%）	收视份额（%）	播出
2012－12－10	盛世中华——中华艺术宫·上海当代艺术 博物馆开馆盛典	22:58	0.11	1.29	首播
2012－12－15	百花芬芳 盛世风华——文艺精品展演晚会	14:51	0.26	2.19	首播
2012－12－19	赣水欢歌文艺晚会	21:00	0.72	2.66	首播
2012－12－24	第六届中国家庭文化节闭幕式晚会	21:00	0.94	3.34	直播
2012－12－29	红叶风采文艺晚会	14:00	0.33	2.35	首播
2012－12－30	2013年中央电视台新年音乐会	22:40	0.21	2.01	直播
2012－12－31	启航——2013中央电视台元旦晚会	20:00	1.27	4.4	直播
2012－12－31	全球共此时——2013元旦晚会倒计时	12:00	0.5	2.89	直播

（综艺频道提供）

2012年中国电视剧制作中心有限责任公司剧目
中央电视台黄金时段首播统计表

电视剧目	播出日期	每集长度（分）	导演	制片人	频道	时段	收视率(%)			收视份额(%)		
							最高	最低	平均	最高	最低	平均
国门英雄	2011年12月25日～2012年1月13日	45	傅东育	王春华 张晓东	CCTV－1	20:00	5.34	2.13	3.36	14.75	5.88	8.97
鹰巢之预备警官	7月18日～7月24日	45	潘小扬	李　汀 郭　宏	CCTV－8	19:00	1.20	0.50	0.81	5.47	2.11	3.10
长白山下我的家	9月03日～9月19日	45	王志强 刘立京	韩龙根 潘小扬	CCTV－8	20:00	1.79	1.10	1.40	5.54	3.02	3.96
营盘镇警事	9月19日～10月05日	45	马　进	芶　鹏	CCTV－8	20:00	2.41	1.38	1.89	6.89	3.70	5.34
国家命运	10月07日～10月21日	45	延　艺	李功达 刘　翔	CCTV－8	20:00	2.05	1.30	1.62	6.38	3.97	4.66

注：共计5部151集（其中CCTV－1黄金时间播出4部119集，CCTV－8套黄金时间播出1部32集）

（中国电视剧制作中心有限责任公司提供）

CCTV
中国中央电视台
CHINA CENTRAL TELEVISION YEARBOOK
年鉴
2012
胡占凡 主编
《中国中央电视台年鉴》编辑部 编

D A S H I J I

大事记

大事记

2012年中央电视台大事记

一月

1月1日 我国首个3D电视试验频道开播仪式在中央电视台举行。中宣部副部长、国家广电总局局长蔡赴朝，副局长张海涛、田进、李伟，中央电视台台长胡占凡出席并共同启动开播按钮。3D电视试验频道由中央电视台、北京电视台、上海广播电视台、天津广播电视台、江苏广电总台、深圳广电集团联合开办，开创了“六台合办”的新模式，在全国52家网络公司落地，在大部分省会城市和计划单列市均已落地。频道节目包括动漫、体育、专题片、影视剧、综艺及重大活动的现场转播等。

1月1日 中文国际频道、纪录频道、英语新闻频道、阿拉伯语国际频道在马来西亚亚洲广播网的数字有线电视平台正式开播。该平台是亚洲广播网公司2012年新开播的平台，初始约10万用户。

1月1日 俄语国际频道与中国网络电视台合作同步推出《中国旅游知识百题有奖问答》，俄语国际频道正式启动“中俄旅游年”特别策划。

1月1日 全国政协举行新年茶话会。作为新年伊始中央领导出席的首场重大活动，《新闻联播》进行全面报道。

1月1日 中央电视台公共宣传时段正式开播，使中央电视台重点节目有了相对固定的宣传推介平台。

1月1日至3日 少儿频道推出的特别编排平均收视份额达5.93%，较上年同期提升124%，列全国上星频道第二位，创频道开播以来特别编排收视新高。其中，1月1日收视份额5.87%，首次位列全国上星频道首位。

1月3日至13日 第12届全国冬季运动会在长春举行，中央电视台派出107人的报道团队进行全程转播报道。期间，体育频道每天安排2小时直播各项比赛，信号制作团队累计制作公用信号70多小时。中国网络电视台体育台也对赛事进行了实时转播。

1月4日至12日 财经频道推出六集年终盘点系列节目《2011世界经济年度观察》，邀请林毅夫、陈志武等专家学者做客演播室，并用独家访谈、连线等形式采访了英国前首相托尼·布莱尔、诺贝尔奖获得者蒙代尔、央行货币政策委员会委员李稻葵等国内外嘉宾。

1月5日 中央电视台召开2012年党建工作会议。会议总结了中央电视台2011年党建工作，并提出2012年党建工作的总体思路和主要任务。

1月6日 中国网络电视台上线新版天气台，由CNTV与中国气象局中国气象频道及其官网联合推出。

1月7日 《焦点访谈》推出《学籍注水为哪般》，报道了安徽省界首市虚报在校学生人数，骗取上千万国家补贴款的问题，节目被国内多家媒体广泛转载并引发热议。

1月8日 中国网络电视台举行“2011中国网络视频盛典”颁奖礼，共评定十大奖项、27位获奖者。盛典以创建和谐网络环境为导向，对2011年度中国网络视频文化领域进行了权威性总结与盘点。

1月8日 中国网络电视台自主研发的3D网络视频播放器开发完成。该播放器除提供普通红蓝3D视频播放功能外，还提供效果更好的偏振3D视频播放功能，并支持传统2D视频播放。

1月9日 综合频道大型公益电视活动《梦想合唱团》收官盛典晚会《梦想盛典——温暖中国》录制完成。晚会录制期间，爱心企业与八个公益梦想项目全部实现认领对接，共计投入认领资金1.3755亿元。晚会于1月22日中午在综合频道播出。

1月10日 新闻中心连续31天在《新闻联播》及新闻频道多栏目中播出年度重点主题报道《新春走基层》。

台本部、国内记者站600余名记者编辑深入各地区基层一线与普通百姓生活当中，以“回家的礼物”、“在岗位”、“问暖”、“开往春天的校车”等题材设计，深入探访了普通百姓的所想所愿，其中《西藏先心病患儿赴京治疗》、《邵全杰的回家路》、《杨立学讨薪记》等报道通过“样本追踪”方式将个人的困境与国家的行动融为一体。

1月11日　中央电视台非洲分台开播仪式在肯尼亚首都内罗毕举行。肯尼亚副总统穆西约卡出席并致辞。非洲分台是中央电视台在海外建设的第一个分台，也是国际媒体在非洲建立的第一个分台。中国网络电视台“我爱非洲”手机电视开播仪式与非洲分台开播仪式同时举行。

1月12日　中央电视台牵头，组织全国32家电视台与中国音乐著作权协会举行音乐付酬集体签约仪式。

1月12日　中国网络电视台与乐视网宣布达成战略合作，共同进行互联网电视机顶盒终端的平台优化和运营。

1月14日　台湾地区领导人及民意代表选举举行，新闻中心组织新闻、访谈栏目展开联动报道。驻台记者全天蹲守选举现场，在《中国新闻》、《东方时空》等栏目中及时跟进马英九获胜连任等信息，并第一时间播发《中共中央台办、国务院台办发言人就台湾地区两项选举结果发表谈话》及新华社《台湾地区两项选举述评》。

1月14日　军事节目中心举行全军首批野战卫星新闻转播车交装仪式，总政治部宣传部副部长禹光、中央电视台副台长何宗就、解放军电视宣传中心主任李秀宝，以及国家广电总局、解放军四总部等相关负责人参加。

1月14日　2012年军民迎新春文艺晚会在人民大会堂举行，胡锦涛等党和国家领导人出席。中央电视台《新闻联播》及新闻频道多栏目、中文国际频道多时段《中国新闻》中播出相关报道。

1月15日　“2011CCTV体坛风云人物”颁奖盛典在国家体育馆举行，现场揭晓并颁发了11个奖项。300多名业界专家、体坛明星、文艺明星和近3000名观众现场参加。体育频道从14:00起推出4小时的直播特别节目，19:30全程直播颁奖盛典。

1月18日　中央军委副主席徐才厚来中央电视台视察，看望慰问了军事节目中心工作人员，高度评价2011年中央电视台的宣传工作，并代表中央军委、全军官兵感谢中央电视台对军队和国防建设的大力支持。

1月18日　中共中央、国务院在北京举行国家科学技术奖励大会。党和国家领导人胡锦涛、温家宝、李长春、李克强出席大会，并为获奖代表颁奖。当晚《新闻联播》播出相关新闻，科教频道播出《大家》特别节目《影响——对话2011年度国家最高科技奖获得者》。

1月19日　总编辑、副台长罗明主持召开“中央电视台决策支持系统建设工作协调会”，加强对事业、产业发展决策数据统一收集管理工作。

1月20日　中共中央政治局常委李长春，中共中央政治局委员、中央书记处书记、中宣部部长刘云山，中共中央政治局委员、国务委员刘延东到中央电视台现场观看2012年春节联欢晚会第四次彩排，并看望演职人员。

1月20日　中央电视台新闻中心首次推出“央视新闻公益行动”特别策划，2012年度主题为“开往春天的校车”，由《上学的路》、《我的压岁钱》、《开往春天的校车》三部分组成。

1月21日　综合频道和综艺频道播出《阳光路上情满怀——2012年军民迎新春文艺晚会》。

1月22日　CCTV大富频道（即CCTV－4日语化频道）正式播出。该台自2011年12月23日在日本试播，引起了中日两国媒体的高度关注。

1月22日　2012年春节联欢晚会安全圆满播出。中央电视台综合、综艺、中文国际、高清频道，英语新闻、法语、西班牙语、阿拉伯语、俄语5个国际频道，以及中国网络电视台、CCTV手机电视、IP电视、中国电视长城平台向全球同步直播晚会实况。全球共有129个国家和地区的346家电视机构转播或部分使用了中央电视台国际频道的节目信号。全国7.7亿观众收看了春晚直播，晚会总收视份额（含省级卫视和地面频道转播）达69.87%，收视成绩创近三届春晚收视新高。

1月22日　中央电视台首次在除夕播出了由中国科学院、中国工程院和中央电视台联合主办的专题晚会《科学之夜》。

1月22日　《龙子龙孙贺新春——2012少儿频道春节大联欢》晚会在少儿频道播出。

1月23日至25日　中国国际电视总公司组团参加了2012年美国北美（NATPE）电视节，达成签约金额23万美元（含意向）。

1月25日至26日　中央电视台财经频道在达沃斯成功举办第四届“中国之夜”主题活动，并与世界经济论坛年会组委会合作举办辩论会CCTV Debate。中央电视台是达沃斯论坛成立42年来，唯一获准在年会上举办官方论坛的中国媒体。

1月29日 非洲联盟第18届首脑会议在埃塞俄比亚首都亚的斯亚贝巴开幕。英语新闻频道统筹报道资源，围绕非盟峰会展开充分报道。

1月 纪录频道（国际版）和英语新闻频道节目进入新西兰地面免费数字频道Freeview 29，并成为该频道的节目主体。Freeview 29在春节期间正式开播，主要面向新西兰主流社会的英语观众，覆盖新西兰全国75%的人口。

1月 资产管理中心完成中央电视台开路频道2012年广告价格调整工作，并开始在此价格体系基础上推进产品研发和创新，赴上海、杭州等“长三角”地区，与国内外重点客户集中沟通2012年广告合作事宜。

1月 全国金融工作会议召开，新闻中心、财经频道展开及时深入报道。将高端专访融入各阶段报道，开掘题材热点、强化民生关联。

1月 “央视走基层记者进高校新闻院系演讲座谈活动”在中国传媒大学举行。中央电视台采制《索道医生邓前堆》、《儿童医院蹲点日记》、《远方的家·边疆行》等新闻及专题的记者与师生们进行了深入座谈。

1月 在国家互联网信息办公室2011年全国网络舆情工作会议上，中国网络电视台被评为2011年度全国网络舆情工作先进单位，这是中国网络电视台连续第四年获此殊荣。在舆情信息报送数量、采用率和领导批示等相关指标，以及年度总得分方面，中国网络电视台在中央重点新闻网站中名列第一。中国网络电视台员工冯玢获2011年度网络舆情工作先进个人。

二月

2月1日 中央电视台大型节目中心顺利录制由国务院参事室、中央文史研究馆主办的“中华诗词吟唱会”，国务委员兼国务院秘书长马凯，全国政协副主席、中央统战部部长杜青林，全国政协副主席张榕明等到场观看演出。

2月1日 中国网络电视台正式上线《中央政治局委员视频日志》。该日志系CNTV“领导人视频日志”系列产品，与2011年推出的《九常委视频日志》共同组成“高层领导人活动视频报道集”。该产品主要依托中央电视台新闻、各地方新闻联播内容，以时间为主轴，对政治局委员重大活动、重要讲话和考察出访的报道进行集纳梳理。

2月2日至3日 英语新闻频道以多种报道方式，全面跟进报道德国总理默克尔访华。

2月3日 “2011感动中国人物颁奖盛典”在综合频道播出，《光明日报》、《中国日报》、《解放日报》等多家媒体及人民网、新华网、光明网等网站对评选活动和颁奖盛典给予高度关注。

2月4日 以“关爱留守儿童”为主题的大型公益晚会《春暖2012——特殊家长会》在财经频道播出。晚会录制当天，各界捐献善款近1.4亿元人民币。

2月6日 中央电视台北美分台正式建成开播，并在当地时间晚上8时通过英语新闻频道播出1小时的英语新闻节目。

2月6日 中央电视台成功播出2012年元宵晚会，全国有3.5亿观众收看了晚会。总收视率达11.02%，总收视份额达26.07%。

2月6日 戏曲频道播出《盛世龙腾——2012元宵戏曲晚会》。晚会由戏曲频道和天津电视台联合举办，时长150分钟，主打“戏曲歌舞”概念。

2月6日 台长胡占凡会见美国库恩基金会主席罗伯特·库恩博士，副台长魏地春、副总编辑朱彤陪同会见。

2月7日 中共中央政治局委员、中央书记处书记、中宣部部长刘云山出席中央电视台“新春走基层”活动座谈会并发表重要讲话。

2月7日至13日 财经频道《经济半小时》连续播出六集系列节目《聚焦农产品物流》。节目聚焦公路“三乱”、铁路倒卖车皮、冷链运输等，以粮食、鲜活农产品、蔬菜几个主要农产品品种为重点，从产地到市场全程扫描农产品供应链条，分析影响农产品流通的原因，探讨农产品流通减负之策。

2月8日至9日 中央电视台召开2012年工作会议。台长胡占凡代表中央电视台分党组作题为《求真务实，锐意进取，努力开创国际一流媒体建设新局面》的工作报告。全体台领导和各中心（室）、频道、部（处）、企事业单位代表280人参加。

2月9日 在苏丹获救的29名中国员工回国。新闻中心组织台本部及国内记者站力量进行全程“接力式”报道。

2月10日 中共中央政治局委员、北京市委书记刘淇出席中央电视台北京记者站成立仪式。

2月16日 中央电视台非洲分台宣传片在肯尼亚最大的有线电视网祖库（Zuku）的导视频道播出，这是非洲分台宣传片首次在非洲主流电视平台上播出。

2月16日 中共中央政治局委员、天津市委书记张高丽出席中央电视台天津记者站成立仪式。天津记者站的成立，标志着中央电视台全国记者站布点工作的圆满结束。

2月17日 中央电视台正式实施《中央电视台编委会议事规则》。这是自1985年中央电视台启用编委会机制以来，首次明文规范编委会的组织构成、议事范围、会议流程等内容。

2月19日 中央电视台与加拿大加华视讯公司在多伦多正式签署纪录频道转播协议并举行开播仪式。加拿大观众可以通过罗吉斯有线电视网的577、808频道和贝尔网络电视的710频道，在当地时间下午1时至5时收看纪录频道的节目。此外，加华视讯还在其频道固定时段每天播出《财经亚洲》、《发现》等10档中央电视台英语新闻频道的节目。

2月21日 国家副主席习近平与土耳其总统居尔共同出席中央电视台与土耳其广播电视公司合作协议签字仪式，双方签署了《中国中央电视台与土耳其广播电视公司合作备忘录》。

2月21日 中央电视台与中播控股美国公司在纽约签署英语新闻频道、西班牙语国际频道和纪录频道转播协议。美国纽约地区1200万人可以通过纽约地面数字电视24小时实时收看中央电视台3个国际频道转播的所有节目。

2月21日至22日 在中国广播电视协会体育传播工作委员会工作会议上，体育频道选送的11部作品获“2011年优秀体育电视节目奖”，其中《王濛被开除 中国短道队经历地震》、《风云会——姚明》、《篮球公园》、《第十四届国际泳联世界游泳锦标赛》等，分获新闻类、专题类、栏目类和现场直播类一等奖。朱继峰、马国力、宋世雄等获首次设立的“体育电视终身荣誉奖”。

2月23日 中央电视台举行2011年度十佳优秀广告代理公司颁奖盛典，台长胡占凡、国家工商总局副局长甘霖出席，全台各中心（室）、频道负责人以及近300家广告代理公司代表参加。

2月24日 中央电视台召开2012年廉政工作会议，总结了中央电视台2011年各项廉政工作，部署了2012年党风廉政建设和反腐败工作。

2月28日 00:35，新闻频道国际新闻栏目《环球记者连线》正式开播。栏目设置“环球聚焦”、“环球直击”两个板块，引入非洲分台、北美分台及五个中心站的演播室，采用全球化视频连线、本土化信息梳理评论等形式解读当天全球热点新闻。

2月29日 中央电视台媒体答谢暨2012年重点节目推介会举行。台领导胡占凡、罗明、魏地春、胡恩、孙玉胜，人民日报社、新华社、光明日报社、经济日报社、中央人民广播电台、中国国际广播电台、北京日报社、人民网、新华网等34家媒体负责人出席。

2月29日 中直机关党建研究会召开三届二次理事会，表彰中直机关党建研究会2011年度课题调研优秀成果。中央电视台报送的6篇课题报告分获二等奖1篇、三等奖2篇、优秀奖3篇。

2月29日 财经频道在印尼首都雅加达独家专访印尼总统苏西洛。本次采访围绕中印经贸关系、中国和东盟地区的合作、亚太发展战略等话题展开，这是苏西洛在三月底访华前接受的唯一一家中国媒体采访。

2月 在2011年度北京十大商业品牌评选活动中，梅地亚电视中心有限公司获“文化创新奖”。

2月 在中央文明委组织开展的“第三届全国未成年人思想道德建设工作先进城市和第二届先进单位、先进工作者”评选表彰活动中，中国网络电视台获全国未成年人思想道德建设工作先进单位，少儿频道鞠萍作为广电系统唯一代表，获全国未成年人思想道德建设工作先进工作者称号。

三月

3月1日 长城（非洲）平台电视信号通过位于西班牙瓜达拉哈拉的上星点上星播出。非洲撒哈拉以南地区38个国家的观众可以通过南非MIH集团的卫星电视平台收看到长城平台的节目。

3月1日 国家广电总局党组决定：梁晓涛任中国有线电视网络有限公司董事长。

3月2日 中宣部、中央外宣办、国家广电总局、国家新闻出版总署、中国记协发布《关于表彰新闻战线“走转改”活动先进集体和先进个人的通报》，中央电视台地方记者部、社会新闻部、经济新闻部、“黄河善谷”报道组、“远方的家”报道组获先进集体称号，中央电视台员工李瑞英、赵竹青、周德军、向晖、栾婷婷、张萍、雷飚、熊传刚、倪宁、乔亚美、汪成健、何盈、谢宝军、朱兴建、张英、戴玉岭、李想、王峰、杨霁、庞帅等获先进个人称号。

3月3日至13日 中央电视台圆满完成全国政协十一届五次会议开幕会和贾庆林同志作全国政协常委会工作报告的直播，以及各项程序性报道任务。

3月4日 国际顶级珠宝品牌卡地亚形象广告首次

亮相财经频道，并在全球同步上映。该广告时长3分30秒，是中央电视台长秒版本广告的又一经典案例。

3月5日至14日 中央电视台圆满完成十一届全国人大五次会议开幕会和温家宝总理作政府工作报告的直播，以及各项程序性报道任务。

3月7日 中央电视台财经频道以“CCTV经济生活大调查发布日”的形式，面向全社会独家发布《CCTV经济生活大调查（2011–2012）》调查结果。

3月8日 综合频道晚间黄金时间播出由全国妇联、中央电视台联合主办的“三八”国际妇女节特别节目《绽放》大型晚会。全国人大常委会副委员长、全国妇联主席陈至立参加节目录制。

3月10日至11月3日 体育频道、风云足球频道、中国网络电视台体育台对2012赛季中国足球超级联赛中超联赛进行全方位的报道。

3月11日 日本地震一周年。综合频道、新闻频道、中文国际频道、英语新闻频道展开充分报道。综合、财经、中文国际、新闻频道同时播放日本灾后重建的形象广告片，这是外国政府客户首次在中央电视台投放广告。

3月15日 中央电视台成功举办“3·15”晚会，以“共筑诚信，有你有我”为主题，曝光了一批国际国内大品牌侵犯消费者权益的行为，涉案企业纷纷向消费者致歉，并提出整改措施。

3月15日至19日 新闻中心组织《新闻联播》与新闻频道共同播出《走基层 · 我在基层当干部》之《贵州敦操：大山里出了群“背篼干部”》系列，首次形成以《新闻联播》带动新闻频道播发“走基层”节目的播出形态。

3月17日 中央电视台召开“探索规律，创新手段——中央电视台‘走基层’报道业务研讨会”。采制《重访郭明义》、《招工局长陈家顺》等节目的记者畅谈以“走基层”方式展开典型报道、将“走基层”经验拓展至主题报道的报道方式。

3月19日 副台长孙玉胜专程访问韩国广播公司(KBS)，并会见KBS副社长吉桓永，就双方在新闻等多个领域拓展更深层次合作达成多项重要共识。

3月19日 中国网络电视台宣布与易视腾公司进行战略合作，双方联合发布全球首款可视频通话的电视机顶盒，标志着CNTV开始进军互联网电视机顶盒终端市场。

3月19日至22日 中国国际电视总公司、纪录频道、中国广播电影电视节目交易中心组团参加了第16届香港国际影视展，与亚、欧、美30多个国家和地区的40多家影视机构进行业务洽谈，总计签约金额（含意向）超过200万美元。

3月20日 中央电视台举办以“央视巾帼群英荟”为主题的CCTV第六届巾帼建功标兵表彰会。

3月20日 经国务院批准，全国社保基金理事会开始代理广东省政府委托的千亿元养老金投资运营，此举在全国尚属首次，财经频道当天在《交易时间》、《经济信息联播》、《环球财经连线》等多档资讯节目中推出特别板块进行报道。英语新闻频道驻广州站记者采访相关部门和证券市场，详解广东养老金入市途径、规模及各方评议。

3月21日 中共中央政治局常委李长春参观第20届中国国际广播电视信息网络展览会（CCBN），并视察中国网络电视台和中国有线展台。中共中央政治局委员、中央书记处书记、中宣部部长刘云山，中共中央政治局委员、国务委员刘延东一同参观。

3月21日 副台长魏地春会见了来访的美国消费者新闻与商业频道（CNBC）全球总裁马克 · 霍夫曼一行。财经频道总监郭振玺等参加会见。

3月23日 “榜样的力量”——中央电视台2011年度表彰大会隆重举行，对全台2011年在栏目建设、精神文明、党务工作、公益事业中做出卓越贡献的1850个单位和个人给予表彰。其中，首次设立了“走转改”活动先进集体及个人、“台长特别奖”两个奖项。

3月23日 播出传送中心在转播2012年国际泳联世界跳水系列赛（北京站）时，首次成功运用了高清微型水下拍摄系统。

3月23日至24日 在2012年中国广告与品牌大会上，中央电视台获中国广告年度大奖“2011中国媒体公益贡献全场大奖”。

3月25日至4月2日 国家主席胡锦涛出席在韩国首尔举行的核安全峰会、在印度新德里举行的金砖国家领导人第四次会晤，并对柬埔寨进行国事访问，这是我国最高领导人2012年首次出访。中央电视台派出专机报道组及地面报道组，在《新闻联播》中共播发25条新闻。新闻频道、中文国际频道新闻节目及时、充分播发相关新闻。中国网络电视台制作报道专题，并在首页和新闻台首页等重要位置持续推荐。

3月26日 在肯尼亚访问的中共中央政治局委员、北京市委书记刘淇视察了中央电视台非洲分台，充分肯定中央电视台在非洲增强国际传播能力的一系列举措。

3月26日 新闻中心“开往春天的校车”公益行动

募捐的首批校车，于"全国中小学生安全教育日"当天正式捐赠，新闻中心进行及时报道。

3月26日至30日 综合频道《生活早参考》栏目推出五集系列节目"五问食品安全新政"。邀请国务院食品安全委员会、国家发改委、公安部、乳制品工业协会、国家食品风险评估中心等部门领导和业内专家，结合《2012年食品安全重点工作安排》，从食品添加剂解析、地沟油综合治理、国产奶是否安全等方面开展权威、深入解读。

3月27日 财经频道与美国公共电视台（PBS）代理方美国派拉维公司，就财经频道节目海外落地事宜进行深入商洽，制作英文版财经节目样带在《每夜财经》栏目试播。美国91%的家庭是公共电视台固定用户，《每夜财经》是其黄金档王牌栏目之一。

3月29日 由中国广播电视国际经济技术合作总公司承担的中国援助乌干达广电落地项目交接仪式在乌干达首都坎帕拉举行。该项目是国家广电总局和商务部共同推动的外交、外宣和外援三结合项目，于2011年3月开工，当年7月竣工，实现中央电视台英语新闻频道和中国国际广播电台调频广播节目在乌落地，各覆盖约260万人口。

3月 《中央电视台节目播出突发性事件应急处理暂行办法》正式发布实施，该办法规定了中央电视台在节目播出中可能遇到的突发性事件相应处理流程。

3月 由中国记协组织的回顾"十一五"、展望"十二五"重大主题宣传优秀新闻作品推荐活动结果揭晓，中央电视台《新闻联播》播出的"辉煌十一五"系列之一《在共克时艰中实现历史进步》、新闻频道播出的"我的这五年"系列之一《阿里木：卖羊肉串的慈善家》入选。

3月 中央电视台在"两会"重大直播中首推"手语同步解说"。

3月 中国网络电视台正式推出政务微博平台。该平台为各级政府部门发布和传播官方资讯提供权威、快速、便捷的渠道，并与新浪、腾讯微博平台同时互通。

3月 体育频道顺利完成2012年世界斯诺克中国公开赛信号制作任务，共制作公用信号24场，转播时长超过90小时。

四月

4月1日至3日 中央电视台成功直播博鳌亚洲论坛2012年年会开幕会及中共中央政治局常委、国务院副总理李克强主旨演讲。

4月1日至4月6日 由总编辑、副台长罗明任团长，纪录频道和中国国际电视总公司节目代理部联合组成的代表团赴法国参加戛纳国际纪录片交易会和春季戛纳电视节。纪录频道首次在戛纳电视节设立专属展台，举办官方午餐会，举办了"央视中国之夜"酒会等系列推介活动，还与英国广播公司和法国国家电视集团签署合作备忘录。

4月2日 吉尼斯世界纪录全球总裁阿里斯特 · 理查兹向中央电视台颁发了吉尼斯世界纪录证书，"中央电视台春节联欢晚会"被认定为"全球收视人数最高的电视节目"。

4月4日 清明节当天，综合频道、中文国际频道、科教频道播出由中宣部、中央文明办、文化部、中国文联、湖南省委省政府联合主办，科教频道承办的特别节目《中华长歌行——我们的节日 · 清明》。科教频道还播出大型史诗纪录片《芳草青青忆英灵》。综艺频道播出《我们的节日 · 清明》特别节目。

4月4日 综合频道、新闻频道连续十余天推出《走基层："爱心小院"蹲点日记》系列报道，讲述了河北省滦南县洼里村普通农村妇女高淑珍，14年如一日，在自家小院义务接收39名残疾孩子的感人故事。节目播出总条数、版面总时长创下了中央电视台"走基层"节目报道之最。

4月5日 中央电视台召开2012年全台保密工作会议，传达中央办公厅、国务院办公厅关于加强保密工作的文件精神，强调要加强领导，健全制度，落实责任，进一步做好全台保密工作。

4月10日 由民政部主办、中央电视台社会与法频道承办的"大爱中华"——第七届中华慈善奖颁奖晚会录制完成。全国人大常委会副委员长、中央国家机关工委书记、中国红十字会会长华建敏，全国政协副主席、民盟中央第一副主席、中华全国妇女联合会副主席张梅颖出席晚会。

4月10日 中国网络电视台与维亚康姆传媒集团合作共建的MTV中文台视频官网正式上线。CNTV作为MTV音乐台国内独家官方视频播放站点，引入MTV音乐台核心节目资源。

4月10日 中国国际电视总公司召开总裁办公会扩大会，宣布了国家广电总局、中央电视台关于梁晓涛、唐世鼎职务任免的有关通知：任命梁晓涛同志为中央电视台分党组成员，聘任梁晓涛同志为中国国际电视总公司董事长；推荐唐世鼎同志为中国国际电视总公司副总经理。台分党组成员、总公司董事长梁晓涛宣布了中国国际电视总公司三届三十四次董事会决议：同意聘任唐世鼎同志为中国国际电视总公司副总经理。

4月10日至11日 根据中宣部要求，中央电视台在多频道及时、准确播发了《中共中央决定对薄熙来同志严重违纪问题立案调查》和《公安机关对尼尔·伍德死亡案依法进行复查》两条重要新闻，并跟进报道相关社会反响。

4月11日 《焦点访谈》持续关注网络谣言治理。《"城管打人"传闻的真相》调查探访"厦门城管暴力执法激起民愤"网络谣言的真实情况，呼吁网民减少非理性围观；《共同净化网络环境》以"失踪儿童眼角膜被摘除"、"吃碘盐可防辐射"、"银行卡号及密码被泄露"等网络谣言切入，反映网络谣言对公共安全、社会稳定的巨大危害；《依法惩处造谣传谣》聚焦具体案例的处理情况和相关法律法规；《谣言：全球公害》整合美国"末日预言"、日本大地震后谣言等案例，体现谣言的全球性危害。

4月12日 中央电视台新闻频道多栏目推出《走基层·我在基层当干部》系列报道，持续关注四川营山县城南镇党委书记文建明在身患肝癌的情况下，努力工作、为民谋利的故事。

4月13日 财经频道举办中国政策论坛"探路温州金融改革"。金融专家、银行行长、财经评论员、温州企业家等政商学界的众多嘉宾，围绕温州金融改革如何落地、民间资本如何参与地方金融机构改革等主题展开讨论。此次论坛是温州设立金融综合改革试验区后，中央媒体首次在温州举办相关主题论坛活动。

4月14日 综合频道新栏目《谢天谢地你来啦》首期播出，中国网络电视台推出栏目官网，同步网络视频直播，并进行微博互动。节目首期收视率达0.55%，比平时同时段节目的收视率提高40%。

4月15日 由中宣部、商务部及国家广电总局支持，中央新影集团、中国电影家协会、电影频道等单位联合主办的"中国微电影大典——首届中国微电影创作发展论坛优秀作品评选表彰活动"启动仪式举行。活动组委会还向中央新影集团建立的本届微电影大典首个"微电影创作基地"授牌。

4月16日 纪录频道首次以冠名"特约播映"的方式播出八集高清纪录片《中国古建筑》。由华润雪花啤酒集团投资千万元，购买综合频道A特时段广告和纪录频道公益广告时段用于宣传《中国古建筑》，实现了"特约播映"和公益广告宣传相结合的播出形式。

4月16日至22日 世界货币基金组织（IMF）春季年会在华盛顿召开。英语新闻频道联动北美分台做好组合报道。

4月19日 总编辑、副台长罗明会见了法国纪录片大师、纪录频道国际顾问雅克·贝汉，双方就国际先进的纪录片拍摄手法和创作理念进行了深入交流，并探讨了未来合作的可能性。

4月20日 我国驻美大使张业遂到北美分台参观并与管理团队座谈，表示使馆将在政策宣示、舆情分析、嘉宾资源等方面继续予以全力支持。

4月20日 机关党委、发展研究中心、台团委和音像资料馆联合主办了以"阅读是滋养心田的雨露，读书是激发创意的火花"为主题的第四届CCTV"4·23"世界读书日暨电视论坛特别活动。

4月21日至5月7日 体育频道完成2012年斯诺克世界锦标赛转播报道任务，直播了全部80场比赛，特别是对中国球手参赛场次作针对性包装，并邀请刚结束比赛的中国选手在演播室中担当解说嘉宾。CNTV体育台进行同步直播。

4月22日 中俄海军首次联合举行"海上联合－2012"联合军事演习。新闻中心报道团队携我军新型全疆域卫星转播车、海事卫星等全程随行采访，在《新闻联播》及新闻频道多栏目、中文国际频道《中国新闻》中展开高频次报道。

4月22日 由中国广播电视国际经济技术合作总公司协办的第68届国际电影资料馆联合会开幕，来自48个国家和地区的70多家电影档案保存机构代表和300多名嘉宾参加。

4月23日 科教频道在世界读书日当天播出由科教频道和国家新闻出版总署主办的2012年《书香中国——4·23世界读书日特别节目》。国家新闻出版总署署长柳斌杰、中央电视台副总编辑李挺参加节目录制。

4月24日 新闻频道《午夜新闻》调整节目样态全新亮相，以"梳理全天最有价值的新闻"为呼号，增设"午夜聚焦"、"午夜速览"与"午夜前瞻"三个板块，并进一步增强评论力度与信息量。

4月25日 中国网络电视台正式推出"3D视听中国"频道，成为国内首个网络3D视频点播平台。

4月25日 台长胡占凡会见了美国华特迪士尼公司董事长兼首席执行官罗伯特·艾格先生一行8人，双方均希望继续扩大友好合作关系。会谈后，罗伯特·艾格还接受了英语新闻频道的专访。

4月26日 台长胡占凡，总编辑、副台长罗明会见了美国著名导演詹姆斯·卡梅隆等一行。双方就进一步沟通协商合作细节等问题达成共识。会谈后，卡梅隆接受了英语新闻频道的采访。

4月 长城（非洲）平台在非洲覆盖用户已达130万，长城平台频道包成为非洲地区覆盖用户数最多的华语电视包。

4月 新闻频道《每周质量报告》播出《胶囊里的秘密》，报道了浙江新昌县一些药用胶囊生产企业购买工业皮革边角料并加工成工业明胶，代替食用明胶以生产药用胶囊，并将这些胶囊卖到他省药品生产企业的情况。节目引起国家食品药品监督管理局等各方广泛关注。

4月 海外传播中心与北京大学等机构合作，就中央电视台在俄罗斯传播情况展开收视调查，调查显示中央电视台对俄罗斯传播效果不断增强。过去一年里，俄受访者中有11%的人收看过中央电视台节目，统一俄罗斯党和俄罗斯共产党成员比较喜欢观看中央电视台新闻节目。在俄受众接触到的中国对俄传统媒体中，中央电视台俄语国际频道名列第二，仅次于中国出版的俄文图书；在俄受众接触到的中国对俄网络媒体中，中国网络电视台俄语频道位列榜首。

4月 国家广电总局组织的2011年度少儿精品发展专项资金及国产动画发展专项资金项目评审结果揭晓，中央电视台6件参评作品获奖。其中，少儿频道获“优秀少儿频道、动画频道”一等奖，《智慧树》栏目获“优秀少儿电视栏目”一等奖，动画片《秦汉英雄传》获“优秀国产动画片”一等奖；《新闻袋袋裤》、《快乐大巴》栏目获“优秀少儿电视栏目”二等奖；动画片《云朵宝贝》获“优秀国产动画片”三等奖。

4月 海外传播中心与美国今日中国电视台达成协议，授权今日中国电视台选播中文国际频道的《中华医药》、《华人世界》，英语新闻频道的《对话》、《新财富》等8个栏目，从5月起，这些栏目在今日中国电视台的频道中定期播出，约覆盖该地区57万户家庭。

五月

5月2日 中国网络电视台大型走基层采访报道“行走天山下”正式上线，并在网站首页头条区和“走转改”专区固定位置重点推荐。4月以来，CNTV派出7人报道团队，奔赴新疆生产建设兵团进行为期一个月、行程15000公里的“行走天山下”大型采访报道活动。

5月4日 《五月的鲜花·心中的歌儿唱给党2012年全国大学生校园文艺汇演》在中央电视台举行，综合频道、综艺频道和中国网络电视台进行直播。中共中央政治局常委李长春，中共中央政治局委员、中央书记处书记、中宣部部长刘云山，中共中央政治局委员、国务委员刘延东，全国政协副主席、中国社会科学院院长陈奎元等观看演出。

5月4日 纪念共青团成立90周年大会在北京举行。胡锦涛总书记出席并发表重要讲话。中央电视台综合频道、新闻频道对大会进行全程直播。

5月4日 科教频道播出90分钟“五四”特别节目《青春之歌》。该片采用纪录片的节目形态，深度聚焦我国偏远地区扎根基层的青年人。

5月7日 中央电视台多频道以直播、新闻、评论联动等形式，及时报道俄罗斯当选总统普京宣誓就职。

5月7日 副台长孙玉胜与罗马尼亚电视台主席兼首席执行官亚历桑德鲁·拉兹库分别代表两台签署新闻合作协议，双方在新闻交换、突发新闻直播权、互聘特约报道员等方面展开深入合作。该台是罗马尼亚公共电视机构，拥有6个频道和1个实验频道。

5月7日 首届证券公司创新发展研讨会在北京召开，这是我国资本市场和证券业级别最高、规模最大、影响最深的一次会议。财经频道精心策划推出“聚焦股市新政·直击券商创新大会”特别报道。

5月8日 财经频道赴韩国采访丽水世博会的前方报道小组在首尔对韩国总统李明博进行了专访。节目于5月12日丽水世博会开幕当天，在《环球财经连线》栏目周末特别节目《领导者》中播出。

5月9日 俄罗斯举行“纪念卫国战争胜利67周年红场阅兵式”，新闻频道、英语新闻频道展开全面报道。

5月9日 中文国际频道《远方的家》栏目播出112集大型系列特别节目《沿海行》。该活动从辽宁丹东出发，跨越沿海10个省、市、自治区，途经100多个市县、500多个乡镇，采访对象涉及各行各业3000多位基层群众，总行程超过18000公里。

5月9日至11日 2012年世界经济论坛非洲峰会在埃塞俄比亚举行，英语新闻频道与非洲分台联动展开报道。

5月10日 由纪录频道摄制的7集高清纪录片《舌尖上的中国》举行首映式。《舌尖上的中国》是国内第一部高端美食类人文纪录片，展示中国的日常饮食流变，中国人千差万别的饮食习惯和独特的味觉审美，以及上升到生存智慧层面的东方生活价值观。该片从5月14日起在综合频道《魅力·纪录》栏目播出，引起社会强烈反响，成为各大媒体和网民追捧的热门话题，《人民日报》、《南方日报》、美国《侨报》等纷纷发表文章予以肯定。

5月10日 涉嫌制造13名中国船员在湄公河泰国水域被枪杀案件的“金三角”地区特大武装贩毒集团首犯糯康由老挝移送中国，并由中方押送回京。中央电视台投入新闻频道、中文国际频道和英语新闻频道进行全方位直播报道。

5月13日 中央电视台第八届职工田径运动会在丰台体育中心举行。全台35支代表队2500多名运动员参加了3个组别、31个竞赛项目的比赛，参加运动会总人数达到一万多人，是历届运动会参与人员规模最大的一次。

5月16日 台长胡占凡会见了捷克国家电视台台长彼得·德沃夏克、捷克驻华大使利博尔·塞奇卡、捷中友好协会会长杨·高厚特一行，副台长魏地春、副总编辑朱彤，少儿频道总监盛亦来等参加会见。

5月16日 由中央电视台主办的2012年北京国际电视技术研讨会在北京召开。研讨会由3D电视论坛、制播技术论坛和业务管理论坛组成，就电视媒体技术体系构建的目标定位及发展思路进行了交流。

5月16日 中央电视台新台址建设工程主楼竣工仪式隆重举行。中央电视台与新址施工、设计、监理、勘察方共同签署了主楼工程质量竣工验收记录。

5月16日 由中央电视台和陕西省委宣传部等单位联合承制的大型口述历史文献纪录片《大鲁艺》开播新闻发布会举行。

5月17日 新闻中心举行首届“国内记者站青年岗位技能大比武”活动，31个国内记者站的50名岗位能手参加。

5月20日 综艺频道播出《乘着歌声的翅膀——星光大道·全国助残日》特别节目，受到各级残联组织的好评。

5月20日至21日 北约峰会在美国芝加哥召开。英语新闻频道调度5名记者分别在芝加哥、华盛顿、喀布尔、伊斯兰堡等地同时报道，体现了不同于BBC、CNN主要聚焦与会代表和与会国家的态度，关注美国及西方利益的多元化报道视角。

5月20日至27日 2012年“汤尤杯”羽毛球赛在武汉举行，体育频道圆满完成全部转播报道任务，共直播13场、延播1场、录播4场比赛，总计播出60小时，并为20个国家提供了高质量的国际公用信号。

5月22日 中央电视台中文国际频道举行百集系列特别节目《北纬30°·中国行》首映式。《北纬30°·中国行》是中文国际频道继《边疆行》、《沿海行》之后推出的又一大型系列节目，摄制组跨越浙江、江西、安徽、湖北等九个省、市自治区，总行程超过两万公里。于6月1日起在综合频道、中文国际频道播出。

5月22日至23日 2012年度非洲电视节在南非约翰内斯堡举行，海外传播中心牵头的中央电视台工作小组全面宣传推广中央电视台国际频道，共有70多家参展商到中央电视台展位洽谈。

5月22日至25日 由技术管理中心、技术制作中心、播出传送中心组成的安全播出检查小组对现址新闻频道、中文国际频道等6个直播演播室，以及主控和播出机房、有线电视机房、数据中心、B1转播车、4号电站等核心系统和关键区域进行了安全播出巡检，确保党的十八大重大宣传报道安全播出。

5月23日 财经频道上海新演播室启用仪式在上海浦东新区举行。财经频道上海新演播室位于陆家嘴金融贸易区的核心位置，具备强大直播能力，已成为财经频道规模最大、功能最完备的区域生产中心。

5月23日 《为人民放歌——纪念毛泽东同志〈在延安文艺座谈会上的讲话〉发表70周年大型文艺晚会》在中央电视台举行。中共中央政治局常委李长春，中共中央政治局委员、书记处书记、中宣部部长刘云山，中共中央政治局委员、国务委员刘延东，全国人大常委会副委员长、中央国家机关工委书记华建敏，全国政协副主席、中国社会科学院院长陈奎元，全国政协副主席、中国文联主席孙家正等观看演出。

5月23日 “全国文明城市书记（市长）系列访谈活动——对话贵阳市委书记”在中国网络电视台举行。在此次CNTV协办的首场访谈中，贵州省委常委、贵阳市委书记李军与广大网友分享了贵阳市创建文明城市的经验和做法。

5月24日 中央电视台分党组审议并批准了由发展研究中心制定的《中央电视台“十二五”（2011-2015）规划》。《规划》围绕中央电视台在“十二五”期间的发展环境、新闻立台、精品战略、国际传播能力建设、新媒体建设、产业增长、管理改革、技术保障及提升国际一流媒体形象等相关问题进行深入阐述。

5月24日 中央电视台召开2011年信息工作暨行政办公业务会议，系统总结2011年度信息工作和行政办公业务，全面部署2012年工作。

5月24日 《光荣绽放——十大青年二胡演奏家音乐会》录制完毕，这是音乐频道录制的《光荣绽放——十大演奏家歌唱家系列音乐会》首场演出。该节目集结了中国二胡领域的十位顶尖级名家，通过新浪和中国网络电视台进行现场微直播，6万多网友通过网络进行评论和转发，58家媒体作了报道。节目在音乐频道播出。

5月27日至30日 中央电视台派出由新闻中心、中国国际电视总公司相关负责人组成的代表团，参加了由亚太广播发展机构主办在泰国曼谷举行的2012亚洲媒体峰会，共有来自全球的500余名媒体高层及研究人员与会。

5月28日 台长胡占凡会见来华访问的肯尼亚副总统穆西约卡一行。

5月29日 台长胡占凡会见了英国威讯247公司首席执行官约翰·米尔斯一行4人。当日，中央电视台与英国威讯247公司签署了英国酒店落地合作协议，英语新闻频道在伦敦奥运会开幕前进入伦敦地区至少200家酒店。

5月30日 由团中央宣传部和中央电视台综合频道主办，联合八所高校共同举办的大型电视活动《毕业歌》正式启动。

5月31日 庆祝“六一”国际儿童节晚会《幸福像花儿一样》在中央电视台举行，中共中央政治局常委李长春与孩子们一起欢庆佳节，向全国各族少年儿童致以节日问候。王兆国、刘云山、刘延东、陈至立和彭珮云、顾秀莲一同观看演出。晚会由全国妇联、中央文明办、共青团中央、教育部、文化部、国家广电总局、国务院妇女儿童工作委员会办公室、中国关心下一代工作委员会、中央电视台等单位联合举办，于6月1日晚8时在中央电视台一套和少儿频道并机播出。

5月31日 副台长高峰在苏丹首都喀土穆会见了苏丹国家电视台台长穆罕默德·哈图姆·苏莱曼，并与苏丹国家电视台签署合作协议。协议确定了两台在节目交换制播、人员交流合作等方面加强合作的基本原则。

5月31日 中国网络电视台与法国网球联合会合作推出的法网中文官方网站正式上线。该官网通过中、英、法三种语言，对2012法国网球公开赛进行视频直播、点播，还提供票务信息、在线商城等功能，是网球四大满贯赛事官网首次落户中国。

5月31日 音乐频道《CCTV音乐厅》栏目在国家大剧院成功直播2012北京“费城音乐周”首场音乐会——费城交响乐团访华音乐会。

5月 海外传播中心与保加利亚Cores Croup有线网运营商就中央电视台四个国际频道转播一事达成合作。根据协议，Cores Croup将在其有线网中每天24小时实时转播中文国际频道、英语新闻频道、俄语国际频道和纪录频道的节目，共计覆盖用户数8000户。

5月 坦桑尼亚国家广播公司摄制组来中央电视台参观访问，并与海外传播中心、英语新闻频道就中央电视台节目在坦桑尼亚落地播出及合作制作节目进行了座谈。

5月 新闻中心统筹台本部与海外采编力量，围绕黄岩岛事件展开及时、适度报道，充分展示“黄岩岛属于中国”的事实。

5月 我国首座自主设计、建造的第六代深水半潜式钻井平台“981”号在南海海域正式开钻。新闻中心在《新闻联播》及时播发相关消息基础上，在新闻频道推出特别节目，积极探索创新国家重点工程报道方式。

5月 以台副总编辑程宏为团长的中国新闻工作者代表团应邀对厄瓜多尔进行了友好访问和深度采访，中央电视台西班牙语国际频道派出记者随团全程拍摄。厄总统科雷亚亲自接见了代表团全体成员并接受联合采访。

5月 海外传播中心委托美国WCETV公司在洛杉矶、旧金山、休斯顿三个城市，对当地转播中文国际频道和英语新闻频道的数字地面电视平台用户进行了为期1个月的随机电话访问。结果显示，英语新闻频道拥有观众数量较多，是当地主流人士了解中国的重要渠道；中文国际频道是大多数当地华人和懂汉语人士日常收看的电视频道，《中国新闻》、《中华医药》、《中华情》等栏目及电视剧深受观众喜爱。中文国际频道和英语新闻频道从2010年起，相继进入休斯顿、洛杉矶和旧金山数字地面电视系统，在以上三个城市的覆盖用户达1180万户。

六月

6月1日 新闻中心制作的生活服务类专题小栏目《生活提示》在综合频道开播，节目内容一是知识性较强的“核心提示”，对百姓关注的、与大众生活贴近的核心信息进行简明扼要的提示；二是小切口、趣味性的“生活小妙招”。

6月3日 中央电视台《新闻联播》开播《科学发展成就辉煌》专栏，标志着中央电视台党的十八大预热新闻报道正式启动。

6月3日 搭载“蛟龙号”海试团队的“向阳红09号”试验母船奔赴马里亚纳海沟开展7000米海试。新闻频道、中文国际频道持续展开50多天的跟进报道。

6月3日 音乐频道策划推出的纪念毛泽东《在延安文艺座谈会上的讲话》发表70周年特别节目《乐鸣东方——中国优秀交响乐团暨作品展播》落幕。该系列节目自5月21日推出，连续播出14期。

6月5日 俄罗斯总统普京对我国进行国事访问，并出席上海合作组织成员国元首理事会第12次会议。综合频道、新闻频道、中文国际频道及英语新闻频道、俄语国际频道对相关活动进行现场直播，并为上海合作组织北京峰会新闻中心提供公共信号。

6月6日 由中央电视台承担创作的《睦邻友好夜——上海合作组织成员国元首理事会第12次会议文艺晚会》在国家大剧院举行。国家主席胡锦涛和与会各国元首等贵宾共同出席。综合频道、综艺频道、中文国际频道、俄语国际频道向全球现场直播。

6月6日 央视财经50指数在深交所正式发布。央视财经50指数是中国第一只由权威媒体发布、在交易所挂牌的A股市场指数，指数简称“央视50”，代码399550。该指数从A股2000多家上市公司中筛选50家优质公司构成样本股。

6月6日至30日 外语频道举行大型系列报道活动《车行新疆》。作为外语频道迎接党的十八大宣传的重点节目，该活动由两个新闻报道组、五个专题节目摄制组近40人组成，以驾车沿途拍摄的方式，从新疆自治区首府乌鲁木齐出发，途径吐鲁番、库尔勒、阿克苏，最后抵达最西部的城市喀什，平均每个摄制组行程超过7000公里，总行程近5万公里，涉及采访点近150个，采访138人次。每日拍摄的新闻于当天在阿拉伯语国际频道《综合新闻》栏目中播出，另拍摄10集、每集30分钟的专题节目，在英语新闻频道、西班牙语国际频道、法语国际频道、阿拉伯语国际频道、俄语国际频道陆续播出。

6月7日 上海合作组织北京峰会举行，中央电视台成功直播国家主席胡锦涛迎接与会外方代表团团长，并出席大范围会谈、签字仪式、共同会见记者等活动。

6月8日 中央电视台举办“CCTV电视公益广告全球征集活动”发布仪式，面向全球各类广告机构与个人征集优秀电视公益广告创意及成片。

6月9日至7月2日 中央电视台全程转播2012年欧洲杯足球赛的27场比赛。其中，3D试验频道转播全部比赛，并首次进行长达19天的直播。

6月11日 中央电视台举行新台址主楼接收会，新址办与接管办签署新址主楼接收证书，接管办正式接收并代表中央电视台履行新址主楼的管理、运行职能，标志着中央电视台新台址主楼移交接收工作顺利完成，新址主楼（央视总部）的管理运营责任转至中央电视台。

6月12日 2012年CCTV民族器乐电视大赛正式启动。本次大赛历时近半年，于10月29日落幕，吸引大批民乐爱好者参与观看，在社会各界中引发强烈反响。

6月14日 英语新闻频道开始挂标播出二十国集团领导人（G20）峰会预热报道，每天选取一个议题，联动驻外记者和海外特约报道员，深入解读世界经济形势及国际金融架构改革等。

6月15日至18日 在中国广播影视报刊协会举办的2011年度优秀稿件评选中，《中国电视报》有6件作品参评并获奖项，有三篇作品分别获得通讯类、评论类、专访类一等奖。其中，“走基层”代表作《高原十一年 只为孩子们》获得特别大奖。

6月16日 由国台办、国家广电总局和福建省政府主办，中央电视台和厦门市政府承办的第四届海峡论坛开幕式暨“中华情·海峡缘”大型综艺直播晚会在福建厦门举行。中共中央政治局常委、全国政协主席贾庆林出席并观看演出。

6月16日 第三届亚洲沙滩运动会在山东海阳开幕，体育频道进行全程直播。

6月18日 体育频道举行新址搬迁仪式，中央电视台体育频道暨中央电视台入驻央视总部工作正式启动。

6月18日 中央电视台综艺频道、体育频道、电视剧频道、纪录频道（中文版）、少儿频道在新址成功播出，标志着中央电视台成功实现了新址现址同步播出。

6月18日至19日 二十国集团领导人第七次峰会（G20）在墨西哥城市洛斯卡沃斯举行，中央电视台多个频道进行了独家、深入、权威的报道。

6月19日至22日 在布达佩斯举行的第七届国际俄语广播电视及网络媒体论坛上，俄语国际频道选送的《宾至如归》获得文化类节目大奖。

6月21日 总编辑、副台长罗明会见了亚广联主席、韩国广播公司（KBS）社长金仁圭一行。

6月24日 “天宫一号”与“神舟九号”实施首次手控交会对接，中央电视台对交会对接全过程展开直播报道。共有133个国家和地区的348家电视机构转播或部分使用了中央电视台直播信号。

6月25日 中央电视台与莫桑比克国家台在莫桑

比克首都马普托合作备忘录签署仪式。根据合作备忘录，英语新闻频道节目将首次进入莫桑比克国家电视台播出。

6月26日 在国际禁毒日当天，新闻中心组织台本部与海外记者站，在新闻频道推出直播特别节目《禁毒最前沿》。

6月27日 人力资源管理中心组织的全台性培训项目“央视讲堂”正式启动。我国云计算领域权威专家刘鹏做了《云计算热点分析及其电视应用》的讲座，全台近200位员工参加。

6月28日 国家工商总局、中宣部、国家互联网信息办公室、国家广电总局、国家新闻出版总署等五部门联合召开贯彻实施《大众传播媒介广告发布审查规定》电视电话会议。副总编辑程宏宣读《倡议书》，倡议全国大众媒介在广告经营中“诚实守信、严格自律，加强管理、强化审查，担当责任、抵制低俗，引领风尚、率先垂范，接受监督、促进发展”。

6月28日 在中央召开的全国创先争优表彰大会上，中央电视台新闻中心党委、中国网络电视台党委获“全国创先争优先进基层党组织”荣誉称号。

6月29日 和田劫机事件发生后约30分钟内，新闻频道以字幕新闻播发“发生劫机事件、恐怖分子被成功制服”等消息，随后组织多路记者分赴新疆和田、乌鲁木齐及天津等地展开后续报道。

6月29日至7月1日 中央电视台对国家主席胡锦涛赴香港出席庆祝香港回归祖国15周年大会暨香港特别行政区第四届政府就职典礼等一系列活动展开及时、充分报道。

6月29日和7月2日 中国网络电视台对欧洲杯半决赛和决赛进行3D直播，其技术难度远高于3D点播或录播，并通过微博、直播页面、CBox弹窗等方式推广，取得良好效果。

6月30日 中央组织部举行共产党员网、共产党员电视栏目、共产党员手机报开通仪式。中共中央政治局常委、中央书记处书记、国家副主席习近平视察共产党员网、共产党员电视栏目、共产党员手机报平台建设情况并出席开通仪式。中共中央政治局委员、中央书记处书记、中宣部部长刘云山，中央政治局委员、中央书记处书记、中央组织部部长李源潮出席开通仪式。共产党员网由央视网承办。

6月30日 05：07，新疆伊犁巴州交界处发生6.6级地震，造成15.5万人受灾。地震发生后，新闻中心迅即组织地方记者站，统合综合频道、新闻频道重点栏目及中文国际频道《中国新闻》，展开及时、持续报道。

6月 中央电视台完成《中央电视台安全播出管理规定》汇编工作，有效完善了中央电视台安全播出工作制度。

6月 中数传媒制订完成《中央数字电视集成运营平台管理办法（试行）》，并于7月1日起开始施行。这是目前国内首个由付费电视运营机构出台的平台管理办法。

6月 第六次全国电视观众抽样调查全面展开入户执行工作，将在全国30个省（直辖市、自治区）的315个抽样点进行近15000个观众样本的问卷调查。

6月 综合频道、新闻频道播出由国家安全生产监督管理总局分别联合义煤河南大有能源和紫金矿业集团推出的以“安全生产”为主题的公益广告，开创了台公益广告创收新模式。

6月 3D箱载式外场转播系统首次圆满完成2012年国际乒联中国公开赛赛事直播以及3D转播信号制作任务。

6月 科教频道赴法国拉罗切尔参加为期4天的阳光纪录片节(The Sunnyside of the DOC)，并举办由组委会主席伊夫参加的CCTV-10专场推介会。

6月 在美国洛杉矶举行的PromaxBDA全球大会上，纪录频道选送的频道形象片《Everything Is You》（中文版名为《纪录你我之间》）获“电视文案银奖”；频道标识演绎“立方体动物”获“标识演绎短片铜奖”。这是中央电视台首次在上述两个奖项中获奖，也是2012年获得这两个奖项的唯一亚洲作品。PromaxBDA国际奖被誉为“电视包装行业的奥斯卡”，是全球最具权威性的电视包装行业大奖。

七月

7月1日 英语新闻频道分别在澳大利亚FOXTEL公司和印度DISH TV公司运营的电视平台开播。

7月1日 中央电视台正式公布并实施《中央电视台企聘员工薪酬管理办法（试行）》。

7月2日 中国网络电视台同步发布上线CBox新版网络电视客户端和苹果（iOS）、安卓（Android）智能操作系统客户端，实现由单一电脑终端向全媒体多平台拓展的“一云多屏”战略布局。

7月2日 “超越梦想——中央电视台第七届全国青年京剧演员电视大赛启动仪式”举行，综合频道、戏曲频道并机直播，中国网络电视台同步直播。戏曲频道连续22天直播比赛，CNTV进行互动直播。

7月6日 大型节目中心顺利录制《我们共同的家——第四届全国少数民族文艺会演闭幕式暨颁奖晚会》。中共中央政治局常委、全国政协主席贾庆林出席闭幕式暨颁奖晚会，并为获奖集体和个人代表颁奖。回良玉、刘云山、刘延东、路甬祥、司马义铁力瓦尔地、杜青林、孙家正一同出席闭幕式暨颁奖晚会，为获奖集体和个人代表颁奖，并观看了演出。

7月10日 由中央电视台与中国驻尼日尔大使馆、尼日尔通讯和信息新技术部共同举办的"中国电视周"在尼日尔首都尼亚美开幕。电视周期间，中央电视台选送的节目在包括尼日尔国家电视台萨赫勒电视台在内的8家官方和私营电视台播出。

7月10日 副台长孙玉胜会见了台湾TVBS电视台总经理杨鸣，双方签署了《新闻合作备忘录》。

7月11日 在第六届"王选新闻科学技术奖"人才奖颁奖大会上，总工程师丁文华获"王选新闻科学技术奖杰出人才奖"。

7月13日 由中央电视台主办、黑龙江电视台承办的2012年全国电视新闻年会在哈尔滨举行。台长胡占凡作题为《开拓创新 合作共赢 增强电视媒体影响力》的主旨报告。中央电视台发展研究中心撰写完成的首个《中国电视新闻年度报告（2011年－2012年）》在年会上正式发布。

7月16日 央视总部成功进行《午夜体育报道》、《体育晨报》、《体坛快讯》、《体育新闻》、《体育世界》5档体育新闻直播，这是央视总部演播室的首次全天候直播。

7月18日 台长胡占凡会见了佛得角共和国总理若泽·马里亚·内韦斯一行。

7月18日至8月16日 中央电视台先后召开5场年中工作座谈会，围绕宣传、技术、经营、党务行政各系统，总结上半年工作，研讨下半年的工作思路和安排。

7月24日 海南省三沙市正式成立。新闻频道、综合频道、中文国际频道、英语新闻频道等深入关注三沙市成立情况。

7月25日至27日 在尼泊尔加德满都召开的第38届年度会员大会暨第11届AIBD代表大会上，中央电视台《看见》栏目播出的《气仙沼的这个春天》节目获得2012年度亚太广播发展机构（AIBD）电视奖评选"公众对自然灾害的反应"类最佳电视节目奖。

7月25日至8月6日 台长胡占凡率代表团访问了英国、塞舌尔和肯尼亚，签署了《关于转播中国中央电视台节目的协议》等五项合作协议。

7月26日 央视网和中国网络电视台推出各自新首页。央视网(www.cntv.cn)定位于国家重点新闻网站，着力打造以新闻为主的综合门户网站。中国网络电视台(tv.cntv.cn)是网络视听平台，定位于国家网络视频公共服务平台，集成24套中央电视台开路频道、38套卫视频道、83套城市频道以及699个网络视听联盟成员的视频节目。

7月26日 新闻中心以频道化联动编排报道了北京市政府公布"7·21"特大自然灾害遇难人数等消息，受到国内外主流媒体、北京市相关方面以及业内专家的好评。

7月27日至8月12日 第30届伦敦奥运会举行。中央电视台投入8个频道、采编人员近2000人转播报道本届奥运会，共转播奥运赛事1052场、播发新闻9547条，总播出时间超过1900小时，并采用多频道、全媒体的传播方式，取得良好效果。

7月28日 台长胡占凡会见了国际奥委会主席罗格，双方签署了2014年索契冬季奥运会、2016年里约夏季奥运会，以及2014年第二届南京青年夏季奥运会、2016年第二届利勒哈默尔青年冬季奥运会转播协议。

7月28日 《东非野生动物大迁徙》特别报道全程直播东非大群体角马渡过马拉河并遭遇尼罗鳄等天敌攻击。这是全球媒体首次对角马大迁徙的最高潮"天国之渡"展开全程电视直播。此次直播特别报道自7月19日启动以来，前方报道团队先后推出四期直播特别节目，在综合频道、新闻频道、中文国际频道，以及英语、法语、俄语、阿拉伯语国际频道中并机直播。推出12场小型直播连线，直播总时长接近10个小时，首播新闻86条。

7月28日 第八届两岸经贸文化论坛在哈尔滨举行，中文国际频道以直播、资讯等方式展开充分报道。中文国际频道全程直播全国政协主席贾庆林、中国国民党荣誉主席吴伯雄在开、闭幕式上致辞等内容，还为英语新闻频道及港澳台媒体提供了直播及记者连续报道信号。

7月29日 2012年全国儿童歌曲大奖赛颁奖晚会举行。2012年全国儿童歌曲大奖赛于4月中旬启动，共有30首优秀作品进入决赛，并在颁奖晚会上揭晓儿童组和少年组金奖、银奖和铜奖。

7月 中央电视台总部E16演播室投入使用，全程直播和重播伦敦奥运会赛事的高清3D信号，这也是我国第一个直播高清3D演播室。

7月 “2012年法语国际频道海外观众收视调查活动”全面启动，旨在从频道认知度、接触率和满意度等方面了解频道在法语国家的收视情况。

八月

8月2日 肯尼亚副总统卡隆佐 · 穆西约卡会见了正在肯尼亚访问的中央电视台台长胡占凡一行。

8月3日 中国在联大表决叙利亚问题决议草案上投出反对票，英语新闻频道、法语国际频道、阿拉伯语国际频道第一时间进行了报道。

8月7日 刘翔在参加奥运会110米栏预赛时受伤摔倒后，顽强地用单腿跑到终点。中央电视台奥运频道、财经频道、中国网络电视台等快速反应，有效引导社会舆论。

8月8日 中国网络电视台（CNTV）正式上线推出蒙古语频道。这是国内网站首家支持高清影音图片内容的综合型蒙古语频道。

8月8日至9日 两岸海协会海基会领导人第八次会谈在台北举行。新闻中心联动中文国际频道，组成近20人的报道团队前往现场，进行及时、充分的报道。

8月9日和11日 音乐频道举办《光荣绽放》系列“十大古筝青年演奏家音乐会”和“十大竹笛青年演奏家音乐会”。两场音乐会实况于8月中下旬在音乐频道播出。

8月10日 《中央电视台对外传播史》召开编撰工作会议，标志着编撰工作正式启动。

8月13日 财经频道播出大型理论宣传片《辩证看，务实办——理论热点面对面2012》。节目在中宣部理论局的直接指导下创作，是继《六个为什么》、《七个怎么看》、《从怎么看到怎么办》之后，财经频道推出的又一部重点系列理论宣传片，同名图书于6月20日出版发行后，引起社会强烈反响。

8月14日 外语频道聘请我国前驻俄罗斯、新西兰、肯尼亚等国家的八位大使担任外语频道首批国际事务顾问，并就提高外语频道国际传播能力、在当今国际传播格局下发出中国声音进行座谈。

8月15日 中央电视台成立总编室节目推介部。

8月15日 我国香港“保钓”人士登上钓鱼岛，其中14名被日方非法抓扣。新闻中心组织多频道新闻节目，及时跟进香港“保钓”人士行动及我国政府针对日方的非法抓扣所表达的严正立场。

8月20日 中央电视台观众呼叫中心试运行，观众呼叫中心是服务于中央电视台国际一流媒体建设及品牌建设而建立的公益性质的受众服务平台。

8月20日 综艺频道举行媒体通气会，正式启动“温暖中国——寻找身边的好人”全国征集评选大型电视活动暨颁奖晚会，全国25家媒体记者现场报道。本次活动由综艺频道道德建设主题栏目《向幸福出发》主办。

8月20日 财经频道推出《明天我们如何养老》主题报道周，全面深入地探讨我国养老领域制度完善和产业发展改革。

8月21日 第26届金鹰奖评选结果揭晓。中央电视台共获4个“最佳奖”、6个“优秀奖”，并囊括电视剧类、电视文艺节目类、电视纪录片、电视形象宣传类（含公益广告）等多个项目中唯一“最佳”大奖。

8月21日 第21届北京国际广播电影电视设备展览会（BIRTV2012）主题报告会举行。台长胡占凡在会上发表了题为《建设世界一流媒体，加强国际传播能力》的主题演讲。

8月21日 中央电视台在综合频道和新闻频道同步推出60集系列成就报道《数字十年》，紧紧围绕我国经济、社会、文化等领域的一系列具体数字，展示十年来国家取得的辉煌成就和人民生活发生的巨大变化，得到观众普遍好评。

8月21日至24日 中文国际频道连续播出10场第五届“汉语桥”在华留学生汉语大赛决赛。8月31日晚，中文国际频道现场直播总决赛暨颁奖晚会。

8月22日至23日 第21届北京国际广播电影电视设备展览会（BIRTV2012）在中国国际展览中心举行，中共中央政治局常委李长春，中共中央政治局委员、中央书记处书记、中宣部部长刘云山等参观展会。

8月22日至25日 由国家广电总局主办的“中非媒体合作论坛”在京举行。中央电视台作为论坛组委会成员积极参与论坛各项活动，并配合完成有关论坛嘉宾接待工作。台长胡占凡等出席了论坛欢迎招待会、论坛开幕式、论坛嘉宾参观央视总部等活动。

8月23日 综艺频道和大型节目中心联合推出“七夕”10小时大型直播行动。

8月24日 由中央电视台主办的2012 CCTV中国上市公司峰会在京召开。峰会主题为“改革、创新、发展”，并发布了《2012年度中国上市公司运行报告》。央视财经50指数首只产品“央视50平衡集合资产管理计划”在2012CCTV中国上市公司峰会上正式启动。

8月24日 财经频道举行大型纪录片《货币》推介

仪式。该片是继财经频道推出《大国崛起》、《复兴之路》、《公司的力量》、《金砖之国》等纪录片之后的又一力作。

8月24日 财经频道举办开播三周年庆典，台长胡占凡、副台长魏地春，以及有关国家部委和经济学界、企业界、媒体界的近400位代表出席。

8月28日 由国家广电总局主办、中广国际总公司承办的2012发展中国家广播电视技术管理研修班在京顺利结业。来自8个国家广电机构的25名官员接受了为期15天的培训，并参加了首届中非媒体合作论坛等活动。

8月28日至9月2日 中央电视台承办的2012年亚广联纪录片合拍项目《改变亚洲，拯救地球》(CARE-3)第一次会议在京召开。该合拍项目是以联合国千年发展目标为议题框架制作纪录片。

8月29日 《中央电视台个人微博使用管理细则（试行）》下发实行。

8月29日至9月1日 财经频道《经济信息联播》连续推出系列报道"中国制造之变"，调查制造业现状，关注中国制造如何能在这一轮世界产业结构调整中转危为安。

8月30日 伦敦残奥会开幕，体育频道前方报道团和后方新闻播出团队密切合作，以赛前短片包装和现场解说方式进行现场直播，央视网进行全程视频直播。

8月30日 央视50第一支指数化产品——"央视50平衡集合资产管理计划"正式发行。该产品由中国银河证券开发，光大银行托管和代销。中国银河证券作为唯一获得"央视财经50指数"开发授权的证券公司，其发行的"央视50平衡集合资产管理计划"在推广期内的规模上限为25亿份，存续期内的目标规模为100亿份，存续期10年，首次参与的资金门槛为10万元。除中国银河证券外，光大银行也参与销售该理财产品。有近500家证券和银行网点参与该产品的发售。

8月31日 中共中央政治局委员、国务委员刘延东出席第五届"汉语桥"在华留学生汉语大赛总决赛暨颁奖晚会，并为获得"汉语之星"的选手颁奖。

8月31日 中央电视台召开奥运报道暨台长特别奖表彰大会，隆重表彰在伦敦奥运会等重大宣传活动和重要节目创作中，做出突出贡献的先进集体与个人。

8月 中广国际总公司与吉布提广播电视公司签署《关于在吉布提开展数字电视的合作备忘录》。中广国际总公司将在吉布提全国范围内采用中国数字电视标准（DTMB）建设和运营数字电视播出网络，标志着DTMB首次作为国际标准之一全面进入了一个非洲国家。

8月 大型节目中心在宁夏银川录制2012中国（宁夏）黄河善谷慈善博览会开幕式暨宁夏"黄河善谷奖"颁奖晚会。全国政协副主席白立忱出席晚会并颁奖。晚会由民政部和宁夏自治区政府联合举办，在综艺频道播出。

8月 由商务部主办、中央电视台和中广国际总公司承办的发展中国家广播技术培训班举行开班式，来自亚洲、非洲16个国家广播电视机构的30名学员参加培训。

8月 电视剧频道与央视网联合将定制剧《木府风云》的部分网络信息传播权和网络视频播放权出售给搜狐网，实现电视剧频道及央视网在电视剧网络版权上的首次分销。

8月 埃及总统穆罕默德·穆尔西对我国进行国事访问，这是他就任总统后首次出访非阿拉伯国家。阿拉伯语国际频道展开全面充分报道。

8月 非洲分台两名肯尼亚籍记者珍妮和迈克尔在报道肯尼亚骚乱中遭到袭击，仍继续带伤坚持工作，保证了相关报道在第一时间播发。

8月 总编室完成对2011年版《中央电视台屏幕语言文字差错管理办法》的修订，并印发全台实施。

九月

9月2日 由教育部和中央电视台联合制作的大型电视活动《开学第一课》在综合频道首播。

9月2日 综艺频道播出由大型节目中心承办的"第14届中韩歌会"，晚会在韩国丽水世界博览会数字长廊录制完成。

9月2日 第二届中国-亚欧博览会暨中国-亚欧经济发展合作论坛在乌鲁木齐开幕，国务院总理温家宝出席开幕式并发表主旨演讲。中央电视台新闻频道、中文国际频道并机，阿拉伯语国际频道制作特别节目，对温家宝总理演讲进行了直播。

9月3日 英语新闻频道和俄语国际频道在白俄罗斯阿特兰特电信（Atlant Telecom）公司运营的IPTV平台上开播，这是中央电视台国际频道首次在白俄罗斯落地。

9月4日至7日 由中央电视台、中国广播电视协会主办，发展研究中心与南方广播影视传媒集团承办的第二届中国电视发展年会在广州召开。年会发布“中国电视发展年度创新榜 · 中国电视发展最具创新力十大上星频道（2012）”报告。

9月5日 由中央电视台和中国广播电视协会主办，中央电视台发展研究中心、南方广播影视传媒集团承办的第二届中国电视发展年会在广州召开。本届年会主题为“媒体责任与品牌创新——为党的十八大召开营造良好舆论氛围”。

9月6日至9日 国家主席胡锦涛赴俄罗斯符拉迪沃斯托克出席亚太经合组织（APEC）第20次领导人非正式会议。中央电视台成功直播了欢迎仪式、与会领导人集体合影等活动，并展开及时、充分的报道。

9月8日 由中央电视台和商务部首次联袂主办的第16届中国国际投资贸易洽谈会主论坛“2012国际投资论坛”在厦门开幕。国务委员兼国务院秘书长马凯发表主旨演讲。

9月9日 综合频道、中文国际频道、科教频道播出“寻找最美乡村教师”大型颁奖典礼。全国人大常委会副委员长严隽琪出席颁奖典礼。活动评选出10名“最美乡村教师”和1个“最美乡村教师”志愿者团体,引发观众和网友强烈反响。颁奖典礼通过短片、访谈、献奖等环节集中展示乡村教师的感人事迹和高尚忘我的人生追求。当日，央视网同步播出颁奖晚会，视频直播最高7万人同时在线。搜狐、新浪等众多网络媒体对节目进行了重点推广，人民日报、中国文明网等官方微博和郭明义等名人微博和网民进行交流互动。

9月9日至11日 电视剧频道参与第11届首都电视节目推介会，取得积极成效。

9月10日 日本政府不顾我国一再严正交涉，宣布“购买”钓鱼岛及其附属的南小岛和北小岛，实施所谓“国有化”。中央电视台展开及时、充分报道，严正表达我国立场。

9月10日 综合频道晚间黄金时间段播出由教育部和中央电视台联合主办，综合频道承办的“2012教师节晚会——至高荣耀”，并为2012年度“全国教书育人楷模”颁奖，中共中央政治局常委李长春，中共中央政治局委员、北京市委书记刘淇，中共中央政治局委员、中央书记处书记、中宣部部长刘云山，中共中央政治局委员、国务委员刘延东等一同观看。

9月11日 作为夏季达沃斯论坛官方议程，中央电视台财经频道举办央视辩论会（CCTV Debate）,主题是“中国制造之变”。

9月12日 中央电视台全球落地与推广论坛举行，来自美国、加拿大、澳大利亚和非洲各国的电视机构、电视平台运营商、业内专家学者近200人参加论坛。广电总局国际合作司以及美国时代华纳、美国WCVE和WHTJ公共广播系统、澳大利亚FOXTEL运营平台等相关负责人分别作了主题发言。

9月12日 中国（宁夏）国际投资贸易洽谈会暨第3届中国－阿拉伯国家经贸论坛在宁夏开幕，阿拉伯语国际频道积极开展采访报道，并制作完成5期高端专访节目。

9月12日 资产管理中心举行《保护江豚》系列公益广告研讨会，农业部、环保部、中国水科院等有关单位代表对“保护江豚”主题公益广告给予积极评价。针对2012年4月长江流域连续发生江豚死亡事件，资产管理中心组织制作了三支公益广告。

9月12日 由人力资源管理中心、新闻中心海外记者部、外语频道联合举办的首批远程制播小组培训班举行结业仪式，此次培训历时16天。

9月15日 由中国文学艺术界联合会、中国曲艺家协会、中共江苏省委宣传部、江苏省文学艺术界联合会共同主办，由大型节目中心承办的第七届中国曲艺“牡丹奖”颁奖典礼在南京录制完成。全国政协副主席、中国文学艺术界联合会主席孙家正，中国文联党组书记、副主席赵实等参加，晚会在综艺频道播出。

9月16日 由中央文明办、教育部等部门联合举办的“2012年全国未成年人‘向国旗敬礼，做一个有道德的人’”网上签名寄语活动正式启动。央视网负责搭建的独家网络平台同日发布上线，鼓励网友特别是青少年积极参与“向国旗敬礼”活动，并通过签名寄语的方式写下对祖国的心里话。

9月16日至22日 第七届全国农民运动会在河南省南阳市举行，体育频道围绕“农”字展开特色鲜明的报道，播发农运会专题新闻总计250分钟。大型节目中心制作开、闭幕式信号在体育频道播出。河南电视台等其他电视机构使用了中央电视台制作的公共信号。

9月17日至23日 综艺频道直播《第六届中央电视台相声大赛》决赛及颁奖晚会。

9月19日 人力资源管理中心推出“峰荟——首期领导者沙龙”特别活动。特邀联想集团创始人柳传志阐述了企业文化和发展战略。此次沙龙是在以往处级干部“5+2沙龙”活动的基础上，为各中心、频道主要负责人量身定做的。体育频道、社会与法频道、海外传播中心、财务管理中心、播出传送中心、新闻中心等相关负责人参加。

9月21日 第九届中国－东盟博览会开幕式在广西南宁开幕，综合频道、新闻频道、中文国际频道、英语新闻频道、中国网络电视台现场直播。

9月21日 国家广电总局副局长李伟、中央电视台副台长魏地春在莫斯科出席中俄人文合作委员会媒体合作分委会第五次会议，重点就中央电视台与俄罗斯国家电视台合作制作专题节目、互派摄制组以及强化中央电视台俄语国际频道在当地落地与推广等事宜进行了深入交流，围绕中俄旅游年中即将开展的46个交流合作项目进行了讨论并达成共识。

9月22日 中央电视台2013年节目资源推介会举行，首次集中发布中央电视台2013年节目及广告资源，这标志着中央电视台2013年广告招标预售工作正式启动。

9月22日 第11届海峡两岸知识大赛总决赛暨颁奖典礼在台北举行。本次大赛从9月19日起在台北演播室录制，来自大陆和台湾的30名选手组成15对组合参赛，复旦大学的邝申达和台湾世新大学的黄怡婷获得冠军。大赛录像于10月中旬在中央电视台中文国际频道和台湾中天电视台播出。

9月22日 央视网推出《南锋号科考船赴南海调查》专题，跟随中国“南锋”号海洋渔业科考船，以“航海日志”形式全程跟踪报道此次科考活动。在为期20天的海上调查期间，全程进行图文报道，并推出系列视频报道集。

9月22日 《新闻调查》播出《哈尔滨倒桥调查》深度报道，回应社会舆论对哈尔滨高架桥匝道处坍塌事故调查结果的质疑。

9月24日 第12届精神文明建设“五个一工程”颁奖晚会在中央电视台新址举行。中共中央政治局常委李长春出席观看，并为获奖代表颁奖，刘淇、刘云山、刘延东、陈奎元、孙家正一同观看。颁奖晚会于10月1日晚在中央电视台综合频道和综艺频道播出。

9月24日 人力资源管理中心在南京大学为26名台长特别奖获得者专门开办创新人才高级研修班，标志着中央电视台与南京大学的双向人才培养实验基地正式启用。此前，中央电视台与南京大学举行了“金伙伴双向人才培养计划”合作签约暨实验基地揭牌仪式，为中央电视台员工进行各类进修提供条件。

9月24日 在重庆举行的全国广播电视民生影响力调查成果发布会上，西班牙语国际频道《学做中国菜》节目获得“2012年全国电视栏目民生影响力10强”奖项。

9月24日至28日 综合频道播出5集高清纪录片《超级工程》，以宏大的手笔展现了港珠澳大桥、上海中心大厦、北京地铁网络等我国五项重点工程，是中国人拍摄的第一部工程类纪录片，并与几十家国际电视机构签订了该片的意向性购买协议。

9月25日 我国第一艘航母“辽宁舰”正式交付海军。中央电视台组织新闻资讯、专题、评论类栏目及外语频道展开充分报道，强化解读性。军事节目中心及时推出相关专题节目。

9月26日 新闻频道首次将微博信息与节目播报同步，围绕中秋、国庆假日民众对服务信息的实际需求，即时发布交通、气象、旅游与生活贴士方面服务信息。

9月27日 台分党组成员、纪检组组长、机关党委书记、中直机关侨联副主席、台侨联主席张海鸽参加中央电视台归侨侨眷中秋联谊会并致辞，机关党委、监察室、台工会联合会以及中直机关各侨联负责人参加活动。

9月27日至10月2日 国际电视资料联合会（FIAT/IFTA）2012年会议在英国伦敦召开。中央电视台作为该国际组织会员单位和执委参加了本届年会。

9月28日 中国工程院信息与电子工程学部主任韦钰院士带领25名中国工程院院士，赴中央电视台总部考察指导技术工作。

9月29日 中央电视台连续9天在综合频道和新闻频道的《新闻联播》、《朝闻天下》和《新闻30分》等栏目中推出《走基层 · 百姓心声》特别节目《你幸福吗？》，选取了147位被采访者对于“幸福”的回答，每天1集、每集8分钟连续播出，在社会上引起强烈反响。

9月29日 台领导胡占凡、罗明、魏地春、张海鸽出席机关党委主办的“爱的家园——2012中央电视台青年职工集体婚礼”活动。18对新人所在单位的负责人以及同事、亲属共计220余人参加了活动。

9月29日至10月7日 体育频道全程直播2012年中国网球公开赛，共计35场、53小时，并对赛事进行全方位包装和制作提供公用信号。

9月30日 综合频道、中文国际频道直播“福州月 · 中华情”2012年中央电视台中秋晚会，中国网络电视台同步直播，在海内外引发热烈反响。由中宣部、中央文明办、文化部、中国文联联合主办，科教频道承办的特别节目《中华长歌行——我们的节日 · 中秋》在综合频道、中文国际频道、科教频道播出。

9月 在全国文化体制改革工作表彰大会上，中国国际电视总公司、中国电视剧制作中心有限公司和央视国际网络有限公司获“全国文化体制改革工作先进单位”称号，中央电视台汪文斌荣获“全国文化体制改革工作先进个人”称号。

9月 云南昭通彝良发生地震，新闻中心部署多路记者深入地震灾区，在综合频道、新闻频道、中文国际频道新闻节目中以直播、资讯、新闻特写等方式，持续关注灾后救援情况。云南IP电视因其独特的时移、回放和点播功能，成为云南省委关注抗震救灾情况的首要媒体平台。地震发生后，云南IP电视运营主体云南电视台爱上网络公司，迅速启动应急机制，密切关注云南电视台各重点新闻栏目采访情况。

9月 中国有线电视网络有限公司参加的国家“863计划”课题“国家试验床（二期）暨NGB示范项目——下一代网络与业务国家试验床开发实施与规模试验”，通过了科技部组织的验收。

9月 中央电视台因及时、充分提供有关“‘天宫一号’与‘神舟九号’载人交会对接任务”相关新闻素材，被评为6月月度亚广联新闻交换奖。亚广联电视新闻交换网现有25家广电机构成员，分布于22个国家和地区，每天通过卫星传输、网络文件传输的方式交换新闻素材。

十月

10月1日 为庆祝中华人民共和国成立63周年，首都各界向人民英雄纪念碑敬献花篮仪式在天安门广场举行。综合频道、新闻频道、中文国际频道及各外语频道并机直播。

10月1日 音乐频道推出《金色回响——二十年维也纳新年音乐会盛大展播》。中央电视台从1987年起播出维也纳新年音乐会实况，1989年开始直播，1994年进行现场报道，2000年设立直播演播室邀请专家同步评论。“维也纳新年音乐会”已成为中央电视台的一个文艺品牌节目。

10月11日 瑞典文学院宣布我国作家莫言获诺贝尔文学奖。新闻中心组织多频道展开多角度报道，这也是中央电视台记者首次受邀进入瑞典文学院诺贝尔奖获得者宣布现场进行采访。

10月11日至14日 中国电视艺术家协会、日本放送协会、韩国导演制作者联合会在韩国庆州联合举行“第12届中日韩三国制作者论坛”。中央电视台纪录片《舌尖上的中国》获得“制作者大奖”。

10月15日 柬埔寨太皇西哈努克在北京去世，新闻中心第一时间组织展开多角度报道。

10月22日 中央电视台主办的“寻找最美乡村医生”大型公益活动正式启动。全国人大常委会副委员长、九三学社中央主席、“寻找最美乡村医生”活动总顾问韩启德，中央电视台台长、活动组委会名誉主任胡占凡等出席启动仪式，并共同启动2012年“寻找最美乡村医生”公益活动。同时，中国网络电视台启动新媒体传播推广工作，通过网站、IP电视、互联网电视和手机、PAD、公交车载、广场大屏等多终端，推广活动宣传片及相关视频，广泛开展最美乡村医生征集活动。

10月22日 财经频道下午档资本市场节目《交易时间》正式在上海中心站演播室直播。来自财经频道日本东京、韩国首尔、香港以及深圳、北京演播室的五路信号，在上海中心站演播室成功汇集，标志着上海中心站业务实现进一步升级。

10月22日 由国家广电总局主办，中视国际传媒公司和深圳广电集团联合承办的中国电视长城平台2012年工作会议召开。长城平台在扩大中央电视台节目海外覆盖、提升中央电视台国际传播能力、巩固自身行业地位及影响等方面成绩显著。

10月22日 资产管理中心协助中纪委在全国各地同步组织开展“倡廉洁、树新风”优秀廉政公益广告展播活动，综合频道首批播出《李雪健篇》和《林丹篇》。另外三支公益广告是《朋友篇》、《规矩方圆篇》和《老鼠篇》。

10月24日 台领导胡占凡、胡恩、何宗就、张海鸽、袁正明、梁晓涛、刘国良、丁文华、张宁、彭健明赴央视总部，考察新址B标段建设工作进展。

10月25日 中央电视台召开“感动中国2012年度人物评选”活动新闻发布会。本届《感动中国》将以十年历史为契机，体现“央视主办、媒体联动、群众参与”的媒体活动模式，共同寻找和传播感动。

10月26日 财经频道举办第一期“打造央视财经体学术研讨会”，频道负责人、栏目制片人与知名财经媒体人、传媒学者专家参加座谈。

10月26日 中央电视台《高可靠网络化大规模电视台播出系统与应用》项目，通过国家广电总局科技司组织的专家委员会技术鉴定。

10月26日 在中国记协主办的第22届中国新闻奖、第12届长江韬奋奖颁奖报告会上，中央电视台获中国新闻奖特别奖1件、一等奖3件、二等奖1件、三等奖3件，获特别奖、一等奖数量为历届最多，员工杨华获长江韬奋奖。

10月26日 由中央新影集团独家摄制的中国首部水墨越剧电影《蝴蝶梦》获第八届中美电影节“金天使”最佳戏曲片奖。

10月26日 中央电视台召开党的十八大宣传报道动员会，对党的十八大报道提出明确要求。

10月30日 中央电视台举行“我心中的央视精神”主题演讲会。

10月31日至11月6日 综合频道、科教频道黄金时段播出大型文献纪录片《科学发展铸辉煌》。

10月 由海外传播中心与外语频道共同承办的“2012年法语国际频道海外观众收视调查活动”完成数据统计整理工作。数据显示，关注中国信息和对中华文化感兴趣是法语观众收看法语频道的最主要原因；47.53%的法语观众最常收看新闻时政类节目，《综合新闻》以58.67%的接触率和49.51%的满意度成为最受法语观众欢迎的栏目；《综合新闻》和《非洲时间》也是非洲地区法语观众收看最多的节目，欧洲地区观众收看《旅游指南》和《学汉语》的比例显著高于其它栏目；主持人弗朗西斯·李成为最受法语观众喜爱的主持人。参加本次调查的海外观众共711名，非洲地区观众占78.42%，19至39岁观众占67.84%，普通职员及学生占40.05%。

10月 中秋国庆期间，财经频道推出10集脱口秀特别节目《小崔说，立波秀》，两位名嘴从自身的经历和感受出发，以财经视角畅谈生活中和每个人紧密相关的买卖、职场、旅途、医患等十大关系，倡导健康和谐的人际关系，引起社会各界热烈反响。

十一月

11月1日 新闻中心微博“央视新闻”正式运行，依托中国网络电视台、新浪网等主流网络媒体平台推出，放大首发新闻、独家报道、持续性报道题材等优势资源的影响力，并围绕海内外热点新闻事件发表深度评论，体现中央电视台立场。

11月1日 七集大型文献纪录片《科学发展铸辉煌》在日本本土化频道——CCTV大富频道以日语和中文播出，并在日本最大的直播卫星平台SKY PerfecTV!特别免费开放播出，收视用户达350万户。

11月2日 英语新闻频道进入巴基斯坦8个有线和新媒体播出平台，新增45万用户。

11月4日 中央电视台圆满完成党的十七届七中全会、中央纪委八次全会新闻报道。

11月4日 综艺频道《直通春晚——我要上春晚年终特别节目》举行首场直播，这是央视“开门办春晚”的创新举措，让来自各地的民间高手实现和春晚的零距离接触，同时促进了与地方卫视的合作。

11月4日 中央电视台编辑的《数字十年——中央电视台〈新闻联播〉十八大报道特别报道》一书由中国广播电视出版社出版发行。

11月5日 央视网正式上线推出国内首家全视频报道党的十八大的手机客户端——手机报“十八大”特别版。

11月5日 人力资源管理中心组织14名圆满完成赴新疆、西藏及四川甘孜交流挂职任务的业务骨干参加中国浦东干部学院高级研修班。2011年10月和2012年4月，中央电视台分别选派播出传送中心转播部副主任周磊赴四川甘孜，选派新闻中心李庆波、总编室吴泽涛等13名业务骨干赴西藏、新疆电视台交流锻炼。

11月6日 由中宣部、国家发改委、解放军总政治部、北京市委共同主办，中国网络电视台承建的“科学发展，成就辉煌”大型图片展览网上展馆隆重上线。

11月7日 中央电视台英语新闻频道和纪录频道进入美国芝加哥数字地面电视网，提前在当地实现整频道播出。该项目的成功标志着中央电视台国际频道通过数字地面电视覆盖我驻美使领馆所在的全部6个城市。

11月8日至14日 中国共产党第十八次全国代表大会在北京召开。中央电视台综合频道、新闻频道、中文国际频道、英语新闻频道及西班牙语国际频道、法语国际频道、阿拉伯语国际频道、俄语国际频道并机全程直播开幕式,全国共35家上星频道参与并机直播。共有133个国家和地区，包括CNN、BBC在内的389家境外电视机构使用中央电视台国际频道直播信号。央视网通过网络电视、CBox客户端、手机电视等终端进行直播。开幕式期间共1.37亿观众收看直播，全国并机总收视率达3.18%，总收视份额高达44.72%。CCTV大富频道以日语同声传译、实时播出方式，全程直播党的十八大开幕式，这是中央电视台首次通过本土化频道在海外全程直播党代会开幕式实况，也是CCTV大富频道开播14年来观众数量规模最大的一次同步直播。

11月15日 十八届中共中央政治局常委同中外记者见面。综合频道、新闻频道、中文国际频道以及各外语频道并机全程直播。共有134个国家和地区的397家电视机构转播或部分使用直播信号。其中，352家全部转播，45家部分转播。为确保新一届中央领导人的重要新闻播出，《新闻联播》首次将时长延至124分钟。

11月15日　由中央电视台举办、中文国际频道承办的“第三届海外华语电视媒体协作会”召开。会议围绕“深化合作、实现共赢”的主题进行了深入探讨，中文国际频道与部分海外华语电视媒体签署了有关节目交换、人员交流、联合采访等合作协议。

11月16日　中文国际频道召开2012海外观众座谈会，来自全球14个国家和地区的15名海外观众代表、中文国际频道制片人以上负责人和全体主持人参加座谈。

11月16日　中央军委召开扩大会议，胡锦涛、习近平出席并发表重要讲话。新闻中心在中南海设立新闻编辑制作传送中心，完成时长为13分23秒的新闻稿件在《新闻联播》和综合频道、新闻频道、中文国际频道及外语频道重要栏目全天候滚动播出。

11月16日　《中文国际频道开播20周年暨2012海外忠实观众颁奖晚会——我们一起走过》在中央电视台录制，晚会向获得“中文国际频道海外忠实观众特等奖”的15位海外观众颁奖。中文国际频道于11月24日播出晚会实况。

11月18日　中央电视台在梅地亚中心举办2013年黄金资源广告招标现场竞购大会，251家国内外知名企业参加，招标预售总额达到158.8134亿元，比上年的142.5757亿元增长16.2377亿元，增长率达到11.39%，创19年来招标预售总额的历史新高。

11月18日　体育频道联合技术部门，圆满完成中华龙舟大赛浙江温州站的信号制作和转播报道工作，共制作信号近300分钟，其中直播120分钟。

11月19日　由东方基金管理有限公司发行的国内第一只媒体指数基金产品——东方央视财经50指数增强型基金正式公开发售，代码400018。

11月19日　台长胡占凡会见了美联社总裁兼首席执行官加里·普鲁特，副台长孙玉胜参加会见。

11月19日　财经频道开始播出十集大型纪录片《货币》。该片制作历时两年，先后在美洲、欧洲、亚洲、非洲的十余个国家和地区进行拍摄，深入地下3000米拍摄黄金开采过程，并进入美国印钞局进行拍摄。

11月20日　由中央电视台新闻中心主办、重庆广播电视集团（总台）承办的第13届全国电视新闻通联工作会在重庆召开，全国37个地方电视台的百余名代表参加会议。

11月20日至30日　中央电视台分党组中心组举行党的十八大精神学习会，台分党组书记、台长胡占凡主持会议，并就中央电视台学习宣传贯彻党的十八大精神作动员讲话。机关党委举办全台领导干部党的十八大精神学习班。全台处级以上干部共400余人参加学习培训。

11月22日　由《中国广播电视》杂志举行TV地标（2012）大型调研成果发布会，公布2012年全国视听新媒体大型调研成果上榜单位等，中国网络电视台进入“年度网络原创内容四强”，并获“年度最具影响力网络电视台”称号。中文国际频道《今日关注》和综合频道《开讲啦》分别进入“年度上星频道电视栏目十强”和“年度上星频道新栏目十强”。“TV地标”大型调研主要包括全国视听新媒体大型调研和全国电视栏目大型调研。

11月25日　在技术系统密切配合下，体育频道圆满完成2012年北京国际马拉松赛直播报道。直播首次启用央视总部E14演播室作为综合信号制作输出，全部采用高清信号制作。

11月29日　新一届中共中央政治局常委参观《复兴之路》展览，习近平总书记发表重要讲话，此次系新一届中央政治局常委的首次集体活动，中央电视台展开充分报道，并在《新闻联播》中首次配以时政评论。

11月30日　综合频道播出大型公益电视活动《梦想合唱团》第二季开播盛典，营造出公益励志、催人奋进的热烈氛围，系统梳理和回顾第一季活动，跟踪展示各公益项目的推进落实情况。

11月　财经频道播出的六集专题片《跨越——文化改革发展十年巡礼》，作为党的十八大献礼专题片，系统阐述了中央关于文化改革发展的方针政策，全面展示了我国文化体制改革和文化发展的总体风貌，认真总结了十年文化改革发展的经验。

11月　第21届东盟峰会在柬埔寨首都金边开幕。新闻中心围绕会议议程，在综合频道、新闻频道、中文国际频道展开深度报道，及时跟进会议动态。

11月　新赛季中国男子篮球职业联赛（CBA）开赛，体育频道全程直播报道。

十二月

12月4日　综合频道播出由全国普法办、中央电视台共同主办，综合频道承办的“法治的力量2012——12·4年度法治人物颁奖盛典”，并为获奖法治人物颁奖。

12月4日　在广州举行的中国国际纪录片节开幕式

暨颁奖晚会上，纪录片《舌尖上的中国》获“中国国际纪录片节金红棉评审团大奖”。

12月6日 中央电视台第六届“荧屏杯”廉政教育小品比赛决赛举行，通过中央电视台内部干部员工自编自导自演廉政题材小品的方式普及廉政知识、传播廉政文化。

12月7日至9日 首届华语国际广播电影电视节目交易会在广州举行，电视剧频道参与并报道交易会。在现场设置直播间，充分展示中央电视台专业电视剧播出平台优势。

12月10日 中央电视台综艺频道、体育频道、电视剧频道、纪录频道（中文）、少儿频道五个频道在现址停播，由新址播出主备信号，标志着第一阶段新址播出搬迁工作取得圆满成功。

12月10日 中央电视台节目在肯尼亚广播公司播出启动仪式在肯尼亚首都内罗毕举行。由中央电视台非洲分台制作的《非洲直播室》每天在肯尼亚广播公司第一套节目（KBC1）播出。

12月10日 中国作家莫言赴瑞典领取2012年诺贝尔文学奖，新闻频道多栏目利用欧洲中心站、斯德哥尔摩站报道资源，全程关注莫言抵达斯德哥尔摩、参加首场记者招待会、在瑞典文学院演讲及获奖情况等。

12月10日 英语新闻频道和俄语国际频道正式在白俄罗斯宇宙（Cosmos）公司运营的有线电视平台开播，这是中央电视台首次进入白俄罗斯有线电视播出平台。宇宙公司是白俄罗斯第二大有线电视运营商，拥有15万电视用户，覆盖白俄罗斯首都明斯克市及其周边地区。此前，英语新闻频道、俄语国际频道分别于2012年11月和6月进入白俄罗斯第一大及第二大IP电视平台，累计覆盖180万用户。

12月11日 中共中央政治局委员、中央书记处书记、中央宣传部部长刘奇葆到中央电视台视察，并召开中央主要新闻媒体“改文风”座谈会。

12月12日 朝鲜发射“银河三号”火箭。新闻频道、综合频道、中文国际频道、英语新闻频道等展开及时、客观、全面的报道。

12月12日 2012中国经济年度人物颁奖盛典在央视新址大楼成功举办。此次获奖名单突出“实体经济”的主题，涉及传统制造业、现代服务业、战略新兴产业等行业，充分体现了2012年中国企业在跨国并购、国企改革创新、互联网产业变局等多方面的特点，引发社会各界广泛好评。

12月14日 由中国电视艺术家协会等单位联合主办的第18届中国电视纪录片颁奖盛典在京举行，纪录频道获得“年度频道”大奖，纪录频道原创纪录片《舌尖上的中国》、《春晚》分获“特别作品奖”、“十佳系列片奖”。新闻频道被中国视协电视纪录片学术委员会授予“走转改”特别贡献奖。新闻中心采制的《马子硕的求医路》、《塔县蹲点日记》报道获“走转改”新闻纪实优秀作品。

12月17日 凌晨4时，综合频道标清/高清、综合频道（香港）、财经频道、军事·农业频道、科教频道、戏曲频道、社会与法频道、音乐频道、CCTV-高清频道在新址开始播出，标志着中央电视台第二批常规频道实现新现址并行播出。

12月18日 中共中央政治局委员、中央政法委书记孟建柱接见了电视剧《湄公河大案》主创人员，听取该剧创作工作汇报并作出重要指示。

12月18日 新闻频道在《东方时空》栏目前播出了由泰国政府工业部和投资促进委员会共同投放的30秒形象广告，展现泰国农业、工业、文化产业、旅游业所蕴含的潜在机遇，这是外国政府首次在中央电视台投放招商引资广告。

12月18日至24日 新闻中心与人力资源管理中心联合组织2012年首批公开招聘的近20名国内记者站记者进行首次集中培训。

12月19日 朴槿惠赢得韩国大选成为首任女总统，中央电视台综合频道、新闻频道、英语新闻频道及时关注大选结果。新闻中心组织海外记者与后期编播系统联动，展开多角度报道。

12月19日至22日 综艺频道展播系列特别节目《身边好人·温暖中国》，全面介绍全国24位“身边好人”候选人物的“温暖”、“幸福”故事，引起社会强烈共鸣。

12月20日 由中国网络电视台和国家语言监测与研究中心、商务印书馆共同主办的“汉语盘点2012”活动在CNTV演播室举行揭晓仪式，揭晓并点评了2012年度国际字词、国内字词、年度中国媒体十大流行语、十大新词语以及十大网络用语等相关词语。

12月21日 中国传媒大学、中国纪录片研究中心举办的“光影纪年——中国纪录片学院奖”颁奖典礼在北京举行，纪录片《舌尖上的中国》获“评委会大奖”和“最佳国际传播奖”。

12月21日 《新闻联播》全新推出“央视述评”板块，这是《新闻联播》35年来首次挂标推出的电视述评形态。

12月22日 中国网络电视台与国家大剧院共同开发的国内首个高雅艺术视听移动应用程序“掌上古典音乐频道”（古典音乐频道移动客户端）举行上线仪式，该产品在“古典音乐频道”网络客户端基础上，新增搜索、分享等互动功能，方便网友欣赏和评论。

12月23日 中文国际频道首播《阿坝藏区系列自焚事件真相调查》电视专题片，之后英语新闻频道、西班牙语国际频道、法语国际频道、阿拉伯语国际频道、俄语国际频道陆续播出，其他中央主要对外新闻媒体平台也相继对外播发。这是根据中央领导指示和中央西藏工作协调小组统一部署，中央外宣办牵头组织中央电视台拍摄制作，并继2012年5月对外播出《达赖集团与自焚暴力事件》后，再次以专题片形式就四川等藏区发生系列自焚事件对外进行舆论反击的重拳。

12月26日 大型史诗电视剧《毛泽东》（上）开机新闻发布会在北京举行。

12月26日 由中央电视台主办、湖南广播电视台承办的2012年全国省暨计划单列市电视台办公室主任年会在长沙举行。

12月26日 体育频道推出“篮球圣诞季”，安排直播两场、录播一场“NBA圣诞大战”，并在NBA与CBA两大联赛在设计上采用统一包装风格，突出节日色彩。

12月27日 国务院新闻办召开新闻发布会，宣布由中国自主研制和建立的用于导航和定位的卫星系统——北斗导航系统正式向亚太大部分地区提供区域服务。中央电视台多频道及时展开充分报道。

12月27日 纪录频道举办“纪录片亚太国际高峰论坛”，100多位中外纪录片人交流探讨“纪录片国际合作与中国纪录片走向世界”。

12月27日 央视网上线推出首个自主研发的“我要上春晚”主题社交游戏。该游戏将栏目情节与游戏环节相结合，模拟玩家从街头献艺到参加小型社交活动，直至积累大量舞台经验和粉丝，最终成为春晚明星的过程。

12月28日 由总政治部宣传部主办、军事节目中心承办的“2012年度践行当代革命军人核心价值观新闻人物颁奖活动”举行。总政治部主任张阳出席活动并为获奖新闻人物颁奖。

12月28日 由国家互联网信息办公室指导，央视网联合光明网、黑龙江省委宣传部等单位主办的第12届中国网络媒体论坛在哈尔滨举行。

12月28日 第十届中国国际影视节目展在北京展览馆开幕。本届展会交易金额（含意向）达39.16亿元人民币，参展节目共计16245部。

12月28日 央视网面向亚太地区用户，上线推出亚太英语本土化网站，标志着在海外本土化网站建设方面迈出了坚实的一步。该网站面向美国、加拿大、澳大利亚、新西兰、马来西亚、新加坡、日本、韩国等亚太国家和地区。

12月29日 由中央电视台和中国科学院发起，联合科技部、教育部、中国工程院等单位共同举办，科教频道承办的“科技盛典——CCTV2012年度科技创新人物推选活动”举办新闻发布会。现场揭晓“CCTV2012年度科技创新人物”评选结果，盘点年度科技重大事件。央视网对发布会进行网络视频直播和微博图文直播，还推出《2012年度科技创新人物评选》官网。

12月29日至30日 习近平总书记在太行山区看望贫困村民。“央视新闻”微博首次以“微直播”方式同步播发系列报道。“微直播”自12月30日上午开始，以“习近平：要看真贫”为统一标题连续播发11条微博。此外，“央视新闻”微博推出“央视微评”。“央视新闻”在新浪微博的“粉丝”量突破150万个，“央视新闻”微博已成为新闻中心继电视屏幕、国际视通之外的第三个新闻发稿平台。

12月31日 音乐频道播出《光荣绽放》十大系列音乐会的压轴之作“十大新锐歌手演唱会”。《光荣绽放》系列作为音乐频道2012年大规模推广古典音乐、民族音乐和流行音乐的全新高端音乐品牌，先后举办了十大二胡、琵琶、古筝、竹笛、男高音、女高音、钢琴、小提琴、少数民族歌手及新锐歌手系列音乐会或演唱会。

12月31日19时至2013年1月1日 英语新闻频道打通19小时新闻窗口进行特别编排，以全球各地依次迎新年为主线，报道世界各地区的庆祝活动。

12月 在中国广播电视协会科教传播工作委员会举办的2012年度全国优秀科教节目专家评析活动上，科教频道多部作品获奖。《走近科学》、《王品兰移民记》、《心脏健康系列节目之当心脏罢工时》、《“寻找最美乡村教师”大型公益活动颁奖典礼》、《大故宫》分获科教栏目类、文化教育专题类、科学卫生与健康类、知识讲坛类节目一等奖；《中国记忆》等6个节目分获二、三等奖。科教频道创作的大型直播系列节目《进驻太空》被评委会特殊提名特别节目奖。

12月 中央电视台少儿频道在2012年创造了102天单日收视份额位列全国上星频道首位的佳绩，年度平

CHINA CENTRAL TELEVISION YEARBOOK

均收视份额高达4.47%，从原来全国排名第五位跃居第二位，实现了频道收视的跨越式提升。

12月 经过五个阶段、一年多的时间，通过专业抽样设计、严格论证方案、广泛征集意见等过程，以及对315个区县、13000多个样本数据采集，中央电视台完成了2012年全国电视观众抽样调查工作，并形成《2012年全国电视观众抽样调查工作报告》，主要呈现我国电视观众的总体规模与结构特征、我国电视观众的收视行为变迁、全国电视观众的收视偏好等四个方面的调查成果。

12月 中国网络电视台与山东广播电视台、中国联通山东省分公司签署IP电视三方合作协议。根据协议，CNTV作为集成播控总平台、山东台作为集成播控分平台、山东联通负责节目内容的传输与分发，三方共同推动山东三网融合进程。CNTV已与8个地区签署IP电视三方协议。

12月 在2012中国企业领袖与媒体领袖年会上，未来广告获"品牌贡献奖·影响中国2012年度十大广告公司"称号。

12月 第八届"中国纪录片国际选片会"在海南三亚举行，中央电视台多部纪录片获奖。其中，《大鲁艺》获文献类纪录片一等奖，《舌尖上的中国》获评委会大奖，《茶叶之路》、《超级工程》、《海豚与孩子》获年度十佳纪录片大奖，《苍狼》、《霜叶红于二月花》获人文类一等奖，《大葱进城记》获社会类纪录片一等奖；中央电视台员工闫东获"年度优秀编导"称号，梁仁红获最佳导演奖。

12月 在国家互联网信息办公室2012年全国网络舆情工作会议上，中国网络电视台连续第5年被评为2012年度全国网络舆情工作先进单位，员工吕千红、张小宁获得先进个人奖项。

CCTV

F U L U

附录

附录

2012年中央电视台广告价目表

CCTV－1 综合频道广告价目

时段广告价格 （单位:人民币元／次）

时段名称	播出时间	5秒	10秒	15秒	20秒	25秒	30秒
天天饮食后	约06:09	10,700	16,000	20,000	27,200	32,000	36,000
朝闻天下前	约06:56	19,200	28,800	36,000	49,000	57,600	64,800
上午精品节目一	约08:32	20,300	30,400	38,000	51,700	60,800	68,400
第一精选剧场第一集贴片	约09:20	23,700	35,600	44,500	60,500	71,200	80,100
第一精选剧场集间一	约10:12	27,200	40,800	51,000	69,400	81,600	91,800
第一精选剧场第二集贴片	约10:14	27,700	41,600	52,000	70,700	83,200	93,600
第一精选剧场集间二	约11:04	32,500	48,800	61,000	83,000	97,600	109,800
新闻30分前	约11:57	45,900	68,800	86,000	117,000	137,600	154,800
今日说法前	约12:32	45,900	68,800	86,000	117,000	137,600	154,800
今日说法后	约13:05	40,000	60,000	75,000	102,000	120,000	135,000
下午精品节目前	约13:08	40,000	60,000	75,000	102,000	120,000	135,000
第一情感剧场第一集贴片	约13:59	31,700	47,600	59,500	80,900	95,200	107,100
第一情感剧场集间一	约14:52	30,400	45,600	57,000	77,500	91,200	102,600
第一情感剧场第二集贴片	约14:53	31,700	47,600	59,500	80,900	95,200	107,100
第一情感剧场集间二	约15:47	30,400	45,600	57,000	77,500	91,200	102,600
下午精品节目一	约16:42	26,000	39,000	48,800	66,400	78,100	87,800
下午精品节目二	约17:03	26,000	39,000	48,800	66,400	78,100	87,800
下午精品节目三	约17:23	26,000	39,000	48,800	66,400	78,100	87,800
下午精品节目四	约17:40	30,400	45,600	57,000	77,500	91,200	102,600
下午精品节目五	约17:57	31,700	47,600	59,500	80,900	95,200	107,100
黄金档剧场第一集贴片	约20:01	91,700	137,600	172,000	233,900	275,200	309,600
黄金档剧场第一集下集预告前	约20:50	84,300	126,400	158,000	214,900	252,800	284,400

续表

时段名称	播出时间	5 秒	10 秒	15 秒	20 秒	25 秒	30 秒
黄金档剧场集间	约 20:52	82,700	124,000	155,000	210,800	248,000	279,000
黄金档剧场第二集贴片	约 20:56	85,300	128,000	160,000	217,600	256,000	288,000
黄金档剧场第二集下集预告前	约 21:50	75,700	113,600	142,000	193,100	227,200	255,600
黄金档剧场后	约 21:53	71,500	107,200	134,000	182,200	214,400	241,200
名牌时间	约 21:56	69,300	104,000	130,000	176,800	208,000	234,000
晚间新闻后	约 22:30	63,500	95,200	119,000	161,800	190,400	214,200
第一晚间剧场第一集贴片	约 22:34	50,900	76,400	95,500	129,900	152,800	171,900
第一晚间剧场集间	约 23:25	40,500	60,800	76,000	103,400	121,600	136,800
第一晚间剧场第二集贴片	约 23:27	40,500	60,800	76,000	103,400	121,600	136,800
夜间精品节目一	约 00:21	26,000	39,000	48,800	66,400	78,100	87,800
夜间精品节目二	约 00:40	24,300	36,500	45,600	62,000	73,000	82,100
夜间精品节目三	约 00:58	24,300	36,500	45,600	62,000	73,000	82,100
夜间精品节目四	约 01:30	13,300	20,000	25,000	34,000	40,000	45,000
夜间精品节目五	约 01:55	13,300	20,000	25,000	34,000	40,000	45,000

栏目广告价格　　（单位:人民币元／次）

栏目名称	播出时间	5秒	10秒	15秒	20秒	25秒	30秒
生活早参考广告一	周一至周五08:30～09:20 广告时间约8:35	20,800	31,200	39,000	53,000	62,400	70,200
生活早参考广告二	周一至周五08:30～09:20 广告时间约09:17	20,800	31,200	39,000	53,000	62,400	70,200
今日说法广告一	周一至周日12:35～13:10 广告时间约12:37	49,300	73,900	92,400	125,700	147,800	166,300
今日说法广告二	周一至周日12:35～13:10 广告时间约13:03	49,300	73,900	92,400	125,700	147,800	166,300
下午栏目内广告一	周一至周日约13:25	42,600	63,800	79,800	108,500	127,700	143,600
下午栏目内广告二	周一至周日约13:40	42,600	63,800	79,800	108,500	127,700	143,600

（资产管理中心提供）

CCTV－2 财经频道广告价目

时段广告价格

（单位:人民币元／次）

时段名称	播出时间	5 秒	10 秒	15 秒	20 秒	25 秒	30 秒
白天一	周一至周日约 06:36	8,000	12,000	15,000	20,400	24,000	27,000
白天二	周一至周日约 06:50	9,500	14,200	17,800	24,200	28,500	32,000
晚间 A1	周一至周五约 17:53	21,300	32,000	40,000	54,400	64,000	72,000
晚间 A	周一至周五约 19:58	39,700	59,500	74,400	101,200	119,000	133,900
晚间 B	周一至周四约 22:25 周五六日约 22:55	44,400	66,600	83,300	113,300	133,300	149,900
晚间 C	周一至周四约 23:50 周五 23:35 周六日约 23:29	29,700	44,500	55,600	75,600	89,000	100,100
晚间 D	周一至周四约 00:46 周六 00:31 周日约 00:26	16,600	24,900	31,100	42,300	49,800	56,000

栏目广告价格

（单位:人民币元／次）

栏目名称	播出时间	5秒	10秒	15秒	20秒	25秒	30秒
健康早班车	周一至周日05:09～05:58	8,600	12,900	16,100	21,900	25,800	29,000
对话	首播 周日21:55～22:53 重播 周二16:53～17:51 周三02:29～03:27 周日15:13～16:11	59,900	89,800	112,300	152,700	179,700	202,100

（资产管理中心提供）

CCTV－3 综艺频道广告价目

时段广告价格

（单位:人民币元／次）

时段名称	播出时间	5 秒	10 秒	15 秒	20 秒	25 秒	30 秒
上午时段	周一至周日约 08:00 ～ 11:30	14,800	22,200	27,800	37,800	44,500	50,000
午间时段	周一至周日约 11:30 ～ 13:30	17,200	25,800	32,200	43,800	51,500	58,000
下午时段	周一至周日约 13:30 ～ 17:30	14,800	22,200	27,800	37,800	44,500	50,000
傍晚时段	周一至周日约 17:30 ～ 19:00	29,000	43,500	54,400	74,000	87,000	98,000
晚间黄金时段	周一至周四约 19:00 ～ 21:30	46,800	70,200	87,800	119,400	140,500	158,000
晚间黄金时段（周末）	周五至周日约 19:00 ～ 21:30	52,700	79,100	98,900	134,500	158,200	178,000
晚间次黄金时段	周一至周四约 21:30 ～ 23:00	35,000	52,500	65,600	89,200	105,000	118,000
晚间次黄金时段（周末）	周五至周日约 21:30 ～ 23:00	43,800	65,800	82,200	111,800	131,500	148,000
深夜时段	周一至周日约 23:00 ～ 24:00	17,200	25,800	32,200	43,800	51,500	58,000
凌晨时段	周一至周日约 24:00 以后	12,800	19,200	24,000	32,600	38,400	43,200

（资产管理中心提供）

CCTV－4 中文国际频道（亚洲版）广告价目

时段广告价格

（单位:人民币元／次）

时段名称	播出时间	5 秒	10 秒	15 秒	20 秒	25 秒	30 秒
07 点直播新闻前	周一至周日约 06:57	10,100	15,100	18,900	25,700	30,200	34,000
午间精品节目前	周一至周日约 11:27	12,700	19,100	23,900	32,500	38,200	43,000
下午电视剧场贴片	周一至周五约 14:17	12,700	19,100	23,900	32,500	38,200	43,000
16 点直播新闻前	周一至周五约 15:57	12,700	19,100	23,900	32,500	38,200	43,000
18 点直播新闻后	周一至周日约 18:15	18,700	28,000	35,000	47,600	56,000	63,000
晚间电视剧场贴片	周一至周日约 19:12	25,800	38,600	48,300	65,700	77,300	86,900
今日亚洲后	周一至周日约 23:25	15,700	23,500	29,400	40,000	47,000	52,900

栏目广告价格

（单位:人民币元／次）

栏目名称	播出时间	5秒	10秒	15秒	20秒	25秒	30秒
华人世界	首播 周一至周五13:00 重播 周一至周五05:35、02:30	8,500	12,800	16,000	21,800	25,600	28,800
文明之旅	首播 周一22:00 重播 周二03:15、周六10:10	15,600	23,400	29,200	39,700	46,700	52,600
天涯共此时	首播 周二22:00 重播 周三03:15、周六17:15、周日01:15	15,600	23,400	29,200	39,700	46,700	52,600
中华医药	首播 周三22:00 重播 周四03:15、周日10:15	15,600	23,400	29,200	39,700	46,700	52,600
体育在线	首播 周四22:00 重播 周五03:15、周日13:00	15,600	23,400	29,200	39,700	46,700	52,600
深度国际	首播 周五22:00 重播 周五03:15	15,600	23,400	29,200	39,700	46,700	52,600
中华情	首播 周六22:00 重播 周日03:00、周六09:00	31,400	47,100	58,900	80,100	94,200	106,000
流行无限	首播 周日22:00 重播 周一03:00、周日09:00	19,400	29,100	36,400	49,500	58,200	65,500
快乐汉语	首播 周一至周五 22:45～23:00 重播 次日09:00～09:15	11,000	16,600	20,700	28,200	33,100	37,300
今日亚洲	直播 周一至周日23:00	11,700	17,500	21,900	29,800	35,000	39,400
远方的家	周一至周五 23:26、17:15	8,900	13,400	16,700	22,700	26,700	30,100
中国文艺周末版	周日06:10、18:15、23:26	10,900	16,300	20,400	27,700	32,600	36,700
城市1对1	首播 周日17:15 重播 周六23:26	10,200	15,400	19,200	26,100	30,700	34,600

（资产管理中心提供）

CCTV－5 体育频道广告价目

栏目广告价格　　　　（单位:人民币元／次）

栏目名称	播出时间	5 秒	10 秒	15 秒	20 秒	25 秒	30 秒
体育新闻	周一至周日约 18:00 ～ 18:30	53,300	80,000	100,000	136,000	160,000	180,000
体育世界	周一至周五约 21:30 ～ 22:15 周六、日约 21:30 ～ 22:00	53,300	80,000	100,000	136,000	160,000	180,000
体坛快讯	周一至周日约 12:00 ～ 12:25	27,000	40,000	50,000	68,000	80,000	90,000
体育晨报	周一至周日约 06:30 ～ 08:30	16,000	24,000	30,000	40,800	48,000	54,000
体育报道	周一至周五约 00:00 ～ 00:25	18,000	26,400	33,000	44,900	52,800	59,400
黄金赛场－天下足球	周一约 19:30 ～ 21:25	53,300	80,000	100,000	136,000	160,000	180,000
黄金赛场	周二至周日约 19:30 ～ 21:25	53,300	80,000	100,000	136,000	160,000	180,000
体育人间	周一约 18:35 ～ 19:25	43,000	64,000	80,000	108,800	128,000	144,000
武林大会	周二约 18:35 ～ 19:25	43,000	64,000	80,000	108,800	128,000	144,000
赛车时代	周三约 18:35 ～ 19:25	43,000	64,000	80,000	108,800	128,000	144,000
足球之夜	周四约 18:35 ～ 19:25	43,000	64,000	80,000	108,800	128,000	144,000
篮球公园	周五约 18:35 ～ 19:25	43,000	64,000	80,000	108,800	128,000	144,000
顶级赛事	周一至周五约 00:30 ～ 03:30	16,000	24,000	30,000	40,800	48,000	54,000

（资产管理中心提供）

CCTV－6 电影频道广告价目

时段广告价格　　　　（单位:人民币元／次）

时段名称	播出时间	5秒	10秒	15秒	20秒	25秒	30秒	45秒	60秒
A1	约18:10（故事片后）	14,300	23,100	28,600	38,600	47,100	52,200	80,000	102,800
A2	约18:50（栏目前）	15,300	24,600	30,400	41,100	50,100	55,700	85,100	109,400
A3	约19:20（故事片前）	18,500	30,000	37,000	49,900	60,900	67,600	103,400	133,000
A4	约20:20（故事片间）	29,600	48,000	59,200	79,900	97,700	108,300	165,700	213,100
B1	约21:10（故事片后）	29,600	48,000	59,200	79,900	97,700	108,300	165,700	213,100
B2	约21:50（故事片前）	25,900	42,100	51,900	70,100	85,600	94,900	145,300	186,800
B3	约22:00（片花后）	25,900	42,100	51,900	70,100	85,600	94,900	145,300	186,800
B4	约22:35（故事片前）	25,000	40,300	49,800	67,300	82,200	91,100	139,500	179,300
C1	约23:50（故事片前）	18,100	29,200	36,100	48,700	59,500	66,100	101,000	129,900
C2	约00:45（故事片间）	8,600	14,000	17,200	23,200	28,400	31,500	48,200	62,000
C3	约01:25（故事片前）	6,600	10,600	13,200	17,800	21,800	24,100	37,000	47,500

续表

时段名称	播出时间	5秒	10秒	15秒	20秒	25秒	30秒	45秒	60秒
C4	约02:00（故事片间）	4,500	7,200	8,800	11,900	14,600	16,100	24,700	31,800
	约04:40（故事片间或栏目间）	2,500	4,000	5,000	6,800	8,300	9,200	14,100	18,100
	06:00～07:00	2,600	4,200	5,100	7,000	8,500	9,400	14,300	18,500
	07:00～08:00	5,000	8,000	10,100	13,600	16,600	18,400	28,100	36,200
	08:20～17:00(故事片或短片前后)	6,700	10,800	13,400	18,100	22,000	24,500	37,500	48,200
	08:20～17:00（故事片间）	9,700	15,700	19,400	26,100	32,000	35,400	54,200	69,800
	17:00～18:00（故事片间）	12,200	19,700	24,300	32,800	40,100	44,500	68,000	87,500
	白天套播（每天12次）	28,900	46,800	57,700	77,900	95,100	105,700	161,500	207,600
	晚间套播（每天10次）	79,600	128,900	159,100	214,800	262,600	291,200	445,600	572,900
	黄金套播（每天10次）	61,900	100,200	123,800	167,100	204,200	226,500	346,600	445,600
	新导视套播（每天6次）	23,800	38,600	47,700	64,400	78,700	87,300	133,600	171,800

（电影频道提供）

CCTV－7 军事 · 农业频道广告价目

时段广告价格

（单位:人民币元／次）

时段名称	播出时间	5 秒	10 秒	15 秒	20 秒	25 秒	30 秒
时段 1	周一至周日约 07:00 ～ 07:03	2,300	3,400	4,240	5,800	6,800	7,600
时段 2	周一至周日约 09:07 ～ 09:10	3,300	4,900	6,150	8,400	9,800	11,100
时段 3	周一至周日约 10:10 ～ 10:14	3,300	4,900	6,150	8,400	9,800	11,100
时段 4	周一至周日约 12:21 ～ 12:25	3,520	5,300	6,600	9,000	10,600	11,900
时段 5	周一至周日约 14:12 ～ 14:13	3,500	5,200	6,470	8,800	10,400	11,600
时段 6	周一至周日约 15:18 ～ 15:21	3,500	5,200	6,470	8,800	10,400	11,600
时段 7	周一至周日约 17:27 ～ 17:30	3,500	5,200	6,470	8,800	10,400	11,600
时段 8	周一至周日约 18:00 ～ 18:05	3,500	5,200	6,530	8,900	10,400	11,800
时段 9	周一至周日约 20:30 ～ 20:33	7,500	11,300	14,120	19,200	22,600	25,400
时段 10	周一至周日约 21:05 ～ 21:08	7,300	11,000	13,700	18,600	21,900	24,700
时段 11	周一至周日约 21:10 ～ 21:12	7,300	11,000	13,700	18,600	21,900	24,700
时段 12	周一至周日约 22:32 ～ 22:38	7,300	11,000	13,700	18,600	21,900	24,700
时段 13	周一至周日约 23:10 ～ 23:13	3,500	5,200	6,470	8,800	10,400	11,600
时段 14	周一至周日约 00:42 ～ 00:44	2,300	3,400	4,240	5,800	6,800	7,600
时段 15	周一至周日约 00:48 ～ 00:52	2,300	3,400	4,240	5,800	6,800	7,600

（资产管理中心提供）

CCTV－8 电视剧频道广告价目

时段广告价格　　(单位:人民币元／次)

时段名称	播出时间	5 秒	10 秒	15 秒	20 秒	25 秒	30 秒
光明剧场第三集贴片	每日约 07:29	8,500	12,800	16,000	21,800	25,600	28,800
群星剧场前	每日约 08:20	8,500	12,800	16,000	21,800	25,600	28,800
群星剧场第一集贴片	每日约 08:24	8,500	12,800	16,000	21,800	25,600	28,800
群星剧场集间一	每日约 09:13	8,500	12,800	16,000	21,800	25,600	28,800
群星剧场第二集贴片	每日约 09:18	8,500	12,800	16,000	21,800	25,600	28,800
群星剧场集间二	每日约 10:09	8,500	12,800	16,000	21,800	25,600	28,800
群星剧场第三集贴片	每日约 10:12	8,500	12,800	16,000	21,800	25,600	28,800
群星剧场集间三	每日约 11:03	11,200	16,800	21,000	28,600	33,600	37,800
群星剧场第四集贴片	每日约 11:08	11,200	16,800	21,000	28,600	33,600	37,800
群星剧场集间四	每日约 11:57	13,500	20,000	25,000	34,000	40,000	45,000
群星剧场第五集贴片	周一至周五约 12:02	13,500	20,000	25,000	34,000	40,000	45,000
好剧连台前	周六约 12:02	13,500	20,000	25,000	34,000	40,000	45,000
第 8 频道前	周日约 12:02	13,500	20,000	25,000	34,000	40,000	45,000
群星剧场第五集后	周一至周五约 12:51	13,500	20,000	25,000	34,000	40,000	45,000
好剧连台后	周六约 12:51	13,500	20,000	25,000	34,000	40,000	45,000
第 8 频道后	周日约 12:51	13,500	20,000	25,000	34,000	40,000	45,000
影视同期声	周一至周六约 12:57	16,000	24,000	30,000	40,800	48,000	54,000
影视俱乐部	周日约 12:57	16,000	24,000	30,000	40,800	48,000	54,000
温馨剧场前	每日约 13:19	13,500	20,000	25,000	34,000	40,000	45,000
温馨剧场第一集贴片	每日约 13:23	13,500	20,000	25,000	34,000	40,000	45,000
温馨剧场集间一	每日约 14:12	11,200	16,800	21,000	28,600	33,600	37,800
温馨剧场第二集贴片	每日约 14:17	11,200	16,800	21,000	28,600	33,600	37,800
温馨剧场集间二	每日约 15:06	11,200	16,800	21,000	28,600	33,600	37,800
温馨剧场第三集贴片	每日约 15:11	11,200	16,800	21,000	28,600	33,600	37,800
温馨剧场集间三	每日约 16:01	17,100	25,600	32,000	43,500	51,200	57,600
温馨剧场第四集贴片	每日约 16:06	17,100	25,600	32,000	43,500	51,200	57,600
亚洲剧场前	每日约 16:57	17,100	25,600	32,000	43,500	51,200	57,600
亚洲剧场第一集贴片	每日约 17:01	17,100	25,600	32,000	43,500	51,200	57,600
亚洲剧场集间	每日约 17:51	24,000	36,000	45,000	61,200	72,000	81,000
亚洲剧场第二集贴片	每日约 17:56	24,000	36,000	45,000	61,200	72,000	81,000
黄金强档前	每日约 18:50	38,900	58,400	73,000	99,300	116,800	131,400

续表

时段名称	播出时间	5 秒	10 秒	15 秒	20 秒	25 秒	30 秒
黄金强档第一集贴片	每日约 18:57	46,000	68,800	86,000	117,000	137,600	154,800
黄金强档集间一	每日约 19:46	63,000	94,400	118,000	160,500	188,800	212,400
黄金强档第二集贴片	每日约 19:50	63,000	94,400	118,000	160,500	188,800	212,400
黄金强档集间二	每日约 20:38	63,000	94,400	118,000	160,500	188,800	212,400
黄金强档第三集贴片	每日约 20:43	63,000	94,400	118,000	160,500	188,800	212,400
黄金强档集间三	每日约 21:31	63,000	94,400	118,000	160,500	188,800	212,400
黄金强档第四集贴片	每日约 21:38	63,000	94,400	118,000	160,500	188,800	212,400
黄金强档集间四	每日约 22:25	63,000	94,400	118,000	160,500	188,800	212,400
黄金强档第五集贴片	每日约 22:30	63,000	94,400	118,000	160,500	188,800	212,400
海外剧场前	每日约 23:20	37,900	56,800	71,000	96,600	113,600	127,800
海外剧场第一集贴片	每日约 23:25	37,900	56,800	71,000	96,600	113,600	127,800
海外剧场集间	每日约 00:15	17,600	26,400	33,000	44,880	52,800	59,400
海外剧场第二集贴片	每日约 00:21	17,600	26,400	33,000	44,880	52,800	59,400
都市剧场第一集贴片	每日约 01:10	7,200	10,800	13,500	18,360	21,600	24,300
都市剧场第二集贴片	每日约 02:00	7,200	10,800	13,500	18,360	21,600	24,300

（资产管理中心提供）

CCTV－9 纪录频道广告价目

时段广告价格　　　　（单位:人民币元／次）

时段名称	播出时间	代理费	15 秒	30 秒	60 秒
时段 1	周一至周日约 04:56	15%	3,500	6,300	12,600
时段 2	周一至周日约 05:27	15%	3,500	6,300	12,600
时段 3	周一至周日约 05:57	15%	3,500	6,300	12,600
时段 4	周一至周日约 06:56	15%	3,500	6,300	12,600
时段 5	周一至周日约 07:27	15%	5,000	9,000	18,000
时段 6	周一至周日约 07:57	15%	5,000	9,000	18,000
时段 7	周一至周日约 08:56	15%	5,000	9,000	18,000
时段 8	周一至周日约 09:56	15%	5,000	9,000	18,000

续表

时段名称	播出时间	代理费	15 秒	30 秒	60 秒
时段 9	周一至周日约 10:56	15%	5,000	9,000	18,000
时段 10	周一至周五约 11:27	15%	6,400	11,500	23,000
时段 11	周一至周五约 11:57，周六、日 11:56	15%	6,400	11,500	23,000
时段 12	周一至周日约 12:56	15%	6,400	11,500	23,000
时段 13	周一至周日约 13:56	15%	6,400	11,500	23,000
时段 14	周一至周五约 14:27	15%	5,800	10,400	20,800
时段 15	周一至周五约 14:57，周六、日约 14:56	15%	5,800	10,400	20,800
时段 16	周一至周日约 15:56	15%	5,800	10,400	20,800
时段 17	周一至周日约 16:56	15%	5,800	10,400	20,800
时段 18	周一至周五约 17:27	15%	7,500	13,500	27,000
时段 19	周一至周五约 17:57，周六、日约 17:56	15%	9,000	16,200	32,400
时段 20	周一至周日约 18:56	15%	12,000	21,600	43,200
时段 21	周一至周日约 19:56	15%	12,000	21,600	43,200
时段 22	周一至周日约 20:27	15%	12,000	21,600	43,200
时段 23	周一至周日约 20:57	15%	12,000	21,600	43,200
时段 24	周一至周日约 21:56	15%	12,000	21,600	43,200
时段 25	周一至周日约 22:56	15%	12,000	21,600	43,200
时段 26	周一至周日约 23:27	15%	8,200	14,800	29,600
时段 27	周一至周日约 23:57	15%	8,200	14,800	29,600
时段 28	周一至周日约 00:56	15%	6,500	11,700	23,400
时段 29	周一至周日约 01:56	15%	3,500	6,300	12,600
时段 30	周一至周日约 02:56	15%	3,500	6,300	12,600
时段 31	周一至周日约 03:27	15%	3,500	6,300	12,600
时段 32	周一至周日约 03:57	15%	3,500	6,300	12,600

栏目广告价格

（单位:人民币元／次）

栏目名称	播出时间	代理费	15 秒	30 秒	60 秒
精彩放送	首播 周一至周日 18:00 ~ 18:56 重播 周一至周五 08:00 ~ 08:56、12:00 ~ 12:56、00:00 ~ 00:56	15%	33,000	59,400	118,800
寰宇万象	首播 周一至周日 19:00 ~ 19:56 重播 周一至周五 09:00 ~ 09:56、13:00 ~ 13:56、01:00 ~ 01:56	15%	33,000	59,400	118,800
人文地理	首播 周一至周日 20:00 ~ 20:27 重播 周一至周五 07:00 ~ 07:27、14:00 ~ 14:27、03:00 ~ 03:27	15%	33,000	59,400	118,800
时代写真	首播 周一至周日 20:30 ~ 20:57 重播 周一至周五 07:30 ~ 07:57、14:30 ~ 15:57、03:30 ~ 03:57	15%	33,000	59,400	118,800
寰宇视野	首播 周一至周日 21:00 ~ 21:56 重播 周一至周五 10:00 ~ 10:56、15:00 ~ 15:56、02:00 ~ 02:56	15%	33,000	59,400	118,800
特别呈现	首播 周一至周日 22:00 ~ 22:56 重播 周一至周五 04:00 ~ 04:56、06:00 ~ 06:56、16:00 ~ 16:56	15%	33,000	59,400	118,800

（资产管理中心提供）

CCTV－10 科教频道广告价目

时段广告价格

（单位:人民币元／次）

时段名称	播出时间	5秒	10秒	15秒	20秒	25秒	30秒
时段1	周一至周日约06:27	7,840	11,760	14,700	20,000	23,600	26,500
时段2	周一至周日约07:12	7,840	11,760	14,700	20,000	23,600	26,500
时段3	周一至周六约07:42	7,840	11,760	14,700	20,000	23,600	26,500
时段4	周日约07:57	7,840	11,760	14,700	20,000	23,600	26,500
时段5	周一至周六约08:12	7,840	11,760	14,700	20,000	23,600	26,500
时段6	周一至周日约08:42	7,840	11,760	14,700	20,000	23,600	26,500
时段7	周一至周日约09:27	8,160	12,240	15,300	20,900	24,500	27,600
时段8	周一至周日约09:57	8,160	12,240	15,300	20,900	24,500	27,600
时段9	周一至周日约10:42	8,160	12,240	15,300	20,900	24,500	27,600
时段10	周一至周日约11:42	16,000	24,000	30,000	40,800	48,000	54,000
时段11	周一至周日约12:27	23,500	35,200	44,000	59,800	70,400	79,200
时段12	周一至周日约13:12	23,500	35,200	44,000	59,800	70,400	79,200

续表

时段名称	播出时间	5秒	10秒	15秒	20秒	25秒	30秒
时段13	周一至周日约13:42	23,500	35,200	44,000	59,800	70,400	79,200
时段14	周一至周六约14:12，周日约14:27	23,500	35,200	44,000	59,800	70,400	79,200
时段15	周一至周六约14:42	8,430	12,640	15,800	21,500	25,300	28,500
时段16	周一至周日约15:12	8,430	12,640	15,800	21,500	25,300	28,500
时段17	周一至周日约16:12	8,430	12,640	15,800	21,500	25,300	28,500
时段18	周一至周日约16:42	8,430	12,640	15,800	21,500	25,300	28,500
时段19	周一至周日约17:27	8,430	12,640	15,800	21,500	25,300	28,500
时段20	周一至周日约17:57	16,000	24,000	30,000	40,800	48,000	54,000
时段21	周一至周日约18:42	16,000	24,000	30,000	40,800	48,000	54,000
时段22	周一至周日约19:42	23,500	35,200	44,000	59,800	70,400	79,200
时段23	周一至周日约20:27	23,520	35,280	44,100	60,000	70,600	79,400
时段24	周一至周日约20:57	23,520	35,280	44,100	60,000	70,600	79,400
时段25	周一至周日约21:42	23,520	35,280	44,100	60,000	70,600	79,400
时段26	周一至周日约22:12	23,520	35,280	44,100	60,000	70,600	79,400
时段27	周一至周日约22:57	23,520	35,280	44,100	60,000	70,600	79,400
时段28	周一至周日约23:42	16,000	24,000	30,000	40,800	48,000	54,000
时段29	周一至周五约24:12	16,000	24,000	30,000	40,800	48,000	54,000
时段30	周一至周日约24:42	8,430	12,640	15,800	21,500	25,300	28,500
时段31	周一至周日约25:12	8,430	12,640	15,800	21,500	25,300	28,500

栏目广告价格

（单位:人民币元／次）

栏目名称	播出时间	5秒	10秒	15秒	20秒	25秒	30秒
第10放映室	首播 周日10:00～10:42 重播 次周六10:00	23,520	35,280	44,100	60,000	70,600	79,400
百家讲坛	首播 周一至周日12:30～13:12 重播 23:00	29,330	44,000	55,000	74,800	88,000	99,000
科技之光	首播 周一至周日13:15～13:42 重播 24:45	23,520	35,280	44,100	60,000	70,600	79,400
讲述	首播 周一至周五13:45～14:12	28,800	43,200	54,000	73,400	86,400	97,200
重访	首播 周日13:45～14:27 重播 次周日07:15	23,520	35,280	44,100	60,000	70,600	79,400

续表

栏目名称	播出时间	5秒	10秒	15秒	20秒	25秒	30秒
创新无限	首播 周一至周六14:15～14:42 重播 周一至周六07:45	23,520	35,280	44,100	60,000	70,600	79,400
夕阳红	首播 周一至周六14:45～15:12 重播 周一至周六08:15	25,230	37,840	47,300	64,400	75,700	85,200
欢聚夕阳红	首播 周日14:30～15:12 重播 次周日08:00	25,230	37,840	47,300	64,400	75,700	85,200
地理·中国	首播 周一至周日17:30～17:57 重播 24:15	26,080	39,120	48,900	66,600	78,300	88,100
健康之路	首播 周一至周日18:00～18:42 重播 08:45	26,880	40,320	50,400	68,600	80,700	90,800
原来如此	首播 周一18:45～19:42 重播 次周一10:45、15:15	26,080	39,120	48,900	66,600	78,300	88,100
魔力发明秀	首播 周二至周五18:45～19:42 重播 周二至周五10:45、15:15	26,080	39,120	48,900	66,600	78,300	88,100
我爱发明	首播 周六至周日18:45～19:42 重播 周日/次周六10:45、15:15	26,080	39,120	48,900	66,600	78,300	88,100
自然传奇	首播 周一至周日19:45～20:27 重播 11:45、25:15	33,600	50,400	63,000	85,700	100,800	113,400
走近科学	首播 周一至周日20:30～20:57 重播 09:30、16:15	35,200	52,800	66,000	89,800	105,600	118,800
探索·发现	首播 周一至周日21:00～21:42 重播 06:30、16:45	40,320	60,480	75,600	102,900	121,000	136,100
人物	首播 周一至周五21:45～22:12 重播 周一至周五06:00	28,590	42,880	53,600	72,900	85,800	96,500
科技人生	首播 周六21:45～22:12 重播 次周六06:00、13:45	28,590	42,880	53,600	72,900	85,800	96,500
大家	首播 周日21:45～22:12 重播 次周六07:15；次周日06:00	30,030	45,040	56,300	76,600	90,100	101,300
奥秘	首播 周一至周日22:15～22:57 重播 周一至周五10:00	32,800	49,200	61,500	83,700	98,400	110,700
读书	首播 周一至周五23:45～24:12 重播 周一至周五07:15	25,230	37,840	47,300	64,400	75,700	85,200
发现	首播 周六至周日23:45～24:15	25,230	37,840	47,300	64,400	75,700	85,200

（资产管理中心提供）

CCTV－11 戏曲频道广告价目

时段广告价格

（单位:人民币元／次）

时段名称	播出时间	代理费	5秒	10秒	15秒	20秒	25秒	30秒
时段1	周一至周日06:05	15%	4,800	7,200	9,000	12,200	14,400	16,200
时段2	周一至周日09:04	15%	4,800	7,200	9,000	12,200	14,400	16,200
时段3	周一至周日09:40	15%	4,800	7,200	9,000	12,200	14,400	16,200
时段4	周一至周日10:21	15%	4,800	7,200	9,000	12,200	14,400	16,200
时段5	周一至周日11:31	15%	5,400	8,100	10,100	13,700	16,200	18,200
时段6	周一至周日12:07	15%	5,400	8,100	10,100	13,700	16,200	18,200
时段7	周一至周日12:47	15%	5,400	8,100	10,100	13,700	16,200	18,200
时段8	周六14:20	15%	5,100	7,700	9,600	13,100	15,400	17,300
时段9	周六15:25	15%	5,100	7,700	9,600	13,100	15,400	17,300
时段10	周一至周日16:06	15%	5,100	7,700	9,600	13,100	15,400	17,300
时段11	周一至周日17:16	15%	5,100	7,700	9,600	13,100	15,400	17,300
时段12	周一至周日17:50	15%	5,100	7,700	9,600	13,100	15,400	17,300
时段13	周一至周日18:32	15%	6,700	10,000	12,500	17,000	20,000	22,500
时段14	周一至周日19:15	15%	6,700	10,000	12,500	17,000	20,000	22,500
时段15	周一、二、四、五、日20:20	15%	6,700	10,000	12,500	17,000	20,000	22,500
时段16	周一至周日22:46	15%	6,700	10,000	12,500	17,000	20,000	22,500
时段17	周一至周日23:21	15%	6,700	10,000	12,500	17,000	20,000	22,500
时段18	周一至周日00:16	15%	3,700	5,600	7,000	9,500	11,200	12,600
时段19	周一至周日01:11	15%	3,700	5,600	7,000	9,500	11,200	12,600

栏目广告价格

（单位:人民币元／次）

栏目名称	播出时间	代理费	5秒	10秒	15秒	20秒	25秒	30秒
早间栏目	周一至周日06:08～08:33	15%	5,200	7,800	9,800	13,300	15,700	17,600
上午栏目一	周一至周日08:42～09:12	15%	5,800	8,600	10,800	14,700	17,300	19,400
上午栏目二	周一至周日09:16～09:46	15%	5,800	8,600	10,800	14,700	17,300	19,400
上午栏目三	周一至周日09:52～10:19	15%	5,800	8,600	10,800	14,700	17,300	19,400
上午栏目四	周一至周日10:30～11:30	15%	6,500	9,700	12,100	16,500	19,400	21,800
午间栏目一	周一至周日11:41～12:11	15%	6,500	9,700	12,100	16,500	19,400	21,800
午间栏目二	周一至周日12:15～12:45	15%	6,500	9,700	12,100	16,500	19,400	21,800
下午栏目一	周一至周日12:56～16:06	15%	6,500	9,700	12,100	16,500	19,400	21,800
下午栏目二	周一至周日16:15～16:45	15%	6,200	9,300	11,600	15,800	18,600	20,900
下午栏目三	周一至周日16:51～17:51	15%	6,200	9,300	11,600	15,800	18,600	20,900
晚间栏目一	周一至周日18:01～18:28	15%	7,500	11,300	14,100	19,200	22,600	25,400

续表

栏目名称	播出时间	代理费	5秒	10秒	15秒	20秒	25秒	30秒
晚间栏目二	周一至周日18:38～19:08	15%	7,900	11,900	14,900	20,300	23,800	26,800
晚间栏目三	周一、二、四、日 19:20～21:30	15%	7,900	11,900	14,900	20,300	23,800	26,800
晚间栏目四	周三、六19:20～22:30	15%	7,900	11,900	14,900	20,300	23,800	26,800
晚间栏目五	周五19:20～20:20	15%	7,900	11,900	14,900	20,300	23,800	26,800
晚间栏目六	周一、二、四、五、日 21:34～22:34	15%	7,900	11,900	14,900	20,300	23,800	26,800
晚间栏目七	周五20:24～21:24	15%	7,900	11,900	14,900	20,300	23,800	26,800
晚间栏目八	周一至周日22:49～23:19	15%	7,900	11,900	14,900	20,300	23,800	26,800
晚间栏目九	周一至周日23:23～24:23	15%	7,500	11,300	14,100	19,200	22,600	25,400
凌晨栏目一	周一至周日00:27～01:17	15%	5,800	8,600	10,800	14,700	17,300	19,400
凌晨栏目二	周一至周日01:20～02:10	15%	5,200	7,800	9,800	13,300	15,700	17,600

（资产管理中心提供）

CCTV－12 社会与法频道广告价目

时段广告价格

（单位:人民币元／次）

时段名称	播出时间	5秒	10秒	15秒	20秒	25秒	30秒
时段1	08:12	4,500	6,700	8,400	11,400	13,400	15,100
时段2	09:05	4,500	6,700	8,400	11,400	13,400	15,100
时段3	09:57	4,800	7,200	9,000	12,200	14,400	16,200
时段4	13:25	4,500	6,700	8,400	11,400	13,400	15,150
时段5	14:20	4,500	6,700	8,400	11,400	13,400	15,150
时段6	16:15	4,500	6,700	8,400	11,400	13,400	15,150
时段7	17:45	4,500	6,700	8,400	11,400	13,400	15,150
时段8	18:10	4,800	7,200	9,000	12,200	14,400	16,200
时段9	18:55	6,900	10,300	12,900	17,500	20,600	23,250
时段10	19:27	11,600	17,400	21,800	29,600	34,900	39,200
时段11	20:10	13,000	19,500	24,400	33,200	39,000	43,950
时段12	20:55	13,000	19,500	24,400	33,200	39,000	43,950
时段13	22:08	11,600	17,400	21,800	29,600	34,900	39,200
时段14	00:20	4,500	6,700	8,400	11,400	13,400	15,100
时段15	00:55	3,800	5,800	7,200	9,800	11,500	12,900

栏目广告价格

（单位:人民币元／次）

栏目名称	播出时间	5秒	10秒	15秒	20秒	25秒	30秒
从我做起	首播 周六约10:30 重播 周六约14:25、约01:00	17,100	25,600	32,000	43,500	51,200	57,600
心理访谈	首播 周日约10:30 重播 周日约14:25、约01:00	17,100	25,600	32,000	43,500	51,200	57,600
平安365	首播 每日约11:35 重播 每日约08:45 约17:50； 周二至周五约14:45、约01:20	17,100	25,600	32,000	43,500	51,200	57,600
热线12栏目内	首播 每日约11:55 重播 每日约07:00、约16:45	18,700	28,000	35,000	47,600	56,000	63,000
热线12中插		20,500	30,800	38,500	52,400	61,600	69,300
法律讲堂（文史版）	首播 每日约12:55 重播 每日约00:25	15,000	22,400	28,000	38,100	44,800	50,400
小区大事	首播 周日约18:15 重播 周一约14:25、约01:00	17,100	25,600	32,000	43,500	51,200	57,600
法律讲堂	首播 每日约18:57 重播 每日约10:00、约15:45	17,100	25,600	32,000	43,500	51,200	57,600
一线	首播 每日约19:30 重播 每日约08:05、约23:40	18,700	28,000	35,000	47,600	56,000	63,000
天网	首播 周一至周五约20:15 重播 周二至周五约10:30 周二至周六 约15:05、约18:15	18,700	28,000	35,000	47,600	56,000	63,000
庭审现场	首播 周六约20:15 重播 周一约18:15周日 约15:05	18,700	28,000	35,000	47,600	56,000	63,000
忏悔录	首播 周日约20:15 重播 周一约10:30、约15:05	18,700	28,000	35,000	47,600	56,000	63,000
普法栏目剧	首播 每日约20:58 重播 每日约09:07、约13:30	18,700	28,000	35,000	47,600	56,000	63,000
道德观察	首播 每日约21:48 重播 每日约11:15、约16:20 周二至周五 约14:25、约01:00	18,700	28,000	35,000	47,600	56,000	63,000
夜线栏目内	首播 每日约22:10 重播 每日约06:00、约01:40	17,100	25,600	32,000	43,500	51,200	57,600
夜线中插		18,800	28,200	35,200	47,900	56,300	63,400
见证	首播 周一至周五约23:10 重播 周六、日约23:10	16,000	24,000	30,000	40,800	48,000	54,000

（资产管理中心提供）

CCTV－13 新闻频道广告价目

时段广告价格

（单位:人民币元／次）

时段名称	播出时间	5 秒	10 秒	15 秒	20 秒	25 秒	30 秒
上午直播时段	周一至周日09:00～12:00内	14,800	22,200	27,800	37,800	44,500	50,000
新闻30分前	周一至周日约11:55	17,200	25,800	32,200	43,800	51,500	58,000
新闻30分后	周一至周日约12:30	17,200	25,800	32,200	43,800	51,500	58,000
下午直播时段	周一至周日13:00～18:00内	14,800	22,200	27,800	37,800	44,500	50,000
共同关注前	周一至周日约17:55	19,600	29,400	36,700	49,900	58,700	66,100
共同关注后	周一至周日约18:55	26,700	40,000	50,000	68,000	80,000	90,000
东方时空前	周一至周日约19:55	32,000	48,000	60,000	81,600	96,000	108,000
东方时空后	周一至周日约20:58	29,700	44,500	55,600	75,600	89,000	100,100
午夜新闻前	周一至周日约23:55	19,600	29,400	36,700	49,900	58,700	66,100
午夜新闻后	周一至周日约01:00	13,700	20,500	25,600	34,800	41,000	46,100

栏目广告价格

（单位:人民币元／次）

栏目名称	播出时间	5秒	10秒	15秒	20秒	25秒	30秒
朝闻天下A套装	CCTV–1 06:57 CCTV–1、CCTV–13 07:55	42,560	63,840	79,800	108,528	127,680	143,640
朝闻天下B套装	CCTV–13 06:10 CCTV–1、CCTV–13 08:10	42,560	63,840	79,800	108,528	127,680	143,640
朝闻天下C套装	CCTV–13 06:25 CCTV–1、CCTV–13 08:25	42,560	63,840	79,800	108,528	127,680	143,640
朝闻天下D套装	CCTV–13 06:45 CCTV–1、CCTV–13 07:25	42,560	63,840	79,800	108,528	127,680	143,640
朝闻天下E套装	CCTV–13 06:55 CCTV–1、CCTV–13 07:45	42,560	63,840	79,800	108,528	127,680	143,640
朝闻天下F套装	CCTV–1、CCTV–13 07:10	31,893	47,840	59,800	81,328	95,680	107,640

（资产管理中心提供）

CCTV－14 少儿频道广告价目

时段广告价格　　（单位:人民币元／次）

时段名称	播出时间	5秒	10秒	15秒	20秒	25秒	30秒
时段 1	周一至周日约06:28	9,200	13,800	17,280	23,500	27,600	31,100
时段 2	周一至周日约06:58	9,200	13,800	17,280	23,500	27,600	31,100
时段 3	周一至周五约07:53 周六、日约07:58	9,200	13,800	17,280	23,500	27,600	31,100
节目预告 1	周一至周五约07:55～08:00	9,200	13,800	17,280	23,500	27,600	31,100
时段 4	周一至周日约08:53	15,400	23,000	28,800	39,200	46,100	51,800
节目预告 2	周一至周日约08:55～09:00	15,400	23,000	28,800	39,200	46,100	51,800
时段 5	周六日约09:58	15,400	23,000	28,800	39,200	46,100	51,800
时段 6	周一至周五约10:23 周六、日约10:28	15,400	23,000	28,800	39,200	46,100	51,800
节目预告 3	周一至周五约10:25～10:30	15,400	23,000	28,800	39,200	46,100	51,800
时段 7	周一至周日约10:58	15,400	23,000	28,800	39,200	46,100	51,800
时段 8	周一至周五约11:28	15,400	23,000	28,800	39,200	46,100	51,800
时段 9	周一至周五约11:53 周六、日约11:58	17,600	26,400	33,000	44,900	52,800	59,400
节目预告 4	周一至周五约11:55～12:00	17,600	26,400	33,000	44,900	52,800	59,400
时段 10	周一至周日约12:53	24,100	36,200	45,240	61,500	72,400	81,400
节目预告 5	周一至周日约12:55～13:00	24,100	36,200	45,240	61,500	72,400	81,400
时段 11	周一至周日约13:58	14,600	21,900	27,360	37,200	43,800	49,200
时段 12	周一至周日约14:58	14,600	21,900	27,360	37,200	43,800	49,200
时段 13	周一至周五约15:58	14,600	21,900	27,360	37,200	43,800	49,200
时段 14	周一至周五约16:53 周六、日约16:58	15,800	23,700	29,640	40,300	47,400	53,400
节目预告 6	周一至周五约16:55～17:00	15,800	23,700	29,640	40,300	47,400	53,400
时段 15	周一至周五约17:23 周六、日约17:28	22,000	33,000	41,250	56,100	66,000	74,300
节目预告 7	周一至周五约17:25–17:30	22,000	33,000	41,250	56,100	66,000	74,300
时段 16	周一至周五约17:53 周六、日约17:58	22,000	33,000	41,250	56,100	66,000	74,300
节目预告 8	周一至周五约17:55～18:00	22,000	33,000	41,250	56,100	66,000	74,300
时段 17	周一至周日约18:28	27,200	40,800	51,000	69,400	81,600	91,800
时段 18	周一至周日约18:58	27,200	40,800	51,000	69,400	81,600	91,800
时段 19	周一至周日约19:28	29,800	44,800	55,950	76,100	89,500	100,700
时段 20	周一至周日约19:58	29,800	44,800	55,950	76,100	89,500	100,700

续表

时段名称	播出时间	5秒	10秒	15秒	20秒	25秒	30秒
时段 21	周一至周日约20:53	28,200	42,200	52,800	71,800	84,500	95,000
节目预告 9	周一至周日约20:55～21:00	28,200	42,200	52,800	71,800	84,500	95,000
时段 22	周一至周日约21:58	27,200	40,800	51,000	69,400	81,600	91,800
时段 23	周一至周日约22:53	18,400	27,600	34,560	47,000	55,300	62,200
节目预告 10	周一至周日约22:55～23:00	18,400	27,600	34,560	47,000	55,300	62,200
时段 24	周一至周五约00:58 周六、日约00:48	18,400	27,600	34,560	47,000	55,300	62,200

栏目广告价格 （单位:人民币元／次）

栏目名称	播出时间	5秒	10秒	15秒	20秒	25秒	30秒
动漫世界	首播 周一至周日12:00～12:55 重播 周一至周日22:00～22:55	32,400	48,700	60,840	82,700	97,300	109,500
动画剧场	首播 周六日13:00～14:00 重播 周六日09:00～10:00	19,100	28,700	35,880	48,800	57,400	64,600
动画乐翻天	首播 周一至周日18:00～18:30 重播 周一至周日11:00～11:30 周六、日07:30～08:00	33,000	49,400	61,800	84,000	98,900	111,200
智慧树	首播 周一至周日18:30～19:00 重播 周一至周日10:30～11:00	37,900	56,900	71,100	96,700	113,800	128,000
动画梦工场	首播 周一至周日19:00～19:30 重播 周一至周日07:00～07:30、 14:00～14:30	40,000	60,000	75,000	102,000	120,000	135,000
大风车	首播 周一至周日19:30～20:00 重播 周一至周日06:30～07:00 14:30～15:00	35,200	52,800	66,000	89,800	105,600	118,800
银河剧场	首播 周一至日20:00～20:55 重播 周一至日08:00～08:55	34,700	52,100	65,100	88,500	104,200	117,200
小小智慧树	首播 周一至周五09:00～09:30 重播 周一至周五06:00～06:30	20,700	31,000	38,800	52,800	62,100	69,800
动画大巴 55'	周一至周五 09:30～10:25、 16:00～16:55	20,700	31,000	38,800	52,800	62,100	69,800
绿野寻踪	首播 周日10:00～10:30 重播 周四13:30～14:00	20,700	31,000	38,800	52,800	62,100	69,800
七巧板	首播 周六10:00～10:30 重播 周四13:00～13:30	20,700	31,000	38,800	52,800	62,100	69,800
宝贝一家亲	周六11:00～12:00	20,700	31,000	38,800	52,800	62,100	69,800
大仓库	周日11:00～12:00	20,700	31,000	38,800	52,800	62,100	69,800
文学宝库	首播 周六15:00～16:40 重播 周日23:00～24:40	17,700	26,500	33,120	45,000	53,000	59,600

续表

栏目名称	播出时间	5秒	10秒	15秒	20秒	25秒	30秒
童心回放	首播 周日15:00～16:50 重播 周六23:00～24:50	17,700	26,500	33,120	45,000	53,000	59,600
新闻袋袋裤（周末版）	周六16:40～17:00	19,100	28,700	35,880	48,800	57,400	64,600
新闻袋袋裤	首播 周一至周五17:00～17:25 重播 周一至周五11:30～11:55	29,100	43,700	54,600	74,300	87,400	98,300
成长在线	首播 周六、日17:00～17:30 重播 周二、三13:00～13:30	29,100	43,700	54,600	74,300	87,400	98,300
芝麻开门	首播 周一至周五17:30～17:55 重播 周一至周五07:30～07:55	29,100	43,700	54,600	74,300	87,400	98,300
快乐体验	首播 周六、日17:30～18:00 重播 周二、三13:30～14:00	29,100	43,700	54,600	74,300	87,400	98,300
异想天开	首播 周一21:00～22:00 重播 周四15:00～16:00	30,400	45,600	57,000	77,500	91,200	102,600
智力快车	首播 周二21:00～22:00 重播 周一13:00～14:00	30,400	45,600	57,000	77,500	91,200	102,600
音乐快递	首播 周三21:00～22:00 重播 周五13:00～14:00	30,400	45,600	57,000	77,500	91,200	102,600
动感特区	首播 周四21:00～22:00 重播 周五1500～16:00	30,400	45,600	57,000	77,500	91,200	102,600
快乐大巴	首播 周五、六21:00～22:00 重播 周一、二15:00～16:00	30,400	45,600	57,000	77,500	91,200	102,600
英雄出少年	首播 周日21:00～22:00 重播 周三15:00～16:00	30,400	45,600	57,000	77,500	91,200	102,600
动漫星空	周一至周五23:00～25:00	14,100	21,200	26,520	36,100	42,400	47,700

（资产管理中心提供）

CCTV－15 音乐频道广告价目

时段广告价格（单位:人民币元／次）

时段名称	播出时间	5秒	10秒	15秒	20秒	25秒	30秒
时段1	周一至周日07:36	4,100	6,100	7,600	10,300	12,200	13,700
时段2	周二至周日08:12	4,200	6,200	7,800	10,600	12,500	14,000
时段3	周一至周日08:36	4,200	6,200	7,800	10,600	12,500	14,000
时段4	周一至周日09:17	4,200	6,200	7,800	10,600	12,500	14,000
时段5	周一至周日09:55	4,200	6,200	7,800	10,600	12,500	14,000
时段6	周二至周六10:22	4,200	6,200	7,800	10,600	12,500	14,000
时段7	周二至周日10:54	4,200	6,200	7,800	10,600	12,500	14,000
时段8	周一至周日10:56	4,200	6,200	7,800	10,600	12,500	14,000

续表

时段名称	播出时间	5秒	10秒	15秒	20秒	25秒	30秒
时段9	周一至周日12:06	5,300	8,000	10,000	13,600	16,000	18,000
时段10	周一至周日12:42	5,300	8,000	10,000	13,600	16,000	18,000
时段11	周一至周日13:54	5,300	8,000	10,000	13,600	16,000	18,000
时段12	周二至周六14:22	4,500	6,800	8,500	11,600	13,600	15,300
时段13	周二至周日14:54	4,500	6,800	8,500	11,600	13,600	15,300
时段14	周一至周日14:56	4,500	6,800	8,500	11,600	13,600	15,300
时段15	周一至周日16:36	5,900	8,800	11,000	15,000	17,600	19,800
时段16	周一至周日17:46	5,900	8,800	11,000	15,000	17,600	19,800
时段17	周一至周日18:22	10,100	15,100	18,900	25,700	30,200	34,000
时段18	周一至周六18:57	10,100	15,100	18,900	25,700	30,200	34,000
时段19	周二至周六19:25	10,100	15,100	18,900	25,700	30,200	34,000
时段20	周日20:25	20,300	30,400	38,000	51,700	60,800	68,400
时段21	周一至周日21:06	20,300	30,400	38,000	51,700	60,800	68,400
时段22	周一至周日21:42	20,300	30,400	38,000	51,700	60,800	68,400
时段23	周一至周六22:12	14,900	22,400	28,000	38,100	44,800	50,400
时段24	周一至周日23:47	9,500	14,200	17,800	24,200	28,500	32,000
时段25	周一至周五、周日00:21	6,500	9,800	12,200	16,600	19,500	22,000
时段26	周六00:45	6,500	9,800	12,200	16,600	19,500	22,000

栏目广告价格　　(单位:人民币元/次)

栏目名称	播出时间	5秒	10秒	15秒	20秒	25秒	30秒
音乐告诉你	周一至周日17:45~18:15	8,200	12,300	15,400	20,900	24,600	27,700
风华国乐	首播 周一至周六18:20～18:50 重播 周二至周日06:30～07:00、11:50～12:20	12,100	18,100	22,680	30,800	36,300	40,800
中国音乐电视	首播 周一至周六18:54～19:24 周日21:15～21:45 重播 周一至周日06:00～06:30	12,100	18,100	22,680	30,800	36,300	40,800
一起音乐吧	首播 周日18:20～19:20 重播 周三、周六15:34～16:34 周一11:50～12:50、06:30～07:30	12,100	18,100	22,680	30,800	36,300	40,800

续表

栏目名称	播出时间	5秒	10秒	15秒	20秒	25秒	30秒
精彩音乐汇	首播 周一至周六19:30～20:30 重播 周一至周日00:29～01:29 周二至周五13:00～14:00 周二至周日09:45～10:45	24,300	36,500	45,600	62,000	73,000	82,100
歌声与微笑	首播 周日19:30～20:30 重播 周一08:35～09:35、14:05～15:05 周二和周五15:34～16:34	12,100	18,100	22,680	30,800	36,300	40,800
影视留声机	首播 周一至周五20:40～21:00 重播 周二至周六10:50 ～11:10 15:10～15:30	24,300	36,500	45,600	62,000	73,000	82,100
音乐传奇	首播 周一至周五21:06～21:36 重播 周二至周六11:15～11:45	24,300	36,500	45,600	62,000	73,000	82,100
快乐琴童	首播 周六20:40～21:40 重播 周日10:50～11:50、15:34～16:34	24,300	36,500	45,600	62,000	73,000	82,100
乐游天下	首播 周日20:40～21:10 重播 周四15:34～16:04 周一09:45～10:15	24,300	36,500	45,600	62,000	73,000	82,100
民歌·中国	首播 周一至周五21:42～22:12 重播 周二至周六07:01～07:31 12:25～12:55	22,400	33,600	42,000	57,100	67,200	75,600
周末乐谈	首播 周六21:42～22:12 重播 周一15:10～15:40 周日07:01～07:31、12:25～12:55	22,400	33,600	42,000	57,100	67,200	75,600
百年歌声	首播 周日21:45～22:15 重播 周一09:45～10:15 周四15:34～16:04 周日15:10～15:40	22,400	33,600	42,000	57,100	67,200	75,600
CCTV音乐厅	首播 周一至周五22:15～23:15 周六、日22:20～23:20 重播 周一至周日07:35～08:35、 16:40～17:40	17,900	26,900	33,600	45,700	53,800	60,500
经典	首播 周一至周五23:20～24:20 周六22:25～23:25 重播 周二至周日08:35～09:35、 14:05～15:05	11,400	17,100	21,360	29,000	34,200	38,400
音乐人生	首播 周日22:15～23:05 重播 周一10:50～11:40、15:45～16:35	17,900	26,900	33,600	45,700	53,800	60,500

（资产管理中心提供）

CCTV－NEWS 英语新闻频道广告价目

栏目广告价格

（单位:人民币元／次）

栏目名称	播出时间	5 秒	10 秒	15 秒	20 秒	25 秒	30 秒
财经高峰会	周六 11:30、21:30，周日 03:30	5,600	8,400	10,500	14,300	16,800	18,900
财经亚洲	周一至周五 11:20、18:00、21:00 周二至周六 03:20	13,800	20,600	25,800	35,100	41,300	46,400
今日话题	周一至周日 08:30、13:00、19:30、02:30	9,200	13,800	17,200	23,400	27,500	31,000
今日亚洲	周一至周日 08:00 周一至周六 22:00	4,600	7,000	8,700	11,800	13,900	15,700
世界观察	周日 22:00，周一 04:00、09:00、15:00	4,300	6,400	8,000	10,900	12,800	14,400
体育报道	周一至周日 20:40(20') 周二至周日 15:30(30')	6,900	10,300	12,900	17,500	20,600	23,200
文化报道	周一至周日 07:30、18:30 周一至周六 22:30	9,200	13,800	17,200	23,400	27,500	31,000
新财富	周日 11:30、21:30，周一 03:30	5,600	8,400	10,500	14,300	16,800	18,900
新闻一小时	周一至周日 12:00	6,900	10,300	12,900	17,500	20,600	23,300
中国 24 小时	周一至周日 20:00 周二至周日 04:20、09:20	5,800	8,600	10,800	14,700	17,300	19,500
综合新闻	周一至周日 02:00、03:00、05:00、06:00、07:00、10:00、11:00、14:00、16:00、17:00、19:00、23:00、00:00、01:00 周二至周日 04:00、09:00、15:00 周一至周五 21:40 周六日 18:00、21:00、02:00、04:00	29,900	44,800	56,000	76,200	89,600	100,800
东方	周一至周日 13:30、00:30	4,600	7,000	8,700	11,800	13,900	15,600
发现	周一至周日 14:30、01:30	6,900	10,300	12,900	17,500	20,600	23,300
海客谈	周一至周日 06:30、23:30	4,600	7,000	8,700	11,800	13,900	15,600
看中国	周四至周六 05:30、10:30、17:30	5,600	8,400	10,500	14,300	16,800	18,900
旅游指南	周一至周三 05:30、10:30、17:30	5,600	8,400	10,500	14,300	16,800	18,900
中心舞台	周日 05:30、10:30、17:30	6,900	10,300	12,900	17,500	20,600	23,200
自然	周一至周日 16:30	4,600	7,000	8,700	11,800	13,900	15,600

（资产管理中心提供）

CCTV－高清频道广告价目

（单位:人民币元／次）

时段名称	播出时间	代理费	5秒	10秒	15秒	20秒	25秒	30秒
时段1	周一至周日06:43	15%	1,500	2,200	2,800	3,800	4,500	5,000
时段2	周一至周日08:16	15%	1,500	2,200	2,800	3,800	4,500	5,000
时段3	周一至周日09:19	15%	1,500	2,200	2,800	3,800	4,500	5,000
时段4	周一至周日10:09	15%	1,500	2,200	2,800	3,800	4,500	5,000
时段5	周一至周日10:59	15%	1,500	2,200	2,800	3,800	4,500	5,000
时段6	周一至周日11:55	15%	1,500	2,200	2,800	3,800	4,500	5,000
时段7	周一至周日12:27	15%	1,500	2,200	2,800	3,800	4,500	5,000
时段8	周一至周日12:29	15%	1,500	2,200	2,800	3,800	4,500	5,000
时段9	周一至周日13:31	15%	1,500	2,200	2,800	3,800	4,500	5,000
时段10	周一至周日14:36	15%	1,500	2,200	2,800	3,800	4,500	5,000
时段11	周一至周日14:38	15%	1,500	2,200	2,800	3,800	4,500	5,000
时段12	周一至周日16:20	15%	1,500	2,200	2,800	3,800	4,500	5,000
时段13	周一至周日17:06	15%	1,500	2,200	2,800	3,800	4,500	5,000
时段14	周一至周日17:42	15%	1,500	2,200	2,800	3,800	4,500	5,000
时段15	周一至周日18:45	15%	3,300	4,900	6,100	8,300	9,800	11,000
时段16	周一至周日19:18	15%	3,300	4,900	6,100	8,300	9,800	11,000
时段17	周一至周日20:08	15%	3,300	4,900	6,100	8,300	9,800	11,000
时段18	周一至周日20:57	15%	3,300	4,900	6,100	8,300	9,800	11,000
时段19	周一至周日21:58	15%	3,300	4,900	6,100	8,300	9,800	11,000
时段20	周一至周日22:51	15%	3,300	4,900	6,100	8,300	9,800	11,000
时段21	周一至周日23:40	15%	3,300	4,900	6,100	8,300	9,800	11,000

（资产管理中心提供）

2012 年中央电视台栏目播出时间表

CCTV–1 综合频道栏目播出时间表

时间＼星期	星期一	星期二	星期三	星期四	星期五	星期六	星期日
04:39:55	今日说法（重播）						
04:59:55	新闻联播（重播）						
05:29:55	人与自然（首播）						
05:56:55	台标＋国歌＋一套导视(1)						
06:00	朝闻天下 （直播）						
08:30	一套导视(2) 2′ + 广告3′						
08:35	远方的家（首播）					08:35 第一“精选剧场” 09:21 广告 09:26 第一“精选剧场” 10:12 广告 10:17 第一“精选剧场”	
09:20	广告						
09:23	天天饮食(首播)						
09:38	一套导视(4) 2′ +广告4′						
09:44	生活早参考（首播）						
10:14	广告						
10:18	第一“精选剧场”						
11:03	广告						
11:08	第一“精选剧场”						
11:54	广告1′ + 一套导视(8)2′ +广告3′						
12:00	新 闻 30 分（直播）						
12:30	一套导视(9)2′ +广告3′						
12:35	今日说法（首播+中插广告1′ 30″ ×2段）					今日说法+中插广告3′	今日说法+中插广告3′
13:06	广告3′ +一套导视(10)1′ +广告3′					13:28 广告3′ +一套导视(10)1′ +广告3′	13:06 广告3′ –一套导视(10)1′ +广告3′
13:13	第一“情感剧场 ”					13:35 电视剧（1集）	13:13 谢天谢地你来啦（重播60′ +中插广告1′ ）

续表

时间\星期	星期一	星期二	星期三	星期四	星期五	星期六	星期日
13:59	一套导视(11) 1′ + 广告3′					14:21 一套导视(11) 1′ +广告4′	14:14 一套导视(11)1′ +广告4′
14:03	第一“情感剧场 ”					15:12 一套导视(12) 1′ +广告4′	14:19 第一“情感剧场”
14:49	一套导视(12) 1′ + 广告3′					15:12一套导视(12) 1′ + 广告4′	15:05 一套导视 (12) 1′ +广告3′
14:53	第一“情感剧场”					15:17 第一“情感剧场”	15:09 第一“情感剧场”
15:39	广告2′ +一套导视(13) 2′ + 广告2′					16:03 广告2′ +一套导视(13) 2′ + 广告2′	15:55 一套导视 (13) 2′ +广告4′
15:45	第 一“情感剧场 ”					16:09 第一动画乐园（首播）+一套导视(15) 2′ +中插5′ +广告4′	16:01 第一动画乐园（首播)+导视(15) 2′ + 中插5′ +广告共4′
16:31	一套导视(14) 2′ +广告4′						
16:37	第一动画乐园（首播）+中插广告2段共3′ +广告4′				第一动画乐园（首播）+ 中插2段共3′ +广告4′		
17:56	一套导视(16) 2′ +广告4′				17:51 一套导视(16) 2′ +广告4′		
18:02	国际艺苑（首播）+中插广告2段共3′	我们有1套（首播）+中插广告2段共3′		状元360（首播）+中插广告2段共3′	17:57 中国味道（首播）+中插广告2段共3′	寻宝（首播）+中插广告2段共3′	正大综艺(首播)+中插广告2段共3′
18:55	广告1′ +一套导视A 1′ 40″ + 广告2′ 20″						
19:00	新闻联播（直播）(含广告、天气预报)						
19:38	焦点访谈（直播）(含广告)						
约19:53	一套导视(17) 2′						
19:55	身边的感动（首播）					19:55 精彩一刻（首播）	
19:59	广告1′ 30″ +电视剧前情提要30″ +广告4′						
20:05	特约剧场(46′ ×2集+每集下集预告前中插广告2′ ×2段+集间一套导视(18) 1′ +集间广告3′ 30″ +电视剧前情提要30″ +集间广告4′)						
21:50	广告4′ +一套导视(19) 1′ +广告5′						
22:00	晚间新闻（直播）						
22:30	广告4′ +一套导视(20)2′ +广告4′					22:30 广告3′ +导视(20)2′ +广告3′	22:30 广告2′ +导视(20)2′ +广告2′

续表

时间＼星期	星期一	星期二	星期三	星期四	星期五	星期六	星期日
22:40	魅力·纪录（首播）+中插广告1′					22:38 谢天谢地你来啦（首播）+中插1′	22:36 看见周末版（首播）+中插1′30″×2
23:31	一套导视(21)2′+广告3′					23:39 一套导视(21)2′+广告3′	23:24 一套导现(21)2′+广告3
23:36	小崔说事（首播）	空	分秒必争	谢天谢地你来啦	空	23:44	23:29 首席夜话（首播）
24:26	一套导视(22)2′+广告3′						
24:31	中华民族（首）	24:31动物世界（首播)+中插广告2′					24:24动物世界(首播)+中插广告2′

CCTV–2 财经频道栏目播出时间表

时间＼星期	星期一	星期二	星期三	星期四	星期五	星期六	星期日
05:58	导视						
06:00	早间精编节目						
06:50	广告						
06:53	二套导视（早间版）						
07:00	第一时间						
09:00	交易时间（上午版）					09:00 广告5′＋周末特供 10:30 周末特供	
11:50	环球财经连线（午间版）（首播）						
12:30	经济与法周末版（重播）					12:30 环球驿站	
13:10	经济半小时（重播）						
13:45	交易时间（下午版）					13:30 周末特供	
15:33	经济与法（重播）					14:20 周末特供 55′+收视指南5′	
16:03	广告 4′＋财经小辞典 5′＋导视3′						

续表

<table>
<tr><th>星期
时间</th><th>星期一</th><th>星期二</th><th>星期三</th><th>星期四</th><th>星期五</th><th>星期六</th><th>星期日</th></tr>
<tr><td>16:15</td><td colspan="5">消费主张 （重播）</td><td colspan="2" rowspan="2">15:20 周末特供 120′ + 预告 广告 5′</td></tr>
<tr><td>16:55</td><td>中国财经报道（重播）</td><td>对话（重播）</td><td>对手（重播）</td><td>交换空间（重播）</td><td>购物街（重播）</td></tr>
<tr><td>17:55</td><td colspan="5">广告 2′ + 导视3′</td><td colspan="2">17:25 周末特供</td></tr>
<tr><td>18:00</td><td colspan="5">市场分析室（首播）（含财经资讯节目）</td><td colspan="2">18:00 周末特供</td></tr>
<tr><td>18:43</td><td colspan="5">广告</td><td rowspan="2">18:30 交换空间（首播）</td><td rowspan="2">购物街（首播）</td></tr>
<tr><td>18:45</td><td colspan="5">理财在线（首播）</td></tr>
<tr><td>19:20</td><td colspan="5">消费主张 （首播）</td><td colspan="2" rowspan="2">19:30 经济与法周末版（首播）</td></tr>
<tr><td>20:00</td><td colspan="5">经济与法（首播）</td></tr>
<tr><td>20:30</td><td colspan="7">经济信息联播（首播）</td></tr>
<tr><td>21:20</td><td colspan="7">经济半小时（首播）</td></tr>
<tr><td>21:55</td><td colspan="4">今日观察（首播）</td><td>对手（首播）</td><td rowspan="7">21:55 中国财经报（首播）+广告3′+导视2′
23:00 环球财经连线（晚间版）（周末版）（首播）
23:30 导视5′ +广告6′
23:41 经济信息联播（重播）
24:31 商道</td><td rowspan="7">21:55 对话（首播）+ 广告3′ + 导视2′
23:00 经济信息联播（重播）
23:50 导视1′ + 广告6′
23:57 商道 +每周质量报告 20′</td></tr>
<tr><td>22:25</td><td colspan="5">广告3′ + 导视2′</td></tr>
<tr><td>22:30</td><td colspan="4">环球财经连线（晚间版）（含CNBC、路透节目）</td><td>导视1′ + 广告6′</td></tr>
<tr><td>23:10</td><td colspan="5">导视5′ + 广告6′</td></tr>
<tr><td>23:21</td><td colspan="5">经济信息联播（重播）</td></tr>
<tr><td>24:11</td><td colspan="5">广告</td></tr>
<tr><td>24:16</td><td colspan="5">商道</td></tr>
<tr><td>29:00</td><td colspan="7">广告</td></tr>
<tr><td>29:03</td><td colspan="7">早间精编节目</td></tr>
</table>

CCTV—3 综艺频道栏目播出时间表

时间\星期	星期一	星期二	星期三	星期四	星期五	星期六	星期日
03:30	电视剧 (3集)						
06:00	综艺喜乐汇						舞蹈世界
06:40	文化正午						
07:00	综艺星天地						
07:30	动物狂欢节						
08:00	星光大道	向幸福出发	欢乐一家亲	笑星大联盟	巅峰音乐汇	非常6+1	巅峰音乐汇
09:30	欢乐中国行	09:30 毕录电视 10:30 董卿时间	我要上春晚	百团大战	欢乐中国行	我要上春晚	百团大战
11:30	文化正午						
11:50	综艺喜乐汇						舞蹈世界
12:30	非常6+1	星光大道	欢乐一家亲	笑星大联盟	巅峰音乐汇	向幸福出发	星光大道
14:00	百团大战	14:00 毕录电视 15:00 董卿时间	开心辞典 艺览天下	曲苑杂坛 艺术人生	激情广场 文化视界	欢乐中国行	我要上春晚
16:00	电视剧(3集)						
18:30	动物狂欢节						
19:00	剧场	欢乐一家亲	笑星大联盟	巅峰音乐汇	我要上春晚	百团大战	欢乐中国行
20:30	毕录电视	开心辞典	曲苑杂坛	激情广场	21:00 向幸福出发	21:00 星光大道	21:00 非常6+1
21:30	董卿时间	艺览天下	艺术人生	文化视界			
22:30	综艺星天地						
23:00	向幸福出发	欢乐一家亲	笑星大联盟	巅峰音乐汇	我要上春晚	百团大战	欢乐中国行
24:30	毕录电视	开心辞典	曲苑杂坛	激情广场	25:00 向幸福出发	25:00 星光大道	25:00 非常6+1
25:30	董卿时间	艺览天下	艺术人生	文化视界			
26:30	动物狂欢节						
27:00	综艺星天地						

CCTV－4 中文国际频道·亚洲版栏目播出时间表

时间＼星期	星期一	星期二	星期三	星期四	星期五	星期六	星期日
04:00	中国新闻（直播）						
05:00	导视（1）						
05:05	走遍中国						
05:35	华人世界					精彩回放	
05:55	导视（2）						
06:00	中国新闻（直播）						
06:10	中国文艺						中国文艺（周末版）
06:40	国宝档案						
06:55	导视（3）						
07:00	今日亚洲（直播）						
07:25	导视（4）						
07:28	海峡两岸						
07:58	导视（5）						
08:00	中国新闻（直播）						
09:00	快乐汉语					中华情	流行无限
09:15	电视剧场(一)（卡尾播出）						09:55 导视
10:00	中国新闻（直播）						
10:10	导视（6）						
10:12	电视剧场(一)					文明之旅	中华医药
10:58	导视（7）					10:57 导视	
11:00	中国新闻（直播）						
11:10	导视（8）						
11:12	国宝档案						精彩一刻（周末版）
11:27	导视（9）						
11:30	海峡两岸						
12:00	中国新闻（直播）						

续表

<table>
<tr><th>星期
时间</th><th>星期一</th><th>星期二</th><th>星期三</th><th>星期四</th><th>星期五</th><th>星期六</th><th>星期日</th></tr>
<tr><td>13:00</td><td colspan="5">华人世界</td><td rowspan="2">智慧树周末版</td><td rowspan="2">体育在线</td></tr>
<tr><td>13:20</td><td colspan="5">快乐驿站</td></tr>
<tr><td>13:30</td><td colspan="7">走遍中国</td></tr>
<tr><td>14:00</td><td colspan="7">中国新闻（直播）</td></tr>
<tr><td>14:10</td><td colspan="6">导视（10）</td><td rowspan="7">周末影院</td></tr>
<tr><td>14:12</td><td colspan="6">电视剧场(二)</td></tr>
<tr><td>14:59</td><td colspan="6">导视（11）</td></tr>
<tr><td>15:00</td><td colspan="6">电视剧场(二)</td></tr>
<tr><td>15:48</td><td colspan="6">导视（12）</td></tr>
<tr><td>15:50</td><td colspan="6">影视金曲</td></tr>
<tr><td>16:00</td><td colspan="6">中国新闻（直播）</td></tr>
<tr><td>16:10</td><td colspan="7">百家讲坛</td></tr>
<tr><td>16:50</td><td colspan="7">精彩一刻</td></tr>
<tr><td>17:00</td><td colspan="7">中国新闻（直播）</td></tr>
<tr><td>17:10</td><td colspan="7">导视（13）+广告</td></tr>
<tr><td>17:15</td><td colspan="5">远方的家</td><td>天涯共此时</td><td>城市1对1</td></tr>
<tr><td>18:00</td><td colspan="7">中国新闻（直播）</td></tr>
<tr><td>18:15</td><td colspan="6">中国文艺</td><td rowspan="2">中国文艺（周末版）</td></tr>
<tr><td>18:45</td><td colspan="6">国宝档案</td></tr>
<tr><td>19:00</td><td colspan="7">中国新闻（直播）</td></tr>
<tr><td>19:15</td><td colspan="7">电视剧场（三）(卡尾播出)</td></tr>
<tr><td>20:00</td><td colspan="7">走遍中国</td></tr>
<tr><td>20:30</td><td colspan="7">海峡两岸</td></tr>
<tr><td>21:00</td><td colspan="7">中国新闻（直播）</td></tr>
<tr><td>21:30</td><td colspan="7">今日关注（直播）</td></tr>
<tr><td>22:00</td><td>文明之旅</td><td>天涯共此时</td><td>中华医药</td><td>体育在线</td><td>深度国际</td><td rowspan="2">中华情</td><td>流行无限</td></tr>
<tr><td>22:45</td><td colspan="5">快乐汉语</td><td>22:55 导视</td></tr>
</table>

续表

时间＼星期	星期一	星期二	星期三	星期四	星期五	星期六	星期日
23:00	今日亚洲（直播）						
23:25	广告						
23:26	远方的家					中国文艺周末版	城市1对1
24:11	电视剧场(四)+广告3′						
25:00	中国新闻（直播）						
25:10	导视（14）						
25:15	探索·发现					天涯共此时	体育在线
25:55	导视（15）						
26:00	新闻联播						
26:30	华人世界					大家	
26:50	快乐驿站						
27:00	中国新闻（直播）					中华情	流行无限
27:10	导视（16）						
27:15	文明之旅	天涯共此时	中华医药	体育在线	深度国际		27:55 导视

CCTV－4 中文国际频道·欧洲版栏目播出时间表

北京时间	伦敦时间	星期一	星期二	星期三	星期四	星期五	星期六	星期日
04:00	20:00	中国新闻(直播)						
05:00	21:00	文明之旅	天涯共此时	中华医药	体育在线	深度国际	中国文艺（周末版）	流行无限
05:45	21:45	国宝档案						05:55 导视
06:00	22:00	中国新闻(直播)						
06:10	22:10	导视（1）						
06:12	22:12	电视剧(三)						
06:59	22:59	导视（2）						

续表

北京时间	伦敦时间	星期一	星期二	星期三	星期四	星期五	星期六	星期日
07:00	23:00	今日亚洲(直播)						
07:25	23:25	导视 (3)						
07:28	23:28	海峡两岸						
07:58	23:58	导视 (4)						
08:00	00:00	新闻60分(直播)						
09:00	01:00	探索 · 发现 (荟萃)					天涯共此时	寻宝
09:40	01:40	华人世界					09:45 精彩一刻（周末版）	
10:00	02:00	中国新闻 (直播)					中华情	流行无限
10:10	02:10	导视 (5)						
10:15	02:15	文明之旅	天涯共此时	中华医药	体育在线	深度国际		10:55 导视
11:00	03:00	中国新闻(直播)						
11:10	03:10	百家讲坛 (荟萃)						
11:50	03:50	快乐驿站 (荟萃)						
12:00	04:00	中国新闻(直播)						
13:00	05:00	远方的家					中国文艺（周末版）	城市1对1
13:45	05:45	快乐汉语					精彩一刻（周末版）	
14:00	06:00	中国新闻(直播)						
14:10	06:10	中国文艺						大家
14:40	06:40	走遍中国						
15:10	07:10	海峡两岸						
15:40	07:40	华人世界					精彩回放	
16:00	08:00	中国新闻(直播)						
16:10	08:10	导视 (6)						
16:12	08:12	远方的家					中国文艺（周末版）	城市1对1
16:57	08:57	导视 (7)						

续表

北京时间	伦敦时间	星期一	星期二	星期三	星期四	星期五	星期六	星期日
17:00	09:00	中国新闻(直播)						
17:10	09:10	电视剧 (一)					中华医药	体育在线
17:57	09:57	导视 (8)					17:55 导视	
18:00	10:00	中国新闻(直播)						
18:15	10:15	电视剧 (一) 卡尾播出					文明之旅	天涯共此时
19:00	11:00	中国新闻(直播)						
19:15	11:15	导视 (9)						
19:17	11:17	百家讲坛						
19:57	11:57	导视 (10)						
20:00	12:00	探索 · 发现 (荟萃)					中华情	流行无限
20:40	12:40	导视 (11)						
20:42	12:42	快乐汉语						
20:57	12:57	导视 (12)						20:55 导视
21:00	13:00	中国新闻(直播)						
21:30	13:30	今日关注(直播)						
22:00	14:00	国宝档案						精彩一刻
22:15	14:15	动画城 (四套)						
23:00	15:00	今日亚洲(直播)						
23:25	15:25	电视剧 (二)						周末影院
24:11	16:11	电视剧 (二)						
24:57	16:57	导视 (13)						
25:00	17:00	中国新闻(直播)						
25:10	17:10	快乐汉语					精彩 一刻	
25:25	17:25	走遍中国						
25:55	17:55	华人世界					导视	精彩回放

续表

北京时间	伦敦时间	星期一	星期二	星期三	星期四	星期五	星期六	星期日
26:15	18:15	远方的家					26:00 中华情	26:00 城市1对1
27:00	19:00	新闻联播						
27:30	19:30	中国文艺						体育在线

CCTV－4 中文国际频道·美洲版栏目播出时间表

北京时间	美国东部时间	星期一	星期二	星期三	星期四	星期五	星期六	星期日
04:00	15:00	中国新闻(直播)						
05:00	16:00	中国文艺						中国文艺(周末版)
05:30	16:30	快乐汉语					精彩一刻(周末版)	
05:45	16:45	新闻联播						
06:15	17:15	远方的家					中国文艺(周末版)	城市1对1
07:00	18:00	今日亚洲(直播)						
07:25	18:25	导视（1）						
07:27	18:27	走遍中国						
07:57	18:57	导视（2）						
08:00	19:00	新闻60分(直播)						
09:00	20:00	华人世界					精彩回放	
09:20	20:20	电视剧　（三）						
10:00	21:00	中国新闻						
10:10	21:10	电视剧　（三）						
11:00	22:00	中国新闻(直播)					流行无限	中华情
11:10	22:10	天涯共此时	文明之旅	体育在线	中华医药	深度国际		
11:55	22:55	导视（3）						
12:00	23:00	中国新闻(直播)						

续表

北京时间	美国东部时间	星期一	星期二	星期三	星期四	星期五	星期六	星期日
13:00	00:00	走遍中国						
13:30	00:30	海峡两岸						
14:00	01:00	中国新闻(直播)						
14:10	01:10	导视 (4)						
14:12	02:12	电视剧 (一)					体育在线	天涯共此时
14:58	02:58	导视 (5)						
14:59	02:59	电视剧 (一)					寻宝	14:58 体育在线 15:28 大家
15:48	02:48	精彩一刻						
15:58	02:58	导视 (6)						
16:00	03:00	中国新闻(直播)						
16:10	03:10	导视 (7)						
16:13	03:13	中国文艺						中国文艺(周末版)
16:43	03:43	国宝档案						
16:58	03:58	导视 (8)						
17:00	04:00	中国新闻(直播)						
17:10	04:10	导视 (9)						
17:12	04:12	快乐汉语					精彩一刻(周末版)	
17:27	04:27	导视 (10)						
17:30	04:30	走遍中国						
18:00	05:00	中国新闻(直播)						
18:15	05:15	导视 (11)						
18:18	05:18	百家讲坛						
18:58	05:58	导视(12)						
19:00	06:00	中国新闻(直播)						
19:15	06:15	快乐驿站						
19:25	06:25	华人世界					精彩回放	

续表

北京时间	美国东部时间	星期一	星期二	星期三	星期四	星期五	星期六	星期日
19:45	06:45	远方的家					中国文艺（周末版）	城市1对1
20:30	07:30	海峡两岸						
21:00	08:00	中国新闻(直播)						
21:30	08:30	今日关注(直播)						
22:00	09:00	天涯共此时	文明之旅	体育在线	中华医药	深度国际	流行无限	中华情
22:45	09:45	快乐汉语					导视	
23:00	10:00	今日亚洲(直播)						
23:25	10:25	导视(13)					文明之旅	中华医药
23:27	10:27	探索·发现						
24:07	11:07	导视（14）						
24:10	11:10	百家讲坛						
24:50	11:50	精彩一刻						
25:00	12:00	中国新闻(直播)						
25:10	12:10	国宝档案						周末影院
25:25	12:25	电视剧（二）						
26:11	13:11	电视剧（二）						
26:59	13:59	导视（15）						
27:00	14:00	中国新闻						
27:10	14:10	导视（16）						
27:13	14:13	动画城						
27:38	14:58	导视（17）						

CCTV－5 体育频道栏目播出时间表（赛季）

<table>
<tr><th>星期
时间</th><th>星期一</th><th>星期二</th><th>星期三</th><th>星期四</th><th>星期五</th><th>星期六</th><th>星期日</th></tr>
<tr><td>04:00</td><td colspan="7">赛事</td></tr>
<tr><td>04:25</td><td colspan="7">赛事（插播5'）</td></tr>
<tr><td>05:55</td><td colspan="7">国歌＋预告</td></tr>
<tr><td>06:00</td><td colspan="5">巅峰时刻</td><td colspan="2">运动空间</td></tr>
<tr><td>06:25</td><td colspan="7">广告＋包装</td></tr>
<tr><td>06:30</td><td colspan="7">体育晨报</td></tr>
<tr><td>08:30</td><td colspan="7">广告＋包装</td></tr>
<tr><td>08:35</td><td>棋牌（插播2'）</td><td colspan="2">赛事（插播2'）</td><td>棋牌（插播2′）</td><td>赛事（插播2′）</td><td colspan="2"></td></tr>
<tr><td>09:30</td><td>赛事（插播2'）</td><td colspan="2" rowspan="4">NBA</td><td>赛事55'（插播2'）</td><td rowspan="2">赛事（含插播广告5′）</td><td colspan="2" rowspan="4">NBA</td></tr>
<tr><td>10:25</td><td>广告＋包装</td><td>广告＋包装</td></tr>
<tr><td>10:30</td><td>赛事</td><td>赛事</td><td>11:00 武林大会</td></tr>
<tr><td>11:55</td><td>广告＋包装</td><td colspan="2">广告＋包装</td></tr>
<tr><td>12:00</td><td colspan="7">体坛快讯</td></tr>
<tr><td>12:25</td><td colspan="7">广告＋包装</td></tr>
<tr><td>12:30</td><td colspan="6">重点赛事（含插播广告5'）</td><td>拳击</td></tr>
<tr><td>14:00</td><td colspan="5">广告＋包装</td><td colspan="2" rowspan="3">赛事直播</td></tr>
<tr><td>14:05</td><td colspan="5">巅峰时刻（首播）</td></tr>
<tr><td>14:30</td><td colspan="5">赛事（含插播广告5'）</td></tr>
<tr><td>16:00</td><td colspan="7">广告＋包装</td></tr>
<tr><td>16:02</td><td colspan="5">赛事 （含插播广告2'）</td><td colspan="2" rowspan="3">排球联赛</td></tr>
<tr><td>16:57</td><td colspan="5">广告＋包装</td></tr>
<tr><td>17:00</td><td colspan="5">赛事（含插播广告2'）</td></tr>
<tr><td>17:55</td><td colspan="7">广告＋包装</td></tr>
<tr><td>18:00</td><td colspan="5">体育新闻</td><td colspan="2" rowspan="3">18:00 体育新闻
18:50 广告+包装
18:55 空</td></tr>
<tr><td>18:30</td><td colspan="5">广告＋包装</td></tr>
<tr><td>18:35</td><td>体育人间</td><td>武林大会</td><td>赛车时代</td><td>足球之夜</td><td>篮球公园</td></tr>
</table>

续表

时间＼星期	星期一	星期二	星期三	星期四	星期五	星期六	星期日
19:25	广告+包装					19:20 广告+包装	
19:30	黄金赛场－天下足球	黄金赛场－排球联赛	黄金赛场－CBA	黄金赛场－NBA集锦	黄金赛场－CBA	19:25 赛事直播	19:25 黄金赛场－CBA
21:25	广告+包装						
21:30	体育世界					21:30 体育世界 22:00 广告+包装 22:05 赛事直播－欧洲联赛	
22:15	广告+包装						
22:20	我的奥林匹克						
22:30	第二黄金赛场－重点赛事						
23:55	广告+包装						
24:00	体育报道						
24:25	广告+包装						
24:30	顶级赛事－高尔夫	顶级赛事－NFL	顶级赛事				
27:30	广告+包装						
27:35	巅峰时刻（重播）						
28:00	结束						

CCTV－5 体育频道栏目播出时间表（非赛季）

时间＼星期	星期一	星期二	星期三	星期四	星期五	星期六	星期日
04:00	空						
04:25	空						
05:55	国歌+预告						
06:00	巅峰时刻					运动空间	
06:25	广告+包装						
06:30	体育晨报						
08:30	广告+包装						
08:35	棋牌（插播2'）	空		棋牌（插播2'）	空		空　85'

续表

<table>
<tr><th>星期
时间</th><th>星期一</th><th>星期二</th><th>星期三</th><th>星期四</th><th>星期五</th><th>星期六</th><th>星期日</th></tr>
<tr><td>09:30</td><td colspan="6">空</td><td rowspan="6">10:00 拳击（插播体坛）</td></tr>
<tr><td>10:25</td><td colspan="4">空（插播5'）</td><td>10:55 广告+包装
11:00 武林大会</td><td>空（含插播广告5'）</td></tr>
<tr><td>11:55</td><td colspan="6">广告+包装</td></tr>
<tr><td>12:00</td><td colspan="6">体坛快讯</td></tr>
<tr><td>12:25</td><td colspan="6">广告+包装</td></tr>
<tr><td>12:30</td><td colspan="6">重点赛事（含插播广告5'）</td></tr>
<tr><td>14:00</td><td colspan="5">广告+包装</td><td rowspan="3">14:00 空
（含插播广告5'）</td><td>13:30 广告+包装</td></tr>
<tr><td>14:05</td><td colspan="5">巅峰时刻（首播）</td><td>13:35 空</td></tr>
<tr><td>14:30</td><td colspan="5">空 （含插播广告5'）</td><td>15:05 广告+包装</td></tr>
<tr><td>16:00</td><td colspan="5">广告+包装</td><td rowspan="3">13:30 空
（含插播广告5'）</td><td rowspan="2">15:10 空</td></tr>
<tr><td>16:02</td><td colspan="5">空 （含插播广告2'）</td></tr>
<tr><td>16:57</td><td colspan="5">广告+包装</td><td>16:40 广告+包装</td></tr>
<tr><td>17:00</td><td colspan="5">空 （含插播广告2'）</td><td colspan="2">16:57 城市之间（重播）</td></tr>
<tr><td>17:55</td><td colspan="7">广告+包装</td></tr>
<tr><td>18:00</td><td colspan="5">体育新闻</td><td colspan="2" rowspan="5">18:00 体育新闻
18:50 广告+包装
18:55 空
19:20 广告+包装
19:25 赛事</td></tr>
<tr><td>18:30</td><td colspan="5">广告+包装</td></tr>
<tr><td>18:35</td><td>体育人间</td><td>武林大会</td><td>赛车时代</td><td>足球之夜</td><td>篮球公园</td></tr>
<tr><td>19:25</td><td colspan="5">广告+包装</td></tr>
<tr><td>19:30</td><td>黄金赛场－天下足球</td><td colspan="2">黄金赛场－赛事</td><td colspan="2">19:30 特别节目（待定）
20:10 广告+包装
20:15 特别节目－城市之间</td></tr>
<tr><td>21:25</td><td colspan="7">广告+包装</td></tr>
<tr><td>21:30</td><td colspan="5">体育世界</td><td colspan="2" rowspan="3">21:30 体育世界
22:00 广告+包装
22:05 欧洲联赛精选</td></tr>
<tr><td>22:15</td><td colspan="5">广告+包装</td></tr>
<tr><td>22:20</td><td colspan="5">我的奥林匹克</td></tr>
</table>

续表

星期 时间	星期一	星期二	星期三	星期四	星期五	星期六	星期日
22:30	第二黄金赛场－重点赛事					22:05 欧洲联赛精选	
23:55	广告＋包装						
24:00	体育报道（直播）						
24:25	广告＋包装						
24:30	顶级赛事－高尔夫	顶级赛事					
27:30	广告＋包装						
27:35	巅峰时刻（重播）						
28:00	结束						

CCTV–6 电影频道栏目播出时间表

星期 时间	星期一	星期二	星期三	星期四	星期五	星期六	星期日
18:00	空						世界电影之旅
18:05	空					爱上电影网	
18:20	资讯快车						
18:27	中国电影报道						
18:48	光影(8)+广告(4)						
19:00	流金岁月影片+广告(5)	19:05 故事片+广告(5)				周末影院+广告(5)	周日点播（国产长片）+广告(5)
20:40	流金岁月栏目	20:40 广告(6)+日导					空
21:20	广告(6)+日导	20:50 故事片+广告(9)				20:50 光影周刊 21:05 爱电影 21:31 广告（7）+日导+广告(8)	
21:30	爱电影					21:40 佳片有约	21:05 广告(6)+日导 21:15 世界电影之旅
21:56	广告(7)+日导+广告(8)						21:30 爱电影

续表

星期 时间	星期一	星期二	星期三	星期四	星期五	星期六	星期日
22:00	字幕译制片+广告(9)						21:56 广告(7)+日导+广告(8)
		22:30 爱电影 22:56 广告(7) 22:58 日导+广告(8) 23:05 字幕译制片+广告(11) 24:45 日导+广告(10) 24:55 故事片（广告13) 26:40 日导+广告(12) 26:50 故事片（白天1) 28:30 垫播 白天2+欣赏 国歌+台标				佳片有约影片+广告(9)	周日点播(译制片)+广告(9)
23:55	日导+广告(10)					日导+广告(10)	
24:05	故事片+广告(11)					故事片+广告(11)	探索影厅故事片+广告(11)
25:55	日导+广告(12)					日导+广告(12)	
26::05	故事片+广告(13)					故事片+广告(13)	
27:45	欣赏					欣赏	
27:50	故事片+（白天1)					故事片+（白天1)	
29:35	垫播+白天2					垫播+白天2	
	欣赏					欣赏	
	国歌+台标					国歌+台标	

CCTV−7 军事·农业频道栏目播出时间表

星期 时间	星期一	星期二	星期三	星期四	星期五	星期六	星期日
05:55	台标＋国歌＋导视						
06:00	气象节目						
06:05	农广天地（重播）						
06:35	聚焦三农（重播）						
07:00	广告4′＋导视1′						
07:05	今日说法、法律讲堂、道德观察、天网等						
07:35	今日说法、法律讲堂、道德观察、天网等						
08:05	广告4′+导视1′						
08:07	科技博览、百科探秘、自然探奇、人与自然、走近科学等						

续表

星期 时间	星期一	星期二	星期三	星期四	星期五	星期六	星期日
08:37	科技博览、百科探秘、自然探奇、人与自然、走近科学等						
09:07	广告2′ +导视1′						
09:10	军事报道（重播）						
09:40	军事纪实（重播）					中国武警（首播）	军事科技（重播）
10:10	广告4′ +导视2′ +欣赏2′						
10:18	百战经典（重播）	讲武堂（重播）	红星艺苑（重播）	超级战士（重播）	军旅文化大视野（重播）	讲武堂（首播）	军旅文化大视野（重播）
11:18	广告4′ +导视2′ +欣赏1′						
11:25	《再说长江》、《华尔街》、《大国崛起》等专题片、纪录片系列化重播 + 国宝档案、绿色空间等						
12:25	导视						
12:27	乡土（首播）					探索·发现、走遍中国、人文地图等	
12:57	聚焦三农（重播）						
13:22	每日农经（重播）					法制编辑部（重播）	乡约（重播）
13:42	致富经（重播）						
14:12	广告						
14:13	科技苑（重播）						农广天地（重播）
14:43	气象节目						
14:48	农广天地（首播）					健康之路、天天饮食等	
15:18	广告3′ +导视2′						
15:23	健康之路、天天饮食等					防务新观察（首播）	
15:53	导视2′ +欣赏2′						
15:57	军事纪实（重播）					百战经典（首播）	超级战士（首播）
16:27	百战经典（重播）	讲武堂（重播）	红星艺苑（重播）	超级战士（重播）	军旅文化大视野（重播）	16:57 广告	
17:27	广告					17:00 红星艺苑（首播）	中国武警（重播）
17:30	和平年代（重播）						军事科技（重播）

续表

<table>
<tr><th>时间＼星期</th><th>星期一</th><th>星期二</th><th>星期三</th><th>星期四</th><th>星期五</th><th>星期六</th><th>星期日</th></tr>
<tr><td>18:00</td><td colspan="7">广告</td></tr>
<tr><td>18:05</td><td colspan="5">生活567（首播）</td><td rowspan="3">乡村大世界（首播）</td><td rowspan="2">阳光大道（首播）</td></tr>
<tr><td>18:30</td><td colspan="5">科技苑（首播）</td></tr>
<tr><td>19:00</td><td colspan="5">农广天地（首播）</td><td>农广天地（首播）</td></tr>
<tr><td>19:30</td><td colspan="7">军事报道（首播）</td></tr>
<tr><td>20:00</td><td colspan="7">广告</td></tr>
<tr><td>20:03</td><td colspan="5">军事纪实（首播）</td><td colspan="2">防务新观察（重播）</td></tr>
<tr><td>20:33</td><td colspan="7">导视</td></tr>
<tr><td>20:35</td><td colspan="7">探索·发现、走遍中国、人文地图、国宝档案等栏目系列化（重播）</td></tr>
<tr><td>21:05</td><td colspan="7">广告5′+导视2′</td></tr>
<tr><td>21:12</td><td colspan="7">气象节目（首播）</td></tr>
<tr><td>21:17</td><td colspan="5">致富经（首播）</td><td rowspan="2">乡约（首播）</td><td rowspan="2">法制编辑部（首播）</td></tr>
<tr><td>21:47</td><td colspan="5">每日农经（首播）</td></tr>
<tr><td>22:07</td><td colspan="7">聚焦三农（首播）</td></tr>
<tr><td>22:32</td><td colspan="7">广告6′+欣赏2′</td></tr>
<tr><td>22:40</td><td colspan="5">和平年代（首播）</td><td>军事科技（首播）</td><td>中国武警（重播）</td></tr>
<tr><td>23:10</td><td colspan="7">广告3′+导视2′+欣赏2′</td></tr>
<tr><td>23:17</td><td colspan="5">生活567（重播）</td><td rowspan="2">阳光大道（重播）</td><td rowspan="3">乡村大世界（重播）</td></tr>
<tr><td>23:42</td><td colspan="5">乡土（重播）</td></tr>
<tr><td>24:12</td><td colspan="6">农广天地（重播）</td></tr>
<tr><td>24:42</td><td colspan="7">广告7′+导视2′</td></tr>
<tr><td>24:51</td><td colspan="7">广告6′</td></tr>
<tr><td>24:57</td><td colspan="7">结束曲</td></tr>
</table>

CCTV–8 电视剧频道栏目播出时间表

星期 时间	星期一	星期二	星期三	星期四	星期五	星期六	星期日
05:58	台标＋国歌＋预告(包装1)						
06:00	早间剧第一集						
06:47	早间剧第二集贴片广告						
06:49	早间剧第二集（中插1'30")						
07:37	包装 (2)						
07:39	时段广告 (1)						
07:40	早间剧第三集贴片广告						
07:43	早间剧第三集（中插1'30")						
08:31	时段广告 (2)						
08:35	包装 (3)						
08:37	大剧场第一集贴片广告						
08:40	大剧场第一集(中插1'30")						
09:29	包装 (4)						
09:31	时段广告 (3)						
09:35	大剧场第二集贴片广告						
09:38	大剧场第二集 (中插1'30")						
10:26	包装 (5)						
10:28	大剧场第三集贴片广告						
10:34	大剧场第三集(中插1'30")						
11:23	包装 (6)						
11:25	时段广告 (4)						
11:30	贴片广告						
11:33	大剧场第四集（中插1'30")						

续表

星期 时间	星期一	星期二	星期三	星期四	星期五	星期六	星期日
12:22	片尾广告						
12:25	包装 (7)						
12:28	影视同期声 (含广告4')						影视俱乐部
12:48	时段广告						
12:51	室内剧 1集						
13:15	包装 (8)						
13:17	时段广告 (5)						
13:20	魅力100分第一集贴片广告						
13:24	魅力100分第一集 (中插1'30")						
14:16	魅力100分第二集贴片广告						
14:23	魅力100分第二集 (中插1'30")						
15:11	包装 (9)						
15:13	时段广告 (6)						
15:17	魅力100分第三集贴片广告						
15:24	魅力100分第三集 (中插1'30")						
16:13	魅力100分第四集贴片广告						
16:16	魅力100分第四集 (中插1'30")						
17:04	包装 (10)						
17:06	时段广告 (7)						
17:09	温馨剧场第一集贴片广告						
17:12	温馨剧场第一集						
18:01	包装 (11)						
18:03	温馨剧场第二集贴片广告						
18:08	温馨剧第二集						
18:55	包装 (12)						

续表

星期 时间	星期一	星期二	星期三	星期四	星期五	星期六	星期日
18:57	时段广告（8）						
19:02	黄金强档第一集贴片广告						
19:05	黄金强档第一集+中插广告2'						
19:48	包装（14）						
19:49	黄金强档第二集贴片广告						
19:56	黄金强档第二集+中插广告2'						
20:39	包装（15）						
20:40	黄金强档第三集贴片广告						
20:47	黄金强档第三集+中插广告3'						
21:33	时段广告（9）						
21:40	片前贴片广告						
21:42	黄金强档第四集+中插广告1'30"						
22:26	片尾贴片广告						
22:28	时段广告（10）						
22:30	片前贴片广告						
22:34	黄金强档第五集+中插广告3'						
23:20	包装（16）						
23:22	贴片广告						
23:27	都市剧场第一集+中插广告3'						
24:15	包装（17）						
24:17	时段广告（11）						
24:21	贴片广告						
24:24	都市剧场第二集						
25:10	贴片广告						
25:13	都市剧场第三集						

续表

时间 \ 星期	星期一	星期二	星期三	星期四	星期五	星期六	星期日
25:59	贴片广告						
26:02	都市剧场第四集 +广告4′						
26:52	都市剧场第五集 +广告4′						
27:42	都市剧场第六集 +广告4′						
28:32	都市剧场第七集 +广告4′						

CCTV–9 纪录频道栏目播出时间表

北京时间 \ 节目名称 \ 星期	星期一	星期二	星期三	星期四	星期五	星期六	星期日
04:00	特别呈现						
04:56	频道导视						
05:00	发现之路						
05:27	频道导视						
05:30	历史传奇						
05:57	频道导视						
06:00	特别呈现						
06:56	频道导视						
07:00	人文地理						
07:27	频道导视						
07:30	时代写真						
07:57	频道导视						

续表

节目名称 星期 北京时间	星期一	星期二	星期三	星期四	星期五	星期六	星期日
08:00	精彩放送					特别呈现	寰宇视野
08:56	频道导视						
09:00	寰宇万象					特别呈现	寰宇视野
09:56	频道导视						
10:00	寰宇视野					特别呈现	寰宇视野
10:56	频道导视						
11:00	发现之路					特别呈现	寰宇视野
11:27	频道导视						
11:30	历史传奇						
11:57	频道导视					11:56 频道导视	
12:00	精彩放送					特别呈现	寰宇视野
12:56	频道导视						
13:00	寰宇万象						
13:56	频道导视						
14:00	人文地理					特别呈现	寰宇视野
14:27	频道导视						
14:30	时代写真					特别呈现	寰宇视野
14:57	频道导视					14:56 频道导视	
15:00	寰宇视野					特别呈现	寰宇视野
15:56	频道导视						
16:00	特别呈现						寰宇视野
16:56	频道导视						
17:00	发现之路					特别呈现	寰宇视野
17:27	频道导视						
17:30	历史传奇						

续表

节目名称 星期 北京时间	星期一	星期二	星期三	星期四	星期五	星期六	星期日
17:57	频道导视					17:56 频道导视	
18:00	精彩放送						
18:56	频道导视						
19:00	寰宇万象						
19:56	频道导视						
20:00	人文地理						
20:27	频道导视						
20:30	时代写真						
20:57	频道导视						
21:00	寰宇视野						
21:56	频道导视						
22:00	特别呈现						
22:56	频道导视						
23:00	发现之路						
23:27	频道导视						
23:30	历史传奇						
23:57	频道导视						
24:00	精彩放送						
24:56	频道导视						
25:00	寰宇万象						
25:56	频道导视						
26:00	寰宇视野						
26:56	频道导视						
27:00	人文地理						

续表

节目名称 / 星期 / 北京时间	星期一	星期二	星期三	星期四	星期五	星期六	星期日
27:27	频道导视						
27:30	时代写真						
27:57	频道导视						

CCTV-9 Documentary 栏目播出时间表

星期 / 时间	星期一	星期二	星期三	星期四	星期五	星期六	星期日	美国东部时间	格林尼治时间
04:00	人文地理							16:00	21:00
04:27	频道导视							16:27	21:27
04:30	时代写真							16:30	21:30
04:57	频道导视							16:57	21:57
05:00	特别呈现							17:00	22:00
05:56	频道导视							17:56	22:56
06:00	发现之路							18:00	23:00
06:27	频道导视							18:27	23:27
06:30	历史传奇							18:30	23:30
06:57	频道导视							18:57	23:57
07:00	人文地理							19:00	00:00
07:27	频道导视							19:27	00:27
07:30	时代写真							19:30	00:30
07:57	频道导视							19:57	00:57
08:00	特别呈现							20:00	01:00
08:56	频道导视							20:56	01:56

续表

星期 时间	星期一	星期二	星期三	星期四	星期五	星期六	星期日	美国东部时间	格林尼治时间
09:00	精彩放送							21:00	02:00
09:56	频道导视							21:56	02:56
10:00	发现之路							22:00	03:00
10:27	频道导视							22:27	03:27
10:30	历史传奇							22:30	03:30
10:57	频道导视							22:57	03:57
11:00	精彩放送							23:00	04:00
11:56	频道导视							23:57	04:57
12:00	人文地理							00:00	05:00
12:27	频道导视							00:27	05:27
12:30	时代写真							00:30	05:30
12:57	频道导视							00:57	05:57
13:00	特别呈现							01:00	06:00
13:56	频道导视							01:56	06:56
14:00	发现之路							02:00	07:00
14:27	频道导视							02:27	07:27
14:30	历史传奇							02:30	07:30
14:57	频道导视							02:57	07:57
15:00	精彩放送							03:00	08:00
15:56	频道导视							03:56	08:56
16:00	人文地理							04:00	09:00
16:27	频道导视							04:27	09:27
16:30	时代写真							04:30	09:30
16:57	频道导视							04:57	09:57
17:00	特别呈现							05:00	10:00

续表

星期 / 时间	星期一	星期二	星期三	星期四	星期五	星期六	星期日	美国东部时间	格林尼治时间
17:56	频道导视							05:56	10:56
18:00	发现之路							06:00	11:00
18:27	频道导视							06:27	11:27
18:30	历史传奇							06:30	11:30
18:57	频道导视							06:57	11:57
19:00	精彩放送							07:00	12:00
19:56	频道导视							07:56	12:56
20:00	人文地理							08:00	13:00
20:27	频道导视							08:27	13:27
20:30	时代写真							08:30	13:30
20:57	频道导视							08:57	13:57
21:00	特别呈现							09:00	14:00
21:56	频道导视							09:56	14:56
22:00	发现之路							10:00	15:00
22:27	频道导视							10:27	15:27
22:30	历史传奇							10:30	15:30
22:57	频道导视							10:57	15:57
23:00	精彩放送							11:00	16:00
23:56	频道导视							11:56	16:56
24:00	人文地理							12:00	17:00
24:27	频道导视							12:27	17:27
24:30	时代写真							12:30	17:30
24:57	频道导视							12:57	17:57
25:00	特别呈现							13:00	18:00
25:56	频道导视							13:56	18:56

续表

星期/时间	星期一	星期二	星期三	星期四	星期五	星期六	星期日	美国东部时间	格林尼治时间
26:00	发现之路							14:00	19:00
26:27	频道导视							14:27	19:27
26:30	历史传奇							14:30	19:30
26:57	频道导视							14:57	19:57
27:00	精彩放送							15:00	20:00
27:56	频道导视							15:56	20:56

CCTV–10 科教频道栏目播出时间表

星期/时间	星期一	星期二	星期三	星期四	星期五	星期六	星期日
06:00	人物+导视3′					科技人生+导视3′	大家+导视3′
06:30	走近科学+导视3′						
07:00	讲述+导视3′					原来如此+导视5′	欢聚夕阳红+导视5′
07:30	我爱发明+导视5′					08:00 频道特别节目：精品选播+导视5′	
08:30	夕阳红+导视3′						
09:00	健康之路+导视3′						
09:45	我爱发明					原来如此	欢聚夕阳红
10:40	地理·中国+导视3′						
11:10	探索·发现+导视3′						
11:55	自然传奇+导视3′						
12:40	百家讲坛+导视3′						
13:25	读书+导视3′					13:25 第10放映室+导视5′	
13:55	讲述+导视3′						
14:25	科技之光+导视3′					14:25 频道特别节目：精品选播+导视5′	
14:55	夕阳红+导视3′						
15:25	健康之路+导视3′						

续表

时间＼星期	星期一	星期二	星期三	星期四	星期五	星期六	星期日
16:10	探索·发现+导视3′						
16:55	自然传奇+导视3′						
17:40	地理·中国+导视3′						
18:10	健康之路+导视3′						
18:55	我爱发明+导视5′					原来如此+导视5′	欢聚夕阳红+导视5′
19:55	自然传奇+导视3′						
20:40	探索·发现+导视3′						
21:25	走近科学+导视3′						
21:55	人物+导视5′					科技人生+导视5′	大家+导视5′
22:27	百家讲坛+导视5′						
23:14	频道特别节目：人文历史纪录片+导视3′						
23:55	科技之光+导视3′					频道特别节目：精品选播+导视5′	
24:25	读书+导视3′						
24:55	频道特别节目：人文历史纪录片+导视5′						
25:38	结束						

CCTV—11 戏曲频道栏目播出时间表

时间＼星期	星期一	星期二	星期三	星期四	星期五	星期六	星期日
06:00	包装（1）＋ 台标国歌 ＋ 主持人伴视(1)						
06:05	广告(1)						
06:13	九州大戏台（早间版）	京剧音配像（早间版）	九州大戏台（早间版）	京剧音配像（早间版）	九州大戏台（早间版）	京剧音配像（早间版）	九州大戏台（早间版）
08:58	包装(2) ＋ 主持人伴视(2)						
09:04	广告(2)						
09:11	名段欣赏						

续表

<table>
<tr><th>星期
时间</th><th>星期一</th><th>星期二</th><th>星期三</th><th>星期四</th><th>星期五</th><th>星期六</th><th>星期日</th></tr>
<tr><td>09:38</td><td colspan="7">包装(3)</td></tr>
<tr><td>09:40</td><td colspan="7">广告(3)</td></tr>
<tr><td>09:45</td><td colspan="7">快乐戏园</td></tr>
<tr><td>10:15</td><td colspan="7">包装(4) + 主持人伴视(3)</td></tr>
<tr><td>10:21</td><td colspan="7">广告(4)</td></tr>
<tr><td>10:25</td><td colspan="6">精彩回放</td><td>梨园闯关我挂帅</td></tr>
<tr><td>11:25</td><td colspan="7">包装(5) + 主持人伴视(4)</td></tr>
<tr><td>11:31</td><td colspan="7">广告(5)</td></tr>
<tr><td>11:35</td><td colspan="7">快乐戏园</td></tr>
<tr><td>12:05</td><td colspan="7">包装(6)</td></tr>
<tr><td>12:07</td><td colspan="7">广告(6)</td></tr>
<tr><td>12:10</td><td>戏曲采风</td><td>跟我学</td><td>戏曲采风</td><td>跟我学</td><td>戏曲采风</td><td>跟我学</td><td>戏曲采风</td></tr>
<tr><td>12:40</td><td colspan="7">包装(7) + 主持人伴视(5)</td></tr>
<tr><td>12:47</td><td colspan="7">广告(7)</td></tr>
<tr><td>12:50</td><td colspan="2">CCTV空中剧院（精编版）</td><td>京剧音配像（午间版）</td><td colspan="2">CCTV空中剧院（精编版）</td><td>12:50 青春戏苑（周末版）
14:20 广告
14:25 梨园闯关我挂帅（周末版）
15:25 广告
15:30 跟我学</td><td>CCTV空中剧院（精编版）</td></tr>
<tr><td>16:00</td><td colspan="7">包装(8) + 主持人伴视(6)</td></tr>
<tr><td>16:06</td><td colspan="7">广告(8)</td></tr>
<tr><td>16:10</td><td>戏曲采风</td><td rowspan="2">梨园闯关我挂帅</td><td>戏曲采风</td><td rowspan="2">过把瘾</td><td>戏曲采风</td><td colspan="2" rowspan="2">戏苑百家</td></tr>
<tr><td>16:40</td><td>跟我学</td><td>跟我学</td><td>跟我学</td></tr>
<tr><td>17:10</td><td colspan="7">包装(9) + 主持人伴视(7)</td></tr>
<tr><td>17:16</td><td colspan="7">广告(9)</td></tr>
<tr><td>17:23</td><td colspan="7">名段欣赏</td></tr>
<tr><td>17:50</td><td colspan="7">广告(10)</td></tr>
<tr><td>17:55</td><td colspan="7">快乐戏园</td></tr>
<tr><td>18:25</td><td colspan="7">包装(10) + 主持人伴视(8)</td></tr>
</table>

续表

时间＼星期	星期一	星期二	星期三	星期四	星期五	星期六	星期日
18:32	广告(11)						
18:38	戏曲采风	跟我学	戏曲采风	跟我学	戏曲采风		
19:08	包装(11) + 主持人伴视(9)						
19:15	广告(12)						
19:20	京剧音配像(晚间首播版)+广告5′	戏苑百家+广告5'	CCTV空中剧院(晚间首播版)+广告5′ ×2	过把瘾+广告5'	青春戏苑+广告5'	CCTV空中剧院+广告5'×2(晚间首播版)	梨园闯关我挂帅+广告5'
20:25	21:35 过把瘾+广告5'	九州大戏台+广告5'(晚间首播版)		九州大戏台+广告5'(晚间版)	20:55 梨园闯关我挂帅+广告5'		青春戏苑（周末版）+广告5'
22:40	包装(12) + 主持人伴视(10)						
22:46	广告(14)						
22:51	快乐戏园						
23:21	广告(15)						
23:26	戏曲影视剧场						
24:16	广告(16)						
24:21	戏曲影视剧场						
25:11	广告(17)						
25:16	包装(13) + 主持人伴视(11)						
25:21	结束						

CCTV—12 社会与法频道栏目播出时间表

时间＼星期	星期一	星期二	星期三	星期四	星期五	星期六	星期日
05:55	晨曲导视						
06:00	忏悔录	夜线					庭审现场
06:40	导视						
06:41	热线12						

续表

星期／时间	星期一	星期二	星期三	星期四	星期五	星期六	星期日
07:21	导视						
07:22	见证	法律讲堂（文史版）					
07:52	广告						
07:54	导视						
07:55	一线						
08:35	道德观察						
08:55	平安365						
09:15	广告5″+导视5″						
09:16	普法栏目剧						
10:06	广告						
10:07	导视						
10:08	法律讲堂						
10:38	小区大事	天网				从我做起（首播）+广告4′	心理访谈（首播）+广告4′
11:18	导视						
11:19	道德观察						
11:39	平安365（首播）　+广告2′						
11:59	热线12（直播）						
12:41	广告						
15:42	导视						
13:32	普法栏目剧						
13:34	广告						
13:35	导视						
14:15	忏悔录	天网					庭审现场
14:45	法律讲堂						
14:47	广告						
14:48	导视						

续表

时间＼星期	星期一	星期二	星期三	星期四	星期五	星期六	星期日
15:28	一线						
15:48	小区大事	道德观察				从我做起	心理访谈
16:08		平安365					
16:38	见证	法律讲堂（文史版）					
17:18	热线12						
17:20	广告						
17:21	导视						
18:01	庭审现场	天网					小区大事（首播）+广告4′
18:51	普法栏目剧						
18:52	广告5″+导视5″						
19:22	法律讲堂（首播）+广告3′						
19:23	广告						
19:24	导视						
20:04	一线（首播）+广告4′						
20:06	广告						
	导视						
20:47	广告						
20:48	导视						
20:49	普法栏目剧（首播）+广告5′						
21:39	道德观察（首播）+广告2′						
21:59	广告5″+导视5″						
22:00	夜线（直播）					从我做起	心理访谈
22:40	法律讲堂（文史版）（首播）+广告3′						见证（首播）+广告3′
23:10	广告						
23:13	导视						

续表

星期 时间	星期一	星期二	星期三	星期四	星期五	星期六	星期日
23:14	从我做起	心理访谈	道德观察				小区大事
23:34			平安365				
23:54	一线						
24:34	广告						
24:37	导视						
24:38	平安365						
24:58	广告						
25:01	导视						
25:02	法律讲堂（文史版）						见证
25:32	广告						
25:34	导视						
25:35	夜线					庭审现场	忏悔录
26:15	结束						

CCTV—13 新闻频道栏目播出时间表

星期 时间	星期一	星期二	星期三	星期四	星期五	星期六	星期日
06:00	朝闻天下（07:00~08:30—套并机）						
09:00	上午直播间						
12:00	新闻30分（一套并机）						
12:35	法治在线（直播）						
13:00	下午直播间						
18:00	共同关注						
18:59:55	新闻联播+焦点访谈（一套并机）						

时间＼星期	星期一	星期二	星期三	星期四	星期五	星期六	星期日
20:00	东方时空（直播）						
21:00	新闻联播（重播）						
21:30	新闻1+1（直播）					21:30 新闻调查（首播） 22:15 新闻周刊（首播）	21:30 面对面（首播） 22:15 世界周刊（首播）
22:00	国际时讯（直播）						
22:30	环球视线（直播）						
23:00	24小时（直播）						
24:00	午夜新闻					24:00 午夜新闻 24:15 新闻调查（重播）	24:15 面对面（重播）
25:00	东方时空（重播）						
26:00	新闻1+1（重播）					26:00 新闻周刊（重播） 26:45 新闻调查（重播） 27:15 新闻周刊（重播） 28:15 新闻调查（重播） 29:00 新闻周刊（重播）	26:00 世界周刊（重播） 26:45 面对面（重播） 27:15 世界周刊（重播） 28:15 面对面（重播） 29:00 世界周刊（重播）
26:30	国际时讯（重播）						
27:00	环球视线（重播）						
27:30	焦点访谈						
27:45	东方时空						
28:45	新闻1+1						
29:15	环球视线						
29:45	焦点访谈						
29:55:30	国旗+国歌						

CCTV－14 少儿频道栏目播出时间表

时间＼星期	星期一	星期二	星期三	星期四	星期五	星期六	星期日
05:55	台标+频道呼号+晨曲+频道宣传片						
06:00	小小智慧树					绿野寻踪	七巧板
06:30	大风车						

续表

时间＼星期	星期一	星期二	星期三	星期四	星期五	星期六	星期日
07:00	动画梦工场						
07:30	芝麻开门					动画乐翻天	
07:55	节目预告						
08:00	银河剧场						
08:55	节目预告						
09:00	动画剧场						
10:00	小小智慧树（首播）					七巧板（首播）	绿野寻踪（首播）
10:30	大风车						
11:00	动画乐翻天					11:00 宝贝一家亲（首播）	11:00 大仓库(首播)
11:30	新闻袋袋裤						
11:55	节目预告						
12:00	动漫世界（首播）						
12:55	节目预告						
13:00	智慧树						
13:30	动画梦工场						
14:00	智力快车	14:00 成长在线 14:30 快乐体验		14:00 七巧板 14:30 绿野寻踪	音乐快递	14:00 文学宝库（首播）	14:00 童心回放（首播）
15:00	快乐大巴		英雄出少年	异想天开	动感特区	15:40 新闻袋袋裤（周末版）（首播）	15:50 唱响童心
16:00	动画剧场（首播）						
17:00	新闻袋袋裤（首播）					成长在线　（首播）	
17:25	节目预告						
17:30	芝麻开门（首播）					快乐体验　（首播）	
17:55	节目预告						
18:00	动画乐翻天（首播）						
18:30	智慧树（首播）						
19:00	动画梦工场（首播）						

续表

时间＼星期	星期一	星期二	星期三	星期四	星期五	星期六	星期日
19:30	大风车 （首播）						
20:00	银河剧场 （首播）						
20:55	节目预告						
21:00	异想天开 （首播）	智力快车 （首播）	音乐快递 （首播）	动感特区 （首播）	快乐大巴 （首播）		英雄出少年（首播）
22:00	动漫世界						
22:55	节目预告						
23:00	动漫星空 （首播）					童心回放	文学宝库
25:00	结束					24:50 结束	24:40 结束

备注:1.首播一次重播两次的栏目:《大风车》、《动画梦工场》、《绿野寻踪》、《七巧板》。

2.首播一次重播一次的栏目:《智慧树》、《快乐大巴》、《成长在线》、《快乐体验》、《异想天开》、《小小智慧树》、《英雄出少年》、《银河剧场》、《动漫世界》、《芝麻开门》、《智力快车》、《动感特区》、《童心回放》、《文学宝库》、《音乐快递》、《动画剧场》、《动画乐翻天》、《新闻袋袋裤》。

3.无重播的栏目:《动漫星空》、《宝贝一家亲》、《大仓库》。

4.《智慧树》栏目每周7期，30′/期;《新闻袋袋裤》栏目日常版每周5期，25′/期，周末版每周1期，20′/期;《动画乐翻天》栏目每周7期，30′/期;《动画剧场》栏目每周7期，60′/期。

CCTV—15 音乐频道栏目播出时间表

<table>
<tr><th>星期
时间</th><th>星期一</th><th>星期二</th><th>星期三</th><th>星期四</th><th>星期五</th><th>星期六</th><th>星期日</th></tr>
<tr><td>06:00</td><td colspan="7">中国音乐电视</td></tr>
<tr><td rowspan="2">06:30</td><td rowspan="4">风华国乐+中插广告3′</td><td colspan="6">06:30 包装2′ +广告3′</td></tr>
<tr><td colspan="6">06:35 风华国乐</td></tr>
<tr><td rowspan="2">06:35</td><td colspan="6">07:05 广告</td></tr>
<tr><td colspan="6">07:07 影视留声机</td></tr>
<tr><td>07:28</td><td colspan="7">包装1′ +广告3′</td></tr>
<tr><td>07:30</td><td colspan="7">CCTV音乐厅+中插广告3′</td></tr>
<tr><td>08:33</td><td colspan="7">民歌 · 中国+中插广告1′</td></tr>
<tr><td>09:04</td><td colspan="7">包装2′ +广告1′</td></tr>
<tr><td>09:07</td><td>周末音乐电影欣赏</td><td colspan="6">精彩音乐汇</td></tr>
<tr><td>10:07</td><td colspan="7">广告3′</td></tr>
<tr><td>10:10</td><td>百年歌声+中插广告1′</td><td colspan="6">10:10 影视留声机+中插广告1′</td></tr>
<tr><td>10:41</td><td>10:37 包装1′ +广告4′</td><td colspan="6">10:31 包 装1′ +广告3′</td></tr>
<tr><td>10:45</td><td>10:45 音乐人生</td><td colspan="6">10:35 经典+中插广告3′</td></tr>
<tr><td>11:38</td><td colspan="7">广告2′</td></tr>
<tr><td>11:37</td><td colspan="7">中国音乐电视+中插广告1′</td></tr>
<tr><td>12:11</td><td colspan="7">包装2′ +广告2′</td></tr>
<tr><td rowspan="3">12:15</td><td rowspan="3">风华国乐+中插广告3′</td><td colspan="5">风华国乐</td><td rowspan="3">风华国乐+广告3′</td></tr>
<tr><td colspan="5">12:45 广告1′</td></tr>
<tr><td colspan="5">12:46 音乐 · 故事+中插广告2′</td></tr>
<tr><td>13:08</td><td colspan="7">包装2′ +广告2′</td></tr>
<tr><td>13:12</td><td colspan="7">民歌 · 中国+中插广告1′</td></tr>
<tr><td>13:42</td><td colspan="7">包装1′ +广告1′</td></tr>
<tr><td>13:45</td><td>周末音乐电影欣赏</td><td colspan="6">精彩音乐汇</td></tr>
<tr><td>14:45</td><td colspan="7">广告</td></tr>
</table>

续表

<table>
<tr><th>星期
时间</th><th>星期一</th><th>星期二</th><th>星期三</th><th>星期四</th><th>星期五</th><th>星期六</th><th>星期日</th></tr>
<tr><td>14:48</td><td>百年歌声+中插广告1′</td><td colspan="6">影视留声机</td></tr>
<tr><td>15:19</td><td>包装2′ +广告1′</td><td colspan="6">15:09 包装2′ +广告1′</td></tr>
<tr><td>15:22</td><td>音乐人生+中插广告3′</td><td colspan="6">15:12 经典+中插广告3′</td></tr>
<tr><td>16:15</td><td colspan="7">广告2′</td></tr>
<tr><td>16:17</td><td colspan="7">CCTV音乐厅+中插广告3′</td></tr>
<tr><td>17:20</td><td colspan="7">民歌 · 中国+中插广告1′</td></tr>
<tr><td>17:51</td><td colspan="7">包装2′ +广告2′</td></tr>
<tr><td>17:55</td><td colspan="7">中国音乐电视+中插广告1′</td></tr>
<tr><td>18:26</td><td colspan="7">包装2′ +广告2′</td></tr>
<tr><td>18:30</td><td colspan="6">风华国乐+中插广告1′</td><td rowspan="3">风华国乐</td></tr>
<tr><td rowspan="3">18:40</td><td rowspan="3">百年歌声</td><td colspan="5">19:01 包装2′ +广告2′</td></tr>
<tr><td colspan="5">19:05 音乐 · 故事+中插广告1′</td></tr>
<tr><td colspan="5">19:26 包装2′ +广告2′</td><td>19:23 包装2′ 广告5′</td></tr>
<tr><td>19:30</td><td colspan="6">精彩音乐汇+中插广告3′</td><td>周末音乐电影欣赏</td></tr>
<tr><td>20:33</td><td colspan="7">广告</td></tr>
<tr><td>20:36</td><td colspan="6">影视留声机</td><td>20:36 百年歌声</td></tr>
<tr><td>20:57</td><td colspan="6">广告</td><td>21:06 广告4′</td></tr>
<tr><td>21:00</td><td colspan="6">经典+中插广告3′</td><td>21:10 音乐人生</td></tr>
<tr><td>22:03</td><td colspan="7">广告</td></tr>
<tr><td>22:07</td><td colspan="6">民歌 · 中国+中插广告1′</td><td></td></tr>
<tr><td>22:38</td><td colspan="6">包装1+广告3′</td><td>22:07 包装1′</td></tr>
<tr><td>22:42</td><td colspan="5">音乐 · 故事+中插广告1′</td><td></td><td></td></tr>
<tr><td>23:03</td><td colspan="5">广告1′</td><td></td><td></td></tr>
<tr><td>24：03</td><td colspan="5">CCTV音乐厅+中插广告6′</td><td>22:42 CCTV音乐厅</td><td>22:10 CCTV音乐厅</td></tr>
<tr><td>24:09</td><td colspan="5">包装1′ +广告3′</td><td>23:45 包装1′ +广告3′</td><td>23:08 包装1′ +广告3′</td></tr>
<tr><td>24:13</td><td colspan="5">中国音乐电视+中插广告1′</td><td>23:49 中国音乐电视</td><td>23:12 中国音乐电视</td></tr>
<tr><td>24:34</td><td colspan="5">广告</td><td>24:20 广告</td><td>23:43 广告</td></tr>
<tr><td>24:41</td><td colspan="5">结束</td><td>24:24 结束</td><td>23:47 结束</td></tr>
</table>

CCTV—NEWS 英语新闻频道栏目播出时间表

节目名称 星期 北京时间	星期一	星期二	星期三	星期四	星期五	星期六	星期日	美国东部时间	美国西部时间	伦敦时间	非洲时间
04:00	世界观察	04:00 综合新闻						15:00	12:00	20:00	23:00
04:20		04:30 东方						15:30	12:30	20:30	23:30
05:00	综合新闻							16:00	13:00	21:00	00:00
05:30	旅游指南			看中国			中心舞台	16:30	13:30	21:30	00:30
06:00	综合新闻							17:00	14:00	22:00	01:00
06:30	海客谈							17:30	14:30	22:30	01:30
07:00	综合新闻							18:00	15:00	23:00	02:00
07:30	文化报道							18:30	15:30	23:30	02:30
08:00	今日亚洲							19:00	16:00	00:00	03:00
08:30	今日话题 （重播）							19:30	16:30	00:30	03:30
09:00	世界观察	09:00 综合新闻						20:00	17:00	01:00	04:00
		09:20 中国24小时 （重播）						20:20	17:20	01:20	04:20
10:00	综合新闻							21:00	18:00	02:00	05:00
10:30	旅游指南			看中国			中心舞台	21:30	18:30	02:30	05:30
11:00	综合新闻					11:00 综合新闻		22:00	19:00	03:00	06:00
11:20	财经亚洲					11:30 财经高峰会	11:30 新财富	22:20	19:20	03:20	06:20
12:00	新闻60分							23:00	20:00	04:00	07:00
13:00	今日话题（重播）							00:00	21:00	05:00	08:00
13:30	东方							00:30	21:30	05:30	08:30
14:00	整点新闻							01:00	22:00	06:00	09:00
14:30	发现							01:30	22:30	06:30	09:30

续表

节目名称 星期 北京时间	星期一	星期二	星期三	星期四	星期五	星期六	星期日	美国东部时间	美国西部时间	伦敦时间	非洲时间
15:00	世界观察	15:00 综合新闻						02:00	23:00	07:00	10:00
		15:30 体育报道						02:30	23:30	07:30	10:30
16:00	综合新闻							03:00	00:00	08:00	11:00
16:30	非洲人物	自然					对话非洲	03:30	00:30	08:30	11:30
17:00	综合新闻（英）							04:00	01:00	09:00	12:00
17:30	旅游指南			看中国			中心舞台	04:30	01:30	09:30	12:30
18:00	财经亚洲					综合新闻		05:00	02:00	10:00	13:00
18:30	文化报道							05:30	02:30	10:30	13:30
19:00	综合新闻							06:00	03:00	11:00	14:00
19:30	今日话题							06:30	03:30	11:30	14:30
20:00	中国24小时							07:00	04:00	12:00	15:00
20:40	体育报道										
21:00	财经亚洲					21:00 综合新闻		08:00	05:00	13:00	16：00
21:40	整点新闻					21:30 财经高峰会	21:30 新财富	08:40	05:40	13:40	16:40
22:00	今日亚洲						世界观察	09:00	06:00	14:00	17:00
22:30	文化报道（重播）							09:30	06:30	14:30	17:30
23:00	综合新闻							10:00	07:00	15:00	18:00
23:30	海客谈							10:30	07:30	15:30	18:30
24:00	综合新闻							11:00	08:00	16:00	19:00
24:30	中心舞台	旅游指南			看中国			11:30	08:30	16:30	19:30
25:00	非洲直播室	非洲直播室					非洲直播室	12:00	09:00	17:00	20:00
25:30	非洲人物						对话非洲	12:30	09:30	17:30	20:30

续表

节目名称 星期 / 北京时间	星期一	星期二	星期三	星期四	星期五	星期六	星期日	美国东部时间	美国西部时间	伦敦时间	非洲时间
26:00	综合新闻							13:00	10:00	18:00	21:00
26:20	中国24小时（重播）							13:20	10:20	18:20	21:30
27:00	综合新闻							14:00	11:00	19:00	22:00
27:20	今日话题（重播）							14:30	11:30	19:30	22:30

CCTV－Français 法语国际频道栏目播出时间表

节目名称 星期 / 北京时间	星期一	星期二	星期三	星期四	星期五	星期六	星期日	巴黎时间	格林尼治时间	东部非洲时间
04:00	财经新闻（录播）							21:00	20:00	23:00
04:30	外国人看中国	旅游指南	外国人看中国	旅游指南	外国人看中国	旅游指南	缤纷生活	21:30	20:30	23:30
05:00	新探索							22:00	21:00	00:00
05:30	学功夫							22:30	21:30	00:30
05:45	学汉语							22:45	21:45	00:45
06:00	非洲时间（录播）							23:00	22:00	01:00
06:20	电视剧（第一部第一集）							23:20	22:20	01:20
07:10	电视剧（第一部第二集）							00:10	23:10	02:10
08:00	自然	对话	自然	对话	自然	对话	自然	01:00	00:00	03:00
08:30	纪录片							01:30	00:30	03:30
09:00	综合新闻（直播）							02:00	01:00	04:00
09:30	文艺舞台							02:30	01:30	04:30
10:00	新探索							03:00	02:00	05:00
10:30	外国人看中国	旅游指南	外国人看中国	旅游指南	外国人看中国	旅游指南	缤纷生活	03:30	02:30	05:30

续表

节目名称 星期 / 北京时间	星期一	星期二	星期三	星期四	星期五	星期六	星期日	巴黎时间	格林尼治时间	东部非洲时间
11:00	财经新闻 （直播）							04:00	03:00	06:00
11:30	学功夫							04:30	03:30	06:30
11:45	学汉语							04:45	03:45	06:45
12:00	非洲时间（直播）							05:00	04:00	07:00
12:20	电视剧（第二部第一集）							05:20	04:20	07:20
13:10	电视剧（第二部第二集）							06:10	05:10	08:10
14:00	综合新闻（直播）							07:00	06:00	09:00
14:30	纪录片							07:30	06:30	09:30
15:00	自然	对话	自然	对话	自然	对话	自然	08:00	07:00	10:00
15:30	文艺舞台							08:30	07:30	10:30
16:00	财经新闻 （直播）							09:00	08:00	11:00
16:30	外国人看中国	旅游指南	外国人看中国	旅游指南	外国人看中国	旅游指南	缤纷生活	09:30	08:30	11:30
17:00	新探索							10:00	09:00	12:00
17:30	学功夫							10:30	9:30	12:30
17:45	学汉语							10:45	9:45	12:45
18:00	非洲时间 （直播）							11:00	10:00	13:00
18:20	电视剧（第一部第一集）							11:20	10:20	13:20
19:10	电视剧（第一部第二集）							12:10	11:10	14:10
20:00	综合新闻 （直播）							13:00	12:00	15:00
20:30	纪录片							13:30	12:30	15:30
21:00	自然	对话	自然	对话	自然	对话	自然	14:00	13:00	16:00
21:30	文艺舞台							14:30	13:30	16:30
22:00	财经新闻 （直播）							15:00	14:00	17:00
22:30	外国人看中国	旅游指南	外国人看中国	旅游指南	外国人看中国	旅游指南	缤纷生活	15:30	14:30	17:30
23:00	新探索							16:00	15:00	18:00
23:30	学功夫							16:30	15:30	18:30

节目名称 星期 / 北京时间	星期一	星期二	星期三	星期四	星期五	星期六	星期日	巴黎时间	格林尼治时间	东部非洲时间
23:45	学汉语							16:45	15:45	18:45
24:00	非洲时间（直播）							17:00	16:00	19:00
24:20	电视剧（第二部第一集）							17:20	16:20	19:20
25:10	电视剧（第二部第二集）							18:10	17:10	20:10
26:00	综合新闻（录播）							19:00	18:00	21:00
26:30	纪录片							19:30	18:30	21:30
27:00	自然	对话	自然	对话	自然	对话	自然	20:00	19:00	22:00
27:30	文艺舞台							20:30	19:30	22:30

CCTV－Español 西班牙语国际频道栏目播出时间表

节目名称 星期 / 北京时间	星期一	星期二	星期三	星期四	星期五	星期六	星期日	西班牙时间	巴西、阿根廷时间	美国东部、委内瑞拉、智利时间
04:00	纪录片B（重播）							21:00	17:00	15:00
04:30	这就是中国（重播）							21:30	17:30	15:30
05:00	拉美视点（录播）	财经新闻（录播）						22:00	18:00	16:00
05:15		学汉语（(重播）						22:15	18:15	16:15
05:30	百科天地（重播）							22:30	18:30	16:30
06:00	中华艺苑（首播）							23:00	19:00	17:00
06:20	影视看台A1（首播）							23:20	19:20	17:20
07:10	影视看台A2（首播）							00:10	20:10	18:10
08:00	综合新闻（直播）							01:00	21:00	19:00
08:15	学做中国菜（首播）							01:15	21:15	19:15
08:30	神州行（首播）		对话（首播）	神州行（首播）		对话（首播）	神州行（首播）	01:30	21:30	19:30
09:00	综合新闻（直播）							02:00	22:00	20:00
09:28	荧屏导视（直播）							02:28	22:28	20:28

续表

北京时间＼节目名称＼星期	星期一	星期二	星期三	星期四	星期五	星期六	星期日	西班牙时间	巴西 、阿根廷时间	美国东部、委内瑞拉 、智利时间
09:30	纪录片A (首播)							02:30	22:30	20:30
10:00	纪录片B (首播)							03:00	23:00	21:00
10:30	这就是中国 (首播)							03:30	23:30	21:30
11:00	综合新闻 (直播)						拉美视点 (直播)	04:00	00:00	22:00
11:28	荧屏导视 (直播)							04:28	00:28	22:28
11:30	百科天地 (首播)							04:30	00:30	22:30
12:00	财经新闻 (直播)						综合新闻 (直播)	05:00	01:00	23:00
12:20	影视看台B1 (首播)							05:20	01:20	23:20
13:10	影视看台B2 (首播)							06:10	02:10	00:10
14:00	综合新闻 (直播)							07:00	03:00	01:00
14:15	学做中国菜 (重播)							07:15	03:15	01:15
14:30	神州行 (重播)		对话 (重播)	神州行　(重播)		对话 (重播)	神州行 (重播)	07:30	03:30	01:30
15:00	综合新闻 (直播)							08:00	04:00	02:00
15:28	荧屏导视(直播)							08:28	04:28	02:28
15:30	纪录片A (重播)							08:30	04:30	02:30
16:00	纪录片B (重播)							09:00	05:00	03:00
16:30	这就是中国 (重播)							09:30	05:30	03:30
17:00	财经新闻 (直播)						拉美视点 (录播)	10:00	06:00	04:00
17:15	学汉语(首播)							10:15	06:15	04:15
17:30	百科天地 (重播)							10:30	06:30	04:30
18:00	中华艺苑 (重播)							11:00	07:00	05:00
18:20	影视看台A1 (重播)							11:20	07:20	05:20
19:10	影视看台A2 (重播)							12:10	08:10	05:10
20:00	综合新闻(直播)							13:00	09:00	07:00
20:15	学做中国菜(重播)							13:15	09:15	07:15
21:00	综合新闻(直播)							14:00	10:00	03:00
21:28	荧屏导视(直播)							14:28	10:28	03:28

续表

节目名称 / 星期 / 北京时间	星期一	星期二	星期三	星期四	星期五	星期六	星期日	西班牙时间	巴西 、阿根廷时间	美国东部、委内瑞拉 、智利时间
21:30	纪录片A（重播）							14:30	10:30	08:30
22:00	纪录片B（重播）							15:00	11:00	09:00
22:30	这就是中国（重播）							15:30	11:30	09:30
23:00	财经新闻（直播）						拉美视点（录播）	16:00	12:00	10:00
23:15	学汉语（重播）							16:15	12:15	10:15
23:30	百科天地（重播）							16:30	12:30	10:30
24:00	中华艺苑（重播）							17:00	13:00	11:00
24:20	影视看台B1（重播）							17:20	13:20	11:20
25:10	影视看台B2（重播）							18:10	14:10	12:10
26:00	综合新闻(录播)							19:00	15:00	13:00
26:15	学做中国菜(重播)							19:15	15:15	13:15
26:30	神州行（重播）		对话（重播）	神州行（重播）		对话（重播）	神州行（重播）	19:30	15:30	13:30
27:00	综合新闻（录播）							20:00	16:00	14:00
27:30	纪录片A（重播）							20:30	16:30	14:30

CCTV– العربية 阿拉伯语国际频道栏目播出时间表

节目名称 / 星期 / 北京时间	星期一	星期二	星期三	星期四	星期五	星期六	星期日	阿拉伯地区（麦加）时间	格林尼治时间
04:00	综合新闻（首播）(直送)					每周财经（重播）	综合新闻（首播）（直送）	23：00	20:00
04:30	电视剧B（两集)(重播)							23:30	20:30
06:00	纪录片 A（重播）							01:00	22:00
06:45	跟我学 （重播）							01:45	22:45
07:00	中国文艺（重播）							02:00	23:00

续表

节目名称 / 星期 / 北京时间	星期一	星期二	星期三	星期四	星期五	星期六	星期日	阿拉伯地区（麦加）时间	格林尼治时间
07:30	话说中国（重播）							02:30	23:30
08:00	综合新闻（首播）(直送)					每周财经（重播）	综合新闻（首播）（直送）	03:00	00:00
08:30	纪录片 B（重播）							03:30	00:30
09:00	对话						中国 · 中东(重播)	04:00	01:00
09:30	中国之旅(重播)							04:30	01:30
10:00	综合新闻(直播)							05:00	02:00
10:15	纪录片 A（首播）							05:15	02:15
11:00	中国文艺（首播）							06:00	03:00
11:30	话说中国（首播）							06:30	03:30
12:00	综合新闻（直播）							07:00	04:00
12:30	电视剧A（两集)(首播)							07:30	04:30
14:00	综合新闻(直播)							09:00	06:00
14:15	跟我学（首播）							09:15	06:15
14:30	纪录片 B（首播）							09:30	06:30
15:00	对话（首播）					中国 · 中东（首播）	对话（首播）	10：00	07:00
15:30	中国之旅（首播）							10:30	07:30
16:00	综合新闻（直播）							11:00	08:00
16:30	话说中国(重播)							11:30	08:30
17:00	中国文艺（重播）							12:00	09:00
17:30	纪录片 B(重播)							12:30	09:30
18:00	综合新闻(直播)							13:00	10:00
18:15	纪录片 A（重播）							13:15	10:15
19:00	对话（重播）					中国 · 中东（重播）	对话（重播）	14:00	11:00
19:30	中国之旅（重播）							14:30	11:30
20:00	综合新闻（直播）				每周财经(直播)	综合新闻（直播）		15:00	12:00

续表

节目名称 星期 / 北京时间	星期一	星期二	星期三	星期四	星期五	星期六	星期日	阿拉伯地区（麦加）时间	格林尼治时间
20:30	电视剧B(两集)(首播)							15:30	12:30
22:00	综合新闻(直播)							17:00	14:00
22:15	跟我学（重播）							17:15	14:15
22:30	中国文艺(重播)							17:30	14:30
23:00	纪录片 B(重播)				每周财经（首播）(直送)	纪录片 B(重播)		18:00	15:00
23:30	中国之旅(重播)							18:30	15:30
24:00	综合新闻(直播)							19:00	16:00
24:30	电视剧A(两集)(重播)							19:30	16:30
26:00	综合新闻(首播)(直送)							21:00	17:00
26:15	纪录片 A(重播)							21:15	17:15
27:00	对话（重播）					中国 · 中东(重播)	对话（重播）	22:00	18:00
27:30	话说中国(重播)							22:30	19:30

CCTV－Русский 俄语国际频道栏目播出时间表

北京时间	星期一	星期二	星期三	星期四	星期五	星期六	星期日	莫斯科时间
09:00	综艺大观（首播）					旅游指南（首播）		05:00
09:30	放映厅A（首播）							05:30
10:15	放映厅A（首播）							06:15
11:00	综合新闻（直播）							07:00
11:15	纪录片A（首播）					胜者为王（首播）		07:15

续表

<table>
<tr><th>北京时间</th><th>星期一</th><th>星期二</th><th>星期三</th><th>星期四</th><th>星期五</th><th>星期六</th><th>星期日</th><th>莫斯科时间</th></tr>
<tr><td>11:45</td><td colspan="5">纪录片A (首播)</td><td colspan="2">12:00 综合新闻 (直播)</td><td>07:45</td></tr>
<tr><td>12:15</td><td colspan="5">跟我学 (首播)</td><td colspan="2">12:15 纪录片A (首播)</td><td>08:15</td></tr>
<tr><td>12:30</td><td colspan="5">流行乐坛 (首播)</td><td colspan="2">12:45 纪录片A (首播)</td><td>08:30</td></tr>
<tr><td>12:35</td><td colspan="5">故事汇 (首播)</td><td colspan="2" rowspan="2">13:15 中国厨艺(首播)</td><td>08:35</td></tr>
<tr><td>13:00</td><td colspan="5">综合新闻 (直播)</td><td>09:00</td></tr>
<tr><td>13:30</td><td colspan="7">放映厅B (直播)</td><td>09:30</td></tr>
<tr><td>14:15</td><td colspan="7">放映厅B (首播)</td><td>10:15</td></tr>
<tr><td>15:00</td><td colspan="5">财经新闻 (直播)</td><td colspan="2">综合新闻 (直播)</td><td>11:00</td></tr>
<tr><td>15:15</td><td colspan="5">纪录片B (首播)</td><td colspan="2">综艺大观(首播)</td><td>11:15</td></tr>
<tr><td>15:45</td><td colspan="5">纪录片B (首播)</td><td colspan="2">中国厨艺(重播)</td><td>11:45</td></tr>
<tr><td>16:15</td><td colspan="5">综艺大观 (重播)</td><td colspan="2">16:00 综合新闻 (直播)</td><td>12:15</td></tr>
<tr><td>16:45</td><td colspan="5">跟我学 (重播)</td><td colspan="2">16:30 对话 (首播)</td><td>12:45</td></tr>
<tr><td>17:00</td><td colspan="5">综合新闻 (直播)</td><td colspan="2">旅游指南(重播)</td><td>13:00</td></tr>
<tr><td>17:30</td><td colspan="7">放映厅A (重播)</td><td>13:30</td></tr>
<tr><td>18:15</td><td colspan="7">放映厅A (重播)</td><td>14:15</td></tr>
<tr><td rowspan="2">19:00</td><td rowspan="2">综合新闻 (直播)</td><td>19:00 综合新闻 (直播)</td><td rowspan="2">综合新闻 (直播)</td><td>19:00 综合新闻 (直播)</td><td rowspan="2">综合新闻 (直播)</td><td colspan="2">19:00 综合新闻 (直播)</td><td>15:00</td></tr>
<tr><td>19:15 观点 (首播)</td><td>19:15 观点 (首播)</td><td colspan="2" rowspan="2">19:15 胜者为王 (重播)</td><td>15:15</td></tr>
<tr><td>19:30</td><td colspan="5">纪录片A (重播)</td><td>15:30</td></tr>
<tr><td>20:00</td><td colspan="5">纪录片A (重播)</td><td>北京时间 (直播)</td><td>北京时间 (首播) (直送)</td><td>16:00</td></tr>
<tr><td>20:30</td><td colspan="5">流行乐坛 (重播)</td><td colspan="2" rowspan="2">对话 (重播)</td><td>16:30</td></tr>
<tr><td>20:35</td><td colspan="5">故事汇 (重播)</td><td>16:35</td></tr>
<tr><td>21:00</td><td colspan="5">财经新闻 (直播)</td><td colspan="2">21:00 纪录片B (首播)</td><td>17:00</td></tr>
<tr><td>21:15</td><td colspan="5">综艺大观 (重播)</td><td colspan="2" rowspan="2">21:30 纪录片B (首播)</td><td>17:15</td></tr>
<tr><td>21:45</td><td colspan="5">跟我学 (重播)</td><td>17:45</td></tr>
</table>

续表

<table>
<tr><th>北京时间</th><th>星期一</th><th>星期二</th><th>星期三</th><th>星期四</th><th>星期五</th><th>星期六</th><th>星期日</th><th>莫斯科时间</th></tr>
<tr><td rowspan="2">22:00</td><td rowspan="2">综合新闻（直播）</td><td>22:00 综合新闻（直播）</td><td rowspan="2">综合新闻（直播）</td><td>22:00 综合新闻（直播）</td><td rowspan="2">综合新闻（直播）</td><td colspan="2" rowspan="2">旅游指南（重播）</td><td>18:00</td></tr>
<tr><td>22:15 观点（重播）</td><td>22:15 观点（重播）</td><td>18:15</td></tr>
<tr><td>22:30</td><td colspan="5">流行乐坛（重播）</td><td colspan="2" rowspan="2">综艺大观(重播)</td><td>18:30</td></tr>
<tr><td>22:35</td><td colspan="5">故事汇（重播）</td><td>18:35</td></tr>
<tr><td rowspan="2">23:00</td><td rowspan="2">综合新闻（直播）</td><td>23:00 综合新闻（直播）</td><td rowspan="2">综合新闻（直播）</td><td>23:00 综合新闻（直播）</td><td rowspan="2">综合新闻（直播）</td><td colspan="2">综合新闻（直播）</td><td>19:00</td></tr>
<tr><td>23:15 观点（重播）</td><td>23:15 观点（重播）</td><td colspan="2">23:15 中国厨艺（重播）</td><td>19:15</td></tr>
<tr><td>23:30</td><td colspan="7">放映厅 B（重播）</td><td>19:30</td></tr>
<tr><td>24:15</td><td colspan="7">放映厅 B（重播）</td><td>20:15</td></tr>
<tr><td>25:00</td><td colspan="5">综艺大观（重播）</td><td colspan="2">对话（重播）</td><td>21:00</td></tr>
<tr><td>25:30</td><td colspan="5">跟我学（重播）</td><td colspan="2" rowspan="2">胜者为王(重播)</td><td>21:30</td></tr>
<tr><td>25:45</td><td colspan="5">纪录片B（重播）</td><td>21:45</td></tr>
<tr><td>26:15</td><td colspan="5">纪录片B（重播）</td><td colspan="2">26:15 纪录片A（重播）</td><td>22:15</td></tr>
<tr><td>26:45</td><td colspan="5">流行乐坛（重播）</td><td colspan="2" rowspan="2">26:45 纪录片A（重播）</td><td>22:45</td></tr>
<tr><td>26:50</td><td colspan="5">故事汇（重播）</td><td>22:50</td></tr>
<tr><td>27:15</td><td colspan="7">放映厅A（重播）</td><td>23:15</td></tr>
<tr><td>28:00</td><td colspan="7">放映厅A（重播）</td><td>00:00</td></tr>
<tr><td>28:45</td><td colspan="5">跟我学（重播）</td><td colspan="2">中国厨艺(重播)</td><td>00:45</td></tr>
<tr><td>29:00</td><td colspan="7">放映厅B（重播）</td><td>01:00</td></tr>
<tr><td>29:45</td><td colspan="7">放映厅B（重播）</td><td>01:45</td></tr>
<tr><td>30:30</td><td colspan="5">流行乐坛（重播）</td><td colspan="2" rowspan="2">对话（重播）</td><td>02:30</td></tr>
<tr><td>30:35</td><td colspan="5">故事汇（重播）</td><td>02:35</td></tr>
<tr><td>31:00</td><td colspan="5">纪录片A（重播）</td><td colspan="2">旅游指南(重播)</td><td>03:00</td></tr>
<tr><td>31:30</td><td colspan="5">纪录片A（重播）</td><td colspan="2">综艺大观(重播)</td><td>03:30</td></tr>
<tr><td>32:00</td><td colspan="7">纪录片B（重播）</td><td>04:00</td></tr>
<tr><td>32:30</td><td colspan="7">纪录片B（重播）</td><td>04:30</td></tr>
</table>

CCTV—高清频道栏目播出时间表

星期 时间	星期一	星期二	星期三	星期四	星期五	星期六	星期日
04:00	国内纪录片展播（重播）						
05:24	夜间档电视剧（重播）	04:54 夜间档电视剧（重播）				04:56 夜间档电视剧（重播）	
06:10	夜间档电视剧（重播）	05:40 夜间档电视剧（重播）				05:42 夜间档电视剧（重播）	
06:56	广告1	06:26 探秘（首播）				06:28 广告1	
06:58	探秘（首播）	06:56 广告1				06:30 国际足球赛场（重播）	06:30 人文地图（重播
07:28	导视1	06:58 黄金档电视剧（重播）					07:00 导视1
07:29	广告2	07:44 导视1				08:00 导视1	07:01 广告2
07:31	黄金档电视剧（重播）	07:45 广告2				08:01 广告2	07:03 国际足球赛场（重播）
08:17	广告3	07:47 黄金档电视剧（重播）				08:03 黄金档电视剧（重播）	
08:19	黄金档电视剧（重播）	08:33 导视2				08:49 导视2	08:33 广告3
09:05	导视2	08:34 广告3				08:50 广告3	08:35 黄金档电视剧（重播）
09:06	广告4	08:36 上午档电视剧（首播）				08:52 黄金档电视剧（重播）	09:21 导视（高清 2
09:08	上午档电视剧（首播）	09:22 广告（高清 4				09:38 广告4	09:22 广告4
09:54	广告5	09:24 上午档电视剧（首播）				09:40 上午档电视剧（首播）	09:24 黄金档电视剧（重播）
09:56	上午档电视剧（首播）	10:10 导视3				10:26 导视3	10:10 广告5
10:42	导视3	10:11 广告5				10:27 广告5	10:12 上午档电视剧（首播）
10:43	广告6	10:13 上午档电视剧（首播）				10:29 上午档电视剧（首播）	10:58 导视 3
10:45	上午档电视剧（首播）	10:59 导视4				11:15 导视4	10:59 广告6
11:31	导视4	11:00 广告6				11:16 广告6	11:01 上午档电视剧（首播）
11:32	广告7	11:02 一档纪录片（重播 ）				11:18 上午档电视剧（首播）	11:47 导视4
11:34	一档纪录片（重播）	12:02 导视5				12:04 导视5	11:48 广告7
12:34	导视5	12:03 广告7				12:05 广告7	11:50 上午档电视剧（首播）
12:35	广告8	12:05 二档纪录片（重播）				12:07 一档纪录片（重播）	12:36 广告8
12:37	二档纪录片（重播）	13:05 导视6				13:07 导视6	12:38 导视5

续表

星期 时间	星期一	星期二	星期三	星期四	星期五	星期六	星期日
13:37	导视6	13:06 广告8				13:08 广告8	12:39 广告9
13:38	广告9	13:08 民歌 · 中国（首播）				13:10 人文地图（重播）	12:41 一档纪录片（重播）
13:40	民歌 · 中国（首播）	13:38 导视7					13:41 导视6
14:10	导视7	13:39 广告9 13:41 人文地图（重播）				13:40 导视7 13:41 广告9	13:42 广告10
14:11	广告10					13:43 下午档电视剧（首播）	13:44 人文地图（重播）
14:13	下午档电视剧（首播）					14:29 导视8	14:14 导视7
14:59	导视8					14:30 广告10	14:15 广告11
15:00	广告11					14:32 下午档电视剧（首播）	14:17 下午档电视剧（首播）
15:02	下午档电视剧（首播）					15:18 导视9	15:03 导视8
15:48	导视9					15:19 广告11	15:04 广告12
15:49	广告12					15:21 下午档电视剧（首播）	15:06 下午档电视剧（首播）
15:51	下午档电视剧（首播）					16:07 广告12	15:52 导视9
16:37	导视10					16:09 导视10	15:53 广告13
16:38	广告13					16:10 广告13	15:55 下午档电视剧（首播）
16:40	请您欣赏					16:12 一档纪录片（重播）	16:41 导视10
16:42	一档纪录片（重播）					17:12 导视11	16:42 广告14
17:42	导视11					17:13 广告14	16:44 一档纪录片（重播）
17:43	广告14					17:15 国际足球赛场（重播）	17:44 导视11
17:45	二档纪录片（重播）						17:45 广告 15
18:45	广告 15						17:47 国际足球赛场（重播）
18:47	人文地图（首播）						
19:17	导视12						
19:18	广告16						
19:20	黄金档电视剧（首播）						
20:06	导视13						

续表

时间＼星期	星期一	星期二	星期三	星期四	星期五	星期六	星期日
20:07	广告17						
20:09	黄金档电视剧（首播）						
20:55	请您欣赏						
20:57	广告18						
20:59	导视14						
21:00	一档纪录片（首播）						
22:00	导视15						
22:01	广告19						
22:03	二档纪录片（首播）				国际足球赛场（首播）		二档纪录片（首播）
23:03	导视				23:33 广告 20		导视
23:04	广告 20				23:35 导视 16		广告 20
23:06	夜间档电视剧（首播）				23:36 广告 21		夜间档电视剧（首播）
23:52	广告 21				23:38 夜间档电视剧（首播）		广告 21
23:54	夜间档电视剧（首播）				24:24 夜间档电视剧（首播）		夜间档电视剧（首播）
24:40	国内纪录片展播（重播）				25:10 国内纪录片展播（重播）		
25:25	国内纪录片展播（重播）				25:55 国内纪录片展播（重播）		
26:10	国内纪录片展播（重播）				26:40 国内纪录片展播（重播）		
26:55	请您欣赏				27:25 请您欣赏		
27:00	二档纪录片（重播）				27:30 民歌 · 中国（重播）		二档纪录片（重播）
28:00	结束						

《中国中央电视台年鉴（2012）》特约编辑名单

台办公室	张　勇
总编室	梁宇峰
新闻中心	张凯夫
综合频道	张清春
财经频道	李晓瑜
综艺频道	魏　征
中文国际频道	杨奉涛
体育频道	王伟东
电视剧频道	刘秀杰
科教频道	王玉清
社会与法频道	张　羽
戏曲和音乐频道	李守进
少儿频道	兰　芳
外语频道	朱　易
纪录频道	许　伟
大型节目中心	伟欣欣
军事节目中心（解放军电视宣传中心）	陈　喆
海外传播中心	李　宇
人力资源管理中心	曲　洋
财务管理中心	赵　彤
技术管理中心	韩　强
技术制作中心	栗小斌
播出传送中心	王　丹
资产管理中心	何兴煌
发展研究中心	张　月
机关党委	刘　斌
新台址建设工程办公室	于建国
监察室	曾进清
审计处	许　萌
音像资料馆	吕村景
中国电视报社	郭卫翔
中国国际电视总公司	张　超
中国电视剧制作中心有限责任公司	周　磊
中央新闻纪录电影制片厂（集团）	伍　伟
中央卫星电视传播中心	李　琼
中国有线电视网络有限公司	吴玉龙
中国广播电视国际经济技术合作总公司	何东波
中视传媒股份有限公司	徐沙英
中国网络电视台	曹　佩

《中国中央电视台年鉴（2012）》资料员名单

台办公室	
秘书处	盛　潇
综合处	田大明
保卫处	李环英
外事处	孙文静
法规处	达　红
行政处	申　丽
房管处	杜劲军
总编室	
规划部	唐颖娴
节目播出部	王　钰
版权管理部	路　芃
节目研发部	舒　彤
市场评估部	武　强
受众服务部	郑　楠
节目推介部	刘　璐
高清频道编辑部	杨　烨
综合部	闫国威
审片部	戚　佳
新闻中心	
综合部	王　潇
策划部	曹丹丹

时政新闻部	黄美玉
经济新闻部	刘 芳
社会新闻部	周军英
地方记者部	贾 佳
海外记者部	黄 成
国际新闻部	徐 广
军事节目部	马彦平
新闻评论部	李 严
新闻频道编辑部	王 琳
国际频道新闻编辑部	端木礼昕
新闻联播编辑部	杨金月
新闻播音部	郭生彦
新闻制作部	陈 虹
综合频道	
综合部	朱筱瑜
节目部	秦 华
节目统筹部	王红玉
财经频道	
节目部	段凤臻
综艺频道	
综合部	张春堂
节目部	刘 勇
中文国际频道	
综合部	田 原
节目部	张华杰
体育频道	
综合部	慈勤萍
节目部	张慧荣
竞赛部	徐 伟
电视剧频道	
综合部	刘 明
节目部	曹 倩
项目部	孙志东
科教频道	
综合部	方 晶
节目部	张 洁
社会与法频道	
综合部	张素英
节目部	翟 颖
戏曲和音乐频道	
综合部	王 兰
节目部	周闫忱忱
少儿频道	
综合部	张 楠
外语频道	
节目部	成 蜜
英语新闻频道	周 烨
法语频道	李玲玲
西班牙语频道	贾 佳
俄语频道	吴佳佳
阿拉伯语频道	孙子谋
纪录频道	滑 雪
大型节目中心	
综合部	田姗姗
海外传播中心	
综合部	邓 颖
项目部	曾 晋
联络部	张 媛
统筹规划部	程书颖
人力资源管理中心	
干部管理处	许新颖
劳动工资处	王 歆
培训职称处	谷小洁
人才交流处	韩 巍
离退休人员管理处	李晓津
劳动关系管理处	戴 静
财务管理中心	
综合业务处	高 凯
计划统计处	李云洁
财务管理处	夏 佳
财产物资处	何 昕
产业管理处	李莹莹
会计核算处	韩 璐
技术管理中心	陈 红
技术业务部	唐伟莉
质量管理部	张建华
工程管理部	崔 雪
基础资源部	范 禹
动力管理部	刘燕梅
技术制作中心	闫 芬
综合部	张瑞虹

录制一部	陈　彤
录制二部	罗新艳
录制三部	鲁建军
制作部	刘　军
音频部	冀　虹
播出传送中心	
综合部	程　昕
播出部	季奕军
转播部	陶　湛
传送部	宋智军
总控部	周联群
资产管理中心	
综合部	王晓雪
市场部	唐爱慧
营销部	张　婕
监审部	刘茹娜
发展研究中心	
发展战略研究部	刘　妍
电视传播研究部	刘支梅
产业与新媒体研究部	徐　曼
机关党委	闫晓文
党委办公室	邵　宁
团委	郑　漠
工会	吕思远
精神文明协调处	白　净
（归国华侨联合会）	刘志宏
监察室	李湘如
审计处	段　炼
中国电视报社	汪慧君
中国电视剧制作中心	林　晓
中央新闻纪录电影制片厂（集团）	蒋国耀
	孟兰云
	李　军
中央卫星电视传播中心	李　乔
中国有线电视网络有限公司	田　甜
中国广播电视国际经济技术合作总公司	周　煜
中视传媒股份有限公司	刘唯鹂
中国网络电视台	郝铭铭

S U O Y I N

索 引

索引

汉语拼音索引

A

B

C

D

E

F

G

H

X

Y

Z

数字索引

英文字母索引